DAS GROSSE LEXIKON DES DDR-ALLTAGS

Stefan Sommer

DAS GROSSE LEXIKON DES DDR-ALLTAGS

Von Aktivist und Altstoffsammlung
über Dederon, Kaufhalle, Rondo und Subbotnik
bis zum Zirkel schreibender Arbeiter

Ungekürzte Taschenbuch-Sonderausgabe

SCHWARZKOPF & SCHWARZKOPF

Winfried Glatzeder im legendären DEFA-Film »Paul und Paula«: Zum ersten Mal entsprach der Alltag im Film der Wirklichkeit und nicht dem Wunschdenken der Partei.

ZWISCHEN EINEM »HIMMEL AUS BLEI« UND EINEM ALLZU ALLTÄGLICHEN ALLTAG

Alltag in der DDR. Wie war das eigentlich? Die nächste Frage könnte lauten: Wessen Alltag? Der Alltag eines Arbeiters im Maschinenbau, im Tagebau? Der Alltag eines LPG-Bauern, eines SED-Funktionärs, eines Wissenschaftlers an der Universität oder eines Offiziers der NVA? Da stehen von unterschiedlichen Bevölkerungsgruppen und verschiedenen Generationen in unterschiedlichen Regionen der kleinen DDR durchaus unterschiedlich erlebte Alltagserfahrungen nebeneinander. Die jungen Punks der 80er Jahre, die unter dem »Himmel aus Blei« der allgemeinen Reglementierung zu ersticken glaubten, haben eine ganz andere Erinnerung als die Kinder des 2. Weltkrieges, von denen einige in der DDR ihre Chance für sozialen Aufstieg und den Sinn eines erfüllten Lebens gesehen haben, und die Generation irgendwo dazwischen, die das Jahr 1968 in der DDR erlebte. Aber der Riß geht auch durch die Generationen selbst, und er ist auch zwischen den Dagebliebenen und denen, die gegangen sind, spürbar.

Einige prägende Elemente des DDR-Alltags haben alle (oder fast alle) erlebt: So der alle Lebensbereiche bestimmende allgemeine Mangel – der Mangel an Wohnraum oder an Material oder Werkzeug in den Betrieben oder an Ersatzteilen in der Armee. Alle (oder wiederum: fast alle) haben das Schlangestehen erlebt und konnten oft gerade das nicht kaufen, was sie im Moment suchten oder brauchten. Also wurde auf Vorrat gekauft, getauscht, gebastelt und gehortet.

Dabei konnte man eigentlich sorglos leben, man war sozial abgesichert, wenn auch auf niedrigem Niveau. Die Arbeitsplätze waren sicher, die Grundnahrungsmittel billig, die Kleidung zwar nicht uniform, aber auch nicht immer modisch. Und wenn man nicht gerade die Verwandten im Westen besuchen wollte (was immer mehr Rentner ja konnten), fuhr man eben an die Ostsee, in den Thüringer Wald oder nach Ungarn und Bulgarien. Außerdem gab es da noch die mehr oder weniger sozialistischen Errungenschaften: die Kinderkrippe, den Haushaltstag, den FDGB-Urlaub, die Kinderferienlager, den Hort, den Brigadeausflug und die Grillparty mit Kollegen. Also wenn man sich ruhig verhielt, konnte man es aushalten und sich einrichten. Wie war das Champignonprinzip? Nicht den Kopf rausstecken, sonst wird er abgeschnitten. Man wurde ja durchgeführt, von der Krippe bis ins Feierabendheim.

Alle haben erlebt, daß zwar alle gleich waren, aber dennoch waren manche Menschen gleicher. Jeder wußte, daß es Privilegien gab, daß es ohne Vitamin B viel schwerer war. Für viele Berufsgruppen gab es Sonderkontingente, Sondergenehmigungen: Mal waren es Autos, auf die andere über zehn Jahre warten mußten, mal Wohnungszuteilungen, mal Urlaubsreisen. Dieses Prinzip der Zuteilung von oben korrumpierte und provozierte Neid und Mißgunst. Und wer hatte nicht den Wunsch, einmal in den Westen zu fahren und einmal selbst zu erleben, was man sonst nur aus dem Westfernsehen kannte? Auch der Riß zwischen denen, die schon mal »drüben« waren, und denen, die nicht über die dafür notwendigen »Westverwandten« verfügten, spaltete das mehr oder weniger brave Staatsvolk der DDR.

Alle lebten mit den offensichtlichen Widersprüchen zwischen schönfärberischen Zeitungsartikeln, öffentlichen Postulaten und offiziellen Erklärungen und der erlebten Realität, zwischen Anspruch und Wirklichkeit, zwischen der Forderung nach Offenheit und den Tabus, die das Leben begleiteten. Alle wußten vieles, aber keiner sprach darüber, überall lauerten Fettnäpfchen, in die man nicht treten wollte. Jeder hatte gehört, aber keiner wollte Genaues wissen, und aussprechen in der Versammlung gleich gar nicht, denn dann kam das betretene Schweigen, und geholfen hat einem dann auch keiner. Wo war sie dann, die heute vielgepriesene Solidarität? Oder war diese Solidarität eher ein: Du gibst mir, und ich geb dir, man kann ja nie wissen, was man mal braucht? Und da die DDR so klein war, traf man sich ohnehin immer wieder.

Und wer will heute, nach der Öffnung der Akten-Kilometer, bestreiten, daß die Stasi, über die man kaum sprach, allgegenwärtig war? Jeder wußte, daß sie Oppositionelle »zuführte«, daß sie Briefe las, Pakete öffnete, im Privatleben schnüffelte, in die Betriebe kam und in die Kaderakten einsah, daß sie jederzeit am Telefon sitzen konnte (falls man eins hatte), daß es besser war, bestimmte Bücher nicht im Haus zu haben. Der monströse Apparat, der sich schließlich selbst lahmlegte und an der produzierten Papierflut erstickte, gebar seine eigene, degenierte Sprache.

Alltag, Kunst, Schule, Arbeit, die stetigen Ansprüche des Staates bis in die Freizeit hinein – alles war politisch geprägt: Pionierorganisation, FDJ, GST, SED, Armee, Reservistendienst, Kampfgruppen, Gewerkschaft, Brigade ... also immer wieder nicht enden wollende Versammlungen, minutiöse Berichte, langweilige Schulungen, ganz und gar nicht jugendgemäße Jugendstunden ...

Die Politisierung des Alltags spiegelte sich auch in der Sprache der DDR: Selbst die Alltagssprache wurde zum Politikum und hatte der immer wieder beschworenen »Sache der Arbeiterklasse« als »Waffe im Klassenkampf« zu dienen. Abgrenzung also auch hier – zwischen Ost und West, aber auch zwischen oben und unten. Zwischen dem öffentlichen und dem privaten Sprachgebrauch gab es eine exakt definierte Grenze. Nicht selten wurde die öffentlich verordnete Sprache im Alltag ironisch gebrochen – in einer »Wartegemeinschaft« oder beim Gespräch über den Zaun der »Datsche«. Wer einfach »hier« statt »bei uns in der DDR« sagte, outete sich – bewusst oder unbewusst – bereits als kritischer Geist, ohne allerdings gleich als »Klassenfeind« zu gelten. Redensarten wie »Das geht seinen sozialistischen Gang« oder »Westen gucken« gehörten ebenso zur Alltagssprache wie »Trabbi« oder »Broiler«. »Stets ist die Sprache kecker als die Tat«, ließ Schiller Octavio Piccolomini verkünden. Das traf wohl eher zu als Kriegsrat von Questenbergs kurz zuvor getätigter Ausruf »Welch zügelloser Trotz, was für Begriffe!«. Oder um noch ein allerletztes Mal die Klassiker zu zitieren: »Die unmittelbare Wirklichkeit des Gedankens ist die Sprache.« (MEW, Bd. 3, S. 7). Wer hätte damals an den Bedeutungswandel des vielzitierten Kürzels MEGA (Marx-Engels-Gesamtausgabe) geglaubt?

Bereits heute, im zweiten Jahrzehnt nach der Wende, ist es bisweilen schwer, sich an die Lingua des vierten Halbreiches genau zu erinnern. Welcher Zeitgenosse hat schon wie einst Viktor Klemperer akribisch Buch geführt über die sprachlichen Irrungen und Wirrungen derer da oben und derer da unten? Zuviel ist seitdem geschehen, überlagert die Erinnerung, Legenden wurden gewoben, manches wird heute ostalgisch idealisiert, vieles fängt bereits an, in Vergessenheit zu geraten. Außerdem verschieben sich mit den Jahren Wertigkeit und Wertung der Erfahrungen.

Dinge, die früher furchtbar aufregten, erscheinen heute geradezu lächerlich, während man heute über das Selbstverständliche von damals stolpert. Erst wenn man das Erlebte in Ruhe verarbeiten kann, fügen sich die Teile des Puzzles zu einem Bild, das Produzenten wie Betrachter unisono ausrufen lässt: »Genau so ist es gewesen!« oder »Aus genau diesem Grund wurde so und nicht anders entschieden!« Und mancher fragt sich dann (oder muß sich fragen lassen), warum er damals so und nicht anders handelte.

Dieses Buch versammelt Begriffe aus vielen Bereichen des DDR-Alltags: Schule, Arbeit, Freizeit, Haushaltgeräte, Fahrzeuge, politische Organisationen, Militär und Polizei, staatliche Feiertage, Wohnungswirtschaft, Sport und Freizeit ... Sie sind für den »Dabeigewesenen« wie ein Spiegel: Schaut man hinein, dann sieht man es wieder vor sich, dieses Leben in den »Mühen der Ebene«. Man hört neben der (gesamtdeutschen) Abkürzungswut und den staatlich verordneten Wortschöpfungen (»Kulturschaffende«, »Unterhaltungskunst«) den Wortwitz des kleinen Mannes, der spitzbübisch und mit einem Schuß Ironie »sein Land« auf den Punkt gebracht hat, die DDR, die sich das Wohl des Volkes auf die Fahnen geschrieben hatte, aber allzuoft vergaß, wer dieses Volk eigentlich war.

Die erweiterte Neuauflage enthält zahlreiche »neue« Begriffe aus dem Alltag der »alten« DDR; die in der ersten Auflage enthaltenen Begriffe wurden teilweise überarbeitet. Die DDR als abgeschlossenes Sammelgebiet? Nichts ist so gut, als daß man es nicht noch besser machen könnte. Und welcher ehemalige DDR-Bürger (nein, das Wort Ossi kommt hier nicht vor) hat sich schließlich schon einmal dabei ertappt, daß er sich mal schnell in die »Kaufhalle« verabschiedet? Vielleicht kann dieses Lexikon auch ein Stück beitragen zum gegenseitigen Verständnis zwischen Ost und West, zum Abbau der in manchen Köpfen (Ost wie West) noch vorhandenen Mauer und der einst staatlich verordneten Feindbilder. Gegenseitiges Verstehen beginnt immer mit einer gemeinsamen verbalen oder nonverbalen Sprache ...

Für die Unterstützung bei der Entstehung dieses Lexikons bedanke ich mich bei den Mitarbeitern des Deutschen Rundfunkarchivs, vor allem bei Frau Krefft und Frau Langguth, den Mitarbeitern der Stiftung Archiv der Parteien und Massenorganisationen der DDR im Bundesarchiv, vor allem bei Frau Dr. Warnike und Frau Dr. Bieß, bei Christa Heym, Beate und Ralf Hempel, Katrin und Sylvio Förster, Hans-Joachim Krause, Steffie Heß, Jan Faktor, Horst Martin und nicht zuletzt bei meiner Frau Heike, die den monatelangen Streß ertragen mußte.

Stefan Sommer

A

ABC-ZEITUNG

Vom → Zentralrat der FDJ herausgegebene, monatlich erscheinende Zeitung für Jungpioniere und Schüler der 1.–3. Klasse. In dieser Zeitung wurden vor allem das Lernen in den ersten Schulklassen unterstützende Beiträge publiziert. Spielerisch sollte der Junge → Pionier (→ Pionierorganisation) auf hohem pädagogischen Niveau seine Umwelt kennenlernen. Deshalb standen die Pioniere als agierende Figuren stets im Vordergrund.

ABENDSTUDIUM

Form des → Fernstudiums. Es diente vor allem der beruflichen Aus- und Weiterbildung der → Werktätigen. Abendstudiengänge absolvierten solche Werktätige, die sich bereits in der Produktion bewährt hatten und von den → Kaderleitungen der Betriebe ausgewählt wurden, als → staatliche Leiter tätig zu werden, deren Qualifikation für die neue Position im → Betrieb aber nicht ausreichte. So konnten im Abendstudium sowohl das Abitur nachgeholt, eine Meisterprüfung abgelegt oder aber ein Zusatzstudium absolviert werden.

DIE ABENTEUER DES WERNER HOLT

Jugendroman von Dieter Noll (geb. 1927), 2 Bände (1960 u. 1963). Der 1. Band war Pflichtlektüre im Deutschunterricht der oberen

Klassen der → POS und wurde auch unter Regie von Joachim Kunert 1964 verfilmt (mit Klaus Peter Thiele als Werner Holt, Manfred Karge als Wolzow, Arno Wyzniewski als Gomulka, Dietlinde Greiff, Wolf Kaiser, Volkmar Kleinert u.a.). Der Roman erzählt die Geschichte des Gymnasiasten Werner Holt in den letzten Jahren des Zweiten Weltkrieges. Der Hitlerjunge wird als 17jähriger zu einer Flakeinheit eingezogen, später werden die jungen Burschen in einem Schnellkurs der Wehrmacht ausgebildet und sollen mit ein paar Panzerfäusten die russischen Panzer stoppen. Da ist der Krieg längst für Hitlerdeutschland verloren, die Jungs werden sinnlos verheizt. Werner Holt muß die Verlogenheit und Menschenverachtung des Nationalsozialismus erkennen und den Irrsinn, den verlorenen Krieg fortzusetzen. Am Schluß schießt er auf die SS. In dem Jugendroman geht es auch um Freundschaft, erste Liebe, Mut und Aufrichtigkeit. »Die Abenteuer des Werner Holt« ist vom Thema vergleichbar mit dem Roman »Die Brücke« von Manfred Gregor (Film 1959, Regie: Bernhard Wicki), aber stärker als klassischer Entwicklungsroman mit politischer Aussage angelegt.

ABER VATI!

Fernsehfilm des → Fernsehens der DDR in vier Teilen mit Erik S. Klein und Helga Labudda in den Hauptrollen nach einem Drehbuch von Hermann Rodigast (1974). Die beiden Zwillingssöhne eines Witwers, gespielt von Erik S. Klein, suchen ihrem Vater die neue Frau und damit Mutter aus. Nach erheblichen Umwegen und Verwechslungen und vor allem mit tatkräftiger Nachhilfe der Zwillinge finden die Partner einander und treffen für die Ehe nützliche Entscheidungen. Im vierten Teil, der 1979 nach einer fünfjährigen Pause mit denselben Schauspielern gedreht wurde, deckt der Drehbuchautor in amüsanter Weise Intoleranz und pädagogisches Ungeschick eines berufstätigen Vaters gegenüber seinen nun jugendlichen Kindern auf. Letztendlich ist die Mutter die Seele der Familie. Als Komödie konzipiert, können natürlich viele Probleme nur gestreift, aufgezeigt, aber nicht in ihrer letzten Konsequenz erörtert werden. Dieser Film hat inzwischen Kultcharakter und ist ein Stück herausragend gemachter Fernsehunterhaltung der DDR. Unbedingt sehenswert, weil selbst politische Probleme unbeschwert dargestellt werden.

ABF

Arbeiter-und-Bauern-Fakultät. 1949 aus den Vorstudienanstalten hervorgegangene eigenständige Fakultäten an Universitäten und Hochschulen der DDR, die vorwiegend Angehörige der Arbeiterklasse und der werktätigen Bauernschaft zur Hochschulreife führten. Die Gründung der ABF sollte »das kapitalistische Bildungsprivileg« brechen und bei der »sozialistischen Umwandlung der Universitäten und Hochschulen in Bildungsstätten des Volkes« eine neue, aus der Arbeiterklasse und der Bauernschaft erwachsene Intelligenz vorbereiten. Die erste und beispielgebende Eingliederung einer ABF als selbständige Fakultät erfolgte an der Humboldt-Universität zu Berlin. ABF bestanden außerdem an Universitäten und Hochschulen in Dresden, Freiberg, Greifswald, Halle, Jena, Karl-Marx-Stadt, Leipzig, Rostock und Zwickau. Die jungen Leute wurden in der Regel von den Betrieben und von gesellschaftlichen Organisationen wie der → FDJ zur ABF delegiert. In jedem Kreis der DDR bestanden Auswahlkommissionen unter Leitung des → FDGB. Das in der Regel dreijährige Studium schloß mit dem Abitur ab. Die ABF waren in gesellschaftswissenschaftliche, mathematisch-naturwissenschaftliche und medizinisch-landwirtschaftliche Fachrichtungen gegliedert. Nach erfolgreichem Abschluß des Studiums folgte das Fachstudium an den Hochschulen oder Universitäten. Auf dem Weg über die ABF konnten tatsächlich viele begabte junge Menschen aus Arbeiter- und Bauernfamilien ein Studium absolvieren, denen dies sonst aus finanziellen Gründen nicht möglich gewesen wäre. Häufig waren sie der DDR, die ihnen diese Chance gab, dankbar verbunden. Auch viele Staats- und Wirtschaftsfunktionäre, Wissenschaftler und Künstler der DDR waren ABF-Absolventen. Nach 1961 waren die ABF nicht mehr nötig, sie wurden geschlossen. Jetzt sorgten die entsprechenden Richtlinien zur Aufnahme in die → EOS und eine entsprechende Stipendienregelung dafür, daß ein entsprechend hoher Anteil an Arbeiter- und Bauernkindern studieren konnte. Kinder aus sogenannten → Intelligenz-Familien hatten es da anfangs schwerer. Die aus Arbeiter- und Bauernfamilien hervorgegangene neue DDR-Intelligenz sorgte dann selbstverständlich dafür, daß ihre eigenen Kinder studieren konnten. → Die Aula.

ABI

→ Arbeiter- und Bauerninspektion.

DIE ABRAFAXE

Nachdem Hannes Hegen nicht mehr an der Comic-Serie → Mosaik mitarbeitete, mußten zu dessen Fortsetzung durch ein → Autoren- und Herausgeberkollektiv neue Handlungsträger kreiert werden. Mit Abrax, Brabax und Califax, den Abrafaxen, gelang dem Verlag eine Fortsetzung des Erfolges der → Digedags, wobei für die Geschichten zunächst das Konzept von Hannes Hegen verwendet wurde, in dem die Kobolde in eine über mehrere Hefte währende Handlung verstrickt wurden und sich zu bestimmten Schnittstellen frei in Zeit und Raum bewegen konnten. Dennoch werden Liebhaber der Comicserie bestätigen, daß die Qualität, die Originalität und die Spannung der alten Digedag-Hefte nicht mehr erreicht wurden.

ABV

Abschnittsbevollmächtigter. Angehöriger der → Deutschen Volkspolizei, der sein Büro direkt in einem Wohngebiet (Abschnitt) hatte. Damit fungierte dieser Polizist als ständige Präsenz der Staatsmacht inmitten der Bürger und diente als Ansprechpartner für allerlei Probleme des Alltags. Man konnte den ABV z.B. hinzuziehen, wenn im Winter eine Wohnung mit Ofenheizung längere Zeit leer stand und die Wasserleitungen innerhalb dieser Wohnung einzufrieren drohten. Der → Genosse ABV war dann verpflichtet, Maßnahmen zur Sicherung der Wohnung einzuleiten, konnte also die Öffnung der Wohnung anweisen oder ähnliches.

ABZEICHEN FÜR GUTES WISSEN

Im Zuge der politisch-ideologischen Arbeit, die die → FDJ leistete, vergab sie nach Abschluß eines FDJ-Studienjahres das Abzeichen für Gutes Wissen. Die Stufe dieses Abzeichens (Gold, Silber oder Bronze) war abhängig vom Alter des FDJlers. In der achten Klasse verpflichtete sich die → FDJ-Gruppe in der Regel zur Erringung der Stufe Bronze, danach Silber und ab der zehnten Klasse zu Gold. Die Prüfungen nahm die Leitung der → FDJ-Gruppe im Beisein eines Lehrers, in der Regel des Klassenleiters, ab. Je nach Einsatzfreude der Leitung und des Lehrers verliefen die Prüfungen als zwangloses Gespräch über Tages- und Weltpolitik, konnten aber auch in erheblichen Vorbereitungsaufwand ausarten.

ACADEMIXER

Kabarett in der Leipziger Kupfergasse. Gegründet 1966, aus einem Studentenkabarett entstanden, ab 1980 eigene Spielstätte mit angeschlossener Kneipe im Keller des Dresdener Hofes. Die Gründungsmitglieder waren Jürgen Hart (Direktor 1976–1990), Katrin Hart, Bernd-Lutz Lange, Gunter Böhnke, Christian Becher und Gisela Oechelhaeuser (später Direktorin der → Distel in Berlin). Die academixer waren neben der → Pfeffermühle das beliebteste Kabarett Leipzigs. Sehenswert ist auch die Gestaltung des Treppenhauses durch Heinz-Jürgen Böhme, Manfred Küster und Detlef Lieffertz (1981/83).

8. MÄRZ – INTERNATIONALER FRAUENTAG

Dieser Tag wurde als Ehrentag der Frauen 1910 auf Initiative von Clara Zetkin vom Kopenhagener Kongreß der 2. Internationale proklamiert. In der DDR stand dieser Tag für die Ehrung der Frauen und wurde von offizieller Seite mit beträchtlichem Aufwand begangen, unter anderem wurde an diesem Tag die Klara-Zetkin-Medaille, die höchste Auszeichnung des → DFD, verliehen. Die männlichen Vorgesetzten nutzen im allgemeinen die Veranstaltungen an diesem Tag zur Leistung von Abbitte für ihr Verhalten im restlichen Jahr. Der Bedarf an Blumensträußen war an diesem Tag immens und von der sozialistischen Planwirtschaft kaum zu decken. Gelegentlich nahmen sich reine Frauenkollektive ähnliche Freiheiten, wie einige Männer zu Christi Himmelfahrt.

ACTION

Kosmetikserie der 80er Jahre aus dem VEB Berlin-Kosmetik. Action wurde hauptsächlich für den jugendlichen Kundenkreis hergestellt und von diesem auch angenommen. Immer wieder wurde innerhalb dieser Serie versucht, mit neuen Duftstoffen, zum Beispiel Johannisbeere, innovativ tätig zu sein.

ADN

Allgemeiner Deutscher Nachrichtendienst, die amtliche Nachrichtenagentur der DDR, gegründet 1946 von den in der sowjetischen Besatzungszone lizenzierten Zeitschriftenverlagen. Der Sitz war Berlin, in den Bezirksstädten gab es Nebenstellen. Zum ADN gehörte auch die Bildagentur »Zentralbild«.

AG

Arbeitsgemeinschaft. Sie gab es in fast allen Betrieben und Einrichtungen sowie an Schulen. Arbeitsgemeinschaften waren in der Regel durch fachkundige Leiter geförderte Vereinigungen der außerschulischen und außerberuflichen Arbeit in den verschiedensten

Wissensgebieten. An Schulen konnten Lehrer begabte und interessierte Schüler in Arbeitsgemeinschaften fördern, die Teilnahme für die Schüler war freiwillig.

AGB

Das Arbeitsgesetzbuch bildete die Grundlage des Arbeitsrechts in der DDR. Hier waren die Bedingungen der Arbeitsverhältnisse aller Werktätigen geregelt. Auf dieser Grundlage schlossen der → FDGB und die Leitungen der Betriebe → Rahmenkollektivverträge ab, die für den einzelnen Betrieb oder Werkteil die Normen, Löhne und Gehälter sowie den Urlaub regelten. Desgleichen enthielten diese Verträge Regelungen für die disziplinarischen Maßnahmen bei Verstößen gegen die Vertragsbestimmungen. Da jedoch die betriebsleitende Vertragsseite kaum angreifbar war und das Recht auf Streik nicht geregelt wurde, auch nicht sinnvoll erschien, da die Betriebsangehörigen ja per Verfassung Eigentümer der Produktionsmittel waren, wurde dadurch eine Mentalität kultiviert, die das eigene Versagen immer der Leitung anlastete. Hinzu kam, daß eine Kündigung wegen Unfähigkeit des Einzelnen, seine Position auszufüllen, wegen Bummelei oder dem Stiften von Unfrieden im Kollektiv kaum gegen die → BGL durchzusetzen war. Das Kollektiv hatte den Mitarbeiter zu disziplinieren oder zu unterstützen, seinen Aufgaben gerecht zu werden. Das Prinzip der Gegenseitigkeit fand dabei keine Berücksichtigung. So blieb manchem Direktor nichts anderes übrig, als eine Straße der Schlechtesten zu kreieren, wie in den → BUNA-Werken Schkopau, wo direkt am Werktor die Werktätigen mit den meisten Fehlschichten abgebildet waren. Der Erfolg einer solchen Maßnahme erscheint zumindest zweifelhaft, da auch schlechte Publicity Publicity ist.

AGITPROP

Kurzform für Agitation und Propaganda, zusammenfassende Bezeichnung für die massenpolitische Arbeit der Partei der Arbeiterklasse. Agitpropgruppen wurden in den 20er Jahren von der KPD geschaffen, sie verteilten Flugblätter, diskutierten mit Streikenden, agierten auf Arbeiterfesten usw. Seitdem wurde der Begriff für auch Agitation und Propaganda mit den Mitteln der Kunst verwendet. Mit vielfältigen künstlerischen Ausdrucksformen, wie kleinen dramatischen Szenen, Rezitationen, Chor- und Sologesang, Sprechchören, Pantomime, Tanz, Masken- und Marionettenspielen, Sichtagitation und anderem, konnten aktuelle Probleme und politische Tagesfragen effektvoll und emotional wirksam dargestellt werden. Nach 1945 wurden die Traditionen der Agitpropkunst wieder aufgenommen und den neuen gesellschaftlichen Bedingungen angepaßt. Vor allem die Propagandisten der → FDJ griffen auf diese Traditionen zurück. Bestimmte künstlerische Formen (→ Singebewegung und politisches Kabarett) wurden gefördert und organisiert, wie z.B. das → Festival des politischen Liedes.

AGL

Abteilungsgewerkschaftsleitung. In Betrieben mit mehr als 300 Angehörigen war es der → BGL laut dem → AGB erlaubt, Leitungen der Gewerkschaftsorganisation in den einzelnen Abteilungen zu bilden, die direkt der BGL unterstellt waren.

AGRA

Die seit 1950 jährlich stattfindende Landwirtschaftsausstellung der DDR auf dem Messegelände in Markkleeberg bei Leipzig. Auf den 170 Hektar, die bereits um 1900 teilweise als Landschaftsgarten angelegt worden waren, wurden neben landwirtschaftlichen Maschinen und Gerätschaften vor allem landwirtschaftliche Produkte wie Zuchtvieh, Saatgut, Obst- und Gemüsesorten vorgestellt. Seit Mitte der 50er Jahre strebte man neben der Präsentation die Verbindung von Theorie und Praxis an und bot in Zusammenarbeit mit den Hoch- und Fachschulen Praktika für die Studenten und Absolventen der landwirtschaftlichen Fachrichtungen. Außerdem war die agra die Messe für die Präsentation von neuen Kreationen der Lebensmittelindustrie der DDR.

AKA ELECTRIC

Markenzeichen des VVB Elektrische Konsumgüter, der 1969 durch den Zusammenschluß vieler Betriebe der Haushalttechnik, elektrischen und fotooptischen Industrie entstanden ist. Der VVB war der große Hersteller von Elektroartikeln und elektrischen Haushaltgeräten aller Art. Jeder DDR-Bürger kannte den Slogan »AKA Electric – in jedem Haus zu Hause«, und weil man fast nur AKA Electric-Geräte kaufen konnte, wurde der Slogan Wirklichkeit.

AKTION OCHSENKOPF

Diese Aktion fand Anfang der sechziger Jahre unter Federführung der → FDJ und ihrer → FDJ-Ordnungsgruppen statt. Mit der Aktion wollte die → FDJ die Verbreitung des schädlichen → Westfernsehens in der DDR verhindern. Dazu wurden die weithin sichtbaren Dachantennen für den Westempfang demontiert und zerstört. Bezeichnend dabei ist natürlich, daß der materielle Schaden den jeweiligen Geschädigten nie ersetzt wurde, aber der angestrebte Nutzen dieser Aktion grandios verfehlt, ja das genaue Gegenteil erreicht wurde.

AKTIVIST / AKTIVIST DER SOZIALISTISCHEN ARBEIT

Die Aktivistenbewegung sollte ständig neue Möglichkeiten für die planmäßige Verbesserung der Arbeits- und Lebensbedingungen erschließen, um durch die → Intensivierung, durch Ausnutzung aller Reserven, durch kontinuierliche und vertragsgerechte Planerfüllung, durch Senkung der Kosten und Erhöhung der Qualität sowie durch hohe wissenschaftlich-technische Leistungen eine ständige Steigerung der Arbeitsproduktivität zu sichern. Erster Aktivist und Begründer dieser Bewegung war → Adolf Hennecke. In der Aktivistenbewegung als einer Bewegung im → sozialistischen Wettbewerb sollte sich die aktive Teilnahme der Werktätigen an der Planung und Leitung der Volkswirtschaft ausdrücken. Mit dem Titel »Aktivist der sozialistischen« Arbeit wurden zunächst wirklich herausragende Leistungen gewürdigt. Später ging es wohl mehr um die Abrechnung selbst. Mitunter wurde der Titel nicht immer nur dem zuerkannt, der tatsächlich Leistung erbrachte hat, sondern dem, der die beste Darstellung seiner Leistung abliefern konnte. All diese → »gesellschaftliche Arbeit«, also Gewerkschaftsversammlungen, Teilnahme am sozialistischen Wettbewerb usw. wurde im Betriebsalltag immer mehr als lästige Pflicht betrachtet und gemacht, weil es eben gemacht werden mußte.

AKTUELLE KAMERA

Hauptnachrichtensendung des → DFF. Sendezeit war täglich 19.30–20 Uhr. Gewöhnlich informierte sich der aufgeschlossene DDR-Bürger nach dem Genuß der AK noch auf dem → »Ersten West« in der »Tagesschau«. Schon Jahre vor dem Ende der DDR hatte die »Tagesschau« das Rennen um die ostdeutschen Zuschauer gewonnen. Die Aufbereitung der Nachrichten in der Aktuellen Kamera erfolgte stets nach diesem Schema: Erfolge der eigenen Werktätigen, wichtige Taten und Beschlüsse von Partei und Regierung, Berichte von Besuchen der → Politbüromitglieder im Ausland oder in DDR-Betrieben, sollte danach noch etwas Zeit sein: Mißerfolge der Kapitalisten. Damit verbreitete die regierungstreue Sendung gähnende Langeweile. Außerdem konnte der Zuschauer gewiß sein, vor interessanten Filmen aus internationalen Studios länger mit der Aktuellen Kamera beglückt zu werden, da die Ausstrahlung solcher Zuschauermagneten meist mit einem extrem wichtigen Besuch des Generalsekretärs in einem Bruderland, manchmal sogar im westlichen Ausland einherging. So wurden die Toasts bei den Staatsessen, das Abschreiten von Ehrenformationen usw. in voller Länge gesendet, und der frustrierte Zuschauer mußte sich in Geduld üben.

ALBA ZELL

Damenbinden aus dem VEB Vliestextilien Lößnitztal. Alba Zell waren die einzigen in der DDR erhältlichen Damenbinden.

ALEKTO

Aluminiumbesteck. Es war besonders in → Betriebskantinen, beim Militär und in Gaststätten niederer → Preisstufe heimisch. Bei der Benutzung – vor allem der Gabel – war wegen der fehlenden Festigkeit Vorsicht geboten. Aber wenigstens bestand an den Messern keinerlei Verletzungsgefahr.

ALEX-TREFF

Vor dem VIII. Parteitag der SED 1971 wurde mit der Umgestaltung des Alexanderplatzes in Berlin begonnen. Der → Fernsehturm (→ Telespargel) wurde errichtet und der Bau des Ensembles zwischen dem Bahnhof Alexanderplatz und dem Roten Rathaus begonnen. Dort entstand die erste Clubgaststätte der DDR, der »Treffpunkt-Alexanderplatz«, kurz Alex-Treff genannt. Dieses Mehrzweckgebäude wurde als Selbstbedienungsgaststätte und für die Schülerspeisung genutzt. Abends fanden dort die ersten Discos statt. Anfang 2000 wurde das Gebäude abgerissen, heute steht dort ein Kino.

ALFONS ZITTERBACKE

Kinderbuch von Gerhardt Holtz-Baumert (geb. 1927, gest. 1996), 1958, Fortsetzung 1962. Alfons Zitterbacke erlebt seine Kindheit im Spannungsverhältnis zwischen den ihn hänselnden Mitschülern (»Alfons Zitterbacke, Hühnerkacke!«) und seinem dominierenden Vater, der für ihn Vorbild und gar Idol ist. In der Handlung führt der Autor einen agilen, wißbegierigen Jungen im Alter von zwölf Jahren vor, der unter dem Druck des Vaters den Kopfsprung vom 10-Meter-Turm wagt und Kosmonaut werden will. Er macht sich deshalb auf den Weg zum Trainingszentrum, ohne zu wissen, wo das liegt. Dabei zieht er seine Freundin mit in den Strudel der Ereignisse. Das Buch war sehr beliebt und wurde auch verfilmt (TV-Serie 1966).

ALI UND DIE BANDE VOM LAUSEPLATZ

Jugendbuch von Karl Mundstock (geb. 1915). Die Handlung spielt auf dem Höhepunkt der Inflation und Massenarbeitslosigkeit in Deutschland in Berlin-Kreuzberg. Mundstock führt dem Leser in der Handlung den Zusammenhang zwischen wirtschaftlichem Niedergang und dem Aufkeimen des Faschismus, der in diesem Buch durch die Organisation Stahlhelm repräsentiert wird, vor. Dabei versteht es Mundstock, die Handlung abenteuerlich zu gestalten, und erzählt mit viel Pathos. Das resultiert sicherlich aus Mundstocks eigenem Schicksal, das ihn als Wehrmachtssoldat in den hohen Norden Europas führte.

ALKYDHARZLACKFARBE

Synthetischer Lack auf der Basis von Alkydharzen, synthetische Harze, die unter dem Einfluß von Luft polymerisierten und damit aushärteten. Diese Anstrichstoffe waren die in der DDR am weitesten verbreiteten Farben und wurden nach dem Auftragen einer Grundierung praktisch für jeden Untergrund verwendet.

ALLSEITIG ENTFALTETE/ENTWICKELTE SOZIALISTISCHE PERSÖNLICHKEIT

Bezeichnung in der offiziellen Lesart für den »sozialistischen Menschen«, das Erziehungsziel der sozialistischen Pädagogik. Damit waren Menschen gemeint, die ihren beruflichen Verpflichtungen nachkommen und gleichzeitig jederzeit bereit sind, Aufgaben zu übernehmen, die gesellschaftlich aktiv sind, das heißt nicht nur als zahlendes Mitglied in → Massenorganisationen wirken, sondern dort Funktionen übernehmen und auch sonst ihren Verpflichtungen in Familie und Haushalt genügen. Liest man diese Beschreibung, stellt sich die Frage, ob die vierundzwanzig Stunden des Tages ausreichen, all diese Verpflichtungen zu erfüllen, zumal viele Menschen gleichzeitig in mehreren Massenorganisationen waren: im → FDGB, in der → SED, in der → DSF usw. So haben viele Menschen zusätzlich zu ihrer Arbeit in Partei-, Gewerkschafts-, FDJ- und sonstigen Versammlungen und in politischen Schulungen viel Lebenszeit zugebracht, die sie wohl besser mit ihren Familien verbracht hätten.

ALSCHER-HÄUSER

Wilfried Alscher, geb. 1940 – Hausverwalter. Hatte den Auftrag, die Häuser zu verwalten, die die → KWV nicht in die Verwaltung haben wollte und die nicht enteignet werden konnten, aus politischen oder gesellschaftlichen Gründen. Einziger freier Hausverwalter in der DDR, ansässig in Berlin-Adlershof. Betreute republikweit mindestens 5.000 Häuser. Er verwaltete außerdem die Häuser von Privatpersonen, die die Verwaltung selbst nicht ausführen konnten, wollten oder durften. Nicht nachgewiesen ist ein → Parteiauftrag für die Verwaltung, da Alscher Mitglied in einer Blockpartei war. Alschers Tätigkeit beschränkte sich dabei ausschließlich auf die Abwicklung und Buchhaltung der Mietkonten. Für Reparaturen oder gar Renovierungen war auch, der geringen Miethöhe in der DDR wegen, praktisch kein Geld da. Die notwendigen Arbeiten hatte der Mieter auf eigene Rechnung zu veranlassen.

ALTBAUWOHNUNG

Wohnungen, die der offiziellen Lesart zufolge in der Regel vor dem Zweiten Weltkrieg errichtet worden waren. Sie verfügten selten über Bad und Innentoilette, waren also vom Wohnkomfort her sehr bescheiden. Viele Altbauwohnungen in unbewohnbarem Zustand wurden durch die → KWV (Kommunale Wohnungsverwaltung) als → Ausbauwohnungen vergeben, um wenigstens teilweise Sanierungsarbeiten an der Gebäudesubstanz durchzuführen zu können. → Wohnraumvergabe. Unangenehm an dieser Art Altbauwohnung war im Winter die → Ofenheizung mit dem täglichen Kohleschleppen; lag die Toilette im Treppenhaus, konnten im Winter die Wasserrohre leicht einfrieren, und im Sommer war der Wasserdruck oft sehr niedrig, so daß man mitunter sogar gezwungen war, das Wasser vom Wasserhahn im Keller zu holen. Das galt aber eher für die heruntergekommenen Altbauten in ehemaligen Arbeitervierteln. Es gab auch sehr schöne große Altbauwohnungen in Jugendstil- oder Gründerzeithäusern, die bei ihrer Errichtung Ende des vorigen Jahrhunderts mit hohen Decken, Stuck, Parkett, Bad, Doppelfenstern und Dienstmädchenzimmer, manche schon mit Zentralheizung, gebaut wurden. Diese Wohnungen waren zwar – wie die Bausubstanz der DDR generell – oft nicht im besten Zustand, dennoch waren sie vor allem bei der DDR-Intelligenz und in Künstlerkreisen sehr begehrt, noch dazu relativ billig. Sie wurden liebevoll renoviert und ausgebaut.

Verfallene Bausubstanz ...

ALTE JUWEL

Zigarettenmarke des VEB Tabak Dresden. Im Gegensatz zu den Standardmarken, wie → F6 und Cabinet, war die Alte Juwel einen Zentimeter kürzer und kostete je Stück nur 12,5 statt 16 Pfennige.

ALTSTOFFSAMMLUNG

Über Altstoffsammlungen wurden der DDR-Wirtschaft wertvolle Sekundärrohstoffe zugeführt. Die in der Bundesrepublik mit einer Steuer belegte Trennung von Wertstoffen und Müll wurde in der DDR nicht schlecht bezahlt. Viele Bürger, vor allem Rentner, überlegten es sich, ob sie ihre karge Rente durch die konsequente Verwertung von Altstoffen aufbesserten oder nicht. Aber auch die → Pionierorganisation finanzierte einen Teil ihrer Kosten durch die Sammlung von Altstoffen durch ihre Mitglieder. Dabei wurde konsequent nach Wettbewerbsprinzipien gearbeitet und durch die Kinder die Überbietung von Planauflagen erwartet, zum Beispiel: Jede Pioniergruppe sammelt einhundert Flaschen und Gläser und dreißig Kilogramm Altpapier und Alttextilien. Ende der 70er Jahre wurden die Preise für die Sekundärrohstoffe erhöht, so daß die Attraktivität der Sammlung für praktisch jeden Bürger zunahm und die Altstoffsammlungen der Pionierorganisation zunehmend an Bedeutung verloren, da die Bürger eigene wirtschaftliche Interessen mit ihren Altstoffen verbanden.

ALU-CHIPS

Die Hartgeldwährung der DDR bestand aus sechs verschiedenen Münzsorten verschiedenen Nennwertes (1 Pfennig, 5 Pfennig, 10 Pfennig, 50 Pfennig, 1 Mark, 2 Mark), die ausschließlich aus Aluminium bestanden. Erst 1969 führte die Staatsbank der DDR mit dem 20-Pfennig-Stück ein anders legiertes Zahlungsmittel ein, an dem ständig Mangel herrschte, weil es für die öffentlichen Münzfernsprecher benötigt wurde. Dem folgten dann mit 5-, 10- und 20-Mark-Stücken Zahlungsmittel, die meist bereits kurz nach ihrem

Erscheinen in privaten Münzsammlungen verschwanden. Einzig die 5-Mark-Stücke hielten sich ihrer Menge wegen im täglichen Geldumlauf. So hatte der durchschnittliche DDR-Bürger an Kleingeld meist nur Aluminium im Portemonnaie, die Alu-Chips. So richtig populär wurde der Begriff aber erst, nachdem die D-Mark mit ihrem hellen Klang in den Taschen und Geldbörsen der DDR-Bürger klimperte, nämlich um den Haß auf eine ungeliebte Währung auszudrücken.

AMIGA

Plattenlabel der VEB Deutsche Schallplatten, unter dem alle Sparten der sogenannten Unterhaltungsmusik veröffentlicht wurden. Auf diesem Gebiet hatte Amiga die Alleinstellung. Gegründet wurde das Plattenlabel von → Ernst Busch, dem kommunistischen Sänger und Spanienkriegsveteran, und wurde dann später dem VEB Lied der Zeit, dann VEB Deutsche Schallplatten, eingegliedert. Diese große Firma hatte fünf Unterlabel: → Eterna – E-Musik, Klassik/Litera – Hörspiele und künstlerische Wortbeiträge/Schola – Lernmaterial für Schulen/Aurora – Aufnahmen von Ernst Busch. Amiga war für nahezu die gesamte Unterhaltungsmusik zuständig, für Schlager, Jazz, Rock, Pop und Volksmusik. Im Laufe der Jahre hat das Label ca. 2200 verschiedene Plattentitel auf den Markt gebracht. Es hatte ein eigenes Lektorat sowie die Aufgabe, Nachwuchsinterpreten zu entdecken und zu fördern, 1954–57 gab es sogar ein Amiga-Nachwuchsstudio, auch Talentespäher wurden ins Land geschickt. Ab 1962 wurden Stereoplatten herausgebracht. In den 80er Jahren wurde Amiga zum führenden Produzenten von Rockmusik in der DDR. Die Macher bei Amiga arbeiteten in einer ähnlichen Situation wie die Verlagsmitarbeiter, zwischen großen Möglichkeiten einerseits und Zwängen andererseits, immer mit der Zensur im Rücken, und auch hier gab es verschiedene Meinungen und Geschmäcker verschiedener Generationen von Mitarbeitern darüber, welche Platte man machen sollte und welche nicht. Dabei

ging es sicher weniger um die Absatzzahlen, das war in der DDR ein geringeres Problem, sondern eher um die begrenzten Kapazitäten in den Studios, beim Plattenpressen, und die begrenzten Devisenkontingente, um Lizenzen einzukaufen. Zensurpolitisch war Amiga etwas liberaler als der Rundfunk und das Fernsehen, was wohl daran lag, daß Amiga dem Ministerium für Kultur unterstellt war, während Rundfunk und Fernsehen der Abteilung Agitation und Propaganda beim → ZK der SED (→ Zentralkomitee) untergeordnet waren. Dennoch scheiterten viele Plattenprojekte bereits in den Lektoraten oder wurden gar in letzter Minute eingestampft, wie die Silly-LP »Zwischen unbefahr'nen Gleisen«.
Besonders begehrt waren in der Bevölkerung die Lizenzplatten aus dem westlichen Ausland, die unter die Rubrik → Bückware fielen und nach denen lange angestanden werden mußte. Leider wurden dabei selten komplette Alben der internationalen Künstler veröffentlicht, sondern meistens Sampler mit einigen bekannten Hits, für die man wohl weniger Lizenzen zahlen mußte. Alle Amiga-LPs kosteten den Einheitspreis von 16,10 Mark. In den letzten zehn Jahren der DDR gab es auch Amiga-Kooperationen mit westlichen Label, z.B. englischsprachige Rockplatten wie »Dreamer« von City 1980 und »Far From Home« von den Puhdys 1982 mit englischen Produzenten. Ab Mitte der 80er Jahre sank der Amiga-Umsatz bei Rock und Pop rasant, das Publikum war nicht mehr interessiert. Nach der Wende wurde Amiga erst an einen Autohändler verkauft, dann wurden die Bestände von BMG-Ariola übernommen. Heute verwertet Amiga erfolgreich die alten DDR-Platten auf CD. (Lit.: Die Amiga-Diskographie, Schwarzkopf & Schwarzkopf Verlag Berlin 1999)

AMITTÉ

Weinbrand aus dem VEB Nordbrand Nordhausen. Amitté war ein reiner Weinbrand, kein Verschnitt, und wurde nach den gleichen Prinzipien gebrannt wie die Cognacs in Frankreich. Deshalb fehlte ihm die Süße, die den Spirituosen der Gattung Weinbrand in der DDR sonst eigen war. Mit 22,00 Mark hatte diese Spirituose außerdem einen recht stolzen Preis, der den gewöhnlichen Konsumenten Abstand nehmen ließ.

AMPELMÄNNCHEN

Bezeichnung für die Sinnbilder der Fußgängerampeln in der DDR. Die roten Ampelmännchen streckten die Arme seitlich aus und signalisierten somit die Aufforderung »Halt«, die grünen Ampelmännchen waren von der Seite aus zu sehen und gingen. Das war die Aufforderung zum Überqueren der Straße. Das Ampelmännchen strahlte eine gewisse Menschlichkeit aus, da es deutlich mit einem Hut bekleidet war.

Nicht selten waren die grünen Männchen mit ihrem forschen Schritt noch verziert. So gab es Ampeln, an denen das Männchen einen Regenschirm trug. Im Zuge der deutschen Einheit sollte das Ampelmännchen von den Fußgängerampeln verschwinden und dem schlichteren Symbol aus der BRD weichen. Extra für den Erhalt dieses Symbols gegründete Vereine verhinderten das jedoch vorerst.

AMT FÜR INDUSTRIELLE FORMGESTALTUNG BEIM MINISTERRAT DER DDR

Diese Behörde prüfte gemäß einer Nomenklatur prüfpflichtiger Erzeugnisse in der DDR die Produkte vor der Auslieferung aus der Produktion. Sie war damit ein Amt zur Qualitätsbegutachtung. Da in der DDR der Gebrauchswert der Produkte erklärtes Ziel der Produktion war, bestand ein besonderer Schwerpunkt des Amtes für industrielle Formgestaltung beim → Ministerrat der DDR in der Einflußnahme auf die Forschung und Entwicklung innerhalb der → Betriebe, um bereits beim Entstehen neuer Erzeugnisse hohe Qualitätsmaßstäbe durchzusetzen. Dieses löbliche Ziel wurde allerdings oft Makulatur, weil die Pflichtenhefte für die Entwicklung neuer

Erzeugnisse meist Materialien enthielten, die später für die Produktion nicht oder nicht in ausreichender Menge beschaffbar waren und so durch weniger geeignete Materialien ersetzt werden mußten.

ANEIGNUNG

Pädagogischer Begriff, der so etwas wie Aufnahme von Wissen oder Lernen bedeutet. In der DDR spielte der Begriff Aneignung vor allem im Zusammenhang mit → Parteilichkeit und einem parteilichen Standpunkt eine Rolle. Solch ein Standpunkt sollte sich angeeignet werden, indem der Bürger sich intensiv mit den Dokumenten der → Partei auseinandersetzt und die Argumente in diesen Dokumenten lernt. Die Schwierigkeit für die Bürger bestand allerdings meist darin, die theoretischen Ergüsse der Parteipropagandisten mit der Realität in einen vernünftigen, nachvollziehbaren Zusammenhang zu bringen. Die jungen Leute in der DDR lernten schnell, z.B. in Pionierversammlungen oder im → Staatsbürgerkundeunterricht, nur das wiederzugeben, was von ihnen erwartet wurde, und die angeeigneten Floskeln wiederzukäuen.

ANGEWANDTE KUNST

Andere Bezeichnung für → Kunstgewerbe. Im offiziellen Sprachgebrauch der DDR kam der Begriff angewandte Kunst allerdings häufiger vor und bezeichnete dort auch Architektur, Formgestaltung und Gebrauchsgrafik.

ANKUNFTSLITERATUR

Literaturtendenz innerhalb der DDR-Literatur, die sich in den Jahren nach der Schließung der innerdeutschen Grenze 1961 herausbildete. Die Vertreter dieser Literaturtendenz widmeten sich zunehmend Themen, die nach der Produktionsliteratur der 50er Jahre, in denen gesamtgesellschaftliche Zusammenhänge im Mittelpunkt standen, zum einen einer kleineren Form bedurften und sich zum anderen mehr mit dem Individuum im Alltag beschäftigten. Geschrieben wurde diese Literatur von einer neuen, jungen Generation, die nach einer Kindheit im Krieg nun in der DDR erwachsen geworden war (Christa Wolf, Günter de Bruyn, Erik Neutsch, Karl-Heinz Jakobs, Herbert Nachbar, Joachim Knappe u.a.). Im Vordergrund standen solche Themen wie die Selbstverwirklichung des Einzelnen und Reflexionen der Protagonisten auf den Alltag. Häufig gelingt den Protagonisten das Sich-Einrichten im Sozialismus, es gibt ein privates Happy-End, die sozialistische Erziehung ist erfolgreich. Die Formen reichten von Tagebüchern über Erzählungen bis zum literarischen Protokoll. Namensgebend war dafür Brigitte Reimanns »Ankunft im Alltag« (1961).

ANNETT

Radiorecorder aus dem VEB Sternradio Berlin, Monogerät. War auf Grund seines relativ geringen Preises von 750,– Mark bei Jugendlichen sehr begehrt. Das Geld war nach → Jugendweihen plus ein oder zwei → Arbeitseinsätzen in den Ferien meist zusammengespart und erlaubte den Jugendlichen einen Hauch von Unabhängigkeit. Zumindest in der Auswahl der Musik. Außerdem konnte man mit einem Annett- oder → Stern-Recorder wenigstens einige der begehrten Westplatten aufnehmen: Die Sendung »Duett – Musik für den Recorder« brachte am Nachmittag immer ganze Platten, von denen erst die A-Seite, nach den Nachrichten die B-Seite komplett gespielt wurden. Darunter waren auch mal Westplatten wie »Let It Be« von den Beatles, »Beggar's Banquet« von den Rolling Stones oder Pink Floyds »The Dark Side of the Moon«. Man mußte aber auf Draht sein, es wurde nicht wiederholt.

ANSCHNITT

Besonderer Festtag im Leben eines Wehrpflichtigen. An diesem Tag betrug die restliche Zeit der Wehrpflicht weniger als 150 Tage. In einer besonderen Zeremonie, dem Anschnitt, wurde den → E's von einem → Dachs oder → Vize der erste Zentimeter vom → Bändi abgeschnitten, an dem der Stahlhelm befestigt war und der polternd zu Boden purzeln mußte. Dabei trug der Anschneidende Unterwäsche und darüber Koppel und die vollständige Gefechtsausrüstung der → NVA (ABC-Tasche, Spaten usw.).

ANTIIMPERIALISTISCHER SCHUTZWALL

Im Volksmund → »Mauer« genannt. Auf Befehl des Vorsitzenden des Nationalen Verteidigungsrates riegelten die Deutsche Grenzpolizei und die Kampfgruppen der DDR in der Nacht auf den 13. August 1961 die Staatsgrenze zur BRD und nach Westberlin ab. Danach klangen die blumigen Worte Walter Ulbrichts: »Niemand hat die Absicht eine Mauer zu bauen ...«, einige Tage vorher gesprochen, wie Hohn. Der Aufwand, der bei der Sicherung dieser Grenze betrieben wurde, ist praktisch nur mit den Grenzen zwischen den USA und Mexiko oder zwischen Nord- und Südkorea vergleichbar. Allerdings war der Hintergrund ein völlig anderer. Vom ersten Tag an diente diese Grenze dazu, das Volk im eigenen Haus zu halten. Die Anzahl der dokumentierten Angriffe auf die Staatsgrenze aus dem eigenen Hinterland übersteigt die Übergriffe von der Seite der BRD aus um ein Vielfaches. Jede der gegenüberstehenden Parteien pflegte dabei seine Märtyrer, die Grenztruppen der DDR ihre gefallenen Soldaten und Offiziere, die Presse der BRD die geschundenen Opfer eines totalitären Regimes. Fest steht jedoch, daß die Mauer auch als Reaktion auf ein konsequentes Abwerben von qualifizierten Fachkräften aus der jungen DDR seitens der BRD entstand. Über die Angemessenheit dieser Reaktion müssen die Historiker in fairer Diskussion befinden. Aber auf jeder Seite dieser scheußlichen Grenze fühlten sich die Verantwortlichen mit ihren Argumenten im Recht, und das Verhalten der jeweiligen Gegenseite trug nicht selten dazu bei. Zudem trafen sich genau an dieser Grenze die Interessen zweier Supermächte und Protagonisten des Kalten Krieges, die auf anderen Plätzen auch heiß fochten. In

Während des Mauerbaus 1961, FDJler besuchen eine NVA-Einheit

Deutschland fand sich jedoch durch die Gemeinsamkeit der Sprache ein viel subtileres Feld der gegenseitigen Beeinflussung. Spätestens in den 80er Jahren hatte man sich auch in der Bundesrepublik mit der Mauer und der DDR eingerichtet.

»ARBEITE MIT, PLANE MIT, REGIERE MIT«

Aufruf der Partei- und Staatsführung. Auf dem IX. Parteitag der SED verabschiedete die Partei in ihrem Programm unter anderem die Hauptaufgabe, die mit dem → ökonomischen Grundgesetz des Sozialismus identisch war. Die Verwirklichung dieser Aufgabe sollte ein Werk der gesamten Bevölkerung sein. Dazu wurde ein solcher Aufruf kreiert, der die Mitwirkung aller symbolisieren sollte. Im Vordergrund stand bei diesem Aufruf natürlich die Arbeit der werktätigen Bevölkerung, da die Planung ja durch die → staatliche Plankommission vorgenommen wurde und das Regieren ja der Partei- und Staatsführung vorbehalten war. Trotzdem konnten über solche Aufrufe, bei entsprechender, ernstzunehmender Kritik aus der Bevölkerung die Probleme des Landes verdeutlicht werden. Aber genau hier setzten wohl wieder die Mühlen des Partei- und Staatsapparates ein und zerrieben solcher Art Kritik auf dem Weg zum Politbüro bis zur Unkenntlichkeit.

ARBEITERBERUFSVERKEHR

Da in der DDR die individuelle Motorisierung relativ schlecht ausgeprägt war, mußte der Werktätige im allgemeinen mit öffentlichen Verkehrsmitteln an seinen Arbeitsplatz befördert werden. Die dafür erhobenen Preise waren außerdem gegenüber den Kosten der Anfahrt mit dem eigenen PKW vergleichsweise gering. Zudem verfügte die DDR durch die Konzentration der Produktion in riesigen → Kombinaten über Zentren, die vom Umland her gut erreichbar waren und die den Einsatz von öffentlichen Verkehrsmitteln zu den Werksbeginn- und Feierabendzeiten lohnend machten. So boten praktisch alle Verkehrskombinate zusätzliche Fahrten am Morgen und am späten Nachmittag an, für → Betriebe mit Mehrschichtarbeit zu jeder Schicht (Schichtbusse).

ARBEITERFESTSPIELE

Sie fanden von 1959–1971 jährlich, ab 1972 alle zwei Jahre jeweils in einem anderen Bezirk der DDR als Leistungsschau der kulturschöpferischen Kräfte der Arbeiterklasse statt. Gestaltet wurden sie als Volksfest der sozialistischen Kultur und Kunst und Forum des Erfahrungsaustausches über die Entwicklung des geistig-kulturellen Lebens und des künstlerischen Volksschaffens. Träger und Organisator der Arbeiterfestspiele war der → FDGB gemeinsam mit den staatlichen Organen, den Leitungen der → FDJ, den Künstlerverbänden, dem → Kulturbund der DDR, dem → DTSB der DDR und der → Nationalen Front der DDR. Auf ihnen wurde der Zusammenhalt zwischen den Berufskünstlern der DDR und den Werktätigen dokumentiert. Außerdem waren sie Bühne für das künstlerische Schaffen in den anderen sozialistischen Ländern und gaben den Laienkünstlern aus den Betrieben und Institutionen die Möglichkeit, ihre Darbietungen einem breiten Publikum vorzustellen. Hervorragende Leistungen prämierte der → FDGB seit den 6. Arbeiterfestspielen 1964 mit Goldmedaillen.

ARBEITERSCHLIESSFACH

Umgangssprachliche Bezeichnung für → Neubauwohnungen in → Plattenbausiedlungen.

ARBEITER- UND BAUERN-FAKULTÄT

→ ABF

ARBEITER- UND BAUERNINSPEKTION

Die ABI war das staatliche und gesellschaftliche Kontrollorgan, das 1963 auf Beschluß des → Zentralkomitees der SED und des → Ministerrates der DDR gebildet wurde. Die ABI arbeitete unmittelbar im Auftrag der Partei und der Regierung. Sie half bei der Ausübung der Kontrolle über die Verwirklichung ihrer Beschlüsse und Direktiven in den → Kombinaten, Betrieben, Genossenschaften und Einrichtungen sowie in den staatlichen und wirtschaftsleitenden Organen. Dabei übte sie aktiven Einfluß auf die Erfüllung der Produktionspläne und auf die Leitung und Planung aus. Das Komitee der ABI war ein Organ des → Zentralkomitees der SED und des Ministerrates der DDR; der Vorsitzende des Komitees war ein Mitglied des Ministerrates der DDR. Die Bezirks-, Kreis-, Stadt- und Stadtbezirkskomitees der ABI waren Organe der jeweils übergeordneten Komitees der ABI, also ein Staat im Staate. In den → VVB und Kombinaten bestanden Inspektionen der ABI. In den Betrieben, Genossenschaften und Einrichtungen, in den Betriebsteilen bzw. -bereichen wurden außerdem Kommissionen der ABI, in den Städten, Wohngebieten und Gemeinden die Volkskontrollausschüsse (VKA) auf ehrenamtlicher Basis gebildet. Sie sollten helfen, betriebliche und örtliche Reserven zur Erfüllung und Übererfüllung der Pläne aufzuspüren und nutzbar zu machen. Die Mitglieder der Kommissionen der ABI und der VKA wurden auf Vorschlag der Leitungen der SED und der Massenorganisationen jeweils für die Dauer von zwei Jahren in Versammlungen der Werktätigen und der Einwohner bzw. ihrer Vertreter gewählt. Die Kommissionen der ABI koordinierten ihre Tätigkeit vor allem mit den Arbeiterkontrolleuren des → FDGB und den Kontrollposten der → FDJ. Mit der ABI zu drohen, galt zwar im Alltag der DDR nicht unbedingt als schick und diskreditierte im allgemeinen den Kunden, dennoch wirkte nicht selten die Drohung, weil die ABI einen anderen Weg der Informationsbeschaffung für die → SED darstellte und zumindest Unannehmlichkeiten und Erklärungsbedarf für die Beschuldigten mit sich brachte. Zudem waren die Mitglieder der ABI gefürchtet, da sie auf kurzem Weg erheblichen Ärger machen konnten. Insgesamt war diese Kontrollorganisation jedoch genauso zahnlos wie jedwede öffentliche Kontrolle, da auch hier Menschen agierten, die sich im System der DDR einen bequemen Platz suchten und diesen verteidigten. Auch die ABI konnte sich letztlich des Verdachtes nicht erwehren, nur Alibifunktionen für die Partei innerhalb der Gesellschaft auszuüben.

ARBEITER-UND-BAUERN-STAAT

Nach den Lehren des → Marxismus-Leninismus war die Arbeiterklasse die herrschende Klasse im sozialistischen Staat und der sozialistische Staat das Instrument ihrer Machtausübung. Seine Errichtung war demnach das eigentliche Ziel der sozialistischen Revolution. Den besonderen gesellschaftlichen Bedingungen in der DDR nach Beendigung des Zweiten Weltkrieges war es geschuldet, die Basis für den Staat breiter zu definieren. So kam als Bündnispartner während der Gründungsphase nur noch die werktätige Bauernschaft in Frage, die mit der → demokratischen Bodenreform bereits an die sich formierenden Kräfte gebunden worden war. In der DDR-Ideologie wurde später die Bauernschaft als zweite werktätige Klasse bezeichnet, der sozialistische Staat somit als Arbeiter-und-Bauern-Staat. So war auch das Symbol der DDR ausgelegt: Hammer und Zirkel im Ährenkranz. Die → KPdSU verwendete Hammer und Sichel. Daß dies nur eine Fiktion war und die reale Macht bei den Spitzenfunktionären der → SED lag, die wiederum von der Moskauer Führung der KPdSU ihre Weisungen erhielten, war jedem ersichtlich, trotz der Scheinwahlen und der Einbindung der → »Blockparteien« in den »demokratischen Block«.

ARBEITERVETERAN/PARTEIVETERAN

Bezeichnung für Bürger, die vor der Gründung der DDR im antifaschistischen Widerstandskampf integriert waren. Diese Bürger wurden vor allem der Jugend in der → Pionierorganisation und der → FDJ als Vorbild demonstriert. Fast ausschließlich waren sie langjährige Mitglieder der SED und/oder der KPD. Allerdings fanden sich unter den so Bezeichneten kaum mehr echte Arbeiter, häufig

Massenkundgebung am August-Bebel-Platz anläßlich der Gründung des selbsternannten Arbeiter-und-Bauern-Staates am 7.10.1949

waren die Veteranen Funktionäre oder Intellektuelle. Man muß aber hierbei auch sehen, daß den wenigen kommunistischen Widerstandskämpfern, die den Krieg überlebten und danach nicht in Ungnade der Parteiführung gefallen sind, in der jungen DDR das Tor zu einer politischen Karriere oder zu einer Weiterbildung weit offen stand. Viele haben das genutzt und sich »nach oben« gearbeitet.

ARBEITSEINSATZ

→ Subbotnik. Nicht jeder Aufruf gipfelte in dem verfemten russischen Begriff. Stattdessen wurde mit den Jahren im offiziellen Sprachgebrauch mehr und mehr der deutsche Begriff verwendet, während der russische Begriff Subbotnik zunehmend negativ besetzt war.

ARBEITSKRÄFTELENKUNG

Im Gegensatz zu einer Personalabteilung in einem westlichen Unternehmen, die für die Beschaffung qualifizierter Mitarbeiter aus dem Markt verantwortlich ist, war es der Kaderleitung in einem sozialistischen → Betrieb oder → Kombinat nicht möglich, das Personal am Markt zu rekrutieren. Vielmehr war sie damit beschäftigt, aus dem vorhandenen Personal das Mögliche zu machen. Wurde eine neue Planstelle geschaffen, mußte diese besetzt werden. Der favorisierte Kandidat mußte dem Profil für diese Planstelle, das in der Regel durch Parteivorgaben bestimmt wurde, entsprechen. Eigene Mitarbeiter, die meist diese Aufgaben bereits erfüllten, mußten also entweder qualifiziert oder auch zum Beitritt in die SED überzeugt werden. Außerdem stellten sich die Mitarbeiter nicht immer ohne Widerspruch zur Verfügung, da mehr Verantwortung meist auch längere und aufwendigere gesellschaftliche Verpflichtungen mit sich brachte. Noch problematischer war die Besetzung völlig neuer Produktionsbereiche mit geeignetem Personal. Nicht selten stellten die Kaderleitungen Mitarbeiter zwangsweise ab. In den Betrieben der DDR war das Karrieredenken wenig verbreitet. Kontinuität war angesagt und vor allem Routine, die es erlaubte, viel nebenbei zu erledigen. Es gab aber auch eine staatliche Arbeitskräftelenkung, über die z.B. Menschen, die keiner geregelten Arbeit nachgingen (sog. »Asoziale«, →Arbeitsplatzbindung) und gerichtliche Auflagen hatten, entsprechend verpflichtet und den Betrieben zugewiesen wurden. Meist waren deren Qualifikationen und die Arbeitsmoral nicht sonderlich hoch. Sie waren für die Betriebe eher eine Belastung.

ARBEITSPLATZBINDUNG

Menschen, die als »kriminell gefährdet« registriert wurden oder von den Gerichten (also oft mittelbar von der Stasi) beauflagt wurden, konnten mit Arbeitsplatzbindung belegt werden. Bürger ohne Arbeitsplatz bekamen dann eine Arbeitsstelle zugewiesen, oft in den unbeliebtesten Bereichen (Schlachthöfe, Müllabfuhr usw.). Die Betriebe waren verpflichtet, Meldung zu erstatten, sollte der Betreffende nicht zur Arbeit erscheinen. Bei wiederholtem Nichterscheinen drohte »Zuführung« bzw. Haftstrafen. → Berlin-Verbot, → Gaststätten-Verbot und → Meldepflicht.

ARBEITSSCHUTZBEAUFTRAGTER

Arbeitsschutzobleute, die mit der Kontrolle der Umsetzung von Gesetzen, Verordnungen und Bestimmungen des Gesundheits- und Arbeitsschutzes beauftragt waren. Sie wurden innerhalb der Gewerkschaftsgruppen gewählt und kontrollierten deren Arbeitsbereich, die Benutzung von Arbeitsschutzmitteln, die regelmäßige Durchführung von Arbeitsschutzbelehrungen sowie das Arbeitsschutzkontrollbuch. Sie nahmen an Unfalluntersuchungen teil. Die Weiterbildung zum Arbeitsschutzinspektor ging mit einer umfangreichen Erweiterung der Verantwortlichkeit einher. Sie waren direkt der → BGL unterstellt und berechtigt, Auflagen für den Gesundheits- und Arbeitsschutz im Betrieb zu erteilen und deren Umsetzung durchzusetzen. Notfalls waren sie berechtigt, die Produktion zu unterbrechen, bis der Mangel innerhalb des Arbeitsschutzes durch den staatlichen Leiter behoben worden war.

ARCHIV DES TODES

Fernsehserie in 13 Teilen von Rudi Kurz. Die Serie wurde 1978–79 produziert und im Vorfeld des 30. Jahrestages der Gründung des Ministeriums für Staatssicherheit erstmals ausgestrahlt. In dieser Serie, die mit vielen hochkarätigen Schauspielern der DDR und aus Polen besetzt war, werden fünf Angehörige der sowjetischen militärischen Abwehr im feindlichen Hinterland abgesetzt, um ein Archiv zu finden und zu sichern, in dem die Faschisten Material über die Opfer ihrer Greueltaten zusammengetragen haben und von dem aus sie nach Kriegsende Sabotageaktionen in Ost- und Südosteuropa organisieren wollen. Dargestellt wird der schwere Weg dieser Aufklärer zum Archiv und die Gefahren der Untergrundarbeit im faschistisch besetzten Polen, die Aufopferung jedes Einzelnen für das Ganze und letztendlich der Sieg.

ARKONA

Fahrgastschiff. Die Kiellegung der Arkona fand am 20. Mai 1980 auf der Howaldt-Werke-Deutsche Werft AG in Hamburg statt. Damals war das Schiff noch als »Hammonia« geplant. Am 16. Dezember 1980 lief es als »Astro« vom Stapel und fuhr bis 1983 als Kreuzfahrtschiff, danach wurde es ausbleibenden geschäftlichen Erfolges wegen an Südafrika verkauft und von der South African Marine Corporation Ltd. ebenfalls als Kreuzfahrtschiff eingesetzt. 1985 erwarb es der Außenhandelsbetrieb Schiffskommerz Rostock, nachdem es zuvor einige Monate unter der Flagge der Bahamas mit Heimathafen Nassau gefahren war. Das Schiff wurde umgerüstet und fuhr fortan für den → FDGB als Urlauberfahrgastschiff.

ARMEERUNDSCHAU

Monatlich erscheinendes Magazin im A5-Format, in dem das Leben in der → Nationalen Volksarmee und den anderen sozialistischen Armeen in oft beschönigender Weise unkritisch dargestellt und offen für den Armeedienst geworben wurde. Das Heft berichtete, illustriert mit zahlreichen Farbfotos, von Manövern, über Berufsbilder der Armee, über Waffentechnik, enthielt aber auch Kurzgeschichten von Lesern, Leserbriefe, Rätsel usw.

AROMATIQUE

Kräuterlikör aus dem VEB Aromatique Neudietendorf. Die Spirituose war begehrt und eigentlich nur im Raum Erfurt ständig erhältlich. Von dort trat sie mit Freunden und Verwandten ihren Weg in die Republik an. Natürlich war sie dort fast ausschließlich unter dem Kürzel Aro bekannt. Vielerorts nannte sie der Volksmund auch Kommodenlack. Als Familienunternehmen gegründet und erst unter → Honecker verstaatlicht, gelang dem Produzenten und dieser Marke als einer der wenigen ein recht nahtloser Übergang in die Marktwirtschaft.

ÄRZTEBERATUNGSKOMMISSION

Den Ärzteberatungskommissionen wurden langfristig arbeitsunfähig geschriebene Patienten durch den Haus- oder den → Betriebsarzt vorgestellt und von diesen ärztlich begutachtet. Dabei wurde die weitere Therapie festgelegt oder dauernde Berufsunfähigkeit bescheinigt oder zum Beispiel Kuren zur Herstellung der Arbeitsfähigkeit verschrieben.

ASCO COLA

Cola-Getränk, das vor allem von den Getränkekombinaten der nördlichen Bezirke der DDR produziert wurde. Der Geschmack war ähnlich dem von → Club-Cola, genauso klebrig-süß, aber mit weniger Kohlensäure, dadurch ungenießbarer.

ASK-TRAININGSANZUG

Während des Wehrdienstes bekam jeder Wehrpflichtige einen braunen Trainingsanzug, da jeder Angehörige der → NVA und der Grenztruppen automatisch Mitglied im Militärsportverein wurde. Der braune Trainingsanzug wurde auch im Winter beim täglichen Frühsport getragen (→ Winterbefehl/Sommerbefehl). Nach der Beendigung der aktiven Dienstzeit wurde dieser Trainingsanzug dem Entlassenen mitgegeben. Die braunen Trainingshosen leisteten danach auch weiterhin Dienst im Garten und beim Heimwerken. Ihr Aussehen dokumentierte die Schwere des aktiven Wehrdienstes.

ASTORIA

Interhotel in Leipzig, direkt neben dem Hauptbahnhof gelegen. Auf Grund seiner Ausstattung war es eines der wenigen Hotels in der DDR, in denen mit Devisen bezahlt werden konnte. Während der Leipziger Messe war es ausschließlich Gästen aus dem westlichen Ausland vorbehalten. Außerhalb dieser Zeiten galt es als erste Adresse in Leipzig. Seine Gastronomie bot exklusiven Standard bei entsprechenden Preisen. Wer etwas auf sich hielt, speiste auch einmal im Astoria, zumindest solange, bis um die Ecke ein neues, von Japanern errichtetes, Hotel mit mehreren Restaurants, darunter auch einem japanischen, eröffnet wurde. Interessant am Restaurant des Hotels Astoria waren außerdem die Wandbilder »Fünf Erdteile«, die der Maler → Werner Tübke 1958 geschaffen hat. Da das Astoria Regierungshotel war und hier auch Regierungsmitglieder abstiegen, z.B. zur Eröffnung der Leipziger Messe mit obligatorischem Gewandhauskonzert (Beethovens 9. Sinfonie wurde gerne gewählt), wurde auch entsprechend Aufwand in der Innenausstattung betrieben. Weitere Kunstwerke »baubezogener Kunst« im Astoria waren der emaillierte, z.T. vergoldete Brunnen von Rudolf Hogan und der Glasraumteiler »Völkerfreundschaft« von Heinz Wagner (beide auch 1958).

ATA
Putz- und Scheuermittel aus dem → VEB Waschmittelwerk Genthin. Dieses Reinigungspulver bestand fast ausschließlich aus Quarzsand und erzeugte so reichlich Kratzer auf den gereinigten Flächen, die daraufhin um so hartnäckiger verschmutzten.

ATZE
Comiczeitschrift aus dem Verlag Junge Welt. Sie wurde vom Zentralrat der → FDJ für Pioniere (→ Pionierorganisation) und Schüler herausgegeben und erschien monatlich seit 1955. Sie verstand sich als propagandistisches Organ, wobei sie für den Transport der Propaganda das Mittel des Comics nutzte.

AUBI
Autofahrerbier. Anfang der 80er Jahre kam dieses Getränk auf den Markt. Alkoholfreies Bier für durstige Autofahrer, denen die Faßbrause zu süß oder die Cola zu klebrig war. Leider schmeckte dieses Getränk so, wie es aussah. Deshalb stagnierte der Absatz, und die Produktion wurde eingestellt.

AUF DIE BÄUME, IHR AFFEN, DER WALD WIRD GEFEGT
Refrain eines Titels des Volksmusikduos → Monika Hauff und Klaus-Dieter Henkler. Uraufgeführt wurde dieser Titel in einer Sendung → »Zwischen Frühstück und Gänsebraten«. Hauff/Henkler waren Stammgäste dieser Sendung und boten zum Abschluß stets eine Uraufführung. Diese Titel waren satirisch angelegt und boten einen ausgezeichneten Übergang zum Finale dieser Show.

AUF SCHUSTERS RAPPEN
Sendung des → DFF. Diese Sendereihe enthielt unterhaltsame Reportagen über die Heimat und sprach vor allem ein Publikum an, das sich fern vom Streß motorisierter Urlauber an das Erlaufen der Urlaubsgebiete wagte. Die Sendung bot Geschichten und Geschich-

te der vorgestellten Gegend dar. Untermalt wurde das Ganze durch Volkskunst oder Volksmusik der jeweiligen Ortschaften.

AUFBAUSTUNDEN

Zunächst als → Nationales Aufbauwerk gegründete Bewegung, die angelehnt an die sowjetischen → Subbotniks eine freiwillige Arbeitsleistung der Bevölkerung abforderten. Mit diesen Arbeitsleistungen gelang es dem jungen Staat zunächst, die schlimmsten Wunden des Zweiten Weltkrieges zu beseitigen. In der Folge wurden die Aufbaustunden von gesellschaftlichen Organisationen in ihren Satzungen vereinbart, so daß die Mitglieder von Garten- und Sportvereinen mit der Mitgliedschaft auch die Verpflichtung für die Ableistung von Aufbaustunden eingingen. Auf diese Art und Weise standen den Vereinen eine festgelegte Anzahl kostenloser Arbeitsstunden zur Verfügung, die im allgemeinen zur Schaffung vereinseigener Werte in Form von Immobilien oder Sportstätten verwendet wurden. Später dienten sie zur Unterhaltung des Vereinseigentums bzw. dessen Modernisierung.

DER AUGENZEUGE

Vorfilm/Wochenschau der DEFA, wurde in den Kinos vor dem Hauptfilm vorgeführt, bestand aus Nachrichten, Kurzfilmen und Dokumentationen, hatte zum Teil unterhaltenden, zum Teil politisch erziehenden Charakter.

DIE AULA

Roman von Hermann Kant (geb. 1926) aus dem Jahre 1965. Der Autor Hermann Kant schildert die Problematik bei der Umgestaltung einer vor allem auf Familientraditionen beruhenden Intelligenzkaste in eine Intelligenz, die sich aus allen Bevölkerungsschichten zusammensetzt und die vor allem in einer Zeit heftiger äußerer und innerer Spannungen von dem jungen Staat rekrutiert und geformt wird. Dabei ermöglichte die Schaffung der → ABF vielen Ein-

Oben: Aufbauhelfer am Alexanderplatz auf dem Gelände des ehemaligen Polizeipräsidiums, 1959
Unten: Aufräumarbeiten in der Friedrichstraße, 1950

zelnen den Weg zu höherer Bildung. Durch die ABF gelang es der DDR unter großer Kraftanstrengung zumindest zum Teil, die durch Abwerbung und Auswanderung in die BRD entstandenen Verluste an wirtschaftlichen und technologischen Kapazitäten auszugleichen. Daß natürlich ein abgeschlossenes Studium keine jahrelange Berufserfahrung ersetzt, war während dieser Zeit häufig zu spüren, ist aber ein Problem, das Kant in dem Roman »Die Aula« nicht mehr behandelt. Offensichtlich war es zu diesem Zeitpunkt als solches noch nicht erkannt und wahrscheinlich in der öffentlichen Diskussion unpopulär. Mittelpunkt seines Romans ist die Laudatio, die der Protagonist des Romans hält. Diese Laudatio und der Roman selbst waren Lehrstoff im Literaturunterricht der → EOS sowie beliebtes Aufsatzthema. Hermann Kant war Absolvent und Dozent der ABF Greifswald, später langjähriger Präsident des Schriftstellerverbandes und Mitglied des → ZK der SED (→ Zentralkomitee).

Der Schriftsteller Hermann Kant, Präsident des Schriftstellerverbandes der DDR, und Staatschef Erich Honecker während einer Lesung 1986 in der Berliner Kongreßhalle

Zu seinen besten Werken gehören einige Kurzgeschichten über seine Kindheit und der Roman »Der Aufenthalt« (1976), von Frank Beyer 1983 verfilmt (die Hauptrolle spielt Sylvester Groth).

AUSBAUWOHNUNG

Mit Ausbauwohnungen suchte die Kommunale Wohnungsverwaltung dem zunehmenden Verfall des staatlich verwalteten Wohnungsbestandes entgegenzuwirken. Dem Bürger wurde eine unbewohnbare Wohnung zugewiesen und Material aus dem staatlich bilanzierten Fonds zur Verfügung gestellt. Damit sollte der betreffende Bürger in die Lage versetzt werden, den zugewiesenen Wohnraum zu sanieren. Praktisch konnten jedoch nur Handwerker oder Leute mit entsprechenden Beziehungen zum Handwerk damit etwas anfangen. Versierte Heimwerker versuchten sich auch mit großem persönlichen Engagement Ausbauwohnungen zu schmucken Heimen für ihre Familien umzugestalten. Da eine Wohnung in der DDR praktisch nur besenrein übergeben werden mußte, wurden beim Wohnungswechsel im allgemeinen abgewohnte Räumlichkeiten zurückgelassen, eine gründliche Renovierung war stets erforderlich. Ausbauwohnungen waren deshalb sehr begehrt, weil wenigstens ein Teil des benötigten Materials gestellt wurde und die somit sanierten Altbauwohnungen meist einen erheblich besseren Wohnwert besaßen als die uniformen Wohnungen in den Neubausiedlungen.

AUSGANG

Die Wehrpflichtigen der DDR hatten sich während der Zeit bei den → bewaffneten Organen strengen Reglementierungen zu unterwerfen. Da der → Klassenkampf eine ständige hohe → Gefechtsbereitschaft erforderte, hatten die Wehrpflichtigen praktisch rund um die Uhr Dienst. Urlaub gab es selten, regulär zweimal im Diensthalbjahr. Eine Unterbrechung dieser Monotonie war der Ausgang, der beantragt werden mußte und von den Vorgesetzten genehmigt wurde. Er dauerte von Dienstschluß bis Mitternacht. Damit war Schikanen Tür und Tor geöffnet, eine beliebte Strafe waren Ausgangssperren, scharfe Überprüfungen des Haarschnitts und der Ausgangsuniform waren die Regel. Oft wurde allerdings der Ausgang nach langem Kasernenaufenthalt zu einem schnellen und alles vergessen machenden Umtrunk genutzt, zumal der Alkoholgenuss in der Kaserne den Soldaten streng verboten war. Ausgangsvergehen waren deshalb an der Tagesordnung und führten nicht selten zu strengen Disziplinarmaßnahmen. Der Beschluß des → Ministeriums für nationale Verteidigung, Arresttage nachdienen zu lassen, beruhigte das Unwesen der Ausgangsvergehen etwas, ohne diese jedoch gänzlich verhindern zu können.

AUSREISEANTRAG

Mit diesem Antrag bekundete der Antragsteller seinen Willen, in die BRD überzusiedeln. Für die meisten Antragsteller begann nach der Antragstellung eine Zeit der gesellschaftlichen Ausgrenzung und der persönlichen Diskriminierung, oft in Intelligenzberufen auch der Verlust des Arbeitsplatzes. Nicht selten folgte der Antragstellung die Inhaftierung durch die Staatssicherheit. Die positive Bescheidung eines solchen Antrages war dann praktisch von der Meinung der Staatssicherheit zu dieser Ausreise abhängig, man mußte aber mitunter viele Jahre darauf warten und bekam seitens der Behörden bei Nachfragen und → Eingaben nur ausweichende, nichtssagende Antworten, unterschrieben »mit sozialistischem Gruß«. Bezahlt wurde das Wohlwollen der Staatssicherheit in der Regel mit dem Verlust des persönlichen Eigentums der Ausreisewilligen.

AUSSENSEITER – SPITZENREITER

Sendung des → DFF. Kundendienst für Neugierige. Das → Kollektiv um den Moderator Hans-Joachim Wolfram befriedigte mit dieser Sendung meist recht skurrile Bedürfnisse der Zuschauer. So wurden in den Sendungen die unterschiedlichsten Marotten der DDR-

Bürger dargestellt und so wichtige Fragen geklärt wie: Wer hat seinen Weihnachtsbaum am längsten geschmückt stehen? Da die Form der Darbietung selten aufdringlich und immer mit einem Schuß Ironie und vor allem Selbstironie gesendet wurde, erfreute sich diese Sendung allgemein großer Beliebtheit, gab sie doch zudem dem einfachen Mann die Möglichkeit, sich mit seinem Hobby oder seiner Marotte einem breiten Publikum zu präsentieren. Außerdem wurde fast ausschließlich auf Zuschaueranfragen reagiert, so daß immer das Gefühl eines Dialogs entstand. Und das kam beim Publikum an. Heute läuft diese Sendung noch mit großem Erfolg im MDR.

AUTOANMELDUNG

In den Verkaufsstellen des → IFA-Vertriebes konnte sich jeder Bürger der DDR, der das achtzehnte Lebensjahr vollendet hatte, für den Bezug eines PKW anmelden. Bei der teilweise erheblichen Wartezeit auf das ersehnte Fahrzeug war es töricht, keine Autoanmeldung zu besitzen, zumal niemand wußte, ob man daraus nicht noch einmal Kapital schlagen konnte. Während der Wartezeit auf das Fahrzeug durfte der Anmelder zweimal das Fabrikat wechseln. Fällige Autoanmeldungen wurden in den 80er Jahren mit Preisen von mehr als 10.000 Mark gehandelt. Das bedeutete, wer seinen neuen PKW nicht brauchte oder nicht bezahlen konnte, suchte sich einen Käufer, der für den sofortigen Erhalt eines neuen PKW einen erheblichen Aufschlag auf den tatsächlichen Kaufpreis bezahlte. Natürlich erschien dieser Aufschlag auf keinem Kaufvertrag und wurde manchmal sogar in D-Mark entrichtet. Das hing allerdings vom Verhandlungsgeschick des Verkäufers ab.

AUTOMOBILWERK EISENACH

AWE. Nach einem verlorenen Prozeß über die Führung des Namens Eisenacher Motorenwerke, EMW, die bis zum Ende des Zweiten Weltkrieges zum BMW-Konzern gehört hatten, firmierten die

Eisenacher Automobilbauer unter diesem Namen und produzierten als Eigenentwicklung die PKW des Typs → Wartburg.

AUTOREN- UND HERAUSGEBERKOLLEKTIV

In der DDR war das Prinzip der kollektiven Leitung und Verantwortung weit verbreitet. So nahm es nicht wunder, daß gerade in wissenschaftlichen Editionen, vor allem gesellschaftswissenschaftlichen, sich nicht einzelne, sondern mehrere Autoren oder Herausgeber für den Inhalt verantwortlich zeichneten. Zudem war dies zugleich ein hervorragendes Kontrollmedium, das kritische Gedanken oder wohlmeinende Änderungsvorschläge von vorn herein herausfilterte.

AWA

Anstalt zur Wahrung der Aufführungs- und Vervielfältigungsrechte auf dem Gebiet der Musik der DDR. 1951 gegründet, schützte sie die Urheberrechte der Musiker, Komponisten, Arrangeure und Texter. Es gab eine Generaldirektion in Berlin und in den Bezirken Bezirksdirektionen. Veranstalter und die Medien mußten Gelder an die AWA abführen, die dann nach einem Punktesystem die Anteile der Urheber berechnete und Honorare an diese ausschüttete. Die AWA war aber auch für die Kontrolle der Einhaltung der → Repertoirequotenregelung zuständig.

AWG

Arbeiter-Wohnungsbau-Genossenschaften wurden gegründet als »freiwillige Vereinigungen zur Förderung des Wohnungsbaus auf der Grundlage des genossenschaftlichen Gemeineigentums an Wohnungen zur Verbesserung der Wohnverhältnisse der Arbeiter in den Industriezentren und zur Bildung von Stammbelegschaften« bestimmter Betriebe. Etwa die Hälfte aller Neubauwohnungen wurden für AWGs gebaut. AWG wurden bei volkseigenen Betrieben und → Kombinaten gebildet. Werktätige aus anderen Betrieben konnten Mitglied werden, wenn sich der betreffende Betrieb bei der jeweils zuständigen AWG registrieren ließ. Auf Vorschlag des Leiters und der → BGL des Betriebes konnte ein wohnungssuchender Werktätiger dann AWG-Mitglied werden, wenn er das Statut anerkannte und die Pflichten eines Genossenschaftlers übernahm. Dazu gehörten insbesondere: je nach Größe der Wohnung Genossenschaftsanteile zwischen 900 und 3.000 Mark zu zahlen, Eigenleistungen in Form von manuellen Arbeiten zu erbringen und die sich aus dem Statut, dem Nutzungsvertrag und der Hausordnung ergebenden Pflichten zu erfüllen. Ehegatten nahmen die Rechte und Pflichten ihrer Mitgliedschaft in der AWG gemeinsam wahr. Die AWG nahm unter Beachtung der Zuzugsbedingungen nur soviel neue Mitglieder auf, wie sie nach dem Bauplan innerhalb der folgenden drei Jahre Wohnungen baute. Für alle Genossenschaftswohnungen galt in Abhängigkeit von der Haushaltsgröße ein einheitlicher Verteilerschlüssel, der den Normen der staatlichen → Wohn-

AWG-Wohnungen in Berlin-Köpenick, 1972

raumlenkung entsprach. Für die Fälle des Ausscheidens aus der AWG und eine mögliche Erbfolge galten statuarische Regelungen, die die vermögensrechtlichen Interessen des ehemaligen AWG-Mitglieds beziehungsweise seiner Erben sicherten.

AWO

Motorradmarke in der DDR, die aber später nicht mehr gebaut wurde. Die einzige Motorradmarke, die mit einem Viertaktmotor ausgerüstet war. Die schweren Maschinen mit tiefliegendem Sitz hatten Kultstatus. Sie wurden von ihren stolzen Besitzern liebevoll gepflegt und mitunter auch auf den alljährlich stattfindenden Biker-Treffen beim Motorradmuseum auf der Augustusburg vorgeführt.

B

BABYJAHR

Auf dem IX. Parteitag der SED 1976 beschlossene Maßnahme, die dem besorgniserregenden Bevölkerungsrückgang in der DDR entgegenwirken sollte. Mit dem Babyjahr wurde die junge Mutter ein Jahr bezahlt von der Arbeit freigestellt. Im Parteideutsch der SED war das eine Errungenschaft des sozialpolitischen Programms. Diese Maßnahme diente allerdings auch dazu, Kindereinrichtungen zu entlasten, da die Bereitstellung von Krippenplätzen nicht zu einhundert Prozent möglich war. Außerdem konnten damit »überflüssige« Kräfte aus dem Produktionsprozeß herausgelöst werden. Im Ergebnis dieser Maßnahme stieg die Geburtenrate in der DDR so weit an, daß zumindest die Sterberate ausgeglichen wurde. Für die Frauen mit Kleinkindern war dies allerdings eine sinnvolle und entlastende Maßnahme, zumal der Arbeitsplatz und damit die Rückkehr in den Betrieb gesichert war.

BABYSAN

Trockenvollmilch fürs Kind aus dem VEB Dauermilchwerke Stendal und Genthin. Sie war als ergänzende Flaschennahrung für Säuglinge während der Stillzeit etwa ab dem vierten Lebensmonat gedacht, wenn der Säugling neben der Muttermilch noch auf andere Nahrung umgestellt wurde. Dabei löste Babysan das vorher gefütterte → Manasan ab und ergänzte das ab dieser Zeit als Flaschennahrung gefütterte → Milasan.

BÄNDI

Dieser Begriff stammt aus dem Militärwesen der DDR, natürlich nicht aus dem offiziellen Vokabular. Innerhalb der Mannschaftsdienstgrade im Grundwehrdienst und der Zeitsoldaten war das Bändi jedoch wichtigstes Utensil, die bereits geleistete Dienstzeit und vor allem die schwindenden Tage bis zur Entlassung nachzuweisen. In den fantasievollsten Behältnissen wurde dazu ein Schneiderbandmaß (150 cm = 150 Tage) aufgerollt und nach einem festen Ritual bemalt. Zunächst wurde von der textilen Trägerschicht die orangene Rückseite abgezogen, möglichst in einem Stück. Danach wurden vom Tag des Heimgangs an (stets ein Mittwoch) die Sonntage rot, die Samstage halb rot bemalt. Die Tage eins bis zehn wurden komplett geschwärzt, weil es sich nicht mehr lohnte, diese Tage noch zu zählen. Weiterhin wurden die Donnerstage geschwärzt, die Dienstage grün und die Mittwoche blau bemalt. Ein besonderer Tag war noch die 133 (1330 = Postleitzahl von Schwedt, Standort des Militärgefängnisses). Sie bekam ein schwarzes Gitter. Die 100 wurde frei und bunt gestaltet, weil am folgenden Tag die Zahlen nur noch zweistellig wurden. Erstmals getragen wurde das Bändi am Tag 222 vor der Entlassung zum sogenannten Probetragen und war auf Verlangen der Entlassungskandidaten vorzuzeigen. Ab dem Tag 200 hatte der Soldat oder Unteroffizier auf Zeit das Bändi ständig am Mann zu tragen und fieberte dem Tag 150 entgegen, an dem mit viel Brimborium die erste Zahl fiel. Ratsam war es jedoch, nicht nur ein einziges Bändi zu haben. So mancher Haupfeldwebel (in der Bundeswehr Spieß) hatte nach einigen Dienstjahren eine hübsche Sammlung »eingezogen«, denn selbstverständlich war alles, was nach EK-Bewegung roch, innerhalb der NVA, Grenztruppen und der Bereitschaftspolizei verboten.

BAKO

Markenname des VEB BAKO Backwarenkombinat Berlin. Es war das größte Backwarenkombinat in der DDR und versorgte aus mehreren Großbäckereien fast die gesamte Stadt Berlin. Dabei kam es hin und wieder zu Mängeln in der Versorgung, die vor allem daher rührten, daß die Backwaren, die ausgeliefert wurden, bereits am Vortag hergestellt worden waren oder daß die Nachmittagslieferung bereits Backwaren mit der Kennzeichnung für den Folgetag in die → Kaufhallen brachte. Größtes Manko war aber wohl die Zentralisierung der Bäckerei und die daraus folgenden langen Transportwege. Vor allem in den gigantischen Neubausiedlungen gab es kaum private Bäckereien, und vor den wenigen bildeten sich deshalb lange Schlangen.

BALKANCAR

Kleintransporter bulgarischer Produktion. Er wurde im Rahmen des → RGW in dessen Mitgliedsstaaten vertrieben und war für größere Lasten und Ladevolumina geeignet als der → Barkas. Damit schloß der RGW eine Lücke innerhalb der Transportmöglichkeiten zwischen dem Barkas und den kleinen LKWs der Marke → Robur.

BALLENSTEDTER WURSTKONSERVEN

Im Harz gelegene Konservenfabrik, deren Produkte hauptsächlich in den → delicat-Verkaufsstellen gehandelt wurden. Dieser Betrieb fertigte vor allem Konserven von Streich- und Kochwurstsorten, womit diese sonst leicht verderblichen Fleischprodukte lange haltbar wurden, darunter die berühmte Rinderbratenpastete, die einem allenthalben in der DDR begegnete.

BALT-ORIENT-EXPRESS

Nord-Süd-Fernreisezug, der von Stockholm über Saßnitz, Berlin, Prag und Budapest nach Belgrad fuhr und Kurswagen nach Istanbul und weiter nach Bagdad mitführte. Vor allem in den Reisemonaten war dieser Zug die einzige durchgehende Verbindung für Bahntouristen nach Ungarn. Dementsprechend war er besetzt bzw. überbesetzt, und entsprechend beschwerlich war die Reise in ihm in den ersehnten Ungarnurlaub.

BAM

Baikal-Amur-Magistrale. Eisenbahntrasse nördlich parallel zur Transsibirischen Eisenbahn, die die Rohstoffzentren in der Baikalregion mit den Industriezentren im Westen der Sowjetunion und den Häfen im Fernen Osten verbindet. Diese Großprojekte wurden im → RGW beschlossen und von den Mitgliedsstaaten gemeinsam realisiert. Dazu stellten die einzelnen Mitgliedsstaaten Arbeiterkontingente und Material ab, die DDR in den Jahren 1974– 78 über zehntausend Bauarbeiter. Da die Verdienstmöglichkeiten erheblich über denen in den delegierenden Betrieben lagen, waren die Arbeitsaufenthalte an den Großprojekten begehrt. Zudem konnte die Delegierung längstens drei Jahre gehen. Das war ein überschaubarer Zeitraum, der zwar Härten durch die Trennung von der Familie mit sich brachte, aber kaum strapaziöser war als die Einberufung zum Militär, zumal er wesentlich besser honoriert wurde. → Trasse.

BAMBINA

Milchschokolade mit gerösteten Haselnußsplittern und Milchkaramelcremefüllung aus dem VEB Elfe Leipzig. Bambina avancierte zur Kultschokolade und ist heute wieder auf dem Markt.

BANANENDAMPFER

Speziell zum Transport von Südfrüchten dienendes Frachtschiff, das seinem Zweck entsprechend mit Kühl- und Klimaanlage besonders ausgerüstet ist. Für den Transport von Bananen benötigten diese Schiffe zudem zahlreiche niedrige Decks, weil diese Früchte hängend transportiert werden. Der Ausdruck Bananendampfer entstammt dem Volksmund, der solche Frachtschiffe in den Überseehäfen der DDR gern sah, weil sie begehrte Waren in das Mangelland brachten.

BANNER DER ARBEIT

Staatliche Auszeichnung der DDR, die durch den Vorsitzenden des Staatsrates in drei Stufen verliehen wurde. Geehrt werden konnten Einzelpersonen, → Kollektive, → Betriebe und Einrichtungen aus dem In- und Ausland. Der Orden war mit einem Geldbetrag dotiert, der für die einzelnen Stufen folgende Höhe hatte: 1. Stufe 5.000 Mark, 2. Stufe 3.500 Mark, 3. Stufe 2.000 Mark.

BÄRENBLUT

Bulgarischer Rotwein, der als Massenimport eingeführt und in der DDR abgefüllt wurde. Wie fast alle Weine vom Balkan war er lieblich bis süß und wurde deshalb gern getrunken.

BÄRENFOTZE

Mit dem Winterbefehl durch den Minister für Nationale Verteidigung mußten die Wehrpflichtigen und Berufssoldaten die graue Pelzmütze der NVA tragen, die einer russischen Tschapka nachempfunden war. Man konnte sie wie Ohrenschützer an den Seiten herunterklappen. Im Jargon der gemeinen Dienstgrade hieß sie Bärenfotze, da sie – im Gegensatz zur Schirmmütze im Sommer – nicht nur als Teil der Ausgangsuniform diente. Mit der Bärenfotze wurden Feldübungen und der alltägliche Dienst im Winter genauso absolviert wie Ausgänge und Urlaubsreisen. Dementsprechend wirkte sie meist recht gebraucht, war häufig deformiert und erinnerte eher an das Leiden der sowjetischen Soldaten in der DDR. → Sommerbefehl/ Winterbefehl.

BARKAS

Kleintransporter der VEB Barkas Werke Hainichen, den es in vielen Sonderversionen gab, als Kleinbus, Polizeifahrzeug, Notarztwagen usw. Wie die PKWs aus DDR-Produktion war er mit einem Zweitakt-Ottomotor ausgerüstet. Die Motoren und Getriebe kamen aus dem Automobilwerk Eisenach und waren mit denen des → Wartburg identisch. Kurz vor der Wende begannen die Barkas Werke ihre Fahrzeuge mit dem Viertaktmotor des VW Polo auszurüsten.

BASTEI

1. Felsengruppe im Elbsandsteingebirge. Sie wurde Anfang des 19. Jahrhunderts touristisch erschlossen. Sie liegt nordöstlich des Kurortes Rathen etwa 230 Meter nördlich des Elbufers und erreicht eine Höhe von 190 Metern über dem Elbtal. Mitte des 19. Jahrhunderts wurde die alte Holzbrücke zwischen der Bastei und der Felsenburg Neurathen durch eine Steinbrücke ersetzt, die heute neben

Blick von der Bastei auf den Kurort Rathen, Sächsische Schweiz, 1959

der Bastei das Wahrzeichen des Elbsandsteingebirges darstellt. 2. Bezeichnung für einen Wohnwagentyp in der DDR. Betriebe vergrößerten gern durch das Aufstellen solcher Wohnanhänger knappe Kapazitäten in Urlaubsgebieten des → FDGB, aber auch sonst war die Liebe der DDR-Bürger zu Wohnwagen und Campingurlaub mindestens so groß wie in dem anderen deutschen Staat.

BAU DER JUGEND

Poetische Umschreibung der DDR-Oberen für das Petrolchemische Kombinat Schwedt. Mit diesem Industriekomplex direkt an der Oder wurde ähnlich wie in Hoyerswerda und dem Gaskombinat »Schwarze Pumpe« oder in Eisenhüttenstadt mit dem »Eisenhüttenkombinat Ost« ein Industriebetrieb mit anschließender Wohnstadt quasi in die Heide gesetzt und es konnten ohne Rücksicht auf historisch gewachsene Stadtformen sozialistische Städtekonzeptionen durchgesetzt werden.

BAUHAUS DESSAU

Das Staatliche Bauhaus wurde 1919 in Weimar von dem Architekten Walter Gropius gegründet, kam 1925 nach Dessau, wo seine Gebäude heute noch stehen, und wurde 1933 von den Nationalsozialisten aufgelöst. Neue Gestaltungsformen und Lehrmethoden wurden im Bauhaus vertreten mit dem Ziel, die Verbindung von Kunst und Handwerk sowie Architektur, bildender Kunst und Werkkunst zu erreichen. Das Bauhaus hat das moderne Bauen und das Design generell stark beeinflußt. In den Jahren des Wiederaufbaus besaß die Bauhausarchitektur in der DDR zunächst kaum Bedeutung, dann wurde sie jedoch als Erbe entdeckt. Neubausiedlungen wurden in die Traditionslinie des Bauhauses gestellt, obwohl sie nur mittelbar und in Details, wie z.B. der einfachen Linienführung, an die Bauhausarchitektur erinnern.

BAUSOLDAT

Auch: Spatentrupp. In der DDR war die Verweigerung des Militärdienstes strafbar und wurde geahndet. Nicht verboten war dagegen seit 1964 die Verweigerung des Dienstes an der Waffe, und nicht wenige christlich oder pazifistisch eingestellte junge Männer machten davon Gebrauch. Mit der Verweigerung des Dienstes an der Waffe wurden die Wehrpflichtigen als sogenannte Bausoldaten einberufen, die durch einen silbernen Spaten auf dem Schulterstück gekennzeichnet waren, und absolvierten ihren Wehrdienst in sogenannten Baukompanien. Damit standen sie der Regierung als billige zwangsverpflichtete Arbeitskräfte zur Verfügung. Sie wurden vor allem in Tagebauen und auf Abraumhalden eingesetzt, aber auch in chemischen Großbetrieben, wo ständiger Mangel an Arbeitskräften für die harte Knochenarbeit herrschte. Für diejenigen, die nach der Armeezcit als Bausoldat eine staatliche Hochschule oder Fachschule besuchen wollten, gab es dann meistens Probleme: Ehemalige Bausoldaten erhielten oft keinen Studienplatz, wurden eher in die Kategorie »Feinde des Sozialismus« eingeordnet.

BBS

Betriebsberufsschule. Die meisten → Betriebe in der DDR trugen die Verantwortung für die Ausbildung ihrer Lehrlinge selbst, und das nicht nur in der praktischen Ausbildung. So war innerhalb der Betriebsorganisation die Lehrlingsausbildung ein nicht unbeträchtlicher Faktor. Die damit beauftragten → Werktätigen verfügten über eine pädagogische Fachausbildung zum Berufsschullehrer und unterstanden, obwohl Lehrer, nicht dem Ministerium für Volksbildung. Häufig wurde eine BBS von mehreren Betrieben getragen, die dann ihre Lehrlinge dort ausbilden ließen. An den BBS gab es neben den Unterrichtsräumen, Lehrkabinetten und -werkstätten auch Stützpunkte der → GST, denn die → vormilitärische Ausbildung gehörte zur Berufsausbildung als obligatorischer Bestandteil dazu.

BEATKISTE

Diese erste Wertungssendung nationaler Pop- und Rockmusik lief immer donnerstags von 19.12 bis 23.30 Uhr auf → Stimme der DDR. Begonnen wurde die Sendung 1971 als »Franks Diskothek«, moderiert von → Frank Schöbel, nach dessen Ausstieg 1973 moderierte Claudia Ninnig. Als man ihr 1975 wegen politisch unkorrekter Äußerungen die Sendung entzog, übernahm Harry Balkow-Gölitzer die »Beatkiste« bis 1984, dann ging er in den Westen. Nach ihm wechselten die Moderatoren häufig, bis die Sendung 1990 eingestellt wurde.

BEBO SHER

Handlicher, flacher Trockenrasierer aus dem VVB Elektrische Konsumgüter (→ AKA Electric), war noch der beste unter den in der DDR angebotenen Trockenrasierern.

BECHER, JOHANNES R.

Kommunistischer Schriftsteller, 22.5. 1891 – 11.10.1958, begann im expressionistischen Stil, schrieb vorwiegend Lyrik, aber auch Romane und Essays, war Mitbegründer des Bundes proletarischer Schriftsteller und schrieb glühende Lobeshymnen auf Stalin und die Sowjetunion, war während der Emigration in Moskau 1943 Mitgründer des Nationalkomittees Freies Deutschland, nach seiner Rückkehr nach Deutschland PEN-Mitglied, Textautor der Nationalhymne (»Auferstanden aus Ruinen ...«, Musik von Hanns Eisler), → Volkskammerabgeordneter der DDR und Mitglied des → ZK der SED (→ Zentralkomitee), zeitweise Präsident der Deutschen Akademie der Künste und Kulturminister der DDR, verlor aber nach seinem Eintreten für eine kulturpolitische Öffnung der Republik seinen politischen Einfluß. Er war ein sehr widersprüchlicher Mensch, der auch mehrere Suizidversuche unternommen hatte. Eines seiner bekanntesten Bücher ist der Roman »Abschied« (1940). Nach Johannes R. Becher wurden vorwiegend kulturelle

Einrichtungen benannt, wie z.B. viele Buchhandlungen, Klubhäuser, Schulen, der → Johannes-R.-Becher-Klub, das Literaturinstitut in Leipzig usw. Es gab ein Johannes-R.-Becher-Stipendium für hervorragende Germanistikstudenten, einen staatlichen Johannes-R.-Becher-Preis für Lyrik und eine Johannes-R.-Becher-Medaille, die am 9. Mai (dem Tag des freien Buches) für hervorragende kulturpolitische Leistungen verliehen wurde.

BEIRETTE

Fotoapparat-Serie aus dem VEB Pentacon Dresden. Diese Kamera war die erste Kompaktkamera in der DDR und wurde nach dem Vorbild japanischer Kleinbildkameras produziert. Da das Gehäuse aus Kunststoff bestand, war sie nicht sonderlich stabil, aber auch nicht teuer. Sie war ein typisches Wegwerfprodukt, wurde jedoch in der Regel gut gepflegt und hielt deshalb wohl meist länger, als vom Hersteller erwartet.

BEPO

Umgangssprachlich als Abkürzung für Bereitschaftspolizei gebraucht. Neben Berufspolizisten versahen auch Wehrpflichtige Dienst in der Bereitschaftspolizei. Diese war genauso wie die → NVA kaserniert und hatte Sicherungsaufträge für die vielen Großveranstaltungen in der DDR wahrzunehmen. So war sie u.a. mit Schutzausrüstung, Schutzschilden und Wasserwerfern ausgerüstet, sie hatte auch kleine Panzerwagen. Der Einsatz der BePo erfolgte aber nicht ausschließlich zur Absicherung von Veranstaltungen. Sie kam genauso zur Auflösung von nicht genehmigten Demonstrationen zum Einsatz, wozu sie aber erst gegen Ende der DDR ausreichend Gelegenheit bekam, etwa Oktober 1989 auf und um den Dresdener Hauptbahnhof, als die Züge mit den Ausreisewilligen hindurchrollten.

Oben: Berlin 1986, Blick auf den neu entstandenen Plattenbau-Bezirk Hellersdorf • Unten: Berlin 1986, Rosenthaler Platz

Oben: Berlin 1988, Karl-Liebknecht-Straße
Unten: Berlin 1987, Baumschulenstraße in Treptow

BERLIN – HAUPTSTADT DER DDR

Nach dem Vier-Mächte-Abkommen über Berlin teilte man die Stadt in vier Besatzungszonen auf. Die sowjetische Besatzungszone wurde Hauptstadt der DDR, im Volksmund Ost-Berlin genannt. Sie umfaßte die Stadtbezirke: Mitte, Pankow, Prenzlauer Berg, Friedrichshain, Lichtenberg, Köpenick, Treptow, später auch Marzahn und Hellersdorf. Die Bezeichnung als Hauptstadt der DDR war Anlaß für allerlei Spott der Kabarettisten in der DDR. Denn, daß Dresden die Kulturstadt der DDR war, mußte nicht im Namen der Stadt verankert werden – das war allgemein bekannt. Auch der Ausbau der Hauptstadt der DDR in der Berlininitiative, wozu Arbeitskräfte und Mittel aus »dem Rest der Republik« abgezogen wurden, und die bevorzugte Belieferung der Berliner Läden brachten den Hauptstädtern wenig Sympathie in der »Provinz« ein. Es entwickelte sich ein regelrechter Berlintourismus, nur um dort die Dinge einzukaufen, die man in der Provinz nicht so einfach bekam, wie H-Milch oder Bettwäsche.

BERLINER FESTTAGE

Seit 1951 jährlich in den Monaten September und Oktober stattfindende Kulturveranstaltung in Berlin, in deren Mittelpunkt musikalische Darbietungen, sinfonische und Kammerkonzerte sowie Oper und Tanz standen. Dazu kamen neue Tendenzen des internationalen Theaters, Filmvorführungen, Lesungen und Ausstellungen der bildenden Künste. Dabei wurde stets der Versuch einer Schwerpunktbildung vorgenommen.

BERLINER RUNDFUNK

Sender innerhalb des → Rundfunks der DDR mit hauptstadtorientierter Berichterstattung und besonderer Hinwendung zum Berliner Radiohörer. Sendebeginn war am 13.05.1945. Heute ist der Berliner Rundfunk privatisiert.

BERLIN-VERBOT

Für die Stadt Berlin bestand im Wohnungswesen der DDR kein freier Zuzug. Jeder Bürger, der seinen Wohnsitz nach Berlin verlegen wollte, wurde einer Prüfung unterzogen, verantwortlich dafür zeichnete das → Ministerium für Staatssicherheit. Mit dieser Prüfung sollte der Zuzug von Bürgern, die dem Geheimdienst nicht einwandfrei erschienen, verhindert werden, war doch die Grenze in Berlin bedenklich nahe und relativ unkompliziert zu erreichen. War also der überprüfte Bürger in den Augen der Stasi nicht koscher, sprach sie ein Berlin-Verbot aus. Genauso konnten die Gerichte in der DDR als Form der Rechtsprechung die Bestrafung Berlin-Verbot verhängen. Menschen mit Berlin-Verbot wurde in der Regel der Personalausweis entzogen, sie erhielten ein gesondertes Ausweispapier und mußten sich regelmäßig in ihrem Wohnort bei der Polizei melden. → Meldepflicht, → Gaststätten-Verbot und → Arbeitsplatzbindung.

BERO

Markenname für Produkte aus dem VEB Berliner Kaffeeröstereien. Besonders bekannt war in der DDR der lösliche Kaffee aus diesem → Betrieb, der unter dem Namen Bero instant in den Geschäften der DDR erhältlich war. Allerdings war die Fangemeinde dieses Produktes eher klein, da Geschmack und Aroma des löslichen Kaffees doch in keiner Weise mit dem eines Nescafé mithalten konnten.

BERUFSAUSBILDUNG MIT ABITUR

Neben dem Bildungsweg über die → Erweiterte Oberschule (EOS) ermöglichte das Bildungswesen der DDR auch einen Weg, der nach einer um ein Jahr längeren Berufsausbildung die Absolventen mit einem Facharbeiterbrief in der Tasche und der Hochschulreife entließ. Vor allem diejenigen, die keinen Zugang zu den Erweiterten Oberschulen erhielten, konnten über diesen Weg ihren Studienwunsch erfüllen. Das galt auch für Jugendliche, die keine Berufsoffiziersbewerber (→ BOB) waren, denn diese wurden bei der Vergabe der EOS-Plätze bevorzugt. Bei der Berufsausbildung mit Abitur wurde mehr Wert auf technische Fächer gelegt, Fächer wie Latein oder Biologie entfielen. Die Universitäten und Hochschulen immatrikulierten gerade für technische und technologische Studiengänge gern solche fachlich vorgebildeten Studenten.

BESTARBEITER

Ehrentitel, der im Zuge des → sozialistischen Wettbewerbs an einzelne → Werktätige vergeben wurde, die sich durch herausragende Leistungen in der Produktion ausgezeichnet hatten.

BETRIEB

Sozialistisches Pendant zu einer Firma, einem Unternehmen, unabhängig von der Eigentumsform, der Größe und dem Wirtschaftszweig gebraucht. Betriebe konnten die Bestandteile eines →Kombinates sein. Der Betrieb war die verbreitete Organisationsform der DDR-Wirtschaft, relativ eigenverantwortlich, eine juristische Person, von einem Betriebsleiter geführt, mit einer eigenen Betriebsgewerkschaftleitung (→ BGL) usw. Siehe auch die folgenden Stichwörter.

BETRIEB DER SOZIALISTISCHEN ARBEIT

Staatliche Auszeichnung der DDR. Sie wurde durch den Vorsitzenden des Ministerrates der DDR verliehen. Der Ehrentitel war mit einem Geldbetrag dotiert.

BETRIEBSAKADEMIE

Weiterbildungsstätte innerhalb der → Betriebe in der DDR. Da die Betriebe für die Aus- und Weiterbildung der → Werktätigen selbst verantwortlich waren und es überbetriebliche Weiterbildungsstätten kaum gab, mußten die Betriebe solche Einrichtungen selbst schaffen und unterhalten. An den Betriebsakademien wurden vor allem die → Kader auf ihre neuen Aufgaben vorbereitet. Hier wurden die Werktätigen ausgebildet, die für den Einsatz an neuen Maschinen oder Technologien vorgesehen waren, und Vertiefungslehrgänge der gesellschaftlichen Organisationen in den Betrieben, z.B. vom → FDGB, abgehalten.

BETRIEBSARZT

Innerhalb der Betriebsgelände in Betriebspolikliniken oder -praxen praktizierende Ärzte, die zwar dem Gesundheitswesen der DDR zugeordnet und von diesem bezahlt wurden, die aber fast ausschließlich Betriebsangehörige medizinisch versorgten, da der Bürger von der Straße in der Regel vom Pförtner am Betriebstor keinen Zutritt zum → Betrieb erhielt. Für die Ausrüstung der Praxen waren die Betriebe verantwortlich, weshalb die Betriebsärzte oft unter schlechteren Bedingungen praktizieren mußten als Ärzte in staatlichen Arztpraxen oder Polikliniken.

BETRIEBSFESTSPIELE

Seit 1970, in Vorbereitung der → Arbeiterfestspiele, erhielten die Kulturgruppen in den Betrieben die Möglichkeit, ihre Programme, die sie für die Arbeiterfestspiele einstudiert hatten, innerhalb der Betriebe vorzuführen. Sie wurden in Form von Wettbewerben abgehalten, die besten Darbietungen errangen das Privileg, auf den Arbeiterfestspielen gezeigt zu werden. Aber es stellten sich dort auch die Arbeitsgemeinschaften (→ AG) und die Betriebssportgemeinschaften (→ BSG) vor.

BETRIEBSGEWERKSCHAFTSLEITUNG

→ BGL

BETRIEBSKANTINE

Ort zur Pausenversorgung der → Werktätigen. In den → Betrieben war die Gestaltung der Betriebskantine immer wie ein Aushängeschild für den Umgang der → staatlichen Leiter mit den Werktätigen. Die Pausenversorgung der Werktätigen war eine hoch subventionierte Angelegenheit der Betriebe. Gute Leiter waren sich durchaus bewußt, daß die Arbeitsmoral der Werktätigen von der Qualität der Versorgung in der Betriebskantine abhing. Trotzdem haftete der Versorgung in den Betriebskantinen immer so etwas vom Charakter einer Massenabfertigung an.

BETRIEBSKINDERFERIENLAGER

Waren eine als sozialpolitische Maßnahme angeregte und in die Verantwortlichkeit der → Betriebe gelegte Feriengestaltung für die Kinder der Mitarbeiter. Für die Betreuung der Kinder wurden → Werktätige aus den → Betrieben abgestellt und durch Abiturienten und Studenten ergänzt, die hier unter anderem auch ihren → Studentensommer ableisteten. Je nach Größe der Belegschaft hatten einige → Betriebe richtige Ferienkomplexe, die außerhalb der Schulferien als Tagungsstätten und zur Weiterbildung der Mitarbeiter genutzt wurden. Kleinere → Betriebe beteiligten sich entweder an den Lagern größerer Betriebe, oder sie veranstalteten Betriebskinderferienlager je nach Bedarf. Dabei war der Betrag, den die Eltern für die Teilnahme ihrer Kinder an solchen Ferienlagern zu zahlen hatten, bestenfalls symbolisch zu nennen.

BEUTEL MIT RÖHRENDEM HIRSCH

Umhängebeutel. Typisches Utensil der → Kunden, bestand aus einem umgearbeiteten Wandbehang mit Fransen. Darin verbarg der Kunde alle lebensnotwendigen Dinge. Diese meist selbstgenähten Stoffbeutel hatten nur einen extrem langen Henkel und wurden über der Schulter getragen.

BEVÖLKERUNGSBEDARF

Der gesamte Warenbestand in der DDR war geplant und kontingentiert. Eines dieser Kontingente war der Bevölkerungsbedarf. Diese Waren erreichten die Läden, um dort durch das Personal in → Bückwaren, frei Verkäufliches und Ladenhüter unterteilt zu werden. Nach Warenlieferungen konnte man dann das Personal bzw. Bekannte des Personals den Hinterausgang bepackt mit schweren Tüten verlassen sehen. In der Regel hing da eine ganze Versorgungsgemeinschaft mit dran, Familie, Freunde usw. Vom Bevölkerungsbedarf waren vorher natürlich Sonderkontingente abgezogen und verteilt worden. So gab es spezielle Läden für die Mitglieder der Parteileitungen und die Militärhandelsorganisation, die bevorzugt beliefert wurden. Erstere wohl, weil über den Mangel nichts ruchbar werden durfte, und letztere, weil die Moral der Truppe auf dem Spiel stand. (Dieses System der Privilegien wurde bereits in den ersten Jahren nach dem Krieg aufgebaut, als noch großer Mangel herrschte, und hat sich dann bis 1989 gehalten.) Was dann übrig blieb, war der Bevölkerungsbedarf. → Partei, Stasi und → bewaffnete Organe verfügten natürlich auch über eigene Ferien- und Kurhäuser, in denen sich die Genossen von der anstrengenden Arbeit erholen konnten.

BEWAFFNETE ORGANE

Staatsorgane, die zur Erfüllung ihrer Funktionen und Aufgaben innerhalb eines bestimmten sachlichen oder örtlichen Bereichs für den sozialistischen Staat handelten und zur Erfüllung ihrer Funktionen und Aufgaben Waffen für den Dienstgebrauch besaßen und diese gemäß ihrer Dienstvorschriften anwenden konnten. Dazu gehörten die → Nationale Volksarmee (→ NVA) mit all ihren Teilstreitkräften, die → Grenztruppen der DDR, die → Volkspolizei, das Ministerium für Staatssicherheit (→ Horch und Guck), die → Kampfgruppen der DDR und die Zivilverteidigung (→ ZV). Alle diese bewaffneten Organe unterstanden dem → »Nationalen Sicherheitsrat«, dessen Vorsitzender der Parteichef der SED war. Die entsprechenden Organe wie die Armee, die Staatssicherheit und auch die höheren → Betriebsparteileitungen verfügten über eigene Kommunikationsnetze per Richtfunk bzw. Telefon und konnten so gut koordiniert werden. (Die SED gehörte nicht zu den bewaffneten Organen, hatte aber die oberste Entscheidungsgewalt.)

BEWÄHRUNG IN DER PRODUKTION

Mittel zur Disziplinierung von Studenten und jungen Wissenschaftlern. Gerade in den ersten Jahren der DDR, als sich die Studenten noch hauptsächlich aus den Söhnen und Töchtern alter Intelligenzlerdynastien rekrutierten, wurden Vergehen gegen den verordneten Verhaltenskodex an den Universitäten und Hochschulen streng geahndet. Vor allem der ungehemmte Konsum westlicher Kunst und Kultur führte recht schnell zur Exmatrikulation. Diesen Studenten blieb dann keine andere Wahl, als in der Produktion zu arbeiten und nach einem Jahr erneut die Aufnahme an die Studieneinrichtung zu beantragen, um das Studium fortsetzen zu können. Ende der 70er und in den 80er Jahren waren solche Bewährungsstrafen kaum noch verbreitet.

BEZIEHUNGEN

Umgangssprachlich gebrauchter Begriff für nicht näher zu definierende Bekanntschaften, die Hilfe und Unterstützung bei der Beschaffung von → Bückwaren gewährten oder einfach dazu dienten, das eigene Handeln abzusichern. Allerdings wollten solche Beziehungen auch gepflegt sein. Das war damals nicht anders als heute: Vitamin B.

BEZIRKE

Die DDR war in 15 Verwaltungsbezirke aufgeteilt: 14 Bezirke und als separate Einheit Berlin, Hauptstadt der DDR (aufgrund des Vier-Mächte-Abkommens). Die Bezirke waren: Rostock, Schwerin, Neu-

Blick auf die Bezirkshauptstadt Erfurt, 1971

brandenburg, Potsdam, Frankfurt/Oder, Cottbus, Magdeburg, Brandenburg, Erfurt, Gera, Suhl, Halle, Leipzig, Dresden. Jeder Bezirk unterteilte sich in verschiedene Kreise, die Länderstrukturen galten nicht mehr.

BFC

Berliner Fußballclub Dynamo. Wie jeder Sportclub einem → Trägerbetrieb zugeordnet war, so war es im Fall des BFC das → Ministerium für Staatssicherheit. Unter diesem Einfluß wurde der BFC ab dem Jahr 1980 zehnmal in Folge DDR-Fußballmeister. Allerdings kam er über die erste Runde des europäischen Meistercups nie hinaus. Mit der zweiten oder dritten Titelverteidigung wurden außerdem die während der letzten Spielminuten zugesprochenen Elfmeter, die aberkannten Tore für die gegnerischen Mannschaften und die mehr oder weniger offenen Spielertransfers zur Stärkung der Mannschaft signifikant. In »Fachkreisen«, also am Stammtisch,

Boulevard in der Bezirkshauptstadt Halle, 1977

wurde deshalb auch kaum mehr die Meisterschaft diskutiert, wichtig waren die Plätze, da diese die Vereine einnahmen, die im europäischen Maßstab mithalten konnten, z.B. von Mannschaften wie Dynamo Dresden.

BGL

Betriebsgewerkschaftsleitung. Leitung einer Grundorganisation des → FDGB, in der die Gewerkschaftsmitglieder eines → Betriebes erfaßt waren. Aber auch Institutionen, staatliche Verwaltungen, Hochschulen und andere Einrichtungen hatten entsprechende Grundorganisationen wie ein Betrieb. Gemäß der Verfassung der DDR und der auf ihr beruhenden Arbeitsgesetzgebung hatten die Gewerkschaften umfassende Rechte im Betrieb. Die BGL konnte mitwirken an der Ausarbeitung der Pläne, wissenschaftlich-technischen Maßnahmen zur Modernisierung, der Erhöhung der Effektivität, der Qualität der Produktion, der Verbesserung der Arbeits- und Lebensbedingungen, der Entwicklung der sozialen Einrichtungen im Betrieb sowie der Gewährleistung des Arbeits- und Gesundheitsschutzes. Das Hauptbetätigungsfeld der BGL war die Organisation und Führung des → sozialistischen Wettbewerbs. Die BGL setzte sich aus Gewerkschaftsgruppen der einzelnen Arbeitsbereiche zusammen. In Betrieben mit mehr als 300 Mitgliedern wurden Abteilungsgewerkschaftsorganisationen gebildet und Abteilungsgewerkschaftsleitungen (AGL) gewählt. Das höchste Organ der BGL war die Mitgliederversammlung bzw. die Vertrauensleutevollversammlung. Sie beschloß alle wichtigen Fragen, nahm Berichte über die Tätigkeit der BGL entgegen, beschloß den Betriebskollektivvertrag und andere betriebliche Dokumente. Die BGL wurde durch die Mitglieder in direkter und geheimer Wahl gewählt. Sie vertrat die Gesamtinteressen der Belegschaft und war den Mitgliedern der Betriebe rechenschaftspflichtig. Die BGL vertrat die Werktätigen auch in Arbeitsrechtsfragen, z.B. war sie berechtigt, bei der Vorbereitung, beim Abschluß, bei der Änderung oder Auflösung von Arbeitsverträgen sowie bei anderen Personalentscheidungen mitzuwirken, auch für die Kündigung bzw. fristlose Entlassung war die Zustimmung der BGL notwendig. Die finanzielle Grundlage der BGL war die Betriebsgewerkschaftskasse, deren Mittel aus dem Beitragsrücklauf (40 bis 60 % des Beitragsaufkommens) gebildet und im Interesse der Mitglieder für kulturelle und soziale Zwecke sowie für materielle Unterstützung verwendet wurden. Das war zumindest in der Theorie so, und es kam dann immer darauf an, was man im Betrieb daraus machte und wieweit sich die BGL wirklich für die Belange der Betriebsangehörigen einsetzte.

BHG

Bäuerliche Handelsgenossenschaft, Großhandelsorganisation. Durch sie wurden in der DDR praktisch alle landwirtschaftlichen Güter vertrieben, so zum Beispiel Saat- und Futtermittel, Düngemittel und in der Landwirtschaft verwendete Baustoffe. Dieser Großhandel ging nach dem Zweiten Weltkrieg aus den Raiffeisen Handelsgenossenschaften hervor, die sich auf dem Gebiet der sowjetischen Besatzungszone befanden.

BIERMANN, WOLF

Liedermacher, geb. 15.11.1936 in Hamburg, 1953 Übersiedlung in die DDR, Studium der Ökonomie, Philosophie und Mathematik, ursprünglich überzeugter Kommunist, erste Lieder im Stil von Brecht/Eisler und Villon, 1961/62 Mitbegründer des Berliner Arbeiter- und Studententheaters, das bald wieder verboten wurde, war mit Robert Havemann befreundet, gab Gastspiele als Liedermacher in der → Distel und der BRD, hatte zeitweise in der DDR Auftrittsverbot. Seine erste Schallplatte »Wolf Biermann (Ost) zu Gast bei Wolfgang Neuss (West)« erschien 1965 in Westdeutschland, auch sein erster Gedichtband »Die Grasharfe«. In der DDR kursierten Tonbandmitschnitte und Textabschriften. 1976 konnte er erstmals wieder in einer Kirche in Berlin-Prenzlauer Berg auftreten und kurz darauf auf Tournee durch Westdeutschland gehen. Nach seinem Konzert in Köln, das auch im Fernsehen übertragen wurde, folgte die Ausbürgerung. Dies löste gerade unter Künstlern und Schauspielern der DDR Proteste aus, was wiederum mit Sanktionen gegen die Protestierenden beantwortet wurde (berufliche Nachteile, z.B. für die Schauspieler Rolf Römer, Horst Hiemer), so daß eine Ausreisewelle von Künstlern folgte, wobei oft die Biermann-Ausweisung ein wichtiger Auslöser war (→ Manfred Krug, Angelica Domröse, Hilmar Thate, Ingolf Gorges, Armin Mueller-Stahl, Jutta Hoffmann, Eva-Maria und Nina Hagen, Katharina Thalbach, Thomas Brasch, Alfred Rücker, Jurek Becker, Bernd Jentzsch, Sarah Kirsch, Reiner Kunze, Hans Joachim Schädlich, Jutta Bartus, Jürgen Fuchs, Christian Kunert, Gerulf Pannach u.a.).

BINO-SPEISEWÜRZE

Im wesentlichen auf der Rezeptur der Maggi-Würze bestehende Würzflüssigkeit zum Verfeinern von Soßen und Suppen. Da der Markenname Maggi in der DDR nicht verwendet werden durfte, mußte das Produkt unter einem anderen Namen vertrieben werden. Allerdings blieb es im Volksmund Maggi.

BISMARCKTURM

Neben dem nach ihm benannten sauren Hering gab der »eiserne« Kanzler, der für die ersten, massiven Sozialistenverfolgungen verantwortlich zeichnete, auch anderen Dingen im sozialistischen deutschen → Arbeiter-und-Bauern-Staat seinen Namen. Ob nun zu Ehren deutscher Geschichte sei dahingestellt. Jedenfalls trugen in der DDR einige Luxusrestaurants seinen Namen. Die damit einhergehenden Preise, der → Preisstufe angemessen, brachten im Volksmund einen Spruch hervor. Dort kostet jeder Biß 'ne Mark. So ergab sich der Spitzname Bismarckturm auch für andere Lokalitäten der gehoben → Preistufe, in denen für elegant mickrige Portionen aristokratische Preise verlangt wurden.

»BITTE WARTEN, SIE WERDEN PLATZIERT!«

Umgangssprachlich. Häufig gebrauchter Spruch der DDR-Kellner, die in einem menschenleeren Restaurant zwischen den »Reserviert«-Schildern standen. So hatten sie eine glänzende Möglichkeit, sich ihr Kundenklientel auszuwählen, z.B. nach Trinkgeldhöhe oder persönlicher Bekanntschaft. Bei der bescheidenen Entlohnung im Gastronomiegewerbe der DDR war das Trinkgeld ein von den Gaststättenbetrieben von vornherein kalkulierter Zweitverdienst der Angestellten. Da auch der Umsatz im Gastronomiegewerbe staatlichen → Planvorgaben (→ Planauflagen) unterlag (und Übererfüllung der Pläne zu höheren Planvorgaben führte), bestand also immer die Möglichkeit, nach Zeiten mit vielen Gästen »Pausen« einzufügen. So konnte das Personal die Frequentierung eines Restaurants steuern.

BITTER LEMON

Fruchtsaft-Limonade aus Zitrussäften mit herzhaftem Geschmack. Der Grundstoff wurde 1970 auf der Internationalen Nahrungsmittelmesse in Plzeň mit einen Goldpokal ausgezeichnet. Die Limonade traf offensichtlich den Geschmacksnerv der DDR-Bürger und war häufig ausverkauft.

BITTERFELDER WEG

Als Bitterfelder Weg bezeichnete die → Partei die künstlerische Begleitung der sozialistischen Rekonstruktion der Industrie Ende der 50er Jahre. Proklamiert wurde er 1959 auf der »Bitterfelder Konferenz«. Die im Fünfjahrplan gestellten Aufgaben sahen unter anderem parallel zur industriellen Umgestaltung die sozialistische Umwandlung in Ideologie und Kultur vor. Damit stand vor den Künstlern die Aufgabe, das Bild des sozialistischen Arbeiters zu schaffen. Ziel war es, die Schriftsteller und bildenden Künstler in die → Betriebe zu schicken, das Leben der Arbeiter am eigenen Leib zu spüren, und den Arbeiter aus seiner kulturellen Unwissenheit in künstlerische Höhen zu heben. Während dieser Zeit sonnte sich die Führung der DDR in dem Licht, einen Schriftsteller, der niemals eine Fabrik betreten hatte, und einen Arbeiter, der noch nie ein Buch gelesen hatte, zusammengeführt zu haben. Es entstanden zahllose → »Zirkel schreibender Arbeiter« und die Bewegung → »Greif zur Feder, Kumpel!«. Dabei hatten die bildenden Künstler in der DDR große Vorteile gegenüber der Literatur, da das Wort stets klarer in seiner Aussage steht und deshalb leichter anfechtbar ist. Die Aussage eines Bild oder einer Plastik kann weiter ausgelegt und in sie mehr hineininterpretiert werden, aber der Betrachter muß die Anspielungen auch erkennen. Ein typisches Ergebnis des Bitterfelder Weges ist z.B. Franz Fühmanns Reportage »Kabelkran und blauer Peter« von 1961.

BLAUE FLIESEN

Suche dies und jenes, biete blaue Fliesen. So oder so ähnlich lasen sich viele Kleinanzeigen in der Presse der DDR. Mancher Leser ging darüber uneingeweiht hinweg. Für viele aber war eine solche Annonce ein Grund, genauer hinzuschauen. Besaß er das Gesuchte? War er in der Lage, dies und jenes zu beschaffen? Manch einer besaß auch Dinge, die er gegen blaue Fliesen zu tauschen gedachte und annoncierte so. Natürlich konnte man mit blauen Fliesen kein Bad oder gar die Küche verschönern. Jedenfalls nicht direkt. Waren sie doch sehr dünn, aus Papier nämlich und mit einem Aufdruck der Deutschen Bundesbank versehen. Einer 100. Für den Eingeweihten, und derer gab es viele, war bei solchen Anzeigen klar, hier wurde gegen harte D-Mark angeboten oder gesucht. Und dieser Schwarzhandel florierte.

BLAUER WÜRGER

→ Kristall

BLAUHEMD

Jedes Mitglied der → FDJ erhielt bei seinem Eintritt ein sogenanntes Blauhemd, das bei offiziellen Veranstaltungen der FDJ getragen wurde. Wie das → Parteiabzeichen (→ Bonbon) oder das → Pionierhalstuch dokumentierte in den Augen der Regierung auch das Blauhemd die Verbundenheit seines Trägers mit dem → Arbeiter-und-Bauern-Staat. Die damit erreichte Uniformität bei Großveranstaltungen ließ den Einzelnen in der Masse versinken. Spätestens in den 80er Jahren war es mit der Beliebtheit des FDJ-Hemdes bei den Jugendlichen vorbei, man zog es kurz vor der FDJ-Veranstaltung/FDJ-Versammlung an und danach so schnell wie möglich wieder aus. Erst nach der Wende wurde das Blauhemd im Zuge der Ostalgie wieder beliebter.

BLAULICHT

Kriminalreihe aus dem Verlag Das Neue Berlin. Diese kleinformatigen Hefte waren für 45 Pfennig im Zeitungshandel erhältlich. Der Umfang dieser Edition lag bei etwa 70 Heftseiten. Viele der Krimiautoren in der DDR schrieben für diese Reihe, einige ausschließlich. Krimireihe des DFF. In den Jahren 1959–1968 wurden in dieser Reihe 30 Folgen nach aktenkundigen, wirklichkeitsgetreuen Kriminalfällen bis auf wenige Ausnahmen als Live-Sendungen bzw. eine Mischform aus Film- und Studioaufnahmen gezeigt.

BLECHBÜCHSE

1908 als Kaufhaus am Brühl in Leipzig eröffnetes Gebäude. 1968 wurde es nach umfangreichen Rekonstruktionsmaßnahmen als → Centrum-Warenhaus neu eröffnet. Dabei war auch die blecherne Fassadenverkleidung angebracht worden, was dem, den Berliner Volksmund in punkto Schnoddrigkeit kaum nachstehenden, Leipziger Volksmund veranlaßte, das Ding »Blechbüchse« zu taufen. Zu seiner Zeit war es das modernste → Centrum-Warenhaus der DDR und ein Anziehungspunkt gerade auch für ausländische Touristen

Blauhemd: Mitglieder der FDJ auf einer Tagung

und vor allem Messebesucher, was einen sensibleren Umgang mit Warenzuteilungen erwarten ließe, aber offensichtlich nicht der Fall war.

BLOCKFLÖTEN

Respektlose Bezeichnung für die Mitglieder der → Blockparteien in der DDR. Gemäß der kurz nach dem Ende des II.Weltkrieges von den Organisatoren des Nationalkomitees Freies Deutschland unter den Mitgliedern der KPD ausgegebenen Losung: Es muß demokratisch aussehen, aber wir müssen die Kontrolle behalten, wurden durch die sowjetische Militäradministration mehrere politische Parteien zugelassen. Diese Sammelbecken verschiedener Interessengruppen vereinte die DDR letztlich innerhalb der → Nationalen Front. Im → Staatsrat hatte jede dieser Parteien einen Sitz. Die Führung jedoch oblag der → SED. Die Programme dieser Parteien spiegelten so, wenn auch in abgewandelter Form, die Ansichten der → SED wider. Ihre Repräsentanten wirkten wie Ja-Sager. Eine recht unrühmliche Renaissance erlebte dieser Begriff im Wahlkampf der PDS zur ersten frei gewählten Volkskammer 1990. Die um ein deutlich abgegrenztes Profil bemühten ehemaligen Blockparteien wurden schlicht als Blockflöten tituliert. Dem Ziel, trotzdem die Verantwortung für eine Verbesserung der Politik zu übernehmen, war das aber eher abträglich. Die folgenden Jahre bewiesen jedoch in vielen Fällen wieder, daß ein zufällig richtiges Parteibuch keineswegs die sachliche und fachliche Kompetenz ersetzt.

BLOCKPARTEIEN

Als Blockparteien bezeichnete man die Parteien, die sich am 14.07.1945 in der damaligen sowjetischen Besatzungszone im antifaschistisch-demokratischen Block zusammenschlossen. Das waren die → CDU, die → DBD, die → LDPD, die → NDPD. Über die Blockparteien konnte die SED mehr Bürger in die eigene Politik einbinden, zugleich konnte man so der DDR-Gesellschaft ein scheindemokratisches Ansehen geben. So trugen die Blockparteien, die dafür bestimmte Privilegien erhielten (finanzielle Spielräume, Funktionärsposten, Immobilien, Verlage usw.), zur Stabilisierung der DDR bei. → Blockpolitik, → Nationale Front.

BLOCKPOLITIK

Sie ergab sich aus der »historischen Mission der Arbeiterklasse«. Laut der marxistisch-leninistischen Theorie kann sich die Arbeiterklasse nur dann vom Kapitalismus befreien und den Sozialismus und Kommunismus erreichen, wenn sie zugleich für die völlige Befreiung der Gesellschaft von Ausbeutung und Unterdrückung eintritt. Die marxistisch-leninistische →Partei in der DDR glaubte diese Theorie bei der Schaffung der antifaschistisch-demokratischen Ordnung nach Beendigung des Zweiten Weltkrieges schöpferisch angewendet zu haben und wollte sie bei der Gestaltung der entwickelten sozialistischen Gesellschaft weiter auszubauen. Dazu hatten alle Partner im antifaschistisch-demokratischen Block die führende Rolle der Arbeiterklasse und ihrer marxistisch-leninistischen Partei bei der gesellschaftlichen Umgestaltung anzuerkennen. Die Blockpolitik war demnach die Vereinigung der gesamten politischen Kräfte in der DDR unter der Führung der SED. Die Arbeit der anderen politischen Kräfte beschränkte sich also letztlich darauf, die politischen Interessen und Entscheidungen der SED gegenüber den Mitgliedern der jeweiligen Organisationen zu vertreten. Andererseits erlaubte sie der SED, die Verantwortung für das Handeln auf die Schultern aller abzuwälzen.

BLUESMESSE

Gemeinnützige Blueskonzerte nach einer Idee des Amateurmusikers Günter Holwas, die der Pfarrer Rainer Eppelmann und Ralf Hirsch als Gottesdienste mit Gebeten, Predigten, Diskussionen und musikalischen Beiträgen organisierten. Die erste Bluesmesse fand 1979 während des → Pfingsttreffens der FDJ in der Berliner Samariterkirche statt. Von den einigen hundert Teilnehmern an der ersten Bluesmesse stieg die Zahl schnell auf mehrere Tausend, so daß die Bluesmessen oft mehrfach wiederholt werden mußten und in verschiedenen Berliner Kirchen (Erlöserkirche, Samariterkirche, Zionskirche, Gethsemanekirche) stattfanden. Die wachsende Zuschauerzahl und der ständige Druck der → Staatsorgane veranlaßten Eppelmann, die Bluesmessen gründlich organisatorisch vorbereiten zu lassen. Dabei entwickelte sich die Bluesmesse schnell zu einem Forum der DDR-Opposition, auf dem gesellschaftliche Tabuthemen diskutiert wurden. Während Bluesmessen traten unter anderen Regine Dobberschütz, Bettina Wegner, Stefan Diestelmann, Stephan Krawczyk oder Mitglieder der Berliner Bluesrockband Monokel auf, aber auch Punkbands wie z.B. Namenlos. Der Druck der staatlichen Organe und die Entsolidarisierung der Kirchenoberen mit den Veranstaltern führten schließlich 1983 zu einer Einstellung der Veranstaltungsreihe. (Lit.: Ehrhart Neubert, Geschichte der DDR-Opposition 1949–1989. Chr. Links Verlag Berlin)

BOB

Berufsoffiziersbewerber. Dem Status nach der Schüler einer → Erweiterten Oberschule, aber mit größeren Freiheiten. Jungs mit diesem Berufswunsch wurden ohne Probleme auch bei schwächeren schulischen Leistungen zur → EOS delegiert, zum Nachteil der jungen Männer, die nicht Offizier werden und doch studieren wollten, denn das Verhältnis der Geschlechter war bei der Zulassung zur EOS zu wahren. Die BOB nahmen nach erfolgreich abgelegtem Abitur sofort ein Studium an einer Militärhochschule auf und schlossen es als Leutnant der jeweiligen Waffengattung mit einem Diplom ab. In der Regel waren das Abschlüsse gesellschaftswissenschaftlicher Fakultäten, aber bei Spezialtruppen wie Chemische Dienste, Raketentruppen, Luftverteidigung konnte der Abschluß durchaus technischen Charakter tragen und dem einer zivilen Hochschule gleichwertig sein.

BODENREFORM

Die »demokratische → Bodenreform« war ein Punkt des Agrarprogrammes der KPD und Bestandteil der Umgestaltung auf dem Territorium der damaligen sowjetischen Besatzungszone, mit der der Übergang vom Kapitalismus zum Sozialismus eingeleitet werden sollte. Im Aufruf des ZK der KPD vom 11.06. 1945, also unmittelbar nach dem Krieg, wurde die Forderung, die Ernährung des Volkes zu sichern, mit dem Verlangen verbunden, den Großgrundbesitz zu enteignen und den Boden in die Hände der werktätigen Landbevölkerung, der er einst gehört habe, zu übergeben. Die Bodenreform entsprach dem Potsdamer Abkommen und wurde durch die Organe der Sowjetischen Militäradministration in Deutschland aktiv unterstützt. Damit hatte die SED natürlich erst einmal eine große Zahl landarmer Bauern auf ihrer Seite, die nun eigenes Land erhielten. Das änderte sich aber Jahre später, als man eine andere Politik einschlug und nach sowjetischem Vorbild zur Bildung von → LPG überging.

BODE-SPITZEN

Zigarrenmarke aus dem VEB Nortak Nordhausen. Diese Zigarre oder Zigarillo war die erste, die mit Mundstück in den Handel der DDR kam. Sie erlangte zwar einen nur kleinen aber relativ gesicherten Markanteil unter den Tabakkonsumenten. Mit dem Untergang der DDR verschwand diese Marke aus dem Handel und wurde auch nicht, wie zum Beispiel → F6 oder Cabinet, durch die großen Tabakkonzerne neu aufgelegt.

BÖWE, KURT

Schauspieler, geb. 28.4.1929, arbeitete als Theaterschauspieler am Maxim Gorki Theater Berlin, dann an der Volksbühne, seit 1973 am Deutschen Theater. Er gehört zu den wichtigen DDR-Schauspielern, die in vielen DEFA- und Fernsehfilmen mitgewirkt haben, so in Konrad Wolfs »Ich war neunzehn« (1968), in »Der nackte Mann auf dem Sportplatz« (1973), → »Ottokar der Weltverbesserer« (1977), im → Polizeiruf 110. In den 80er Jahren spielte er die Hauptrolle des Literaturprofessors Mentzel in der bitteren Satire »Märkische Forschungen« (1982, Regie Roland Gräf) nach einer Erzählung von Günter de Bruyn. Der Film »Jadup und Boel« (1981, Regie Rainer Simon), in dem er den Bürgermeister Jadup verkörpert, wurde verboten und erst nach massiven Protesten der Filmemacher 1988 aufgeführt. Ähnlich erging es Böwe mit der Fernsehserie »Einzug ins Paradies« (1983/ 84, Regie Achim und Wolfgang Hübner) über das Leben in einem Neubaublock, die erst 1987 gesendet werden konnte.

BONBON

Umgangssprachlich für das ovale → Parteiabzeichen (→ Bonbon) der Mitglieder der → SED, auf der ein Händedruck als Symbol für die Vereinigung von KPD und SPD abgebildet war. Das Bonbon wurde von einigen → Genossen nicht offen getragen, in den letzten Jahren der SED immer seltener. Einige Parteimitglieder versteckten es zum Beispiel im Portemonnaie.

BONG

Schlagersendung des → DFF. Sie wurde von → Jürgen Karney moderiert und war eine der ersten interaktiven Sendungen im Fernsehen der DDR (→ DFF). Die Zuschauer wählten in jeder Sendung einen Tagessieger, der am Jahresende in einer bong-extra-Sendung erneut zu einem Fernsehauftritt kam. Vergleichbar ist diese Sendung mit dem Modus der Hitparade im ZDF.

BORGELT, PETER

Schauspieler, geb. 20.09.1927 in Rostock, gest. 18.3.1994, seit 1967 am Deutschen Theater Berlin, gehörte zu den beliebtesten DDR-Schauspielern der DDR, vor allem durch seine Unterhaltungssendung »Klock 8, achtern Strom«, die er als stets angetrunkener Seemann moderierte, trat aber auch im → »Kessel Buntes« auf. Als Hauptmann Fuchs spielte er seit 1972 in mehr als 100 Filmen der Reihe → Polizeiruf 110 mit und hat die Serie durch sein Spiel des erfahrenen, mitfühlenden, ruhigen Kriminalisten geprägt. Er wurde vom Publikum immerhin fünfmal zum Fernsehliebling gewählt.

BOWLING-ZENTRUM

Das Bowling-Zentrum in Berlin war das erste der breiten Öffentlichkeit zugängliche Spielobjekt. Es wurde mit dem Bau der Rathauspassage in Berlin errichtet. Wegen des immensen Andrangs wurden im → SEZ und im → Palast der Republik ähnliche Sportanlagen gebaut, die ausschließlich dem Breitensport zur Verfügung standen. In den ersten Jahren waren für das Bowling-Zentrum monatelange Voranmeldungen erforderlich. Später entstanden in anderen Städten ähnliche Anlagen, z.B. in Leipzig.

BOXER

Jeansmarke in der DDR. Sie wurde von Jugendmodeschöpfern für die → Jugendmode (→ Jumo) entworfen und produziert, war ganz annehmbar, erreichte bei den Jugendlichen nie den Status westlicher Markenjeans, an die man aber fast nur über Westverwandtschaft oder den → Intershop herankam.

BPO

Betriebsparteiorganisation. Gemäß leninistischer Organisationsprinzipien wurde die → SED vor allem in den → Betrieben organisiert. Es war die gleiche Organisationsform, die die KPD seit ihrer Entwicklung zur Partei neuen Typus gemäß der leninschen Lehre entwickelt hatte. Zwar waren mit der Vereinigung von KPD und SPD zur SED zunächst auch Organisationen in den Wohngebieten, was der vorrangigen Organisationsform der SPD entsprach, aber die aus der sowjetischen Emigration heimgekehrten hochrangigen KPD-Politiker um → Walter Ulbricht gaben bereits 1948 die Direktive aus, nach der die Hauptorganisationsform der SED innerhalb der Betriebe errichtet wurde. Die Wohngebietsparteiorganisationen (WPO) blieben als »Tummelplatz« für Hausfrauen und Rentner bestehen. Mit dieser Art der Organisation konnte die SED, der es als einziger politischer Partei gestattet war, innerhalb der Betriebe Organisationen zu errichten, praktisch unbegrenzt Einfluß auf die wirtschaftlichen Entscheidungen nehmen, ihre → führende Rolle ausbauen und sich zur Staatspartei entwickeln.

BRIEFFREUNDSCHAFTEN

In einigen Zeitungen, wie der → Wochenpost und dem → Neuen Leben, wurden Adressen von Menschen aus den Bruderländern, aber auch aus lateinamerikanischen Staaten wie Peru und Nicaragua veröffentlicht, die einen Briefpartner suchten. Die Organisation dieser Adressen ging vor allem auf die Freundschaftsgesellschaften zwischen der DDR und den →Bruderländern zurück. Besonders gefördert wurde der Briefwechsel zwischen Pionieren (→ Pionierorganisation) der DDR und der Sowjetunion. Neben der → DSF gab es noch reichlich andere Freundschaftsgesellschaften, die aber nicht die Bedeutung einer → Massenorganisation erlangten. Die Grundlage für solche Brieffreundschaften sah die Führung der DDR in den Prinzipien des → proletarischen Internationalismus. Vor allem aber sollte über solche Korrespondenzen die Lebensweise in der DDR weltweit publik gemacht werden und durch die Bürger der Kontakt zu Gleichgesinnten in der Welt gehalten werden. Schwierigkeiten tauchten meist erst dann auf, wenn der Briefwechsel sich intensivierte und eine Einladung aus dem jeweiligen Land ins Haus flatterte. Dabei waren die Bruderländer nicht problematisch, aber wie sollte der DDR-Bürger den Wunsch rechtfertigen, nach Peru oder Argentinien oder in einen afrikanischen Staat zu reisen? Ganz anders ging man mit Brieffreundschaften von DDR-Jugendlichen ins westliche Ausland um, die z.B. entstanden, wenn man sich in Prag oder Budapest kennenlernte. Dann konnte es passieren, daß Postsendungen einfach nicht mehr ankamen. Entsprechende Stellen für die Postzensur gab es bei allen zentralen Postämtern der DDR. Dort wurde nach dem Ende der DDR sackweise einbehaltene Post gefunden. An ein Telefongespräch ins westliche Ausland war ohnehin kaum zu denken, weil es mit sehr langen Wartezeiten nur schwer möglich war, zumal bei weitem nicht jeder Haushalt einen eigenen Telefonanschluß hatte. Die waren nur nach langer Wartezeit zu bekommen, wenn man keine besondere Dringlichkeit nachweisen konnte.

BRIGADE, BRIGADETAGEBUCH, BRIGADEABEND

Kollektiv von Werktätigen, das nach dem sozialistischen Prinzip der kameradschaftlichen, gegenseitigen Hilfe und Unterstützung arbeitet und unter Leitung des Brigadiers gemeinsam bestimmte Produktionsaufgaben löst. Aufgaben, Größe und Zusammensetzung der Brigaden wurden von den Erfordernissen des Arbeitsprozesses bestimmt. In der Mehrzahl der → VEB waren die Brigaden die kleinste Struktureinheit. In der Landwirtschaft wurden die Mitglieder mit ihrer Zustimmung vom Vorstand in ständige Produktions-Brigaden eingeteilt. Diese mußten von der Mitgliederversammlung bestätigt werden, genauso deren jeweilige Leiter. Bezeichnend für das Brigadeleben war die Teilnahme am → Sozialistischen Wettbewerb, der außer der gemeinsamen Arbeit auch ein reges kulturelles Brigadeleben verlangte. Im Jahresplan wurden Brigadeabende vorbereitet, z.B. Theater- oder Konzertbesuche, auch Brigadefahrten, die im Brigadetagebuch abgerechnet und dokumentiert wurden. Für viele waren das keine reinen Pflichtübungen, sie waren gerne dabei. Oft waren die Arbeitskollektive auch → Patenbrigaden für Schulklassen.

BROCKENSPLITTER
Schokolade mit Krokantsplittern, die genauso geformt war wie Toblerone. Nach der Kakaokrise verschwand dieses Produkt vom Markt und wurde auch für → Delikat nicht neu eingeführt.

BROTRÖSTER
Genial konstruierter Toaster. Für 29 Mark erwarb der Kunde eine Gerät, dessen Seiten mit einem Federhebel aufklappbar waren und auf denen, jedenfalls der Beschreibung nach, die einseitig geröstete Brotscheibe entlangrutschte, um dann wieder herangeklappt andernseits geröstet zu werden. Einige Nutzer dieser Technik werden sich noch der Brandblasen erinnern, die man bekam, wenn die Brotscheibe nicht richtig rutschte, oder man sie herausnehmen wollte.

BROTTASCHE
Kleine stabile, verschließbare Tasche aus Leder bzw. Kunstleder, die nahezu jedes Kindergratenkind und jeder Schüler der unteren Klassenstufen der → POS für die Pausenbrote besaß. Der große Ranzen kam auf den Rücken, die Brottasche hing vor dem Bauch, der Schlüssel bei → Schlüsselkindern um den Hals, und los ging es zur Schule ...

BROILER
Grillgeflügel von ca. 1,2 Kilogramm Rohgewicht. Damit war der Broiler etwa um die Hälfte schwerer als ein Grillhähnchen. Ein halber Broiler ergab dadurch auch eine recht umfangreiche Mahlzeit.

BRUDERBUND
Bezeichnung für den Zusammenhalt, die Zusammenarbeit der kommunistischen Parteien und Arbeiterparteien in der Welt. Vorrangig

stellte er jedoch das Bündnis der regierenden Parteien des sozialistischen Weltsystems dar. Diese Bezeichnung basiert auf der Marxschen These vom Internationalismus der Arbeiterklasse, die allen Arbeitern in der Welt prinzipiell gleiche Interessen bescheinigt. So wurde denn auch in der offiziellen Lesart bei Staatsbesuchen zunächst der unverbrüchliche Bruderbund beschworen, bevor die Repräsentanten sich den eigentlichen Aufgaben zuwandten, nämlich dafür Sorge zu tragen, daß die eigenen Interessen gewahrt blieben, wobei die Interessen des großen Bruders Sowjetunion immer den Vorrang behielten.

BRUDERLAND

Euphemistische Bezeichnung aus dem Sprachgebrauch der Agitation und Propaganda für die Länder der → sozialistischen Staaten-

Bruderland zu Gast: SU-Außenminister Gromyko und DDR-Staatschef Erich Honecker nach gemeinsamer Jagd in der Schorfheide in den 70er Jahren

gemeinschaft, also den Staaten des → RGW und des → Warschauer Vertrages.

BRUDERPARTEIEN

Die regierenden Parteien in den Ländern des sozialistischen Weltsystems stellten für die → Genossen die Bruderparteien dar. Sie waren prinzipiell genauso strukturiert wie die SED und vertraten in ihren Programmen beinahe identische Ziele. Die Entstehung dieser Strukturen war ein Ergebnis des Zweiten Weltkrieges. Die durch die Sowjetarmee besetzten Länder wurden mehr oder weniger offen mit Regierungs- und Verwaltungsstrukturen sowjetischen Typs versehen, deren führende Kräfte jeweils eine kommunistische Partei im brüderlichen Bund mit der KPdSU repräsentierte. An der Spitze dieser Parteien standen oft kommunistische Kader, die während des Krieges in die Sowjetunion emigriert waren und dort die Stalin'schen Säuberungen überlebt hatten. Denen stellte man dann sowjetische Berater zur Seite.

BSG

Betriebssportgemeinschaft. Die Betriebe in der DDR hatten aus ihrem Erlös einen bestimmten Prozentsatz an einen sog. Sportfonds abzuführen. Aus diesen Geldern finanzierten sich die Betriebssportgemeinschaften. Die Zugehörigkeit wurde dann im Namen der BSG dokumentiert. So gehörten die Namen Traktor stets zu landwirtschaftlichen Betrieben, Motor zu Maschinenbau im weitesten Sinne, Aufbau zum Bauwesen, Aktivist zur Grundstoffindustrie oder dem Bergbau, Chemie zu chemischen Betrieben, Turbine zur Energiewirtschaft und Optima zum Büromaschinenbau. Im Gegensatz dazu gab es auch Sportgemeinschaften an Hochschulen und Universitäten, die als → HSG bezeichnet wurden. Die BSG verfügten in der Regel über eigene Sportanlagen und Turnhallen, konnten sogar Trainer anstellen. Private Sportgemeinschaften, -schulen und -vereine gab es praktisch nicht. Da in der DDR der ganze Sport dem

Hochleistungssport untergeordnet war und schon die Kinder dafür ausgesiebt wurden, waren die BSG neben den Schulen die Orte, an denen ein normaler Mensch Sport treiben konnte. Die Zugehörigkeit zum Trägerbetrieb war nicht unbedingt Pflicht.

BUCHCLUB 65

1965 von der → FDJ initiierter Versandhandel für Jugendliche, die die angebotenen Werke hoch subvensioniert für 3,80 oder 4,80 Mark erwerben konnten. So legte im »Leseland DDR« mancher den Grundstein seiner eigenen Bibliothek. Problematisch an diesem Versandhandel war zum einen die Papierknappheit in der DDR, die nur eine geringe Auswahl von Titeln und Autoren ermöglichte und die daraus resultierenden politischen Zwänge, denen ein solches System dann unterworfen wird. An ähnlichen Problemen scheinen aber große Buchclubs auch heute zu leiden. Die Auswahl von Titeln und Autoren scheint auch in einer freiheitlich demokratischen Grundordnung ungeheuer schwer.

BUCHHANDLUNGEN

Ihre Namen waren: Internationales Buch, Gutes Buch, Karl-Marx-Buchhandlung, Erich-Weinert-Buchhandlung u.ä. Sie waren bis auf wenige Ausnahmen dem → Volksbuchhandel zugeordnet. Daneben gab es auch Kommissionäre, die allerdings nur den → LKG als Großhändler hatten. Einer dieser Kommissionäre war zum Beispiel die Buchhandlung Peterknecht in Erfurt. Die Buchhandlungen waren innerhalb des Volksbuchhandels den verschiedenen Abteilungen zugeordnet. Nach dem Machtantritt Erich Honeckers kam in den Buchhandel der DDR etwas Schwung. Über das Büro des Staatssekretärs Höpcke konnte die DDR Editionen aus westlichen Verlagen erwerben und eigene Editionen in größerem Maßstab im Westen absetzen. Beliebt waren Mitdruckgeschäfte von DDR-Verlagen, bei denen DDR-Druckereien eine Auflage für die DDR und eine für einen ausländischen Verlag oder eine Buchgesellschaft (z.B. die

Büchergilde Gutenberg) produzierten. Gelegentlich tauchten solche Bücher dann im Volksbuchhandel auf, wenn sie von westlicher Seite wegen leichter Mängel reklamiert und nicht abgenommen wurden. Generell galt im Volksbuchhandel, daß man als Buchkäufer immer auf Draht sein mußte und kaufen, was man an interessanten Büchern in die Hände bekam, denn schon Stunden später konnte das Buch vergriffen sein, und das für Jahre oder gar für immer. Reproduktionen alter und neuer Meister sowie Fachliteratur waren ebenfalls äußerst gefragte Artikel, die auch westliche Besucher nach der Einführung des Zwangsumtausches in großen Mengen kauften. Beliebt bei Bundesbürgern waren besonders die sorgsam edierten und billigen Klassikerausgaben der DDR.

BÜCKWARE

Auch: unterm Ladentisch. Durch ständigen Mangel, Lieferengpässe oder unangepaßte Bilanzierungen der → Staatlichen Plankommission gab es immer wieder Waren, die nicht in ausreichendem Maß zur Verfügung standen. In vielen Geschäften wurden diese Waren gar nicht erst in die Regale gestellt. Auf Anfrage bekam der Kunde die Ware unter dem Ladentisch hervorgereicht, wenn er sich gut mit dem Verkaufspersonal stellte. Ganz unkompliziert war diese Vorgehensweise jedoch nicht, da neidische Zeitgenossen mit der → ABI drohen konnten. Also blieb dem Verkäufer im allgemeinen nichts anderes übrig, als die Kunden, für die er sich bückte, zu kennen. Gegenüber Fremden hatte er dann immer noch die Ausrede, die Ware sei ja bestellt gewesen. Geschickte Händler präsentierten einen winzigen Teil der Bückware in den Auslagen, und wenn diese ausverkauft war, wurden die »guten Kunden« von unterhalb des Ladentischs versorgt. Ein Vorgehen, das stets auf Gegenseitigkeit beruhte, kannte man doch dann z.B. die Verkäuferin aus dem Bekleidungsladen nebenan, die einem dann die gesuchten Import-Jeans zurücklegte usw. So wurde der Naturalientausch immer wichtiger. Daraus resultierte auch der verbreitete Slogan: Kunden, seid nett zu Eurer Verkäuferin!

BUMMI

Illustrierte Bilderzeitschrift des Zentralrates der → FDJ für Kinder von 3 bis 6 Jahren. »Bummi« erschien 1957–66 monatlich, danach zweimal monatlich und war in seinen Anfangsjahren vor allem ein Geschichtenheft für die Kindergartenstufe, die die Erlebnisse des kleinen Teddybären Bummi und seinen Freunden Maxl und Mischka miterleben konnten. Später erweiterten die Herausgeber das Repertoire um Spielanleitungen und Bastelbögen.

BUNA

1. ein synthetischer Kautschuk (Kurzform aus Butadien & Natrium). 2. Kurzform für den VEB Chemische Werke Buna, errichtet 1936 in Schkopau bei Merseburg, nach 1945 Sowjetische Aktiengesellschaft, seit 1956 → VEB, stellte neben synthetischem Kautschuk eine Vielzahl an Plaststoffen, Lösungsstoffen, Textilhilfsmitteln her. War mit ca. 20.000 Beschäftigten einer der großen Industriebetriebe der DDR.

BURATINO

Literarische Figur von Alexej Tolstoi (1882–1945) aus dem Kinderbuch »Das goldene Schlüsselchen oder Die Abenteuer des Buratino« aus dem Jahre 1936. Die Handlung des Buches deckt sich im wesentlichen mit der aus dem Kinderbuch Pinocchio von Carlo Collodi (erschienen 1883). Die Figuren der Handlung sind nach dem gleichen Prinzip wie bei Collodi gezeichnet und die Wiederholungen sind derart frappierend, daß der Eindruck entsteht, Buratino sei eine Nacherzählung des Pinocchio.

BÜRGSCHAFT

Jeder Bürger in der DDR, der in die → SED eintreten wollte, hatte ein Kandidatenjahr mit einer Aufgabe zu absolvieren. Hatte man die Aufgabe erfüllt, stimmte die Mitgliederversammlung über die Aufnahme des Kandidaten in die Partei ab. Während des Kandidatenjahres bekam der Kandidat einen oder mehrere Bürgen beigestellt, die er selbst zu wählen hatte und die in einer Mitgliederversammlung öffentlich oder schriftlich Zeugnis über den Kandidaten, über seine Arbeit, seine politische Einstellung und sein Verhalten ablegen mußten. Im allgemeinen wurde die Bürgschaft gern übernommen und hob das Ansehen der als Bürgen erwählten Genossen innerhalb der Grundorganisation. Mit der Bürgschaft sollte erzieherisch auf den Kandidaten eingewirkt und seine Entwicklung im Sinne der Prinzipien der Partei stimuliert werden.

BUSCH, ERNST

Sänger und Schauspieler (1900–1980), spielte in den 20er und frühen 30er Jahren in Berlin an Piscators Volksbühne, im politischen Kabarett der KPD, auch Stücke von Bert Brecht, Friedrich Wolf und Ernst Toller, in Filmen wie »Kuhle Wampe« und in der »Dreigroschenoper«. Er mußte nach 1933 als bekannter Kommunist ins Exil, ging 1936 in die Sowjetunion, dann war er Spanienkämpfer. 1940 wurde er in Frankreich interniert, 1943 an die Gestapo ausgeliefert und saß bis 1945 im Zuchthaus Brandenburg. Nach seiner Befreiung 1945 spielte er an der Volksbühne, am Deutschen Theater, am Berliner Ensemble, gründete den Musikverlag »Lied der Zeit«, aus dem → Amiga entstand. Er wurde enteignet, zog sich in den 60er Jahren aus gesundheitlichen Gründen immer mehr von der Bühne zurück. Seine auf Schallplatte erschienenen Interpretationen von Arbeiter- und Kampfliedern und Agitprop-Gedichten wurden von Musiklehrern und im Deutschunterricht gerne verwendet.

BUTZEMANNHAUS

Radiosendung von Radio DDR. Das »Butzemannhaus« wurde täglich um 9.10 Uhr ausgestrahlt und war auf die Hörergruppe der Kindergartenkinder zugeschnitten. Das wurde vor allem durch die Wahl der Erzähler, wie den »Kleinen Pfennig« oder »Käptn Brise«, erreicht, die den Kindern Geschichten aus ihrem jeweiligen Umfeld, mit einem hohen pädagogischen Anspruch versehen, erzählten.

BVB

Berliner Verkehrsbetriebe. Die BVB waren für den gesamten innerstädtischen Nahverkehr in Berlin zuständig. Sie betrieben das gesamte U-Bahn-Netz der Hauptstadt, die Straßenbahn- und Buslinien. Das S-Bahn-Netz gehörte zur Deutschen Reichsbahn.

BZ AM ABEND

Überparteiliche Tageszeitung. Sie erschien als Abendausgabe der Berliner Zeitung in einer Auflagenhöhe von ca. 180.000 Exemplaren. Für die Berliner Bevölkerung war sie die typische Feierabendzeitung, die vor allem während der Fahrten vom → Betrieb nach Hause in den öffentlichen Verkehrsmitteln gelesen wurde. Kostete damals glatte 10 Pfennig, wurde nach der Wende zum heutigen »Berliner Kurier«.

C

CABINET

Zigarettenmarke der DDR aus dem VEB Tabak Dresden. Neben den Marken F6 und Semper (alle 3,20 Mark pro 20 Zigaretten) war sie die meistgerauchte Zigarette in der DDR. Das hing auch damit zusammen, daß die Raucher gegebenenfalls auf andere Marken derselben Preiskategorie auswichen, wenn ihre Stammarke gerade nicht zu haben war.

CAFÉSAN

Kaffeeweißer. Dieses Dauermilchpulver aus dem → VEB Dauermilchwerke Stendal war das erste und einzige Produkt seiner Art in der DDR. Eine hohe Marktakzeptanz wurde aber nicht erreicht. Das Pulver bildete oft Klümpchen im Kaffee, die so lange gerührt werden mußten, bis der Tasseninhalt kalt war.

CAMA

Delikateßmargarine aus dem VEB Thüringer Öl- und Margarinewerk Gotha. Mit diesem Brotaufstrich wurde im Frühjahr 1971 erstmals eine Halbfettmargarine in der DDR eingeführt, prämiert auf der → agra und mit einer gigantischen Werbekampagne angepriesen. Hintergrund dieser Markteinführung war offensichtlich die Sorge der Partei- und Staatsführung um die Gesundheit der Bevölkerung; in der DDR wurde viel zu fett und zu viel tierisches Protein gegessen. Die Namensähnlichkeit mit der bundesdeutschen Rama dürfte rein zufällig gewesen sein.

CAMPINGURLAUB

Weitverbreitete Form des Urlaubs in der DDR. Wegen des permanenten Mangels an Urlaubsplätzen verbrachten viele Menschen ihren Urlaub beim Camping, was ja durchaus auch seinen Reiz hatte.

CARENA

Fruchtsaftlimonade aus dem VEB Getränkekombinat Berlin. Carena war eines jener Getränke, das die alten Marken ersetzte und mit einem deutlich angezogenen Preis von 65 Pfennig für den halben Liter aufwartete. Nicht immer war das mit der Erhöhung der Qualität zu erklären, sondern einfach mit einer versteckten Preiserhöhung.

Campingurlaub an der Ostsee

Oben: Zeltplatz Krakow am See im Bezirk Schwerin
Unten: Strandurlaub, 1971

CARL ZEISS JENA

Fußballclub des Kombinates VEB Carl Zeiss Jena. Durch seine Angliederung an diesen Renommierbetrieb der DDR verfügte dieser Club über erhebliche Mittel, die Spieler anzogen und an den Verein banden. So konnte CZ Jena über Jahre hinweg die Spitze des DDR-Fußballs mitbestimmen. Jenaer Spieler wie Konrad Weise und Lothar Kurbjuweit (heute Präsident des Clubs) errangen 1976 mit den Olympiasieg für die DDR. Absoluter Star des Klubs war aber Peter Ducke (geb. 1941), der 1971 DDR-Fußballer des Jahres wurde. 1982 schaffte CZ Jena den Einzug ins Finale des Europapokals der Pokalsieger und unterlag dort Dynamo Tbilissi.

CAROLA

Limonadensirup mit Colageschmack aus dem VEB Lockwitzgrund Dresden. Mit diesem Produkt wurde etwas probiert, was heute noch mehr oder weniger erfolglos selbst multinationale Konzerne versuchen. Innovation innerhalb der eigenen Produktpalette. Dabei war und ist der Marktanteil für solcherlei »Exoten« stets verschwindend gering. Der Konsument kostet und verzehrt selbst bei hoher Akzeptanz nicht ständig.

CDU

Christlich Demokratische Union. Am 26.06.1945 in Berlin gegründete politische Partei, die vorrangig der christlichen Ethik verpflichtet in der → Nationalen Front der DDR mitwirkte. Sie war mit 52 Abgeordneten in der → Volkskammer vertreten und stellte vor allem in den Gemeinden mit hohem Anteil christlicher Bevölkerung wie im Eichsfeld die Bürgermeister. Vereinigte sich sofort nach der Wiedervereinigung mit der West-CDU. → Blockparteien und → Blockpolitik.

CENOSIL

Silikonkautschuk. Dieses Produkt wurde genauso wie heutige Kautschukarten und deren Derivate zum Abdichten im Bau eingesetzt. Allerdings war es auf Grund der Planvorgaben (→ Planauflagen) nicht immer verfügbar und wurde deshalb sehr sparsam verwendet. Zudem mußte bei der Verarbeitung sehr viel Sorgfalt an den Tag gelegt werden, weil Cenosil unter Umständen aushärtete und dann spröde und rissig wurde.

CHEMICAL

Pattex des Ostens. Klebelack aus Chloroprene-Kautschuk. Er wurde in der DDR vor allem in Tuben verkauft und eignete sich zum Kleben von elastischen Stoffen, da der Klebstoff selbst nach dem Aushärten elastisch blieb. Bei einer Aushärtezeit von 10–20 Minuten war das Arbeiten mit ihm allerdings recht umständlich.

CHEMIEPOKAL

Internationales Amateur-Boxturnier, das seit 1970 jährlich im März in der Hallenser Eissporthalle ausgetragen wurde. Träger dieses Turniers war das damalige Leistungszentrum im Boxen des Deutschen Boxverbandes der DDR, der Chemiekombinate → Leuna und → BUNA sowie der Stadt Halle. Im Jahr 1975 fand das Turnier als Jugendwettkämpfe der Freundschaft statt und zwei Jahre später richtete Halle während dieser Zeit sogar selbst die Europameisterschaften im Boxen aus. 1973 mußte das Turnier in die Sporthalle Halle-Neustadt ausweichen, weil die Eissporthalle für die Hallenhandball-Weltmeisterschaft im Jahr 1974 umgebaut wurde. Mit dem Chemie-Pokal gelang den Organisatoren ein international hochkarätig besetzter Wettkampf, den viele Nationen zur Leistungsbestimmung ihrer Boxer vor großen internationalen Wettkämpfen wie Welt- oder Europameisterschaften und Olympischen Spielen nutzten. Dementsprechend groß waren die Teilnehmerfelder mit etwa 150 Boxern je Turnier, was in den achtziger Jahren deutlich mehr als 30000 Besucher zu den Wettkämpfen lockte. Und ein Blick in die Siegerlisten verrät, welches Kaliber die Starterfelder besaßen. Neben den kubanischen Weltmeistern und Olympiasiegern Theofilo Stevenson und Felix Savon stehen dort Namen wie Manfred Wolke und Jörg Fanghänel aus der DDR und selbst spätere Profi-Weltmeister wie Henry Maske, Darius Michalczewski und Sven Ottke sammelten als Amateure bei diesem Turnier Erfahrungen. (Manfred Jost, Leiter Organisationskommitee des Chemiepokals)

CITROËN

Französische PKW-Marke. Nach einem Staatsbesuch Erich Honeckers in Frankreich importierte die DDR zwanzigtausend PKW des Typs Citroën BV. Diese Fahrzeuge wurden für 39.000 Mark über den IFA-Vertrieb der DDR an die Bevölkerung verkauft, d.h. als Sonderkontingente an privilegierte »Bedürftige« abgegeben.

CLAUDIUS, EDUARD

In dem 1951 erschienenen Roman »Menschen an unserer Seite« befaßt sich Eduard Claudius (1911–1976) mit dem Problem der »Entwicklung des sozialistischen Bewußtseins innerhalb der Arbeiterklasse«. Dargestellt wird das am Beispiel des Arbeiters Hans Aehre, dessen Bewährungsprobe die Reparatur eines Ringofens ist. Damit schuf Claudius das Beispiel des »Aktivisten-Romans«. Leider ist der Roman trotz seiner vielschichtigen und verzweigten Handlung wegen seiner schwachen Darstellung der zwischenmenschlichen Beziehungen schlicht unglaubwürdig. Sein Erscheinen ist deshalb ausschließlich politischer Gründe wegen nachvollziehbar. Trotzdem war er Schulliteratur und wurde ausgiebig im Hinblick auf die Persönlichkeit des Hans Aehre behandelt. Claudius selbst war seit 1956 Vorsitzender des → Schriftstellerverbandes, später Botschafter bzw. Generalkonsul in Syrien und Vietnam.

CLUB

Zigarette aus dem VEB Tabak Dresden. Sie kostete 4 Mark pro Schachtel und war die erste Zigarette, die in der DDR im King-size-Format auf den Markt gebracht wurde. Wer Club rauchte, zeigte, daß er etwas Besseres sein wollte – besser als die Cabinet-Raucher auf jeden Fall.

CLUB-COLA

Coffeinhaltige Limonade der Getränkekombinate, die in ihrer Rezeptur stark der Coca-Cola ähnelte, im Gegensatz zur → Vita-Cola, die durch ihren Zusatz von Zitrone eine echte Alternative zur klebrig-süßen Club-Cola war.

CLUBGASTSTÄTTE

Als gastronomische Einrichtung für die → Plattenbausiedlungen konzipiert und als einheitliche Bauform errichtet. Clubgaststätten unterschieden sich in der Regel nur durch die Innenausstattung, wie Gardinen, Bodenbeläge und Bestuhlung. Sie besaßen einen großen Saal, der als Restaurant genutzt wurde und auch für Abendveranstaltungen umgerüstet werden konnte, und eine kleine Bierstube, die beide durch eine Küche versorgt wurden. Die größte Abwechslung bei Clubgaststätten bestand darin, daß jedes Wohnungsbaukombinat seinen eigenen Typ errichten durfte, den man dann in den Plattenbausiedlungen der jeweiligen Bezirke genauso fand wie in den Siedlungen innerhalb Berlins, die durch das jeweilige Wohnungsbaukombinat errichtet wurden.

COHRS, EBERHARD

Komiker, geb. 4.1.1921 in Dresden, gest. 17.8.1999, einer der beliebtesten Komiker der DDR, der in seiner sächsischen Mundart im Rundfunk und Fernsehen, so in »Da lacht der Bär« und in seiner eigenen Sendung »Hallo, Eberhard« auftrat und monatelang ausverkaufte Programme im Friedrichstadt-Palast hatte. Das →

Neue Leben schrieb 1963: »Und seien wir ehrlich, wenn er mit sauertöpfischer Flappe auf die Bühne gelatscht kommt, mit seinen Armen fuchtelt, immer erregt und jederzeit bereit, seinen Partner aus den Pantinen zu kippen, dann kann man sich meist schon das Lachen nicht verbeißen, bevor Cohrs die Gusche aufgemacht hat.« Cohrs spielte in mehreren Filmen mit, u.a. in den Komödien »Hauptmann Florian von der Mühle« 1968 neben → Manfred Krug und 1976 in »Nelken in Aspik«, einer Satire auf die Werbung in der DDR. 1977 ging er in den Westen.

COMET

Universalküchenmaschine aus dem VEB Elektrogerätewerk Suhl, kam Ende der 50er Jahre in den Handel.

CORVALÁN, LUIS

geboren 1916 in Pelluco (Puerto Mont) in Chile als Sohn eines Lehrers. 1931–35 besuchte er das Lehrerbildungsinstitut. 1932 trat Corvalan in die Kommunistische Partei Chiles ein, wo er mehrere Funktionärsposten innehatte, bis er 1958 zu deren Generalsekretär gewählt wurde. Große internationale Popularität errang er nach dem Wahlsieg der Unidad Popular bei den Chilenischen Präsidentschaftswahlen 1970 unter der Führung von Salvador Allende. Luis Corvalán erreichte während dieser Zeit tiefgreifende sozialpolitische Umwälzungen in Chile. Nach dem Militärputsch unter General Pinochet 1973 wurde er inhaftiert und in verschiedenen Konzentrationslagern gefangengehalten. Innerhalb des → sozialistischen Weltsystems löste die Inhaftierung Corvaláns eine Welle der Empörung und Solidarität aus. Im Dezember 1976 wurde Corvalán schließlich gegen den russischen Dissidenten Vladimir Bykowski ausgetauscht. Im Thüringischen Tabarz erholte er sich von den Strapazen der KZ-Haft im dortigen Ferienheim des Ministerrates. Nach einem halben Jahr Genesung und vor allem reichlicher Kost war Luis Corvalán erst wieder in einem körperlichen Zustand, der öffentliche Auftritte seinerseits erlaubte. Die Führung der DDR feierte die Freilassung als einen Sieg der internationalen Protestbewegung. Nach seiner Emigration lebte Corvalán mehrere Jahre in der DDR und danach in der Sowjetunion. Während der gigantischen Solidaritätsaktion »Freiheit für Luis Corvalán« wurden Malaktionen von Kindern organisiert, die Protestkarten an das Pinochet-Regime malten, vergleichbar mit der Kampagne für die Freilassung von → Angela Davis.

CRECK

Schokolade für 1,– Mark aus dem VEB Elfe Berlin. Creck war eine typische Süßware zu Zeiten der Kakaokrise in der DDR. Der Kakaoanteil war auf ein Minimum reduziert durch Rinderblut und ähnliche Ersatzstoffe substituiert worden. Mit einem recht erfolgreichen Marketingtrick schaffte es der Produzent trotzdem, dieses Produkt zu etablieren. In der Hülle waren innen Sammelbilder aufgedruckt und ein dazugehöriges Album »Tiere unserer Heimat«, das durch ein ungewöhnliches Format auffiel (A5 quer) und inhaltlich sehr informativ über die Fauna und Flora der Heimat berichtete. Diese förderten den Absatz ungemein. Problematisch war nur der Nachkauf fehlender Bilder. Bei insgesamt fünfzig Motiven kam man recht schnell auf über vierzig, auch durch Tausch in der Region. Aber der Rest ...

CUBASINE

Orangen aus Kuba. In Ermangelung von Devisen wurden große Mengen Orangen aus Kuba importiert. Die dort angebaute Sorte ließ sich jedoch schlecht schälen und hatte zähes und faseriges Fruchtfleisch. Allerdings ergab sie ausgepreßt einen hocharomatischen Saft. Cubasinen wurden daher nach einem bestimmten Ritual genossen. Man schnitt sie wie einen Apfel in Viertel und lutschte diese Viertel aus. Das an der Schale verbleibende Fruchtfleisch wurde wie die Schale weggeworfen.

D

DACHS

Begriff aus dem Sprachgebrauch der Wehrpflichtigen in der → NVA. Als Dachse wurden die Soldaten des zweiten Diensthalbjahres bezeichnet, die ihre Grundausbildung absolviert hatten und den diensttuenden Einheiten zugeteilt worden waren.

DACIA

Eigenwillig geformter PKW aus Rumänen mit Viertakt-Ottomotor und vier Türen. Der Lizenz-Nachbau eines Renault wurde nur in kleiner Stückzahl in die DDR importiert und hatte den gleichen Mangel wie rumänische Werkzeugmaschinen: schlechte Verarbeitung und mangelnde Zuverlässigkeit.

DA LIEGT MUSIKE DRIN

Von Heinz Quermann ins Leben gerufene Live-Sendung einer öffentlichen Unterhaltungs-Veranstaltungsreihe, die alle acht Wochen samstags aus dem Haus der Heiteren Muse in Leipzig übertragen wurde. Zunächst wurde diese Sendung als reines Musikprogramm gestaltet, später kamen andere Elemente der Unterhaltungskunst (u.a. Artistik, Kabarett, Sketche) hinzu. Ab der vierten Sendung im Jahre 1968 moderierte Kammersänger Reiner Süß und machte sie zu einer beliebten Familiensendung. Am 14.12.1985 lief die letzte Sendung dieser Reihe.

DAS NEUE ABENTEUER

Erzählreihe aus dem Verlag Neues Leben Berlin. Die Hefte von zirka 60 Seiten Umfang erschienen monatlich und wurden zu einem Preis von 25 Pfennig über den Zeitschriftenhandel vertrieben. In den achtziger Jahren konnte der Heftpreis auch schon mal 45 Pfennig betragen, wenn der Umfang der Erzählung deutlich über die 60 Seiten hinausging. In aller Regel waren die Science-fiction-Titel bereits nach wenigen Stunden vergriffen, während andere Titel schon mal die Neuausgabe erlebten. Für einige Nachwuchsautoren in der DDR war die Veröffentlichung einer Erzählung in dieser Reihe der erste Schritt in ihrer Schriftstellerkarriere.

DATHE, HEINRICH

Direktor des Tierparks Berlin, geboren 1910 in Reichenbach (Vogtland), promovierter Zoologe und Botaniker, 1954 zum Direktor des Berliner Tierparks berufen, Herausgeber von Fachzeitschriften, in der DDR sehr beliebt und populär als Moderator von Tiersendungen in Fernsehen und Rundfunk, nach seiner Abwicklung als Tierparkdirektor beging er 1991 Selbstmord.

DATSCHA

Eingedeutscht: Datsche, war der Begriff für ein Wochenendhaus oder auch Kleingarten mit einer entsprechend ausgebauten Gartenlaube. Datsche wurde umgangssprachlich gebraucht. So wie heute Amerikanismen die deutsche Sprache unterwandern, konnte zu DDR-Zeiten von Unterwanderung durch Slawismen gesprochen werden, wenn auch nicht in dem Maße.

DAV

Deutscher Anglerverband, gehörte zum → DTSB und hatte viele Mitglieder. Organisierte den Erfahrungsaustausch und Angelwettbewerbe, außerdem achteten seine Mitglieder streng darauf, daß niemand ohne eine Angelerlaubnis angelte oder nicht erlaubte Fangmethoden anwendete. In der DDR benötigte man eine schriftliche Angelerlaubnis, konnte aber als Hobbyangler eine befristete Erlaubnis erhalten.

DAVIS, ANGELA

Geboren 1944 im Schwarzenghetto von Birmingham, US-Bundesstaat Alabama. Ihre Eltern sympathisierten mit der schwarzen Bürgerrechtsbewegung. Bis 1959 besuchte sie in Birmingham die Oberschule und ging danach an die Irwin High School in New York, machte ihr Abitur mit Auszeichnung, studierte an der Brandeis-Universität Romanistik, Abschluß: magna cum laude. Ihr Professor bezeichnete sie als »eine der besten Studentinnen, die ich je gehabt habe«. Danach belegte sie weiterführende Kurse in Paris an der Sorbonne, in Frankfurt am Main, in Rom, in Berlin und in Havanna. Dabei wurde sie mit dem Marxismus konfrontiert. In die USA zurückgekehrt, arbeitete sie als Dozentin an der Berkeley-Universität. Anfang Oktober 1969 wurde sie wegen antiamerikanischen Verhaltens vom Dienst suspendiert. Bereits zwei Wochen später wurde dieser Beschluß revidiert, obwohl Angela Davis ihre Zugehörigkeit zur Kommunistischen Partei der USA offen bekannt hatte. Durch den damaligen Gouverneur und späteren Präsidenten Ronald Reagan wurde daraufhin ein Schauprozeß initiiert. Angela Davis wurde wegen Kidnapping und Mord verhaftet, so daß ihr nach kalifornischem Recht die Todesstrafe drohte. Der Prozeß löste eine weltweite Protestbewegung aus und endete mit einem Freispruch. In der DDR wurde eine große Solidaritätskampagne gestartet, Schulklassen schrieben Briefe an den amerikanischen Präsidenten und forderten die Freiheit für Frau Davis. Nach ihrer Entlassung besuchte Angela Davis die DDR und sprach auf etlichen Kundgebungen.

DBD

Demokratische Bauernpartei Deutschlands. Am 29.04.1948 auf Initiative der Bauernschaft gegründete Partei. Sie diente als Interessenvertretung der Bauern innerhalb des Staatswesens der DDR und stellte in der → Volkskammer 52 Abgeordnete. Ihre Parteizeitung war das »Bauernecho«. Beschloß nach der Wiedervereinigung ihren Anschluß an die CDU. → Blockpartei und → Blockpolitik, auch → Nationale Front.

DEDERON

Polyamidseide. Dederon wurde nach dem gleichen Verfahren hergestellt wie das in den USA patentierte Perlon. Um patentrechtlichen Streitigkeiten aus dem Weg zu gehen, nannte man das Produkt ab den 60er Jahren Dederon (DDR-Perlon).

DEFA

Deutsche Film AG. Auf dem Gelände der ehemaligen UFA in Potsdam-Babelsberg entstand bereits 1946 auf staatliche Weisung hin eine Filmproduktionsgesellschaft. Während der vierzig Jahre DDR entstanden hier wesentliche Beiträge zur Dokumentation der DDR-Gesellschaft, wie die Filme »Spur der Steine« von Rolf Beyer, →»Die Legende von Paul und Paula« von Heiner Carow oder »Solo Sunny« von Konrad Wolf, natürlich auch viele Komödien (→»Der Mann, der nach der Oma kam«, »Mir nach, Canaillen!« u.v.a.), Indianerfilme (→ »Die Söhne der großen Bärin«, »Spur des Falken« u.a.), historische Filme, Musicalfilme, Literaturadaptionen (z.B. nach Romanen von Fallada, Bobrowski, Heinrich Manns »Untertan«), Kinderfilme (»Das tapfere Schneiderlein«, »Die Abenteuer des kleinen Muck«, »Die Suche nach dem wunderbunten Vögelchen«, »Das singende, klingende Bäumchen« u.v.a.), Filme für Jugendliche (→ »Sieben Sommersprossen«, »Für die Liebe noch zu mager« u.a.) usw. Es gab bei der DEFA Studios für Dokumentarfilme, sogar Werbefilme wurden zeitweilig produziert. Natürlich wurden regelrechte Propagandafilme für die kommunistische Bewegung gedreht, so über Ernst Thälmann, über den Spanienkrieg, über Rosa Luxemburg, Karl Liebknecht, Karl Marx ... Von der DEFA wurden aber auch nicht unwesentliche Impulse für die Innovation der Gesellschaft gegeben, obwohl viele Künstler, die die Offenheit propagierten, oft jahrelangen Repressalien ausgesetzt waren, nicht mehr für größere Rollen besetzt wurden, beschattet wurden u.ä. In den vierzig Jahren wurden viele Filme nur geschnitten und verstümmelt veröffentlicht, andere verschwanden in den Archiven. Ein Beispiel ist der obengenannte Film »Spur der Steine« (1966) von Frank Beyer nach dem gleichnamigen Roman von Erik Neutsch (mit → Manfred Krug und Eberhard Esche in den Hauptrollen), der schon wenige Tagen nach Erscheinen verboten wurde.

DELIKAT

Auf Beschluß des VI. Parteitages der SED wurden ab 1966 zur besseren Befriedigung des Bedarfes der Bevölkerung an hochwertigen Nahrungs- und Genußmitteln delikat-Läden eingerichtet. Die Preise waren im Gegensatz zu den sogenannten Grundnahrungsmitteln horrend, aber da genügend Geld unter der Bevölkerung kursierte und da es nur wenig Möglichkeiten gab, sein Geld auszugeben, leisteten sich die DDR-Bürger lukullische Genüsse. Bis Ende der 80er Jahre eröffneten die großen Handelsunternehmen → HO und → Konsum rund 2.500 delikat-Verkaufsstellen.

DELMARE, FRED

Schauspieler, geb. 24.4.1922 in Hüttensteinach/Thüringen, 1950–70 am Leipziger Schauspielhaus, dann einer der vielbeschäftigten Filmschauspieler der Republik. Der kleinwüchsige Fred Delmare verkörperte pfiffige, humorvolle, bauernschlaue Menschen. Besonders bekannt wurde er als Häftling Pippig in der Verfilmung von Bruno Apitz' Buchenwald-Roman → »Nackt unter Wölfen« (1963), aber auch durch seine Rollen in → »Die Legende von Paul und Paula« und in den Indianerfilmen der DEFA mit Gojko Mitic (»Spur des Falken« 1968, »Apachen« 1973, »Ulzana« 1974). Lit: Michael Hametner: Kleine Leute. Das Leben des Schauspielers Fred Delmare. Berlin 2002.

DEMOKRATISCHER FRAUENBUND DEUTSCHLANDS

Einheitliche sozialistische Frauenorganisation der DDR, die am 08.03.1947 (→ Frauentag) gegründet wurde und seit 1948 Mitglied in der Internationalen Demokratischen Frauenföderation war. Er war durch eine Fraktion in der Volkskammer vertreten. In der Tagesarbeit wirkte der DFD vor allem in Form von Beratungen für Frauen und Familien und versuchte Einfluß auf die Verbesserung der Arbeitsbedingungen für berufstätige Frauen und Mütter zu nehmen. (Kleines Politisches Wörterbuch)

DEMOKRATISCHER ZENTRALISMUS

Grundprinzip der »sozialistischen Demokratie«, bedeutete die Leitung aller staatlichen Angelegenheiten von einem Zentrum aus, dem alle örtlichen Organe untergeordnet waren (bei einem einer Pyramide ähnlichen Aufbau von den örtlichen Staatsorganen über die Kreise, die Bezirke bis hinauf zur Zentrale). Jede untere Ebene hatte sich vor der oberen zu verantworten. Zwar war auch die obere Ebene nach Ablauf der Wahlperiode nach unten rechenschaftspflichtig, aber während ihrer Amtsausübung war kaum Einflußnahme von unten nach oben möglich. Dieses Prinzip einer straffen zentralen Leitung wurde auch in der Wirtschaft umgesetzt (→ Betrieb, → Kombinat, Ministerium) und ebenso im Aufbau der → SED und der → FDJ. Das Prinzip ist entstanden im russischen Kriegskommunismus der frühen 20er Jahre und des darauf folgenden Stalinismus der 30er bis 50er Jahre, wenn auch der straffe Zentralismus und die rigide innerparteiliche Disziplin in der DDR aufgelockerter und demokratisch verbrämt waren.

DEOSTIC

Deodorant mit einer Trägersubstanz aus einem Glyzerin-Wachs-Gemisch, das ausgehärtet war und den Duftstoff über den Abrieb auf die betreffende Körperpartie übertrug. Deostics kamen mit der Markteinführung der Pflegeserie → GC in den Handel der DDR. Der Fertigungstechnologie geschuldet waren einige Nachteile dieses Produktes. Die Trägersubstanz war recht spröde und bröckelte relativ leicht. Außerdem hinterließ sie unter Umständen Wachsflecken auf der Kleidung.

DEUTRANS

VEB Kombinat Deutrans. Es wurde 1979 auf der Grundlage des staatlichen Monopols für Außenhandel und Außenhandelsspedition gebildet. In ihm waren die → VEB Deutrans – Internationale Spedition und Befrachtung, VEB Deutrans – Internationaler Güterkraftverkehr und VEB Deutrans – Transcontainer zusammengefaßt worden. Das Kombinat diente als wesentlicher Devisenbeschaffer für die chronisch leeren Kassen der DDR und konnte ähnlich wie heute osteuropäische Spediteure als ernsthafte Konkurrenz westlicher Spediteure am Markt agieren.

DEUTSCHE REICHSBAHN

Bahngesellschaft der DDR. Der Name wurde nach Kriegsende beibehalten. Sie zeichnete sich vor allem dadurch aus, daß ihre Haupteinnahmequelle der Gütertransport war. Dementsprechend wurde der Personenverkehr stiefmütterlich behandelt und hatte hinter Terminfracht zurückzustehen. Unterstützt wurde diese Haltung der Deutschen Reichsbahn durch die Beschlüsse von Partei und Regierung, immer mehr Frachttransport von der Straße auf die Schiene zu verlagern. Ob der einfache Bürger pünktlich sein Reiseziel erreichte, war sowieso unwichtig, er mußte ja als Fahrgast wiederkommen, da sein bestelltes Auto erst nach Jahren geliefert wurde. Allerdings hatten die Mitarbeiter der DR aufgrund mangelnder Investitionen und maroden Materials – viele Bahnanlagen stammten noch aus der Zeit vor dem Krieg – mit vielen technischen Problemen – und mit den Hauptfeinden der DDR: Frühling, Sommer, Herbst und Winter – zu kämpfen – (zit. nach: Volksmund)

DEUTSCHES TURN- UND SPORTFEST

Sportliche Großveranstaltung, organisiert vom → DTSB, mit einer groß angelegten Sportschau als Höhepunkt. Die Veranstaltungen mit tausenden Sportlern und Sportfunktionären wurden seit 1954 regelmäßig in Leipzig durchgeführt (1956, 1959, 1963, 1969 usf.). Dabei wurden große Delegationen aus allen Bezirken der DDR angefahren, die dann z.T. in Schulen untergebracht wurden, es gab ein kulturelles Rahmenprogramm und Wettkämpfe. Jede Delegation hatte eine eigens entworfene Sportbekleidung. Die große Sportschau im Zentralstadion, die dann im → DFF übertragen wurde, hat man schon Monate vorher geprobt und wurde von professionellen Funktionären choreographiert und organisiert. Die vielen Mitwirkenden, die auf der Tribüne mit bunten Fahnen und Winkelementen lebende Bilder entstehen ließen, wurden für die Proben von der Schule, der Universität, den Betrieben freigestellt, erhielten extra Kleidung, alle wurden entsprechend verpflegt usw., es wurde also ein riesiger Aufwand betrieben. Aber Spaß hat es gemacht.

DEUTSCHLANDTREFFEN

Waren Jugendtreffen der gesamtdeutschen Jugend, die unter der politischen Maxime stattfanden, Deutschland zu einen. Die SED verfolgte offiziell lange Zeit den Kurs einer gesamtdeutschen Förderation, während sie gleichzeitig im Inneren an der Entwicklung sozialistischer Verhältnisse nach sowjetischen Vorbild arbeitete und somit die praktische Teilung realisierte. Zu diesem Spiel des Kalten Krieges gehörte es, der anderen Seite, der Regierung Adenauer, den schwarzen Peter der Schuld an der deutschen Teilung zuzuspielen.

Zu diesem Zweck wurde die Jugend als Zukunft der Nation vor das politische Ziel gespannt und es wurden gerne kommunistische und linke Jugendliche aus der BRD eingeladen. Mit der Manifestation der deutschen Teilung 1961 verloren diese Treffen an Bedeutung. Das letzte Deutschlandtreffen fand 1964 statt. Im Ergebnis dieses Treffen konstituierte sich das → Jugendradio DT64.

DEWAG

Deutsche Werbe- und Anzeigengesellschaft, gegründet am 1.09.1945 in Dresden, ursprünglich eine Firma für Zeitungsanzeigen und Städtereklame, später schrittweise in eine parteieigene große Werbegesellschaft umgewandelt, unterstand letztlich der Abteilung Agitation und Propaganda der SED. Die DEWAG übernahm in den 60er und 70er Jahren die komplette Werbung für nahezu alle großen DDR-Betriebe, von der Konzeption und Gestaltung über die Produktion von Werbemitteln bis hin zu deren Veröffentlichung. Sie hatte zahlreiche Teilbetriebe im ganzen Land, in Berlin ein Studio für Werbefilme und das Institut für Werbemethodik. Nach dem Werbeverbot Mitte der 70er Jahre übernahm die DEWAG immer mehr Aufgaben der Agitation und Propaganda.

DHFK/DEUTSCHE HOCHSCHULE FÜR KÖRPERKULTUR UND SPORT

Zentrale Lehr- und Forschungsstätte für Sport in Leipzig, gegründet 1950, eines der wichtigsten Zentren des DDR-Leistungssportes. Gegenüber dem Leipziger Zentralstadion gelegener großer Gebäudekomplex mit vielen Sporthallen, Schwimmhalle, Sprunghalle, mit Mensa und angeschlossenen Internaten. Dazu gehörten auch Bereiche der Sportwissenschaften und Sportmedizin. Die dort trainierenden Leistungssportler studierten gleichzeitig und schlossen als Diplomsportlehrer oder Turnlehrer ab.

DFD

→ Demokratischer Frauenbund Deutschlands

DFF/DEUTSCHER FERNSEHFUNK

Später als Fernsehen der DDR (→ DFF) bezeichnet, strahlte 1952 seine ersten Versuchssendungen aus. Standort des DFF war Berlin-Adlershof. Dort produzierte der Sender und archivierte. Mehrere Regionalstudios unterstützten die Arbeit. Seit Oktober 1969 strahlte der DFF ein zweites Programm aus, das zunächst hauptsächlich Bildungsprogramme lieferte. Der DFF war neben der DEFA der zweite Produzent von Filmen in der DDR, wobei neben so erfolgreichen Fernsehserien wie »Polizeiruf 110« und vielen Fernsehsendungen auch sehr anspruchsvolle Fernsehfilme von hoher Qualität entstanden. Hier gilt ähnliches wie für die → DEFA. Nach der Wiedervereinigung wurde der DFF zergliedert. Die technische Ausstattung der Studios in Adlershof wird heute hauptsächlich durch private Fernsehanstalten genutzt.

DHG

Deutsche Historiker-Gesellschaft, gegründet 1958, verstand sich als Organisation zur Förderung der sozialistischen Geschichtswissenschaft und der marxistisch-leninistischen Geschichtspropaganda. Organisierte regelmäßig die Historikerkongresse der DDR, die ebenso regelmäßig von dem SED-Politbüromitglied Kurt Hager eröffnet wurden, der in seinen Reden die große Linie vorgab. Auf diesen Kongressen diskutierte man dann z.B. die Frage, was zum → kulturellen Erbe der DDR gezählt werden kann und was nicht.

DIALEKTISCHES WECHSELVERHÄLTNIS

Widerspruch, die Wechselwirkung zweier koexistierender Gegensätze, die einander bedingen, zugleich aber als Gegensätze einander ausschließen. (Die Redewendung ist eine Verballhornung aus dem Grundlagenstudium des → Marxismus-Leninismus, das alle

Studenten durchlaufen mußten.) In der DDR bestanden diese Widersprüche zwischen Produktion und Konsumtion, zwischen sozialistischem Eigentum in der Industrie und genossenschaftlichem Eigentum in der Landwirtschaft, zwischen gesellschaftlichen und persönlichen Interessen. Die → Partei nahm für sich in Anspruch, die Form dieser Widersprüche zu kennen und ihre Lösung anzustreben. Weil aber das dialektische Wechselverhältnis zwischen Produktion und Konsumtion letztlich zum Zusammenbruch der DDR führte, muß das dialektische Wechselverhältnis zwischen der Führung der DDR und der objektiven Realität schwer getrübt gewesen sein.

DIAMANT

Fahrradmarke aus dem VEB Elite-Diamant. Dieses Werk gehörte zum VEB Kombinat Textima, das Textilmaschinen herstellte. Diese scheinbar wenig sinnvolle Zuordnung war für die DDR nicht unüblich. Diamant-Fahrräder standen trotzdem in dem Ruf, sehr hochwertige Produkte zu sein, die sich vor allem durch eine lange Lebensdauer auszeichneten. Sie wurden auch gerne exportiert, z.B. in die Sowjetunion und nach Vietnam.

DIE

DIE – Delikte, Indizien, Ermittlungen. Krimireihe des Verlages Das Neue Berlin. Sie war konzipiert als Veröffentlichung von Krimistoffen deutschsprachiger Autoren (vor allem ostdeutscher), die in der DDR angesiedelt waren. Aber auch internationale Autoren, darunter viele Entdeckungen aus Osteuropa, wurden in dieser Reihe erstmals dem DDR-Publikum vorgestellt. Der erste Band dieser Reihe erschien 1972 und kostete 2 Mark. Bis einschließlich 1989 erschienen 202 Bände, die ab 1988 6,50 Mark kosteten, 1989 auch teilweise 7,50 Mark. 1990 erschienen noch vier Bände. Nicht unüblich waren Auflagenhöhen dieser Reihe zwischen 100.000 und 200.000 Exemplaren, was für eine große Beliebtheit dieser Reihe spricht. (Verlag DNB, Geschäftsleitung)

»DIE IMMER BESSERE BEFRIEDIGUNG DER MATERIELLEN BEDÜRFNISSE ...«

Slogan des IX. Parteitages der SED 1976. Durch das ständige Vor-Augen-Führen des Lebens in der BRD durch das Massenmedium Fernsehen wurde die Führung der DDR gezwungen, den Lebensstandard entsprechend zu heben. Gemäß der geltenden Ideologie hatte das planvoll zu geschehen. Also verabschiedete der Parteitag die notwendigen Beschlüsse, um die Läden zu füllen. Daß dabei die Gesetze von Angebot und Nachfrage mißachtet wurden, war sicherlich der unnötig starken Zentralisierung jedes Bereiches der DDR-Wirtschaft geschuldet. Dabei muß immer wieder betont werden, daß es in der DDR stets ausreichend Waren des Grundbedarfes gab. Die Einrichtung von → Exquisit- und delicat-Verkaufsstellen zeugte jedoch von einer schleichenden Inflation.

DIENSTLEISTUNGSKOMBINAT

Dienstleistungskombinate entstanden im Zuge der Zentralisierung der Produktion und somit auch der Dienstleistungen Anfang der 80er Jahre in der DDR. Mit ihnen sollte der Nachfrage nach Reparaturen und Leistungen im Pflegebereich Rechnung getragen werden. Unter dem Dach des Kombinates wurden also so grundverschiedene Leistungen wie die Reparatur von Elektrogeräten, chemische Reinigung von Textilien und die Abarbeitung von Garantieleistungen vereinigt. Da Vorortreparaturen selten möglich waren – die Reparaturen wurden in zentralen Stützpunkten mit meist recht umfangreicher Belegschaft ausgeführt –, mußten die Kunden stets relativ lange Wartezeiten in Kauf nehmen. Bei Textilreinigung und großen Posten Haushaltswäsche war das sicher recht unproblematisch. Für das eigene Fernsehgerät war es besser, einen fähigen Monteur zu kennen.

»DIE PARTEI, DIE PARTEI HAT IMMER RECHT«

Refrain eines Gedichtes von → KuBa (Kurt Barthel, 1914–1967), gehörte zum Repertoire des Arbeitersängers → Ernst Busch. Da die Busch'sche Interpretation des Textes keinerlei satirischen Zugang zu diesem Thema erlaubte, zeigte sich hier dem aufgeschlossenen Rezipienten die ganze Arroganz der parteilichen Weltsicht. Für den Zuhörer klang es wie Hohn, und es bedurfte schon einer gehörigen Portion blinden Vertrauens, der Rezitation dieser Verse zu folgen, zumal sich die Führung der Partei unter dem Klang dieser Verse in ihrem Sendungsbewußtsein bestärkt fühlen mußte. KuBa, der als SPD-Mitglied 1935 aus dem nationalsozialistischen Deutschland emigrieren mußte und später Mitglied des ZK der SED (→ Zentralkomitee) und Mitbegründer der → FDJ war, gehörte zu den stalinistischen, hochdekorierten Autoren der jungen DDR-Literatur (»Kantate auf Stalin« 1950). Heute sind seine Werke nahezu vergessen.

DIGEDAGS

Comicfiguren. Drei Figuren, die, aus der Feder des Comiczeichners Hannes Hegen, in den ersten Jahren der monatlich erscheinenden Comicserie → Mosaik in abgeschlossenen Geschichten handelten. Dabei reisten die Digedags, das sind Dig, Dag und Digedag, scheinbar mühelos durch Zeit und Raum von einem Handlungsort zum nächsten, ins alte Rom, in die Raumfahrt der Zukunft usw. Mit der Einführung der Figur des Ritter Runkel von Rübenstein, ab Heft 90, sprengte Hannes Hegen erstmals den Umfang eines Heftes und begann über mehrere Hefte eine zusammenhängende Geschichte zu erzählen. Später folgte eine längere Episode der Digedags in Amerika zur Zeit des amerikanischen Bürgerkrieges und kurz danach im Orient etwa zur Jahrhundertwende. Mit dieser Geschichte beendete Hannes Hegen nach 223 Heften seine Arbeit für das Mosaik, das inzwischen zu einer der begehrtesten Zeitschriften in der DDR geworden war.

DIKTATUR DES PROLETARIATS

Die politische Herrschaft der Arbeiterklasse, soll nach → marxistisch-leninistischer Theorie im Ergebnis einer Revolution durch den Sturz der politischen Macht der Bourgeoisie errichtet werden. In der dadurch entstandenen Diktatur soll dann die Arbeiterklasse die führende Rolle übernehmen, indem ihre marxistisch-leninistische Partei die Macht ergreift. Dabei würde sie zur Entwicklung der sozialistischen Gesellschaft eine besondere Form des Klassenbündnisses mit den anderen werktätigen Klassen und Schichten eingehen (→ Nationale Front und → Blockparteien). Die Idee, daß die Interessen der »Arbeiterklasse« und die Interessen einer aus der Arbeiterbewegung entstandenen Kaderpartei nicht identisch sein könnten, war tabu. Marx und Engels hatten aus den Klassenkämpfen in Frankreich um die Mitte des 19. Jahrhunderts und insbesondere aus der Pariser Kommune 1871 die Notwendigkeit einer zeitweiligen Diktatur zur Durchsetzung der Revolution gegen die Ausbeuterklassen abgeleitet, die Idee wurde von Lenin weiterentwickelt und im russischen Bürgerkrieg ab 1918 umgesetzt (Kriegskommunismus). Alle späteren Versuche, nach den Erfahrungen der tabuisierten stalinistischen Säuberungen, denen ja viele Kommunisten zum Opfer fielen, über das Thema zu diskutieren, wurden unterbunden, Bücher wie Rudolf Bahros »Die Alternative« (1977) verboten.

DIREKTSTUDIUM

Das normale, allerdings straff nach Lehrplan durchorganisierte Studium direkt an der Hoch- oder Fachschule. Voraussetzung war das Abitur, die jungen Männer wurden in der Regel vorher zum → Grundwehrdienst in die → NVA eingezogen. Das Direktstudium war kostenlos, Studenten erhielten ohne Ansehen der Person oder Herkunft ein Grundstipendium von 200,– Mark, Männer nach der Ableistung von drei Jahren Militärdienst 300,– Mark. Von diesem Betrag wurden bei Nutzung eines Wohnheimplatzes 10,– Mark abgezogen. Das Stipendium konnte aufgebessert werden, wenn der Student nach dem absolvierten Semester einen entsprechenden Notendurchschnitt erreichte. Um 60,– Mark bei Durchschnitt 2,5 oder besser, um 100,– Mark bei Durchschnitt 2,0 oder besser, um 150,– Mark bei Durchschnitt 1,5 oder besser. Außerdem vergaben die → FDJ und die → Partei noch Sonderstipendien in Höhe von 250,– oder 450,– Mark. Diese Stipendien wurden jedoch recht selten vergeben, so daß dem Begünstigten schon eine gewisse Prominenz eigen war. Zum Studium gehörten obligatorische Praktika, die FDJ organisierte Arbeitseinsätze der Studenten im In- und Ausland (→ Studentensommer, → Ernteeinsatz) in den Semesterferien, auch ein mehrwöchiger Lehrgang zur Landesverteidigung (für die jungen Frauen Zivilverteidigung, → ZV) durfte natürlich nicht fehlen. Vor dem Studium mußte man sich um einen der zahlenmäßig festgelegten, geplanten Studienplätze (Quotenregelung) bewerben und wurde dann von einer Kommission der Hochschule (bzw. der Fakultät, der Sektion) angenommen oder abgelehnt, wobei die Kaderleitung der Hochschule das letzte Wort hatte. Die Modalitäten der Zulassung änderten sich in den Jahren immer mal wieder und waren im Hochschulgesetz festgelegt. Zur Zulassung zum Direktstudium gehörte die Verpflichtung, nach dem Studium eine Zeitlang dort zu arbeiten, wo man hingeschickt wurde (z.B. als junger Lehrer dahin in der DDR zu gehen, wohin einen die Schulbehörde schickte, wobei soziale Rücksichten auf junge Familien genommen wurden). Neben dem Direktstudium gab es noch das Fernstudium bzw. das → Abendstudium.

DISPATCHER

Verantwortlicher für die operative Lenkung und Kontrolle von Produktions- und Verkehrsprozessen, organisierte die Warenbestellung, die Maschinenbelegung usw., war bei der → Deutschen Reichsbahn für die Zusammenstellung der Züge und die Organisation des Zugverkehrs zuständig.

DISTEL
Kleinkunstbühne in Berlin mit eigener Spielstätte in der Friedrichstraße, Nähe Metropol-Theater. Die Distel war seit 1976 das erste Profikabarett der DDR. Trotzdem gab es immer wieder Probleme mit den Kulturbehörden der DDR, die die Programme der Kabarettisten gnadenlos zensierten. Das tat der Popularität der Distel jedoch keinen Abbruch, sondern stärkte sie vielmehr, weil die Neugier der Bürger aus der ganzen Republik geweckt war, was die Zensur denn hatte durchgehen lassen. In der Distel standen viele prominente DDR-Schauspieler und Komiker auf der Bühne, wie z.B. 1954–1965 Ingrid Ohlenschläger, die eine beliebte Kabarettistin war und die Hauptrolle in dem Kundschafterfilm »For eyes only« gespielt hat. 1965 wurde sie »republikflüchtig«. Des weiteren u.a. → Willi Schwabe, → Wolf Biermann, Peter Dommisch, Christine Harbort, Gustav Müller, Karl Heinz Oppel, Marianne Prenzel, Gerd E. Schäfer, Lutz Stückrath, Ellen Tiedtke und Robert Trösch.

DIXIELAND-FESTIVAL
Fand seit 1971 jährlich als Veranstaltung des Rundfunks der DDR in Dresden statt und war das Treffen internationaler Dixielandbands. Die Karten hierfür waren oft schon Monate vor dem Beginn vergriffen. Die skurrilsten Auswüchse dieses Festivals waren die Wartegemeinschaften vor dem Start des Vorverkaufs. In typisch sächsisch-freundlicher Manier verbrachten die Fans bereits die Nacht mit Schlafsack und Kaffee vor den Kassen.

DKK
Markenname für Kühlgeräte aus dem → VEB dkk Scharfenstein. Nachdem es dem → Betrieb bis Anfang der siebziger Jahre nicht gelang, den Bedarf zu decken – die Ausstattung der Haushalte mit den älteren Modellen, wie zum Beispiel dem »Kristall«, war noch recht dürftig – gelang es mit der Modellreihe dkk 170 und seinen Nachfolgern weitestgehend bedarfsgerecht und vor allem langlebig

zu produzieren. Anfang der Achtziger wurde die Modellreihe erheblich erweitert und auch kleinere Modelle und Tiefkühltruhen waren im Handel erhältlich. Und geht man davon aus, daß selbst heute kleinere Händler kaum Modelle auf Lager halten und auf die Lieferzeiten der Produzenten angewiesen sind, war der damals erreichte Stand eigentlich ganz passabel. Zumal die Haushalte ohne Kühl- und Gefriergeräte keine vernünftige Vorratswirtschaft zur Vermeidung von Hungersnöten und ähnlichen Katastrophen führen konnten.

DOERK, CHRIS

Schlagersängerin, geb. am 24.2.1942 in Dresden, Gebrauchswerberin, später Gesangsunterricht und künstlerische Heimstatt beim Erich-Weinert-Ensemble. Dort Zusammenarbeit mit → Frank Schöbel, Heirat, 1969 Scheidung, ein Sohn aus dieser Ehe. Große Erfolge hatte sie neben Frank Schöbel in den Musikfilmen »Heißer Sommer« (1968) und »Nicht schummeln, Liebling« (1973). Bis 1976 veröffentlichte auch → Amiga mehrere Platten von ihr, z.T. auch wieder im Duett mit Schöbel, wie »Chris & Frank« 1969, »Chris Doerk« 1973 und »Songs für dich« 1974. Nach der Trennung von Frank Schöbel wurde es ruhiger um sie, sie arbeitete hauptsächlich als Solointerpretin und viel im sozialistischen Ausland.

DOKFILM-FESTIVAL

Umgangssprachlich für die jährlich stattfindende Internationale Dokumentar- und Kurzfilmwoche in Leipzig. Hauptsächlich wurden dort Dokumentarfilme gezeigt. Aber auch Kurzfilme, meist Abschlußarbeiten von Absolventen der Hochschulen für Filmkunst, wurden hier publiziert und prämiert.

DOMAL

Markenname des VEB Domal Stadtilm. Dieses Werk war neben den Werken im Chemiedreieck Halle, Leipzig, Bitterfeld der größte Produzent von Reinigungs- und Haushaltpflegemitteln in der DDR. Unter dem Namen Domal selbst wurde in der DDR ein Bodenreinigungsmittel vertrieben.

DOMOWINA

Die Domowina wurde bereits 1912 als Dachorganisation von 43 sorbischen Vereinen in Hoyerswerda gegründet. 1937 von den Nationalsozialisten verboten, konstituierte sie sich bereits zwei Tage nach der deutschen Kapitulation im II.Weltkrieg neu. Zwei Überlegungen innerhalb dieser neuen Organisation kamen nicht zum Tragen. Es wurde kein selbständiger sorbischer Staat gegründet und die Lausitz nicht an die ČSR angeschlossen. Da die politische Vertretung der etwa 100.000 Bürger sorbischer Nationalität durch eine eigene Partei in der DDR nicht zugelassen wurde, übernahm die Domowina die Vertretung der verfassungsmäßigen Rechte der Sorben in der DDR. Mit den Jahren sah sie unter dem Druck der → SED ihre Aufgaben mehr und mehr in der Durchsetzung sozialistischer Prinzipien unter der nationalen Minderheit und der Entwicklung und Verbreitung sorbischer Kultur als fester Bestandteil der sozialistischen Nationalkultur der DDR. Dabei kam sie immer mehr in inneren Zwiespalt mit den Traditionen und der Religiosität der Sorben. (So funktionierte die DDR, Autorenkollektiv, Rowohlt 1994)

DOPPELKARAMEL

Alkoholfreies Malzbiergetränk aus den verschiedenen Getränkekombinaten der DDR. Es wurde in der Medizin auch als Therapeutikum eingesetzt. Stillenden Müttern wurde es empfohlen, um die Milchdrüsen verstärkten Produktion von Muttermilch anzuregen.

DR. BORMANN ANTWORTET

Feste Rubrik im Jugendmagazin → Neues Leben. Dr. Bormann beantwortete darin Fragen der jugendlichen Leser zur Sexualität. Im

Gegensatz zu »Unter Vier Augen« aus der → Jungen Welt ging das Magazin in dieser Rubrik keine Partnerschaftsprobleme an, die sich mit psychologischer Hilfe lösen ließen. Die Themen wurden recht tiefgründig auch aus medizinischer oder sozialhygienischer Sicht dargestellt.

DR.-THEODOR-NEUBAUER-MEDAILLE

Auszeichnung in der DDR für hervorragende Leistungen beim Aufbau des sozialistischen Bildungswesens. Diese Ehrung wurde am → 12. Juni, dem Lehrertag vorgenommen. Die verdienten Pädagogen erhielten die Medaille im Gebäude des Staatsrates in der Regel durch den 1. bzw. → Generalsekretär der SED persönlich.

DRAMMS

Jugendsendung des DDR-Fernsehens in den späten 80er Jahren. Das Musikjournal lief immer Montag 18 Uhr in Abwechslung mit → Klik, → Stop Rock!, Logo und Hautnah. Die Sendung enthielt u.a. auch Plattenkritiken, Diskussionen über Rock- und Popmusik und die Gitarrenschule von Ralf Kothe.

DRINDA, HORST

Schauspieler, geboren 1. 5. 1927 in Berlin. Nach seiner Rückkehr aus dem Zweiten Weltkrieg sprach er im Spätsommer 1945 bei Gustav von Wangenheim vor und wurde Schauspieler am Deutschen Theater. 1953 von Westberlin in den Osten übergesiedelt, Ausbildung am Deutschen Theater, 1963 und 1970 Nationalpreis. Wechselte 1971 ins Ensemble des Fernsehens der DDR, führte gelegentlich auch Regie. Verkörperte Rollen, die ihn überaus populär machten: die Hauptrolle in »Ich – Axel Cäsar Springer« 1970, 1974–76 als Kapitän Karsten in »Zur See«, 1976 in »Auf der Suche nach Gatt«, 1979 als »Scharnhorst«, 1981 eine Hauptrolle in »Unser Mann ist König«. Außerdem konnte man ihn immer wieder in den beliebten Serien → »Polizeiruf 110« und → »Der Staatsanwalt hat das Wort« sehen.

DRUCKGENEHMIGUNG

Da man in der DDR eine große Achtung vor der Wirkung des gedruckten Wortes hatte und natürlich vor allem, um gegen den Sozialismus gerichtete Publikationen zu verhindern, bedurfte es für jede Publikation einer Druckgenehmigung, egal ob es Plakate, sonstige Vervielfältigungen, Zeitschriften oder Bücher waren. Die Druckgenehmigung wurde durch die Hauptverwaltung (HV) Verlage erteilt. Bei Büchern mußte der Verlag das Manuskript, eine Stellungnahme des Lektors, des Cheflektors bzw. Verlegers sowie ein Fremdgutachten (durch Germanisten, Historiker, Wissenschaftler) bei der zuständigen Abteilung der Hauptverwaltung einreichen. Die Zensoren in der HV Verlage blieben anonym, der Grund für die Ablehnung einer Druckgenehmigung wurde nicht schriftlich mitgeteilt. Handelte es sich um Autoren mit internationalem Ansehen wie etwa → Christa Wolf, Volker Braun oder Stefan Heym, wurde oft um die Änderung jeder beanstandeten Zeile gefeilscht und die Entscheidung nach oben an den zuständigen Minister weiterdelegiert. Traute der sich nicht zu entscheiden, ging es weiter an die Parteispitze. Die Angst vor nicht genehmigten Publikationen war wohl auch ein Grund, warum man kaum Kopiergeräte eingeführt hat, denn die wären schwer zu kontrollieren gewesen. Dennoch konnte man das Erscheinen von sog. Untergrund-Zeitschriften nicht verhindern.

DSF

Gesellschaft für Deutsch-Sowjetische Freundschaft. Diese Massenorganisation pflegte den Zusammenhalt zwischen der DDR und der Sowjetunion. In den Schulen wurde eifrig für die Mitgliedschaft geworben, um mit dieser Mitgliedschaft die eigene unverbrüchliche Freundschaft zum Volk der Befreier zu dokumentieren. Wohl neunzig Prozent der Mitglieder zahlten jedoch den Beitrag nur, um damit Fragen aus dem Weg zu gehen, da die über die DSF geknüpften Kontakte ausschließlich elitärer Natur waren und die Erschließung der Sowjetunion für den Tourismus kaum gefördert wurde, von russischer Seite vor allem aus Angst vor möglicher Spionage.

DT 64

Jugendradio des DDR-Rundfunks. Es wurde nach dem Deutschlandtreffen 1964 als tägliche Sondersendung vom → Berliner Rundfunk ins Leben gerufen, deshalb auch der Name DT 64. Die Hörerresonanz war so groß, daß man sich entschied, die Sendung bei-

Die »Deutsch-Sowjetische Freundschaft« erschöpfte sich oft lediglich in inszenierten Freundschaftsbekundungen

zubehalten, woraus dann durch den Zusammenschluß von DT 64 mit »Hallo – Das Jugendjournal« von → Stimme der DDR der Sender Jugendradio DT 64 entstand. Zuerst wurde es 11 Stunden auf den Frequenzen von Stimme der DDR ausgestrahlt, Ende der 80er Jahre bekam DT 64 eigene Frequenzen und sendete rund um die Uhr. Zu dem Vollprogramm gehörten u.a. Sendungen wie »Trend – Forum populärer Musik«, »Morgenrock«, »Countrythek«, »Parocktikum«, »Beatkiste«, → »DT – Metronom« und die »Notenbude«. Zu den bekanntesten Moderatoren gehörten Andreas Ulrich, Jörg Wagner, Lutz Bertram, Lutz Schramm, Marion Brasch, Petra Schwarz, Jürgen Balitzki, Wolfgang Martin und Cornelia Thomas. In den Wende-Zeiten war DT 64 für kurze Zeit ein spannendes Beispiel für innovativen, kritischen Journalismus und gerade bei jungen Leuten sehr beliebt. Als nach der Wiedervereinigung dieser Sender trotz hoher Einschaltquoten als Relikt der DDR konsequent abgewickelt wurde, formierte sich eine große Solidaritäts- und Protestbewegung mit vielen Fanclubs für den Sender. Zunächst wurden seine UKW-Frequenzen zugunsten von RIAS 1 nicht mehr bestätigt, und als Mittelwellensender war die Einstellung des Sendebetriebes vorprogrammiert, er konnte jetzt nicht mehr überall empfangen werden. DT 64 hatte aber gerade viele junge Leute täglich begleitet, im Autoradio genauso wie per Kofferradio in der Werkstatt. Später wurde der Sender vom MDR übernommen, das Sendezentrum nach Halle-Neustadt verlegt und in »mdr-Sputnik« umbenannt. (Lit.: Ulrich/Wagner: DT64 – Das Buch zum Jugendradio 1964–1993. Thom Verlag Leipzig 1993)

DT METRONOM

Wertungssendung des Jugendradio → DT 64, seit 1972, anfangs moderiert von Christine Dähn und Ute Boeden, später von Gottfried Flemig, seit 1983 von Lutz Bertram. Die Sendung war anfangs eher eine Schlagersendung, wurde dann aber immer mehr zum Podium für Rockmusik. Die Macher gingen sogar mit »Metronom –

Diskussionskonzerten« auf Tournee, die mitgeschnitten und gesendet wurden.

DTSB

Deutscher Turn- und Sportbund. Dachorganisation der Sportverbände der DDR. Über ihn wurden die finanziellen Mittel für die Sportentwicklung in der DDR verteilt. Da die Regierung der DDR das internationale Ansehen des Landes in der Welt und den Stolz der DDR-Bürger auf ihr Land mit sportlichen Spitzenleistungen anheben wollte, wurde über den DTSB eine intensive Talentsuche und Förderung betrieben. Der Breitensport blieb dabei weitestgehend Stiefkind und war praktisch vom Engagement der Mitglieder in den → Betriebssportgemeinschaften (BSG) abhängig.

DU HAST DEN FARBFILM VERGESSEN

Schlager, gesungen von Nina Hagen, Musik von Michael Heubach, Text von Kurt Demmler. Mit diesem Song startete 1974 die Karriere von Nina Hagen (damals noch mit der Gruppe Automobil) und erreichte durch den Erfolg sofort eine eigene Dynamik. Der Titel entstand zu einer Zeit, als das Fernsehen seine Sendungen allmählich auf Farbe umstellte, in den Geschäften die ersten Farbfernsehgeräte auftauchten und durch → ORWO die Farbfilme preiswerter angeboten wurden. Vor allem gelang es zunehmend, die Film-Entwicklung in angemessenen Zeiträumen zu bewerkstelligen. Nina Hagen, geboren 1955, ist die Tochter der Schauspielerin Eva-Maria Hagen, die zu dieser Zeit mit dem Liedermacher → Wolf Biermann zusammen lebte. Nach ihrem Erfolg mit Automobil schloß sich die schrille Sängerin der Klamauk-Rockcombo Fritzens Dampferband an und hatte einen weiteren Hit mit »Wir tanzen Tango« 1975. Im Zuge der Ausbürgerung von Wolf Biermann aus der DDR ging auch Nina Hagen 1976 gen Westen, nachdem sie noch in einigen Filmen zu sehen war, so in »ABC der Liebe«, »Junge, heute ist Freitag« und in »Hostess«, einem Film von Rolf Römer (1976), aus dem ihr Auftritt später herausgeschnitten wurde.

DU UND DEIN GARTEN

Ratgebersendung des → DFF. Von Erika Krause moderiert, brachte das Fernsehen mit dieser Sendung für alle Kleingärtner und solche, die es werden wollten, Rat und Hilfe bei der Gestaltung ihrer Gärten und → Datschen. Möglichkeiten und Notwendigkeiten beim Baumschnitt wurden ebenso erläutert wie die Pflege von Zimmerpflanzen.

DU UND ICH

Aufklärungsbuch von Jutta Resch-Treuwerth. Im Gegensatz zu ihrer Kolumne in der Tageszeitung →Junge Welt befaßt sich die Autorin in diesem Buch mit den Problemen und Fragen jüngerer Kinder zu Themen rund um die Sexualität und Partnerschaft. Die Edition ist klar in Frage und Antwort gegliedert, wobei die Autorin bemüht ist, die Fragen kurz und prägnant zu beantworten, was ihr jedoch nicht immer gelingt, ohne einen pädagogisch dozierenden Sprachduktus einzuschlagen. Durch Jürgen Graetz wurde das Buch

DTSB: 5. Deutsches Turn- und Sportfest der DDR, 1969 in Leipzig

sehr sensibel und den Themen zugeordnet bebildert. (Ich und du & du und ich, Jutta Resch-Treuwerth, Fotos Jürgen Graetz, Verlag Junge Welt Berlin 1988)

DUETT

Noble Zigarettenmarke des VEB Tabak Dresden. Mit der Marke Duett brachte die Zigarettenindustrie der DDR erstmals eine Zigarette im Format 100 auf den Markt. Sie blieb lange Zeit die einzige Marke dieses Formats und erreichte einen hohen Marktanteil bei der DDR-High-Society.

DUETT – MUSIK FÜR DEN RECORDER

Sendung von Radio DDR. Sie lief werktags zwischen 15 und 16 Uhr. Unterbrochen wurde sie vom halbstündig gesendeten Nachrichtenblock. Es blieben also zwei Blöcke von je etwa fünfundzwanzig Minuten Länge, in denen der Rundfunk meist Alben internatio-

Eröffnungszeremonie im Leipziger Zentralstadion

naler Künstler aller Couleur vorstellte. Die Titel wurden ohne Zwischenansagen und in der gleichen Reihenfolge wie auf der Schallplatte gespielt. So konnte der Hörer eine komplette Plattenseite auf Band mitschneiden. Gerade bei Jugendlichen war die Sendung sehr beliebt, liefen doch dort komplette Alben z.B. von Pink Floyd, The Rolling Stones, The Beatles u.a. Bürger, die keinerlei Möglichkeiten hatten, im → Intershop Originale zu erwerben, oder die ihre Urlaubskasse in Ungarn nicht dafür schmälern wollten, konnten so an Musiktitel kommen, die sonst nicht in der DDR publiziert wurden. Es entstand ein reger Austausch von Schallplatten zum Aufnehmen, selbst ein kleiner Schwarzmarkt. Interessant bei der Sendung »Duett – Musik für den Recorder« waren auch die kurze Einleitung mit Informationen über Künstler oder Band, über die vorgestellte Platte, z.T. mit Übersetzungen von Textauszügen.

DUO

Auch Behindertenkarre und Dreikantfeile genannt. Dieses Gefährt aus dem VEB → Simson Suhl war ein dreirädriges Gefährt, das mit einem Mopedmotor mit fünfzig Kubikzentimeter Hubraum ausgerüstet war, und erreichte maximal 60 km/h Spitzengeschwindigkeit. Die Sitzbank war behindertengerecht quer über der Hinterachse angebracht. Das Gefährt besaß ein Chassis ohne Rahmen und war an den Seiten offen. Bei schlechtem Wetter konnten die Seiten mit einer Folie zugeknöpft werden. Gestartet wurde das Gefährt mit einem von Hand bedienbaren Kickstarter auf der Fahrerseite.

DUOSAN-RAPID

Nitrocellulosekleber, Alleskleber. Er war neben → Kittifix der gebräuchlichste Klebstoff in der DDR. Allerdings besaß er nicht so gute Klebeeigenschaften wie Kittifix. Vor allem seine Aushärtezeit von bis zu 10 Minuten war unpraktisch.

DUR

Pflegeserie für die Frau aus dem Kombinat Florena. Dur war eine Pflegeserie, die neben Parfums auch Duschgels und Schaumbäder enthielt. Sie wurde für den Verkauf in normalen Verkaufsstellen der DDR produziert.

DUR FOR MEN

Pflegeserie für den Mann aus dem Kombinat Florena. Dur for men enthielt neben Rasiercreme und -schaum auch erstmals in der DDR ein After shave für die Naß- und eines für die Trockenrasur. Sie war damit die reichhaltigste Pflegeserie in der DDR und wurde für den Verkauf in den normalen Verkaufsstellen produziert.

DYNAMO DRESDEN

Fußballverein des Ministeriums des Innern der DDR. Im Fußball der DDR spielte dieser Verein auf Grund seiner beständig guten Leistungen eine herausragende Rolle. Bis zur Vereinnahmung des Fußballs durch die Staatssicherheit und der zehnmaligen Meisterschaft des BFC Dynamo in Folge war Dresden die Fußballhochburg der DDR schlechthin. Daran konnten auch die geschlossene Republikflucht des damaligen SC Einheit Dresden in den 50er Jahren nichts ändern. Die Erfolge des Vereins resultierten aus einer guten Nachwuchsarbeit. Die Mannschaft schaffte regelmäßig den Einzug in internationale Wettbewerbe, konnte aber nie den ganz großen Erfolg erringen. So schied sie im Europapokal der Landesmeister 1976 in einem spektakulären deutsch-deutschen Duell knapp gegen den späteren Cup-Gewinner Bayern München aus. Dresdener Fußballer stellten auch das Korsett der DDR-Nationalmannschaft bei deren größten internationalen Erfolgen, der WM-Teilnahme 1974 in der BRD und dem Olympiasieg 1976 in Montreal. Nach der Wende gingen namhafte Spieler als hochbezahlte Profis in westdeutsche Clubs. Dennoch konnte die Mannschaft bis 1993 nochmals Aufsehen in der gesamtdeutschen Fußballoberliga erringen.

Nach dem Abstieg aus der Oberliga ist ihr Stern (vorerst) gesunken, wichtige Spieler haben den Club verlassen, der auch mit Finanz- und Managementproblemen zu kämpfen hatte (Lit. Karte/Zimmermann: Dynamo Dresden. Das Buch zum Verein 1953–1993. Thom Verlag Leipzig 1993).

E

E ODER EK

Bezeichnung innerhalb der Mannschaftsdienstgrade der → NVA für die Wehrpflichtigen des dritten oder letzten Diensthalbjahres (bei Unteroffizieren auf Zeit). Diese Wehrpflichtigen zeigten ihre ablaufende Dienstzeit durch das → Bändi (Bandmaß) und ab dem 150sten Tag durch den täglichen Schnitt. Der »E« ließ sich von Soldaten der unteren Diensthalbjahre bedienen, die Stiefel putzen und andere Arbeiten erledigen. Im Gegenzug gab er ihnen seine Erfahrungen weiter. Da die Drangsalierung von Soldaten in der »EK-Bewegung« überhand nahm, versuchten die Offiziere gegen die schlimmsten Auswüchse vorzugehen. → Dachse, → Vize, → Keim.

ECKBAU

Synonym für Schwarzarbeit. Nicht alle notwendigen Arbeiten gerade in den Baugewerken waren durch die → Feierabendbrigaden abzudecken. Da mußte zusätzlich noch auf dem Eckbau gewerkelt werden, meist für halb und halb, also der halbe Stundensatz in D-Mark und die andere Hälfte in Mark.

EDE UND UNKU

Jugendroman aus dem Jahre 1931 von Alex Wedding (Grete Weißkopf, 1905– 1966) über die zwei Kinder Ede, Sohn des Vorarbeiters Sperling, und Unku, Tochter des Kommunisten Klabunde. Geschildert wird das Leben von Arbeiterfamilien während der Weltwirtschaftskrise in Berlin. Diese Erzählung war Schulliteratur in der fünften Klasse. An der Freundschaft zwischen Ede und Unku und an dem Verhältnis der Arbeiterfamilien Sperling und Klabunde sollten die Schüler zu einem tiefen Verständnis und zu einer parteilichen Wertung von Haltungen und Handlungsweisen in einer zugespitzten Klassenkampfsituation geführt werden.

EG-GÜ

Markenname für Schuhpflegemittel und Schnürsenkel in der DDR. Bis zum Werbeverbot im Fernsehen waren häufig Spots dieses Produzenten zu sehen, der erstens der einzige in der DDR war und zudem den Bedarf befriedigte. Die Produktionsstätte befand sich in Dresden.

EGON UND DAS ACHTE WELTWUNDER

Roman von Joachim Wohlgemuth über das erste zentrale Jugendobjekt der FDJ, die Trockenlegung der Wische in der Nähe von Neubrandenburg. Dieser Roman um den Hilfsarbeiter Egon, der nach einer Haftstrafe wegen Körperverletzung ein neuer Mensch werden will, und die Arzttochter Christine, die sich zum ersten Mal ernsthaft verliebt (das achte Weltwunder), war einer der Dauerbrenner der DDR-Literatur. Seit seinem Erscheinen 1962 erreichte er 29 Auflagen, was wohl der heiter-ironischen Erzählweise Wohlgemuths geschuldet ist. Ganz ernst zu nehmen ist die Geschichte der Liebe Egons und Christinas nicht, aber das Motiv des armen, in diesem Fall faulen und versoffenen, Jünglings und der Prinzessin (Tochter des Kreisarztes) kehrt auch im Märchen immer wieder. Daß sich solche Beziehungen immer wieder entwickeln, wenn junge Menschen an einem gemeinsamen Ziel arbeiten, ist bekannt. Interessant ist, wie Wohlgemuth die ideologischen Vorgaben des →Bitterfelder Wegs nutzt, dem Leser eine vergnügliche Geschichte zu erzählen, die bei aller Kurzweiligkeit ungeheuer anregend ist und noch heute lange nachwirkt. (Verlag Neues Leben Berlin 1962)

EHEKREDIT

Zinsfreie Starthilfe für junge Ehen. Nach dem IX. Parteitag der SED 1976 wurde dieser Kreditfonds aufgelegt und zunächst mit fünftausend Mark je Antragsteller ausgereicht. Nach dem X. Parteitag der SED 1981 wurde der Kreditbetrag auf siebentausend Mark erhöht. Die Antragsteller durften nicht älter als dreißig Jahre und noch nicht verhairatet gewesen sein. Die Tilgung erfolgte mit einer monatlichen Rate von 50 Mark. Zwischentilgungen waren unbegrenzt möglich. Außerdem wurden für das erste Kind während der Tilgungszeit 1.000 Mark Restschuld gestrichen, für das zweite Kind weitere 1.500 Mark und für das dritte Kind weitere 2.500 Mark.

EHRENBANNER

Fahne als Auszeichnung für hervorragende Leistungen. Fast jede gesellschaftliche Organisation stiftete ein solches Banner für einen der vielen Wettbewerbe. Dem ideellen Anreiz wurde jedoch nicht selten ein monetärer hinzugefügt, um die Motivation für diese Leistungen zu erhöhen.

Ehekredit: Heirat aus Liebe?

EHRENDIENST

Bezeichnung für den Grundwehrdienst der Wehrpflichtigen in der DDR, der mit einer Dauer von 18 Monaten festgelegt war. Jeder junge Mann hatte seinen Ehrendienst zu versehen, also keine reine Pflicht gegenüber dem Vaterland zu erfüllen. Mit dieser Sinnentstellung wurde durch die DDR-Führung das drastische Vorgehen gegen die Verweigerung des Wehrdienstes gerechtfertigt. Der Dienst an der Waffe konnte zwar verweigert werden. Diese jungen Männer wurden militärischen Bautrupps zugeteilt, die genauso dem militärischen Recht unterstanden (→ Bausoldaten). Auf die Verweigerung des Militärdienstes allgemein standen jedoch strafrechtliche Konsequenzen (Gefängnis, nach der Verbüßung der Haftstrafe erneuter Einberufungsbefehl usw.). Nach Ableistung des Ehrendienstes war es aber für den DDR-Bürger noch nicht getan, denn dann erfolgte die Registrierung als Reservist. Die Reservisten wurden immer mal wieder für einige Monate, manchmal auch nur für kurze Übungen eingezogen.

Geprägt war der Dienst in der Nationalen Volksarmee von eher preußischem Drill und Gehorsam, wenig Freizeit, wenig Urlaub, viel Wachestehen. Er war aber bei weitem an Härte nicht vergleichbar mit dem Dienst sowjetischer Soldaten.

EHRENHAINE

Wichtig für das Selbstverständnis der DDR-Oberen war das organisierte Gedenken, die Ehrung der Ahnen, Märtyrer und Vorbilder im → Klassenkampf. So wurden bei Namensverleihungen an Schulen oder → Betriebe kleine und kleinste Stätten der Ehrung geschaffen. Aber auch große, zentrale, wie die unzähligen Grabmale für die gefallenen sowjetischen Soldaten dienten dieser kollektiven Ehrenbekundung, die stets mit dem Versprechen für noch mehr Einsatz zum Wohle der Gesellschaft einherging.

EHRENMAL

Ehrenmale waren in der Regel Gedenksteine/Denkmale für die Opfer des Faschismus oder die gefallenen Soldaten der Sowjetarmee. Diese mit großem Aufwand hergerichteten Gedenkstätten gab es in praktisch jedem größeren Ort oder Friedhof. Die großen und kleinen Funktionäre legten zu den Gedenktagen, wie dem Gedenktag für die Opfer von Faschismus und Militarismus im Januar oder dem Tag der Befreiung am 8. Mai, Kränze nieder und dokumentierten damit ihre geistige Gefolgschaft. Die wohl bekanntesten Ehrenmale waren das sowjetische Ehrenmal im Treptower Park (Berlin 1946/49), Fritz Cremers Buchwalddenkmal (1958) beim Konzentrationslager auf dem Ettersberg Weimar, auch die Ehrenmale an den Konzentrationslagern Sachsenhausen und Ravensbrück.

Demonstration zur Gedenkstätte der Sozialisten in Berlin-Friedrichsfelde anläßlich des Todestages von Karl Liebknecht und Rosa Luxemburg, 17.1.1982. Ganz vorn mit dabei: Erich Honecker

EHRENTAFEL

Auszeichnungsobjekt in Betrieben und Einrichtungen der DDR. Fast kein Betrieb verzichtete darauf, seine vorbildlichen Mitarbeiter am Werktor oder in stark frequentierten Stätten des Betriebes, wie zum Beispiel der Kantine, zu publizieren. Auf diesen Ehrentafeln fanden dann die Sieger des sozialistischen Wettbewerbes oder → Bestarbeiter mit Foto und Leistungsbeschreibung ihren Platz. Ehrentafeln gab es aber auch für Opfer des Faschismus, die mit ihren Namen die Straßen der Städte in der DDR schmückten.

EIERBECHER-HENNE

Ein typisches Produkt aus der → Konsumgüterproduktion der DDR. Seinem Äußeren nach wurde es als angewandte Kunst geführt, aber in Massenproduktion gefertigt. Ähnliche Produkte gab es in großer Zahl, nachdem der Ministerrat jeden → Betrieb beauflagt hatte, einen bestimmten Prozentsatz seiner Produktion als Kon-

Das Ehrenmal in Berlin-Treptow: Kranzniederlegung anläßlich eines FDJ-Verbandstreffens, 1979. In erster Reihe Egon Krenz und Erich Mielke

sumgüter für den → Bevölkerungsbedarf zu fertigen. Das stellte gerade große Betriebe des Schwermaschinenbaus und der chemischen Industrie vor nahezu unlösbare Probleme, da sie von ihrer Produktionsstruktur her keinerlei Möglichkeiten hatten, diese Auflagen zu erfüllen.

EIGEN + ART

Werkstattgalerie in Leipzig-Connewitz, die im November 1985 von Gerd Harry Lybke in einem Hinterhofgebäude in der Fitz-Austel-Straße, heute Bornaische Straße, eröffnet wurde. Sie war die erste unabhängige Produzentengalerie in der DDR und damit ein wesentlicher Schritt heraus aus den staatlich sanktionierten Ausstellungsstätten zur Schaffung einer neuen Kunstszene. Dort fanden häufig auch Lesungen und Kunstaktionen statt. Nach der Wende hat sich Harry Lybkes Galerie dann erfolgreich auch in Berlin etabliert. (Lit.: Die Einübung der Außenspur. Die andere Kultur in Leipzig 1971–1990, Thom Verlag Leipzig 1996)

EINGABE

Die Eingabe war im Grunde das einzige Mittel der Bevölkerung, Beschwerde über Entscheidungen von Behörden zu üben, weil man seine Rechte nicht vor Zivilgerichten einklagen konnte und oft den Entscheidungen der Behörden ausgeliefert war. Eingaben konnten an jede übergeordnete Stelle gerichtet werden. Erfolgversprechend waren jedoch praktisch nur Eingaben an den Staatsrat der DDR. Viele Bürger scheuten sich jedoch davor, Eingaben zu schreiben, weil selten zu erfahren war, ob und welche Auswirkungen die Beschwerde bei der jeweiligen Behörde hatte. Der Antwortbrief des Staatsrates fiel jedenfalls immer unverbindlich aus und war in der Regel schwer interpretierbar. Häufig wurde man nur informiert, daß die Angelegenheit an untergeordnete → Organe zur Prüfung weitergegeben wurde, natürlich unterschrieben »mit sozialistischem Gruß«. Außerdem wurde der Arbeitseifer der Staatsdiener nach der Eingabe selten angestachelt. Zwar wurden zähneknirschend die unsachgemäßen Entscheidungen revidiert, aber wenn der Sachbearbeiter nicht durch Weisungen von oben vollends verstört worden war, hatte man sich einen Feind geschaffen. Da das Land klein und überschaubar war, und da viele Funktionäre sehr lange auf ihren Posten saßen, sah man sich meist wieder.

EINHEIT VON WIRTSCHAFTS- UND SOZIALPOLITIK

Teil der Gesamtpolitik der → SED, ein System ökonomischer und sozialpolitischer Maßnahmen, Mittel und Methoden zur Verwirklichung der → Hauptaufgabe. Sie war darauf gerichtet, das Ziel der sozialistischen Produktion, die weitere Erhöhung des materiellen und kulturellen Lebensniveaus der Bevölkerung auf der Grundlage eines hohen Entwicklungstempos der Produktion, der Erhöhung der Effektivität, des → wissenschaftlich-technischen Fortschritts und des Wachstums der Arbeitsproduktivität zu realisieren. Sie beruhte auf dem als untrennbar deklarierten Zusammenhang von wissenschaftlich-technischem, ökonomischem und sozialem Fortschritt. Sie orientierte alle → Werktätigen auf die bewußte Ausnutzung der Erfordernisse der ökonomischen Gesetze des Sozialismus, insbesondere des ökonomischen Grundgesetzes, des Gesetzes der planmäßig proportionalen Entwicklung der Volkswirtschaft, des Gesetzes der Ökonomie der Zeit, des Gesetzes der stetigen Steigerung der Arbeitsproduktivität, des Gesetzes der Verteilung nach der Arbeitsleistung, des Gesetzes der sozialistischen Akkumulation und des Wertgesetzes (daß diese postulierten Gesetze dann doch nicht so gesetzmäßig waren, hat die Entwicklung gezeigt). Dabei wurde als Wirtschaftspolitik im engeren Sinne jener Teil der Maßnahmen, Mittel und Methoden verstanden, der vorrangig auf die Entwicklung der Wirtschaftseinheiten (→ Betriebe und → Kombinate), durch wirtschaftliche Rechnungsführung und ähnliches gerichtet ist. Unter Sozialpolitik sind alle Maßnahmen, Mittel und Methoden zu verstehen, die direkt oder indirekt die Tätigkeit und das Leben der Bürger berühren. Die Einheit von Wirtschafts- und Sozialpolitik wurde erstmals auf dem VIII. Parteitag der SED 1971 proklamiert. Damit sollte die neue Qualität der Politik der → Partei ausgedrückt werden. Es sollte verdeutlicht werden, daß Wirtschaft kein Selbstzweck, sondern Mittel zum Zweck und entscheidende Voraussetzung für sozialen Fortschritt und damit auch die Sozialpolitik ist. Dies war zwar richtig gedacht, es blieb aber beim gewohnten sozialistischen Trott mit den Symptomen Verantwortungslosigkeit, Schlendrian, Behäbigkeit, Selbstbedienung in den Betrieben und den kleinen, alltäglichen Schiebereien. Das Leistungsprinzip war ausgehebelt. Solche Prämissen wie die »Einheit von Wirtschafts- und Sozialpolitik« und die »Hauptaufgabe« waren dann Lehrstoff des → Staatsbürgerkundeunterrichts und eigneten sich gut als Themen für Klassenarbeiten.

EINSTUFUNG

Für die Unterhaltungskünstler in der DDR gab es mehrere Graduierungsstufen, nach denen sich vor allem ihr Honorar richtete. Sie hatten ihre Darbietungen vor der → Einstufungskommission vorzustellen und wurden danach von dieser in bestimmte Kategorien eingeteilt. Die Kategorien waren: Grundstufe (4,– Mark pro Stunde), Mittelstufe (5,– Mark pro Stunde), Oberstufe (6,50 Mark pro Stufe) und Sonderstufe (8,– Mark pro Stunde). Die Einstufung war die Voraussetzung für die → Spielerlaubnis durch die Kulturbehörden und zugleich ein wichtiger Schritt für die Erlangung des Berufsmusikerausweises. Diese Einstufung erfolgte alle zwei Jahre. Allerdings traf das für sehr prominente Künstler, die ohnehin in der obersten Stufe (Stufe S) eingestuft waren, in der Regel nicht mehr zu. Hier erfolgte die Einstufung ohne Vorspielen. Zur Einstufung wurden meist mehrere Gruppen eingeladen, die im Vorfeld ihre Aufführungslisten zusammenstellen mußten, die unter Rücksicht auf die → Repertoirequotenregelung zwei Pflichttitel enthielt, die von der Kommission ausgewählt wurden. Dann spielte die Band vor und wurde daraufhin in einem Gespräch mit der Kommission eingestuft.

EINSTUFUNGSKOMMISSION

Unterhaltungskünstler, die in der DDR gewerblich auftreten wollten, mußten sich mit ihrem Programm vor einer Einstufungskommission vorstellen. Diese Kommission setzte sich aus Vertretern der Kulturreferate der jeweiligen Volksvertretungen zusammen, bestand also aus den Bezirks- und Kreisarbeitsgemeinschaften Amateurtanzmusik und Vertretern von Organisationen wie → FDGB, → FDJ und → Kulturbund. Sie bewertete die Qualität der künstlerischen Darbietung und entschied über die Höhe des Honorars, das der jeweilige Künstler verlangen durfte. Natürlich konnte die Einstufungskommission auch die künstlerische Einstufung ablehnen, was einer Zensur der Darbietung gleichkommen konnte, aber keinesfalls in der offiziellen Lesart mit einer solchen gleichgesetzt wurde. Es wurden allerdings auch Einstufungen aufgrund künstlerischer Mängel abgelehnt. Die Mitglieder einer Einstufungskommission kamen oft vom Fach und verlangten entsprechend handwerkliches Können.

EISENHÜTTENSTADT

→ Stalinstadt

EISERN UNION

Schlachtruf der Anhänger des 1. FC Union Berlin. Obwohl stets im Schatten der Erfolge des → BFC Dynamo spielend, war der Verein aus der Wuhlheide der eigentliche Renommierclub Berlins in der DDR. Seine Fangemeinde war größer und treuer als die des großen Stadtnachbarn und vor allem im Umgang mit den Fans anderer Vereine wesentlich fairer. Sicher spielte hierbei auch die Mentalität des DDR-Bürgers eine Rolle, die dem Kleinen und Benachteiligten mehr vertraute und sich köstlich über Mißgeschicke der Großen amüsieren konnte.

EIWÜ

Speisewürze nach der gleichen Rezeptur wie Maggi, durfte allerdings der Urheberrechte wegen nicht unter dem Markenzeichen Maggi vertrieben werden. Im allgemeinen Sprachgebrauch hieß jedoch die Speisewürze stets Maggi, auch wenn Eiwü auf dem Etikett stand.

EK

→ E

ELASTAN

Eingetragenes Warenzeichen für eine Chemiefaser aus der DDR.

ELF 99

Jugendfernsehen des → DFF. Diese Sendung wurde erst gegen Ende der DDR 1989 in das Programm des Fernsehens aufgenommen und bis zur Auflösung des → DFF mit großem Zuschauerzuspruch ausgestrahlt. Die Macher und Moderatoren waren ein für DDR-Verhältnisse erstaunlich junges Team, zwischen 25 und 30 Jahre alt (Ingo Dubinski, Steffen Twardowski, Angela Mohr, Marcel Obua, Victoria Herrmann, Jan Carpentier). ELF 99 stand für die damalige Postleitzahl des Senders in Berlin-Adlershof: 1199 Berlin. Der hohe Informationsanspruch und die Jugend seiner Macher ließen das Jugendfernsehen nicht nur unter den Jugendlichen auf große Resonanz stoßen. Dabei griffen die Macher viele heiße Themen auf. Vielleicht versuchte deshalb der Privatsender VOX nach der Auflösung des DFF, die Sendung weiterzuführen. Die fehlende Empfangsdichte innerhalb der ehemaligen DDR, relativ geringe Verbreitung von Breitbandkabel und hohe Preise für Satellitenanlagen sowie ein gnadenloser Verdrängungswettbewerb verhinderten jedoch das Überleben dieser Sendung.

ELTERNAKTIV

Elternvertreter einer Schulklasse. Das Elternaktiv wurde stets auf dem ersten Elternabend im Schuljahr gewählt und vertrat gegenüber dem Lehrerkollegium die Interessen der Eltern der jeweiligen Schulklasse. Je nach Engagement des Elternaktivs oder einzelner Mitglieder konnte im Freizeitbereich viel erreicht werden und auch der Zusammenhalt der Schulklasse gefördert werden, z.B. durch die Organisation von Klassenfahrten, gemeinsame Veranstaltungen, Besuch der Arbeitsstelle von Eltern, Unterstützung bei der Vorbereitung der → Jugendweihe, bei den → Pionier- und FDJ-Nachmittagen usw. Clevere Lehrer strukturierten ihr Elternaktiv danach,

Nicht alle Kinder waren so froh, wenn ihre Eltern im Elternaktiv mitwirkten.

wer letztendlich wann hilfreich sein kann und sich engagiert, egal ob Genosse oder nicht. Im Gegensatz zu heute übte ein Elternaktiv auf schulische Belange jedoch kaum Einfluß aus. Manche Lehrer nutzten auch die Hilfe des Elternaktivs bei sehr groben, wiederholten Disziplinverstößen und Schulbummelei von Schülern. Dann sprachen die Mitglieder des Elternaktivs mit den betreffenden Eltern.

ELTERNBEIRAT

Elternvertreter einer Schule. Aus den Reihen des → Elternaktivs wurde ein Vertreter in den Elternbeirat entsandt. So verwirklichte die Elternvertretung das Prinzip des demokratischen Zentralismus. Hatte ein Elternbeirat auch nur beratende Funktion, so war allein die Mitgliedschaft in einem solchen angetan, eine gewisse Stellung und ein gewichtiges Wort gegenüber dem Lehrerkollegium zu führen. Mitglieder des Elternbeirates wurden meist aus ihrer gesellschaftlichen Position heraus gewählt und verstanden diese auch zu nutzen. Dort fanden sich kaum Produktionsarbeiter, eher Mitarbeiter im Partei- oder Staatsapparat, nicht selten Selbständige, deren Wort schon aus ihrer gesellschaftlichen Stellung heraus Gewicht hatte. Trotzdem war der Elternbeirat ein ausschließlich beratendes Organ gegenüber der Schulleitung, wenn auch eines mit Einfluß, was sich vor allem bei der Zulassung der Kinder zur → EOS bemerkbar machte.

ENGLISH FOR YOU

Sendung des → DFF zur Unterstützung des Englischunterrichtes an den Schulen. Die Schwierigkeit bestand für den Lehrer gewöhnlich darin, daß die Sendung entweder gerade nicht lief, wenn er unterrichtete, oder die Sendezeit des Fernsehens sich mit den Pausenzeiten der Schule überlappte (es gab keine Videorecorder). Trotzdem war diese Sendung für interessierte Jugendliche wahrscheinlich die einzige Möglichkeit, neben dem Englischunterricht die Sprache zu hören und zu üben.

ENGPASS

Einen Widerspruch zwischen Planvorgaben (→ Planauflagen) und Marktnachfrage symbolisierender Begriff, der die Unmöglichkeiten einer Planwirtschaft kennzeichnet, schnell und unkompliziert auf schwankende Nachfragen zu reagieren. Engpässe entstanden sowohl auf dem Markt (in den Geschäften, bei den Zulieferern) als auch in den Betrieben selbst (dann stockte die Produktion, weil wieder Teile oder Material oder Ersatzteile fehlten). Engpässe entstanden auch, wenn die Planwirtschaft nicht die realen Absatzchancen berücksichtigte. Gab der Plan als Beispiel eintausend Stück vor und der Markt konnte zweitausend Stück oder mehr absetzen, scheiterte die Produktionssteigerung meist an nicht bilanziertem Rohmaterial oder Halbfertigzeugen. Schon war der Engpass entstanden. Daß auf diese Weise → Bückware produziert und Erlös verschenkt wurde, konnte den Planungsfürsten der staatlichen Plankommission nicht imponieren. Sie verteidigten ihr Monopol bis zum letzen Tag. Mitunter entstanden aber auch Engpässe durch Gerüchte. Hieß es etwa, Bettwäsche wäre knapp, dann konnte man darauf warten, bis sich Schlangen an den Verkaufsstellen für Bettwäsche bildeten. Die Erfahrungen der DDR-Bürger mit Engpässen schuf eine Mentalität, auf Vorrat einzukaufen und zu horten. Die Arbeit der Wirtschaftsleitungen bestand oft darin, eine Lücke zu stopfen, wobei die nächste aufgerissen wurde.

EOS

Erweiterte Oberschule, führte die Schüler zum Abitur. Während der 8. Klassenstufe wurde an den → POS die Auswahl für die Abiturienten getroffen, dabei gab es so etwas wie einen Numerus clausus. Ein Notendurchschnitt besser als 1,5 war Voraussetzung, aber die Anzahl der Plätze war begrenzt, so daß eine strenge Auswahl erfolgte. Bei gleichem Zensurendurchschnitt genossen Arbeiterkinder oder Kinder von → Parteiarbeitern das Privileg, außerdem Offiziersanwärter (→ BOB). Geachtet wurde auch auf ein paritätisches Verhältnis von Jungen und Mädchen. In den 80er Jahren ging man dazu über, die Jugendlichen erst nach der 10. Klasse auf die EOS zu schicken. Das hatte aber Nachteile, weil die Schüler von Schulen mit recht unterschiedlichem Niveau kamen. Manche waren die Besten ihrer Schule und brachen dann total ein. Um ein einheitliches Niveau in der Klasse zu erreichen und so besser arbeiten zu können, brauchte man aber Zeit, die an der EOS fehlte. Dennoch konnte man bei dem straffen Unterricht an den EOS ein hohes Bildungsniveau erreichen, freilich zumeist ohne die klassischen humanistischen Fächer wie Latein und Griechisch.

EP 11

Einsatzpäckchen 11. In ihm waren für den militärischen Ernstfall verschiedene Einwegspritzen zusammengestellt. Sie wirkten gegen Schmerz, gegen chemische und biologische Kampfstoffe. Der Einsatz dieser Spritzen wurde während der Grundausbildung, die jeder Wehrpflichtige in der DDR zu absolvieren hatte, am eigenen Körper mit einer mit Traubenzuckerlösung gefüllten Spritze geübt.

EPISAN

Flüssigseife. Ein hautschonendes Produkt, das vor allem für stark beanspruchte Hände gedacht war. So zum Beispiel für Leute, die ständig mit Chemikalien in Berührung kamen, wie Friseure oder → Werktätige im Gesundheitswesen, z.B. Krankenschwestern oder Pfleger.

ERIKA

Schreibmaschine des VEB → Robotron Rechen- und Schreibtechnik Dresden (später VEB Robotron-Elektronik Dresden). Dieser Betrieb gehörte zum VEB Kombinat Robotron, das in den letzten Jahren der DDR die gesamte Computertechnik für das Inland produzierte. Die klobigen elektrischen Erika-Schreibmaschinen wurden in der gesamten DDR-Wirtschaft eingesetzt. Da es bis zum Ende der DDR so gut wie keine Kopiergeräte und Personalcomputer mit Drucker gab, wurde noch eifrig mit Kohlepapier und mehreren Durchschlägen getippt. Unter dem Namen Erika wurden viele verschiedene Modelle gebaut. Es gab auch eine kleine mechanische Schreibmaschine der Marke Erika. Weitere verbreitete Schreibmaschinenmarken der DDR waren Optima und Olympia.

ERNA KOMMT

Schlagertitel von Wolfgang Lippert (geb. 1952). Die Musik schrieb Arndt Bause, den Text Wolfgang Brandenstein, gecovert wurde der Hit von Lipperts Westkollegen Hugo Egon Balder. Mit diesem satirischen Schlager begann 1986 Lipperts Karriere als Schlagersänger, die er später als Fernsehmoderator fortsetzte. Große Erfolge im DDR-Fernsehen hatte er mit seinen Sendungen »He du« und »Glück muß man haben«. Ein weiterer erfolgreicher Titel von Wolfgang Lippert war »Aufstehn« 1983.

ERNST THÄLMANN – SOHN SEINER KLASSE/FÜHRER SEINER KLASSE

DEFA-Spielfilm in zwei Teilen. Er entstand, nachdem in der Politbüro-Resolution und auf der ZK-Filmkonferenz von 1952 kritisiert worden war, daß in Spielfilmen der → DEFA die Vertreter der Arbeiterklasse kaum und nur unzureichend als »Hauptthelden« gezeigt würden und daß Filme über die Geschichte und Persönlichkeiten der deutschen Arbeiterbewegung fehlten. Diese Resolution entsprang im wesentlichen der → Formalismusdebatte. 1954 und 1955 legte die DEFA mit den Thälmann-Filmen »Ernst Thälmann – Sohn seiner Klasse« und »Ernst Thälmann – Führer seiner Klasse« zwei Werke zu diesem Themenkomplex vor. Das Drehbuch zu diesen Werken schrieben Willi Bredel und Michael Tschesno-Hell, Kurt

Maetzig inszenierte. Die Hauptrolle des Ernst Thälmann spielte Günther Simon (1925–1972), der danach auf die Rolle des klassenbewußten Arbeiters, Funktionärs, Soldaten, Matrosen festgelegt war und aus dieser Schublade nicht wieder herauskam (»Das Lied der Matrosen« 1958, »Das Lied vom Trompeter« 1964). Neben Simon liest sich die Besetzungsliste des aufwendig gedrehten Films wie ein Who is Who der damaligen DDR-Schauspielerriege dieser Zeit (Johannes Arpe, Karl Brenk, Angela Brunner, Fritz Diez, Erika Dunkelmann, Walter E. Fuß, Siegfried Göhler, Peter Paul Goes, Wilhelm Gröhl, A. P. Hoffmann, Heinz Isterheil, Ruth Kommerell, Walter Kröter, Otto Krone, Hans-Peter Minetti, Joachim Tomaschewsky, Hans Wehrl). Zunächst wurde die zweiteilige Filmbiographie des kommunistischen Funktionärs hymnisch gelobt, später mitunter rundweg negiert. Diese Filme, die auf plakativen Ausdruck reduziert sind und durch eine detailarme, auf filmische Beschreibungen weitgehend verzichtende Darstellungsweise auffallen, konnten nur kurz nach ihrer Uraufführung überzeugen, weil sie historische Vorgänge für die Zuschauer in der jungen DDR zu einem miterlebbaren Bild machten. Die Schwäche der Thälmann-Filme liegt vor allem in der unkritischen und überwiegend agitierend-pathetischen Darstellung des deutschen Arbeiterführers. Thälmann wird als der in jeder Situation Überlegene, als der alles Wissende gezeigt, dem Zweifel und Schwächen fremd sind.

ERNTEEINSATZ

Da in der DDR Saisonarbeiter praktisch nicht verfügbar waren, aber Saisonarbeiten natürlich vor allem in der Landwirtschaft anfielen, war der Ernteeinsatz von Schülern, Studenten und Soldaten ein probates Mittel aus der Misere. Studienanfänger wurden nach der Einführungswoche für drei Wochen in die Ernte geschickt. Gerade im Obstbau fällt zur Erntezeit immense Handarbeit an, so daß die → LPGs auf jede Hand angewiesen waren. Schmale Stipendien verlangten außerdem immer nach zusätzlichen Einnahmequellen und mit etwas Fleiß konnte man während eines dreitägigen Ernteeinsatzes sein monatliches Grundstipendium verdoppeln. Das gleiche galt für Schüler, die während der Sommerferien in der Landwirtschaft gern gesehene Helfer waren. Die meisten Schulen verlangten auch mindestens einmal die Tätigkeit in der Landwirtschaft. Organisiert wurden diese Einsätze von der → FDJ, die in vielen Fällen besser dotierte Industriejobs einfach nicht genehmigte, um die Zahl der Erntehelfer entsprechend groß und damit die Ernte entsprechend erfolgreich zu machen.

ERNTEKAPITÄN

Offiziell und mit großem Aufwand publizierte Bezeichnung für die Mähdrescherfahrer der → LPG während der jährlichen Getrei-

Pause während eines Ernteeinsatzes

deernte. Die täglichen Ergebnisse der »Erntekapitäne« in Hektar und Dezitonne füllten während der Erntemonate ganze Informationsblocks der → »Aktuellen Kamera«.

1. DEZEMBER – TAG DER GRENZTRUPPEN

Der 1. Dezember 1946 gilt als Gründungsdatum der → Grenztruppen der DDR. Jedoch wurde er erst seit 1976 offiziell als Feiertag begangen, nachdem zwei Jahre vorher die → Grenztruppen als eigenständige Streitmacht dem Ministerium für Nationale Verteidigung unterstellt worden waren. Wie allgemein üblich wurde dieser Tag für Auszeichnungen und Ehrungen sowie Beförderungen genutzt.

Unter großer Beachtung der DDR-Medien und der staatlichen Stellen mußten sowohl die Angehörigen der LPGs als auch FDJler, Soldaten und viele andere beim Ernteeinsatz mithelfen.

ERSTER SEKRETÄR

Bezeichnung für den Titel des Generalsekretärs der SED von Stalins Tod bis zum IX. Parteitag der SED im Mai 1976. Bis zum XXIV. Parteitag der → KPdSU im April 1971 trugen alle Parteivorsitzenden den Titel 1. Sekretär. Die Delegierten wählten dort aber Leonid Iljitsch Breshnew zum Generalsekretär der KPdSU, auf den folgenden Parteitagen der → Bruderparteien zogen diese nach und wählten ihre Vorsitzenden ebenfalls zu Generalsekretären.

»ERSTES WEST«

Umgangssprachlich für das Programm der ARD, das fast überall in der DDR zu empfangen war. Im Elbtal bei Dresden gab es einen großflächigen Funkschatten, weshalb ARD auch mit »Außer Raum Dresden« übersetzt wurde, der Volksmund nannte den Dresdner Raum deshalb das »Tal der Ahnungslosen«.

ERWA

Nach dem Vorbild von Maggi oder Knorr produzierte gekörnte Brühe aus dem →VEB Nahrungsmittel Halle. Erstaunlicher Weise schmeckte das Zeug genauso einheitlich, wie bei der westlichen Konkurrenz, zumal diese ja in der DDR, weil billiger, produzieren ließ. Für eingefleischte Hobbyköche waren solcherlei Hilfsmittel jedoch verpönt. Die bekamen auch so Geschmack in die Soße.

»ES LEBE DIE RUHMREICHE SOWJETARMEE!«

Slogan zum Tag der Befreiung vom Faschismus. Für die Führung der DDR war es eine Selbstverständlichkeit, den Sieg über das nationalsozialistische Deutschland allein der Sowjetarmee zuzuschreiben. Die Verdienste der Alliierten an der zweiten Front gab es im offiziellen Sprachgebrauch der DDR-Ideologen nicht. Es ist sicher richtig, daß die entscheidenden Schlachten des Zweiten Weltkrieges an den Fronten in der Sowjetunion geschlagen wurden und daß die Menschen der Sowjetunion eine schwere Last in diesem Krieg

Erst 1. Sekretär, dann Generalsekretär: Erich Honecker

getragen haben, auch daß die Landung der alliierten Truppen in der Normandie erst erfolgte, als das nationalsozialistische Deutschland militärisch schon erschöpft war. Betrachtet man aber die Opfer der Sowjetarmee z.B. allein beim Sturm auf die Seelower Höhen an der Oder im April 1945 (in einer Nacht fielen allein 30.000 sowjetische Soldaten), sollten Bedenken über den Umgang der sowjetischen Generalität mit den Menschen, mit den eigenen Soldaten zumindest angebracht sein.

ESDA

Markenzeichen für Damenstrümpfe aus dem VEB Vereinigte Strumpfwerke Esda aus Auerbach im Erzgebirge.

ESELSMILCH

Lieblicher Weißwein aus Ungarn, der, in der Region Balaton produziert, in der DDR abgefüllt wurde und für 6,00 Mark in den Handel kam. Dieser Wein war heißbegehrt und gehörte zeitweise zur → Bückware. In der Regel jedoch war er in ausreichender Menge verfügbar.

ESP

Einführung in die sozialistische Produktion. In diesem Unterrichtsfach der → POS wurde die sozialistische Betriebswirtschaft auf niederem Niveau vermittelt. Die Schüler sollten vor allem mit der Problematik der Produktion und ihren wirtschaftlichen und logistischen Voraussetzungen bekanntgemacht werden.

ETERNA

Plattenlabel des VEB Deutsche Schallplatten, unter dem vorwiegend ernste und klassische Musik veröffentlicht wurde. Auch Weihnachtsplatten trugen dieses Label. Die Klassikplatten von Eterna kosteten weniger als die → Amiga-LPs, nur 12,10 M. Dabei wurden hervorragende Aufnahmen, später auch mit Digitaltechnik, aufgezeichnet und auf Platte veröffentlicht sowie Lizenzplatten mit international renommierten Künstlern (Karajan, Mutter, Gould, Richter usw.).

EULENSPIEGEL

Satirische Wochenzeitschrift der DDR, im Volksmund kurz »Eule« genannt. Sie erreichte eine durchschnittliche Auflagenhöhe von 361.000 Exemplaren und stand praktisch von Anfang an auf der → Sperrliste. Herausgegeben wurde sie vom Berliner Verlag bis 1971, dann beim Eulenspiegel Verlag. Unter der strengen Kontrolle der Organe der → SED waren die Beiträge im Eulenspiegel sehr hoch zu bewerten und zeugten von großer Aufrichtigkeit der Redakteure. Dabei ging es dem Eulenspiegel stets darum, mit dem Mittel der Satire Ungerechtigkeiten und Ungereimtheiten innerhalb der DDR-Gesellschaft anzuprangern. Hiermit wurde durchaus der Kampf für eine bessere, menschenwürdigere DDR geführt. Das galt natürlich nicht für jeden Beitrag, manchmal ließen sich auch die Eulenspiegel-Redakteure vor den Karren politisch-ideologischer Kampagnen spannen, und sie erkauften sich manche kleine Freiheit auch mit der Kritik am Westen. Im Eulenspiegel veröffentlichten alle namhaften DDR-Karikaturisten ihre frechen Zeichnungen und Cartoons: Manfred Bofinger, Barbara Henniger, Karl Schrader, Rainer Schwalme und Klaus Vonderwerth.

EVP

Einzelverkaufspreis. Da dem Handel in der DDR keine freie Preisbildung erlaubt war und jede einzelne Ware überall den gleichen Preis hatte, konnte die Verpackung bereits ausgepreist geliefert werden. Durch staatliche Stellen wurden der → Industrieabgabepreis und der EVP und damit auch die Handelsspanne festgelegt, womit bereits bei der Produktion der Ware ersichtlich war, an welcher Stelle wieviel verdient wird.

EXA

Spiegelreflexkamera aus dem VEB Pentacon Dresden. Diese Kamera war auf Grund ihrer robusten Bauart und guten Gebrauchseigenschaften weit verbreitet und begehrt unter Berufs- und Hobbyfotografen der DDR. Sie verarbeitete Kleinbildfilme und ließ sich unter allen Bedingungen einsetzen.

EXPOVITA

Die Expovita war eine eigenständige Branche zu den Leipziger Herbstmessen von 1969 bis 1989. Auf dem Technischen Messegelände in wechselnden Messehallen sowie auf dem Freigelände und zum Teil auch als Sonderschau am Kulkwitzer See stellten Anbieter Artikel zu Freizeit und Camping aus.

EXQUISIT

Handelskette für hochwertige Textilien, für Lebensmittel gab es die → delikat-Verkaufsstellen. Die Exquisit-Läden wurden eingerichtet, um indirekt die Preisbindung in der DDR zu umgehen. Man konnte höherwertige Bekleidung als »Luxusartikel« einstufen und höhere Preise verlangen. Anfangs wurden in den Exquisit-Läden Importwaren oder Waren aus Importmaterialien verkauft, später wurden immer mehr Textilien der Exquisit-Läden in der DDR hergestellt, auch Mangelware wurde ins Sortiment aufgenommen. Gegen Ende der 80er Jahre wurde praktisch jedes halbwegs modische Kleidungsstück über die Exquisit-Läden vertrieben. Dabei gaben die Bürger auch schon mal drei bis vier Monatsmieten für einen Mantel oder ein Paar Schuhe aus. Wohnte der Käufer im → Altbau, konnte das Verhältnis durchaus noch höher ausfallen.

F

F6

Zigarettenmarke des VEB Nortak Nordhausen. Noch heute die beliebteste Zigarette in den neuen Bundesländern. Sie war die erste Filterzigarette in der DDR und kostete 3,20 Mark. F6 bedeutet Filter, die Bezeichnung rührt von den Testreihen der Zigarettenindustrie her, die den sechsten Filter für tauglich befand.

FACHARBEITER

Bezeichnung für Grundberufe in der DDR. Innerhalb dieser Grundberufe gab es die verschiedensten Spezialisierungsrichtungen, z.B. Facharbeiter für Transportwesen/Reinigungstechnik oder Schreibtechnik, für BMSR-Technik, Zerspanungsfacharbeiter usw. Die Reife für den Erwerb des Facharbeiters wurde durch die Jugendlichen mit dem Abschluß der 10. Klasse der → POS erworben. Anschließend nahm der Jugendliche eine in der Regel zwei Jahre dauernde Lehre auf. Im ersten Jahr wurden ihm dabei hauptsächlich allgemeine Grundkenntnisse seines Berufes vermittelt und im zweiten Lehrjahr arbeitete er verstärkt in der Praxis und wurde in der Spezialisierungsrichtung seines Berufes ausgebildet. Jede Berufsausbildung schloß die Lehre mit dem Erwerb des Titels Facharbeiter ab. Der Facharbeiter für Schreibtechnik war also die Sekretärin, die Putzfrau war Facharbeiter für Reinigungswesen, der Zerspanungsfacharbeiter war ein Metallarbeiter usw.

Eine Ausnahme war der Schulabgang nach der 8. Klasse der POS, der unter Umständen möglich war. Für diese Jugendlichen war die Lehrzeit bis zum Berufsschulabschluß länger als zwei Jahre, bestimmte Berufe konnten dann auch nicht mehr erlernt werden. Aber für manchen Jugendlichen mit Lernproblemen, der dann z.B. Traktorist oder Maurer wurde, war das sicher nicht der schlechteste Weg.

FAHNENAPPELL

Auszeichnungsfeier/Eröffnungsfeierlichkeit in der DDR. So wurde jedes Schuljahr mit einem Fahnenappell eröffnet, die Schulleitung pflegte dabei die Aufgaben während des Schuljahres zu umreißen. Die Schüler waren zum Tragen von Pionier- oder FDJ-Kleidung verpflichtet. Zum Schuljahresabschluß wurden die Ergebnisse öffentlich ausgewertet und erfolgreiche Schüler ausgezeichnet. Nach der → POS setzte sich das in der → BBS fort. Ein Fahnenappell gehörte genauso zu jedem Pionierlager und jedem Lehrgang in der → Pionierrepublik »Wilhelm Pieck«. Zu diesem Zweck wurde dort eine Fahne gehißt und nach dem Vorbild des militärischen Zeremoniells auf die Fahne geschworen. Und natürlich gehörte der Fahnenappell zu den Gepflogenheiten bei den → bewaffneten Organen. Zu jeder sich bietenden Gelegenheit wurde er veranstaltet, ob mit oder ohne Fahne. Die Tradition des Fahnenappells und der → Kollektivgedanke (Klassenkollektiv, Schulkollektiv usw.) entstammt der sowjetischen Pädagogik und geht zurück auf die Bücher des sowjetrussischen Pädagogen Anton Semjonowitsch Makarenko (»Der Weg ins Leben« 1933, »Flaggen auf den Türmen« 1938). Makarenko hatte unter den schweren Bedingungen des russischen Bürgerkrieges und danach in der Stalinzeit Waisenhäuser des NKWD (Volkskommissariat für Inneres, sowjetischer Geheimdienst) geleitet, was seine militaristischen Erziehungsideen und -methoden prägte.

FAHRERLAUBNIS

DDR-Bezeichnung für den Führerschein. Die Fahrerlaubnis gab es in 5 Klassen sowie den Unterklassen für Traktoren und Kleinkrafträder bis 50 Kubikzentimeter Hubraum; letztere konnte bereits ab dem 15. Lebensjahr erworben werden. Ab dem 16. Lebensjahr konnte die Klasse 1 für Motorräder erworben werden, deren Hubraum war allerdings bis zur Vollendung des 18. Lebensjahres auf 150 Kubikzentimeter begrenzt (also konnte man die kleine 125er → MZ schon fahren). Ab dem 18. Lebensjahr konnte man dann auf die 250er MZ umsteigen, Maschinen mit größerem Hubraum gab es kaum. Mit der Klasse 3 für LKW durfte man sogar einen Bus steuern, vorausgesetzt er war leer. Busfahrer benötigten zusätzlich einen Personenbeförderungsschein. Zur Fahrerlaubnis gehörte ein »Berechtigungsschein« mit Platz für 5 Stempel. Wurde man bei Verkehrsdelikten von der → VP erwischt, gab es neben der Geldstrafe noch eine entsprechende Zahl Stempel auf die Stempelkarte. Mit dem 6. Stempel war die Fahrerlaubnis erst einmal weg.

FAMILIENGESETZ

Das Familiengesetzbuch wurde 1965 durch die Volkskammer erlassen und konkretisierte die verfassungsrechtliche Stellung der Familie als sogenannte kleinste Zelle der Gesellschaft. Grundlage dieses Anspruchs an die Familie bildete dabei die historisch-materialistische Theorie von der Entstehung, Entwicklung, den Grundformen und den Perspektiven der Familie, die Friedrich Engels postulierte. Schwerpunkt des Familiengesetzes bildete die Förderung der Familie, die Entwicklung sozialistischer Familienbeziehungen, die Förderung von Mehrkinderehen und verheirateter berufstätiger Mütter. Allerdings geriet das Gesetz mehr und mehr zur Makulatur, da sich viele Frauen in der DDR zwar ein Kind, aber nicht unbedingt einen Mann dazu wünschten und diese Wünsche auch realisierten, was zu einer verstärkten Förderung der alleinstehenden berufstätigen Mutter führte, die stärkerer gesellschaftlicher Zuwendung bedurfte. Das ging auf Kosten der Familienförderung.

FAN

Kosmetikserie für junge Leute aus dem VEB Zitza Zeitz. Diese Serie war überall erhältlich, also nicht explizit für → exquisit produziert und stand damit als Massenprodukt gegen die exclusiveren Serien aus dem VEB Berlin Kosmetik.

FANFARENZUG DER FDJ

Musikvereinigungen mit vielen Blechblasinstrumenten und Schalmeien, die ihre Kunst lautstark auf den Massenveranstaltungen in der DDR darboten, vor allem während der Demonstrationen zum → 1. Mai und den Festakten zum Tag der Republik am 7. Oktober. Jährlich fanden Leistungsvergleiche der Fanfarenzüge statt, bei denen die jeweiligen Züge im Marschieren und Musizieren bewertet wurden. Die Liebe zum Blechblasen, Marschieren und Trommeln im Fanfarenzug ist allerdings kein rein ostdeutsches Phänomen.

FAUSTAN

Leichtes Beruhigungsmittel auf der Basis des Wirkstoffes Diazepan. Faustan war rezeptpflichtig und eroberte seinen Ruf, weil es unter den Jugendlichen als schick galt, sich während der Disco Faustan mit Cola und hochprozentigem Alkohol zu genehmigen. Die Wirkung dieser Mischung war der von Rauschgiften nicht unähnlich, aber wohl weit schwächer. Der dicke Kopf ließ nicht lange auf sich warten.

FDGB

Freier Deutscher Gewerkschaftsbund, die Dachorganisation der 16 Industriegewerkschaften und als Gegenstück zum DGB gedacht. Freilich vertrat der FDGB niemals einen Arbeitnehmer gegenüber einem Arbeitgeber, da ja per Ideologie die → Werktätigen selbst Eigentümer der Produktionsmittel waren, aber er hatte dafür zu sorgen, daß innerhalb der → Betriebe die Interessen der Werktätigen durchgesetzt wurden. Dazu war der FDGB selbst mit hauptamtlichen Funktionären in den Betrieben organisiert und saß in den Leitungen mit am Tisch. Seine Vertreter waren die → BGL und je nach Betriebsgröße auch → AGL. Außerdem verwendete der FDGB viel Zeit und Geld für die Regeneration der Arbeitskraft der Werktätigen in der Form des → FDGB-Feriendienstes.

FDGB-BEITRAG

Beitrag zur Gewerkschaft, der mit 2,5 % des Bruttolohnes/-gehaltes festgesetzt war. Er wurde den Gewerkschaftsmitgliedern bereits mit der Lohn/Gehaltsabrechnung berechnet und gleich abgezogen, wie eine Quellensteuer oder heute die Kirchensteuer. Auf diese Art war die Liquidität der Gewerkschaftskasse stets gesichert und konnte im voraus berechnet werden.

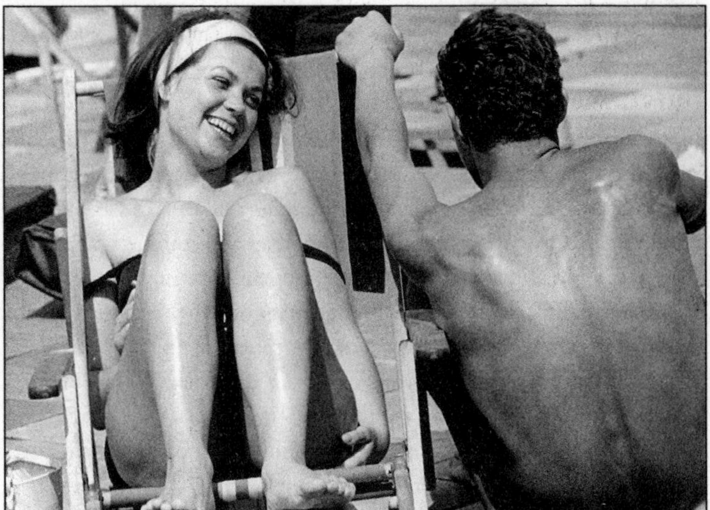

Urlaub mit dem FDGB, 1965

FDGB-FERIENDIENST

In seiner Eigenschaft als Gewerkschaftsdachverband zeichnete sich der → FDGB vor allem dadurch aus, daß er für die Erholung und Regenerierung der Arbeitskraft seiner Mitglieder Sorge trug. Dazu unterhielt die Gewerkschaft ein aufwendiges Netz an Ferienheimen und Bungalowsiedlungen, die zum großen Teil durch die Betriebe verwaltet und unterhalten wurden, es gab aber auch FDGB-Schiffsreisen (→ »Arkona« und »Fritz Heckert«). Der Feriendienst verwaltete republikweit die Ferienobjekte des FDGB und organisierte deren Belegung während des Jahres. Durch ihn wurden die Feriendurchgänge festgelegt und die Mitarbeiter (z.B. Hausmeister, Küchenkräfte) in den jeweiligen Ferienobjekten angeleitet und bezahlt. Daneben hatten aber Betriebe auch eigene Ferienheime oder Bungalowsiedlungen, die dann für ihre Mitarbeiter, für Schulungen, als → GST-Lager und → Kinderferienlager genutzt wurden.

FDGB-FERIENHEIM

Ferienheime, die dem → FDGB direkt unterstellt waren. Der FDGB bot diese Plätze in den Betrieben an und sorgte so für die Auslastung der Bettenkapazitäten. Gehäuft fanden sich solche Ferienheime in den traditionellen Urlauberzentren der DDR, wie an der Ostsee, der Mecklenburger Seenplatte, in den Mittelgebirgen. Viele Bewohner der dortigen Ortschaften vermieteten in der Hochsaison dem FDGB zusätzlich Zimmer. So konnte es Urlaubern passieren, die einen Platz in einem Ferienheim gebucht hatten, daß sie außerhalb des eigentlichen Heimes in einem Privatquartier untergebracht wurden. Je nach Standort und vor allem Errichtungszeit der Ferienheime gab es riesige qualitative Unterschiede. Neuere Bauten konnten bereits das Niveau guter Hotels erreichen, mit Dusche und WC im Zimmer, während ältere Heime unter Umständen das Flair von Jugendherbergen verbreiteten, mit WC auf dem Flur und Dusche im Keller.

FDGB-URLAUB

Die jeweiligen → FDGB-Ferienheime bekamen für das Jahr Durchgangstermine zugeteilt, die in den Betrieben aushingen und von den Gewerkschaftsmitgliedern auf Antrag belegt werden konnten. Der Gewerkschaftler trug dabei nur etwa 25 % der tatsächlichen Kosten seines Urlaubes. So fuhr der Durchschnitts-DDR-Bürger republikweit samstags zu seinem Urlaubsort, um am Freitag der übernächsten Woche die Heimreise anzutreten. Für diese Massenbewegungen in und aus den Urlaubsgebieten wurden sogar Sonderzüge durch die → Deutsche Reichsbahn eingesetzt. Die Kosten für solche Urlaubsreisen wurden zur Hälfte durch den → FDGB finanziert, so daß sich praktisch jeder Bürger einen Urlaub leisten konnte. Besonders begehrt waren die Austauschreisen in die → Bruderländer. Zwischen den Gewerkschaftsverbänden der sozialistischen Länder gab es Vertragswerke, die die Belegung der jeweiligen Ferienheime durch ausländische Gäste regelten. Diese Reisen waren allerdings rar und schnell vergriffen. Außerdem waren sie entsprechend teuer, wenn auch immer noch wesentlich billiger als vergleichbare Reisen über das Reisebüro der DDR.

FDJ – KAMPFRESERVE DER PARTEI

Einheitliche sozialistische Massenorganisation der Jugend in der DDR. Sie wurde am 07.03.1946 gegründet und entstand aus den damaligen antifaschistischen Jugendausschüssen in Deutschland. In ihr begannen Erich Honecker, als erster Vorsitzender, und seine Frau Margot ihre politische Karriere. Diese Massenorganisation verstand sich vom ersten Tag an als Kampfreserve der Partei, und ihre Vorsitzenden, allesamt Mitglieder der → Partei, gehörten außerdem hohen Gremien der SED an. FDJ-Vorsitzende waren Erich Honecker (1946–1955), Karl Namokel (1955– 1959), Horst Schumann (1959– 1967), Günther Jahn (1967– 1974), Egon Krenz (1974– 1983) und Eberhard Aurich (1983–1989). Die FDJ war Mitglied des Weltbundes der demokratischen Jugend (WBDJ) und des

Internationalen Studentenbundes (ISB). Ihre Organisation war wie bei der SED eine Pyramide: An der Spitze stand ein FDJ-Zentralrat, der vom FDJ-Parlament gewählt wurde. Darunter standen FDJ-Bezirksleitungen, darunter die Kreisleitungen, darunter die Betriebs-, Hochschul- bzw. Schulleitungen. Manche Universitäten und große Betriebe hatten eigene Kreisleitungen. Die FDJ verfügte über ein großes Netz aus Einrichtungen und Klubhäusern, hatte viele hauptamtliche Funktionäre und organisierte neben der politischen Arbeit auch kulturelle Aktivitäten. Vertreter der FDJ saßen in den Kulturämtern mit am Tisch. So wurden neben solchen Aufmärschen wie den → Weltfestspielen, dem Deutschlandtreffen und den → Pfingsttreffen auch die → »Messe der Meister von morgen« und die Festivals des politischen Liedes organisiert, die Veranstaltung »Rock für den Frieden« im Palast der Republik (später »Jugend im Palast«), auch große Open-Air-Konzerte in Stadien (Bruce Springsteen, Joe Cocker, Bob Dylan in Berlin). Die FDJ war als Klubhausinhaber oft Veranstalter von Konzerten, es gab Poetenseminare, Tanzgruppen, Theatergruppen, Chöre usw. Zur Absicherung ihrer Veranstaltungen wurden die → FDJ-Ordnungsgruppen ins Leben gerufen. Außerdem verfügte die FDJ über eigene Printmedien: die Tageszeitung → Junge Welt, außerdem die Trommel, den Pionierleiter (→ Pionierorganisation), die Junge Generation, die → ABC-Zeitung u.a. Ziel der FDJ war die sozialistische Erziehung der Jugend im Sinne der Vorgaben der SED. Dabei spielte sicher die Vorstellung eine große Rolle, daß die politische Erziehung der Jugend in der DDR von Kindheit an über die → Pionierorganisation, dann über die FDJ zwangsläufig in die SED führt. Nicht selten waren die Menschen jedoch froh, mit der Vollendung des fünfundzwanzigsten Lebensjahres aus den Fängen der politischen Erziehung entlassen zu werden. Die Mitgliedschaft in der FDJ war zwar freiwillig und ab dem 14. Lebensjahr möglich, aber die wenigen Nichtmitglieder erregten doch Aufsehen, und ihre berufliche Entwicklung stagnierte selbst bei überragender fachlicher Kompetenz.

FDJ-AUFGEBOT

Klar formulierter Aufgabenkatalog der → FDJ, der meist vor großen Feierlichkeiten der → Partei überreicht wurde. Im Aufgebot fanden sich dann angestrebte Leistungen aus praktisch allen Wirtschaftsbereichen zu Ehren dieses speziellen Feiertages oder der Veranstaltung. Meist war dies ein → Parteitag, auf dem die FDJ dann dokumentierte, wie eng sie mit der Partei verbunden war und wie sie die Aufgaben, die sich aus den Dokumenten der Partei ergaben, aufnahm und schöpferisch umsetzte.

FDJ-INITIATIVE

Eine durch den Zentralrat der → FDJ auf Vorschlag der → Partei angeregte und stark propagandistisch begleitete Leistungserklärung der FDJler. Die wichtigste FDJ-Initiative der letzten Jahre der DDR war die FDJ-Initiative Berlin. In der Hauptstadt der DDR hatte als

Demonstrationszug der FDJ durch die Damerowstraße in Pankow 1949. Ganz vorn: Erich Honecker (r.) und Heinz Keßler (l.)

erstes das Wohnungsproblem gelöst zu sein, und die prächtige Gestaltung dieser Stadt zu einer sozialistischen Metropole besaß oberste Priorität. So wurden vor allem durch die Wohnungsbaukombinate der einzelnen Bezirke große Anstrengungen unternommen, innerhalb dieser Initiative gut abzuschneiden, d.h. Fachkräfte, Technik und Baumaterial wurden nach Berlin geschickt, während diese Mittel in den Bezirken dann fehlten.

FDJ-LEITUNG

Von den Mitgliedern einer → FDJ-Gruppe oder FDJ-Grundorganisation gewähltes legislatives Leitungsorgan des jeweiligen wählenden Gremiums (auf der jeweiligen Ebene, z.B. Klasse, dann Schule, dann Kreis). Die FDJ-Leitung setzte sich aus mindestens drei Mitgliedern zusammen und wurde für jeweils ein Jahr gewählt. Je nach Größe der Grundorganisation konnte der Vorsitzende einer solchen Leitung, der → FDJ-Sekretär, bereits eine hauptamtliche Funktionärsposition innehaben.

FDJ-Demonstration vor dem Palast der Republik am Abend des 19.5.1976 aus Anlaß des IX. Parteitages der SED

FDJ-ORDNUNGSGRUPPE

Die Einrichtung von FDJ-Ordnungsgruppen wurde vom VI. Parlament der FDJ (→ Jugendparlament) beschlossen. Als Vorbild dazu dienten die »Trupps der öffentlichen Ordnung und Sicherheit« des Leninschen Komsomol in der Sowjetunion. Die Aufgaben der FDJ-Ordnungsgruppe beschrieb das Sekretariat des → Zentralrates der FDJ im Jahre 1960 wie folgt: »1. Die Ordnungsgruppen haben die Aufgabe, mit den Jugendlichen durch kameradschaftliche Gespräche Kontakt aufzunehmen. Dabei gilt es besonders, in den Wohngebieten und auf dem Land die Jugendlichen für eine nützliche Tätigkeit und für den Verband zu gewinnen. Sie sorgen mit dafür, daß die Ordnung und politisch-moralische Sauberkeit bei Jugendveranstaltungen und anderen der Jugend zugänglichen Veranstaltungen, besonders der sozialistischen Volksfeste gewahrt bleibt. Sie sorgen mit dafür, daß die zum Schutz der Jugend von unserem Staat erlassenen gesetzlichen Bestimmungen eingehalten und Verletzer dieser Bestimmungen zur Verantwortung gezogen werden. 2. Die Mitglieder der Ordnungsgruppen werden von den zuständigen Leitungen der FDJ ausgewählt und eingesetzt ... 3. Die Methoden des Auftretens der Ordnungsgruppen müssen vielseitig sein und dürfen nicht dazu führen, daß sich die Jugendlichen durch die Ordnungsgruppen bedroht fühlen. Die Leitungen der FDJ achten darauf, daß die Ordnungsgruppen alle Jugendlichen als ihre Freunde und Kameraden betrachten und stets eine geduldige Überzeugungsarbeit leisten ... 4. Aufgabe der Ordnungsgruppen ist es, die Leitungen der FDJ, anderer Organisationen, Betriebe und staatlichen Institutionen über die Ergebnisse ihrer Arbeit zu informieren und bei der Veränderung zu helfen ...« Diese doch recht beängstigende Aufgabendefinition der FDJ-Ordnungsgruppen als einer Organisation, die offiziell Zuarbeiten für die Machtorgane des Staates lieferte, wurde im täglichen Leben recht stark zur einen Seite (Meldung der Übeltäter), wie auch zur anderen Seite hin (geduldige Überzeugungsarbeit) ausgelegt. Abhängig war die Wertung bestimmter Verhaltensweisen und

Meinungen eines einzelnen Jugendlichen immer vom persönlichen Kontakt des Ordnungsgruppenmitgliedes und dem gegenseitigen Vertrauensverhältnis. Die Ordnungsgruppen wurden häufig bei Großveranstaltungen, Rockkonzerten usw. eingesetzt. Für viele Jungen war die Ordnungsgruppe interessant, weil sie von Polizisten in Selbstverteidigungstechniken und Polizeigriffen ausgebildet wurde. Alle asiatischen Kampfsportarten waren in der DDR verboten und der Polizei vorbehalten, die einzige Ausnahme war Judo, aber dort regierte ebenfalls der Leistungssport mit seinen strengen Auswahlkriterien.

FDJ-SEKRETÄR

Vorsitzender Funktionär einer FDJ-Gruppe, Grundorganisation oder höheren Leitungsebene. In der Terminologie der → Partei und ihrer angeschlossenen Massenorganisationen steht der Begriff Sekretär stets für den Vorsitzenden einer Leitungsebene. Der FDJ-Sekretär war demnach der Vorsitzende einer FDJ-Leitung, egal auf welcher Ebene. Umgangssprachlich wurde der Sekretär als FDJnik verballhornt, weil er in der Regel damit beschäftigt war, den Idealismus der Mitglieder für die Arbeit der FDJ zu mobilisieren, und neben seiner Tätigkeit als Schüler, Student oder Facharbeiter beziehungsweise Ingenieur zusätzliche Zeit in Versammlungen oder Anleitungen übergeordneter Leitungen investierte, die er niemals vergütet bekam und die außerdem noch in der Rechenschaftspflicht gegenüber den übergeordneten Leitungen stand. Ging etwas schief, mußte er erst einmal Rede und Antwort stehen. Die Endung *-NIK* ist ein Russizismus.

FDJ-STUDIENJAHR

Die wichtigste Form der marxistisch-leninistischen Propaganda im sozialistischen Jugendverband wurde auf Beschluß der 1. Funktionärskonferenz der FDJ im November 1950 ins Leben gerufen. Es hatte die Aufgabe, die Mitglieder der FDJ und andere Jugendliche mit Grundfragen des → Marxismus-Leninismus vertraut zu machen und damit gemäß der Verantwortung und der Rolle der → FDJ einen bedeutenden Beitrag zur marxistisch-leninistischen Bildung und Erziehung der jungen Generation zu leisten. Es umfaßte: 1. Die Pionierzirkel in den 7. Klassen der → POS. Sie hatten die Aufgabe, die → Thälmannpioniere und Schüler auf die Aufnahme in die FDJ vorzubereiten. 2. Die Zirkel Junger Sozialisten. Sie wurden in den Grundorganisationen der FDJ gebildet und auf der Grundlage der Beschlüsse des → Zentralrates der FDJ differenziert unter Berücksichtigung unterschiedlicher Tätigkeiten, Bildungsstufen und Interessen der Jugendlichen monatlich durchgeführt. Die Zirkel Junger Sozialisten wurden von erfahrenen Genossen geleitet. 3. Die Prüfungen für das Abzeichen »Für gutes Wissen« in Gold, Silber oder Bronze. Das Abzeichen »Für gutes Wissen« war eine Anerkennung der FDJ für gute und anwendungsbereite Kenntnisse des Marxismus-Leninismus, die der Jugendliche durch Selbststudium oder seine aktive Teilnahme am Zirkel Junger Sozialisten erwarb und in einer Prüfung nachwies. Die FDJ-Studienjahre lagen meist im Verantwortungsbereich des Lehrers für → Staatsbürgerkunde.

FDJ-WERKSTATTWOCHE DER JUGENDTANZMUSIK

Hier konnten seit 1972 – zuerst in Frankfurt/Oder, dann in Suhl – Amateurtanzkapellen und Rockgruppen vor Profikollegen ihre Programme vorstellen und sich mit diesen beraten. Für die besten Vorstellungen gab es Preise und Auszeichnungen und vor allem die begehrten Förderverträge (Förderung bei Auftritten, der Programmvorbereitung, der Instrumentenbeschaffung). Organisiert wurden die Werkstattwochen von der → FDJ, dem → FDGB und dem Ministerium für Kultur. In den Bezirken fanden Bezirkswerkstätten als Vorausscheid statt, die besten wurden dann zur zentralen Werkstattwoche geschickt. Auf den Werkstattwochen konnte man Kontakte knüpfen, es gab auch eine Instrumente- und Technikbörse, was in der DDR deshalb wichtig war, weil man ja die begehrten Instrumente und Anlagen nicht einfach frei kaufen konnte.

FEIERABENDBRIGADE

Die fehlende Möglichkeit der Planwirtschaft, auf aktuelle Marktlagen zu reagieren, führte zu einer zunehmenden Verdrossenheit der Bevölkerung, zumal der Wille zu zusätzlicher Leistung durchaus da war, vorausgesetzt natürlich, sie wurde entsprechend honoriert. Deshalb erlaubte die Partei- und Staatsführung mehr und mehr die Arbeit in einem halboffiziellen zweiten Arbeitsrechtsverhältnis nach Feierabend. Dort betätigten sich vor allem Handwerker und handwerklich geschickte Arbeiter aus anderen Bereichen der Volkswirtschaft. Von diesen Feierabendbrigaden konnten kleinere Bauarbeiten und vor allem Reparaturen geleistet werden, die durch die Bürger allein nicht zu bewältigen waren und durch offizielle Kräfte nicht abgearbeitet werden konnten, da → Planauflagen das verhinderten.

FEIERABENDHEIM

Altenheim. Form der Altenbetreuung in der DDR. Die Plätze in den Feierabendheimen waren hochsubventioniert. Mit einem Beitrag von monatlich 80.– Mark pro Platz dürften nicht einmal die Verpflegungskosten für den Heimplatz gedeckt gewesen sein. War der alte Mensch dann auch noch pflegebedürftig, ergab sich für die Nachkommen die Situation, daß sie praktisch frei über die Rente des Pflegebedürftigen verfügen konnten.

FERDINAND, CLOWN

Film- und Bühnenfigur, dargestellt von dem tschechischen Schauspieler Jiří Vrstala (geb. 31.7.1920 in Liberec). Mit der in der DDR bekannten und beliebten Figur des Clown Ferdinand entstand erst in der ČSSR, später bei der → DEFA und beim DDR-Fernsehen eine Vielzahl von Kinderfilmen. Den Clown Ferdinand mit seinem böhmischen Charme, seiner Schußligkeit und seiner gütigen Art konnte man auch in Bühnenshows und Kinderrevuen erleben. Eine andere in der DDR bekannte tschechische Kinderfilmfigur war der Pan Tau, in Frack und Melone.

FERIENPLATZ

Platz in einem FDGB-Ferienheim oder Betriebsferienheim. → FDGB-Feriendienst, → FDGB-Ferienheim, → FDGB-Urlaub.

FERIENSCHECK

Nach dem Buchen einer Ferienreise über den → FDGB bekam das Mitglied einen Ferienscheck, der als Buchungsbeleg bei der Anreise im Ferienobjekt vorgelegt wurde. Ferienschecks wurden auch als materielle Anerkennung von den → Betrieben an verdienstvolle Mitarbeiter im Rahmen von Auszeichnungsfeierlichkeiten vergeben.

FERIENSPIELE

Die Ferienspiele fanden in den Schulen statt und waren für die Kinder gedacht, die ihre Ferien nicht in → Betriebsferienlagern verbringen konnten oder nicht mit den Eltern in Urlaub fuhren. Manche Kinder, vor allem die, die während der Schulzeit den Hort besuchten, verbrachten die restlichen Ferien in den Ferienspielen. Organisiert wurden diese hauptsächlich durch die → Pionierorganisation, die während dieser Zeit Spiele und sportliche Wettkämpfe für die Ferienkinder organisierte, aber auch Wanderungen und den Besuch von Bädern. Die Betreuung wurde auch von Lehrern übernommen.

FERKELTAXE

Umgangssprachliche Bezeichnung für Dieseltriebwagen der Baureihe 173 der → Deutschen Reichsbahn, die auf Regionalstrecken eingesetzt wurden.

Oben: Betriebsferienlager der Maxhütte Unterwellenborn am Hohenwartestausee im Bezirk Gera
Unten: Camping am Krossinsee

Zeltplatz Krakow am See in Schwerin

FERNHEIZUNG

Neben der → Ofenheizung gab es in der DDR praktisch nur noch die Versorgung großer Areale mit Wohn- und Gesellschaftsbauten durch zentrale Heizwerke, die aus der Ferne über oft kilometerlange Rohrtrassen die jeweiligen → Plattenbauten versorgten. Leider ließ die Qualität der Heizkörper und der daran befindlichen Regler in den Wohnungen zu wünschen übrig. Wurden sie dann nicht turnusmäßig ausgewechselt, was wiederum öfters vorkam, dann schoß das Wasser aus den durchgerosteten Heizkörpern und verbreitete sich in der Wohnung. Dies begann in der Regel ca. 10–12 Jahre nach Errichtung des Plattenbaus. Die Technologie der Zentralheizung für ein Gebäude über einen Heizkessel war relativ wenig verbreitet, da die Heizkessel fast alle mit Kohle befeuert waren und deshalb eine Person als Heizer und/oder Hausmeister beschäftigt werden mußte. Das gab es somit nur in öffentlichen Gebäuden, die abseits fernbeheizter Areale lagen.

FERNSEHANTENNEN-AKTION

Diese Aktion fand Anfang der 60er Jahre unter Federführung der → FDJ und ihrer → FDJ-Ordnungsgruppen statt. Mit der Aktion wollte die FDJ die Verbreitung des schädlichen → Westfernsehens in der DDR verhindern. Deshalb wurden die speziellen Antennen, mit denen man Westfernsehen empfangen konnte, abgeknickt oder vom Dach gerissen. Der materielle Schaden wurde den jeweiligen Geschädigten nie ersetzt, aber der angestrebte Nutzen dieser Aktion grandios verfehlt, ja das genaue Gegenteil erreicht. Ähnlich erging es der FDJ mit einer anderen Aktion gegen westliche »dekadente« Einflüsse: Mit Aufkommen der Rock'n'Roll-Musik schickte man FDJ-Mitglieder (meist Oberschüler und Studenten) in die Tanzveranstaltungen. Diese sollten verhindern, daß die Jugendlichen »auseinander tanzen«, was ihnen letztendlich nicht gelang.

FERNSEHEN DER DDR

→ DFF

FERNSEHKOCH

Es gab zwei bekannte Köche im DDR-Fernsehen. Der ältere war der »Fischkoch« Horst Kroboth (eigentlich Leiter der Werbeabteilung der VVB Hochseefischerei), der von 1960 bis Anfang der 70er Jahre ausschließlich Fischrezepte vorstellte. Sein Lieblingsfisch war der Hering. Seinen Platz als »Fernsehkoch« übernahm Kurt Drummer, Chefkoch der Vereinigung → Interhotel, der die gesamte Palette der Küchenrezepte vom Braten über Geflügelgerichte bis zu Makkaroni und Mixgetränken vorstellte. Dabei legte er Wert darauf, nur mit den Zutaten zu kochen, die auch im Handel erhältlich waren, also waren Improvisieren und nützliche Kochtips angesagt. Seine Rezepte erschienen auch als Kochbücher und waren sehr beliebt.

FERNSEHLOTTERIE

→ Tele-Lotto

FERNSEHTURM

→ Telespargel

FERNSTUDIUM

Studienform in der DDR. Fernstudiengänge wurden vor allem von berufstätigen → Werktätigen belegt, die im Rahmen der → Kaderpolitik für erweiterte Aufgaben vorgesehen waren und dazu einen Hoch- oder Fachschulabschluß benötigten. Während des Fernstudiums kam der Student nur zu Konsultationen und Klausuren sowie Prüfungen an den Studienort. Die gesamte sonstige Arbeit erledigte er an seinem Heimatort bzw. an seiner Arbeitsstelle. Im Rahmen des Fernstudiums bekam der Student großzügige Unterstützung durch seinen → Betrieb in Form von Büchergeld und bezahlten Freistellungen, in der Regel ein Studientag pro Woche, für bestimmte Studienaufgaben, Unterricht oder Selbststudium, je nach Studienrichtung. Der Abschluß eines Fernstudiums besaß in der DDR den gleichen Stellenwert wie ein Studienabschluß im Direktstudium.

FESTIVAL DES POLITISCHEN LIEDES

Seit 1970 jährlich im Februar stattfindende Singeveranstaltung unter Schirmherrschaft der → FDJ, in der vor allem Künstler der Singebewegung und des politischen Liedes aus aller Welt ihre Programme vorstellten. Veranstalter war der → Oktoberklub, aus dem wiederum viele namhafte DDR-Künstler hervorgingen. Während dieser Woche wurde dem Publikum vor allem → Agitprop geboten, wobei es immer wieder interessant war, mit welchen verschiedenen Stilmitteln die einzelnen Künstler ihr Publikum zu erreichen versuchten. Neben den klassischen Liedermachern und Singegruppen gab es Politrock, Jazz, Chanson und Folklore, auch Aufführungen z.B. der Liberation Opera »Kalahari« des Südafrikaners Abdullah Ibrahim und von Mikis Theodorakis »Canto General«. Zum Ende der 80er Jahre hin wurde jedoch mehr und mehr deutlich, daß die Organisatoren keinerlei Kritik am System des → real existierenden Sozialismus zuließen. Die Veranstaltung verkam zu einer Lobpreisung des Sozialismus und verlor ihre Attraktivität.

FEUERTANZ

Bulgarischer Rotwein. Wurde in großen Mengen in die DDR importiert und dort abgefüllt. War vor allem wegen seines lieblichen Bouquets beliebt.

FEWA

Abkürzung und gleichzeitig Markenname für Feinwaschmittel aus dem VEB Waschmittelwerk Genthin.

FF-DABEI

Fernsehzeitschrift. Die FF-Dabei erschien mit einer durchschnittlichen wöchentlichen Auflagenhöhe von 1,4 Millionen Exemplaren. Sie war die einzige Zeitschrift, die ausführlich über das Fernsehprogramm der beiden Kanäle des → DFF informierte. Außerdem enthielt sie das vollständige Radioprogramm aller DDR-Sender.

FILINCHEN

Dünnes Weizendiätgebäck aus dem VEB Backwaren Apolda. Dieses fett- und kohlehydratarme Gebäck kam Anfang der siebziger Jahre in den Handel, als die Partei- und Staatsführung durch die Mediziner immer häufiger darauf hingewiesen wurde, daß sich die Bürger in der DDR zu fett und zu kohlehydratreich ernährten. Energiereduzierte Nahrungsmittel wurden entwickelt und kamen in den Handel. Filinchen erfreute sich unter diesen Produkten einer recht großen Beliebtheit, weil es fast bedarfsdeckend angeboten werden konnte und auch passabel schmeckte.

FILMSPIEGEL

Erschien seit 1954 einmal vierzehntägig im Henschel Verlag Berlin und informierte über Filmproduktionen der Filmstudios in den sozialistischen Ländern, außerdem rezensierte dieses Blatt die Produktionen, die in den Kinos der DDR liefen. In der Mitte enthielt der Filmspiegel Poster internationaler Stars im Format A3.

FILOU

Silvesterknaller. War in Schachteln zu 20 Stück für 3,20 Mark zu haben, wenn ... Filou-Knaller gehörten zur klassischen →Bückware. Wenn ab dem 29.12. jährlich die Feuerwerkskörper zum Verkauf freigegeben waren, kannte man entweder den Händler oder stand bereits Stunden vor Geschäftsöffnung in der Schlange, um von der reichen Auswahl an Knallern und Raketen auch genug zu ergattern.

FISCHER, VERONIKA

Eine der beliebtesten Pop- und Schlagersängerinnen der DDR, geb. 1951 in Wölfis/Thüringen. Sang schon während ihres Studiums an der Musikhochschule Carl Maria von Weber Dresden in bekannten DDR-Bands, so bei der Stern Combo Meißen und bei Phanta Rhei. 1973 gründete sie ihre eigene Gruppe Veronika Fischer & Band mit so hochkarätigen Musikern wie Franz Bartzsch (keyboards, der ihre Musik schrieb und arrangierte), Hansi Biebl (Gitarre), Frank Hille (dr) und Eckhard Kremer (bass). Mit dem Komponisten Franz Bartzsch und dem Texter Kurt Demmler entstanden viele Hits (»Daß ich eine Schneeflocke wär«, »Klavier im Fluß«, »Blues von der letzten Gelegenheit«, »Kinder des Sonntags«), außerdem nahm sie zwei Platten mit Reinhard Lakomy auf. 1981 verließ sie die DDR. Bei → Amiga erschienen u.a.: »Veronika Fischer & Band« (1976), »Veronika Fischer & Band« (1977), »Aufstehn« (1978) und »Goldene Brücken« (1980).

FISCHEREIPRODUKTIONSGENOSSENSCHAFT

PGB/Produktionsgemeinschaft der Binnenfischer. Diese Genossenschaften bewirtschafteten die Gewässer in der DDR. Ihrer Form nach sind sie als Sonderform von Genossenschaften der Tierproduktion zu betrachten. Dabei gab es sowohl Betriebe, die in freien Gewässern Fischfang betrieben, als auch Betriebe, die ihre Produktion aus Mastteichen zogen. Das waren dann vor allem Genossenschaften, die auf die Zucht von Forellen oder Karpfen spezialisiert waren.

FISCHKOCH

→ Fernsehkoch

FLEISCHER, FIPS

Leiter des Fernsehtanzorchesters, Komponist und Multiinstrumentalist, 1923 in Leipzig geboren, 1947–56 Mitglied im Leipziger

Rundfunktanzorchester des Mitteldeutschen Rundfunks, gründete sein eigenes Orchester 1957 und arbeitete mit diesem seit 1961 für den → DFF, seit 1970 Lehramt an der Leipziger Hochschule für Musik, machte den Big Band-Sound in der DDR populär. Gestorben 2002.

FIT

Geschirrspülmittel aus dem VEB Domal Stadtilm. Der Name Fit war so populär, daß praktisch alle Reinigungsmittel in der Umgangssprache als »Fit« bezeichnet wurden. Noch heute ist dieser Name vor allem bei älteren Menschen gebräuchlich.

FIX UND FAX

Comicserie in der Zeitschrift → Atze. Auf den letzten beiden Seiten erlebten die Mäuse Fix und Fax in jedem Heft eine kurze, aber lehrreiche Geschichte.

FKK

Freikörperkultur. Verbreiteter Freizeitbrauch in der DDR. Kaum ein großes Strandbad an Seen, ehemaligen Kiesgruben und Tagebauen sowie an der Ostsee, das nicht einen FKK-Strand auswies, der stets gut besucht war. Unerbittliche Camper verbrachten gar Jahr für Jahr drei Wochen hüllenlos an ihrem angestammten FKK-Strand. Dabei war und ist der ständige Aufenthalt an frischer Luft der persönlichen Gesundheit wohl zuträglich. Zudem verleiht der freimütige Umgang mit der eigenen Nacktheit ein wesentlich offeneres Gefühl für den eigenen Körper.

FLEISCHERHEMD

Ein blaugestreiftes Arbeitshemd für Fleischer und → Werktätige in fleischverarbeitenden → Betrieben. Ende der 70er Jahre gewann dieses Kleidungsstück immer mehr Freunde unter den Jugendlichen, vor allem solchen mit oppositionellem Gedankengut. Während dieser Zeit wurde das Fleischerhemd zu einem Modeartikel, dessen Bedarf plötzlich durch den sozialistischen Handel nicht mehr gedeckt werden konnte. Getragen wurde es zu → Jeans, → Römer- bzw. Jesuslatschen und einem → Beutel aus Wandbehang mit röhrendem Hirsch, Jeansjacke und langen Haaren, fertig war die individuelle Uniformierung.

FLEPPEN

Umgangssprachlich für → Fahrerlaubnis. Der DDR-Bürger machte seine Fleppen, nicht seine Fahrerlaubnis, und ab dem 15. Lebensjahr war die Frage Fleppen oder nicht extrem wichtig für das Ansehen unter den Jugendlichen.

FLIBOL

Insektenvernichtungsmittel aus dem → VEB Fettchemie → Karl-Marx-Stadt. Es kam in den fünfziger Jahren auf den Markt und wurde praktisch bis zum Ende der DDR hergestellt und vertrieben.

FLIMMERSTUNDE – PROFESSOR FLIMMRICH

Sendereihe des → DFF. Jeden Samstag am frühen Nachmittag strahlte das Fernsehen einen Kinder- oder Jugendfilm aus. Der Professor Flimmrich leitete den Film mit einer kurzen Einführung ein und berichtete auch über die Produktion von Jugendfilmen aus den → DEFA-Studios. Über diesen Rahmen hinaus vermittelte die Sendung sehr viele Informationen über die Arbeit zur Entstehung eines Filmes. Gewürdigt wurde dabei nicht nur die Leistung der Schauspieler, sondern zudem der Einsatz aller anderen Filmemacher am Set.

FLORENA

Markenname für Kosmetikartikel aus der DDR, ursprünglich für eine Creme aus Waldheim. Mit der Bildung der → Kombinate wurden alle → Betriebe der Kosmetikindustrie vereinigt und viele Kosmetikartikel ganz allgemein unter dem Namen Florena vertrieben.

FLÜSTERN UND SCHREIEN

Dokumentarfilm von Jochen Wisotzky, Michael Lösche und Dieter Schuhmann von 1988. In diesem Film stellen die Autoren mehrere Rockbands aus dem Großraum Berlin vor: Sandow, Feeling B, Silly, Chicoree/Die Zöllner. Die Bands wurden über einen Zeitraum von einem Jahr begleitet. Interviews mit Konzertbesuchern und Jugendlichen in Urlaubsgebieten sowie in ihrer Lebens- und Arbeitsumwelt versuchen ein Lebensgefühl der Jugend Ende der 80er Jahre zu vermitteln. So wird die Brücke zwischen den Texten der Bands und dem Leben in der DDR geschlagen. Zu sehen sind auch die Bands Die Firma und This Pop Generation.

FOR EYES ONLY

Spannender Kundschafterfilm über die Themen des Kalten Krieges wie Aufrüstung, geheime Angriffspläne der Nato auf das sozialistische Weltsystem, schlimme (westliche) Geheimdienste und Altnazis, die wieder ihre Strippen ziehen, gedreht 1963. Die Hauptrolle des Kundschafters Hansen spielte der populäre Schauspieler Alfred Müller (geb. 1926), eine andere Hauptrolle die Kabarettistin und Schauspielerin Ingrid Ohlenschläger (→ Distel), mit dabei waren Eva-Maria Hagen, Marion van de Kamp, Christine Laszar und Helmut Schreiber.

FORMALISMUSDEBATTE

Fand in den Jahren kurz nach der Gründung der DDR statt. In ihr debattierten Künstler, hauptsächlich aus der Emigration heimgekehrte Schriftsteller von Weltrang, und die politische Führung der DDR um die Richtung der Kunstentwicklung. Ziel der politischen Führung war dabei die Erklärung des → sozialistischen Realismus zum Ziel der künstlerischen Darstellung und die Schaffung eines neuen, sozialistischen Menschentypus in der Kunst und Literatur. Dabei standen die Kulturoffiziere der sowjetischen Militäradministration mit ihren durch die Stalin'schen Kulturdoktrin geprägten Anschauungen Pate. Bevorzugt wurde eine volkstümliche Bildsprache in Ablehnung expessionistischer und abstrakter Malerei, favorisiert wurde eine an Schinkel und den Klassizismus angelehnte Architektur in Ablehnung der Moderne und des Bauhauses, Volkskunst contra »bürgerliche Dekadenz«. Die Formalismusdebatte ebbte gegen Mitte der 50er Jahre ab. Der Nachfolger der Formalismusdebatte war der → Bitterfelder Weg, proklamiert auf der Bitterfelder Konferenz 1959. Viele Künstler schwenkten voll auf den Weg der sozialistischen Auftragskunst ein, andere entwickelten eine Art »Sklavensprache« der versteckten Anspielungen und fanden so ihre Mittel, ihre künstlerischen Aussagen geschickt zu verpacken und doch für den Adressaten verständlich auszudrücken.

»FORUM GEHT ES?«

Abgeleitet von → Forumscheck, umgangssprachlich genauso wie »Westwegen kommen Sie?« im Handwerk gebräuchlich. Für Ausführung eines Auftrages privater Handwerker, die mit Spitzensteuersätzen von mehr als 90 % gesegnet waren, war mangels vorheriger Bilanzierung im → Planjahr häufig die Zahlung von Schmiergeldern oder »Bakschisch« in → Westgeld notwendig. Da die Planung von Personal bei Privataufträgen praktisch nicht möglich war, aber für die Installationsarbeiten bei Heizung, Sanitär, Elektro immer mindestens ein Fachmann gebraucht wurde, konnten die fachkundigen Monteure häufig sogar staatlich sanktioniert als → Feierabendbrigade arbeiten. Wollte der Auftraggeber den Auftrag schnell erledigt haben, weil z.B. das Dach undicht war und das Wasser in die Wohnung floß oder die Rohre geplatzt waren und er seine Toilette nicht mehr benutzen konnte, dann war für dessen schnelle Abarbeitung der Anteil des Westgeldes oder von → Forumschecks maßgebend. Ansonsten konnte er mitunter sehr lange warten. Eine andere Variante war die Zahlung mit Naturalien wie Armaturen, Autoersatzteilen, Exportbier, Fliesen oder ähnlichem.

FORUMSCHECK

Laut Gesetz war es den DDR-Bürgern verboten, Devisen zu besitzen. Da aber dieses Gesetz nur auf dem Papier stand, weil der Gesetzgeber auf die in der Bevölkerung kursierenden Devisen angewiesen war, um seinen Verbindlichkeiten im Ausland nachzukommen, ersann er Wege, die Finanzmittel frühzeitig abzuschöpfen. In den → Intershops konnte bis 1980 direkt mit DM oder anderen Devisen bezahlt werden, nach dem X. Parteitag 1981 wurden für die DDR-Bürger sogenannte Forumschecks eingeführt, die den Einkauf im Intershop ermöglichten.

FRANZISKA LINKERHAND

Roman von Brigitte Reimann (1933– 1973). In diesem unvollendeten Roman der an Krebs verstorbenen Autorin führt sie uns eine junge Frau im Spannungsverhältnis zwischen bürgerlicher Herkunft, aus einer Verlegerfamilie mit konkret vorgegebenem Lebensweg als Erbin der Firma, und der Suche nach einem eigenen Weg und persönlichem Glück in der entstehenden DDR vor. Franziska Linkerhand ist ein Symbol für eine Generation von jungen Intelligenzlern, die sich den Anforderungen beim Aufbau der sozialistischen Gesellschaft mit ihrem Wissen und Können stellen wollen, aber stets am Anspruch der Arbeiterklasse (besser gesagt: der → Parteiarbeiter) auf die führende Rolle in der Gesellschaft scheitern. Schon mit diesem Roman, dessen Konzeption in die frühen 60er Jahre zurückreicht, zeigt die Autorin die Beschränktheit eines solchen Hegemonieanspruchs, der die Protagonistin nicht nur zu beruflicher Unzufriedenheit verurteilt, sondern auch ihr privates Glück vereitelt, weil der eigene Anspruch an den Partner nicht mehr erfüllbar wird. »Franziska Linkerhand« war nach Christa Wolfs »Nachdenken über Christa T.« (1968) eines der wichtigsten gesellschaftskritischen Werke der DDR-Literatur der 70er Jahre. (Lit.: B. Reimann: Franziska Linkerhand, Verlag Neues Leben 1974, Neuauflage: Aufbau Verlag)

FRAU DOKTOR PILLE

Figur des Kinderfernsehens der DDR. Markenzeichen waren eine große runde Brille und ein Stethoskop. Sie trat im → »Sandmännchen« als Abendgruß auf und sprach in ihren Beiträgen vor allem Mädchen an, die entsprechend der typischen Geschlechterrolle über das Spiel mit Puppen auf die familiären Aufgaben vorbereitet wurden. Natürlich wurde auch der »Teddyvati« benannt und seine Rolle in der modernen Familie dadurch definiert. Frau Dr. Pille wurde von verschiedenen Schauspielerinnen verkörpert, u.a. von Helga Labbuda, die man später auch in → »Aber Vati!« erleben konnte.

FRAUENAUSSCHUSS

Auf Empfehlung des Politbüros der SED vom 8. Januar 1952 gegründet. Frauenausschüsse dienten dazu, die Frau in ihrer Stellung im politischen und wirtschaftlichen Leben der jungen Republik zu stärken. Sie sollten helfen, die mangelnde Präsenz von Frauen in leitenden Positionen von Wirtschaft und Gesellschaft zu beenden und die Beachtung der speziellen Bedürfnisse von Frauen in der DDR stärker durchzusetzen. So waren schwangere Frauen und Frauen mit Kleinkindern in den DDR-Betrieben sozial abgesichert, wenn auch oft bei niedrigem Gehalt (Kündigungsschutz, → Babyjahr, → Haushaltstag). Es ist allerdings bis zum Ende der DDR nicht wirklich gelungen, die Dominanz der Männer in den leitenden Positionen von Politik und Wirtschaft einzuschränken.

FRAUENFÖRDERPLÄNE

Frauenförderpläne dienten dazu, die Gleichberechtigung der Frau, die sich in den ersten Jahren der DDR vor allem darin äußerte, daß die Frau für die gleiche Arbeit den gleichen Lohn gezahlt bekam, auf ein neues Niveau zu heben und Frauen vor allem in der beruflichen Aus- und Weiterbildung zu unterstützen (→ Frauensonderstudium). Die Aufstellung eines Frauenförderplanes in einer Hochschule oder einem Betrieb bedeutete aber nicht, daß diese Förderung dann in der Realität wirklich umgesetzt wurde. Frauen mußten sich dies oft erst erstreiten, es gab dann auch Neid unter Kollegen.

FRAUENRUHERAUM

Spezieller Raum innerhalb der → Betriebe, der dazu diente, Frauen im Bedarfsfall Ruhe und Abgeschiedenheit zu gewährleisten. Vor allem von Schwangeren wurden diese Räume genutzt, da gerade in den ersten Schwangerschaftswochen erhebliche Probleme auftreten können. Die Frauen wurden, wenn sie den Frauenruheraum benutzten, in der Regel dem → Betriebsarzt vorgestellt, der dann das weitere Vorgehen festlegte.

FRAUENSONDERSTUDIUM

Ein geförderter Studiengang speziell für berufstätige Frauen, zu dem der delegierende → Betrieb, die Hoch- oder Fachschule und die Bewerberin einen Vertrag abschlossen, der der Frau besondere Studienvergünstigungen gewährte. Dazu gehörten unter anderem bezahlte Freistunden von der Arbeit für das Studium, volle finanzielle Sicherstellung der Frau durch den Betrieb. Mit diesen Studiengängen wurden Frauen vor allem auf mittlere und leitende Aufgaben in den jeweiligen Betrieben vorbereitet. (Lit.: Kleine Enzyklopädie Die Frau, Bibliographisches Institut Leipzig 1977)

FREIDENKERVERBAND

Freidenker waren ursprünglich Anhänger des englischen Deismus, die statt der christlichen eine Art Vernunftsreligion vertraten. Seit der Aufklärung bezeichnet der Begriff Freidenker jedoch alle Menschen, die gegen kirchliche Dogmen eintraten. In der DDR wandte sich der Freidenkerverband unter der argwöhnischen Beobachtung der Staatsorgane vor allem gegen die Dogmatisierung der Lehren von Marx, Engels und Lenin. Der Verband wurde erst im Januar 1989 gegründet und war Teil einer Reformbewegung in der SED, aber auch der Versuch, über eine teilweise Zulassung von Diskussionen im überschaubaren Rahmen der sowjetischen »Perestroika« Michail Gorbatschows entgegenzuwirken. Zeitgleich lockerten sich auch die Zensurbestimmungen der Hauptverwaltung Verlage in der DDR, man diskutierte über eine Strafrechtsreform usw. Die Versuche, die Abkehr der SED von einer stalinistisch orientierten Politik zu erreichen, wurden Ende des Jahres 1989 von der Bürgerrechtsbewegung und dem Fall der Mauer überholt.

FREIWILLIGE ZUSATZRENTENVERSICHERUNG (FZR)

Die Rentenversicherung in der DDR wurde mit 10 % von 600 Mark des Lohnes/Gehaltes berechnet. Lohn-/Gehaltsanteile über 600 Mark wurden nicht berücksichtigt. Der Versicherte konnte ab 1968 jedoch über einen Zeitraum von 20 Jahren seinen vollen Verdienst zur Beitragsberechnung freigeben oder den Beitragsanteil mit 1200 Mark festlegen. Dadurch wurde nach Ablauf dieser 20 Beitragsjahre eine wesentlich höhere Grundrente gezahlt. Die mehr gezahlte Rente entsprach etwa 30 % der ursprünglichen Rente und wurde zu Beginn des Berufslebens mit relativ geringen Aufwendungen erkauft. Wer weniger als 600 Mark Bruttolohn erhielt, konnte der FZR nicht beitreten. Für bestimmte Berufsgruppen gab es besondere, höhere Renten, so im Bergbau, für Angehörige der → bewaffneten Organe und Lehrer (→ Intelligenzrente).

FREIZÜGIGKEITSVERKEHR

Banktechnische Bezeichnung für eine Möglichkeit des Geldverkehrs in der DDR. Für den Freizügigkeitsverkehr zugelassene Girokonten oder Sparbücher ermöglichten es dem Inhaber, bei jedem

Kreditinstitut innerhalb der DDR Barabhebungen sowie Überweisungen zu tätigen. Dieser gesamte Geldverkehr war außerdem gebührenfrei.

»FREUNDSCHAFT«

Gruß der → FDJler. Gesellschaftliche Veranstaltungen unter Trägerschaft der FDJ, Fahnenappelle an Schulen, Versammlungen der Jugendorganisation wurden mit diesem Gruß eröffnet. Das galt genauso für Schulstunden der oberen Klassen. Schulstunden wurden in der DDR durch Meldung eines Klassensprechers an den Lehrer eröffnet, dann folgte die Begrüßung.

FREUNDSCHAFTSBRIGADE

Siehe → Jugendbrigade, konnte aber auch eine Brigade in einer → FDJ-Initiative oder eine befristet gebildete Brigade im → Studentensommer sein. Die FDJ und die Pionierorganisation versahen ihre Projekte gerne mit dem Zusatz »Freundschaft«, so waren Freundschaftsverträge eigentlich → Patenschaftsverträge.

FREUNDSCHAFTSPIONIERLEITER

Planstelle an den Polytechnischen Oberschulen (→POS) in der DDR. Der Pionierleiter (→ Pionierorganisation) war ein Ausbildungsberuf an den Instituten für Lehrerbildung, die die Unterstufenlehrer ausbildeten. In der DDR war dafür das Abitur nicht notwendig, es war somit auch kein Hochschulstudium. Freundschaftspionierleiter waren also Lehrer mit einer besonderen Funktion an jeder Schule. Sie waren gleichzeitig Vorsitzende der Pionier- und FDJ-Grundorganisationen der jeweiligen Schule. Ihre Hauptaufgaben bestanden in der Organisation und Kontrolle der Pionier- und FDJ-Arbeit. Lehrstunden gaben sie selten und kaum planmäßig in bestimmten Klassen. Sie wurden fast ausschließlich zur Lehre in Vertretungsstunden für erkrankte Kollegen eingeplant.

FREUNDSCHAFTSRAT

Oberstes Exekutivorgan der → Pionierorganisation einer Schule. Der Freundschaftsrat wurde auf einer Versammlung gewählt, zu der alle → Gruppenräte zusammentrafen und ihre Kandidaten vorstellten. Er bestand aus einem Vertreter jeder Klasse und wählte nach der Wahl der Kandidaten im Block in geheimer Abstimmung die einzelnen Funktionäre. Prinzipiell war jedoch jedem Teilnehmer an der Wahlveranstaltung vorher klar, wer gewählt werden sollte und für welche Funktion er vorgesehen war. Überraschungen waren nach der Kandidatensuche eigentlich ausgeschlossen. Die entsprechenden Pioniere (→ Pionierorganisation) waren vorher in längeren Gesprächen geworben und auf ihre Funktion vorbereitet worden. Der Freundschaftsrat setzte sich aus einem Vorsitzenden, seinem Stellvertreter, einem Wandzeitungsredakteur, einem Funktionär für Agitation und Propaganda sowie einem Schriftführer zusammen. Die anderen Mitglieder waren zunächst ohne spezielle Funktion, wurden aber entsprechend ihren Fähigkeiten zur Unterstützung der Arbeit der anderen Funktionäre eingesetzt.

FREUNDSCHAFTSRATSVORSITZENDER

Erster Funktionär des → Freundschaftsrates einer Schule. Für diese Funktion wurden in aller Regel durch das Lehrerkollegium und den → Freundschaftspionierleiter vorbildliche Schüler ausgewählt. Da dieser Posten viel selbständige Arbeit außerhalb des Unterrichtes mit sich brachte, die nicht von jedem bewältigt werden konnte und die Freizeit des Schülers sowie die Zeit für Hausaufgaben bedenklich einschränkte, bekam ein Freundschaftsratsvorsitzender allerhand Hilfe von Seiten der Lehrerschaft. Seine Leistungen wurden oft wohlwollender benotet und seine Beurteilungen waren in aller Regel ohne Makel.

FREUNDSCHAFTSTREFFEN

Treffen der Politiker der Bruderländer, die im regelmäßigen Turnus abgehalten wurden. Sie dienten vor allem dazu, die persönlichen Kontakte der Politiker untereinander aufzufrischen und zu festigen. 2. Treffen von Schulklassen mit in der DDR stationierten sowjetischen Soldaten oder mit Pionieren (→ Pionierorganisation) aus anderen → Bruderländern.

FREUNDSCHAFTSZUG

Sonderzug, der seine Insassen zu einem Freundschaftstreffen fuhr. Solche Freundschaftszüge verkehrten zu den → Pioniertreffen, den → Pfingsttreffen der FDJ und ähnlichen Großveranstaltungen. Außerdem wurden die Züge, die Pioniere (→ Pionierorganisation) zu Auszeichnungsreisen in die Sowjetunion, vorrangig in das zentrale Pionierlager »Artek« auf der Krim fuhren, als Freundschaftszüge bezeichnet.

FRIEDMAN, PERRY

Folksänger, am 25.9.1935 in Prince Albert (Kanada) geboren, gestorben 1995. Als überzeugter Kommunist besuchte er 1959 erstmals die DDR und blieb bis 1971, ging dann nach Kanada zurück, kam 1976 wieder, um dann in der DDR zu bleiben. Es gelang ihm, eine Tradition aus der amerikanischen Folk-Bewegung, die sogenannten Hootenannies, auch in der DDR zu beleben. Das waren Zusammenkünfte, auf denen Folklore und Traditionals gesungen wurden und der Erlös dann linken Bewegungen gespendet wurde. Friedman wurde so praktisch zu einem Vater der → Singebewegung (so wurde sie genannt, weil der Begriff Hootenanny für die DDR-Kulturfunktionäre zu westlich klang). Er wurde Berater des → Oktoberklubs, der sich als Hootenannyklub gegründet hatte und ebenfalls umbenannt wurde, und hatte 1965 sogar eine eigene Radiosendung »Treff mit Perry« innerhalb des Jugendstudios → DT 64. Außerdem wurde er ein maßgeblicher Mitorganisator des → Festivals des politischen Liedes. Als politischer Liedermacher schrieb er auch Lieder über die DDR und war dabei durchaus ein kritischer

Betrachter der DDR-Gesellschaft. In der DDR erschienen mehrere LPs von ihm, u.a. »Hootenanny mit Perry Friedman« 1966 und »Perry Friedman« 1982.

FRISCHE RAHMBUTTER

Anfang der 70er Jahre auf den Markt gebrachte fettarme Butter aus einem Gemisch aus entrahmter Frischmilch und Trinkwasser, die in einer Plastikpackung wie Margarine angeboten wurde. Dem Entwicklerkollektiv war es gelungen, aus der gleichen Menge Rahm zwanzig Prozent mehr Butter zu produzieren. Frische Rahmbutter war deshalb spröde und bröckelte, wenn sie aus dem Kühlschrank genommen und sofort als Brotaufstrich verwendet wurde. Zum Backen war Frische Rahmbutter ebenfalls ungeeignet, zum Braten viel zu wässrig. Trotz dieser offensichtlichen Mängel bekam das Entwicklungskollektiv für diesen Brotaufstrich 1972 den Orden → Banner der Arbeit. (Lit.: T. Stregel & F. Tweder: Deutsche Kulinarische Republik. Eichborn Verlag Frankfurt Main 1998)

FRITZSCH, ARNOLD »MURMEL«

Musiker, geboren am 5.9.1951 im erzgebirgischen Schlettau, begann bereits in der Schule mit der musikalischen Ausbildung, absolvierte in Zwickau sein Abitur mit musikalischem Schwerpunkt, danach zunächst Mathematikstudium in Karl-Marx-Stadt, ab 1971 studierte er Komposition und Trompete in Berlin, gründete 1973 die Gruppe Kreis, die Disco- und Phillysound spielte (so den Hit »Doch ich wollt' es wissen«). Erhielt 1975 bereits mehrere Musikpreise des → Rundfunks der DDR. Seit 1972 ist er mit Eva Fritsch, ebenfalls Mitglied der Gruppe Kreis, verheiratet. Die Band wurde 1982 aufgelöst, seitdem arbeitet er fast ausschließlich als Komponist (z.B. Filmmusik fürs Fernsehen) und Arrangeur, z.B. für Ines Paulke, Gerd Christian, Eva-Maria Pieckert u.a. 1989 erschien seine LP »Wärme«, er erhielt den Kunstpreis der DDR. Ende der 80er Jahre hatte er mit der englischsprachigen Musik seines Pop Projektes einige erfolgreiche Discotitel.

FROMMES UND MONDOS FEUCHT

Kondome aus DDR-Produktion mit Standardmaßen; Länge 170 Millimeter, Durchmesser 52 Millimeter und Wandstärke 0,6 Millimeter für echte Gefühle. Dabei besaßen die Frommes eine Talkumbeschichtung, und Mondos Feucht waren mit Vaseline als Gleitmittel bestrichen.

FRÖSI (FRÖHLICH SEIN UND SINGEN)

Vom Zentralrat der → FDJ herausgegebenes und seit 1953 monatlich erscheinendes Pioniermagazin. Im Gegensatz zur → ABC-Zeitung und der Wochenzeitung → Trommel, die sich hauptsächlich mit aktuellen Tagesereignissen befaßten bzw. das Lernen von Schreiben, Lesen und Rechnen in der Unterstufe unterstützten, bearbeitete die Frösi allgemeine Probleme innerhalb der Gesellschaft auf kindgerechte Art. Dazu bediente sich das Magazin mehrerer Comic-Figuren, die die Gesellschaft und die Technik oder die Wissenschaft stellvertretend für den Leser erkundeten.

FROTTANA

Markenname für Handtücher, Tisch- und Bettwäsche in der DDR. Hergestellt wurde sie im → VEB Frottana Großschönau, das im Zuge der Kombinatsbildung dem VEB Kombinat Baumwolle zugeordnet wurde. Damit wurde ein weiterer wichtiger Zweig unter diesem Markennamen angeboten, denn mit den Taschentuchwebereien der ehemaligen Horn KG in Oppach wurde diese Sortimentslücke geschlossen.

FRÜCHTEBROT

Vollkornspezialbrot mit Zusatz von Nüssen und Rosinen. Es wurde vor allem für Leistungssportler produziert, weil es sehr energiereich und nahrhaft war. Früchtebrot war generell sehr beliebt.

FSA

Fachschulabsolvent. An den Fachschulen in der DDR wurde als Teil des einheitlichen sozialistischen Bildungssystems die mittlere wissenschaftliche Ausbildung für junge Menschen gesichert. Die Absolventen waren je nach Ausbildung in wirtschaftlichen, technischen, pädagogischen oder künstlerischen Bereichen der Gesellschaft tätig. So waren in der DDR zum Beispiel alle Lehrer für die Unterstufe (1.–4. Klasse) Absolventen von Instituten für Lehrerbildung, zu deren Besuch kein Abitur nötig war. Sie waren wie auch Techniker oder Ökonomen Absolventen einer Fachschule. Es gab sogar eine Fachschule für hauptamtliche FDJ-Funktionäre.

FÜHRENDE ROLLE

Eigentlich führende Rolle der → SED. Aus den Lehren Marx' und der darin postulierten Rolle der Arbeiterklasse sowie ihrer politischen Partei leitete die → SED für sich einen unverrückbaren Macht- und Wahrheitsanspruch ab. Die wichtigsten Machtpositionen innerhalb der Staatshierarchie waren ausnahmslos mit Mitgliedern dieser Partei besetzt.

FÜNFJAHRPLAN

Staatlicher Plan zur politischen, ökonomischen, sozialen und kulturellen Entwicklung eines sozialistischen Landes über einen Zeitraum von fünf Jahren hinweg. Er enthielt die konkreten Aufgaben und Wege zur Verwirklichung der Wirtschafts- und Sozialpolitik des sozialistischen Staates und zur ökonomischen Sicherung der Landesverteidigung. Fünfjahrpläne waren die Grundlage für die Jahrespläne zur Entwicklung der Volkswirtschaft. Fünfjahrpläne gehen auf Lenin zurück, der diese als Maßstab, Wegweiser, Kriterium und Leuchtturm für den sozialistischen und kommunistischen Aufbau charakterisierte. Der erste Fünfjahrplan wurde 1929 in der Sowjetunion beschlossen und umfaßte die Jahre 1928–33. Nach vier Jahren und drei Monaten rechnete die → KPdSU den Plan als erfüllt ab. Mit der Gründung der DDR wurde dieses Konzept unkritisch übernommen und als erster Fünfjahrplan 1951–55 umgesetzt. So lange die Rahmenbedingungen stabil blieben, konnte die DDR auch nach solchen Plänen arbeiten, vorausgesetzt, sie waren entsprechend realistisch verfaßt. Aber die Bedingungen auf den Weltmärkten schlugen immer öfter auch auf die Handelsbeziehungen innerhalb des → RGW durch, so daß die Pläne bald nur noch Makulatur waren.

FUNZEL

Monatlich erscheinende Sonderseite im → Eulenspiegel. Die Funzel glänzte vor allem durch kleine satirische Formen, z.B. Aphorismen und satirische Lyrik. Aphorismen und Aphorismenbücher waren in der DDR ein recht stark vertretenes literarisches Genre, weil man in dieser Form – wie auch in einer Fabel oder in einem Märchen – Kritik gut verpacken konnte und »zwischen den Zeilen« spre-

Der Auftakt zum Fünfjahrplan: Grundsteinlegung im Hüttenkombinat Ost am Neujahrstag 1951

chen. Außerdem veröffentlichte die Funzel stets einen Frauenakt, der mit einem sarkastischen Spruch garniert war. Angelehnt war das an die Frauenakte in der BILD-Zeitung.

FÜR DICH

Illustrierte Wochenzeitschrift in der DDR, die 1962 im Zuge der Gleichberechtigungskampagne gegründet wurde. Die Für Dich erreichte eine durchschnittliche Auflagenhöhe von 926.000 Exemplaren. Sie richtete sich vor allem an die Frauen in der DDR.

FÜR DIE LIEBE NOCH ZU MAGER

→ DEFA-Spielfilm aus dem Jahr 1974 von Bernhard Stephan nach einem Szenario von Jochen Nestler und Manfred Freitag. Dieser Film ist ein Debütfilm schlechthin – das Regiedebüt des Regisseurs, das Spielfilmdebüt der Hauptdarstellerin Simone von Zglinicki, damals noch Schauspielschülerin – und trotzdem gilt er als einer der gelungensten Jugendfilme der DEFA. Dargestellt wird die Wandlung der Heldin Susanne von einer grauen Maus zur Frau. Susanne, 18 Jahre alt, Bestarbeiterin in einer Spinnerei, Hausputtelchen für den Vater und die Brüder und voller Sehnsucht nach Liebe, Geborgenheit und vor allem nach Lutz, einem etwas spinnerten Jungen mit Fernweh nach Kuba und der weiten Welt und einem lauten Moped, auf dem Susanne gerne Sozius wäre. Aus dieser Ausgangssituation heraus erzählt der Film die Geschichte der Annäherung der beiden jungen Leute, feinfühlig untermalt von Musik von Illes und der → Klaus-Renft-Combo. Nach der Auflösung der Renft-Combo und dem Weggang mehrerer Bandmitglieder in die BRD blieb der Film wie so viele andere in den Archiven verborgen.

FÜR FREUNDE DER RUSSISCHEN SPRACHE

Sendereihe im zweiten Programm des → DFF, in der ausschließlich sowjetische Film- und Fernsehproduktionen im Original mit Untertiteln gesendet wurden. Gelegentlich nahmen Russischlehrer solche Sendungen in ihr Lehrprogramm auf, um das verstehende Hören zu fördern. Es gab in den Schulen immer mehrere Unterrichtsräume, die mit Fernsehern ausgestattet waren, einige Schulen verfügten auch über Sprachkabinette mit spezieller Ausstattung. Das Volksbildungsministerium war bemüht, die Schulen im Rahmen der Möglichkeiten mit modernen Unterrichtsmitteln und -material auszustatten.

»FÜR FRIEDEN UND SOZIALISMUS – SEID BEREIT«

Teil des Pioniergrußes. Die Pioniere antworteten mit: »Immer bereit!« Damit erklärten sie ihre Bereitschaft, für die hehren Ziele des Sozialismus einzutreten. Mit diesem Pioniergruß wurden → Fahnenappelle, Pionierversammlungen und sogar jede Schulstunde der unteren Klassenstufen eingeleitet, nachdem ein Schüler dem Lehrer die Meldung erstattet hatte: »Klasse ... zum Unterricht bereit, es fehlen ...«

FUWO

Neue Fußballwoche war der eigentliche Titel dieser Zeitung, die seit 1949 den interessierten Fußballfan über die Neuigkeiten aus der Szene informierte. Der Volksmund sprach von FuWo und das verstand auch jeder Zeitungsverkäufer. Bis in die achtziger Jahre hinein schaffte es die FuWo immerhin auf eine Auflagenhöhe von über 300.000 Exemplaren wöchentlich, was in etwa den Bedarf deckte. Wem also am Dienstag bereits morgens einfiel, eine FuWo zu erstehen, mußte kaum Umwege in Kauf nehmen. Sie lag am Kiosk.

G

GAGARIN, JURI

Juri Alexejewitsch Gagarin, geboren am 09.03.1934, gestorben am 27.03.1968 als Testpilot bei einem Übungsflug. Am 12.04. 1961 umrundete er als erster Mensch mit dem Flugkörper Wostok 1 einmal die Erde. Danach wurde er mit unzähligen Auszeichnungen überhäuft und zu Propagandazwecken herumgereicht, ein zweiter Raumflug – sein sehnlichster Wunsch – wurde ihm aber versagt. Als Sohn eines Kolchosbauern lernte er Gießer, absolvierte die Gießereifachschule, war nach seiner Fliegerausbildung ab 1957 Fliegeroffizier in der Sowjetarmee und nach seinem erfolgreichen Raumflug bis 1962 Kommandeur der sowjetischen Kosmonautengruppe. Gagarin wird ein extensiver Lebenswandel nachgesagt, der durch reichlich Alkohol und viele Affären gekennzeichnet gewesen sein soll. Sein tödlicher Flugunfall ist nicht bis ins letzte Detail geklärt. (Lit.: Kowalski: Die Gagarin-Story. Schwarzkopf Verlag, Berlin 1999)

GALERIE »JUNGE KUNST« (FRANKFURT/ODER)

Die ständige Ausstellung wurde 1965 als erste Neugründung ihrer Art in der DDR eröffnet. Untergebracht war sie in der gotischen Halle des 600 Jahre alten backsteinernen Rathauses, das auf der zentralen Denkmalliste der DDR stand. Sie galt als eines der führenden Museen zeitgenössischer Kunst in der DDR und besaß fast

6.000 Werke der realistischen Malerei, Grafik und Plastik von Künstlern der DDR sowie der proletarischen, antifaschistischen und frühen sozialistischen deutschen Kunst. Die Entwicklungszusammenhänge und Haupttendenzen der »sozialistischen Kunstentwicklung« in der DDR konnten an den Arbeiten der namhaftesten bildenden Künstler der DDR nachvollzogen werden.

GALERIE DER FREUNDSCHAFT

Ausstellung künstlerischer Arbeiten der → Pioniere (→ Pionierorganisation) in der DDR, die sich über Kreis- und Bezirksgalerien für die zentrale Ausstellung qualifizieren mußten. Die zentrale Galerie der Freundschaft fand im Turnus von zwei Jahren seit 1964 jeweils in einer anderen Bezirksstadt der DDR statt. Die Exponate wurden nach der Ausstellung in der Regel einer gesellschaftlichen Organisation des In- oder Auslandes gestiftet, vorrangig der Organisation, die die thematische Grundlage für die Galerie gab.

GAMMLER

War eine Person, die durch ihre auffällig schlampige Kleidung ihre Opposition zum herrschenden → real existierenden Sozialismus zum Ausdruck brachte. Die Kleidung bestand in der Regel aus einfachen wildledernen Schnürschuhen, je älter desto besser, Jeans und T-Shirt sowie einem Parka, wobei »je älter, desto besser« auf die gesamte Kleiderordnung zutrifft. Betont ungepflegte Haartracht gehörte ebenso zum Outfit wie eine obligatorische → Karo. Musikalisch lebte der Gammler noch in der Flower-Power-Bewegung oder im Blues. Später gingen aus diesen Gruppen die ersten Punks in der DDR hervor.

GASTSTÄTTEN-VERBOT

Gerichte, Polizei und auf diesem Weg mittelbar die → Stasi konnten als »kriminell gefährdet« registrierte Bürger mit einem Gaststätten-Verbot belegen, d.h. diese durften keine öffentlichen Gaststätten betreten. Da ihnen der Personalausweis entzogen wurde und sie statt dessen einen provisorischen Ausweis erhielten, konnten sie bei Polizeikontrollen leicht erkannt werden. Wirte bedienten Personen mit Gaststätten-Verbot, sobald sie davon wußten, zumeist nicht, weil sie damit ihre Lizenz riskierten. → Berlin-Verbot, → Meldepflicht und → Arbeitsplatzbindung.

GC

Colorpflegeserie aus dem VEB Berlin Kosmetik. GC war die Abkürzung für Gerdeen Color. Diese Pflegeserie löste Ende der 70er Jahre die Colorpflegeserie → Süs ab. Trotzdem war GC wie auch → Süs keine Pflegeserie, die für den Verkauf in den → »Exquisit«-Verkaufsstellen produziert wurde.

GEFECHTSBEREITSCHAFT

Dieser Begriff aus dem Militärwesen der DDR ist wohl jedem Wehrpflichtigen der DDR noch gut in Erinnerung, wurde er doch stets und ständig vom kleinsten bis zum höchsten Vorgesetzten im Mund geführt. Prinzipiell ging es allerdings um die permanente Aufforderung zur Wachsamkeit gegenüber allem und jedem und um die damit geschürte stete Angst, der Krieg, vor dem sich alle fürchteten, könne morgen beginnen.

GEMOL

Einweich- und Wasserenthärtungsmittel aus dem VEB Waschmittelwerk Genthin, wurde hauptsächlich für Handwäsche benutzt, die das Einweichen der Textilien erforderte. Zu dieser Zeit hieß der Genthiner Betrieb noch VEB Persilwerk. Er wurde erst später umbenannt, als in einer gigantischen Kampagne die Namen der alten Besitzer, die an die Unterdrückung der → Werktätigen erinnerten, weichen mußten.

GENERALSEKRETÄR DES ZK

Bis zum IX. Parteitag der SED 1976 noch → Erster Sekretär des ZK. Mit diesem Titel wurde der Parteivorsitzende der SED bezeichnet. Das Zentralkomitee war zwischen den Parteitagen das höchste Organ der SED. Zur Verdeutlichung der führenden Rolle der SED in Staat und Gesellschaft der DDR war es seit Walter Ulbrichts Zeiten Brauch, den Vorsitzenden des ZK auch zum höchsten Repräsentanten des Staates zu machen sowie zum Vorsitzenden des → Nationalen Verteidigungsrates. Damit vereinte diese Person, in der Nachfolge Ulbrichts war das Erich Honecker, praktisch eine uneingeschränkte Machtfülle innerhalb der DDR auf sich.

GENEX

Handelsfirma in der DDR, über die DDR-Bürger mit Valuta-Einkommen beziehungsweise über Westverwandte Waren beziehen konnten. So konnte man zum Beispiel den begehrten → Trabant ohne Wartezeit für D-Mark über Genex erwerben.

GENOSSE

Übliche Anrede für Parteimitglieder in der SED (»Parteigenosse«), aber in der → NVA auch für alle Soldaten. Das führte zu mancherlei Irritationen, da die Genossen der bewaffneten Organe im Dienst ihre Vorgesetzten mit »Genosse« und »Sie«, bei Parteiversammlungen aber mit »Genosse« und »Du« anzureden hatten. In den Parteiversammlungen der Armee gab es zwar den psychologischen Effekt, dort einem Freund oder Gleichgesinnten eher die Meinung sagen zu können, und es wurden die Soldaten von den Genossen Offizieren auch immer wieder zur Kritik aufgefordert, aber dies wurde durch das Vorgesetzten-Unterstellten-Verhältnis mehr als kompensiert. Nach der Parteiversammlung mit ihrer »offenen« Atmosphäre stand immer der nächste Dienst, und mehr oder minder verdeckte Schikanen konnten der »offenen Aussprache« folgen. Also wurde besser geschwiegen. Das galt auch für das Verhältnis der

Generalsekretäre unter sich: Erich Honecker und Leonid Breshnew auf einem Jagdausflug in der DDR 1971. Unten: Thälmann-Ehrung am 15.4.1986 im Thälmann-Park in Berlin

Offiziere untereinander und zu »Politoffizieren«. »Genosse« in Verbindung mit dem »Du« suggerierte immer einen Zusammenhalt und eine Gleichstellung, die real nicht existierte. Verbreitet in der SED war eher ein besserwisserisches Gehabe älterer, gestandener Funktionäre gegenüber den Jungen, denen man erst einmal erklären mußte, wo es langgeht.

GERMED

Markenzeichen für Arzneimittel aus der DDR. Unter dieser Marke vertrieb der staatliche Außenhandel seine Produkte weltweit. Wie groß der Umsatzanteil innerhalb englisch sprechender Staaten war, ist unbekannt. Sicher wäre ein Brite bei der Aufschrift Germed etwas erschrocken. Bedeutet es doch so viel wie verkeimt.

GERMINA

Markenname für Fußballschuhe und Turnschuhe. Gute Sportschuhe waren Mangelware, und wer konnte, besorgte sich Markenschuhe aus dem Westen.

GESCHONNECK, ERWIN

Schauspieler, geb. 28.12.1906 in Bartenstein/Ostpreußen, war seit den 20er Jahren in der KPD und dort bei der → Agit-Prop aktiv, muß 1933 nach der ČSR und in die Sowjetunion emigrieren, wird des Landes verwiesen und in der ČSR bei der Besetzung durch deutsche Truppen verhaftet, war in mehreren Konzentrationslagern (Sachsenhausen, Dachau, Neuengamme) und überlebt mit wenigen Häftlingen 1945 den Untergang der »Cap Arkona«, auf der 4000 Häftlinge deportiert wurden und größtenteils umkamen. Von 1946 bis 1949 spielt er am Berliner Ensemble, danach Filmrollen, darunter auch wieder Brecht, diesmal Verfilmungen (»Die Gewehre der Frau Carrar« 1953, »Mutter Courage und ihre Kinder« 1955). Drei seiner bedeutenden Rollen waren die des Lagerältesten Krämer in → »Nackt unter Wölfen« 1963, der Karbid-Kalle in → »Karbid und

Sauerampfer« 1963 und der Kowalski in der Verfilmung des Romans »Jakob der Lügner« von Jurek Becker durch Frank Beyer 1974. Erwin Geschonneck gehört zu den großen Schauspielern der DDR, hoch geehrt, nach der Wende mit dem Bundesfilmpreis, der sich auch, geschützt durch seine besondere Stellung als Antifaschist, Kommunist und sehr beliebter Schauspieler, immer wieder kritisch über die DDR-Verhältnisse geäußert hat. Einige der Filme, in denen er mitspielte, werden verboten oder nur stark geschnitten zugelassen, z.B. die Arnold-Zweig-Verfilmung »Das Beil von Wandsbeck« 1950 (wird verstümmelt), der kritische Film über die → Wismut AG »Der Sonnensucher« (1958, erst 1972 zugelassen) und der Konrad-Wolf-Film »Leute mit Flügeln« 1960.

GESELLSCHAFTLICHE ENTWICKLUNG

Dieser Begriff stammt aus dem marxistischen Gedankenkonzept, das die Entwicklung des Menschen und der Natur als Veränderung, Bewegung in aufsteigender Linie sah, als Übergang von niederen zu höheren, von einfacheren zu komplizierteren Qualitäten. Der Marxismus wendet diese Betrachtungsweise auf die menschliche Gesellschaft als Ganzes an und glaubte damit (Marx adaptierte in der ersten Hälfte des 19. Jahrhunderts u.a. die Lehre Darwins, der utopischen Sozialisten und der Wirtschaftswissenschaften) die allgemeinsten Bewegungs- und Entwicklungsgesetze der Natur, der Gesellschaft und des Denkens zu entdecken. Es seien dies das Gesetz von der Einheit und dem Kampf der Gegensätze, das die Ursache, die Quelle der Entwicklung aufdeckt, das Gesetz vom Umschlagen quantitativer Veränderungen in qualitative, das die Art und Weise der Entstehung neuer Qualitäten im Lauf der Entwicklung beschreibt, und das Gesetz der Negation der Negation, das die Richtung und das Resultat der Entwicklung angibt. Aus diesem Gedankengebäude heraus war man in der DDR der Meinung, die Gesellschaft der DDR planen und steuern zu können. Die gesellschaftliche Entwicklung als Abfolge von Klassengesellschaften (Sklavenhaltergesellschaft, Feudalismus, Kapitalismus) war durch Marx, Engels und Lenin als gesetzmäßig erkannt worden und die Entwicklung der Produktivkräfte gab ihnen scheinbar Recht. Allerdings gelang es keinem der sozialistischen Länder, die Produktivkräfte so zu entwickeln, daß sie sich schneller entwickelten als im Kapitalismus. Hier wirkte die Planwirtschaft eher als Hemmnis. In gleicher Weise erschien die planmäßige Entwicklung der Gesellschaft nur Fassade, weil die Normierung des Lebens der Menschen diese zwar behütete, aber ihnen gleichsam die Freiheit in der Entwicklung nahm, die nötig ist, schöpferische Fähigkeiten, Selbständigkeit und die Aktivität zu entwickeln, die diese Gesellschaft wiederum vorangebracht hätten. Und so zeichnete sich die sozialistischen Staatengemeinschaft eher durch Quantität als durch Qualität, durch Stagnation statt Dynamik, durch Chaos statt Planung aus und betrieb letztendlich das, was sie den Imperialisten des Westens vorwarf, Raubbau an der Natur, den Bodenschätzen und an den Menschen selbst.

GESELLSCHAFTLICHE TÄTIGKEIT/ARBEIT

Als gesellschaftliche Tätigkeit wurden alle Aktivitäten in der → Partei, der Gewerkschaft und den anderen → Massenorganisationen (Ausüben von Wahlfunktionen, Besuchen von Versammlungen und Veranstaltungen) bezeichnet, aber auch im Volkskunstschaffen und im Sport, soweit sie nicht hauptberuflich, sondern in der Freizeit ausgeübt wurden. Da viele DDR-Bürger mehrfach organisiert waren (z.B. gleichzeitig in SED, FDGB, DSF und einem Verein), kam da viel gesellschaftliche Tätigkeit zusammen.

GESELLSCHAFTSWISSENSCHAFTEN/GEWI

Allgemein formuliert, untersuchen sie die verschiedenen Formen, Erscheinungen, Prozesse und Gesetze des gesellschaftlichen Lebens. Sie erforschen die Lebensbedingungen der Menschen, die gesellschaftlichen Verhältnisse, die Staats- und Rechtsformen und kulturellen Bereiche in ihrer geschichtlichen Folge und gegenwärtigem Ergebnis. Gesellschaftswissenschaften waren: Philosophie, Sprachwissenschaften, Psychologie, Geschichtswissenschaften, Rechtswissenschaften u.ä. In der DDR waren die GEWI gekennzeichnet durch die Lehre des historischen Materialismus, den Marx und Engels Mitte des 19. Jahrhunderts entwickelt hatten. Auf dieser Basis untersuchten auch spezielle GEWI, wie politische Ökonomie, wissenschaftlicher Kommunismus, Geschichte, Rechtswissenschaft und Ästhetik, spezielle Bereiche des gesellschaftlichen Lebens. Die GEWI wurden als wichtiges Instrument der Planung und Leitung der gesellschaftlichen Entwicklung und bei der weiteren Erziehung und Bildung der Werktätigen in der DDR angesehen. Auch deshalb wurde ein Grundlagenstudium mit den obengenannten Bereichen marxistisch-leninistische Philosophie, wissenschaftlicher Kommunismus und politische Ökonomie als obligatorische Bestandteil aller Studienfächer in der DDR eingeführt. Die Gesellschaftswissenschaften wurden seitens der Partei und des Staates einerseits gefördert: Es gab viele Institute sowie Sektionen an allen Hoch- und Fachschulen, viele hauptamtliche Lehrkräfte mit meist unbefristeten Arbeitsverträgen, wovon heutige Historiker und Philosophen nur träumen. Andererseits war es mit der Förderung vorbei, sobald Gesellschaftswissenschafter von ihrer Rolle als staatstragende Ideologen abwichen und kritische oder grundsätzlich die Macht der SED tangierende Fragen aufwarfen. Dies mußten Philosophen, Historiker, Literaturwissenschaftler und Verlagsmitarbeiter mehr als einmal erfahren. Stellvertretend seien hier nur einige wenige Namen genannt: Walter Janka, Ernst Bloch, Robert Havemann, Peter Huchel und Rudolf Bahro.

GSSD

Gruppe der sowjetischen Streitkräfte in Deutschland. Die Anwesenheit dieser Truppen leitete sich aus den Ergebnissen des II. Weltkrieges sowie den nachfolgenden Vertragskonstellationen zwischen den Siegermächten her. Während der Zeit des kalten Krieges standen sich somit eigentlich die Truppen der Großmächte USA, Frankreich und Großbritannien sowie der Sowjetunion auf deutschem Boden gegenüber. Die → NVA war dazu da, den Feind so lange aufzuhalten, bis richtiges Militär käme. Ähnlicher Spott wurde auch mit der Bundeswehr getrieben.

GESTATTUNGSPRODUKTION

Produktion von Waren für Firmen aus dem → NSW, vor allem der BRD. Diese ausgelagerte Produktion in die wesentlich billigere DDR bezahlten die Firmen mit einer Lizenzvergabe. So produzierte die Erfurter Schuhfabrik »Paul Schäfer« für Salamander in der BRD und verkaufte die Lizenzproduktion über die → Exquisit-Läden in der DDR. Das Milchkombinat Schwerin produzierte für Bärenmarke und vertrieb die Lizenzproduktion im → delikat. Dies waren nur zwei Beispiele für diese Vorgehensweise, die eigenen Produktionskapazitäten auszulasten. Kaum eines der vielen Westprodukte in delicat oder Exquisit kam in den 80er Jahren noch aus dem westlichen Ausland. Dafür stammte manches preisgünstige Angebot des Otto-Kataloges oder von Ikea aus der DDR.

GEWERKSCHAFTS-/VERTRAUENSMANN

Wahlfunktion innerhalb einer Gewerkschaftsgruppe. Gewerkschaftsvertrauensleute wurden von ihren → Kollektiven als Ansprechpartner für die Probleme in der und um die Produktion gewählt und besaßen die Aufgabe, diese gegenüber den Betriebs- oder Gewerkschaftsleitungen anzusprechen und deren Lösung anzumahnen. Innerhalb des Gewerkschaftslebens und der Gewerkschaftsarbeit spielte die Vertrauensleutevollversammlung neben der Mitgliederversammlung die wichtigste Rolle.

GIFTSCHEIN

Umgangssprachlicher Begriff. Der »Giftschein« stellte die Berechtigung zum Zutritt in ansonsten für die Normalbevölkerung verschlossene Teile der Bibliotheken dar. Diejenigen, die einen solchen Giftschein besaßen, konnten also auch die in der DDR verbotene oder nicht erhältliche Literatur zur Kenntnis nehmen (Bücher, Zeitschriften, Zeitungen). Allerdings mußte zur Erlangung eines solchen Scheins ein wissenschaftlicher Forschungsauftrag nachgewiesen werden. Die »Giftscheine« blieben aber in aller Regel auf bestimmte Themengebiete, die dem jeweiligen Rechercheauftrag entsprachen, beschränkt. Nur wenige Bibliotheken in der DDR hatten einen Bestand von verbotener Literatur, so z.B. die »Deutsche Bücherei« in Leipzig.

GIN TONIC/WODKA COLA/GRÜNE WIESE

In der DDR gebräuchliche Mixgetränke, die in der Gastronomie angeboten wurden. Nun konnten aber weltweit übliche Namen nicht verwendet werden, da diese in aller Regel geschützt waren und für die Rechte Devisen gezahlt werden mußten. Deshalb wurde aus dem Cuba Libre die Wodka Cola, wobei statt des Rums Wodka verwendet wurde. Grüne Wiese wurde aus Blue Curacao und Orangensaft zubereitet, der Curacao wurde in → Gestattungsproduktion hergestellt.

GLÜCK MUSS MAN HABEN

Fernsehgesellschaftsspiel im → DFF. Dabei wurden drei Kandidaten mit je einem Prominenten als Partner in das Spiel geschickt. Als Hauptpreis winkte dem Sieger ein → Trabi, die anderen Preise waren eine Reise und ein Farbfernsehgerät. Diese Sendereihe wurde im November 1985 erstmals ausgestrahlt und zunächst von einem Fernsehneuling, dem Conférencier Bernd Martin, moderiert. Ab der 12. Sendung übernahm Wolfgang Lippert (→ Lippi) im April 1988 die Moderation.

GNAUCK, MAXI

Turnerin des SC Dynamo Berlin, geb. 1964. Wurde 1979 Weltmeisterin am Stufenbarren, 1981 WM im Sprung, an Schwebebalken und Stufenbarren, 1983 WM am Stufenbarren, außerdem Olympiasiegerin 1980 und mehrfache Europameisterin. Somit war sie damals die einzige Turnerin der DDR, die gegen die sportliche Übermacht der sowjetischen Turnerinnen ankam. Heute ist sie Sportlehrerin und Trainerin beim SC Dynamo Berlin.

GOL

Grundorganisationsleitung. Oberstes Exekutivorgan der → FDJ innerhalb von Schulen, Hochschulen oder → Betrieben. Die GOL leitete und kontrollierte die Arbeit der einzelnen FDJ-Gruppen und hatte in ihrem Vorsitzenden einen hauptamtlichen Funktionär. In den → POS war das der → Freundschaftspionierleiter, in den EOS der → GOL-Sekretär, ebenfalls eine Planstelle für einen Lehrer, der ausschließlich mit der FDJ-Arbeit betraut war. In den Betrieben war die GOL je nach Betriebsgröße gegliedert. Hauptamtliche Sekretäre gab es in den Kombinaten. In kleineren Kombinatsbetrieben waren FDJ-Gruppen aktiv, die der GOL des → Kombinates unterstellt waren.

GOLDBRAND/GOLDI

Weinbrandverschnitt aus verschiedenen Spirituosenbetrieben in der DDR. Der erste Produzent dieser Spirituose war der VEB Nordbrand Nordhausen. Sie kam für 14,50 Mark in den Handel und war ein viel konsumiertes Getränk. In einigen Gegenden der DDR wurde Goldi fast ausschließlich in Kartons verkauft. Allerdings sorgte der etwas klebrige Goldbrand regelmäßig für einen dicken Kopf.

GOLDENE FAHRKARTE

Schießwettkampf der → GST. Er war streng zentralistisch aufgebaut und begann innerhalb der Schulen mit den Schülern der sechsten und siebenten Klassen als Ausscheidungswettkampf. Abgegeben wurden fünf Schuß mit dem Luftgewehr auf runde Scheiben mit fünf Zentimeter Durchmesser. Die jeweils Besten wurden danach zu Kreis- und Bezirksausscheiden delegiert. Für die Schießsportclubs innerhalb der GST bestand auf diese Art und Weise die Möglichkeit, permanent Nachwuchs zu sichten und für den Schießsport zu gewinnen. Allerdings war die Teilnahme am Wettbewerb nicht freiwillig. Er gehörte ganz einfach zum Lehrprogramm dazu und wurde immer wieder beworben, indem man die Notwendigkeit zur Verteidigung der Heimat beschwor.

GOLDENE HAUSNUMMER

Auszeichnung für Hausgemeinschaften, die herausragende Leistungen im Wettbewerb → »Schöner unsere Städte und Gemeinden – Mach mit!« vollbracht hatten. In der Regel bestanden diese Leistungen darin, das Wohnumfeld in einen attraktiven Zustand zu versetzten und zu halten. Dazu war es nicht allein ausreichend, die Reinigung der Vorgärten und Treppenhäuser vorbildlich durchzuführen, sondern wesentliche Eigeninitiative bei der Gestaltung des Wohnumfeldes, der umliegenden Grünanlagen, der Höfe und auch der Treppenhäuser war gefragt.

GOLDENER SPATZ

Name des seit 1979 jährlich in Gera stattfindenden Kinderfilmfestivals. Auf ihm wurde durch eine Jury, der auch Kinder angehörten, der Filmpreis Goldener Spatz verliehen. Durch seine Zusammensetzung der Jury war dieses Filmfestival einzigartig auf der Welt.

GOLDKRONE

Weinbrand aus dem VEB Weinbrand Wilthen. Diese qualitativ hochwertige Spirituose kam Ende der 70er Jahre auf den Markt und kostete 27 Mark. Damit war sie für DDR-Verhältnisse recht teuer. Trotzdem eroberte sie sich einen großen Liebhaberkreis, da für Essen und Trinken, vor allem für Alkohol, in der DDR sehr viel Geld ausgegeben wurde.

GOLDPUNKT

Schuhmarke aus Berlin. Der Preis der Goldpunkt-Schuhe lag deutlich unter dem solcher Marken wie Salamander, sie waren aber, vor allem ihrer Verarbeitung und ihres Designs wegen, eine echte Alternative dazu.

GOL-SEKRETÄR

Vorsitzender einer → FDJ-Grundorganisation. Diese Position war hauptamtlich, wurde aber durch den → Betrieb, in dem die Grundorganisation installiert war, finanziert. An → POS nahm der → Freundschaftspionierleiter diese Position ein, an → EOS gab es eine gesonderte Planstelle. Seine Aufgaben bestanden in der Anleitung der Arbeit einzelner → FDJ-Gruppen und in der Rechenschaftslegung gegenüber den übergeordneten Leitungen.

GOTANO

Einzige Wermutmarke aus DDR-Produktion. Dieser Wermut wurde und wird im Thüringischen Gotha hergestellt.

GPG

Gärtnerische Produktionsgenossenschaft. In ihnen wurden durch Zusammenschluß von Gemüse- und Obstproduzenten Gemüse und Obst für den heimischen Markt erzeugt. Die Form der Genossenschaft war ein Resultat der Kollektivierung der Landwirtschaft zu Beginn der 60er Jahre. Mit der Kollektivierung wurde die Produktion landwirtschaftlicher Güter unter industriemäßigen Bedingungen möglich. Als Produzent landwirtschaftlicher Güter ist die GPG als eine Sonderform der → LPG anzusehen.

GRAND RESERVE

In Wilthen produzierter Weinbrand, der ausschließlich für → Delikat hergestellt und dort vertrieben wurde. Im Gegensatz zu fast allen anderen Spirituosen in der DDR war dieser Weinbrand kein Verschnitt. Entsprechend war sein Preis von 38 Mark.

GRAND SENIOR

Weinbrand Edel aus dem VEB Weinbrennerei Meerane. Dieser Weinbrand war ebenfalls kein Verschnitt und ausschließlich für → Delikat produziert. Er war für 32 Mark zu haben.

»GREIF ZUR FEDER, KUMPEL!«

Aufruf der → Zirkel Schreibender Arbeiter, der aus dem → Bitterfelder Weg resultierte. Zu der Bitterfelder Konferenz schrieb ein »Arbeiterkorrespondent«: »... die größte Unterstützung bekommt unsere literarische Entwicklung durch den Arbeiter selbst, wenn er Autor wird. Kumpel, greif zur Feder, die sozialistische Nationalkultur braucht dich!« Mit diesem Aufruf sollte als Pendant zur literarischen Elitekultur eine Massenkulturbewegung geschaffen werden, deren Produzenten selbst aus dieser Masse hervorgingen. Leider schafften es die Kulturverantwortlichen der DDR niemals, die schöpferische Kraft einer solchen Bewegung mit dem schriftstellerischen Handwerk zu verbinden und die Werke der schreibenden Arbeiter als deren Schöpfungen zu entwickeln. Stets wurde an Inhalt und Form herumoktruiert, auch waren nur wenige Berufsschriftsteller bereit, längere Zeit in die Produktion zu gehen. Sie beließen es bei kurzen Visiten und »Patenschaften« mit Betrieben, die mit der Zeit einschliefen. Dennoch gab eine starke Bewegung von sogenannten Volkskorrespondenten, die für die Zeitungen zu schreiben begannen, und auch das → Brigadetagebuch entstand und enthielt erste literarische Versuche (Glossen, Gedichte, Satire u.a.).

GRENZGEBIET

Spezielle Zone zwischen der Staatsgrenze der DDR zur BRD und dem eigenen Hinterland, in der nur die dort lebenden Anwohner, mit einem Sonderpassierschein ausgerüstet, freie Aus- und Einfahrt hatten, Verwandte, Freunde und Bekannte jedoch nur über behördliche Hürden hinweg eine Besuchserlaubnis erhielten, die allerdings nicht immer gewährt wurde. Die Einwohner der Grenzgebiete wurden wirtschaftlich recht großzügig gefördert, so daß sie nicht selten als zusätzliche Augen und Ohren der → Grenztruppen fungierten, deren Objekte in der Regel innerhalb dieses Grenzgebietes lagen und deren Kaufkraft die meisten kleinen Existenzen in den Dörfern am Leben hielt.

GRENZTRUPPEN

Die Grenztruppen der DDR gingen aus der Deutschen Grenzpolizei hervor als eine kleine Armee, die ausschließlich der DDR-Regierung unterstand und nicht Bestandteil der Truppen des → Warschauer Vertrages war. Sie dienten der Sicherung der Staatsgrenze der DDR zur BRD. Der Aufwand für die Grenzsicherung zur Volksrepublik Polen und zur ČSSR konnte dagegen vernachlässigt werden. Durch diesen Sonderstatus sollte verhindert werden, daß bei einem eventuellen militärischen Konflikt an der innerdeutschen Grenze sofort die Bündnispartner der jeweiligen Seite aktiv würden. Mit dem Bundesgrenzschutz hatte die BRD eine ähnliche Truppe. Die Grenztruppen hatten die hauptsächliche Aufgabe, die → Republikflucht von DDR-Bürgern zu verhindern, entsprechend standen sie im ausgeklügelten Grenzsicherungssystem rund um die Uhr im Schichtdienst Wache. Eine wirkliche militärische Bedeutung hatten sie nicht. Im Fall eines ernsthaften bewaffneten Konfliktes dürften sowohl die Grenztruppen als auch der BGS als Kanonenfutter gedient haben. So verfügten die Grenztruppen auch nur über leichte Bewaffnung.

GRILLETTE

Fleischklops aus Schweinefleisch, der auf dem Grill gegart wurde. Eigentlich eine Thüringer Spezialität, nicht so bekannt wie die Thüringer Rostbratwurst, war aber durch die Verwendung von herzhaft gewürztem Schweinemett, in Thüringen und Sachsen Hackepeter genannt, als Rohmasse sehr schmackhaft. Für die Berliner war die Grillette die Antwort des Ostens auf den Hamburger.

GRISUTEN

Textiles Mischgewebe in Leinwandbindung. Es bestand aus Polyesterfasern und Baumwolle und wurde vor allem wegen seiner Strapazierfähigkeit für Oberbekleidung verwendet.

GROSSE SOZIALISTISCHE OKTOBERREVOLUTION

Diese Revolution, die die nach dem Sturz des Zaren im Februar 1917 amtierende liberale Regierung stürzte, war laut DDR-Geschichtsschreibung die erste siegreiche »proletarische Revolution«. In dem kriegsmüden Land waren Ende 1917 Soldaten- und Bauernrevolten ausgebrochen, in den Städten brachen Unruhen aus, es bildeten sich »Arbeiter- und Soldatenräte« (sowjet = russ. für Rat). Die kommunistischen Arbeiterführer unter Anleitung des aus dem Ausland zurückgekehrten Wladimir Iljitsch Lenin sattelten auf die Revolte der Soldaten auf und stießen praktisch in ein Machtvakuum. Daraufhin konnte auf der Basis der »Arbeiter- und Soldatenräte« durch die Kommunistische Partei (Bolschewiki) unter Lenin ein »Arbeiter-und-Bauern-Staat« aufgebaut werden, und Lenin begann seine Gesellschaftstheorien in der Praxis zu überprüfen. Später gingen Lenins Bolschewiki gegen diejenigen Arbeiter- und Soldatenräte, in denen sie nicht die Führung erringen konnten, mit Gewalt vor. Allerdings war dabei Lenin ein gewisser Opportunismus zwecks

Machterhalt eigen, d.h. er arbeitete erst einmal mit anderen Gruppierungen zusammen, solange er sie brauchte, dann ließ er sie fallen oder ließ ihnen in den Rücken schießen (oder, wie er es vor der Oktoberrevolution hielt, er tauchte ab, sobald es gefährlich wurde). Oft genug paßte er seine Theorie den praktischen Gegebenheiten und Machtverhältnissen an. Das nannte man dann »Weiterentwicklung« des »Leninismus«. Einer Verhandlungskommission gelang es im März 1918, mit Deutschland einen Waffenstillstand an der Ostfront des Ersten Weltkrieges, den Frieden von Brest-Litowsk, zu erreichen. Deutschland war zu dieser Zeit durch seine harten Kämpfe an der Westfront gegen französische und englische Truppen so stark geschwächt und eingebunden, daß es darauf einging. Das verschaffte den Bolschewiki die nötige Pause, um ihre Macht zu festigen. Alle späteren Versuche der »Weißgardisten« und ausländischer Invasionsarmeen, die Macht der Sowjets zu brechen, scheiterten. Die Große Sozialistische Oktoberrevolution wurde in der Geschichtsschreibung der DDR als eines der wichtigsten Ereignisse des 20. Jahrhunderts, ja der Weltgeschichte dargestellt. Mit ihr wurde, der offiziellen Lesart nach, der Übergang vom Kapitalismus zum Sozialismus in der Welt eingeleitet.

GROSSER STERN DER VÖLKERFREUNDSCHAFT

Staatliche Auszeichnung der DDR. Sie wurde in drei Stufen durch den Vorsitzenden des Staatsrates der DDR verliehen. Geehrt werden konnten Einzelpersonen, → Kollektive, → Betriebe und Einrichtungen aus dem In- und Ausland. Der Orden war mit einem Geldbetrag dotiert.

GROSSER VATERLÄNDISCHER KRIEG

Geschichtliche Bezeichnung der sowjetischen Historiker und der Geschichtsschreibung der → sozialistischen Staatengemeinschaft für den Zweiten Weltkrieg 1941–1945. In Anlehnung an den Vaterländischen Krieg Rußlands gegen die Große Armee Napoleons wurde dieser Krieg der Sowjetunion gegen die Armeen Hitlerdeutschlands und dessen Verbündete als Großer Vaterländischer Krieg bezeichnet. Dieser Krieg war das größte Opfer des sowjetischen Völkergemeinschaft zur Verteidigung und Befreiung der Heimat von einer ausländischen Aggression. Die Sowjetunion hat in diesem Krieg ca. 20 Millionen Menschen verloren. Dieser traumatische Krieg hat die sowjetische Gesellschaft bis heute nachhaltig geprägt.

GROSSES PIONIEREHRENWORT

Floskel aus dem Sprachgebrauch der → Pionierorganisation »Ernst Thälmann«. Mit einem großen Pionierehrenwort wurde dort die Erfüllung einer besonders bedeutenden Aufgabe bekräftigt. Das Geloben von Besserung nach einem persönlichen Fehler, einer Verfehlung nach den Gelöbnissen der Pionierorganisation, gehörte genauso dazu wie das Erreichen bestimmter vorgegebener Ziele, zum Beispiel gelobt der → Pionier-Pimpf, so fleißig zu üben, daß aus der Note 3 in Sport eine 2 wird. Großes Pionierehrenwort! Und wenn er es doch nicht schaffte, weil ihn die Mathematik zu sehr faszinierte, daß er darüber die Liegestütze oder das Herumrennen auf dem Bolzplatz vergaß? Die Pionierorganisation hatte ja keinerlei Möglichkeiten, Verletzungen eines solchen Ehrenwortes zu ahnden. Der → Pionierleiter (→ Pionierorganisation) konnte schimpfen und seinen Blutdruck in die Nähe des Infarktes treiben. Natürlich bekamen pfiffige Kinder schnell mit, daß die ganzen Appelle an den Idealismus der Persönlichkeit nichts als Fassade waren, und vor allem, daß die Erwachsenenwelt, in die sie hineinwuchsen, sich selbst kaum an ihre eigenen Regeln hielt. Deshalb verkam diese bis Anfang der 70er Jahre noch sehr ernsthaft gebrauchte Floskel mehr und mehr zu einer ironischen Bemerkung, die man dann gebrauchte, wenn man eine Aufgabe zwar erledigen sollte, diese aber eigentlich für Unsinn hielt und keinerlei Konsequenzen bei Nichterfüllung befürchtete.

GRUNDEINHEIT

Organisationsstruktur der → FDJ. Sie bestanden in den → Betrieben, → MTS, → VEGs, → LPGs, Dörfern, Schulen, Lehranstalten, Verwaltungen, Einheiten der → VP, Abteilungen in den Großbetrieben, Fakultäten bzw. Studienjahren der Universitäten und Hochschulen, ferner in den Wohngebieten. Sie bildeten das Fundament der FDJ. Ihr höchstes Organ war die Mitgliederversammlung, die auf Beschluß des Zentralrates mindestens einmal monatlich durchzuführen war und alle Fragen der Tätigkeit der Grundeinheit, ihrer FDJ-Gruppen und Interessengemeinschaften vor der Mitgliedschaft zu behandeln hatte.

GRÜNDERZEITMUSEUM MAHLSDORF

Am Hultschiner Damm in Berlin-Mahlsdorf gelegen; enthält eine umfangreiche Sammlung kunstgewerblicher Gegenstände und Möbel aus der Gründerzeit Deutschlands, also den Jahren 1870 bis 1890. Es wurde lange Zeit durch Charlotte von Mahlsdorf geleitet und gepflegt, die in mühevoller Arbeit all diese Antiquitäten privat gesammelt und zusammengetragen hatte. Nachdem sie eine einzigartige stilechte Sammlung aufgebaut hatte, mußte sie diese gegen die begehrlichen Zugriffe des → staatlichen Kunst- und Antiquitätenhandels verteidigen – denn damit konnte der Staat ja die knappe Devisenkasse aufbessern – was ihr mit ihrer Courage auch gelang. Charlotte von Mahlsdorf war ein Unikum und Berliner Original, das zur Ikone der DDR-Schwulenbewegung geworden ist. So hat auch Heiner Carow Charlotte in seinem Film »Coming out« (1989) in eine Nebenrolle eingebaut. Ihre Autobiographie wurde ein Bestseller und sie erhielt sogar das Bundesverdienstkreuz.

GRUNDWEHRDIENST

Mit dem Wehrpflichtgesetz vom 24.01. 1962 sicherte die → Volkskammer der NVA die stetige Auffüllung mit Wehrpflichtigen. Damit war für jeden männlichen Bürger der DDR klar, sollte er nicht gerade im Rollstuhl sitzen oder ähnliche schlimme Krankheiten haben, daß er seinen Dienst an der Waffe zu versehen hatte. In nachfolgenden Erlassen und Verordnungen wurde die minimale Dienstzeit in den bewaffneten Organen, sie konnte auch bei den → Grenztruppen der DDR oder der → Bereitschaftspolizei geleistet werden, mit 18 Monaten festgelegt, die sich in drei Diensthalbjahre gliederte. Jeweils am ersten Donnerstag im Mai und im November wurden die Wehrpflichtigen eingezogen. Der Entlassungstermin lag dann für die im Mai gezogenen Ende Oktober des Folgejahres und für die Wehrpflichtigen im November Ende April des übernächsten Jahres. Innerhalb der männlichen Jugend der DDR wurde der Gang zur »Fahne« jedoch stets als lästig und kaum als die angestrebte Ehrenpflicht empfunden. Bei dem außerdem herrschenden steten Mangel an militärischen Führungskräften wurde natürlich mit vielerlei Tricks versucht, die jungen Männer zum Längerdienen zu überreden, was selten gelang. Jedoch der Druck vor allem der erweiterten Oberschulen schaffte zumindest einen erhöhten Anteil von Zeitsoldaten, obwohl es ein beliebtes Spiel war, in der 8. Klasse bei der Bewerbung zur → EOS als Berufsziel Offizier anzugeben und abzuwarten, welchen Karriereweg die → NVA anbot, um dann zu sagen, aber ich will doch zur Luftwaffe, nicht zu den Landstreitkräften. Wenn ich da Dienst tun muß, dann aber nur achtzehn Monate.

GRÜNER PFEIL

Verkehrsregel. Bis Anfang der 80er Jahre war in der DDR das Rechtsabbiegen im Straßenverkehr auch bei Rot geschalteter Ampel möglich. Die Zunahme des individuellen Autoverkehrs zwang jedoch zu einem Umdenken und Handeln im Sinne einer Erhöhung der Verkehrssicherheit. Dazu wurde der Grüne Pfeil eingeführt, der das Rechtsabbiegen gesondert erlaubte. An den verschiedenen durch Ampeln geregelten Kreuzungen gab es danach einfache Blechschilder bzw. Leuchten mit dem Grünen Pfeil, die ein ständiges Abbiegen erlaubten.

GRUPPENRAT

Leitung der Pioniergruppen der Thälmannpioniere (praktisch der Pioniere einer Schulklasse), die einmal jährlich gewählt wurde und die Arbeit der Pioniergruppe auf der Basis der Beschlüsse des Jugendverbandes, des Statuts der Pionierorganisation und der Vorschläge aus der Pioniergruppe organisierte. In der Regel gab es einen Vorsitzenden, einen Stellvertreter, einen Kassierer und einen → Wandzeitungsredakteur, außerdem wurde ein Buch der Pioniergruppe geführt, in dem wie in einem Tagebuch Erinnerungen an Veranstaltungen, Fahrten usw. nebst Fotos gesammelt wurden. Nach einem Jahr mußte der Gruppenrat über seine Arbeit Rechenschaft ablegen, dann wurde neu gewählt. Mit dem Gruppenrat wurde dem Jugendlichen erstmals in der vierten Klasse eigenverantwortliche gesellschaftliche Arbeit abverlangt.

GST

Gesellschaft für Sport und Technik. Sie wurde am 07.08.1952 gegründet. Als sozialistische Massenorganisation diente die GST der Förderung der Wehrbereitschaft der Werktätigen und der Vermittlung von Kenntnissen, Fähigkeiten und Fertigkeiten zum Nutzen des sicheren militärischen Schutzes des Sozialismus. Der gesellschaftliche Auftrag der GST als sozialistische Wehrorganisation war es, die Jugendlichen so auf den Wehrdienst vorzubereiten, daß sie die Verteidigung des Sozialismus als höchste politische und moralische Konsequenz des sozialistischen Patriotismus und proletarischen Internationalismus erkennen, daß sie bereit und fähig sind, sich in den Reihen der → NVA oder der → Grenztruppen der DDR als standhafte und disziplinierte Verteidiger des Sozialismus zu bewähren. Die GST verfügte über eigene Uniformen, Übungswaffen, eigene Fahrzeuge und hauptamtliche Funktionäre, so war die GST auch ein Auffangbecken für Offiziere, die ihre Dienstzeit in der NVA abgeleistet hatten und nun beschäftigt werden mußten. Angesiedelt war die GST oft an Betriebsberufsschulen, es gab aber auch spezielle Zentren. So konnte die GST jungen Leuten attraktive Angebote unterbreiten, die aber alle etwas mit → vormilitärischer Ausbildung zu tun hatten: Tauchen, Segelfliegen, Motocross, Schießen, Funken, die Möglichkeit, die Fahrerlaubnis für Motorrad bzw. LKW zu machen u.a.

GST-LAGER

Gemäß der Aufgaben der GST hatte jeder junge Mann in Vorbereitung auf seinen → Ehrendienst in der → NVA eine → vormilitäri-

Ein Angehöriger der GST überreicht Staatschef Honecker anläßlich der Vorbereitung des 30. DDR-Geburtstages im Jahre 1979 symbolisch eine Kassette mit den bisher erreichten Ergebnissen der FDJ-Aktion »Signal DDR-30«. Im Hintergrund: Egon Krenz

sche Ausbildung zu absolvieren, die in einem zweiwöchigen Lager gipfelte (hierzu wurde oft das → Ferienlager des Betriebes genutzt). Dieses GST-Lager war obligatorischer Bestandteil der Abiturstufe an den → Erweiterten Oberschulen bzw. der Berufsausbildung. Hier lernte man so nützliche Dinge wie Marschieren, Bettenbau, Geländemarsch und ertüchtigte sich mit Wehrsport. Die Abiturienten, die nach dem Ablegen der Reifeprüfung ein Studium aufnehmen wollten, wurden in der Regel sofort nach dem Abitur zum Militär eingezogen. Facharbeiter konnten unter Umständen erst Jahre nach Beendigung ihrer Berufsausbildung zum Militär einberufen werden. Die GST und das GST-Lager wurden von der Mehrheit der jungen Männer als notwendiges Übel angesehen, das man, genau wie den Wehrdienst, hinter sich zu bringen hatte. Das GST-Lager war Pflicht, niemand hätte ohne das absolvierte GST-Lager seinen Facharbeiterbrief oder das Abitur erhalten.

GÜST

Offizielle Abkürzung der → Grenztruppen der DDR für eine Grenzübergangsstelle. Der Begriff fand allerdings mit den zirka 700000 Grenzsoldaten während des Bestehens der Grenztruppen seinen Weg in die Umgangssprache. Der Aufbau einer GÜSt war aber nur dem eingeweihten Wehrpflichtigen, Reisekadern oder Rentnern bekannt. GÜSts wurden durch separate Einheiten der Grenztruppen abgesichert. Die wohl bekannteste GÜSt war der Checkpoint-Charlie in Berlin, die größte der Grenzübergang an der BAB 2 Marienborn. Aber auch an der BAB 4 bei Herleshausen, der BAB 9 bei Hirschberg und an einigen bedeutenderen Bundesstraßen befanden sich GÜSts, wie zum Beispiel Henneberg bei Meiningen. Für den Reisezugverkehr wurden ebenfalls GÜSts eingerichtet. Das war in Berlin am Bahnhof Friedrichstraße noch recht unkompliziert, während die GÜSt an der Bahnstrecke Eisenach–Bebra schon imponierende Ausmaße besaß.

GUTEN MORGEN, DU SCHÖNE

Die leider viel zu früh verstorbene Maxie Wander läßt in ihrem Buch ausschließlich Frauen zu Wort kommen. Frauen, die per Gesetz und Staatsdoktrin gleichberechtigt sind. Sie erzählen, eine jede mit einer ganz eigenen Stimme, über ihr Leben, ihre Hoffnungen und Wünsche. Maxie Wander versucht dabei einen repräsentativen Querschnitt durch die Bevölkerung der DDR zu finden. Neben Schülerinnen, Abiturientinnen und Rentnerinnen kommen Wissenschaftlerinnen genauso zu Wort wie die einfache Hausfrau. Damit gelang Maxie Wander etwas völlig Neues innerhalb der DDR-Literatur. Jede Frau spricht über Konflikte, bei jeder sind sie anders gelagert, aber es sind alles Konflikte innerhalb der Gesellschaft in der DDR. (Maxie Wander: Guten Morgen, Du Schöne, Buchverlag Der Morgen Berlin 1977)

GUTER RAT

Frauenzeitschrift aus dem Verlag für die Frau. In ihr gab der Verlag vor allem Tips zur Einrichtung, zum Ambiente und vor allem Koch- und Backrezepte kund. Wollte man (Frau) aus knappem Angebot etwas Besonderes zaubern, war es ratsam, die eine oder andere Idee aus dieser Zeitschrift zu verwenden.

GUTS-MUTHS-LAUF

Johann Christoph Friedrich Guts Muths (1759–1839), der Begründer des Schulturnens, gab diesem Lauf seinen Namen. Ausgetragen wird er jährlich als Volkslauf über den Rennsteig, wobei es für fast jeden Teilnehmer eine seinem Leistungsvermögen entsprechende Strecke gibt. (Enzyklopädie DDR, Digitale Bibliothek)

GÜTEZEICHEN Q

Qualitätssymbol der DDR. Es stand für höchste Ansprüche an die Verarbeitung und den Gebrauchswert des Produktes. Neben diesem Symbol, das praktisch alle Exportartikel bekamen, gab es noch die Qualitätssymbole 1 und 2. Im Zuge des → sozialistischen Wettbewerbes wurden durch die → Kollektive mehr und mehr die Verpflichtungen zur Erlangung des Gütezeichen Q eingegangen. So wurden in der DDR immer mehr und bessere Waren produziert, die auf dem Weltmarkt immer schwerer abzusetzen waren.

H

HABICHT

Kleinkraftrad aus dem VEB → Simson Suhl. Es war einer der Vorläufer des S 50.

HAGEN, NINA

→ »Du hast den Farbfilm vergessen«

HAHNEMANN, HELGA

Kabarettistin, Komödiantin, Schauspielerin, geb. 8.09.1937 in Berlin, gest. 1991, begann an der Leipziger → »Pfeffermühle«, dann arbeitete sie für das Fernsehen in Berlin, spielte in vielen Komödien mit (z.B. 1987 in »Maxe Baumann aus Berlin«) sowie in über 30 Folgen der Kabarett-Reihe »Tele-BZ«, in vielen Fernsehshows – oft mit Kollegen, z.B. → Rolf Herricht und Gerd E. Schäfer –, in Programmen des Friedrichstadtpalastes, im → »Kessel Buntes«, hatte eine eigene Radio-Show »Helgas Top(p)-Musike«. Sie war die Berlinerin mit Schnauze und Herz und nahm auch mehrere Schallplatten mit Berlinliedern auf. Die Zeitschrift SUPER-Illu vergibt jedes Jahr den Fernsehpreis »Goldene Henne«, der an sie erinnern soll.

HALBERSTÄDTER KONSERVEN

Fleisch- und Wurstproduzent im anhaltinischen Halberstadt. Die Konserven aus diesem Werk waren ihrer Qualität wegen unter der

Bevölkerung sehr beliebt. Sie wurden meist für die delicat-Verkaufsstellen produziert und waren selbst dort → Bückware. Ein wesentlicher Teil der Produktion ging nämlich in den → NSW-Export. Halberstädter Konserven waren eines der wenigen Produkte, die auch der Besuch aus dem Westen kannte.

HALKO

Markenname der → Halberstädter Konserven.

HALLO – DAS JUGENDJOURNAL UM 19.12H

Jugendsendung von Stimme der DDR. Lief immer 19.12–20.30 Uhr montags, mittwochs und freitags nach dem Jugendstudio DT 64. Mit der Etablierung des neuen → Jugendradios DT 64 wurde sie eingestellt. Donnerstags lief auf diesem Sendeplatz die → »Beatkiste«. Mit »Hallo – Das Jugendjournal« versuchte der Sender speziell ein junges Hörerpublikum anzusprechen. Die Textbeiträge waren hauptsächlich auf die Probleme Jugendlicher in Schule und Beruf zugeschnitten, außerdem informierten sie über Sport, Politik, Kultur, immer in viel Pop- und Rockmusik eingebettet. Die Sendung lieferte außerdem viele Hintergrundinformation zur gespielten Musik und deren Interpreten.

HALLORENKUGELN

Pralinenspezialität aus dem VEB Halloren Halle mit einer hellen und einer dunklen Hälfte. Heute wieder – sogar mit Kultstatus – auf dem Markt.

HANS-BEIMLER-WETTKÄMPFE

Meisterschaften in der → vormilitärischen Ausbildung innerhalb des → Wehrkundeunterrichtes an den → POS und → EOS. Innerhalb der Hans-Beimler-Wettkämpfe, die sich über ein gesamtes Schuljahr hinzogen, gab es mehrere Disziplinen, die den Wehrkundeunterricht innerhalb der Schule erheblich intensivierten, dazu gehörten zum Beispiel Orientieren nach Kompaß, Kartenlesen, Seilklettern, auch die Überwindung der Sturmbahn nach Zeit. Diese Wettkämpfe organisierte die → FDJ in Zusammenarbeit mit der → NVA, der Zivilverteidigung (→ ZV) und der → GST. Hans Beimler (1895–1936) war ein kommunistischer Arbeiterführer, Mitglied der bayerischen Räterepublik, später Reichstagsabgeordneter, der als Kommissar des Ernst-Thälmann-Bataillones im spanischen Bürgerkrieg gefallen ist.

HANSA-KEKS

Keksgebäck aus dem VEB Nahrungsmittelkombinat »Albert Kuntz« Wurzen. Hansa-Keks gab es im Handel in drei Verpackungsgrößen. Die Kekse waren zu je zehn, zwanzig oder dreißig Stück verpackt. Wie so oft in der DDR war der Preis der Großpackung mit dreißig Keksen genau dreimal so hoch wie der Preis der Zehnerpackung.

HASE UND WOLF – NU POGODI

Sowjetische Zeichentrickserie um einen Hasen und einen Wolf. Diese Zeichentrickfilme arbeiteten fast ausschließlich mit Bildern. Die Figurenzeichnung ist dabei stark an die amerikanischen Disneyproduktionen angelehnt. Der böse Wolf, faul, arbeitsscheu, raucht und trinkt, ist von Anfang an der Antipathieträger, während der Hase freundlich, wissbegierig und liebenswert daherkommt und sich der rüden Attacken des Wolfes erwehren muß, der sich allerdings stets selbst durch sein Auftreten in Schwierigkeiten bringt. Rowdytum und fehlende Fertigkeiten im Umgang mit den Tücken der Technik prägen die Ironie der Filme. Der Wolf muß dabei eine Menge einstecken und wird des öfteren plattgemacht, steht aber nach jeder Niederlage immer wieder auf und brüllt dem davonhüpfenden Hasen nach: Nu pogodi!!! (Na warte!!!)

HAUFF, MONIKA UND KLAUS-DIETER HENKLER

Sie wurde 1944 in Wernigerode geboren, er 1944 in Magdeburg. Beide fanden sich 1967 in Magdeburg und absolvierten noch als Solointerpreten ihr Studium für Unterhaltungskunst in Leipzig. Danach entwickelten sie sich jedoch zum wohl populärsten und erfolgreichsten Gesangsduo der DDR. Sie gewannen zahlreiche internationale Preise und waren weltweit auf Konzerttourneen unterwegs. 1971 erschien bei → Amiga ihre erste Langspielplatte und von da an jährlich eine weitere (insgesamt 14 LPs). Besondere Popularität erlangten sie mit ihren Auftritten in → »Zwischen Frühstück und Gänsebraten«, wo sie als Schlußdarbietung jedes Jahr ein neues Scherzlied uraufführten. Außerdem moderierten sie im →»Kessel Buntes«, hatten eigene Shows im → DFF (»Notenkarussell«, »Ziehn zwei Musikanten«) und traten seit 1978 auch in ARD und ZDF auf (»Zum blauen Bock«, »Musikladen«, »Hitparade«).

HAUPTAUFGABE

Die Hauptaufgabe war ein auf dem VIII. Parteitag der SED 1971 beschlossenes langfristiges Programm, das in der weiteren Erhöhung des materiellen und kulturellen Lebensniveaus des Volkes auf der Grundlage eines hohen Entwicklungstempos der sozialistischen Produktion, der Erhöhung der Effektivität, des wissenschaftlich-technischen Fortschritts und des Wachstums der Arbeitsproduktivität besteht. Diese Aufgabenstellung entsprach dem → ökonomischen Grundgesetz des Sozialismus, war praktisch gleichlautend. In allen nachfolgenden Programmen der Parteitage der SED wurde immer wieder Bezug auf diese Hauptaufgabe genommen, betont, in der Hauptaufgabe fänden die Grundfragen der weiteren Entwicklung der sozialistischen Gesellschaft in der DDR, der Kurs der Entwicklung von Wirtschaft, Wissenschaft und Technik um der Menschen willen ihren konzentrierten Ausdruck. Dennoch wurde sie grandios verfehlt. →Einheit von Wirtschafts- und Sozialpolitik.

HAUS DER DSF

Durch die Sowjetische Militäradministration im Februar 1947 als Zentrales Haus der Kultur der Sowjetunion in Berlin eröffnet und 1950 der → DSF übereignet. Sie verwendete es als Zentrum der kulturellen Massenarbeit der Gesellschaft und bot darin Vortragsveranstaltungen, Konzerte von deutschen wie sowjetischen Musikern, Literaturabende und Filmvorführungen. Arbeitsgemeinschaften und Zirkel beschäftigten sich unter anderem mit der russischen Sprache und Volkskunst. Es gab auch in Bezirksstädten Häuser der DSF.

HAUS DER JUNGEN TALENTE

1954 im Podewilschen Palais in Berlin durch den damaligen Bürgermeister Friedrich Ebert eröffnet. In den folgenden Jahren entwickelte es sich zu einer Begegnungsstätte für junge Amateurkünstler, → AGs und Jugend-liche bei deren Freizeitbeschäftigungen. Beginnend mit den 70er Jahren führte das HdjT, wie es im Volksmund genannt wurde, auch → Jugendtanzveranstaltungen durch. Eine seiner bekanntesten Arbeitsgemeinschaften war der Pionierknabenchor »omnibus«, der von einer Popband begleitet wurde, so eine Art ostdeutsche Variante der französischen Poppys.

HAUS DES LEHRERS

Als erstes Haus am damals neu gestalteten Berliner Alexanderplatz fertiggestellt und 1964 eröffnet. Es steht auf dem Gelände des ehemaligen Berliner Lehrervereinshauses, das im Zweiten Weltkrieg zerstört wurde. Hier arbeiteten der Klub der Berliner Pädagogen, die Lehrerakademie und das Lehrerensemble. Der Gebäudekomplex beherbergte die Pädagogische Zentralbibliothek, die drittgrößte pädagogische Fachbibliothek in Europa, und eine Kongreßhalle mit 1.000 Plätzen. Es war eine beliebte Begegnungsstätte von Pädagogen in der DDR. Äußerlich war das Haus gut zu erkennen an seinem wie ein Band rundum laufenden Mosaikwandfries »Unser

Leben« von → Walter Womacka (1964), der die Errungenschaften der DDR und die (behauptete) Harmonie der Gesellschaftsordnung der DDR darstellte. Mit 125 m Länge war es das längste Wandbild der DDR und Propagandakunst in reinster Form.

HAUS FÜR SPORT UND FREIZEIT

Bevorzugt beliefertes Spezialkaufhaus für Sport- und Freizeitartikel in Berlin am Frankfurter Tor. Es war das einzige Kaufhaus seiner Art in der DDR.

HAUSBUCH

Das Hausbuch war eine zusätzliche Kontrolleinrichtung der staatlichen Organe. In ihm hatte der → Hausvertrauensmann einmal die ständigen Bewohner eines Mietshauses einzutragen, Ein- und Auszüge von Mietern zu dokumentieren. Besucher aus dem → NSW hatten sich für die Dauer ihres Aufenthaltes im Hausbuch einzutragen, so daß jederzeit nachvollziehbar war, wer bei wem zu Besuch war. Für DDR-Bürger galt diese Pflicht erst ab einer Aufenthaltsdauer von mindestens 14 Tagen.

HAUSGEMEINSCHAFT

Die Gesamtheit der Mieter eines Hauses. Mit dem Begriff Gemeinschaft wurde aber gleichzeitig die Verantwortung aller für das Ganze, in diesem Fall das Mietshaus und die Einflußnahme aller auf jeden einzelnen als Teil der Gemeinschaft ausgedrückt. So wurden in großen Mietshäusern der Neubausiedlungen (mit oft bis zu vierzig oder mehr Mietparteien in einem Aufgang) vom Verwalter, der → KWV, eine Art Eigenkontrolle erwartet. →Hausvertrauensmann, → HGL.

HAUSHALTSTAG

Im offiziellen Sprachgebrauch Haushaltstag genannt, war ein Ergebnis der sozialpolitischen Maßnahmen des VI. Parteitages der

SED. Er wurde 1961 eingeführt und zunächst alleinstehenden und vollbeschäftigten Müttern gewährt. Im Ergebnis des XI. Parteitages der SED wurden diese Regelungen erweitert und nun auch alleinstehenden und vollbeschäftigten Frauen ohne Kindern gewährt. Nach dem X. Parteitag der SED 1981 kamen alle berufstätigen Mütter, Ehefrauen und alleinstehende Frauen über 40 Jahre in der DDR in den Genuß eines monatlichen bezahlten Haushaltstages.

HAUSHERREN VON MORGEN

Anfang der achtziger Jahre von der → FDJ verbreiteter Aufruf, mit dem vor allem → Jugendbrigaden ihre Anstrengungen in der Produktion verstärken sollten, da sie, die Jugend, ja in absehbarer Zeit das bis dahin entstandene »Haus« DDR selbst übernehmen und vervollkommnen würden.

HAUSVERTRAUENSMANN

Mitglied der Hausgemeinschaftsleitung, führte das → Hausbuch. Er war auch Ansprechpartner für die Hausbewohner, wenn es Probleme innerhalb der Hausgemeinschaft oder in ihren Wohnungen gab. Mit der → HGL oder dem → Reparaturstützpunkt organisierte er Klein- und Sofortreparaturen, die Behebung größerer Schäden im Zusammenwirken mit der → KWV oder der jeweiligen → AWG. Ende der 80er Jahre waren rund 2,1 Millionen Bürger als Hausvertrauensleute ehrenamtlich tätig. Oft waren die Hausvertrauensmänner (Frauen scheinen da nicht eingeplant) Rentner, die sich nützlich machen wollten und auch nützlich machten. Allerdings konnte mitunter ein Hausvertrauensmann mit Blockwartmentalität jungen Leuten, Kindern und Hundebesitzern das Leben etwas schwerer machen.

HAUTNAH

Jugendsendung des DFF. Die Sendung lief seit März 1987 im dreiwöchigen Turnus im Vorabendprogramm von 18.00 Uhr bis 18.40

Uhr und präsentierte Themen für Jugendliche zwischen 13 und 18. So begann das → Kollektiv der Sendung diese Reihe mit dem Thema Jugendtanz und schloß in der folgenden Sendung mit dem Thema Berufswahl an. Weitere wichtige Themen waren zum Beispiel: Wenn Kinder Kinder kriegen.

HE, HE, HE – SPORT AN DER SPREE

Sendung des → Berliner Rundfunks, die seit 1971 in unterhaltsamer Weise über das Sportgeschehen am Wochenende in der Hauptstadt der DDR berichtete. Dabei wurde nicht nur auf die Großereignisse des Sports Wert gelegt, sondern vor allem von Sportereignissen mit regionaler Bedeutung berichtet.

HECKERT, FRITZ

Nach Fritz Heckert, dem Arbeiterführer, Gewerkschafter und ZK-Mitglied der KPD (1984–1936), waren in der DDR neben Schulen und Einheiten der Armee benannt: 1. Ein Fahrgastschiff des → FDGB. Es wurde 1959 auf Kiel gelegt und aus Spenden der DDR-Bevölkerung finanziert. Dazu sammelte der FDGB über 30 Millionen Mark. 1960 lief das Schiff vom Stapel und wurde 1961 mit 210 Mann Besatzung in Dienst gestellt. Zu seiner Jungfernfahrt lief es am 1. Mai 1961 aus. 1972 wurde es außer Dienst gestellt und dient seitdem als Wohnheim im Hafen von Stralsund, zunächst der Volkswerft Stralsund, später der Deutfracht Seereederei und seit 1987 dem Kernkraftwerk »Bruno Leuschner« Greifswald. 2. Das Werkzeugmaschinenkombinat »Fritz Heckert« 3. Eine hohe Auszeichnung des FDGB, die Fritz-Heckert-Medaille, die alljährlich am 15. Juli, dem Gründungstag des FDGB, an verdiente Gewerkschafter verliehen wurde.

HEIKO

Füllfederhalter aus dem VEB Füllfederhalterfabrik »Heiko« Wernigerode. Die Produkte dieses Werkes waren ihrer Robustheit wegen besonders bei den Eltern beliebt, hielten sie doch meist länger als ein Schuljahr bei ihren Sprößlingen. Wer also keinen Füllfederhalter aus westlicher Produktion besaß, behalf sich mit Heiko.

HEINRICH-GREIF-PREIS

1951 gestifteter Preis für hervorragende Leistungen in der sozialistischen Film und Fernsehkunst. Benannt wurde diese Auszeichnung nach dem Schauspieler Heinrich Greif, der 1946 verstarb und 1935–45 Sprecher der deutschsprachigen Sendungen von Radio Moskau war. Der Preis war für Einzelpersonen mit 5000 Mark und für →Kollektive mit 15000 Mark dotiert. (Enzyklopädie DDR, Digitale Bibliothek)

HEIMATKUNDE

Schulfach in der Unterstufe der → POS. In diesem Fach wurden den Schülern der 2. bis 4. Klassen die Heimatkreise und -bezirke vorgestellt. Dabei wurde in Vorbereitung auf den Geographieunterricht ab der 5. Klasse die unmittelbare Umgebung der Schüler von der geologischen Struktur über die Oberflächengestalt, natürliche Ressourcen, Industrie und Infrastruktur erläutert.

HEIRATSANNONCE

»Ortsgeb. Berl., 40/1,65, FSA, m.-l. WA, NR, sucht auf diesem Weg einfache, liebevolle Frau. Kind angenehm«, zitiert nach Wochenpost vom 12.2.88.

Im Klartext: Mann, ortsgebundener Berliner, 40 Jahre alt, 1,65 Meter groß, Fachschulabsolvent, marxistisch-leninistische Weltanschauung, Nichtraucher, sucht auf diesem Weg eine einfache, liebevolle Frau. Ein Kind ist kein Problem. In der DDR war es üblich, innerhalb der Heiratsannoncen bereits auf die Weltanschauung des Anzeigengebers aufmerksam zu machen. Die Reihenfolge der eigenen Darstellung läßt zudem darauf schließen, daß dieser Mann einen Beruf innerhalb der → Partei oder bei den bewaffneten Organen ausübte. Einfache und liebevolle Frau bedeutete nichts anderes, als daß die Frau keine Fragen zur Arbeit des Mannes stellen sollte oder ihn gar in Gewissenskonflikte durch intelligente Gegenargumentation bringen. Es war also kaum anzunehmen, daß die antwortende Frau jemals viel mehr als die Aussagen der Annonce über ihren Partner erfahren würde. (Lit.: K. Polkehn: Das war die Wochenpost. Ch. Links Verlag 1997)

HELD DER ARBEIT
Staatliche Auszeichnung der DDR. Der Ehrentitel wurde durch den Vorsitzenden des Staatsrates der DDR verliehen. Geehrt werden konnten Einzelpersonen, → Kollektive, → Betriebe und Einrichtungen aus dem In- und Ausland. Der Ehrentitel war mit einem Geldbetrag dotiert.

HELFER DER VOLKSPOLIZEI
Freiwillige, die die → Volkspolizei in ihrer Freizeit unterstützten. Sie sorgten für Ordnung und Sicherheit innerhalb der Wohngebiete und wurden von der Volkspolizei außerdem zu Ordnertätigkeiten bei Großveranstaltungen herangezogen, insofern diese nicht durch Angehörige anderer → bewaffneter Organe vorgenommen wurden. Mitunter wurden sie auch zur Verkehrsregelung eingesetzt. Sie trugen dann spezielle Armbinden.

HELIOS
Cognacähnliche Spirituose mit einem weichen Geschmack, ein Weinbrandverschnitt der oberen Preisklasse.

HENKLER, KLAUS-DIETER
→ Hauff & Henkler

HENNECKE, ADOLF

Hauer im sächsischen Steinkohlenbergbau (1905–1975). Am 13.10.1948 erfüllte er die Schichtnorm mit 387 % und wurde damit zum Begründer der → Aktivistenbewegung in der DDR. Die nicht nachgewiesene Reproduzierbarkeit seiner Ausnahmeleistung läßt heute allerorts Zweifel an der tatsächlichen Leistung aufkommen, zumal bei der damaligen Hochleistungsschicht schlichtweg die Arbeitsvorbereitung und die dafür verwendeten Arbeitsstunden keine Berücksichtigung fanden. Außerdem hätte für solche Leistungen auf Dauer die gesamte Arbeitsorganisation komplett umgestellt werden müssen, und selbst im flexibelsten Unternehmen ist das nicht ganz so einfach und erfordert das konsequente Mitwirken aller Betroffenen. Hennecke wurde später Mitglied des FDGB-Bundesvorstandes, Volkskammerabgeordneter und sogar Mitglied des ZK der SED →Zentralkomitee). Die Schicht Adolf Henneckes und deren propagandistische Ausbeutung durch die Parteipresse ist ein typisches Beispiel für eine → Agitprop-Kampagne. Vorbild war die Stachanow-Bewegung in der Sowjetunion, die nach dem Bestarbeiter Alexej Grigorjewitsch Stachanow benannt wurde, der Anfang der 30er Jahre Rekorde im Kohlenbergbau aufstellte. Die Parallelen sind offensichtlich. → »Von der Sowjetunion lernen, heißt siegen lernen.«

HERRICHT, ROLF

Schauspieler und Komödiant, geb. 5.10. 1927 in Magdeburg, gest. 1981, wurde bekannt durch Fernsehsketche mit Hans-Joachim → Preil, beide werden ein beliebtes Komiker-Duo. Rolf Herricht hat sich als einer der populärsten Filmkomiker der → DEFA profiliert, u.a. in →»Der Mann, der nach der Oma kam« 1972, einem seiner größten Erfolge, aber auch als Gegenspieler von → Manfred Krug in »Auf der Sonnenseite« 1972 und »Hauptmann Florian von der Mühle«, als »Geliebte weiße Maus« 1964 und als »Der Reserve-

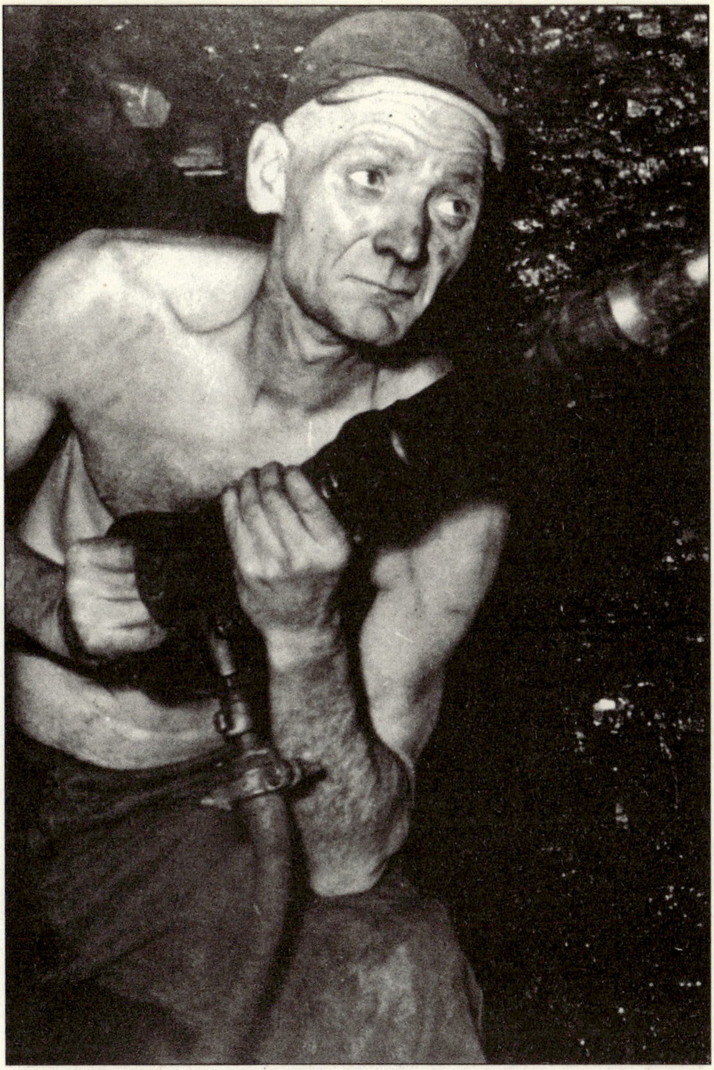

Adolf Hennecke – Sein freiwilliger Arbeitseinsatz entfachte eine ungeheure Agitprop-Kampagne. Er wurde zum Begründer der Aktivisten-Bewegung.

held« 1965. Außerdem war er in Unterhaltungssendungen zu sehen und hat am Berliner Metropol-Theater gespielt.

HEUT IST EIN WUNDERSCHÖNER TAG

Pionierlied von Siegfried Köhler. Es war eines der bekanntesten Pionierlieder überhaupt und trug seiner eingängigen, fröhlichen Melodie und des leichten Textes wegen fast Volksliedcharakter. Natürlich wurde dieses Lied deshalb auch gern zu → Fahnenappellen und ähnlichen Veranstaltungen gespielt und gesungen, sozusagen propagandistisch mißbraucht. Von diesem Image entkleidet, bleibt jedoch ein fröhliches, optimistisches Jugendlied.

HGL

Hausgemeinschaftsleitung. In ihr wurden vor allem in großen Mietobjekten der Neubausiedlungen durch die Kommunalen Wohnungsverwaltungen freiwillige und ehrenamtliche Kontrollorgane geschaffen, die zum einen den baulichen Zustand des Hauses in Augenschein behielten, kleine Reparaturen innerhalb der Wohnungen oft selbst oder mit Material der Verwaltung ausführten und auf grobe Schäden aufmerksam machten. Die Hausgemeinschaftsleitung kümmerte sich z.B. um Belange wie die Reinigung der Treppen und Flure, bei der jede Mietpartei nach einem Plan mitwirken mußte, und die Müllabfuhr, aber auch um die Beflaggung des Hauses zum 1. Mai und zum → Republikgeburtstag. Sie organisierte freiwillige Arbeitseinsätze zur Verschönerung des Hauses und der umgebenden Grünanlagen, Kinderspielplätze und Trockenplätze.

HGS

Hausgeräteservice. Diese Firma war ein Teilbetrieb der Dienstleistungskombinate in der DDR. Durch sie sollte speziell der Service für haustechnische Großgeräte, wie Waschmaschinen, Herde und Kühlschränke, abgesichert werden. Dabei übernahm diese Firma die Garantieleistungen für jede Verkaufsstelle innerhalb ihres Einzugsgebietes und reparierte die Geräte direkt vor Ort, weil ja kaum einem DDR-Bürger zugemutet werden konnte, seine defekte Waschmaschine oder den defekten Kühlschrank mit öffentlichen Verkehrsmitteln zu einer Reparaturannahme zu bringen. Dabei kam es natürlich oft zu doppelten und dreifachen Kundenbesuchen, weil ja zunächst der Fehler festgestellt werden mußte, dann aber das Ersatzteil fehlte und der Defekt erst während eines zweiten oder gar dritten Besuches behoben werden konnte.

HILFSSCHULE

Umgangssprachliche Bezeichnung für Förderschulen in der DDR. Als Hilfsschulen wurden von der Bevölkerung alle Schulen bezeichnet, die sich der Spezialförderung von lernbehinderten Kindern widmeten. Der relativ großen Einzugsbereiche wegen besaßen diese Schulen manchmal ein angeschlossenes Internat. Die Einzugsbereiche erstreckten sich zumindest auf einen Kreis, manchmal sogar auf mehrere.

HIKMET, NAZIM

1902 in Saloniki geboren, das damals noch zum Osmanischen Reich gehörte, als Sohn wohlhabender Eltern. Nach der Schulbildung wurde er 1917 Marinekadett und 1919 Offizier der türkischen Marine, mußte aber bereits 1921 nach einer schweren Lungenentzündung den Dienst quittieren. Etwa um 1920 herum erfolgt sein politisches Erwachen. Er will sich Atatürk anschließen und kämpfen, wird aber als Lehrer eingesetzt. 1921 verläßt er illegal die Türkei in Richtung Sowjetunion. Die Begegnungen dort mit den sowjetischen Theaterschaffenden und vor allem mit Majakowski prägen ihn stark. 1924 kehrt er in die Türkei zurück. Seine Gedichte und Texte erscheinen in der Zeitung der türkischen Kommunistischen Partei, für die er auch arbeitet. 1925 wird er in Abwesenheit wegen Rebellion zu 15 Jahren Haft verurteilt. Er geht in die Illegalität, lebt 1927–28 erneut in der Sowjetunion. Dort erscheint sein erster Gedichtband. Nach seiner Rückkehr in die Türkei wird er verhaftet, kommt aber nach sieben Monaten bereits wieder frei. 1932 wird er erneut verhaftet und 1934 wieder freigelassen. 1938–50 bleibt er inhaftiert und wird nach dem Wahlsieg der demokratischen Partei und einem Hungerstreik entlassen. Zu diesem Zeitpunkt ist seine Gesundheit bereits ruiniert. Er arbeitet als Drehbuchautor und flieht 1951 nach Rumänien. Etwa eine Woche nach seiner Flucht wird er von der Türkei ausgebürgert. Von einigen Reisen unterbrochen, lebt er danach in Moskau. Nach der Rede Chruschtschows auf dem XX. Parteitag der → KPdSU rechnet er genauso scharf mit dem Personenkult ab, wie er vorher gegen die Unterdrückung der Menschen in seiner Heimat sprach. 1963 stirbt er in Moskau. In der DDR wurde Hikmets Lyrik im Literaturunterricht behandelt als ein Beispiel für den → sozialistischen Realismus außerhalb der sozialistischen Länder. Seine späten dramatischen Werke, von denen ein Stück bereits nach drei Tagen wieder vom Spielplan genommen wurde, weil es in scharfer Form den Personenkult anprangerte, wurden dagegen verschwiegen.

H-MILCH

Pasteurisierte Milch, im Tetraeder verpackt. Sie hatte den Vorteil gegenüber der sonst im Kunststoffbeutel verkauften Milch, daß sie selbst ungekühlt viele Tage haltbar blieb. Das machte sie besonders für Dauercamper und Kleingärtner, deren Ausrüstung im Garten oder auf dem Zeltplatz selten einen Kühlschrank umfaßte, interessant. Wegen des relativ großen Aufwandes bei der Herstellung und der Verpackung konnte der Bedarf nicht immer gedeckt werden. So erging es der H-Milch wie allen → Bückwaren: Sie wurde durch die Bürger der DDR gehortet. Da sie speziell für die Pausenversorgung in den Betriebskantinen und Schulen produziert wurde, konnte selbst diese Versorgung nicht immer sichergestellt werden.

HISTORISCHE MISSION DER ARBEITERKLASSE

Nach Karl Marx besteht die historische Mission der Arbeiterklasse in der Ablösung der kapitalistischen Ausbeutergesellschaft und Schaffung eines ausbeutungsfreien Systems, des Sozialismus, der sich zur klassenlosen Gesellschaft, dem Kommunismus, entwickelt. Er erkannte in der Arbeiterklasse die revolutionärste Kraft innerhalb der menschlichen Geschichte, weil sie durch keinerlei Besitz an Produktionsmitteln gebunden war. Mit der Entstehung des sozialistischen Weltsystems nach dem Zweiten Weltkrieg schien sich diese Vision Marx' zu verwirklichen. Die Umsetzung in eine stabile Gesellschaft mit Konkurrenzvorteilen gegenüber dem Kapitalismus ist jedoch grandios gescheitert..

HO

Staatliche Handelsorganisation der DDR. Die HO verfügte über Verkaufsstellen vom kleinen abhängigen Kommissionshändler bis

HO-Spezialgeschäft »Alles für das Kind« in Magdeburg, 1950

hin zu den → Centrum-Warenhäusern. Sie eröffnete den ersten freien Laden in der DDR, in dem Anfang der 50er Jahre Überschüsse aus der Lebensmittelproduktion markenfrei zu kaufen waren. Die Preise waren allerdings dementsprechend hoch. Die HO war neben dem → Konsum das Distributionsorgan der DDR schlechthin, ihre Läden gab es selbst in jedem kleinen Dorf. Man sagte aber im Volksmund trotzdem: Ich gehe in den Konsum, nicht: in die HO.

HOCHSCHULE FÜR MUSIK »HANNS EISLER«

1950 als Deutsche Hochschule für Musik in Berlin gegründet, weil sich die nach dem Zweiten Weltkrieg noch bestehenden Berliner Musikhochschulen und Konservatorien alle in den Westsektoren der Stadt befanden. 1964 wurde ihr der Name des Komponisten Hanns Eisler verliehen. Neben den üblichen, auch anderenorts angebotenen Studiengängen konnten Studenten hier auch Regie und Tonmeisterlehrgänge belegen, deren internationales Ansehen sehr hoch war. Seit 1965 war dieser Hochschule eine Spezialschule für Musik angegliedert, die eine berufsorientierte musikalische Ausbildung für Kinder und Jugendliche von der 6. Klasse bis zum Abitur bot.

HOCHZEITSAUSSTATTER

Spezialverkaufsstellen in der DDR, die neben den klassischen Accessoires für die Hochzeitsfeier wie Brautkleidern, Schleiern und Garderobe für den Bräutigam auch Artikel führten, die der Gast als Hochzeitsgeschenk überreichen konnte. Hier konnte man auch Eheringe, meist nur gegen Goldabgabe, erwerben. Bei Bedarf konnte das Brautpaar die Garderobe mieten und sich durch den Hochzeitsausstatter die gesamte Feierlichkeit vom Brautstrauß bis zum fertigen Gedeck für die Tafel ausrichten lassen. Bis in die späten 70er Jahre hinein konnte in diesen Geschäften nur mit dem Nachweis eines angemeldeten Aufgebots eingekauft werden.

HONECKER, ERICH

Geb. 25.08.1912, gest. 29.05.1994. Erich Honecker, gelernter Dachdecker, wird wohl stets als der Mann in Erinnerung bleiben, der die DDR ruinierte. Nachdem er seiner politischen Arbeit im Kommunistischen Jugendverband und seiner antifaschistischen Tätigkeit wegen von 1937 an bis zum Kriegsende im Zuchthaus Brandenburg-Görden inhaftiert war, machte er innerhalb der politischen Exekutive in der DDR schnell Karriere. Zunächst als Vorsitzender der → FDJ und später als Mitglied im → ZK der SED. 1971 löste er → Walter Ulbricht als 1. Sekretär des →ZK der SED ab. 1976 ließ er sich auf dem IX.Parteitag zum Generalsekretär wählen. Bis dahin hatte er allerdings bereits mit der Kombinatsbildung und dem Aufkauf noch privater Klein- und Mittelbetriebe die vorher schuldenfreie DDR in eine Schuldenspirale getrieben. Die durch die Privatinitiativen der freien Unternehmer etwas entschärften Versorgungsmängel traten plötzlich knallhart zu Tage. Die erste Ölkrise und nachfolgende Turbulenzen auf dem Weltmarkt taten ein übriges. Honeckers Gier nach internationaler Anerkennung wurde als Dachdeckerpolitik verschrien, weil sie bestehende Geschäftsbeziehungen gefährdete. Ein Klima des Mißtrauens und der Verfolgung machte sich unter seiner Führung breit und schließlich in den Ereignissen des Oktobers 1989 Luft. (DDR Wer war wer? Ein biographisches Lexikon, Chr. Links Verlag 1992)

HOPPE, ROLF

Schauspieler, geb. 6.12.1930 in Ellrich/ Harz, spielte bis 1970 in Halle, Greifswald, Gera und Leipzig Theater, dann bis 1984 am Staatstheater Dresden, ab 1984 gehörte er zum Ensemble der → DEFA. Er ist einer der wenigen international bekannten DDR-Schauspieler. Seine Glanzrollen hatte er als der Machthaber, der SS-Mann, der Herrschende und Böse, wobei er gerne den Zyniker darstellte. Populär wird er vor allem in den Indianerfilmen mit → Gojko Mitic (»Spur des Falken« 1968, »Apachen« 1973, »Ulzana«

1974) und als August der Starke in dem TV-Mehrteiler »Sachsens Glanz und Preußens Gloria« 1985. Internationale Geltung erlangt Rolf Hoppe als General (eine Goebbels-Adaption) in Istvan Szábos »Mephisto« (BRD/Ungarn 1981) und als Klavierlehrer Wieck in Peter Schamonis »Frühlingssinfonie« über Robert Schumann und Clara Wieck (BRD/DDR 1983).

HOPPLA

Fernsehmagazin für Vorschulkinder. Der → DFF wandte sich mit dieser Sendung, die am 30.12.1976 Premiere hatte, an die Fernsehanfänger der Altersgruppe 4–6 Jahre. Für sie wurden die Beiträge dieser Sendungen speziell aufbereitet. So erlebten die Fernsehanfänger darin unter anderem, welchen Weg das Getreide nehmen muß, um letztlich als Nudel auf unserem Teller zu landen. Diese Konzeption, den Kindern eine Anleitung zum Entdecken ihrer Umwelt zu geben, fehlte bis dahin innerhalb der Sendungen des Kinderfernsehens.

HORCH UND GUCK

Umgangssprachlich für das → Ministerium für Staatssicherheit. Siehe dort.

HORTEX

Polnische Konservenmarke. Diese Marke vertrieb ihre Produkte in der DDR über einen Laden in Berlin in der Nähe des U-Bahnhofes Magdalenenstraße auf der Karl-Marx-Allee. Für viele Berlinbesucher aus der DDR-Provinz war der Weg in dieses Geschäft Pflicht, weil dort viele seltene Konserven, wie sauer eingelegte Pilze oder ähnliches, zu bekommen waren.

HORTKINDER

Gegenstück zum → Schlüsselkind. Jede Schule hatte einen angeschlossenen Schulhort mit Horterziehern, in dem die Hortkinder ihren Nachmittag verbringen, spielen und ihre Hausaufgaben erledigen konnten, bis sie von den berufstätigen Eltern abgeholt wurden oder zu einer bestimmten Zeit nach Hause durften (wenn die Eltern von der Arbeit zurück waren).

HOTEL STADT BERLIN (LEIPZIG, FRANKFURT, HALLE ETC.)

→ Interhotels in den jeweiligen Bezirksstädten. Sie waren als die ersten Häuser am Platz konzipiert und wurden vor allem durch Geschäftsreisende aus dem westlichen Ausland genutzt. Sie lagen meist in Bahnhofsnähe. Der Komfort war dem internationalen Standard nachempfunden und die Gastronomie gehobene Klasse.

HSA

Hochschulabsolvent. Diese jungen Menschen hatten die höchsten Ausbildungsstätten für den wissenschaftlichen und künstlerischen Bereich innerhalb der sozialistischen Gesellschaft erfolgreich absolviert und waren damit in der Lage, als → Kader komplexe Aufgaben der staatlichen Planung und Leitung sowie der Forschung und Entwicklung zu bearbeiten und zu lösen.

HSG

Hochschulsportgemeinschaft. Sportvereine, die an den Hochschulen und Universitäten angesiedelt waren und vor allem den Studenten und Hochschullehrern offen standen. Da sie wie eine →BSG geführt wurden, siehe dort weiter.

HURVINEK UND SPEJBEL

Marionettenfiguren aus der ČSSR. Spejbel stellt dabei den Vater und Hurvinek den Sohn dar. Besonderen Reiz besaßen die Sketche der beiden Puppen, weil sie durch die Puppenspieler selbst gesprochen wurden und der Akzent der beiden Puppenspieler den Zuschauer stets an den braven Soldaten Schwejk erinnerte. Außerdem gelang es den Puppenspielern, die Charaktere der beiden Puppen sehr lebendig zu formen und rührend komisch darzustellen.

HYGIENEERZIEHUNG

Von der Kinderkrippe an bis zur Beendigung der Schule durchgehende und fachübergreifende Anleitung zur persönlichen Hygiene und zur Prophylaxe gegen Krankheiten, vor allem von Erkältungskrankheiten und Zahnerkrankungen. Das begann bei den Kleinsten, denen in der Kindereinrichtung (→ Kinderkrippe oder → Kindergarten) bereits die persönliche Hygiene, Benutzung von Zahnbürste und Waschlappen, antrainiert wurde, setzte sich dann in der Schule fort, wo in allen Unterrichtsfächern auf die Hygiene des eigenen Körpers im entsprechenden Unterrichtszusammenhang hingewiesen wurde, ja sogar ganze Unterrichtseinheiten darauf ausgerichtet wurden. Bei → Reihenuntersuchungen und Impfungen sowie Zahnuntersuchungen wurde dies ebenfalls kontrolliert. Ein beliebtes Ziel für Klassenausflüge in diesem Zusammenhang war das Deutsche Hygienemuseum in Dresden, das auch immer wieder interessante Sonderausstellungen organisierte. Es gab ein ganzes System der Gesundheitsvorsorge, in dem planmäßig gearbeitet wurde, also war festgeschrieben, in welchem Alter welche Untersuchung bzw. Impfung zu erfolgen hatte, es kamen regelmäßig Ärzte, z.B. für die Impfungen, an die Schulen, jedes Kind erhielt einen Impfausweis.

I

IAP

Industrieabgabepreis. Dieser Preis wurde von der → Staatlichen Plankommission in Absprache mit dem → ZK der SED (→ Zentralkomitee) festgelegt und band die Betriebe an bestimmte Kosten und Erlöse, die für das Wirtschaftsjahr geplant waren. Oft konnten jedoch wegen uneffizienter Strukturen oder Zusatzkosten durch → NSW-Importe, deren Preise ja weltmarktgebunden waren, die → Planvorgaben (→ Planauflagen) nicht eingehalten werden, so daß der IAP die Betriebe zu geplanten Verlusten verurteilte. In solchen Fällen wurde in Absprache mit dem ZK der SED der Preis anders gebildet, so daß die Bilanz wieder stimmte.

»ICH LEISTE WAS, ICH LEISTE MIR WAS«

Aufruf der → FDJ zu hohen Leistungen im → sozialistischen Wettbewerb. Er entstand zu Beginn der Honecker-Ära als Gegensatz zu Ulbrichts: → »So wie wir heute arbeiten, werden wir morgen leben.« Diesem Aufruf nach wurde den jungen → Werktätigen zugesagt, entsprechend ihrer Leistungen in der sozialistischen Volkswirtschaft mit Vergünstigungen innerhalb der Freizeitgestaltung abgefunden zu werden. Dieser Aufruf wurde vor allem in der → Jungen Welt mit einem erheblichen publizistischen Aufwand begleitet, wobei stets zunächst die Leistung des Einzelnen oder des → Kollektivs vorgestellt wurde, um danach die resultierende Zuwendung durch den Betrieb oder den Staat darzustellen. Im Prinzip ging es der FDJ mit diesem Aufruf darum, die Leistungsbereitschaft, die Anfang der 80er Jahre vor allem unter den Jugendlichen bedenklich nachgelassen hatte, neu anzustacheln. Und das, obwohl in einem zunehmend leistungshemmenden Klima innerhalb der → Betriebe die Voraussetzungen dazu immer ungünstiger wurden.

IDRIS

Parfum für die Dame. Es wurde im VEB Berlin Kosmetik produziert und kam als Produkt für die → Exquisit-Verkaufsstellen in den Handel.

IFA-VERTRIEB

Zentrale Handelsorganisation für Kraftfahrzeuge in der DDR. Von ihr konnte der DDR-Bürger nach Ablauf der Anmeldefrist für seinen PKW ein werksneues Auto erwerben. Dabei waren die Wartezeiten für die einzelnen Fabrikate recht unterschiedlich. In den jeweiligen Vertriebsstellen verkündeten Aushänge, welche → Autoanmeldungen mit Monat und Jahr gerade den Bescheid über die Auslieferung ihres Fahrzeuges erhalten hatten. Bis dahin konnten allerdings schon mal zwanzig Jahre vergehen. Gleichzeitig war der IFA-Vertrieb für die Zuweisung von LKW und Nutzfahrzeugen an die jeweiligen → Betriebe verantwortlich.

IGA – INTERNATIONALE GARTENBAUAUSSTELLUNG

Mitte der fünfziger Jahre faßte der → RGW den Beschluß, eine Internationale Gartenbauausstellung ins Leben zu rufen. Unter den zahlreichen Bewerbern erhielt die Stadt Erfurt den Vorzug, weil sie neben der Tradition in Gartenbau und Saat- und Pflanzgutzucht und Produktion bereits 1950 unter dem damaligen Bürgermeister Georg Boock eine erste Blumenschau organisiert hatte. Auf einer im August/September 1955 abgehaltenen Samenexportschau und Gartenbauausstellung konnten die Veranstalter wie bereits 1950 weit mehr als 500.000 Besucher begrüßen. Das gab wohl den Ausschlag für das Gelände an der Cyriaksburg in Erfurt. Am 1.6.1958 wurde der Betrieb IGA gegründet und das Gelände nach Ideen der Landschaftsarchitekten Professor Reinhold Lingner gestaltet. Bis zur Eröffnung am 29.4.1961 leisteten die Bürger der Stadt Erfurt mit 364.000 Stunden im →AW einen gigantischen Beitrag zum Gelingen dieses Vorhabens.

IKARUS

Fahrzeugmarke von Bussen aus Ungarn. Durch RGW-Verträge geregelt, produzierten die Ikarus-Werke praktisch für alle sozialistischen Länder die Busse für den öffentlichen Personennah- und Fernverkehr sowie Reisebusse. In der DDR gab es keinen Verkehrsbetrieb, der nicht ausschließlich Ikarus-Busse fuhr. Selbst kleine Privatunternehmer, die mit dem eigenen Bus einzelne Linien im Überlandverkehr bedienten, fuhren Ikarus.

IM GERICHTSSAAL NOTIERT

Rubrik in der Zeitung → Wochenpost. In dieser Rubrik wurde über bestimmte Rechtsfälle in der DDR berichtet und sowohl die Straftat selbst als auch das Urteil des Gerichts kommentiert. Dabei wurde vor allem auf die moralischen Aspekte der jeweiligen Straftat Wert gelegt und diese vom → parteilichen Standpunkt her gewertet.

IMI

Putz- und Scheuermittel aus dem →VEB Domal Stadtilm. Ähnlich wie →ATA war IMI ein hoch konzentriertes Reinigungsmittel für hartnäckige Verschmutzungen an Töpfen, Pfannen und Herden.

IM NU
Kaffeeersatzmischung in der DDR. Dieses Produkt war eine Mischung aus geröstetem Getreide und wurde wie ein löslicher Kaffee zubereitet.

IMPERIALISMUS
Gemäß der Lenin'schen Definition das letzte und höchste Stadium des Kapitalismus, auch als faulender und sterbender Kapitalismus bezeichnet. Lenin definierte dazu fünf wichtige Merkmale: 1. Die Konzentration der Produktion und des Kapitals hat zur Bildung von Monopolen und Monopolverbänden geführt. 2. Die Verschmelzung von Industriekapital und Bankkapital zum Finanzkapital. Damit entstand eine kleine Gruppe von Monopolkapitalisten, die Lenin als Finanzoligarchie bezeichnet. Ihr bezeichnendes Merkmal ist die Profitmaximierung durch internationale Verflechtungen. 3. Die Profitrealisierung im internationalen Maßstab erfolgt durch Kapitalexport. Die Monopolverbände verleihen an wirtschaftlich schwächere Länder Kapital und gewinnen durch die Kreditbedingungen politische und ökonomische Macht in diesen Ländern. 4. Die Monopolverbände teilen dazu die Welt unter sich auf. 5. Die Aufteilung der Welt in Einflußsphären ist abgeschlossen und der Kampf um die Neuaufteilung der Einflußsphären beginnt. Dieser Kampf wurde in der Vergangenheit vor allem mit militärischen Mitteln geführt. So waren die beiden Weltkriege solche Kämpfe um die Neuaufteilung der Welt. Diese höchste Gesellschaftsstufe der kapitalistischen Gesellschaft sei geprägt von dem wachsenden Kampf der Imperialisten mit dem neu entstandenen sozialistischen Weltsystem, der organisierten Arbeiterbewegung und den jungen, vom Kolonialismus befreiten Nationalstaaten. Letztlich würden dann der weltweite Sieg des Sozialismus und der Übergang zum Kommunismus folgen. Soweit Lenins Theorie.

INDRA

Colorpflegeserie aus dem VEB Berlin Kosmetik. Die Serie Indra war eine speziell für den Verkauf in → Exquisit-Verkaufsstellen produzierte Pflegeserie. Die Rohstoffe für diese Lippenstifte, Rouges und Lidschatten waren sämtlich Importe aus dem → NSW, vor allem Frankreich.

INDUSTRIEROBOTER

Sind Maschinen zur computergestützten Ausführung komplexer Arbeitsgänge in der Industrie. Sie finden vor allem im Maschinen- und Fahrzeugbau Anwendung, wo sie schwierige oder gesundheitsschädigende Arbeiten ausführen und dort den Menschen als Produzenten ersetzen. In der DDR war der Einsatz von Industrierobotern eine Aufgabe mit höchster Priorität. Damit sollten vor allem extrem gesundheitsschädigende Arbeiten an Maschinen übergeben werden. Sie waren als → Spitzentechnologie eingestuft und ihr Einsatz wurde durch aufwendige Pressekampagnen begleitet. Auffällig war jedoch, daß die Definition von Industrierobotern im → sozialistischen Weltsystem wesentlich weiter gefaßt war als im → NSW, wodurch in der DDR prozentual sehr viel mehr Industrieroboter im Einsatz waren als im industriell so hoch entwickelten Japan. Bis 1985 hatte die DDR 56.600 Stück im Einsatz. Diese Zahl sagt allerdings wenig über die Qualität der Industrieroboter aus. Das Problem der DDR bei der Entwicklung und dem Einsatz von Industrierobotern lag in der unterentwickelten Steuerungstechnik, hinkte man doch in der Entwicklung geeigneter Computertechnologie trotz interessanter Grundlagenforschungen, z.B. an der TH Ilmenau, um viele Jahre hinterher.

INDUSTRIEWAREN

Begriff für alle Handelsgüter in der DDR, die nicht aus der Landwirtschaft oder dem produzierenden Kleingewerbe kamen. Industriewaren wurden durch die → HO in einer eigenen Handelskette oder in den großen Warenhäusern vertrieben. Die → Konsumgenossenschaften besaßen ebenfalls Spezialverkaufsstellen für Industriewaren.

INKA

Künstlername der Schlagersängerin Inka Bause (geb. 1968). Sie ist die Tochter des Komponisten Arndt Bause, der in der DDR unzählige Schlagertitel komponierte. Sie begann ihre Karriere Mitte der 80er Jahre und hatte zwei Platten bei → Amiga: »Inka« 1987 und »Schritte« 1989.

INTELLIGENZLER

Nicht jeder Werktätige, der einen Hochschul- oder Universitätsabschluß vorweisen konnte, galt automatisch als Intelligenzler. Dafür war die Arbeit innerhalb der Akademie der Wissenschaften, an einer Hochschule oder Universität als Lehrkraft oder eine Professur oder eine Arbeit als Mediziner erforderlich. Mit dem Begriff Intelligenzler kennzeichnete man in der DDR Menschen, die innerhalb der Gesellschaft eine eher elitäre Rolle bekleideten. In der Regel waren das für DDR-Verhältnisse hochdotierte Posten, und ihre Inhaber leisteten in der Regel Außergewöhnliches für die Entwicklung dieses Landes. Als Beispiele seien hier der Physiker Manfred von Ardenne, der Physiker Max Steenbeck, der Zellbiologe Benno Parthier und der Historiker Jürgen Kuczynski angeführt.

INTELLIGENZRENTE

Sonderrente. Dem Mitglied der DDR-Intelligenz, z.B. einem Lehrer, stand nach seiner beruflichen Laufbahn und der für das Land erbrachten Leistungen natürlich auch eine entsprechende Honorierung am Lebensabend zu. Nach einer gewissen Zeit in der entsprechenden Position wurde der Intelligenzler in einen Sonderrentenfonds eingestellt, der wesentlich besser gestellt war als der Rentenfonds, aus dem die anderen Werktätigen ihre Rente bezogen. Damit wurde ein gewisses Elitedenken in der DDR proklamiert und durchgesetzt. Dies war wohl auch deshalb notwendig, weil bis zum Bau der Mauer massiv, aber auch danach immer wieder Menschen mit Hochschulabschluß die DDR gen Westen verließen. Nachdem die DDR in deren Ausbildung investiert hatte, wollte man sie nicht verlieren. Dem stand aber ein Hang zur Proletarisierung und zur Idealisierung des Proletariats gegenüber, was bei der ideologischen Verklärung der »Arbeiterklasse« durch den → Marxismus-Leninismus nicht verwunderlich ist. Man muß hier ergänzen, daß Menschen mit Hochschulabschluß in der DDR in der Regel keine wesentlich besseren Gehälter als Arbeiter bekamen, ein Assistent an der Universität, ein junger Arzt oder ein junger Lehrer bekam nur ein sehr bescheidenes Gehalt. Erst ab einer Dozenten- oder Professorenstelle änderte sich das spürbar.

INTENSIVIERUNG

Schlagwort aus der Agitation und Propaganda der DDR zur Erhöhung der Arbeitsproduktivität. Gemeint ist damit einerseits eine intensivere Nutzung der vorhandenen Produktionsmittel (mehr Produktion in geringererer oder der gleichen Zeit mit möglichst weniger Material), aber zugleich sollte dies erreicht werden durch die Nutzung moderner Technik und besserer Technologien, durch den → wissenschaftlich-technischen Fortschritt.

INTERFLUG

Gesellschaft für internationalen Flugverkehr m.b.H., Abkürzung IF. Sie wurde 1958 gegründet und ging aus der Deutschen Lufthansa der DDR hervor, nachdem die BRD den Prozeß um die Namensrechte gewonnen hatte. In den ersten Jahren betrieb sie ausschließlich Charterverkehr für Passagiere und Fracht. Ab dem Jahr 1963 wurden der Interflug der gesamte Luftverkehr, die Wirtschaftsdienste und andere Luftfahrtdienste der DDR übertragen. Interflug betrieb den Zentralflughafen Berlin-Schönefeld und die Flughäfen

Barth, Dresden, Erfurt, Leipzig sowie im Sommer Heringsdorf. Der Flugzeugpark der Interflug setzte sich aus den sowjetischen Flugzeugtypen Il-62, Il-18, Tu-134, An-24 für den Verkehrsflug, An-2, L-60 und Z-37 sowie den Hubschraubertypen Mi-4, Mi-8, K-26 für den Wirtschaftsflug zusammen. Das Liniennetz der Interflug umfaßte mehr als 50.000 km und schloß mehr als 30 Flughäfen in über 20 Ländern auf drei Kontinenten ein.

INTERHOTEL

Hotelkette in der DDR, die gemäß internationalem Standard ausgestattet sein sollte, wobei damit westlicher Standard gemeint war und dem westlichen Geschäftsreisenden oder betuchten Touristen eine angenehme Atmosphäre während seines Aufenthaltes geboten werden sollte. Diese Hotels nahmen von ihren Kunden gern Devisen als Zahlungsmittel an und halfen somit, den chronischen Devisenmangel der DDR etwas zu entlasten.

INTERKOSMOS

Nachdem die Sowjetunion unter gigantischem Aufwand den Wettlauf um den ersten Sputnik für sich entschieden und mit → Juri Gagarin auch den ersten Menschen ins All geschossen hatte, kamen die Genossen in Moskau schnell dahinter, daß diese Dinge doch recht kostspielig waren und sind. Internationale Zusammenarbeit mußte her, die Länder des → RGW an den Kosten beteiligt werden. So wurde am 13.07.1976 das Interkosmosprogramm beschlossen. Im Zuge dieses Programms gab es einige aufsehenerregende Meldungen, wie zum Beispiel die Multispektralkamera aus Jena und den ersten Raumflug eines DDR-Bürgers, nämlich → Sigmund Jähn.

INTERNATIONALER FRAUENTAG

→ Frauentag

INTERNATIONALE FRIEDENSFAHRT: BERLIN–PRAG–WARSCHAU
Größtes und schwerstes Amateuretappenrennen der Welt. Die Idee der Internationalen Friedensfahrt wurde 1947 geboren. Es war eine Etappenfahrt, die im jährlichen Wechsel von Prag nach Warschau und von Warschau nach Prag führt. Am 1. Mai 1948 starteten jedoch zwei Konvois. Eine Tour führte von Warschau über fünf Etappen und 872 Kilometer nach Prag, die andere von Prag über sieben Etappen und 1104 Kilometer nach Warschau. Die größten Schwierigkeiten lagen wohl damals in der Realisierung der notwendigen Lebensmittelrationen für die Fahrer und der Auswahl entsprechend gut befahrbarer Straßen und Wege. Die 6. Internationale Friedensfahrt führte dann bereits über die DDR, wobei die Hauptstädte Prag, Warschau und Berlin im Wechsel Start- und Zielorte waren. Die Schirmherrschaft über die Fahrt übernahmen die Zentralorgane der → Parteien der drei → Bruderländer, also die Parteizeitun-

40. Internationale Friedensfahrt 1987:
Interview mit Uwe Ampler nach seinem Sieg in der 10. Etappe

gen Rudé Právo, Trybuna Ludu, → Neues Deutschland. Auf dem Höhepunkt der Fahrt meldeten zwischen vierzehn und vierundzwanzig Nationen Mannschaften für die Fahrt an. Doch nach 1969, als der Franzose Danguillaume siegte, gelang es keinem Fahrer aus Westeuropa mehr, die Friedensfahrt zu gewinnen. Die Tour wurde von den sowjetischen und DDR-Fahrern beherrscht und nur Fahrer aus der Volksrepublik Polen und der ČSSR konnten ab und zu in diese Phalanx eindringen. Ab 1985 wurde die Friedensfahrt erweitert, der Prolog wurde in diesem Jahr in Kiew ausgefahren, ein Jahr später wurde Moskau mit einem Kriterium Zeuge einer Friedensfahrtetappe. Namen wie Jan Vesely, → Täve Schur, Richard Szurkowski oder Uwe Ampler sind untrennbar mit der Friedensfahrt verbunden.

INTERNATIONALER KINDERTAG

1. Juni – Ehrentag der Kinder. Bis zur vierten Klassenstufe war dieser Tag schulfrei und wurde sowohl durch die Erzieher in Kinderkrippen, Kindergärten als auch die Unterstufenlehrer und Horterzieher gestaltet, oft in Zusammenarbeit mit den Eltern.

INTERNATIONALES HANDELSZENTRUM

In der Berliner Friedrichstraße gelegenes Gebäude, in dem ausländische Firmen ihre Handelsrepräsentanz in der DDR unterhielten. Da die DDR das Handelsmonopol besaß, konnten die westlichen Unternehmen ihre Geschäfte nur mit dem Staat und nicht mit einzelnen → Betrieben abwickeln. Das Gebäude wurde durch japanische Firmen errichtet und in der Bevölkerung als »Harakiri«-Zentrum bezeichnet.

INTERNATIONALES SCHLAGERFESTIVAL IN DRESDEN

Seit 1971 jährlich im September im Dresdner → Kulturpalast ausgetragene Leistungsschau für Schlager und Tanzmusik mit Künstlern aus der DDR und den sozialistischen Ländern. Ab 1984 gab es auch theoretische Seminare über populäre Musik. Die Preisträger dieses Festivals konnten sich in der Regel innerhalb der Schlager- und Tanzmusikszene der DDR etablieren, so gehörten zu den Preisträgern u.a. → Chris Doerk (1971), → Frank Schöbel (1971), Hans-Jürgen Beyer (1974), → Veronika Fischer (1975) und → Karat (1978).

INTERSHOP

Ladenkette in der DDR, die zunächst mit dem Ziel gegründet wurde, den Besuchern aus dem westlichen Ausland die Möglichkeit einzuräumen, in der Währung ihres Landes Produkte aus dem westlichen Ausland einzukaufen und zu konsumieren. Zunehmend ließen die Westverwandten aber D-Mark in der DDR oder sie kam durch die Arbeit einzelner DDR-Bürger im westlichen Ausland in die Republik, so daß sich der Intershop mehr und mehr zu einer Stelle entwickelte, wo man dringend benötigte Dinge, die nicht verfügbar waren, oder aber Luxusartikel einkaufen konnte. Unter den DDR-Bürgern entwickelte sich eine rege Tauschmentalität, um an die begehrte D-Mark zu kommen, die den Einkauf im Intershop ermöglichte.

INTERZONENZUG

Dieser Begriff stammt aus den Nachkriegsjahren, als die Deutsche Bahn und die → Deutsche Reichsbahn den Zugverkehr zwischen den vier deutschen Besatzungszonen wiederaufnahmen und Zonengrenzen überschreitende Züge verkehren ließen. Mit der Gründung der DDR hießen diese Züge offiziell internationale Reisezüge. Aber alles, was in den anderen deutschen Staat fuhr, blieb für den Mann auf der Straße ein Interzonenzug.

J

JÄHN, SIGMUND

→ Kosmonaut, geboren 1937 in einem kleinen anhaltinischen Dorf an der Mulde. Nach der Schule absolvierte er eine Lehre als Buchdrucker, wurde danach → Pionierleiter (→ Pionierorganisation) und schließlich Offizier der → NVA bei den Luftstreitkräften/Luftverteidigung. Im Zuge seiner beruflichen Ausbildung absolvierte er ein Studium in der Sowjetunion an der Militärakademie der sowjetischen Luftstreitkräfte → »Juri Gagarin«. Mit Beginn des Interkosmosprogrammes, das offiziell 1967 ins Leben gerufen wurde, begann die gemeinsame Erforschung des Weltraumes durch die Mitgliedsstaaten des → RGW. Nach dem Beschluß des Jahres 1976 wurden Mitglieder der Streitkräfte der Bruderländer als Kosmonauten ausgebildet. Neben Sigmund Jähn delegierte die DDR noch Eberhardt Köllner. Jähn war zu diesem Zeitpunkt bereits Oberst der NVA. Nach der zweijährigen Ausbildung an der sowjetischen Raumfahrtakademie startete Sigmund Jähn am 26. August 1978 mit dem Raumschiff Sojus 31 zur Orbitalstation Salut 6 und kehrte am 3. September 1978 mit dem Raumschiff Sojus 29 zur Erde zurück. Dieser Flug machte ihn mit einem Schlag zu einem der populärsten Bürger der DDR. Er wurde mit Ehrungen und Auszeichnungen überhäuft. Seine aktive Dienstzeit bei den Luftstreitkräften der DDR beendete Sigmund Jähn als Generalmajor. Die starke propagandistische Ausbeutung seines Weltraumfluges durch die DDR stieß aber auch auf spöttische Reaktionen. So fand man in den Städten so viele Plakate mit seinem Bild, daß der Volksmund eine neue Längeneinheit erfand: 1 Jähn.

JAHODA, LUTZ

Entertainer, Sänger, Schauspieler, geb. 18.6.1927 in Brünn. Der charmante Lutz Jahoda gehörte zu den beliebtesten Moderatoren von Unterhaltungssendungen und Fernsehshows (»Mit Lutz und Liebe«, »Spiel mir eine alte Melodie«) und Fernsehschwänken (»Drei reizende Schwestern«). Er hatte auch Erfolg als Sänger mit Liedern, die vom Funk produziert wurden und als Platte erschienen, z.B. »Alles für die Frau'n« und »Der stille Zecher«.

JAHRESABSCHLUSSFEIER

Feierlichkeit zu Weihnachten in der DDR, die von fast allen gesellschaftlichen Organisation, den → Kollektiven in den → Betrieben, Schulklassen und Vereinen ausgerichtet wurde. Im offiziellen Sprachgebrauch wurde der Hinweis auf die christliche Tradition weitestgehend vermieden. Solche Feiern waren meist im Kulturplan verankert und trugen demzufolge natürlich gesellschaftlichen Charakter. Auf ihnen sollten die persönlichen Beziehungen zwischen den einzelnen Mitgliedern des Kollektivs gefestigt werden, um das Kollektiv für den → sozialistischen Wettbewerb zu formen. Gesellschaftlich aktive Menschen hatten dabei oft das Problem, daß sie entweder an einem Tag mehrere Jahresabschlußfeiern besuchen mußten oder, daß sie an mehreren Tagen zu den verschiedenen Feiern gehen mußten, zum Beispiel zur → Brigade, zur → Gewerkschaftsgruppe, zur → Partei, zum Sportverein, zum Gartenverein. Das konnte unter Umständen ganz schön anstrengend sein. Im Sprachgebrauch hielt sich aber für diese Feiern auch der Begriff Weihnachtsfeier.

JAHRESENDFIGUR

Dieser Ausdruck stammt aus der → TGL und lautete offiziell: Jahresendfigur mit/oder ohne Flügel. Damit wurden offiziell alle Artikel bezeichnet, die zu Weihnachten in den Handel kamen, wie Weihnachtsmänner, Engel oder auch Schokoladenfiguren. Allerdings fand dieser Begriff keinen Eingang in die Alltagssprache des Mannes auf der Straße. Nicht einmal als Persiflage. Offenbar war dieser einem Beamtenhirn entsprungene Begriff dem Volksmund einfach zu blöd oder zu sperrig.

JAHRESENDPRÄMIE

Form der materiellen Stimulierung des Einzelnen bei der Übernahme hoher Planziele und deren stetiger Erfüllung. Jahresendprämien wurden zunächst von den → Betrieben bei → Planerfüllung oder -übererfüllung gezahlt und wurden als eine Art Gewinnbeteiligung für die → Werktätigen am Betriebsgewinn verstanden. Sie wurden in der Regel mit dem Lohn im Februar oder März ausgeschüttet und waren steuerfrei. Im Verlauf der Jahre verkamen sie jedoch zu einem dreizehnten Monatsgehalt, das immer gezahlt werden mußte, da der einzelne Mitarbeiter im Betrieb ja praktisch kaum noch Einfluß auf den Plan und die Erreichung von Planzielen hatte.

JAHRESPLAN

Detaillierter Plan zur wirtschaftlichen Entwicklung der DDR. In diesen auch als Volkswirtschaftsplan bezeichneten Unterlagen waren für die Betriebe genaue Vorgaben für Produktionszahlen, Einsparungen an Material, Energie und Hilfsstoffen, je nach technologischen Bedingungen, angegeben. Er enthielt die geplanten Erlöse der → Betriebe, die geplanten Ausgaben, die Gewinne und die Abgaben an den Staatshaushalt. Dieser Plan war für die Betriebe Gesetz und wurde durch die übergeordneten Organe wie ein Heiligtum behandelt. Er wurde auch immer erfüllt, aber wenn man sich der Mühe unterzog, die Planzahlen vom Jahresanfang aufzuheben und mit denen zu vergleichen, nach denen die → Planerfüllung ausgewiesen wurde, konnte man doch oft erhebliche Unterschiede feststellen.

JEANS

Aus dem Englischen stammende Bezeichnung für eine strapazierfähige Hose aus derbem, häufig mit Indigo gefärbtem Baumwollstoff mit verschiedenen Taschenvarianten und Steppereien. Ursprünglich war die Jeans die Arbeitsbekleidung der Bevölkerung Nordamerikas. Seit ihrem Einzug in die sportliche Freizeit-, Tages- und auch Festbekleidung kam die Jeans auch mehr und mehr in die DDR, zunächst über die zahlreiche Westverwandtschaft, später als eigene Produktion aus der einheimischen Textilindustrie. Hier versuchte die DDR genau wie die international konkurrierenden Produzenten eigene Markennamen aufzubauen (→ Wisent, → Boxer-Jeans), die aber an die Beliebtheit der Originale, so der Levis 501 mit Knöpfen statt Reißverschluß, nicht herankamen. In den 60er und Anfang der 70er Jahre war eine Jeans ein besonderes Kultobjekt und zeichnete seinen Träger aus. Lehrer versuchten das Tragen von Jeans an Schulen zu verhindern. Noch zu Beginn der 80er Jahre war das Tragen von Jeans zu offiziellen Anlässen verpönt. Prüflinge in Jeans wurden wieder nach Hause geschickt. Das imperialistische Produkt vertrug sich trotz eigener Jeansproduktion angeblich nicht mit der sozialistischen Moral. Gegen Ende der DDR waren vor allem die sogenannten Schneejeans sehr beliebt.

JESUSLATSCHEN

→Römerlatschen.

JOHANNES-R.-BECHER-KLUB

Klub der Kulturschaffenden in der DDR, in Berlin, und dem Kulturbund unterstellt, benannt nach dem kommunistischen Schriftsteller → Johannes R. Becher (1891–1958), der den Text der Nationalhymne der DDR geschrieben hat.

JUGEND ZU ZWEIT

Illustriertes Lexikon für Jugendliche zum Thema Sexualität. Dieses Lexikon erschien erstmals 1978 in einer eigens für Jugendliche entwickelten Reihe von Taschenlexika. Wenn sich in der Familie oder dem Bekanntenkreis des Jugendlichen niemand fand, der die Aufklärungsarbeit leisten wollte, konnte der interessierte Jugendliche Antworten in »Jugend zu zweit« finden. Dort fand er die nötigen Begriffe im Einklang mit der sozialistischen Moral erläutert und wurde nicht mit vulgären Erklärungen gepeinigt.

JUGENDBRIGADE

→ Kollektiv werktätiger Jugendlicher, in dem mehrheitlich junge Facharbeiter bis zum Alter von 25 Jahren arbeiteten. Die Jugendbrigade zeichnete sich durch die → FDJ-Gruppe aus, die von den Leitungen des → FDGB und der FDJ in den → Betrieben angeleitet, die planmäßige Entwicklung der Jugendbrigade vorantreiben sollte. Jugendbrigaden gab es in allen Organisationsformen der Wirtschaft in der DDR. Sie dienten als Vorzeigekollektive, in denen die Begeisterungsfähigkeit und Kreativität der Jugend zur Umsetzung der Pläne beispielgebend genutzt wurde. In manchen Betrieben reichte auch schon ein FDJler in einer → Brigade aus, diese zur Jugendbrigade zu erklären, weil sich das bei der Abrechnung der gesellschaftlichen Aktivitäten besser machte.

JUGENDCLUB

Die Bildung von Jugendklubs ging einher mit der Einrichtung von → FDJ-Grundorganisationen in den Wohngebieten. In den Jugendklubs wurden sowohl → Jugendtanz- als auch kulturelle Veranstaltungen durchgeführt. Aus Mangel an finanziellen Mitteln wurde die Einrichtung der Jugendklubs anfangs oft der Eigeninitiative der

Oben: Eine Elektromontiererin der Jugendbrigade
»X. Weltfestspiele« des EAW Friedrich Ebert
Unten: Eine Jugendbrigade aus den Buna-Werken im Bezirk Halle, 1981

Jugendlichen überlassen. Später führte die → FDJ aufwendige publizistische Kampagnen gegen ihrer Meinung nach reine Gammelecken, in denen die Jugend nicht nach der eigenen Vervollkommnung gemäß des sozialistischen Menschenbildes strebte. Die Jugendsendungen des → DFF präsentierten hierzu immer Musterbeispiele. Die neuerrichteten Jugendklubs in den Neubaugebieten wurden oft mit erheblichen Mitteln durch Künstler originell gestaltet, wie z.B. der Jugendklub »Rabet« in Leipzig durch Andre Böhme und Olaf Bote (1988) bzw. der Dresdner Jugendklub »Marschnerstraße« durch Angela Hampel und Steffen Fischer (1982) oder der Jugendklub »Freundschaft« in Gera-Lusan durch Horst Gröschel und Detlef Lieffertz (1985), um drei herausragende Beispiele aus den 80er Jahren zu nennen. So entstanden gestalterisch Binnenräume, die sich wie Archen gegen die Umgebung abschotteten und in die man regelrecht eintauchen konnte. Für die Kunst am Bau standen anteilsmäßig in einem bestimmten Fonds Finanzmittel zur Verfügung.

JUGENDFREUND

Anrede innerhalb der → FDJ für deren Mitglieder. Umgangssprachlich wurde diese Bezeichnung natürlich auch verwendet, allerdings war sie hier eher negativ besetzt. Jugendfreund bedeutete soviel wie Schlingel oder Lausbube oder auch Flegel. Dies war insofern kein Wunder, weil die Bezeichnung gerne von älteren, gestandenen Genossen benutzt wurde, um Jugendliche zu belehren und wieder auf den richtigen Weg zu führen.

JUGENDKOLLEKTIV

→ Jugendbrigade

JUGENDMODE

→ Jumo

JUGENDOBJEKT

Eine exakt meß- und abrechenbare, zeitlich begrenzte Aufgabe, die jungen Menschen, in der Regel → Jugendbrigaden, zur relativ eigenverantwortlichen Lösung übertragen wurde. Clevere sozialistische Leiter stellten wichtige Aufgaben in den Plänen als Jugendobjekte dar, um die geistigen Potenzen der eigenen Mitarbeiter entsprechend zu mobilisieren. Die bedeutendsten Jugendobjekte waren jedoch Bauvorhaben, die ganz einfach unter schwierigsten Bedingungen körperliche Höchstleistungen erforderten, so z.B. der Bau der Talsperre Sosa, die Trockenlegung der Magdeburger Wische, die Verlegung einer Wasserleitung zur Maxhütte Unterwellenborn, der Bau des Kernkraftwerkes Nord in der Nähe von Greifswald, der Abschnitt Orenburg–Westgrenze der UdSSR der Erdgasleitung »Sojus« sowie die → »FDJ-Initiative Berlin«.

JUGENDPARLAMENT

Parlament der → FDJ. War das höchste Organ der FDJ und wurde entsprechend dem Statut der FDJ alle vier Jahre durchgeführt. Die Wahl der Delegierten erfolgte auf Bezirksdelegiertenkonferenzen der FDJ. Es nahm die Rechenschaftsberichte der → Organe der FDJ entgegen, bestimmte die Aufgaben der FDJ und der → Pionierorganisation »Ernst Thälmann«, beschloß das Statut und wählte den → Zentralrat der FDJ als höchstes Organ und die Zentrale Revisionskommission. Seit 1971 wurden die Parlamente der FDJ stets im Anschluß an die → Parteitage der SED durchgeführt, da die Aufgaben des Jugendverbandes im → Parteitagsprogramm stets neu formuliert worden waren und das Parlament der FDJ dann deren Umsetzung beschließen mußte.

JUGENDSTUNDE

In Vorbereitung auf die → Jugendweihe absolvierte jeder junge FDJler zehn Jugendstunden, in denen er vor allem mit den revolutionären Traditionen der Arbeiterbewegung vertraut gemacht wurde und eine intensive Erläuterung über die Sicht der → Partei als führende Kraft in Staat und Gesellschaft zur gesamtgesellschaftlichen Entwicklung sowie der weltpolitischen Lage erhielt. Zum Programm der Jugendstunden zählte ein Besuch einer Gedenkstätte für die Opfer des Faschismus, wie etwa der Gedenkstätten Buchenwald, Sachsenhausen oder Dora-Mittelbau. Außerdem wurden den Jugendlichen ausführlich die Erfolge der Sowjetarmee im → Großen Vaterländischen Krieg dargestellt. Mit diesen recht einseitigen Betrachtungsweisen sollte der Patriotismus der Jugend angestachelt werden, dem dargestellten Heldenbild nachzueifern.

JUGENDTANZ, JUGENDTANZVERANSTALTUNG

Diskotheken, Tanzabende, die meist in den Mehrzwecksälen der Kulturhäuser veranstaltet wurden. Nachdem tolerante Kulturfunktionäre der → FDJ den Volksvertretungen der jeweiligen Städte und

Jugendtanzcafé unterm Fernsehturm, 1972

Kreise die Erlaubnis für derartige Veranstaltungen ab Ende der 60er Jahre abgerungen hatten, mußte wenigstens ein Name gefunden werden, der sich deutlich von dem Begriff aus dem westlichen System abhob. So wurde aus der Disco der Jugendtanz, der DJ hieß → Schallplattenunterhalter (SPU). Gegen Ende der 70er Jahre genehmigten die DDR-Behörden auch Diskotheken in festen Lokalitäten. Ein Jugendtanz mußte keine reine Diskothek sein, es gab auch Jugendtanzveranstaltungen mit Tanzkapellen, die dann mit Vorliebe westliche Rock- und Poptitel nachspielten. Zu den Jugendtanzveranstaltungen gehörte aber bis zum Ende der DDR fast überall eine klassische Gastronomie, also saß man an Tischen mit Tischdecken, die Getränke brachte ein Kellner usw. Schallplattenunterhalter, die ebenfalls eine → Einstufung brauchten, wenn sie öffentlich auflegten, moderierten häufig ihre Abende und sagten die von ihnen aufgelegten Titel an.

JUGENDTOURIST

Reisebüro der → FDJ. In diesem Reisebüro konnten Jugendliche bis zum Alter von 25 Jahren Urlaubs- oder Bildungsreisen buchen. Natürlich fuhren auch ältere DDR-Bürger mit Jugendtourist. Die Reisen waren wesentlich billiger als über das staatliche Reisebüro, aber der Komfort konnte unter Umständen dem Preis entsprechen. So war die Unterbringung der Reisegruppen am Urlaubsort in Studentenwohnheimen mit Außen-WC und Gemeinschaftsdusche durchaus üblich. Außerdem konnte es passieren, daß Paare getrennt untergebracht wurden. Es gab sogar die Möglichkeit von (sehr begrenzten) Reisen in Reisegruppen ins westliche Ausland, z.B. nach Paris. Diese Reisen bekam ein Jugendlicher nur als Auszeichnung bzw. mit positiver Stellungnahme seitens seiner → FDJ-Leitung, wenn er sie überhaupt bekam. In diesen Reisegruppen war der Anteil von hauptamtlichen FDJ-Funktionären besonders hoch.

JUGENDVERBAND

Jugendverbände waren die → Freie Deutsche Jugend und die → Pionierorganisation »Ernst Thälmann«.

JUGENDWEIHE

Gesellschaftliche Einrichtung in der DDR zur Unterstützung der kommunistischen Erziehung der Jugendlichen im 8. Schuljahr. Sie knüpfte an die Traditionen der revolutionären deutschen Arbeiterbewegung an, die die Jugendweihe als Gegenstück zur evangelischen Konfirmation und der katholischen Kommunion entwickelt hatte. Der Jugendweihe in der DDR ging eine intensive politisch-ideologische Schulung voraus, die während zehn → Jugendstunden den Jugendlichen vermittelt wurde. Die Jugendweihe selbst wurde in einer Feierstunde abgehalten, zu der örtliche Prominenz zu den Jugendlichen sprach. Als Zeichen der Jugendweihe bekam der besonders feierlich angezogene Jugendliche einen Almanach und eine Urkunde überreicht. Bis 1972 hieß der Almanach → »Weltall, Erde, Mensch«, danach wurde die politische Bildung intensiviert und der Almanach »Der Sozialismus – Deine Welt« überreicht. Die eigentliche Feierlichkeit fand danach im Kreis der Familie statt. Der Jugendliche sortierte seine Geschenke, im wesentlichen überreichte man Geld als finanzielle Starthilfe, in den 80er Jahren wurde das Moped fast zur Pflicht für die Eltern, aber auch Kassettenrecorder, Plattenspieler usw.

JUGENDWERKHOF

Erziehungsanstalt für straffällig gewordene Jugendliche in Verbindung mit Werkstätten, in denen die Jugendlichen arbeiteten. Dabei lag der Schwerpunkt der Arbeit der Betreuer im Jugendwerkhof auf der Erziehung. Die straffällig gewordenen Jugendlichen sollten dort an ein geregeltes Leben mit Aufgaben herangeführt werden. Es gab aber nach dem Ende der DDR erschreckende Berichte über den Umgang mit Jugendlichen in Werkhöfen, z.B. über den Jugendwerk-

Jugendweihe in Beichlingen, Landkreis Sömmerda, 1957

hof in Torgau. Ein empfehlenswerter Film zum Thema wurde 1991 gedreht: »Jana und Jan«, Regie: Helmut Dziuba.

JULKLAPP

Mehrfach verpacktes Weihnachtsgeschenk, das von einem unerkannt bleibenden Geber mit dem Ruf »Julklapp!« ins Zimmer geworfen wird. Dieser aus Skandinavien stammende Brauch war vor allem im Norden der DDR bis in den Berliner Raum hinein gebräuchlich.

JUMO

Markenname für Jugendmode (→Jumo). Sie war eine speziell auf die Jugend ausgerichtete und vor allem von jungen Modeschöpfern kreierte Kleider- und Accessoirekollektion, die in eigens dafür produzierenden → Betrieben hergestellt wurde. Sie wurde dann auch in speziellen Jugendmode-Läden bzw. Kaufhausabteilungen vertrieben.

JUNGE SANITÄTER

→ AG innerhalb der → Pionierorganisation, die in Zusammenarbeit mit dem Deutschen Roten Kreuz der DDR Sanitätsausbildung betrieb. Dabei sollten möglichst viele Sachkundige ausgebildet werden, um im Fall einer Aggression des Klassenfeindes genügend Helfer für die Versorgung der Verwundeten zu haben. Die Jungen Sanitäter wurden in der DDR praktisch eingesetzt, um Massenveranstaltungen der Pionierorganisation medizinisch abzusichern, wobei sie natürlich von medizinischem Fachpersonal unterstützt wurden.

JUNGE TALENTE

Bewegung im Rahmen der → FDJ, in der sich junge Menschen in ihrer Freizeit aus Freude und Interesse künstlerisch betätigten konnten. Die Bewegung Junge Talente entstand nach dem V. Parteitag der SED 1958. Sie sollte helfen, das »künstlerische Schöpfertum der

Werktätigen« zu entwickeln. Auf dem VI. Parlament der FDJ Mai 1959 wurden die Feste der Jungen Talente erstmals als eine ständige Form der kulturellen Massenarbeit des Jugendverbandes genannt. So wandten sich die Treffen und Feste der Jungen Talente an junge Menschen und bezogen alle künstlerischen Genres ein. Sie gaben jungen Menschen die Möglichkeit, mit ihren Fähigkeiten und Fertigkeiten mitzumachen, ohne daß dazu eine feste Bindung an ein Volkskunstkollektiv erforderlich war. Ein Ziel der Bewegung Junge Talente war es, künstlerische Fähigkeiten zu wecken und möglichst viele Jugendliche zu regelmäßiger künstlerischer Betätigung in bestehenden Volkskunstgruppen, Zirkeln oder Ensembles anzuregen, ihnen zu ermöglichen, öffentlich aufzutreten und »aus den Reihen der Jungen Talente sozialistische Künstlerpersönlichkeiten zu entwickeln«. Die Treffen und Feste der Jungen Talente fanden auf Beschluß des Zentralrates der FDJ in der Regel alle zwei Jahre statt. Sie hatten den Charakter von Ausscheidungswettbewerben, die in Betrieben, Schulen, Klubs oder Internaten begannen und in Kreis- und Bezirksveranstaltungen weitergeführt wurden. Höhepunkt im Wettbewerb waren die zentralen Treffen und Feste der Jungen Talente. Hier wurden die Besten vorgestellt und geehrt. Auf Beschluß des Zentralrates der FDJ wurden seit 1967 in allen Kreisen der DDR ständige ehrenamtliche Räte der Jungen Talente gebildet. Sie wurden von den Kreisleitungen der FDJ geleitet. In ihnen waren junge Arbeiter, Kulturschaffende und Künstler vertreten.

JUNGE WELT

Tageszeitung. Organ des Zentralrates der → FDJ. Sie erschien seit 1947 im Verlag »Junge Welt« Berlin und publizierte die Meinungen des sozialistischen Jugendverbandes zu den Themen der Zeit. Dem jugendlichen Leser angepaßt, erschien sie im Berliner Format und besaß einige jugendgemäße Rubriken, die in anderen Presseerzeugnissen nicht publiziert wurden, wie zum Beispiel → »Unter vier Augen«.

JUNGPIONIERE

Pioniere (→ Pionierorganisation) der 1–3. Schulklassen. Nach der Einschulung wurden die Schüler in der Regel geschlossen am 13. Dezember in einer Feierstunde in die → Pionierorganisation »Ernst Thälmann« aufgenommen. Sie bekamen als Zeichen ihrer Mitgliedschaft ein blaues Halstuch, das sie zu offiziellen Anlässen, z.B. zu → Fahnenappellen und Zeugnisausgaben trugen.

JUNO

Zigarettenmarke aus dem VEB Nortak Nordhausen, kam als Ergänzung des Handelssortimentes im Format 100 auf den Markt und war preislich genau wie die Marke → Duett mit 6 Mark → EVP eingestuft.

JURISTISCHE HOCHSCHULE (JHS)

Zentrale Bildungs- und Forschungsstätte des → Ministeriums für Staatssicherheit in Potsdam-Golm. Die an dieser Hochschule studierenden Offiziere des MfS erwarben hier den Grad eines Diplomjuristen. Die Hochschule gliederte sich in drei Sektionen, Marxismus-Leninismus, Rechtswissenschaften sowie für politisch-operative Spezialdisziplinen (also die Techniken der Überwachung, des Verhörs, der Psychologie, der Personenführung usw.)

JUWEL

Klarer Juwel. Weizenbrand aus Cottbus mit 32 Vol % Alkohol. Er kostete 14,50 Mark und erlangte regionale Bedeutung, weil jede Brennerei in der DDR ihren eigenen Klaren zu diesem Preis produzierte. War besonders beliebt bei Soldaten, die in möglichst kurzer Zeit möglichst billig möglichst viel Sprit intus haben wollten (und diesen, z.B. umgefüllt in Selterwasserflaschen, in die Kaserne geschmuggelt hatten), verursachte dann einen ordentlichen Kater.

K

KADER, KADERLEITER, KADERABTEILUNG, KADERAKTE, KADERGESPRÄCH

Das Personal in den → Betrieben der DDR wurde als Kader bezeichnet, aber auch Menschen, die die Verantwortung für die Leitung eines → Kollektivs trugen. Es waren außerdem haupt- oder ehrenamtliche Kräfte, die durch die Wahl eines gesellschaftlichen Organs für ihre Funktion bestätigt oder durch einen von der → Partei der Arbeiterklasse oder der Regierung beauftragten Leiter berufen wurden. Sie trugen durch ihre Arbeit als Leiter beziehungsweise im Leitungskollektiv persönlich die Verantwortung für die Durchführung der Beschlüsse der → SED, der Gesetze und Verordnungen der staatlichen Organe. Kader waren aber auch Nachwuchskräfte sowie Werktätige mit einer Hoch- oder Fachschulbildung, die auf Grund ihrer politischen und fachlichen Kenntnisse und Fähigkeiten planmäßig für Leitungsfunktionen entwickelt wurden. Die Entwicklung der Kader dokumentierte der Kaderleiter in der Kaderakte. Der Kader wurde durch den Kaderleiter in Kadergesprächen auf seine Aufgaben vorbereitet und konnte seine Bereitschaft oder Ablehnung der bevorstehenden Aufgaben erklären. Dieses ganze System ist teilweise mit dem der Personalentwicklung in kapitalistischen Unternehmen identisch. Als Unterschied bleibt die abweichende Bezeichnung sowie die wesentlich stärkere Berücksichtigung politischer Ansichten oder Parteizugehörigkeiten. Wenn sich die → Staatsicherheit in einem Betrieb oder einer Hochschule über einen Mitarbeiter, einen Lehrling oder Studenten informieren wollte, ging sie auf geradem Wege zum Kaderleiter und konnte selbstverständlich in die Kaderakten einsehen.

KAFFEE-MIX

Kam 1977 auf den Markt, um die gestiegenen Kaffeepreise an der Londoner Kaffeebörse zu kompensieren. Mit diesem Produkt wollte die Führung der DDR aus weniger Kaffeebohnen mehr Kaffee produzieren und versprach auf der Tüte eine »hochveredelte Mischung aus erlesenem Röstkaffee und fein abgestimmten Surrogaten«. In der Bevölkerung stieß Kaffee-Mix weitgehend auf Ablehnung, ganz offen wurde er sogar als »Erichs Krönung« bezeichnet. Jedenfalls war Kaffee-Mix bereits kurz nach seiner Markteinführung ein Ladenhüter und ein beredtes Beispiel dafür, daß sich die Bevölkerung nicht stets und ständig für dumm verkaufen ließ.

KALASCHNIKOW

Maschinenpistole AK 47. Sie war die Standardbewaffnung der Soldaten des →Warschauer Vertrages. Diese automatische Waffe sowjetischer Produktion wurde aber auch weltweit exportiert und kam innerhalb vieler Rebellenarmeen zum Einsatz. Ihr Erfolg ist nicht zuletzt der Robustheit dieser Waffe zuzuschreiben, die ihre Funktionstüchtigkeit unter den Bedingungen subpolarer Winter genauso bewiesen hat wie bei tropischer Hitze. Am besten funktionierte sie nach einem Tag Gefechtsausbildung in Regen und Matsch.

KALI

Umgangssprachlich für Kaffee-Likör, eine Spirituose aus gesüßtem Kaffee-Extrakt und Alkohol.

KAMMER DER TECHNIK

KDT; die staatlich anerkannte Fachorganisation der Wissenschaftler, Ingenieure und Ökonomen mit einer Zentralleitung in Berlin und Bezirksleitungen in den Bezirksstädten. Bestand aus Vertretern verschiedener Fachverbände (z.B. Maschinenbau) und technisch-wissenschaftlichen Gesellschaften, war Herausgeber einer eigenen Zeitschrift »Technische Gemeinschaft« und verschiedener Fachpublikationen. Die Hauptaufgabe bestand in der Organisation von Fachtagungen, Vorträgen und Lehrgängen.

KAMPFESGRÜSSE

Grußformel unter → Genossen oder solchen Menschen, die einander einen → parteilichen Standpunkt dokumentieren wollten oder mußten. Umgangssprachlich wurden Kampfesgrüße eher als Verballhornung des eigentlichen Begriffes gebraucht und stellten für den Gegrüßten eine ganz eindeutige Satire dar. Die Steigerungsform war: Mit sozialistischen Kampfes grüßen.

KAMPFGRUPPEN DER ARBEITERKLASSE

Paramilitärische Organisation zum Schutz der Betriebe und Einrichtungen. Sie wurden 1953 im Zuge der Ereignisse des 17. Juni ins

Kampfgruppen als Grenzsicherer beim Bau der Berliner Mauer 1961

Leben gerufen und sollten im Kriegsfall Betriebe verteidigen oder im Stadt- oder Kreisgebiet in Zusammenarbeit mit der → Volkspolizei die Ordnung und Sicherheit gewährleisten. Je nach Bedarf hätten sie auch den Kommandeuren der → NVA unterstellt werden können. Die Mitglieder der Kampfgruppen waren Freiwillige, die älter als 25 Jahre sein mußten. Die Zugehörigkeit zur → Partei war nicht erforderlich. Die Ausbildung der Truppe erfolgte ausschließlich außerhalb der Arbeitszeit und erforderte von den Mitgliedern viel persönlichen Einsatz, da die Ausbildungseinheiten wie militärische Manöver organisiert wurden und die Kämpfer mitunter per Alarm auch nachts zur Übung gerufen wurden. Ihren brisantesten politischen Einsatz hatten die Kampfgruppen am 13. August 1961, als sie die Grenze zu Westberlin in Form einer lebenden Mauer abriegelten. Auch im Herbst 1989 wurde versucht, mit Hilfe von Kampfgruppen die Demonstrationen der Bürgerrechtsbewegung einzudämmen und so die Bereitschaftspolizei zu unterstützen, allerdings ohne Erfolg. Als sie in Leipzig versuchten, die Montagsdemonstrationen einzudämmen, standen sie ihren eigenen Kollegen gegenüber und konnten sich von denen auch einiges anhören, so nach dem Motto: »Komm du uns morgen auf Arbeit ...«

KANDIDAT

Kandidat der → SED. Jeder Bürger, der in die SED aufgenommen werden wollte, hatte ein Kandidatenjahr zu absolvieren. Während dieser Zeit bekam er durch die Grundorganisation der Partei einen → Parteiauftrag gestellt und wurde durch zwei Bürgen betreut. Nach der Absolvierung des Kandidatenjahres beschloß die Grundorganisation in einer Versammlung und durch eine öffentliche Abstimmung nach der Abrechnung der Ergebnisse des Parteiauftrages durch die Bürgen die Aufnahme des Kandidaten.

Die Gewinnung von Kandidaten, also von neuen Parteimitgliedern, war eines der ständigen Probleme der Parteiarbeit, denn es gab parteiinterne Richtlinien und Pläne, wonach die Parteigruppen und -agitatoren verpflichtet wurden, eine bestimmte Anzahl neuer Parteimitglieder zu werben. Das wurde dann abgerechnet und Druck von oben auf die Genossen gemacht. Diese mußten Rede und Antwort stehen, wie es denn mit der Kandidatengewinnung aussehe und warum man keine besseren Quoten hätte. Dabei wurde es gerade in den 80er Jahren immer schwieriger, neue Genossen zu werben.

KANT, HERMANN
→ Die Aula.

KAP
Kooperative Abteilung Pflanzenproduktion. Im Zuge der Kombinatsbildungen wurden die Feldbauabteilungen regional beieinander befindlicher →LPG's zusammengefaßt und einer externen Leitung unterstellt. Mit ihnen sollte eine effizientere Auslastung von Personal und Technik, vor allem Technik, erreicht werden. Dadurch wurden Größenordnungen von mehreren tausend Hektar Ackerland zusammengefaßt. Die Verantwortungsbereiche für den Feldbau konnten 30 Kilometer Durchmesser und mehr betragen. Gerade in der Erntezeit zeigten sich die Vorteile dieses Systems, weil große Technikkomplexe zentral und schnell dirigiert werden konnten. Denn der Kampf um die Einbringung war eines der wichtigsten Themen der Landwirtschaft in jedem Sommer. Ähnliche Bestrebungen gab es auch in der Tierproduktion, als KAT, kooperative Abteilung Tierproduktion bezeichnet. Jedoch überwogen bereits damals die Nachteile riesiger Tierfabriken die Vorteile der Zentralisierung. Wohin zum Beispiel mit dem Mist von 20.000 Rindern oder Schweinen oder 100.000 Hühnern? Aus den KAP und KAT strukturierten sich später spezialisierte LPGs als LPG Pflanzen- oder Tierproduktion. Doch den Vorteilen der Spezialisierung standen und stehen eindeutige Nachteile gegenüber, die sich vor allem darin äußerten, daß die Erträge aus der Pflanzen- und der Tierpro-

duktion sehr unterschiedlich waren und zentrale Planvorgaben die Verantwortlichen nur noch ihren Sektor betrachteten. Gesunde Landwirtschaft bedeutet aber die Einheit von Pflanzen- und Tierproduktion.

KARAT

1. Eine der bekanntesten Rockgruppen der DDR um den Sänger Herbert Dreilich, die vor allem mit lyrisch-verbrämten Texten und schwülstigen Balladen auf sich aufmerksam machten. Große Hits waren z.B. »König der Welt« und »Über sieben Brücken mußt Du gehn« (1979), der von Peter Maffay nachgesungen wurde. Bei → Amiga erschienen acht LPs, u.a. »Über sieben Brücken« 1979, »Schwanenkönig« 1980, »Der blaue Planet« 1980, »Fünfte Jahreszeit« 1987. 2. das erste frei kombinierbare Schrankwandsystem in der DDR. Neben den üblichen Teilen, wie Fächern mit Türen oder Glasvitrinen, gab es erstmals auch Eckteile und Teile, die als Raumteiler fungierten. Aus diesem Grund besaß wohl kein Bürger der DDR genau die gleiche Karat-Schrankwand wie ein anderer. Das System war wegen seiner Kombinationsfähigkeit so beliebt, daß stets irgendwelche Teile des Systems vergriffen waren und erst nach längerer Wartezeit geliefert werden konnten. Das war aber nicht so schlimm, weil der Rest ja bereits das eigene Wohnzimmer zieren konnte.

KARBID UND SAUERAMPFER

DEFA-Spielfilm mit → Erwin Geschonneck in der Hauptrolle. In diesem Film, der 1963 entstand (Regie: Frank Beyer), werden die Anfangsjahre der DDR-Wirtschaft nach dem Zweiten Weltkrieg satirisch verbrämt. Erwin Geschonneck spielt darin einen Arbeiter, der den Auftrag erhält, sieben Fässer Karbid zur Herstellung von Acetylen als Schweißgas abzuholen und sie quer durch die damalige sowjetische Besatzungszone zu transportieren, damit sein → Betrieb die Produktion aufnehmen kann. Dazu war natürlich keinerlei Technik verfügbar. Beginnend damit, Faß für Faß eine gewisse Strecke vorwärtszurollen und dann das nächste zu holen und so fort, schafft er es schließlich nach vielen Abenteuern, nachdem er sechs der sieben Fässer durch Beschlagnahme durch die sowjetischen Besatzer oder im Tauschhandel für Transportmittel oder Nahrung aufgeben muß, ein Faß Karbid in seinen Betrieb zu retten, wo er als Held gefeiert wird. Weitere Darsteller waren u.a. Manja Behrens, Marita Böhme.

KARL-MARX-STADT

Die am Nordrand des Erzgebirges gelegene Industriestadt Chemnitz konnte ihrer großen Proletariatsdichte wegen auch auf etliche Traditionen der deutschen Arbeiterbewegung zurückblicken. Das → ZK der SED beschloß 1953 diese ruhmreichen Traditionen zu ehren und der Stadt Chemnitz den Namen Karl-Marx-Stadt zu verleihen. Am 10.05.1953 verkündete der damalige Ministerpräsident Otto Grotewohl die Ehrung. Fortan gab es in der DDR eine Stadt mit drei O. Im schönsten Sächsisch wurde Gorl-Morx-Schdodt gesagt. Die Namensänderung wurde 1990 nach einer Bürgerbefragung wieder aufgehoben.

KARNEY, JÜRGEN

Geboren 1954 in Berlin, stammt aus einer Artistenfamilie, war nach der Schule und Lehre ab 1972 zunächst Tontechniker beim Fernsehen der DDR (→ DFF), ab 1973 freiberuflicher Diskjockey, Moderator der → »Beatkiste« auf → Stimme der DDR und der »Tipdisko«, moderierte im 2. DDR-Fernsehen die Sendereihe »Für junge Leute im 2.«, seit 1983 »bong«, die Nachfolgesendung des »Schlagerstudios«. 1985 begann seine »Jürgens Radio-Show« im Berliner Rundfunk, er war der Fernsehliebling im Jahre 1985 und ab 1987 mit Wolfgang Lippert in »Die Nacht mit Karney und → Lippi« zu hören.

Oben: Luftaufnahme von Karl-Marx-Stadt, 1977.
Unten: Blick vom Hotel »Kongreß« auf das Zentrum von Karl-Marx-Stadt mit dem Karl-Marx-Monument und dem Rat des Bezirkes (links), 1983

KARO

Filterlose Zigarette aus dem VEB Nortak Nordhausen. Karo wurde wegen ihres intensiven Geruches mit den verschiedensten Spitznamen bedacht, so zum Beispiel: getrocknete Lumpen. Mit ihrem Preis von 1,60 Mark pro Packung war sie jedoch extrem billig und wurde deshalb viel geraucht.

KASSE DER GEGENSEITIGEN HILFE

Betriebliche Einrichtung des → FDGB, die zur finanziellen Unterstützung ihrer Mitglieder in Notfällen und bei unvorhergesehenen größeren Geldausgaben diente und die Solidarität unter den → Werktätigen fördern sollte. Die nicht rechtsfähigen, seit 1951 jedoch statutenmäßig organisierten Kassen vergaben zinslose, zweckgebundene Darlehen an ihre Mitglieder. Der Kassenbestand ergab sich aus den Eintrittsgebühren, die jedes Mitglied zu zahlen hatte, sowie aus Zuschüssen des von der → BGL verwalteten Kultur- und Sozialfonds und den Guthabenzinsen der kontoführenden Sparkasse. Manche Kassen forderten auch monatliche Mitgliedsbeiträge ein. Organe der Kassen waren die Mitgliederversammlung und eine von dieser gewählte Kassenleitung. Der Vorsitzende der Kassenleitung war Mitglied der BGL. In Streitfällen fungierten die Gewerkschaftsleitungen als Schiedsinstanzen. Die Kassen fanden besonders in den 50er Jahren Zuspruch, blieben aber nicht selten bis zum Ende der DDR bestehen. Auf Antrag wurden Darlehen vergeben, die in vereinbarten, häufig sehr geringen Raten zurückgezahlt werden mußten. Vor allem Alleinerziehende, Kinderreiche und Alleinstehende nutzten diese Einrichtung. In besonderen Härtefällen wurde auf die Rückzahlung des Darlehens ganz oder teilweise verzichtet. Das hing von der Höhe des Darlehens, vom Willen der Mitglieder der Kasse sowie den finanziellen Zuwendungen der BGL ab.

KATHI-KUCHENMEHL

Fertigbackmischungen aus dem VEB Kaffee Halle. Für die Kathi-Backmischungen wurden nur noch Eier und Fett als Zutaten benötigt. Mehl, Backpulver und Zucker waren bereits portioniert verpackt. Damit waren sie die ersten backfertigen Mischungen in der DDR und erleichterten der berufstätigen Ehefrau und Mutter erheblich die Arbeit in der Küche.

KATJUSCHA

1. Mädchen in einem russischen Volkslied. 2. Bezeichnung für Geschoßwerfer der → NVA und der Sowjetarmee. Die Bezeichnung stammte aus dem Zweiten Weltkrieg, als die Sowjetarmee mit diesen Geschoßwerfern ihre Großangriffe vorbereitete und das gegnerische Zielgebiet mit diesen Granaten regelrecht umpflügte.

KAUFHALLE

Zweckbau für den Vertrieb von Waren des täglichen Bedarfes. Kauf-

Eine Szene aus einer Kaufhalle in der DDR

hallen wurden vor allem in den Neubaugebieten errichtet, in denen die Bevölkerungsdichte sehr hoch war und sich der Bau solcher Kaufhallen lohnte. Allerdings erforderte die Erhöhung der Effizienz des Verkaufes auch den Bau solcher Hallen in Gegenden mit dichter Altbausubstanz. Die Kaufhalle entsprach im wesentlichen dem westlichen Supermarkt. Allerdings war dieser Begriff verpönt, die Bezeichnung Kaufhalle trug in ihrer betonten Sachlichkeit mehr dem Wesen der DDR Rechnung.

KEIM

Begriff aus dem Sprachgebrauch der Mannschaftsdienstgrade der → NVA. Damit wurden neue Wehrpflichtige bezeichnet, die ihr erstes Diensthalbjahr absolvierten oder noch in der Grundausbildung waren und noch nicht in diensttuende Einheiten integriert worden waren. Andere Begriffe waren »Hüpfer«, »Springer« oder »Frischling«. An ihnen ließen die älteren Dienstgrade ihren Frust aus. →E, → Vize.

Einkaufszentrum in Schwerin, 1972

KENTON: IN GRÜN

Die einzige Mentholzigarette der DDR, Anfang der 80er Jahre auf den Markt gebracht. Die Mentholzigarette entsprach der damaligen Mode, da auch im Westen die Konzerne der Tabakindustrie versuchten, mit Mentholzigaretten neue Märkte zu erobern und Marktanteile zu gewinnen.

EIN KESSEL BUNTES

Sendung des → DFF. Mit dieser Fernsehshow holte das Fernsehen internationales Flair in die DDR und zeigte Unterhaltung für ein breites Publikum. Die ersten Sendungen aus dem alten Friedrichstadt-Palast wurden stets durch »Die drei Dialektiker« (Horst Köbbert plattdeutsch, Lutz Stückrath berlinisch und Heinz Uhlig sächsisch) moderiert. In dieser Kombination präsentierten die Moderatoren bei ihren satirischen Einlagen die sprachlichen Probleme der Bürger untereinander, die auf dem deutschen Föderalismus basieren und auch in der DDR nie ganz verschwanden. Später wurde das Sendekonzept geändert, die Übertragung erfolgte aus dem → Palast der Republik, während der Friedrichstadt-Palast als Showbühne neu entstand. Nun präsentierten bzw. moderierten einzelne Künstler den »Kessel«, wie er im Volksmund genannt wurde. Dabei wurde viel Wert auf die Attraktivität der Moderatoren gelegt und im Aufbau der Sendung den Stärken des jeweiligen Künstlers Rechnung getragen. Highlight einer jeden Sendung war der Auftritt eines oder mehrerer internationaler Stars aus den Bereichen Chanson, Schlager und Pop. Mit dem »Kessel« gelang jedenfalls dem DFF niveauvolle Fernsehunterhaltung mit breitem Zuspruch in der Bevölkerung. Verantwortlich beim DFF für die Sendung war die Chefredakteurin für Unterhaltung Evelin Matt.

KIM-EIER

(KIM = Kombinate Industrielle Mast, im Volksmund auch Hühner-KZ genannt). Die KIM waren durch den wachsenden Druck auf die Intensivierung der Produktion von Geflügel und Eiern entstanden und hielten Hühner im industriellen Maßstab. Von artgerechter Haltung konnte innerhalb dieser Betriebe jedoch keine Rede sein. Zusätzlich kauften die Geschäfte noch Eier aus privater Geflügelhaltung auf, die meistens qualitativ hochwertiger waren. Diese wurden für 50 Pfennig das Stück den Produzenten abgenommen. Praktisch alle in den größeren Städten der DDR im Handel erhältlichen Eier trugen den KIM-Stempel. KIM-Eier unterteilten sich in die Handelsgrößen AA (über 60 Gramm) für 49 Pfennig je Stück, BB (55–60 Gramm) für 39 Pfennig je Stück und CC (45–55 Gramm) für 29 Pfennig je Stück. Die Verpackungseinheiten waren das Dutzend und das halbe Dutzend.

KINA

Kinder-(Fertig)Nahrung. Sie war als Folgenahrung für die Flaschennahrung vorgesehen und konnte dem Säugling gefüttert werden, nachdem er muttermilchadaptierte Nahrung nicht mehr gefüttert bekam oder die stillende Mutter auf zusätzliche Kost umzustellen begann.

KINDER- UND JUGENDSPARTAKIADE

Sportliche Wettkämpfe der Kinder und Jugendlichen in der DDR. Ihr Ziel bestand darin, den Kinder- und Jugendsport auf einer breiten Grundlage zu fördern, eine kontinuierliche Leistungsentwicklung eines immer größeren Teils der Kinder und Jugendlichen zu erreichen und sie an regelmäßiges sportliches Training und den sportlichen Wettkampf heranzuführen. Die Kinder- und Jugendspartakiaden wurden seit 1966 im zweijährigen Turnus organisiert. Im Vorfeld dieser zentralen Veranstaltung, deren Ambiente vor allem durch das Spartakiadefeuer stark an die Olympischen Spiele bzw. deren Geist erinnerte, fanden auf Kreis- und Bezirksebene Ausscheidungswettkämpfe statt, die durch Kreis- und Bezirksleitungen des → DTSB sowie der → FDJ und der → Pionierorganisation ausgerichtet wurden. Vor allem in den olympischen Sportarten diente die Spartakiadebewegung der Talentsuche und -gewinnung für den Spitzensport der DDR. Aus der Spartakiadebewegung gingen zahlreiche Olympiasieger und Weltmeister des DDR-Sportes hervor.

KINDERGARTEN

Kindereinrichtung. Durch die Berufstätigkeit der Mütter mußte tagsüber für die Betreuung der Kinder gesorgt werden. Diese Aufgaben erfüllten die Kindergärten, in denen die Kinder vom dritten Lebensjahr an bis zur Einschulung betreut wurden. Sie öffneten ab sechs Uhr früh und sorgten für die Kinder gegebenenfalls bis achtzehn Uhr am Abend. Darüber hinaus gab es auch Wochenkindergärten, in denen die Kinder wie in einem Internat von Montag bis Freitag waren. Kindergärten unterstanden dem Ministerium für Volksbildung, es gab aber auch Kindergärten in Betrieben.

KINDERFERIENLAGER

→ Betriebskinderferienlager

KINDERKOMBINATION

Sie waren Zweckbauten, in denen die Kinder vom Krippenalter bis zur Einschulung betreut wurden. Die → Kinderkrippe und der → Kindergarten befanden sich darin unter einem Dach, und so konnte die Familie über Jahre hinweg ihre Kinder in einer für sie gewohnten Umgebung betreuen lassen.

KINDERKRIPPE

Kindereinrichtung. In ihnen wurden Kinder ab dem ersten Lebensjahr, wenn die Mütter aus dem → Babyjahr an ihren Arbeitsplatz zurückkehrten, in manchen Einrichtungen auch bereits ab der ach-

Der obligatorische Mittagsschlaf im Kindergarten auf den praktischen Klappliegen

ten Lebenswoche, wenn die Mutter kein Babyjahr in Anspruch nahm und schon nach dem Mütterurlaub wieder die Arbeit aufnahm, betreut. In die Kinderkrippe kamen die Kinder bis zum Eintritt in den → Kindergarten. Die Kinderkrippen unterstanden dem Gesundheitswesen der DDR.

KINDERREICH

Familien mit vier oder mehr Kindern oder Alleinstehende mit drei oder mehr Kindern. Ihnen standen vielfältige Vergünstigungen durch sozialpolitische Maßnahmen in der DDR zu. Das ging von kostenlosen Wäschereileistungen bis hin zu ermäßigten Eintrittspreisen bei Kulturveranstaltungen.

KITTIFIX

Nitrocellulosekleber, Alleskleber. Er war das erste Produkt dieser Art, das in der DDR hergestellt und verkauft wurde. Er besaß eine Aushärtezeit von 2–5 Minuten und war daher der beliebteste Bastelkleber in der DDR. Seines recht hohen Lösungsmittelanteils wegen wurde er durch die → Kunden auch gern zum Schnüffeln genommen. Die Lösungsmittel erzeugten einen leichten drogenähnlichen Rausch.

KJS

Kinder- und Jugendsportschule. Diese besondere Schulform in der DDR diente dazu, als talentiert erkannte Kinder und Jugendliche im sportlichen Bereich gezielt zu fördern. Die Klassengrößen an diesen Schulen betrugen selten mehr als sechs Schüler, die ihre vorrangige Aufgabe aber im Training ihrer speziellen Sportart hatten. Die Kinder trainierten mehrere Stunden täglich, an den Wochenenden kamen noch Wettkämpfe hinzu. Die begrenzte Schülerzahl ermöglichte dem Lehrer trotzdem eine individuelle Zuwendung und Förderung für jeden einzelnen Schüler. Abgeschlossen wurde die KJS in der Regel mit dem Abitur, so daß dem Sportler, dessen

Hauptaufgabe ja das Vertreten seines Landes bei internationalen Wettkämpfen und vor allem das Siegen bei diesen war, weiterhin ausreichende Förderung unter dem Status des Amateursportes zufließen konnte. Der KJS folgte dann die Delegierung zur → DHFK, der Leipziger Deutschen Hochschule für Körperkultur, auf der die Sportler neben ihrem täglichen Training ein Studium absolvierten (z.B. mit Abschluß als Sportlehrer).

KLAPP-FIX

Campinganhänger mit Zelt zum Ausklappen. Diese Campingausrüstung hatte verpackt die Größe eines mittleren PKW-Anhängers und war deshalb auch problemlos vom schwach motorisierten Trabbi (→ Trabant) zu bewältigen. Zudem hatte nicht jeder Campingfreund Unterstellmöglichkeiten für einen Wohnwagen, so daß der Klapp-Fix für viele eine clevere Alternative darstellte.

KLAROFIX

Fensterputzmittel aus dem VEB Domal Stadtilm. Es wurde bis zuletzt in kleinen flexiblen Kunststofflaschen verkauft und war eigentlich nicht vernünftig dosierbar. Der Strahl klatschte an die Scheibe und die Hausfrau mußte sich beeilen, das Putzmittel am Herunterlaufen an der Scheibe zu hindern. Aber da man nichts anderes kannte, benutzte es jeder.

KLASSENFEIND

Begriff aus der Politik und der Militärdoktrin der sozialistischen Länder. Obwohl er in der marxistisch-leninistischen Philosophie keine Rolle spielt, tauchte er zur Erzeugung eines stabilen Feindbildes während der Zeit des Kalten Krieges im militärischen Sprachgebrauch auf. Die Soldaten der Armeen des → Warschauer Paktes mußten konditioniert werden, auch auf einen Menschen zu schießen, der unter Umständen Arbeiter wie sie und gemäß ihrer Ideologie mit ihnen durch gemeinsame Klasseninteressen verbunden war. Die Militärs innerhalb der Armeen des Warschauer Paktes mußten sich gerade in den politisch-ideologischen Ausbildungseinheiten häufig die Frage gefallen lassen, wie ein Soldat der Bundeswehr, der ja kein gedungener Söldner, sondern ebenfalls ein Wehrpflichtiger war, nicht erkennen konnte, daß er prinzipiell die gleichen Klasseninteressen hatte wie der Soldat der → NVA. Diese Probleme konnten selten erschöpfend erklärt werden und erforderten bei ihrer Beantwortung äußerstes rhetorisches Geschick. Prinzipiell war der Klassenfeind der Arbeiterklasse der antagonistisch gegenüberstehende Kapitalist. Er eignete sich den Mehrwert, den die Arbeiter erzeugten, an und beutete sie dadurch aus. Aber auch das → Ministerium für Staatssicherheit bekämpfte ständig den Klassenfeind, so wie die → Partei ständig den Einflüssen des Klassenfeindes entgegenarbeitete, denn: Der Klassenfeind schläft nicht.

KLASSENKAMPF

Nach Karl Marx ist er die entscheidende Triebkraft innerhalb der gesellschaftlichen Entwicklung. Er schuf Organisationsformen innerhalb der Klassen und löste letztendlich die der jeweiligen Gesellschaft innewohnenden Widersprüche auf, um in der neu entstandenen Gesellschaft mit neuen Widersprüchen wieder aufzuleben.

KLASSIKER

Gattungsbegriff für die Begründer der marxistisch-leninistischen Weltanschauung Karl Marx, Friedrich Engels, Wladimir Iljitsch Lenin (und zeitweise auch Josif Stalin). Man las also nicht nur Marx, sondern man studierte die Klassiker.

KLEINE TROMPETER-BÜCHER

Buchreihe aus dem Kinderbuchverlag Berlin. Der Name geht auf den 1925 erschossenen kleinen Trompeter des Rotfrontkämpferbundes, Fritz Weineck, zurück. Diese Buchreihe wurde als Pappeinband mit Foliebezug ausgestattet und war für Erstleser und Kinder konzipiert. Der Preis war mit 1,75 Mark extrem niedrig und dem statistischen Taschengeld angepaßt. Später kosteten umfangreichere Bücher 2,40 Mark. Zunächst erschienen in dieser Reihe, ihrem Namen angelehnt, vor allem Titel über die Klassenkämpfe und die geschichtlichen Persönlichkeiten der revolutionären Bewegung. Da diese Reihe auf Grund der extrem niedrigen Preise, deren Erhöhung die staatliche Preiskontrolle untersagte, kaum wirtschaftlich war, wurden die Neuerscheinungen Jahr für Jahr ausgedünnt. Der Name geht auf eine mythische Figur der kommunistischen Arbeiterbewegung zurück, einen in den Barrikadenkämpfen der Weimarer Republik gefallenen Jungen, der den Kindern mit dem »Lied vom kleinen Trompeter« als Vorbild vorgestellt wurde.

KLEINGARTENPARZELLE

Begriff aus dem Gedicht »Der Postbeamte Emil Pelle« von → Erich Weinert. Obwohl Weinert das Wort in seinem Gedicht eigentlich

Kinder beim Lesen der Kleinen Trompeter-Bücher

satirisch gebraucht, gelangte es in die Funktionärssprache der Kleingärtner, Siedler und Kleintierzüchter. Damit wurde es seiner Satire entkleidet und fortan nackt und ernst gebraucht. Das Leben des Kleingärtners war auch ernst, so wurde z.B. innerhalb der Gartenvereine gerne alles Erdenkliche vorgeschrieben, welche Bäume angepflanzt werden durften, wie hoch sie maximal sein dürfen, wie groß die → Datschen sein dürfen usw. Der Kleingarten war der beliebte Rückzugsort der DDR-Bürger, hier wurde gegrillt und gewerkelt, geputzt und gelebt und der Garten lieferte noch dazu Obst, Gemüse und Kräuter, die man im Laden nicht immer bekam. So wurde viel Obst eingekocht oder zu Marmelade und Wein verarbeitet.

KLICK

Pulver zum Aufrühren in Wasser. Es ergab ein schmackhaftes Fruchtsaftgetränk. In der DDR gab es dieses Produkt in den Geschmacksrichtungen Himbeere und Orange. Vor allem mit der Geschmacksrichtung Orange tüftelten die Hausfrauen in der DDR ein schnelles und preiswertes Kuchenrezept aus, wobei auf einen Obstboden eine Mischung aus Schlagsahne und saurer Sahne, die mit dem Klickpulver geschmacklich aufgewertet wurde, aufgebracht wurde. Die Torte war eine kühle Erfrischung vor allem in den Sommermonaten, wenn die Familie oder Gäste in der → Datscha beim Kaffee saßen.

KLIK

Jugendmagazin des → DFF. Wurde monatlich als Sendung von 45 Minuten Länge direkt aus einem → Jugendklub in der Republik gesendet. Sendeauftakt war der Dezember 1985. Mit »Klik« wurde ein Sendekonzept eingeführt, bei dem das Fernsehen direkt an die Jugendlichen herantrat und sich von den Treffpunkten der Jugend zu Wort meldete. Im Gegensatz z.B. zu → »rund« war diese Sendung wesentlich moderner und vermied die Politiklastigkeit anderer Jugendsendungen.

KLUB DER KULTURSCHAFFENDEN – DIE MÖWE

Zentraler Klub der Gewerkschaft Kunst in der DDR in der Hermann-Matern-Straße 18, im ehemaligen Palais Bülow, im Stadtbezirk Mitte. Er war ein öffentliches Kulturhaus, in dem die Gewerkschaft neben ihren eigenen Veranstaltungen auch Kulturveranstaltungen für die interessierte Öffentlichkeit anbot.

KLUBHAUS/KLUBHAUSLEITER

Viele, vor allem größere → Betriebe in der DDR besaßen ein eigenes Klubhaus, in dem die → Werktätigen des jeweiligen Betriebes ihren gesellschaftlichen und kulturellen Aktivitäten nachgehen konnten. Diese Klubhäuser waren in der Regel Immobilien, die am wirtschaftlichen Ergebnis der Betriebe nagten. Zudem waren sie auf Grund ihrer Aufgaben innerhalb der Betriebsorganisation mit mindestens einer Planstelle belegt, nämlich dem Klubhausleiter, einer anerkannten Berufsbezeichnung, der meist ein Studium als Kulturwissenschaftler oder der marxistisch-leninistischen Philosophie vorausging. Je nach Engagement des Klubhausleiters konnte solch ein Klubhaus aber auch zu einer Erlösquelle für den Betrieb werden. Vor allem auf dem Land, wo kulturelle Aktivitäten und Betätigungsmöglichkeiten relativ dünn gesät waren, konnte ein cleverer Klubhausleiter das Klubhaus zu einem kulturellen und Kommunikationszentrum für das gesamte Territorium entwickeln, indem er neben Arbeitsgemeinschaften (→ AG) und Vorträgen auch → Jugendtanzveranstaltungen, Konzerte und Gesellschaften für die reiferen Bürger organisierte.

KNUSPERFLOCKEN

Süßwaren aus dem → VEB Zetti Zeitz, die auch heute wieder auf dem Markt sind. Sie bestehen aus Kornflakes mit Schokoladenüberzug und waren schon zu DDR-Zeiten eine recht begehrte Knabberei.

KOIVO

Pflegeserie aus dem VEB Berlin Kosmetik. Unter dem Namen Koivo wurden Duschgels und Schaumbäder für den Verkauf in den → Exquisit-Verkaufsstellen der DDR produziert.

KOLLEKTIV

Sammelbegriff für Arbeitsbrigaden, Armee-Einheiten, Forschungsgemeinschaften, eine Gruppe von Kollegen.

KOLLEKTIV DER SOZIALISTISCHEN ARBEIT

Aus der Bewegung »Sozialistisch arbeiten, lernen und leben« hervorgegangener Ehrentitel, der Arbeitsbrigaden, Abteilungen, Betriebsbereichen verliehen wurde, die sich an die Spitze des → sozialistischen Wettbewerbs stellten und damit besonderen Fleiß und besonders hohe Bewußtheit in der Arbeit dokumentiert hatten. Der Verleihung eines solchen Titels ging die Verpflichtung des Kollektivs voraus, um die Verleihung dieses Titels zu kämpfen. Dazu waren die Erarbeitung und Einreichung eines Planes notwendig, der selbst solche Felder wie Arbeitskultur, Freizeit und Kultur und Bildung enthielt. Damit war für die Mitglieder dieser Kollektive zusätzlich die Notwendigkeit der Freizeitgestaltung im Kollegenkreis verbunden, was mitunter zu Lasten der Familien ging, da diese Pläne abgerechnet werden mußten. Für den einzelnen war die Teilnahme an solchen außerbetrieblichen Veranstaltungen Pflicht und wurde ähnlich wie versäumte Arbeitszeit geahndet, d.h. für die Nichtteilnahme an einem Kulturabend mußte unter Umständen eine schriftliche Entschuldigung vorgelegt werden. Man konnte aber auch auf diesem Weg ohnehin stattfindende Freitzeitunternehmungen wie Kegelabend mit gemeinsamem Grillen als Erfolge abrechnen. Natürlich verkam mit den Jahren diese Form der Motivierung zu einem schlichten Gießkannenprinzip. Wer muß, wer hat noch nicht! Die Meßlatte wurde an der Leistungsfähigkeit einzelner Kollektive angelegt, nicht umgekehrt. Die Planerfüllung wurde geschrieben und gemeldet, womit die Notwendigkeit realer Leistungen entfiel.

KOMBINAT

Juristisch selbständiger Großbetrieb mit hoher Konzentration der Produktion, in dem mehrere, ursprünglich selbständige Produktionsstufen auf Grund ihres engen technologisch-organisatorischen Zusammenhanges vereinigt wurden. Kombinate vereinigten somit ganze Produktionsketten von der ersten Bearbeitungsstufe des Halbzeuges bis hin zum fertigen Endprodukt. Von ihrer Struktur her waren sie modernen Konzernen nicht unähnlich, nur daß im Kombinat versucht wurde, die Produktionskapazitäten derart zu planen, daß selbst der kleinste Zulieferer den für den Plan erforderlichen Produktionsausstoß erzielte. Jedem Kombinat standen ein entsprechendes Potential und entsprechende Budgets für Forschung

Ein Minister beim Besuch des Gaskombinates Schwarze Pumpe, 1969

und Entwicklung zur Verfügung, mit dem es seine Produktpalette sowie die Produktionsprozesse modernisieren konnte.

KOMET

Speiseeispulver aus dem →VEB Dauermilchwerke Stendal. Dieses Produkt kam Anfang der siebziger Jahre auf den Markt und wurde noch in der Fernsehwerbung angepriesen. Doch ganz funktionierte das Pulver nicht. Ab und zu kam statt cremigen Speiseeises nur kalte Milch mit Geschmack aus dem Tiefkühlfach. Trotzdem verschwand das Produkt nicht wieder vom Markt, obwohl es nicht der Verkaufsknüller war und die Eisdielen weiterhin gestürmt wurden.

KOMM, WIR MALEN EINE SONNE

LP von → Frank Schöbel von 1977 mit rockigen Liedern und Schlagern vorwiegend für Kinder.

KOMMISSIONSHÄNDLER

Selbständige Einzelhändler in der DDR. Sie waren entweder der → HO oder den → Konsumgenossenschaften angegliedert und fielen unter das Kleingewerbe. Sie bekamen ihre Waren auf Kommission durch die jeweilige Handelsorganisation geliefert und zahlten die Waren nach Verkauf. Durch ihre Selbständigkeit fielen sie im allgemeinen angenehm innerhalb des Handels der DDR auf. Freundlichkeit und Sachkenntnis des Verkäufers waren auch in der DDR gern gesehen. Zudem konnte ein cleverer Kommissionshändler reichlich → Bückware unters Volk bringen.

KOMPLEXANNAHMESTELLE

Dienstleistungszentrum für Reinigung, Wäsche und Haushaltgeräteparaturen in der DDR. Komplexannahmestellen entstanden mit der Bildung der → Dienstleistungskombinate, zunächst hauptsächlich in den → Plattenbausiedlungen, in denen der Bedarf an Dienstleistungen aller Art am größten war, weil das infrastrukturelle Umfeld nur selten schnell genug nachzog, die ersten Bewohner umfassend zu versorgen.

KONFEKTIONSGRÖSSEN

K 76, m 76, g 76, m 80, m 84, m 88 ... Konfektionsgrößen für Damen hatten die Körperhöhe, den kleinen Brustumfang und den Gesäßumfang als Grundlage. Bei Herren waren die Körperhöhe, der Brust- und Taillenumfang Grundlage für die Konfektionsgrößen. Die Buchstaben g (groß 165–174 cm Körperhöhe bei Damen), m (mittel 155–164 cm Körperhöhe bei Damen) und k (klein 145–154 cm Körperhöhe bei Damen) bezeichneten dabei die Körperhöhe und die nachgesetzten Bezeichnungen -0, -1, -2 bezeichneten den Taillenumfang, wobei -0 für kleiner als normal, also schlanker Typ, -1 für korpulenter Typ und -2 für Bauch-Typ stand.

KONFLIKTKOMMISSION

Gesellschaftliches Gericht zur Behandlung von Arbeitsrechtsangelegenheiten, von Verfehlungen, Vergehen, Ordnungswidrigkeiten, Verletzungen der Schulpflicht, einfachen zivilrechtlichen und anderen Rechtsstreitigkeiten. Die Führung der DDR sah in ihnen einen Ausdruck der »sozialistischen Demokratie«, durch den die Bürger selbst an der Lösung kleinerer Rechtssachen arbeiteten und die Justiz entlastet wurde. Die Konfliktkommissionen wurden in → Betrieben, staatlichen Organen und Einrichtungen sowie gesellschaftlichen Organisationen auf Vorschlag der zuständigen Gewerkschaftsleitung in geheimer Wahl für die Dauer von zwei Jahren gewählt. Ihre Mitglieder waren ehrenamtlich tätig und ihren Wählern rechenschaftspflichtig. Die Kreisvorstände des → FDGB waren für deren Anleitung und Schulung verantwortlich. Ihre Beratungen waren öffentlich und gegen ihre Entscheidungen Einsprüche zulässig, über die dann das zuständige Kreisgericht entschied. Die Entscheidungen der Konfliktkommissionen trugen im wesentlichen erzieherischen Charakter. Sie sollten zur Entwicklung des sozialistischen Staats- und Rechtsbewußtseins, der Arbeitsmoral sowie der Herausbildung sozialistischer Beziehungen zwischen den Menschen beitragen, haben in der Realität sicher auch die Gerichte entlastet.

KONSUM

Handelsgenossenschaft. Sie ging aus der 1845 gegründeten ersten deutschen Konsumgenossenschaft hervor, die das Ziel verfolgte, den Preiswucher innerhalb Deutschlands, vor allem gegenüber der Arbeiterklasse, wirksam zu bekämpfen. Während der Zeit des Faschismus wurden die Konsumgenossenschaften enteignet und schließlich liquidiert, nach der Zerschlagung des Nationalsozialismus aber durch die sowjetische Militäradministration wieder ins Leben gerufen. Dem zentralen Verband der Konsumgenossenschaften waren das Handelsunternehmen → »konsument«, mehrere Produktionsbetriebe und Schulen für die Wirtschaftsführung zugeordnet. Die Mitglieder der Konsumgenossenschaften bekamen für ihren Einkauf in den Konsumverkaufsstellen → Umsatzwertmarken, auf die die Konsumgenossenschaft jedes Jahr Rabatt gewährte.

KONSUMENT

Zentrale Handelsorganisation der Konsumgenossenschaften in der DDR. Konsument verfügte über dreizehn Warenhäuser in der DDR und war direkt dem Verband der Konsumgenossenschaften unterstellt.

KONSUMENT-WAFFELN

Waffel mit Vanillecremefüllung, die zu je zehn Stück verpackt für 50 Pfennige in den Handel kam. Sie waren eines der Produkte, die auch für kleine Taschengeldbörsen erschwinglich waren, obwohl oder gerade weil sie bereits in der Packung häufig zerkrümelten.

KONSUMGÜTER

Waren in der DDR, die ausschließlich für den Gebrauch der Bevölkerung produziert wurden. Mit ihr bezeichnete die Führung der DDR in der offiziellen Lesart solche Artikel wie Fernseher, Rundfunkgeräte, Haushaltsgeräte und dergleichen mehr. Konsumgüter waren stets Mangelware in der DDR. Außer den extremen Wartezeiten auf einen PKW gab es zeitweise sogar Wartelisten für Haushaltsgeräte wie Waschmaschinen oder Farbfernsehgeräte. Das lag zum einen daran, daß zuviel Geld unter der Bevölkerung war, so waren viele Wünsche, die den Lebensstandard erhöhten, sofort und in bar realisierbar. Zum anderen wurde natürlich zu wenig in die Steigerung der Produktion bei entsprechender Nachfrage investiert, so daß die bedarfsdeckenden Produktionszahlen selten erreicht werden konnten.

KONZERT- UND GASTSPIELDIREKTION

1953 gegründete Agentur der → Unterhaltungskunst und des Konzertwesens für die Vermittlung von Künstlern und Gastspielen im Inland. Darüber hinaus war sie auch für die Planung und Organisation von Veranstaltungen zuständig. Sie schloß Verträge mit den einzelnen Künstlern ab und hatte dann das alleinige Recht zur Vermittlung von Auftritten. Die Konzert- und Gastspieldirektion ging als → VEB aus dem bis Ende 1952 existierenden Deutschen Veranstaltungsdienst hervor und unterhielt enge Kontakte zu Rundfunk und Fernsehen, zum VEB Deutsche Schallplatte und zur Künstleragentur der DDR, die Engagements für DDR-Künstler im Ausland vermittelte. Bis 1973 war sie eine zentrale Institution und wurde erst im Laufe des Jahres 1973 in Bezirkseinrichtungen aufgegliedert, die die Aufgabe hatten, künstlerische Veranstaltungen in den Bezirken zu organisieren und durchzuführen. Die Konzert- und Gastspieldirektion unterstützte auch Künstler mit Förderverträgen für das Erarbeiten künstlerischer Programme, bei Proberaummieten, Honoraren für Texter und Komponisten.

KORBINE FRÜCHTCHEN UND ATOMINO

Figuren aus der → Frösi. Stellvertretend für die Pioniere (→ Pionierorganisation) erkundeten sie die Umwelt der Kinder. Dabei war Korbine Früchtchen mehr im Alltag unterwegs und erkundete ihre Umwelt, während Atomino als Entdecker in den Bereichen Technik und Wissenschaft konzipiert war und hauptsächlich als Reporter für die interessierten Leser handelte. Die Figur Korbine Früchtchen ist ursprünglich eine Werbefigur der »Früchtesammelbewegung«. Die Figur des Atomino entstammt einem italienischen Kinderbuch.

KOSMETIK

1. Sammelbezeichnung für alle Artikel zur Körperpflege, wie Parfums, Make-ups, Lippenstifte, Deodorants und Bade- sowie Duschgels. 2. Schönheitspflege für die Frau oder den Mann. Sie wurde in entsprechenden Salons, die sich entweder zu einer → PGH zusammengeschlossen hatten und nicht selten gemeinsam mit Frisiersalons firmierten, oder von selbständigen Meisterbetrieben angeboten. Kosmetik wurde selbst im → DFF ausführlich in Ratgebersendungen behandelt.

KOSMONAUTEN

Sowjetische Bezeichnung für Raumfahrer, abgeleitet vom russischen Wort Kosmos, das wiederum aus dem Griechischen kommt, bedeutet das gleiche wie die amerikanische Bezeichnung Astronauten. So bezeichnet das Wort Kosmodrom einen Raketenstartplatz. Besonders bekannte Kosmonauten waren der erste Mensch im Weltraum → Juri Gagarin, die erste Frau im All Valentina Tereschkowa und der DDR-Kosmonaut → Sigmund Jähn.

KPDSU

Kommunistische Partei der Sowjetunion. Sie ging aus der Sozialdemokratischen Arbeiterpartei Rußlands hervor. Auf dem illegal im

Ausland stattfindenden II. Parteitag der Sozialdemokratischen Arbeiterpartei Rußlands (SDAPR) 1903 proklamierte Lenin die »Partei neuen Typus« und spaltete die Sozialdemokratische Partei in die linksradikalen, auf bewaffnete Revolution setzenden Bolschewiki (die eigentlich in der Minderheit waren) und die gemäßigteren Menschewiki. Die Bolschewiki entwickelten sich zu einer streng zentralistisch geführten Organisation, die unter der Führung Lenins 1917 nach dem Sturz des Zaren unter dem Motto »Alle Macht den Sowjets« die Macht an sich reißen konnte. Diese Macht wurde durch ihre militärischen Siege in den folgenden Interventionskriegen zementiert. Im Zuge der Stalinistischen Säuberungen innerhalb der Partei nach Lenins Tod änderte sich deren Charakter wiederum, viele der alten Genossen wurden liquidiert. Als sich die KPdSU auf ihrem XIX. Parteitag 1952 von dem Beinamen (Bolschewiki) trennte, wurde sie gegenüber den → Genossen und Bürgern der DDR als die Speerspitze des internationalen → Proletariats dargestellt, deren Mittel und Wege sich stets als die richtigen zum Aufbau des Kommunismus erwiesen. Sie war das leuchtende Vorbild der internationalen kommunistischen Arbeiterklasse, zumindest bis zum Bekanntwerden von Chruschtschows Geheimrede über die Verbrechen des Stalinismus, spätestens aber bis zu Gorbatschows Reformen, als zunehmend ein anderes Bild von den inneren Zuständen und der Geschichte der Sowjetunion bekannt wurde. Jetzt konnte man die kritischen Stimmen nicht mehr einfach als westliche Propaganda abtun.

KRABBE, INGEBORG

Schauspielerin, geb. 13.6.1931 in Leipzig, war eine der beliebtesten Fernsehkomikerinnen der DDR, Mitbegründerin der Leipziger → »Pfeffermühle«, später in der Fernsehkabarett-Reihe »Tele-BZ« und neben Helga Göring und Uta Schorn eine der »Drei reizenden Schwestern«, einer Fernseh-Schwank-Reihe.

KRAFTOMNIBUS

Offizielle Bezeichnung im Verkehrswesen der DDR für die im öffentlichen Personenverkehr eingesetzten Autobusse. Bis in die 70er Jahre waren auch noch elektrisch betriebene Oberleitungsbusse sowie Doppelstockbusse im Einsatz. Sie wurden später durch die → Ikarus-Busse ersetzt.

KRANKENSCHEIN

Legte der Arzt eine Krankschreibung seines Patienten fest, so bekam dieser einen Krankenschein, auf dem im Zahlencode die Diagnose durch den Arzt ausgewiesen wurde. Häufigste Diagnose war die 465 (grippaler Infekt). Diese Diagnose war allerdings auch auf dem Durchschlag sichtbar, der im → Betrieb eingereicht wurde.

KREISLEITUNG, BEZIRKSLEITUNG

Umgangssprachliche Bezeichnung für die Regionalleitungen der → Partei. Durch sie wurden die regionalen Volksvertretungen angeleitet und sie waren die eigentlichen Herrscher im Territorium. Deshalb war es für den Bürger der DDR auch nicht unwichtig, gute Beziehungen zu diesen Leitungen zu unterhalten. Wer gar jemanden aus diesen Leitungen persönlich kannte, hatte kaum Schwierigkeiten, Probleme zu lösen. Die 1. Sekretäre der Kreis- oder Bezirksleitungen herrschten je nach Persönlichkeit mitunter wie kleine Landesfürsten in ihrem Territorium und konnten über ihr Weisungsrecht praktisch alles durchsetzen. Da der → Generalsekretär der SED ein passionierter Jäger war, dem man in feudaler Manier das speziell herangezüchtete Wild vor die Flinte trieb, gehörte es sich, daß auch die Bezirkssekretäre ihre Jagden und feudalen Jagdhäuser unterhielten.

KRIEPA

Markenname für Papiertaschentücher und Zellstoffprodukte in der DDR. Kriepa stand für Kriepsteiner Papierprodukte. Die Zellstofftaschentücher waren vor allem zu Grippezeiten → Bückware. Kluge DDR-Bürger bauten deshalb vor und lagerten bereits im Sommer für den herbstlichen Schnupfen einige Pakete Kriepa ein.

KRISTALL

Wodka mit blauem Etikett, deshalb oft auch als »Blauer Würger« bezeichnet. In manchen Gegenden der DDR wurde diese Spirituose gar nicht erst in die Regale gestellt, sondern ging gleich kistenweise über den Ladentisch. Bürger mit gehobeneren Trinkgewohnheiten mieden ihn allerdings.

KRÜGER, HORST

Musiker, geboren 14.12.1942 in Berlin, Hochseefischer und Maurer, ab 1960 Erich-Weinert-Ensemble, danach Klaus-Lenz-Sextett. Wurde einer der Mitbegründer des Gerd-Michaelis-Chores und gründete dann sein Horst-Krüger-Sextett, später Septett (LPs »Horst Krüger und Ensemble« 1971, »Geh durch die Stadt« 1972). Später machte die Gruppe unter dem Namen Horst-Krüger-Band eher rockige Musik (LP »Horst-Krüger-Band« 1975), eines ihrer bekanntesten Lieder war »Tagesreise«. Danach arbeitete Horst Krüger vor allem im Studio, z.B. für Karel Gott, Eva-Maria Pieckert und → Gerti Möller. Er schrieb mehrere Rockopern und zahlreiche Filmmusiken, so die Rockoper »Rosa Laub« 1982 (auch als LP bei → Amiga), und war eine der experimentierfreudigsten Persönlichkeiten der DDR-Tanzmusikszene.

KRUG, MANFRED

Schauspieler, geb. 8.02. 1937 in Duisburg, der bekannteste und beliebteste DDR-Schauspieler überhaupt, stand das erste Mal in Frank Beyers »Fünf Patronenhülsen«, einem Spanienkriegs-Film von 1960, vor der Kamera, danach in vielen Filmkomödien (z.B. »Auf der Sonnenseite« 1962, »Mir nach Canaillen!« 1964, in der Fernfahrer-Komödie »Wie heiratet man einen Esel«, als »Hauptmann

Florian von der Mühle«), in ernsten Gegenwartsfilmen (als Brigadier Balla in »Spur der Steine« 1966, → DEFA, in »Daniel Druskat« 1976 und »Beschreibung eines Sommers« 1973) sowie in Fernsehserien, z.B. in → »Die Stülpner-Legende«. Außerdem war er als Jazzsänger und Entertainer sehr populär, zwei Platten erschienen bei Amiga, einige seiner Aufnahmen wurden Legende, so seine Darbietung russischer Satire »Der Hase und der Löwe« und »Die Kuh im Propeller«. Nachdem Manfred Krug 1976 gegen die Ausbürgerung → Wolf Biermanns protestiert hatte, bekam er berufliche Probleme (Konzertboykotts, Vertragsauflösungen, Nichtabnahme fertig gedrehter Filme), so daß er 1977 die DDR verließ. Später feierte er als »Liebling Kreuzberg«, als »Tatort«-Kommissar Stoever und auch wieder als Fernfahrer Triumphe, seine Erinnerungen »Abgehauen« (1997) wurden ein Bestseller.

KUBA

Pseudonym des Erzählers, Lyrikers und Dramatikers Kurt Barthel in der DDR. KuBa wurde 1914 als Sohn einer Handschuhnäherin und eines Eisenbahnarbeiters geboren, der jedoch von deutschen Offizieren im Ersten Weltkrieg erschossen wurde. Während der Malerlehre kam KuBa zur politischen Arbeit. 1933 emigrierte er auf Anraten der Genossen nach Prag, wo er mit Louis Fürnberg zusammentraf, der seine literarischen Ambitionen weckte und förderte. Vor der deutschen Besetzung Prags ging er über mehrere Zwischenstationen nach England, von wo er nach dem Ende des Zweiten Weltkrieges in die DDR zurückkehrte. Er arbeitete als Redakteur im Dietz Verlag der SED und schrieb mehrere Drehbücher für die → DEFA, unter anderem »Hexen« und »Vergeßt mir meine Traudel nicht«. Bekannt waren außerdem seine beiden Dramen »Klaus Störtebeker« (1959) und »terra incognita« (1964). Kuba war aber auch der Autor etlicher Lobpreisungen für Stalin, er war einer der stalinistischen Autoren der jungen DDR, dessen Werke als Beispiel für parteiliches Schreiben angeführt wurden. Später war er Volkskammerabgeordneter und zeitweise 1. Sekretär des → Schriftstellerverbandes sowie Mitglied des → ZK der SED (→ Zentralkomitee). 1967 ist er auf einer Gastspielreise in Frankfurt/Main durch Herzschlag gestorben.

KUCHEN, IN DER ASSIETTE GEBACKEN

In der DDR war das eine Form, Kuchen hygienisch verpackt für den Verkauf in Selbstbedienungskaufhallen zu produzieren. Die Assietten hatten ein Füllgewicht von etwa 300–400 Gramm und wurden in mehreren Sorten in den Handel gebracht. Die Größe der Assiette erlaubte es auch kleineren Familien, während einer Kaffeetafel den Inhalt einer Assiette aufzuessen, denn einmal geöffnet, war der Inhalt nicht lange haltbar.

KUHSCHNAPPELBROT

Krustenloses Vollkornbrot, das mit dem gleichen Backverfahren hergestellt wurde wie → Pumpernickel. Die Färbung des Brotes war auf Grund abweichender Rezeptur allerdings nicht so intensiv dunkel.

KUKO-REIS

Markenname für Kurzkochreis aus dem VEB Nahrungsmittelkombinat »Albert Kuntz« Wurzen. KuKo-Reis wurde im Kochbeutel verkauft und garte bereits nach zehn Minuten, also einer wesentlich niedrigeren Kochzeit als herkömmlicher Langkornreis. Außerdem war er wesentlich bequemer zuzubereiten und zu servieren.

KULTURABGABE/KULTURPFENNIG

Bei jeder öffentlichen Veranstaltung in der DDR wurde ein Kulturbeitrag als Bestandteil des Eintrittspreises erhoben, der dem sogenannten → Kulturfonds zufloß, aus dem wiederum Kultur- und Sportveranstaltungen finanziert werden sollten. So kam es, daß jede Eintrittskarte in der DDR auf den Betrag fünf Pfennig endete, also zum Beispiel 3,05 Mark oder 1,05 Mark. Diese fünf Pfennig wurden dem Kulturfonds gutgeschrieben. Das galt natürlich auch für alle Theater-, Opern- und Kinokarten. Ebenso kam der Preis (→ EVP) für Langspielplatten von 12,10 (Klassikplatten bei → Eterna) bzw. 16,10 DM (alle → Amiga-LPs) zustande.

KULTURBEUTEL

Umgangssprachliche Bezeichnung für die Verpackung von Hygieneartikeln auf Reisen. Kulturbeutel wurden direkt unter dieser Bezeichnung in Drogerien angeboten und waren im wesentlichen aus Kunststoff- oder Kunststofffasern hergestellte, verschließbare Taschen, die für den Tagesbedarf ausreichten. Allerdings war der Kunststoff nicht besonders strapazierfähig.

KULTURBUND

Sozialistische Massenorganisation. Ins Leben gerufen, um kulturell Tätige und Interessierte, insbesondere Angehörige der Intelligenz der verschiedenen Berufe, zu vereinen. Ziel ihres kulturpolitischen Wirkens sollte es sein, die weitere Herausbildung von Kultur und Kunst in der sozialistischen Gesellschaft zu fördern. Der Kulturbund wurde am 03.07.1945 in Berlin als »Kulturbund zur demokratischen Erneuerung Deutschlands« gegründet. Im Zusammenhang mit dem Entstehen der DDR entwickelte sich der Kulturbund zu einer kulturpolitischen Massenorganisation, die sich seit dem VIII. Bundeskongreß nur noch Kulturbund nannte. Er half, Organisationen der Schriftsteller, bildenden Künstler und Komponisten aufzubauen und die Gründung einer Gesellschaft zur Verbreitung wissenschaftlicher Kenntnisse (→ URANIA) vorzubereiten. Von Anfang an war er in der Volkskongreßbewegung und seit 1949 auch in der → Volkskammer und den örtlichen Volksvertretungen durch Abgeordnete vertreten. In den Folgejahren hat er mitgewirkt, in Stadt und Land eine sogenannte sozialistische künstlerische Intelligenz heranzubilden. Sein höchstes Organ war der Bundeskongreß, der alle fünf Jahre einberufen wurde. Der Kulturbund hatte entsprechende Klubs/Klubhäuser in den Städten.

KULTURELLES ERBE

Bedeutsamer Begriff für die Führung der DDR, die stets auf der Suche nach den eigenen Wurzeln war. Dem kulturellen Erbe wurde also jede geschichtliche Gestalt oder jedes geschichtliche Ereignis zugerechnet, das potentiell progressiv war. Damit wollte man eine Art Nationalbewußtsein der DDR auch historisch unterlegen bzw. einen Nationalstolz der DDR-Bürger fördern. Allein die Wurzeln der deutschen Arbeiterbewegung dafür heranzuziehen, war auf die Dauer keine Lösung. Schließlich reicht die deutsche Geschichte und Kultur weit länger zurück. So wurden in Goethes Faust progressive Ansätze hineininterpretiert und dankbar nach jeder Kritik an den herrschenden Verhältnissen gegriffen. Luther als Kirchenmann stand genauso im Blickpunkt wie Thomas Müntzer und die frühbürgerliche Revolution (z.B. → Tübkes riesiges Wandgemälde zum deutschen Bauernkrieg). Aber auch die Architektur des Barock in Sachsen unter August dem Starken oder der Klassizismus Weimars und Gothas sowie die Ideen eines Walter Gropius fanden nach und nach Eingang in das kulturelle Erbe, auf das sich die DDR berief.

KULTURFONDS

Für kulturelle Zwecke eingerichteter Finanzfonds innerhalb der Kreise und Bezirke. In ihn flossen neben bestimmten Abgaben aus den Betrieben auch die → Kulturabgaben aus Veranstaltungen. Aus dem Kulturfonds wurden dann solche Veranstaltungen wie die → Arbeiterfestspiele oder die Poetenbewegung finanziert oder Honorare für Auftragskunst beglichen. Außerdem unterhielt die DDR über diesen Fonds seine → Kulturhäuser, was man diesen in der Regel auch ansah.

KULTURHAUS

Gebäude in Städten und Gemeinden, oft als Mehrzweckgebäude errichtet oder genutzt, in dem Kulturveranstaltungen auf örtlicher Ebene abgehalten wurden. So war in den Dörfern das Kulturhaus meist ein Saal, in dem neben → Jugendtanzveranstaltungen auch Kinovorführungen oder Versammlungen abgehalten werden konnten. Kreisstädte oder kreisfreie Städte verfügten oft schon über ein besser ausgerüstetes Kulturhaus, in dem auch verschiedene Arbeitsgemeinschaften ihre Heimstatt fanden. Der Saal konnte dort in der Regel zu einer Theaterbühne umfunktioniert werden. Viele Kulturhäuser waren ehemalige Tanzgaststätten mit großem Saal.

KULTUROBMANN

Der Kulturobmann wurde von der Gewerkschaftsgruppe gewählt und sollte dort auf der Grundlage der Beschlüsse der Gewerkschaften, vor allem auf Basis der von der → BGL festgelegten kulturellen Maßnahmen und der Interessen und Bedürfnisse der Gewerkschaftsmitglieder das kulturelle Leben in der Brigade oder Gruppe anregen, dafür Initiativen entwickeln und gemeinschaftliche Aktivitäten organisieren. Der von den Mitgliedern der Gewerkschaftsgruppe gemeinsam erarbeitete → Kulturplan war das Arbeitsprogramm des Kulturobmannes. Er griff die Vorschläge aus dem Kollektiv auf und brachte selbst welche ein, kümmerte sich um Theaterkarten, organisierte gemeinsame Ausflüge usw.

KULTURPALAST

In den Jahren 1966–69 in der Dresdner Innenstadt errichtetes Mehrzweckgebäude für kulturelle Veranstaltungen, so für das → Dixieland-Festival, das → internationale Schlagerfestival, für Fernsehshows, aber auch für Kongresse und politische Veranstaltungen. Die Westseite ziert das monumentale Wandbild »Der Weg der Roten Fahne« von Gerhard Bondzin, das unter Mitwirkung einer Studentengruppe der Hochschule für Bildende Künste in Dresden entstand.

KULTURPARK/KULTI

Im Berliner Stadtbezirk Treptow gelegener Vergnügungspark mit dem größten Riesenrad der DDR und einer kleinen Freilichtbühne. Auf ihr fanden jahrelang Mittwochskonzerte statt, bei denen anerkannte Bands aus der Musikszene der DDR auftraten. Wurde Anfang der 80er Jahre auch zu einem beliebten Treff der Ostberliner Punks, wogegen dann die → VP vorging.

KULTURPLAN

Definiert als ein »Arbeitsprogramm der Gewerkschaftsgruppen zur planmäßigen Förderung gemeinschaftlicher und individueller Aktivitäten, die auf die systematische Erhöhung des Kultur- und Bildungsniveaus sozialistischer Persönlichkeiten und die Ausprägung ihrer Lebensweise gerichtet sind.« Er wurde auf der Grundlage kollektiver und individueller Verpflichtungen im Betrieb meist für ein Jahr aufgestellt. Die → BGL gab Anleitung bei der Aufstellung des Planes und förderte die Umsetzung durch das → Kollektiv. Die → Schulen der sozialistischen Arbeit, ökonomisch-kulturelle Leistungsvergleiche zwischen den Gewerkschaftsgruppen und Arbeitskollektiven sowie → Betriebsfestspiele unterstützten die Realisierung des Kulturplanes. Der Kulturplan war Bestandteil des Kampfes um den Titel → Kollektiv der sozialistischen Arbeit. Er sollte über die allseitige Entwicklung der Persönlichkeit aktiv auf das schöpferische Wetteifern zur Erfüllung und Übererfüllung der betrieblichen Planaufgaben wirken.

KULTURPOLITIK

War Teil der Gesamtpolitik der → Partei, des von ihr geführten sozialistischen Staates und der mit ihr verbündeten Parteien und Massenorganisationen. Inhalt und Aufgaben der Kulturpolitik in der DDR waren bestimmt vom strategischen Ziel der Partei in der jeweiligen Entwicklungsetappe der DDR. Die Kulturpolitik der DDR verlangte von sich die offensive Propagierung der kulturellen Werte des Sozialismus bei gleichzeitiger Aufgeschlossenheit für alle kulturellen Leistungen aus nichtsozialistischen Ländern. Damit wollte sie, zumindest offiziell, einen konstruktiven Beitrag zur Durchsetzung der Politik der friedlichen Koexistenz zwischen den Gesellschaftsordnungen liefern. Das lief dann häufig in Form von Kampagnen und Wellenbewegungen ab: erst Öffnung und Tauwetter, dann wieder ein Umschlagen in eine repressive Phase, dann wieder zeitweilige Öffnung usw. Typisch war auch wie bei vielem in der DDR eine Diskrepanz zwischen der postulierten Kulturpolitik und dem realen Handeln der Kulturfunktionäre.

KULTURSCHAFFENDE

Sammelbegriff für alle bildenden Künstler, Schriftsteller, Theater- und Filmschaffenden, Komponisten und Musiker, Architekten und Baukünstler. Sie waren nach Auffassung der DDR-Führung schöpferisch tätig, um das kulturelle Niveau des Lebens in der DDR zu erhöhen. Ihre Werke sollten dazu dienen, den gesellschaftlichen Reichtum auf dem Gebiet der Kultur und Kunst zu mehren. Dabei wurde stets Wert auf die Umsetzung der Maxime des → sozialistischen Realismus gelegt.

KUMPELTOD

Akzise- bzw. steuerfreier Trinkbranntwein für Bergleute, ging auf alte Traditionen zurück. Sie erhielten je Monat den Bezugsschein für einen Liter dieses Schnapses und konnten ihn für 3,45 Mark erwerben.

KUNDE

1. Klassenneutrale Form, die ein Mensch annimmt, sobald er sich als jemand zu erkennen gibt, der Ware erwerben möchte. In der

DDR gab es die Besonderheit, daß es außer Kunden auch gute Kunden gab, denen durch besondere Bewegungen der Verkäufer oder Verkäuferinnen die → Bückware zugänglich gemacht wurde. Denn: In der DDR waren alle gleich, nur manche gleicher. 2. Szenebegriff für Jugendliche, die sich durch ihr Outfit und Handeln als Anhänger von Ansichten der Hippiebewegung und ähnlicher Trends aus dem westlichen Ausland zu erkennen gaben und damit in offener Opposition zur sozialistischen Moral standen. → Trampen, → Fleischerhemd. Da diese Kunden meist im Umfeld von Dorfgasthöfen, Klubhäusern und Kirchen anzutreffen waren, in denen Blues, Bluesrock, Hardrock bzw. Adaptionen à la Crosby, Stills, Nash & Young gespielt wurden, bezeichnete man sie auch als Blueser. Lieblingsgetränke waren Rotwein und Bier, das man sich beim Tanzen oder Air-Guitar-Spielen zu Musik von Neil Young, Janis Joplin oder Iron Butterfly auch mal über den Kopf kippte. Hatten oft ihre Stammbands, bei deren Konzerten sie mit Sicherheit auftauchten. Gingen in der Regel aber einem normalen Beruf nach, auch wenn sie von ordnungsliebenden Bürgern gerne als »langhaarige Asoziale« beschimpft wurden.

KUNDENBUCH

Lag für den Kunden in den Verkaufsstellen der DDR-Handelsorganisationen frei aus. Er konnte darin seine persönlichen Hinweise und Bemerkungen oder Beschwerden niederschreiben. Gedacht war es als eine Form der Mitbestimmung und Verbesserung der Verkaufskultur. Kundenorientierte Auswertung der Eintragungen sollten helfen, daß die → Werktätigen im Handel besser auf die Kunden eingehen konnten. Da sich jedoch die meisten Beschwerden auf qualitative Mängel an den Waren oder das Fehlen bestimmter Waren bezogen, für das die Mitarbeiter im Handel entweder gar nichts konnten oder bei denen ihr Einfluß auf die Behebung der Mängel denkbar gering war, verkam dieses Medium der Kommunikation mehr und mehr zu einer Meckerecke, um die sich sowieso niemand kümmerte.

KUNST IST WAFFE

Zitat von Friedrich Wolf, das erstmals in der → Formalismusdebatte Einzug in die DDR-Kunst hielt und darüber hinaus stets verwendet wurde, um die Kunst der DDR in das Korsett des → sozialistischen Realismus zu pressen. Die Idee, Kunst als Waffe im Klassenkampf zu verwenden, ist so alt wie die Arbeiterbewegung. In der DDR bedeutete das jedoch die → parteiliche Wertung der objektiven Realität. So entstanden Werke, die von der Führung der DDR bestellt, dem Leser oder Betrachter einen sozialistischen Menschen präsentierten, den er im Alltag nicht vorfand. Außerdem verhinderte dieser Begriff und seine strikte Anwendung jahrelang künstlerische Äußerungen spezieller Gruppen der Gesellschaft, wie z.B. Rockmusik oder Punk, Unterhaltungsliteratur, erotische Darbietungen innerhalb der darstellenden Kunst. Die Zeit zeigte jedoch, daß diese bestellten Kunstwerke selten etwas taugten und ihre Anerkennung unter der Bevölkerung fraglich war. Es kam aber auch oft vor, daß die Auftraggeber, also direkt oder indirekt die zuständige Parteileitung, mit der Auftragsarbeit gar nicht zufrieden waren, wie dies z.B. bei → Tübkes Wandbild »Arbeiterklasse und Intelligenz« 1973 der Fall war. Tübke konnte sich durchsetzen, andere Künstler nicht. Deren Bilder wurden entweder übertüncht oder verschwanden tief in Archiven. So wurde Wolfgang Peukers Wandbild »Welttheater« im Eingangsbereich des neuerrichteten Leipziger Gewandhauses (1981) mit Paneelen abgedeckt.

KUNSTAUSSTELLUNG DER DDR, BEZIRKSKUNSTAUSSTELLUNG

Leistungsschau der bildenden Künstler der DDR. Sie fand im zweijährigen Turnus auf Bezirksebene und alle vier Jahre als DDR-Kunstausstellung (in Dresden) statt. Die Exponate für die Kunstausstellung der DDR hatten sich vorher auf den Bezirkskunstausstellungen in den jeweiligen Bezirken für die zentrale Veranstaltung qualifiziert. Dabei legten die Bewertungskommissionen vor allem ihr Augenmerk auf die Umsetzung der Prinzipien des → sozialistischen Realismus in der bildenden Kunst.

KUNSTGEWERBE

Kunsthandwerk. Zum Kunstgewerbe zählte man in der DDR Weberei, Wirkerei und Stickerei, die Gestaltung von Glas, Keramik und Porzellan, Metallarbeiten wie Gold-, Kunstschmiede- und Emaillearbeiten, Lederarbeiten (zum Beispiel Bucheinbände), Holzarbeiten und die Gestaltung von Möbeln.

KUTTE

Oberbekleidungsstück. Aus sehr strapazierfähigem Material gefertigt, ähnelte die Kutte einem Parka. Allerdings war die Kutte, die zwar ein herausnehmbares Winterfutter besaß und über eine Kapuze verfügte, kein ausgesprochenes Winterkleidungstück, weil die in der DDR verkauften Kutten kaum Luftpolster zwischen dem Futter und dem Obermaterial erzeugten und damit ein schlechtes Wärmedämmvermögen besaßen. Sie saugte sich bei Regen schnell voll Wasser. Außerdem sah man einer Kutte ihre Herkunft aus der DDR ihres Designs wegen immer an. Trotzdem hielt sie sich fast 30 Jahre lang in der DDR als Jugendkluft.

KWV

Kommunale Wohnungsverwaltung. Die KWV war im jeweiligen Territorium der größte Wohnungsverwalter. Sie besaß neben eigenen Immobilien auch reichlich Wohnraum in der Verwaltung, der sich in Privatbesitz befand. Außerdem hatte sie praktisch das Monopol für die Verteilung des ohnehin knappen Wohnraumes inne. Sie entschied, wer wann welche Wohnung bekam.

L

LADA

PKW-Marke aus der Sowjetunion. Die ersten Lada waren noch Lizenzproduktionen des FIAT 126, später entwickelte das Werk in Togliatti eigene Fahrzeuge auf dieser Basis: den Lada 2105, 2107 und den Samara, alle mit Viertaktmotoren. Lada waren die begehrtesten Importautos in der DDR, da ihnen immer noch der Hauch Westlichkeit anhaftete und sie der russischen Bauart wegen sehr robust waren. Sie waren beliebte Dienstwagen. → Shiguli und → Polski-Fiat.

DIE LAST, DIE DU NICHT TRÄGST

Roman von Roswitha Geppert über eine Familie, deren Kind mit PKU zur Welt kommt. Unerkannt bis zum dritten Lebensjahr, schädigt die Krankheit das Gehirn des Kindes so weit, daß eine normale Entwicklung unmöglich ist. Die Autorin schildert in knapper Form und trotzdem nachhaltig beeindruckend den Kampf der Mutter um ihr Kind, bis zur Selbstaufgabe das Scheitern des Vaters an dieser Aufgabe und die begrenzten Möglichkeiten der damals noch jungen DDR, diese Kranken optimal zu versorgen. Der Roman war der erste seiner Art in der DDR und wurde nicht zuletzt deswegen stark beachtet. In den Folgejahren nahmen sich immer wieder Autoren der Thematik psychisch Kranker an, ohne jedoch immer die

Klasse dieses Romans zu erreichen. (Mitteldeutscher Verlag Halle-Leipzig 1978)

LAUTERGOLD

Der VEB Getränkewerk Lautergold in Lauter/Erzgebirge produzierte u.a. den »Blauen Bison«, einen Wodka, den »Steinhäger«, einen Kräuterlikör, und den beliebten Pfefferminzlikör. Der Betrieb, 1734 von königlich-sächsischen Laboranten gegründet, wurde in der DDR verstaatlicht. Heute führt der Familienbetrieb als Lautergold Paul Schubert GmbH die alte Kunst des Brennens in der 9. Generation fort. Das Spirituosen-Museum im Ort informiert ausführlich über die lange Tradition des Unternehmens.

LDPD

Liberal-Demokratische Partei Deutschlands, 1945 von bürgerlichen Kräften gegründete Partei antifaschistisch-demokratischer Ausrichtung. Im Laufe der Jahre verstand sich diese Partei vor allem als Vertreter der Intelligenz und gehörte als »Blockpartei« zu den politischen Stützen der DDR-Gesellschaft. Sie stellte 52 Abgeordnete in der → Volkskammer, ihre Parteizeitung war »Der Morgen«. Nach der Wiedervereinigung schloß sich diese Partei der FDP an.

DIE LEGENDE VON PAUL UND PAULA

Film nach einem Szenarium von Ulrich Plenzdorf (geb. 1934) mit Angelica Domröse und Winfried Glatzeder in den Titelrollen (→ DEFA 1972/1973, Regie Heiner Carow). Die Filmmusik schrieb Dieter Birr von den Puhdys. Dieser Film zeigte erstmals nicht die Wirklichkeit realistisch, sondern war bestrebt, die Schauspieler darstellen zulassen, was in den Figuren vorging. Diese inneren Vorgänge wurden bildlich dargestellt. Plenzdorf sagte dazu: »... wir wollten darstellen, was hätte sein können.« Ein Höhepunkt des Filmes ist die Szene, als Paul zu Paula geht und auf diesem Weg unter Beifall der anderen Hausbewohner ihre Tür mit der Axt einschlägt.

Ein andere Szene wurde später herausgenommen: Paul kommt in → Kampfgruppenuniform kurz zu ihr und muß dringend zu einer Übung, aber Paula verführt ihn und zieht ihm die Uniform aus. So etwas durfte einem ideologisch geschulten Klassenkämpfer nicht passieren, also wurde geschnitten. Neu an der Figur der Paula war, daß sie (im Gegensatz zu Paul) so gar keine Ambitionen hatte, Karriere zu machen oder den Sozialismus aufzubauen. Sie will einfach nur ein schönes, sorgloses Leben mit ihren Kindern führen. Das bürstete das sozialistischen Frauenbild gegen den Strich.
Hits wurden die von den Puhdys gespielten Lieder aus dem Film »Wenn ein Mensch lebt« und »Geh' zu ihr (und laß deinen Drachen steigen)«. Jeder junge Mensch in der DDR wußte, welchen Drachen Dieter Birr meinte. Trotzdem ging der Text durch die Kulturzensur der DDR. Es waren allerdings Fremdkompositionen: »Wenn ein Mensch lebt« (vgl. »Spicks and Specks« von den Bee Gees) und »Geh zu ihr« (vgl. »Look wot you dun« von Slade).

LEHRERTAG

12. Juni, richtig: Tag des Lehrers. Dieses Datum wurde gewählt, weil am 12. Juni 1946 in der damaligen sowjetischen Besatzungszone das »Gesetz der Demokratisierung der deutschen Schule« in Kraft trat. Seit 1951 wurde dieser Tag als offizieller Ehrentag der Pädagogen in der DDR begangen. Die persönliche Anerkennung der Arbeit der Pädagogen durch die Schüler hing dagegen weitestgehend vom Respekt gegenüber dem Lehrer ab oder aber, welche Zensur auf dem Zeugnis aufgewertet werden mußte oder sollte. An diesem Tag brachten die Schüler ihren Klassenlehrern meist Blumen oder kleine Geschenke mit, am Nachmittag fand im Lehrerkollegium eine Feier statt. An diesem Tag wurden ebenfalls Auszeichnungen überreicht, z.B. »Verdienter Lehrer des Volkes«, eine Auszeichnung, die vom Minister für Volksbildung verliehen wurde.

LEHRKÖRPER

Offizielle Bezeichnung für ein Kollegium an Hoch- und Fachschulen sowie → POS und → EOS. Dabei ging man sicher davon aus, daß ein Körper gemeinsame Anstrengungen zum Erreichen eines Zieles unternimmt. Ungeachtet dessen gibt es aber bei jeder körperlichen Bewegung Muskeln, die kontrahieren und Muskeln, die sich entspannen. Das heißt, es dürfte wohl kaum Lehrkörper gegeben haben, die sich so uniform präsentierten, wie es die Bezeichnung suggerieren will.

LEIPZIGER MESSE

Industriemustermesse. Leipzig als Messestandort geht bereits auf das Mittelalter zurück, als Leipzig als Hansestadt das Messerecht durch die Hanse zugesprochen wurde, das vorher die Stadt Erfurt besaß. In der DDR wurde in Leipzig zweimal im Jahr Messe abgehalten, im Frühjahr und im Herbst. Im Lauf der Jahre entwickelte sich Leipzig zu einer Drehscheibe des Ost-West-Handels, weil hier die Vertreter der westlichen Konzerne mit den Handelsvertretern der staatlichen Importbetriebe aller → RGW-Länder zusammentrafen und die Volkswirtschaften der Mitgliedsstaaten des RGW ihre Erzeugnisse zur Schau stellten. Im Gegensatz zu den heutigen branchenspezifischen Messen, wie der CeBit in Hannover oder der ISH in Frankfurt am Main, stellten auf der Leipziger Messe ganze Volkswirtschaften aus. Die Ausstellungsflächen wurden nicht firmenweise, sondern länderweise vergeben, und der Schwermaschinenbau konnte neben dem Kunstgewerbe plaziert sein. Die Sowjetunion hatte einen eigenen großen Pavillon auf dem Messegelände. Außerdem fand jedes Frühjahr im Messehaus am Markt die Leipziger Buchmesse statt, ein Muß für alle interessierten Leser der DDR, allerdings auch für viele eine frustrierende Erfahrung, da ihnen ein Großteil der ausgestellten Literatur nicht zugänglich war, u.U. nicht einmal die aus den DDR-Verlagen selbst. In den Messewochen waren alle Hotels ausgebucht, viele Messebewohner mieteten sich bei

Messestadt Leipzig: Alte und moderne Architektur in der Katharinenstraße, 1965

privaten Vermietern ein, die Stadt war voll von Geschäftsreisenden, die sich abends amüsieren wollten, es gab Messeprostitution und Messepreise in der Gastronomie – aber auf einmal wurden sogar die Gerichte aus der Küche gebracht, die auf der Speisekarte standen (denn sonst hieß es ja: Hamm wa nich, is aus). Kurz: Leipzig lebte kurzzeitig auf.

LEISTUNGSSTIPENDIUM

Form der materiellen Stimulierung von Studenten an Universitäten, Hoch- und Fachschulen in der DDR. Jeder Student, dessen Semesterleistungen im Durchschnitt besser als die Note 2,5 lagen, bekam im Monat 60 Mark mehr, besser als 2,0 betrug die Zulage 120 Mark und besser als 1,5 gab es 180 Mark mehr. Außerdem konn-

Leipziger Neubausiedlung am Bayrischen Bahnhof, 1968

ten Auserwählte auch Sonderstipendien verliehen bekommen. So verlieh der Zentralrat der → FDJ das Wilhelm-Pieck-Stipendium in Höhe von 350 Mark monatlich und das Zentralkomitee der SED das Karl-Marx-Stipendium in Höhe von 450 Mark monatlich.

LETSCHO

Ungarisches Gemüsegericht aus Tomaten, Gemüsepaprika, Salz, Zucker und Gewürzpaprika. Letscho wurde zu kurzgebratenem Fleisch, z.B. Schweinesteak, gereicht und war im Handel meist aus bulgarischer Produktion zu erhalten. Allerdings gehörte Letscho in vielen Verkaufsstellen zur → Bückware.

LEUNA

Winziges Dörfchen im Anhaltinischen, das 1916 mit dem ersten Spatenstich der BASF für ein Ausgangsstoffwerk für die Munitionsherstellung den Namen für eines der größten Industriezentren Deutschlands hergab. Nachdem durch den Alliierten Kontrollrat die Enteignung der IG Farben AG beschlossen worden war, gingen die Leuna-Werke zunächst in sowjetischen Besitz über und wurden ab 1952 als →VEB Leuna-Werke »Walter Ulbricht« eine der ersten und wichtigsten Stützen der Großindustrie in der DDR. Der Einzugsbereich dieses Industriegiganten reichte allein entlang der Bahnstrecke Erfurt–Berlin von Weißenfels bis Halle/Saale. Von dort verkehrten Schichtzüge direkt zu den Werken und transportierten jeweils mehr als tausend Beschäftigte an ihren Arbeitsplatz.

LINDA NEUTRAL

Waschpaste aus dem VEB Linda-Werk, Stammbetrieb des VEB Kombinat Linda Schwerin. Linda neutral kam in Dosen verpackt in den Handel und war vor allem als Reisewaschmittel gedacht, wo es als pH-neutrales Waschmittel in der Handwäsche eingesetzt werden konnte.

LIPPI

Spitzname für → Wolfgang Lippert. Der Kosename »Lippi« wurde dabei geschickt benutzt, um Wolfgang Lippert zu einem Sympathieträger für das Publikum zu machen. Weiteres über Wolfgang Lippert → Erna kommt.

LIPSI

Eigens entgegen den westlichen Tänzen wie Mambo oder dem gerade aktuellen Twist in Leipzig von dem Tanzlehrerehepaar Christa und Helmut Seifert kreierter Tanz in den 60er Jahren. Allerdings verschwand dieser Tanz im 6/4-Takt bereits nach einigen Jahren wieder in der Versenkung. Er war ein reines Kunstprodukt. Ein weiterer Versuch, einen DDR-eigenen Tanz zu erfinden, war der Orion, der ebenfalls keinen Erfolg hatte.

LITERA

Plattenlabel des VEB Deutsche Schallplatten, unter dem Produktionen der Sprechkunst veröffentlicht wurden. So erhielt man unter Litera die Sketche von → Herricht und Preil, → Ottokar Domma als Autorenlesung, den »Letzten Mohikaner« in einer Hörspielbearbeitung nach J. F. Cooper, aber auch die pathetischen → Agitprop-Gedichte, die dann im Literaturunterricht behandelt wurden.

LKG

Leipziger Kommissions- und Großbuchhandel. Einziger Großhandelsbetrieb der DDR für den Buchhandel und zugleich Auslieferer und Buchlager für fast alle DDR-Verlage. Litt gegen Ende der DDR wie die gesamte Wirtschaft an undichten Lagerdächern, dem Ausbleiben der nötigsten Investitionen und wenig motivierten Lagerarbeitern.

LO

Leichter LKW der Marke → Robur, war als Spezialversion im Einsatz bei der → VP, bei der Bereitschaftspolizei und den → Grenztruppen der DDR.

LOK LEIPZIG

Fußballclub der Deutschen Reichsbahn. Der 1. FC Lokomotive Leipzig gehörte lange Jahre zu den Spitzenclubs der DDR. Der Verein war mehrfacher Pokalsieger der DDR und erreichte seinen größten Erfolg 1987, als im UEFA-Cup das Endspiel gegen Ajax Amsterdam in Athen erreicht wurde. In Leipzig gab es immer die klassische Rivalität zwischen den Anhängern von Lok Leipzig und dem FC Chemie Leipzig, vergleichbar mit der Rivalität zwischen dem → BFC und dem 1. FC Union Berlin (→ Eisern Union). Dabei ging es aber, gemessen an heutigen Hooligan-Schlachten, ausgesprochen friedlich zu.

LPG

Landwirtschaftliche Produktionsgenossenschaft. Mit der Bildung von LPGs und der damit realisierten Kollektivierung der Landwirtschaft wurde durch die Führung der DDR Anfang der 50er Jahre das sozialistische Eigentum auf dem Land durchgesetzt. Dazu wurden Arbeiter als Agitatoren aufs Land geschickt und z.T. massiver Druck auf die Bauern ausgeübt. Es wurden aber auch sog. Maschinen- und Traktorenstationen (MTS) gebildet, die vor allem den neugegründeten LPGs unter die Arme griffen. In der Phase der LPG-Bildung unterschied man drei Typen der LPG: Typ 1: Das von den Mitgliedern eingebrachte Ackerland wurde genossenschaftlich genutzt und bewirtschaftet. Das Grünland und die Viehbestände wurden noch individuell betreut. Typ 2: gemeinschaftliche Nutzung des Ackerlandes, des Maschinenparks und des Zugviehs. In diesem Typ begann die Durchsetzung sozialistischer Leitungsprinzipien. Typ 3: genossenschaftliche Nutzung des Bodens, der Viehbestände, der

Hehres Ziel der LPG: Hohe Erträge durch Industrialisierung der Landwirtschaft

Maschinen und der Wirtschaftsgebäude, soweit möglich. Jede Familie besaß jedoch das Recht auf eine individuelle Hauswirtschaft. Mit der Bildung der LPGs realisierte die Führung der DDR die industrielle Großproduktion in der Landwirtschaft. In Folge der immer größer werdenden Spezialisierung bildeten sich nach und nach LPGs heraus, die sich ausschließlich mit der Pflanzen- oder der Tierproduktion beschäftigten. Ein nächster Schritt war der Zusammenschluß mehrerer LPGs zu Kooperativen Abteilungen Pflanzen- oder Tierproduktion (KAP/KAT).

LUAMOI

Vietnamesischer Reisschnaps. Diese Spirituose wurde aus Vietnam importiert und tauchte etwa zu der Zeit erstmals in den → delikat-Verkaufsstellen auf, als tausende vietnamesische → Vertragsarbeiter in die DDR kamen. Ein anderes Importgut aus Vietnam waren die beliebten Reismatten. Die Reismatten auf dem Fußboden, einige alte Möbel von Oma und eine japanische Papierlampe aus dem → Intershop, fertig war die Einrichtung der Studentenwohnung (Ikea eroberte Ostdeutschland erst in den 90er Jahren).

LUNIKOFF

Preisgünstige Wodkamarke aus dem VEB Weinbrand Wilthen.

LUXOMAT

Schwarz-Weiß-Fernsehgerät aus dem VEB Fernsehgerätwerk Staßfurt. Bevor es in der DDR gelang, annähernd bedarfsdeckend Farbfernsehgeräte zu produzieren, wurde mit dem Luxomat, der zum Preis von 2050 Mark verkauft wurde, ein Standardgerät geschaffen, das in großen Mengen produziert wurde und auch verfügbar war. Für junge Leute war es meist das erste eigene Fernsehgerät und so sehr es sich auch über die Zuverlässigkeit von Geräten aus der Staßfurter Produktion streiten läßt, gab es doch mit diesem Typ relativ wenig Probleme.

LUTHERSTADT WITTENBERG

Kreisstadt im ehemaligen Bezirk Halle. Wittenberg bekam den Beinamen Lutherstadt, weil von dort die Reformationsbewegung ausgegangen ist. An den Dom zu Wittenberg schlug Martin Luther (1483– 1546) am 31.10.1517 seine 95 Thesen und löste damit die Reformation aus, aus der die heutige evangelische Kirche in Deutschland hervorging. 1983 wurde Luther in der DDR anläßlich seines fünfhundertsten Geburtstages groß in einem »Lutherjahr« mit zahlreichen Veranstaltungen und Publikationen geehrt. Dabei bemühte sich die DDR-Geschichtswissenschaft, Luther ins → kulturelle Erbe der DDR einzufügen. Im »Lutherjahr« wurden sogar die Gedenkstätten in Wittenberg kräftig renoviert, während die Stadt mit ihrer alten Bausubstanz weiter verfiel.

M

MACH MIT, MACH'S NACH, MACH'S BESSER

Sendereihe für Kinder bis zu zehn Jahren. Inhalt waren sportliche Wettbewerbe und Wissensrunden, die Anregungen zum Mit- und Nachmachen geben sollten. Die Sendungen, die in der Regel alle vier bis sechs Wochen sonntagvormittags ausgestrahlt wurden, trugen einen betont unterhaltenden Charakter. Die Sendung startete am 20.12.1964 mit dem einstigen Geher Gerhard Adolph als Adi und seiner kessen Assistentin Angelika. Auch wenn im Laufe der Jahre bis zum 1.12.1991 immer wieder einmal eine zur Frau gewordene Assistentin durch ein junges Mädchen ersetzt wurde, blieb das Konzept dieser Sendung erhalten und erfolgreich. Die Auswahl der Schulmannschaften lief bereits Monate vorher über Ausscheidungswettkämpfe in den Kreisen und Bezirken der DDR und hier wurde bereits hart darum gerungen, einmal im Fernsehen auftreten zu dürfen.

MACHTORGANE

Staatsorgane der DDR, die auf Grund ihrer Gliederung in territorialer Hinsicht und nach ihren Kompetenzen dazu dienten, die Machtverhältnisse im Staat zu schützen. Nach der Leninschen Definition des Staates war die Schutzfunktion eine vordringliche Aufgabe des Staates. Deshalb wurden in der DDR verschiedene Machtorgane gebildet, die in der Lage waren – falls nötig auch mit bewaffneter Gewalt –, die Macht im Staat auszuüben. Das waren die → NVA für den militärischen Schutz, die → VP für die Ordnung und Sicherheit im Innern, die → Grenztruppen für die Sicherung der Staatsgrenzen und das → Ministerium für Staatssicherheit für die Spionageabwehr im Innern und die Aufklärung im Ausland. Indirekt waren es aber auch die Truppen der Sowjetarmee, die in der DDR stationiert waren, wie sich deutlich am 17. Juni 1953 zeigte, als die russischen Panzer eingriffen, und 1989, als die DDR-Regierung eben keine Unterstützung durch russische Panzer mehr hatte.

Panzersoldat am Tag der NVA 1979 –
Der Staat demonstriert Stärke und Gefechtsbereitschaft

MAGAZIN
Erschien erstmals 1924 als Frauenzeitschrift, die sich vor allem an Hausfrauen wandte. Nach siebzehn Jahren wurde 1941 der Druck eingestellt. 1954 erschien nach dreizehn Jahren Druckpause »Das Magazin« zum ersten Mal in der DDR. Es erhob den Anspruch auf Unterhaltung, Bildung und Geschmacksbildung. Es enthielt u.a. Einrichtungs- und Modetips und erotische Erzählungen. In dieser Zeitschrift wurde außerdem zuerst recht zaghaft, später ganz selbstverständlich Aktfotografie veröffentlicht. Das hob die Auflage und

Immer auf der Wacht: NVA-Soldat während der Gefechtsausbildung im Gelände, 1967

ließ die Zeitschrift zur → Bückware werden. Abonnements dieser Zeitschrift wurden mit bis zu vierstelligen Markbeträgen gehandelt.

MAHN- UND GEDENKSTÄTTE

Stätten zur Ehrung von Opfern des Widerstandskampfes gegen den Faschismus. In aller Regel an Stellen errichtet, an denen Kämpfer gegen den Faschismus interniert, gefoltert und hingerichtet wurden. Bemerkenswert war dabei wiederum die → Parteilichkeit der Betrachtung. Kämpfer gegen den Faschismus waren nahezu ausschließlich Angehörige der Arbeiterklasse und ihrer Partei. In den Betrachtungen waren die Juden reine Verfolgte eines unmenschlichen Regimes, andere Verfolgte des Nationalsozialismus wurden nicht oder erst spät anerkannt, wie z.B. Deserteure, aus religiösen Gründen Verfolgte, Homosexuelle, Widerständler des 20. Juni u.a.

Kundgebung an der Mahn- und Gedenkstätte in Berlin Friedrichsfelde 1984, anläßlich des 65. Jahrestages der Ermordung von Rosa Luxemburg und Karl Liebknecht

(→ Opfer des Faschismus). Da der kommunistische, schon weniger der sozialdemokratische Widerstand zu den Wurzeln der SED gehörte, sonnte sich die SED-Führung an diesen Stätten im Licht ihrer Märtyrer (→Ehrenhain). So fuhren FDJler zur Vorbereitung auf die → Jugendweihe nach Buchenwald, Sachsenhausen oder Dora-Mittelbau, um dort über den Kampf gegen Unterdrückung aufgeklärt zu werden. Das war und ist wichtig für die Entwicklung jedes einzelnen. Wichtiger ist jedoch im Interesse der Glaubwürdigkeit dieser Gedenkstätten und Museen die Tatsache, wie differenziert solche Widerstandsbewegungen zu betrachten sind und welche Motive den einzelnen dazu führten. Letztlich wurden die durchaus berechtigten Mahn- und Gedenkstätten so politisch instrumentalisiert, ja sogar mit neuen Tabus belegt, denn über die Verwendung der Lager durch das NKWD (sowjetischer Geheimdienst) nach 1945 wurde der Mantel des Schweigens gebreitet. Bedenklich war der Umgang mit dem Hitler-Faschismus generell, denn als ehemalige Verfolgte brauchten sich die Kommunisten ihrer Meinung nach nicht mit dem Faschismus auseinanderzusetzen. Da der Faschismus als systemimmanente Folge des Imperialimus betrachtet wurde, galt er als überwunden. Es fehlte aber in der DDR an vielen Stellen an Selbstbewußtsein, Freiheitsliebe und Zivilcourage.

MAIDEMONSTRATION

Verordnete Großveranstaltung zur Demonstration der Einheit von Volk und Partei. Auf ihr sollten die → Werktätigen den → Genossen dokumentieren, daß sie auf ihrem Platz in der Gesellschaft der DDR um höchste Leistungen für das Ganze kämpften. Dazu wurde ein organisierter Demonstrationszug, begleitet von Lautsprecheransagen, Parolen und Marschmusik, an einer Tribüne vorbeigeleitet, auf der die Ortsgrößen saßen. In Berlin waren das Parteispitze und Regierung, in den Bezirksstädten die Bezirkssekretäre, die Spitzen des Rates des Bezirks, die Bürgermeister, Schulräte und sonstige Funktionäre. Während man in den Anfangsjahren der DDR noch einfallsreich mit geschmückten Wagen der Betriebe demonstrierte, nahm der Aufwand gegen Ende der DDR zu immer mehr ab. Viele Bürger freuten sich jedoch einfach über den freien Tag und wollten sich diesen nicht durch eine verordnete Siegespose verderben lassen. So mußten einige → Betriebe ihren Mitarbeitern sogar die Teilnahme an der Maidemonstration bezahlen, damit sie überhaupt in der Lage waren, die Belegschaft zur Demonstration zu locken. Zudem war es für den gesellschaftlich aktiven Bürger nicht ganz einfach zu entscheiden, bei welcher Organisation er mitmarschierte, wenn er es denn wollte. Sportvereine und Massenorganisationen hatten nämlich genauso Auflagen, ihre Mitglieder demonstrieren zu lassen. Also ging der gescheite Bürger dort marschieren, wo er am meisten bezahlt bekam. Tat es der Betrieb nicht, der Sportverein zahlte auf jeden Fall oder spendierte im Nachgang Freibier oder ähnliches.

Maidemonstration in Berlin 1977

Zentrale »Kampfdemonstration« zum 1. Mai in der Berliner Karl-Marx-Allee, 1987 – Das Volk wird zum großen Jubel bestellt und zum Massenwinken an der Zentraltribüne vorbeigeschleust

MAIFEIERTAG

Internationaler Kampf- und Feiertag der Werktätigen. Wurde und wird am 1. Mai begangen. Am 1. Mai 1890 wurde in Chicago (USA) ein Streik amerikanischer Arbeiter blutig niedergeschlagen. Zum Gedenken daran feierte die internationale Arbeiterbewegung diesen Tag als Kampftag. In der DDR wurde er außerdem als Feiertag begangen und die Teilnahme an der → Maidemonstration war Pflicht. Bei Lehrlingen, Schülern und Studenten achteten Lehrer und die Seminargruppenleiter mit Strichlisten auf die Teilnahme, den Arbeitern und Angestellten der Betriebe konnte man allerdings so nicht kommen. Nach der Maidemonstration feierte der Werktätige gemeinsam mit seiner Familie auf einem der vielen Volksfeste, die diesen Tag in der DDR begleiteten.

MAINELKE

Die Mainelke war das Symbol des Kampf- und Feiertages der Werktätigen, des 1. Mai, und wurde entweder mit einem kleinen Fähnchen auf der Maidemonstration geschwenkt oder im Knopfloch getragen. Es handelte sich um Kunstblumen auf Draht.

MALIMO

Fadenlagen-Nähgewirke oder Polfaden-Nähgewirke für Textilien, das nach seinem Erfinder Mauersberger und dessen Wohnort Limbach-Oberfrohna benannt wurde. Es bestand aus Baumwolle, Viskosefasern und anderen Chemiefasern (Fadenlagen-Nähgewirke) und wurde einfarbig oder bedruckt für Tisch- und Bettwäsche oder Oberbekleidung verwendet. Das Polfaden-Nähgewirke bestand aus Baumwolle, Viskosefasern, Wolle und Polyvinylchloridfasern und zeichnete sich durch seine Schlingen- oder flauschige Oberfläche aus. Es wurde für Badebekleidung, Schlafdecken, Mäntel und Kleider verarbeitet.

MANASAN
Muttermilchanaloge Säuglingsnahrung. Sie kam 1979 auf den Markt und konnte bereits in den ersten Lebenstagen des Säuglings als Ergänzung oder zur vollwertigen Ernährung bei Stillunfähigkeit junger Mütter eingesetzt werden.

MANN, DIETER
Schauspieler, Regisseur, Intendant, geb. 20.06.1941 in Berlin, hat besonders das Deutsche Theater Berlin geprägt und gehörte zu den populärsten und beliebtesten DDR-Schauspielern. Obwohl er vor allem auf der Theaterbühne und als Regisseur/ Intendant gearbeitet hat, war er auch in einigen wichtigen Filmen zu sehen, so in Konrad Wolfs »Ich war neunzehn« 1968, in Lothar Bellags »Scheidungsprozeß« 1973, in dem TV-Film »Auf der Suche nach Gatt« 1976, in »Die Leiden des jungen Werthers« 1976, »Lotte in Weimar« 1978, »Glück im Hinterhaus« 1980 u.a.

DER MANN, DER NACH DER OMA KAM
Filmkomödie von 1972 (Regie Roland Oehme, Buch Renate Holland-Moritz). Als die Oma wieder heiratet, sucht der Familienvater Piesold (→ Rolf Herricht) eine Haushälterin. Es meldet sich: Erwin (Winfried Glatzeder), ein Mann, und die Komödie kann beginnen ... Der Film war sehr populär und nicht zuletzt ein Beitrag zur Diskussion über die Geschlechterrollen sowie die Stellung der (berufstätigen) Frau in den 70er Jahren. Außerdem war er mit hochkarätigen DDR-Schauspielern besetzt (u.a. Marita Böhme, Herbert Köfer), jazzige Lieder zum Film lieferte →Manfred Krug.

MANN UND FRAU INTIM
Aufklärungsbuch von Dr. sc. Siegfried Schnabl mit dem Untertitel »Fragen des gesunden und gestörten Geschlechtslebens«. War das Standardwerk zur Sexualkunde in der DDR. Als es 1970 in der ersten Auflage erschien, war es nur als → Bückware zu haben. Aber

auch alle späteren Auflagen waren nur wenige Tage nach ihrem Erscheinen vergriffen. Dabei behandelte Schnabl die Sexualität sehr wissenschaftlich, der Text strotzt nur so von biologischen und medizinischen Begriffen und Definitionen. Trotzdem zeigt der Erfolg des Buches, wie stark das Informationsbedürfnis unter der Bevölkerung war. Themen, die bis zu diesem Zeitpunkt tabuisiert wurden, behandelte Schnabel mit wissenschaftlicher Nüchternheit und nahm ihnen so viel vom Mythos der Anrüchigkeit. Die wichtigste Erkenntnis aus diesem Buch war wohl die, daß offene Gespräche die Probleme stets schneller einer Lösung zuführen, ihnen die Schärfe nehmen können, damit man sie angehen kann, statt sie zu verheimlichen und zu verdrängen.

MARGON-WASSER

Mineralwasser aus der Margon-Quelle in der Sächsischen Schweiz. Es war vor allem im Raum Dresden und in Berlin erhältlich. Margon Wasser galt als eines der qualitativ hochwertigsten Mineralwässer in der DDR. Deshalb gehörte es auch zum Standardangebot der → Interhotels und der gehobenen Gastronomie.

MARK DER DEUTSCHEN NOTENBANK

MDN, Währung der DDR bis zur Umstellung auf die Mark der Deutschen Demokratischen Republik der Staatsbank der DDR.

MARI

Bulgarische Zahnpasta. Sie wurde etwa seit Anfang der 80er Jahre importiert und fand trotz ihres recht eigenartigen Geschmacks, sie schmeckte sehr salzig, viele Abnehmer. Die Käufer hielten die Qualität dieser Zahnpasta, vor allem ihren Reinigungseffekt, für besser als den der einheimischen Produkte.

MARINA

Margarine aus gehärtetem Pflanzenfett zum Backen und Braten. Wurde in Würfeln zu je 250 Gramm vertrieben und kostete 75 Pfennig.

MARXISMUS-LENINISMUS

→ M/L

MAS/MTS

Maschinenausleih- oder Maschinen-Traktoren-Stationen. Sie wurden nach der → Bodenreform um 1948 geschaffen und bestanden bis zum Abschluß der → LPG-Bildung in den 60er Jahren. Für die Neubauern gab es hier die Möglichkeit, Technik für die Bewirtschaftung des erhaltenen Grund und Bodens auszuleihen. Mit der Schaffung der LPGs gingen die MAS/MTS in den Produktionsgenossenschaften auf.

MASSBAND

Eigentlich Schneidermaßband, gelangte bei den Wehrdienstleistenden zu großem Ansehen, weil es die letzten 150 Tage des Militärdienstes symbolisierte. Als → »Bändi« wurde es vom → EK ständig am Mann getragen und mußte auf Verlangen anderer vorgezeigt werden. Jeden Tag schnitt der EK einen Zentimeter ab. Die sogenannte EK-Bewegung verballhornte im allgemeinen mit ihren Riten das militärische Zeremoniell, weshalb Offiziere die Maßbänder gerne einzogen. Es wurde von den Soldaten oft mit viel Liebe und Fleiß mehrfach einseitig lackiert und verschönert. Beliebt war eine schwarz-rot-goldene (gelbe) Lackierung, die noch provozierender wirkte.

MASSENORGANISATIONEN

Vereinigungen von Bürgern zur Wahrnehmung ihrer politischen, ökonomischen, kulturellen und sportlichen Interessen. In der DDR waren Massenorganisationen wichtige Elemente der politischen Organisation der sozialistischen Gesellschaft. Unter der Führung der → Partei organisierten sie ihre Mitglieder zur aktiven Mitarbeit an der Erfüllung von staatlichen und gesellschaftlichen Aufgaben und sollten helfen, »das sozialistische Bewußtsein der Werktätigen zu formen, ihre staatsbürgerliche Verantwortung und Aktivität zu entwickeln«. Trotz dieser sehr streng wirkenden Definition von Massenorganisationen im gesellschaftlichen Leben der DDR war der Einfluß der → SED auf die einzelnen Organisationen unterschiedlich, je nach Aufgabe der Massenorganisation innerhalb der Gesellschaft. Die wichtigsten Massenorganisationen waren der → FDGB, die → FDJ, der → DFD, die → Gesellschaft für Deutsch-Sowjetische Freundschaft, der → Kulturbund, der → DTSB, das Deutsche Rote Kreuz der DDR, der Verband der Konsumgenossenschaften der DDR, die Vereinigung der gegenseitigen Bauernhilfe, die → Volkssolidarität. Der FDGB, die FDJ, der DFD und der Kulturbund waren, wie die Parteien, Mandatsträger für die gemeinsame Liste der → Nationalen Front für die Wahlen zu den Volksvertretungen in der DDR.

MATERIELLE UND KULTURELLE BEDÜRFNISSE

Das Verhältnis der Menschen zu ihren natürlichen und sozialen Existenzbedingungen, wobei die Menschen in dem Bestreben bestehen, sich ihre Umwelt anzueignen und menschlichen Zwecken dienstbar zu machen. Die Bedürfnisse sind, nach Marx, immer konkret-historisch durch die jeweilige ökonomische Gesellschaftsformation, ihre Produktivkräfte und Produktionsverhältnisse sowie die daraus hervorgehenden Klasseninteressen bestimmt. Sie entstehen auf der Grundlage der Produktion, im weiteren Sinne aus der Gesamtheit aller gesellschaftlichen Tätigkeiten und wirken ihrerseits als subjektiver Antrieb der Arbeit und Motiv aller Tätigkeiten. Die Bedürfnisse bestimmen den Endzweck jeder Produktion, wobei die Produktion die Bedürfnisse zugleich reproduziert und neue Bedürfnisse schafft. Die Bedürfnisse der Menschen sind vielgestaltig. Sie erstrecken sich auf die Produktivkräfte und Produktionsverhältnisse, die Verbesserung der Arbeits- und Lebensbedingungen, die Entfaltung der gesellschaftlichen Beziehungen und die Fähigkeiten der Persönlichkeit, also auf den individuellen Konsum, die Suche nach Wissen und Erkenntnissen, die Entwicklung des kulturellen und geistigen Lebens und eine sinnvolle Freizeitgestaltung. Im Kapitalismus sind die Bedürfnisse den Verwertungsbedingungen des Kapitals unterworfen. Sie werden (laut Marx) nur insofern entwickelt und befriedigt, wie sie dem Drang nach Maximalprofit entsprechen. Doch schaffte es die DDR nicht, sich gegen die durch die westlichen Massenmedien erzeugten Bedürfnisse abzuschirmen, so daß die Bedürfnisse stets schneller wuchsen als das Vermögen der Volkswirtschaft, diese zu befriedigen. Unabhängig davon ist es aber nun einmal eine Eigenschaft der Menschen, daß sie immer mehr wollen, als sie bereits besitzen oder erreicht haben. Die Stagnation, die spätestens in den 80er Jahren die DDR-Gesellschaft prägte, wurde deshalb von den Menschen als Hemmnis und Mangel erlebt.

MATHEOLYMPIADE

Wettbewerb zur Ermittlung von mathematischen Talenten und deren gezielter weiterer Förderung. Sie wurde über Schulausscheide, Kreisolympiaden und Bezirksolympiaden bis hin zu einer zentralen Matheolympiade geführt. Die Aufgaben für die Schulausscheide wurden dabei bereits in der Pionierzeitung → Trommel sowie der → Jungen Welt veröffentlicht. Die nächsten Stufen der Matheolympiade waren bereits elitärer ausgerichtet und von ihrem Anforderungsniveau wesentlich höher gelagert.

MATTHEUER, WOLFGANG

Einer der bedeutendsten Maler und Graphiker der DDR, der sich aber im Gegensatz zu seinen beiden Leipziger Kollegen Bernhard Heisig und → Werner Tübke immer weniger von der DDR-Kulturpolitik vereinnahmen ließ. Seine Bilder sorgten auf den Kunstausstellungen immer wieder für Diskussionen und Irritationen (»Graues Leipzig« 1973, »Hinter den sieben Bergen« 1973, »Die Ausgezeichnete« 1974, die Sisyphos-Bilder der 70er Jahre, auch »Der Jahrhundertschritt« 1984/87). Seine Bilder zeigen Affinitäten zum Surrealismus, zur Neuen Sachlichkeit und zu Beckmann, sie sind voller Symbole und Anspielungen, die von vielen DDR-Bürgern verstanden (mitunter vielleicht auch hineininterpretiert) wurden. Mattheuer wurde 1927 in Reichenbach (Vogtland) geboren, studierte nach Kriegsdienst und Gefangenschaft an der Kunstgewerbeschule Leipzig und an der Hochschule für Graphik und Buchkunst Leipzig. Dort war er zeitweise als Lehrer und Professor tätig, ansonsten freischaffend. (Lit. Mattheuer: Äußerungen, Graphik, Texte. Reclam Verlag Leipzig 1990)

MAUER

Umgangssprachlich vor allen gebraucht für den aus Betonsegmenten zusammengesetzten Teil der Grenzmauer im Stadtgebiet von Berlin, aber auch generell für die Anlagen an der Grenze zur BRD/Westberlin. →Antiimperialistischer Schutzwall.

MAX BRAUCHT WASSER

Eines der ersten → Jugendobjekte in der DDR. Zur Sicherstellung der Stahlproduktion in der Maxhütte Unterwellenborn war die Verlegung einer Wasserleitung notwendig. Die → FDJ übernahm diese Aufgabe als Jugendobjekt und schaffte unter immensem Aufwand an Menschen den Bau dieser Wasserleitung in nur sechs Wochen. Die Art der Bauausführung erinnerte stark an die Beschreibung ähnlicher Vorhaben durch Nikolai Ostrowski in → »Wie der Stahl gehärtet wurde«. Die notwendigen Arbeiter wurden damals durch den Einsatz von Studenten zusammengebracht, die während ihres Studentensommers an dieser Wasserleitung bauten.

MAY, GISELA

Diseuse, Schauspielerin, geb. 31.5.1924 in Wetzlar, war die Interpretin von Brecht/ Weill-Liedern der DDR und international bekannt, aber auch beliebte Theaterschauspielerin am Deutschen Theater Berlin und am Berliner Ensemble, außerdem Dozentin/Gesangslehrerein an der → Hochschule für Musik »Hanns Eisler«. Sie hat zahlreiche Schallplatten aufgenommen, wurde hoch geehrt und hatte in den 80er Jahren ihre eigene Fernsehshow »Die Pfundgrube«. Außerdem war sie in mehreren Filmen zu sehen (»Das Beil von Wandsbeck« 1951, »Die Entscheidung der Lene Mattke« 1958, »Die Verführbaren« 1977 u.a.)

MEDIZIN NACH NOTEN

Sendung des DFF. Wurde täglich ausgestrahlt und dauerte fünfzehn Minuten. Während dieser Zeit wurden orthopädische bzw. anderweitig medizinisch sinnvolle gymnastische Übungen vorgeführt und für die interessierten Zuschauer erläutert, manchmal auch mit Utensilien wie Ball oder Stuhl. Danach folgte eine immer musikalisch untermalte Übungseinheit. Die Sendung war wohl vor allem für ältere Frauen mit Rückenproblemen u.ä. angelegt, deshalb waren die Übungen körperlich nicht anstrengend und bei weitem nicht so fordernd wie Aerobic.

MEETING

Einer der seltenen Anglizismen im Sprachgebrauch der DDR. Dieser Begriff tauchte zuerst in der → FDJ auf, wo er für gemeinsame Veranstaltungen verwendet wurde, auf denen sich die FDJler versammelten, um zum Beispiel Protest gegen den amerikanischen Vietnamkrieg zu demonstrieren, um gemeinsam zu singen und ähnliches.

MEGA

Abkürzung für die Marx-Engels-Gesamtausgabe, die beginnend mit dem Beschluß der → Partei aus dem Jahr 1951 alle Schriften der beiden Klassiker des Marxismus veröffentlichte. Die MEGA erschien im Dietz Verlag Berlin, der ein Verlag der → Partei war. Ende der 70er Jahre begann dann in einem großangelegten Forschungsprojekt unter Einbeziehung internationaler Forscher und des Karl-Marx-Hauses in Trier die Erarbeitung einer neuen MEGA, die aber in der DDR nicht mehr vollständig erscheinen konnte. Die Arbeit und die Publikation wurde nach der Wende mit einem anderen Verlag fortgesetzt.

MEINE HAND FÜR MEIN PRODUKT

Aufruf des → FDGB zur Erhöhung der Arbeitsqualität in den → Betrieben und → Kombinaten. Da der → Werktätige für Pfusch bei seiner Arbeit nur in Ausnahmefällen finanziell belangt werden konnte und die Kündigung des Arbeitsverhältnisses eine extrem schwierige und aufwendige Angelegenheit war, mußte der Werktätige über die Vernunft und seinen Idealismus angesprochen werden. Dieser Aufruf war also eine für die DDR typische Form der Massenmobilisierung, hinter der bei Zuwiderhandlungen wie so oft keine Konsequenz für den Verursacher stand und die deshalb ohne eigentlichen Biß war.

MEISTER NADELÖHR

Figur des → DFF. Die 20 Jahre lang durch den Schauspieler Eckart Friedrichson (1930–1976) verkörperte Figur trat vor allem als Moderator der Sendung → »Zu Besuch im Märchenland« auf, wo er gemeinsam mit den Handpuppen → Pittiplatsch und → Schnatterinchen durch die Sendung führte und Märchen erzählte. Vorher trat er auch im Abendgruß des → Sandmännchens auf. Meister Nadelöhr, Schneider von Beruf und klischeehaft dargestellt mit Spitzbart und angepufften Ärmeln am Schneiderrock, spielte auf einer

Schneiderelle Gitarre. Sein Lied endete mit dem Vers: Schnippeldischnappeldischer, der Meister Nadelöhr. Nach dem Tod des Darstellers 1976 wurde die Rolle nicht wieder besetzt. Ein weiterer beliebter Partner des Meister Nadelöhr war der Meister Briefmarke, dargestellt von Heino Winkler.

MELANGE

1. Wiener Kaffeespezialität, wurde auch in der DDR als Kaffee mit Sahnehäubchen in der gehobenen Gastronomie angeboten. 2. Kaffeesorte im DDR-Handel. Melange war eine Mischung verschiedener Röstkaffees und wurde bis zuletzt in ganzen Bohnen verkauft.

MELDEPFLICHT

Neben der üblichen staatlichen Meldepflicht und der Meldepflicht für Ausländer, die länger in der DDR blieben, gab es noch eine besondere Meldepflicht für die DDR-Bürger, die als »kriminell gefährdet« registriert oder in die »Asozialenkartei« aufgenommen wurden. Diesen wurden Grundrechte der DDR-Bürger aberkannt, ihr Personalausweis wurde eingezogen und durch einen »provisorischen Ausweis« ersetzt, damit sie bei Polizeikontrollen gleich auffielen, und sie hatten die Auflage, sich mindestens wöchentlich auf dem für sie zuständigen Polizeirevier zu melden. Bei Nichtbefolgung drohten drastische Strafen und sofortige »Zuführung«. Mit dem provisorischen Ausweis waren auch visafreie Reisen ins sozialistische Ausland, z.B. in die ČSSR, nicht mehr möglich. → Berlin-Verbot, → Gaststätten-Verbot und → Arbeitsplatzbindung.

EIN MENSCHENSCHICKSAL

Erzählung von Michail Scholochow (1905–84), der als Vertreter des sozialistischen Realismus galt und durch seine Bücher → »Neuland unterm Pflug« (1932/ 1959) und »Der Stille Don« (1928/1940) bekannt wurde. »Ein Menschenschicksal« (1957) ist eine bewegende Geschichte von den Erlebnissen eines russischen Soldaten im →

Großen Vaterländischen Krieg, der alles verliert und am Ende doch wieder ein Waisenkind aufnimmt. Die Erzählung gehörte zum Literaturkanon der oberen Klassenstufen der → POS und wurde 1959 von dem herausragenden russischen Regisseur und Schauspieler Sergej Bondartschuk (1920–1994) verfilmt. Die Erzählung und der Film sollen hier stellvertretend stehen für die vielen sowjetischen Romane und Filme, die das Bild der Menschen in der DDR vom Zweiten Weltkrieg prägten und von denen manche heute zu Unrecht vergessen sind.

MENÜLADEN
Bestandteil der → delikat-Verkaufsstellenkette. In Menüläden wurden aus hochwertigen Lebensmitteln, vor allem Fleischwaren und Gemüsen, feine Spezialitäten hergestellt. Zu Preisen der delicat-Kette konnten die Bürger hier zum Beispiel fertige Roastbeefröllchen mit Meerrettichsahne gefüllt oder erlesene Salate kaufen. Natürlich fertigten die Menüläden auch kalte Buffets für Feierlichkeiten oder Empfänge an. Außerdem gehörten Präsentkörbe zu ihrem Warensortiment.

MESSE DER MEISTER VON MORGEN
→ MMM

MESSESCHLAGER GISELA
Erste DDR-Operette von Jo Schulz und Gerd Natschinski. Sie wurde 1960 in Leipzig uraufgeführt und handelt von Mode, unfähigen Vorgesetzten, jeder Menge Verwirrung und vor allem dem Flair der Leipziger Messe jener Jahre, in denen auch in der DDR so etwas wie Aufbruchsstimmung herrschte. (Otto Schneidereit: Operette von A–Z; Henschelverlag Berlin 1975)

MFS
→ Ministerium für Staatssicherheit

MICHALKE, REINHARD

Die Stimme, die jede Kundgebung in Berlin begleitete und aus den Lautsprechern kam. 1934 geboren, nach dem Abitur zunächst Studium der Altphilologie, nach zwei Ablehnungen doch Absolvent der Berliner Schauspielschule, 1957 Diplom, nach mehreren Engagements in Görlitz, Potsdam, der Berliner Volksbühne und dem Deutschen Theater Berlin, Arbeit am Maxim Gorki Theater, dort → Parteisekretär und später Mitglied der SED-Leitung Berlin-Mitte.

MIFA

Fahrradmarke aus dem MIFA-Werk Sangerhausen (Mitteldeutsche Fahrradwerke), das dem VEB Kombinat → IFA für Zweiradfahrzeuge zugeordnet war. MIFA-Fahrräder waren zwar weiter verbreitet als die von → Diamant, aber die Qualität der Produkte war schlichtweg miserabel. Die Jugendlichen meinten dazu: »Wer MIFA fährt, fährt nie verkehrt, weil MIFA überhaupt nicht fährt!«

MILASAN

Kindernahrung aus dem VEB Dauermilchwerke Stendal und Genthin. Milasan war als Zusatznahrung zur Muttermilch etwa ab dem dritten Lebensmonat gedacht, wenn die Mutter begann, zur eigenen Milch noch hinzuzufüttern. Bei Müttern, die zu diesem Zeitpunkt bereits nicht mehr stillten, löste Milasan das muttermilchadaptierte → Manasan ab.

MILCHBEUTEL

Ab den 70er Jahren wurde die Milch zunehmend in Plastikbeuteln mit 1 Liter Inhalt eingeschweißt angeboten. Allerdings waren die Beutel nicht sehr strapazierfähig, geplatzte bzw. undichte Milchbeutel waren alltäglich und sorgten für unangenehme Überraschungen.

MILCHPAUSE

Unterrichtspause an den → POS und → EOS in der DDR, die nach der zweiten Unterrichtsstunde eingerichtet wurde und in der die Schüler ihre Pausenmilch erhielten. Diese Pause war 15 Minuten lang und damit genau 5 Minuten länger als die gewöhnlichen Unterrichtspausen. Der Viertelliter Milch als Vollmilch oder mit Fruchtgeschmack wurde für 20 Pfennig an die Schüler ausgegeben.

MILITÄRKOMMANDANTUR

Sitz der sowjetischen Kommandeure und Stäbe in der DDR. Eine Militärkommandantur beherbergte jede Stadt, die auch eine sowjetische Garnison besaß. An den Garnisonen und Militärkommandanturen wurde der Besatzerstatus der Sowjetarmee besonders deutlich. Allerdings blieb für den einfachen DDR-Bürger eine Garnison stets eine verschlossene Sache. Einzig die Soldaten der → Grenztruppen erlebten im Grenzdienst etwas von dem Elend hinter den Garnisonsmauern, nämlich immer dann, wenn ein Soldat der Sowjetarmee desertierte und versuchte, gen Westen zu gelangen, was in der Regel einem Selbstmord gleichkam.

MINISTERIUM FÜR STAATSSICHERHEIT/MFS

Auch Stasi / Staatssicherheit genannt. Dieses Ministerium wurde auf Beschluß der → Volkskammer zum Schutz der DDR und vor Anschlägen westlicher Geheimdienste und Agentenorganisationen am 08.02.1950 gegründet. Neben der Aufklärungsfunktion nach außen, die lange Jahre unter dem Oberbefehl von Markus Wolf stand (Hauptverwaltung II), wurde über die Jahre mehr und mehr die Aufklärung nach innen betrieben. Ursachen dafür sind sicher auch in den Ereignissen des 17. Juni 1953 und des 13. August 1961 zu suchen. Mit den Jahren entwickelte sich das Ministerium für Staatssicherheit außerdem mehr und mehr zu einem Instrument, das polizeiliche Aufgaben übernahm und seiner ständigen Präsenz wegen dem einzelnen Bürger ein Gefühl der Bespitzelung vermittelte, das nie und nirgends aufhörte. Neben den zahlreichen hauptamtlichen MfS-Mitarbeitern rekrutierte die Stasi auch unzählige Informelle Mitarbeiter (IM), die ihnen Berichte über ihr Umfeld, über Arbeitskollegen, die Arbeit in Gruppen und Organisationen zutrugen und von Führungsoffizieren betreut wurden. Das MfS arbeitete bei der Unterdrückung von der → Partei unerwünschter Aktivitäten in der Bevölkerung (egal ob das Naturschützer, Kirchenkreise, Kriegsgegner, Punks, Rocker, politische Oppositionelle, Homosexuelle, Zeugen Jehovas usw. waren), oft mit illegalen Mitteln, mit grundlosen Verhaftungen, körperlicher Gewalt, Lüge, Unterschieben von angeblichen kriminellen Handlungen, Anstiftung dazu, einen Ausreiseantrag zu stellen, um nur einige Beispiele zu nennen. Aber auch die Arbeit im Ausland ging über die normale Spionagetätig-

Stasi-Chef Erich Mielke kümmert sich um potentielle Nachwuchskader für das MfS – Bei der Siegerehrung der X. DDR-Meisterschaften im Fallschirmsportspringen, 1975

Erich Mielke, Chef der Staatssicherheit auf einem »Kampfmeeting« zum 35. Jahrestag der Bildung seines gefürchteten Ministeriums

keit hinaus, so gab es Versuche, Einfluss auf die Politik anderer Staaten zu nehmen, wie der Fall Guillaume zeigte. Desweiteren gab es etliche Stasi-Scheinfirmen im Ausland und dubiose Geschäfte im Arbeitsbereich Schalck-Golodkowski, so mit dem Ziel, Computerhardware und Software, Kommunikationstechnik und anderes, was auf den Embargolisten stand, zu bekommen. Die »Firma«, wie sie auch in der Bevölkerung genannt wurde, hatte also ein umfangreiches Arbeitspensum zu erledigen. Letztlich ist die Staatssicherheit an ihrem eignen, internen Papierkrieg erstickt und blieb bei der Erfüllung ihrer Hauptaufgabe, den Sozialismus in der DDR zu erhalten, erfolglos. (Lit. Bürgerkomitee Leipzig: Stasi intern. Macht und Banalität. Forum Verlag Leipzig 1991)

MINISTERRAT

Der Ministerrat der DDR war die Regierung der DDR. Er arbeitete unter Führung der → Partei im Auftrag der → Volkskammer die Grundsätze der Innen- und Außenpolitik aus und leitete die einheitliche Durchführung der Staatspolitik der DDR. Er organisierte die Erfüllung der politischen, ökonomischen, kulturellen, sozialen sowie der ihm übertragenen Verteidigungsaufgaben des Staates. Er war verantwortlich für die Ausarbeitung der Fünfjahr- und Jahrespläne sowie der Staatshaushaltspläne. Entsprechend den Erfordernissen innerhalb des → RGW, oder besser gesagt, der Sowjetunion, leitete er die »sozialistische ökonomische Integration«. Er war verantwortlich für die Anleitung der → Räte der Bezirke und Kreise und sicherte so die gesamte staatliche Planungs- und Leitungstätigkeit. Die Volkskammer beauftragte den Vorsitzenden des Ministerrates mit der Bildung des Rates, der dann für fünf Jahre gewählt wurde. Der Ministerrat war der Volkskammer rechenschaftspflichtig und erließ Rechtsvorschriften in Form von Verordnungen und Beschlüssen. Da der Vorsitzende des Ministerrates zugleich der Generalsekretär der SED war und die berufenen Minister ebenfalls zum größten Teil SED-Genossen, war der Einfluß der Partei auf den Ministerrat gewährleistet.

MINOL

Staatliche Vertriebsorganisation für Kraft- und Schmierstoffe in der DDR. Das Tankstellennetz war wesentlich dünner als im anderen Teil Deutschlands und gehörte dem Staatsmonopolisten, der mit der Figur des Minol-Pirol für seine Produkte und seinen Service auch im Fernsehen Werbung machte, bis die Fernsehwerbung Mitte der 70er Jahre eingestellt wurde.

MIT SOZIALISTISCHEM GRUSS

Grußformel nach Abschluß eines formellen Briefes oder Schreibens an eine Behörde oder von einer Behörde, stand z.B. unter nichtssagenden Antwortbriefen auf → Eingaben. Diese Grußformel wurde aber auch in der Korrespondenz unter → Genossen verwendet.

MITIĆ, GOJKO

DEFA-Chefindianer. Schauspieler, Stuntman, Autor, Regisseur. Der am 13.6.1940 in Leskovac geborene jugoslawische Sportlehrer kam nach einem ersten Auftreten in einigen Karl-May-Verfilmungen der Berliner Rialto-Film, wo der gutaussehende, muskulöse Stuntman zunächst als Komparse mitwirkte, in die DDR und wurde von der → DEFA für die Hauptrolle in dem ersten Indianerfilm → »Die Söhne der Großen Bärin« 1966 ausgewählt. Die Vorlage für diesen Film lieferte die gleichnamige Romanreihe von Liselotte Welskopf-Henrich (1901–1979). Danach spielte Gojko Mitic in allen 13 DEFA-Indianerfilmen die Hauptrolle (»Spur des Falken« 1968, »Weiße Wölfe« 1969, »Osceola« 1971, »Tecumseh« 1972 u.a.) und schrieb bei den Filmen »Apachen« 1973 und »Ulzana« 1974 auch als Co-Autor am Drehbuch mit. Allerdings wurde er bis Anfang der 80er Jahre nachsynchronisiert, aus Angst, sein Dialekt könnte die

Indianer diskriminieren. Das tat seiner Beliebtheit und dem Erfolg der DEFA-Verfilmungen, die im gesamten sozialistischen Ausland, aber auch in asiatischen, arabischen und afrikanischen Staaten gezeigt wurden, jedoch keinen Abbruch. Um dem Image des Berufsindianers entgegenzuwirken, spielte er auch in anderen DEFA-Produktionen und übernahm Bühnenrollen, außerdem arbeitete er als Regisseur und inszenierte Kinderfilme um die Puppen Jan und Tini. Seine Stunts hat er alle selbst ausgeführt.

MITROPA

Mitteleuropäische Schlaf- und Speisewagen Aktiengesellschaft. Die Mitropa ist wohl am bekanntesten durch die Versorgung der Reisenden auf den Bahnhöfen der DDR und in den Reisezügen. Außerdem betrieb sie aber noch sämtliche Autobahnraststätten in der DDR und versorgte die Fahrgäste auf den Schiffen der Weißen Flotte (also den Ausflugsdampfern auf der Elbe). Diese Gesellschaft wurde bereits 1917 gegründet und in der DDR als staatlicher Betrieb unter derselben Firmierung weitergeführt.

MITTAGSKIND

Bezeichnung für ein Kindergartenkind, das nur halbtags einen Kindergartenplatz belegte und deshalb bereits nach dem Mittagessen von einem Eltern- oder Großelternteil abgeholt wurde.

MMM

Messe der Meister von Morgen. Auf dieser Messe stellten Schüler und Jugendliche ihre Erfindungen und Tüfteleien, die Ergebnisse von Forschungsprojekten und Untersuchungen aus, die sie in den Arbeitsgemeinschaften an den Schulen und → BBS erarbeitet hatten. Die Auswahl der Exponate für die MMM erfolgte zuerst auf einer Ausstellung im Rahmen der Schule, dann auf Kreis- und Bezirksebene. Die Besten konnten ihre Arbeiten auf der zentralen MMM auf dem Leipziger Messegelände ausstellen. Die zentrale

MMM wurde vor allem von den oberen Schulklassen und von Berufsschülern auf Tagesausflügen besucht.

M/L

Abkürzung für Marxismus-Leninismus. Bezeichnet die »wissenschaftliche → Weltanschauung der Arbeiterklasse und ihrer Partei«. Dieses einheitliche System der wissenschaftlichen Anschauungen und Theorien wurde von Karl Marx und Friedrich Engels in den 40er Jahren des 19. Jahrhunderts als Reaktion auf die Kämpfe zwischen dem sich herausbildenden Industrieproletariat und den Fabrikanten geschaffen. Wladimir Iljitsch Lenin entwickelte die Lehre unter Bedingungen des angehenden 20. Jahrhunderts und während des Ersten Weltkrieges weiter. Diesen drei »Klassikern« wurde zeitweise ein vierter, nämlich Stalin, beigefügt, nach dessen Tode aber wieder entfernt. Obwohl den Begründern klar war, daß die Entwicklung der Wissenschaft und Technik Veränderungen innerhalb der Gesellschaft mit sich bringen mußte und deshalb ihre Lehre niemals ein starres System sein konnte, verkam sie mit den Jahren immer mehr zu einer Ideologie der Macht einer bestimmten Politikerkaste und eines tief gestaffelten Funktionärsapparates. Die Leistungsfähigkeit und -bereitschaft des Individuums wurde ignoriert und angeblichen Klasseninteressen unterstellt, die mehr und mehr divergierten. Als marxistisch-leninistische Philosophie wurde M/L neben den Teilfächern Politische Ökonomie und Wissenschaftlicher Kommunismus zu einem obligatorischen Studienfach jedes Studiums in der DDR, unabhängig von der Spezialisierung. Dafür gab es an allen Hoch- und Fachschulen entsprechende Sektionen, deren hauptamtlich angestellte Philosophen für das Grundlagenstudium zuständig waren.

MOCCA-MILCH-EISBAR

Café und Bar in der Berliner Karl-Marx-Allee. Sie wurde vor allem durch einen Schlagertitel von Thomas Natschinski berühmt, der die

Mokka-Milch-Eisbar als einen Treffpunkt der Jugend besang, in dem mit der schönen Unbekannten schon mal Bekanntschaft geschlossen werden konnte. Sie war beim Wiederaufbau der Berliner Karl-Marx-Allee mit konzipiert und errichtet worden und blieb über Jahre ein Treffpunkt der Jugend, zumal dort etwa ab den 80er Jahren auch Diskotheken veranstaltet wurden. Es gab noch Eisbars mit gleichem Namen in anderen Städten.

MODEINSTITUT DER DDR
1952 unter dem Namen Institut für Bekleidungskultur gegründet, hieß dann Deutsches Modeinstitut. (Später wurden in der DDR bei vielen Organisationen und Einrichtungen der Zusatz »Deutsch« gestrichen und durch »DDR« ersetzt, wohl auch um ein Nationalgefühl der DDR zu erzeugen.) Das Institut hatte das Ziel, die Bekleidung der Bevölkerung der DDR auf das höchste praktische und ästhetische Niveau zu heben. Dazu gab das Modeinstitut halbjährlich eine Broschüre »Die Mode« heraus, um somit vor allem die Modeschöpfer und den Textilhandel über die neuesten Trends zu informieren.

MOHR UND DIE RABEN VON LONDON
Kinderbuch von Vilmos und Ilse Korn. Mit diesem sehr vielschichtigen und für ein Kinderbuch ungewöhnlich umfangreichen Roman errangen die Autoren 1962 einen Literaturförderpreis. In den Folgejahren wurde das Buch Pflichtlektüre im Literaturunterricht an den →POS. Viele Lehrer vermieden es jedoch, ihren Schülern den kompletten Wälzer zuzumuten, zumal Auszüge auch in den Schulbüchern abgedruckt waren und die Erkenntnisse besser darstellten. Das gesamte Werk ist vor allem gekennzeichnet durch die immer wiederkehrende und weiterentwickelte Geschichte des Hans Röckle und seines Kampfes mit dem Teufel. Sie verleiht dem Buch seinen Reiz und illustriert kindgerecht die Marxsche Idee einer gerechten Gesellschaft.

DIE MOORSOLDATEN/MOORSOLDATENLIED
Tatsachenbericht Wolfgang Langhoffs über seine dreizehnmonatige Schutzhaft in den Konzentrationslagern Börgermoor und Lichtenburg. Das Buch erschien bereits ein Jahr nach seiner Emigration in die Schweiz im Jahre 1935 und wurde in der DDR insgesamt vier Mal aufgelegt. Faszinierend an der Langhoffschen Darstellung des sich entwickelnden Faschismus ist die Differenzierung der Personen innerhalb der faschistischen Bewegung. Deutlich wird, welcher ideologische Aufwand noch bevorstand und letztlich auch durchgesetzt wurde, die Vernichtungsmaschinerien von Auschwitz und Treblinka und anderer KZ's zu errichten. Für viele Angehörige der SS und anderer faschistischer Vereinigungen waren die KZ's Einrichtungen der Bekehrung Andersdenkender, wobei Langhoff die Ausschreitungen gegenüber den Häftlingen und erste Morde an Verschleppten mit journalistischer Genauigkeit berichtet. Das macht gerade die Faszination des Textes aus. Das unter Mitwirkung von Wolfgang Langhoff entstandene Moorsoldatenlied wurde in der DDR ausführlich im Musikunterricht der →POS behandelt. (Mitteldeutscher Verlag Halle–Leipzig 1988)

MÖLLER, GERTI
Ehefrau von → Horst Krüger. Stammt aus dem Thüringischen und kam 1953 zur → Unterhaltungskunst. Ab 1956 begann ihre Zusammenarbeit mit Horst Krüger, sie sang im Gerd-Michaelis-Chor, im Horst-Krüger-Sextett (Titel »Sand im Schuh«, »Als die Sonne kam«) und in Horst Krügers Gruppe »Unternehmen Münchehofe«. Vielseitige Interpretin, die als Schlagersängerin begann, später auch in Musicals spielte, in der Rockoper »Rosa Laub« von Horst Krüger und Waltraut Lewin eine Partie sang, dann einige Jahre pausierte und Anfang der 80er mit Chansons neu startete. 1981 erschien ihre LP »Ich bin eine Frau«.

MOKKA FIX GOLD

Erster aromaverpackter Kaffee in der DDR. Mokka fix Gold kam bereits gemahlen in den Handel und verdrängte recht schnell die bis dahin führende Marke → Rondo von ihrer Spitzenposition. Obwohl Mokka fix Gold erst Ende der 70er Jahre auf den Markt kam, trauten sich die Genossen des Politbüros nicht, ihn teurer zu machen als die angestammten 17,50 Mark für das halbe Pfund Kaffee.

MONA-KAFFEE

Eine edel geröstete Kaffeemischung aus 100 % reinem Kaffee, die im Handel der DDR für 10 Mark das 250–Gramm-Päckchen erhältlich war. Im Zuge der Kaffeekrise auf dem Weltmarkt am Anfang der 70er Jahre verschwand Mona-Kaffee aus den Regalen der Handelsketten →HO und →KONSUM, um zunächst in den →delicat-Geschäften angeboten zu werden. In den 80er Jahren ersetzten dann die in →Gestattungsproduktion hergestellten Sorten bundesdeutscher Firmen diese Sorte fast gänzlich. Nach der deutschen Einheit und der Renaissance der Ost-Produkte verwendeten zwei ehemalige Betriebe des →Kombinates Kaffee & Tee diesen Produktnamen und führten einen langwierigen Rechtsstreit, der mit dem Konkurs des Nordthüringer Betriebes endete.

MONA LISE

Erste und wichtigste Frauenrockband in der DDR (Liselotte Reznicek, Antje Wittösch, Manuela Rehberg, ersetzt durch Phaid Illes, Tina Powileit). Sie produzierte ihre ersten Titel Anfang der 80er Jahre (»Hallo Süßer«, »Heute«) im Rundfunk der DDR und wurde in den Jugendsendungen im Radio recht häufig gespielt. 1989 kam ihre LP »Mona Lise« heraus, im Sommer dieses Jahres löste sie sich auf.

MONOPOLKAPITALISMUS

→ Imperialismus. Dabei bezieht sich der Begriff Monopolkapitalismus mehr auf die wirtschaftlichen Vorgänge innerhalb des kapitalistischen Systems, also auf die Konzernbildung und Wirtschaftskonglomerate, während Imperialismus eher die politische Situation innerhalb des Systems beschreibt, also den Drang der Politik auf internationale Einflußspären und die Sicherung der Absatzmärkte für die eigene Wirtschaft, die Monopole.

MONT KLAMOTT

Schuttberg in Berlin, der bei den Aufräumungsarbeiten nach dem Zweiten Weltkrieg zusammengetragen wurde. Er befindet sich im Stadtbezirk Friedrichshain und besteht fast ausschließlich aus dem Schutt, der während des Aufbaus der Stalinallee, heute Karl-Marx-Allee, und des Alexanderplatzes beräumt wurde. »Mont Klamott« hieß auch ein Lied der Rockband Silly und gab ihrer ersten LP den Namen.

MONTE CRISTO

Zigarettenmarke aus Kuba. Monte Cristo kam Anfang der 80er Jahre im King size-Format in den DDR-Handel. Sie war aus Zuckerrohrpapier gedreht, was zu einem leicht süßlichen Geschmack auf den Lippen führte. Mit einem Preis von 4,80 Mark war sie um die Hälfte teurer als die renommierten Marken → F6, → Semper oder → Cabinet, was wohl außerdem verhinderte, daß diese Zigarette einen größeren Kundenstamm erwarb.

MOSAIK

Erste Comiczeitschrift der DDR mit den legendären Figuren Dig, Dag und Digedag, die leider 1971 gegen die → Abrafaxe ausgetauscht wurden. Vater der → Digedag-Figuren war Hannes Hegen (Johannes Hegenbarth, geb. 1925). Das Mosaik erschien monatlich im Verlag Neues Leben Berlin und war stets bereits nach wenigen Stunden vergriffen. Abonnements waren nur schwer zu bekommen. Die Ausgabe Nummer 1 erschien 1955. Die Digedags sprangen regelrecht durch die Zeit und erlebten in den verschiedensten Orten, Kulturen und Zeiten ihre oft lustigen Abenteuer: als Weltraumfahrer im nächsten Jahrtausend, als Begleiter von Ritter Runkel von der Runkelrübe im Mittelalter, im Wilden Westen, wo sie auf Indianer trafen, am Mississippi in der amerikanischen Sklavenhalterära vor den Sezessionskriegen, sie waren im alten Rom und natürlich auch im Orient. Heute sind die Mosaik-Hefte und -Bücher, vor allem die ersten Nummern, sehr begehrte Sammelobjekte. (Lit. Von Hannes Hegen bis Erich Schmitt. Lexikon der Karikaturisten, Presse- und Comic-Zeichner der DDR. Schwarzkopf & Schwarzkopf Verlag)

MOSKWA

Restaurant der gehobenen Kategorie in der Berliner Karl-Marx-Allee. Das Gebäude wurde im Zuge der Neugestaltung des Alexanderplatzes und der angrenzenden Areale errichtet und ausschließlich als Gaststättenkomplex konzipiert. Das Restaurant »Moskwa« war ein Ort für die gepflegte Mittags- und Abendunterhaltung. Es wurde im wesentlichen von Berlin-Besuchern und höheren Leitern, Funktionären und Künstlern frequentiert. Im Keller befand sich eine Tanzbar.

MOSKWITSCH

PKW aus der Sowjetunion (russ. Der Moskauer). Ein viertüriger Personenkraftwagen mit Vierzylinder-Viertaktmotor, der seit den 50er Jahren in immer wieder neuen Modifikationen gebaut wurde, Anfangs nur mit ca. 45 PS, später mehr, wurde auch als Kombi hergestellt.

MOT-SCHÜTZEN

Begriff aus dem Sprachgebrauch der → NVA. Motorisierte Schützen waren die Infanterieeinheiten der Nationalen Volksarmee. Diese Einheiten waren mit Schützenpanzern oder Schützenpanzerwagen ausgerüstet, in denen jeweils eine Gruppe Infanterie mit leichter Bewaffnung (MPi Kalaschnikow, leichtes Maschinengewehr und Panzerbüchse) Platz fand.

MUCK

Pseudonym des Schlagersängers und Komponisten Hartmut Schulze-Gerlach. 1948 in Dresden geboren, arbeitete er nach der Schule und der Lehre als Betonbauer zunächst in diesem Beruf, später als Zimmermann, Verkäufer, Tankwart, Lagerarbeiter, Briefträger, Kraftfahrer und Hafenarbeiter in Rostock. Nebenberuflich spielte er in verschiedenen Bands Klavier, bevor er 1973 zum Gerd-Michaelis-Chor kam. Seit 1976 war er hauptberuflich als Komponist und Arrangeur tätig. Er war musikalischer Leiter des Cantus-Chores, der im wesentlichen aus dem Gerd-Michaelis-Chor hervorging, und schrieb neben eigenen Titeln auch Musik für fast alle namhaften Schlagerinterpreten der DDR. Bei → Amiga sind 4 LPs von ihm erschienen. Von 1982 bis 1989 moderierte er die Fernsehsendung → Sprungbrett.

MULTICAR

Zunächst als Minilaster aus Ungarn importiert. Damals besaß dieses Fahrzeug eine 1-Mann-Kabine und wurde vor allem innerhalb großer Betriebe eingesetzt, zum Beispiel im Gartenbau oder in weitläufigen Chemieanlagen. Später produzierte die DDR unter diesem Namen ein Nutzfahrzeug aus dem VEB Fahrzeugwerk Waltershausen. Der Multicar wurde etwa Mitte der 70er Jahre entwickelt und war eigentlich nichts anderes als eine motorisierte Plattform, die für kurze Strecken geeignet war und auf die man eine Vielzahl verschiedener Gerätschaften montierte. So gab es den Multicar als einfachen Transporter mit einer flachen Ladefläche, als Reinigungsfahrzeug für Straßenmarkierungen, als Entsorgungsfahrzeug, als Containertransporter für kleinvolumige Container oder als Schneepflug.

MÜNZREINIGUNG

Chemische Reinigung, in der in Selbstbedienung 4 Kilogramm Wäsche für 12 Mark in dreißig Minuten gereinigt werden konnten.

MURMEL FRITZSCHE

→ Fritzsch, Arnold »Murmel«

MUSIK UND SNACKS VORM HAFEN

Sendung des → DFF aus dem Ostseestudio Rostock. Sie hatte im Februar 1972 Premiere und lief von diesem Zeitpunkt an monatlich über die Bildschirme. Konzipiert war diese Sendung als eine sinnvolle Verbindung zwischen Journalismus und Unterhaltung. Die Aufarbeitung populärwissenschaftlicher Themen rund um die Seefahrt wurde für das Fernsehen durch Partner der VEB Deutfracht Seereederei, das Kombinat Seeverkehr und Hafenwirtschaft, die Volksmarine, den Seehydrographischen Dienst der DDR und den Pressebeauftragten der VVB Schiffbau und die VVB Hochseefischerei unterstützt. Untermalt wurden diese Informationen durch Musik meist maritimen Charakters, die Künstler aus den Ostseeanrainerstaaten darboten.

MUSIKBOX

Jugendmagazin, das unter der Rubrik Popmusik in jedem Heft einen Künstler der Rock- und Popszene, sowohl international als auch aus der DDR, vorstellte. Relativ ausführlich wurde darin über Herkunft und Entwicklungsweg der Künstler berichtet.

MÜTTERBERATUNG

Die Mütterberatung beriet die junge Mutter in allen Fragen der Pflege, Ernährung und Erziehung des Kindes bis zum dritten Lebensjahr, überwachte die körperliche und geistige Entwicklung, sorgte für die frühzeitige Behebung von Gesundheitsstörungen und führte zum Schutz vor Infektionskrankheiten die notwendigen Impfungen durch. Gegen Rachitis erhielt das Kind Vitamin D als Schutzstoff. Im ersten Lebensjahr sollten die Kinder monatlich vorgestellt werden, im zweiten Lebensjahr vierteljährlich und im dritten Lebensjahr halbjährlich. Damit entlastete die Mütterberatung die Kinderärzte von Turnusuntersuchungen und Beratungen, außerdem bestätigte die Mütterberatung das Stillgeld, das bis zum sechsten Lebensmonat mit zehn Mark monatlich gewährt wurde.

MUX

Mückenbekämpfungsmittel aus der →VEB Farbenfabrik Wolfen. Es war ratsam, Räume, die mit dem als Aerosol verbrachten Gift behandelt waren, einige Stunden nicht zu betreten, da Gesundheitsgefährdung bestand. In der Regel lüftete die Hausfrau den Raum dann vernünftig, was der Mücke erneut Zutritt gewährte.

MZ

Markenname des VEB Motorradwerke Zschopau, der ein Betrieb des VEB Kombinat IFA für Zweiradfahrzeuge war. Dieses Werk produzierte Motorräder für das Inland und den Export. Neben den tschechischen Motorrädern vom Typ Jawa gab es in der DDR gegen Währung der DDR keine anderen Motorradmarken zu kaufen. MZ produzierte Motorräder vor allem kleiner Leistungen in den Hubraumklassen 125, 150 und 250 Kubikzentimeter. Die 250er MZ wurde später mit einem Fünfganggetriebe gebaut, es wurde auch ein Seitenwagen angeboten. Praktisch war der von MZ patentierte Kettenschutz für die Antriebskette, aufpassen mußte man bei der 250er mit dem Kickstarter, der gerne zurückschlug. Insgesamt gesehen waren es zuverlässige Maschinen. MZ betätigte sich auch im Motorsport. Vor allem im Motocross und im Motorradgeländesport waren diese Maschinen erfolgreich. →Schleizer Dreieck. Kam es aber vor, daß auf einem Rastplatz der Transitautobahn eine schwere 1000er BMW oder eine 750er Kawasaki neben der 250er MZ hielt, dann wirkte diese gleich etwas kleiner. Derartige Maschinen wie auch die schnittigen Motorradanzüge waren für die jungen DDR-Bürger in der Regel unerreichbar.

N

NACHT DER PROMINENTEN

Sendung des → DFF, die in Zusammenarbeit mit dem VEB Staatszirkus der DDR entstand. Die Idee stammte von → Heinz Quermann. Sie wurde einmal jährlich am zweiten Weihnachtsfeiertag gesendet und war eine Veranstaltung für den Unterstützungsfonds des → FDGB für alte Schauspieler und Artisten. In ihr traten prominente Künstler, oft Schauspieler der DDR, in artistischen oder anderen Zirkusnummern auf, so → Achim Mentzel als Tierbändiger und Armin-Mueller Stahl als Musikclown. Die Sendung wurde später mit »Stars in der Manege«, die in der ARD lief, kopiert. Die Konzeptionen beider Sendungen waren nahezu identisch.

NACKT UNTER WÖLFEN

KZ-Roman von Bruno Apitz (1900–1979) aus dem Jahre 1958, verfilmt vom Fernsehen 1960 und dann nochmals von der → DEFA durch Frank Beyer 1963, in Hauptrollen spielten u.a. → Erwin Geschonneck, → Fred Delmare, Angela Brunner, Peter Paul Goes, Erik S. Klein, Herbert Köfer. Der Roman des kommunistischen Schriftstellers, der selbst acht Jahre im KZ Buchenwald interniert war, erzählt von einer Widerstandsgruppe aus überwiegend politischen Häftlingen im KZ Buchenwald, die ein kleines Kind vor den SS-Wärtern verstecken und dabei ihr eigenes Leben riskieren. Der Roman war Pflichtlektüre im Deutschunterricht der oberen Klassen der → POS. Dieser Roman prägte über viele Jahre das Bild der DDR-Bürger von den deutschen Konzentrationslagern. So wichtig die Auseinandersetzung mit dem deutschen Nationalsozialismus, dem Völkermord an den Juden und mit den Konzentrationslagern ist, so hat der packend geschriebene Roman auch Schwächen, so eine gewisse Idealisierung der politischen Häftlinge und des kommunistischen Widerstands im Lager.

NAHERHOLUNGSGEBIET

Vor allem in der Nähe großer Ballungsräume oder von Großstädten ausgewiesene Gebiete, in denen die Bürger ohne allzu lange Anfahrtswege entspannen konnten. Allerdings fand in der DDR die Erholung vor allem im Sommer statt. Die meisten Naherholungsgebiete entstanden dann auch für die Erholung oder den Urlaub im Sommer. Bevorzugt war die Ausweisung und Umgestaltung von aus-

Sommer in Berlin – Naherholungsgebiete gab es etliche, viele waren jedoch mit öffentlichen Verkehrsmitteln schwer zu erreichen

gebeuteten Braunkohlentagebauen und Kiesgruben zu Seen mit Ferienlagern, Urlauberdörfern, Strandbädern und Segel- oder Surfschulen. Für die Bürger, die keinen eigenen Garten bewirtschafteten oder kein Interesse dafür hegten, waren solche Naherholungsgebiete oft der einzige Ausweg aus der Hitze und dem Staub der Städte. Sie waren allerdings mit öffentlichen Verkehrsmitteln nicht gerade einfach zu erreichen, sowie infrastrukturell kaum oder gar nicht erschlossen. Es war schon eine Zumutung für die Erholungswilligen, etwa eine halbe Stunde Fußmarsch von der nächstgelegenen Bushaltestelle oder Bahnstation bis zum Strandbad zurückzulegen. Wassersportler, wie Surfer, bedurften schon damals unbedingt eines PKW, um ihrem Sport frönen zu können.

NARVA TAGHELL

Werbeslogan des Glühlampenproduzenten VEB NARVA Berlin. NARVA, was Nitrogenium, Argon, Vakuum bedeutet, ging aus dem ehemaligen OSRAM-Werk hervor und blieb der einzige Produzent von Leuchtmitteln wie Glühlampen und Leuchtstoffröhren in der DDR. Berühmt wurde ein Witz über NARVA: »→ ADN meldet: Einbruch bei NARVA, Polizei tappt im Dunkeln.«

NASSZELLE

Ein kleines Bad (Wanne oder Dusche, Waschbecken) mit WC im → Plattenbau. Naßzellen wurden werkseitig vorgefertigt und während der Montage der Plattenbauten direkt montiert. Dadurch war nur die Befestigung der Anschlüsse für Wasser und Abwasser vorzunehmen. Die Naßzelle selbst war ein abgeschlossener Raum aus Gipsplatten ohne Fenster und wurde an einen Lüftungs- und Rohrleitungsschacht angeschlossen.

NATASCHA-LADEN

Verkaufsstelle für Produkte sowjetischer Produktion in der Berliner Hans-Beimler-Straße. Besonders beliebt waren russisches

Naschwerk und Sekt aus sowjetischer Produktion, vor allem Krimskoe. Man konnte auch Kunstgewerbe, unter anderem Matrjoschkas, kaufen. Ähnliche russische Läden fand man in der Nähe russischer Kasernen. Dort kauften die Familien der russischen Offiziere ein, die recht abgeschlossen von der deutschen Bevölkerung in eigenen Siedlungen lebten.

NATIONALE FRONT

Nach dem Zweiten Weltkrieg in der sowjetischen Besatzungszone »als Bündnis aller patriotischen Kräfte unter Führung der geeinten Arbeiterklasse und ihrer revolutionären → Partei« ins Leben gerufen, Vorbild war sicher das Nationalkomittee Freies Deutschland. Nach der Gründung der DDR wurden in der Nationalen Front alle zugelassenen Parteien und → Massenorganisationen vereinigt. In der Verfassung der DDR war ausgeführt: »(1) Das Bündnis aller Kräfte des Volkes findet in der Nationalen Front der DDR seinen organisierten Ausdruck. (2) In der Nationalen Front vereinigen die Parteien und Massenorganisationen alle Kräfte des Volkes zum gemeinsamen Handeln für die Entwicklung der sozialistischen Gesellschaft. Dadurch verwirklichen sie das Zusammenleben aller Bürger in der sozialistischen Gemeinschaft nach dem Grundsatz, daß jeder die Verantwortung für das Ganze trägt. Höchstes Organ dieser Volksbewegung ist der Kongreß, dessen Delegierte von der Bevölkerung der DDR gewählt werden. Er wählt den Nationalrat der Nationalen Front und seinen Präsidenten. Organe der Nationalen Front sind das Präsidium und das Sekretariat. Im Präsidium des Nationalrates sind folgende Parteien und Massenorganisationen vertreten: → SED, → DBD, → CDU, → LDPD, → NDPD, → FDGB, → FDJ, → DFD, → Volkssolidarität, Domowina (Bund der Lausitzer Sorben), → Kulturbund der DDR.« Außerdem wirkten sämtliche Massenorganisationen der DDR in der Nationalen Front. Die Nationale Front war Träger der Wahlen zur → Volkskammer, zu den Bezirkstagen, Kreistagen, Stadtverordnetenversammlungen,

11.10.1949. Margot Feist, später Margot Honecker, gratuliert Wilhelm Pieck zur Wahl zum Staatspräsidenten. Wenige Tage vorher, am Gründungstag der DDR, dem 7.10.1949, wurde auch das Manifest »Die Nationale Front des demokratischen Deutschlands« verabschiedet.

Stadtbezirksversammlungen und Gemeindevertretungen. Sie unterbreitete den Wählern die Wahlvorschläge der von den Parteien und Massenorganisationen nominierten Kandidaten und stellte den Wahlaufruf zur Diskussion. Damit hatte man nur die Wahl: Die Kandidaten der Nationalen Front im Block wählen oder alle ablehnen, dann mußte man aber alle Namen einzeln auf dem Wahlzettel durchstreichen. Diese Wahlen gaben der DDR ein scheindemokratisches Gepräge.

NATIONALE VOLKSARMEE

→ NVA

»NATIONALE VOLKSARMEE«

Wochenzeitung der NVA und der Grenztruppen. Sie wurde meist unaufgefordert in die Stuben der Soldaten und Unteroffiziere geliefert, berichtete über die Ereignisse innerhalb der bewaffneten Organe, vor allem von Wettbewerbsinitiativen und anderen motivierenden Ereignissen für die Truppe und eignete sich hervorragend zum Versteifen der Unterwäschepäckchen im Spind. Vorbildliche Soldaten hatten Vorzeigeunterwäsche, die nie getragen wurde. Gewaschen wurde sie nur, wenn die Staubschicht darauf nicht mehr zu übersehen war. Getragen wurde die Unterwäsche aus der Reisetasche. Man sparte sich so viel Zeit vor der abendlichen Spindkontrolle.

NATIONALER VERTEIDIGUNGSRAT

Staatliches Führungsorgan der DDR für die einheitliche Leitung der Landesverteidigung. Der Nationale Verteidigungsrat war der → Volkskammer der DDR und dem → Staatsrat der DDR verantwortlich und rechenschaftspflichtig. Der nationale Verteidigungsrat wurde 1960 gebildet, um die Landesverteidigung unter eine einheitliche Leitung zu stellen und auch hier die klare Führung der → Politbüromitglieder der SED zu sichern. So vereinte Erich Honecker drei Funktionen in seiner Person: Er war Parteichef, Vorsitzender des Staatsrates und Vorsitzender des Nationalen Verteidigungsrates, damit mittelbarer Vorgesetzter aller Generäle. Der Nationale Verteidigungsrat hatte die Aufgabe, im Falle einer sogenannten imperialistischen Aggression die → NVA, die → bewaffneten Organe und die → ZV zu organisieren. In Friedenszeiten wurden alle Fragen der Landesverteidigung in ihm geregelt, bis hin zum Grenzregime am »antifaschistischen Schutzwall« mit Schießbefehl und zum Militäreinsatz zur Beendigung des Prager Frühlings 1968.

NATIONALPREIS

Hohe Staatliche Auszeichnung der DDR. Der Nationalpreis wurde vom Vorsitzenden des → Staatsrates der DDR verliehen. Der Nationalpreis war unterteilt in drei Klassen. Geehrt werden konnten Einzelpersonen, → Kollektive, → Betriebe und Einrichtungen aus dem In- und Ausland. Der Preis war mit einem Geldbetrag dotiert, der für die einzelnen Klassen folgende Höhe hatte: bei Kollektivauszeichnungen: 1. Klasse bis zu 120.000 Mark; 2. Klasse bis zu 80.000 Mark; 3. Klasse bis zu 40.000 Mark; bei Einzelauszeichnungen: 1. Klasse bis zu 60.000 Mark; 2. Klasse bis zu 40.000 Mark; 3. Klasse bis zu 20.000 Mark. Verliehen wurde der Nationalpreis jährlich während der Feierlichkeiten zum → Republikgeburtstag am 7. Oktober.

NATIONALRAT

Oberstes Legislativorgan der → Nationalen Front. Der Nationalrat der Nationalen Front wurde auf dem Kongreß der Nationalen Front gewählt, ebenso sein Präsident.

NAUTIK

Seifenserie in der DDR. Nautik gab es in ähnlichen Duftnoten wie Fa in der Bundesrepublik. Sie war auch ähnlich geformt und kam in den → Exquisit-Handel der DDR, nachdem die ersten Geschäfte über die → Gestattungsproduktion zwischen der DDR und der BRD abgeschlossen worden waren.

NAW

Nationales Aufbauwerk, wurde durch die → Nationale Front nach dem Krieg ins Leben gerufen, um alle Kräfte der Bevölkerung für die Beseitigung der Kriegsschäden zu mobilisieren. Dazu gehörten → Subbotniks, bei denen die Menschen unentgeltlich Aufräumarbeiten leisteten. In den Anfangsjahren der DDR sollen selbst die führenden Politiker mit gutem Beispiel vorangegangen sein. So sind Bilddokumente von Otto Grotewohl überliefert, auf denen er an einem Subbotnik zur Beseitigung von Trümmern teilnimmt. Später blieben vom NAW noch die → Aufbaustunden übrig, die verschiedene Organisationen, wie → AWG oder → VKSK von ihrem Mitglieder jährlich verlangten. Die Teilnahme an solchen Maßnahmen mußte abgerechnet werden, um zu verhindern, daß einzelne Bürger sich vor der Arbeit drückten. In den Gartenvereinen konnte die Aufbaustunde allerdings manchmal auch in Geld abgeleistet werden, das dann der Vereinskasse zugute kam. Das wurde vor allem deshalb möglich, weil beim Bau der Vereinshäuser die wesentliche Arbeit durch Leute vom Fach geleistet werden mußte, während ungeübte Männer oder Frauen meist nur für Handlangerarbeiten zu gebrauchen waren, die körperlich oft noch schwerer waren als das eigentliche Mauern oder Putzen.

NBI

Abkürzung für »Neue Berliner Illustrierte«, die aus der Berliner Illustrierten hervorging. Sie erschien in der DDR als illustrierte Wochenzeitschrift in einer durchschnittlichen Auflagenhöhe von 726.000 Exemplaren und war damit eine der meistgelesenen Wochenzeitschriften in der DDR. Wie oft bei den Presseerzeugnissen konnte die lizenzierte Auflagenhöhe den Bedarf nicht decken.

NAW: *Otto Grotewohl hilft mit beim Enttrümmern*

ND/NEUES DEUTSCHLAND

Tageszeitung. → Organ des Zentralkomitees der Sozialistischen Einheitspartei Deutschlands. Das Neue Deutschland war die Pflichtlektüre der Parteimitglieder. In ihm wurden die offiziellen Ansichten der Partei- und Staatsführung in der DDR publiziert. Damit sollte das Parteimitglied in die Lage versetzt werden, offensiv den Standpunkt der Partei in der politischen Diskussion am Arbeitsplatz zu vertreten. Die Redakteure des ND pflegten einen offen parteilichen Journalismus und schrieben, was gerade opportun war. Sie mußten vor allem wissen, was gerade die offizielle politische Linie der SED-Führung war und worüber man besser nicht schreiben sollte. Aufmerksame Leser bemerkten also oft schlichte Fehler in der Darstellung oder einfach plumpe Lügen. So war es angebracht, die Ausgabe, in der die → Planauflagen veröffentlicht wurden, über das Jahr aufzuheben, um die Korrektur der Planzahlen in der Ausgabe, die den Jahresplan abrechnete, zu bemerken. In der Regel erfolgte bei der Abrechnung eine Korrektur der Planvorgaben (→ Planauflagen) nach unten, damit eine Übererfüllung abgerechnet werden konnte. Da aber kaum jemand so genau recherchierte, deckte das fast niemand auf. Das Neue Deutschland hat oft eine unrühmliche Rolle bei politischen Kampagnen gegen »Feinde des Sozialismus«, gegen »westliche Dekadenz« usw. gespielt, nicht zuletzt im Herbst 1989, als die Massenflucht über Ungarn bereits im Gange war und die Demonstrationen der Bürgerbewegung an Kraft zunahmen. Beliebt bei den Berlinern war allerdings das jährlich stattfindende → ND-Pressefest.

ND-PRESSEFEST

Seit 1958 jährlich ausgerichtetes Volksfest des Zentralorgans der SED »Neues Deutschland«. Dieses Volksfest sollte die Verbundenheit der Partei mit allen → Werktätigen zum Ausdruck bringen, Publizisten mit ihren Lesern zusammenführen und die gesamte Breite der Kultur in der DDR repräsentieren. Prominente Künstler wirk-

Das Neue Deutschland hatte die größte Auflage aller Tageszeitungen in der DDR, wurde aber im Verhältnis zur hohen Auflage nur von wenigen wirklich gelesen – Ein Arbeiter mit dem ND, 1952

ten auf diesen Festen genauso wie Volkskunstkollektive. Die Pressefeste in der DDR, wo neben dem Zentralorgan auch jede Bezirkszeitung ihr eigenes Pressefest feierte, fanden im Frühsommer statt und erlaubten die Darbietung unter freiem Himmel, womit sie ein kultureller Anziehungspunkt für die ganze Familie wurden.

NDPD

National-Demokratische Partei Deutschlands. Am 25.05.1948 in Berlin gegründet. In ihr vereinten sich zunächst national gesinnte Kräfte. Später entwickelte sie sich wie auch andere Blockparteien zu einem politischen Podium hauptsächlich für Angehörige der Intelligenz. Sie stellte in der → Volkskammer 52 Abgeordnete und trug ihren Teil zur Stabilisierung der DDR-Gesellschaft bei. Nach der Wiedervereinigung schloß sich diese Partei der FDP an.

NEO

Waren Tampons aus DDR-Produktion. Sie zählten zur → Bückware, waren zu je zwei Stück verpackt und wesentlich größer als westliche Produkte, weswegen sie wohl auch nicht sonderlich angenehm in der Anwendung waren.

NESSEBAR

Badeort an der bulgarischen Schwarzmeerküste. Er liegt zirka 30 Kilometer nordöstlich der Hafenstadt Burgas, über deren Flughafen die DDR-Bürger dieses beliebte Reiseziel am Schwarzen Meer erreichten. Das Schwarze Meer hatte als Reiseziel für die DDR-Bürger etwa die gleiche Bedeutung wie Mallorca für die Deutschen der »alten Bundesländer«.

NEUBAUWOHNUNG

Als Neubauwohnung wurden in der DDR zunächst alle Wohnungen bezeichnet, die nach der Gründung der DDR errichtet worden waren. Später verschob sich die Bezeichnung im allgemeinen

Sprachgebrauch und meinte ausschließlich Wohnungen im → Plattenbau, weil in anderer Bauweise keine Wohnungen mehr in der DDR errichtet wurden. Neubauwohnungen waren begehrt wegen ihrer Sanitärausstattung und weil sie Fernheizung hatten, keine → Ofenheizung, so daß das lästige Kohletragen und Heizen wegfiel. Die Neubauwohnungen hatten aber auch Nachteile, so gab es mitunter Probleme mit eindringender Feuchtigkeit durch die Ritzen zwischen den Platten, wenn sich die Abdichtungsmasse mit den Jahren löste. Da die Neubaublöcke alle Flachdächer hatten, drang das Wasser häufig durch feine Risse, lief dann die Leitungen der Elektroschächte und Rohrschächte herunter und kam in den Ritzen zwischen den Deckenplatten heraus, also da, wo die Lampenanschlüsse lagen. Oft waren auch die Fensterabdichtung und die Verarbeitungsqualität der Neubaublöcke, die im Akkord errichtet wurden, mangelhaft.

NEUE JUWEL
Filterzigarette. Kam ab dem Jahr 1972 als Juwel 72 in den DDR-Handel und stammte aus bulgarischer Produktion. Sie fand relativ wenig Verbreitung in der DDR, da ihr Aroma recht eigen war und dem DDR-Raucher, der seine → F6, → Cabinet oder → Semper gewohnt war, wenig Freude machte. Der Volksmund nannte sie Schweine-Camel.

NEUERERBEWEGUNG/-VORSCHLAG
Form der »schöpferischen Masseninitiative der → Werktätigen im → sozialistischen Wettbewerb«. Die Werktätigen wurden durch Mitwirkung in Neuererkollektiven, mit denen Neuerervereinbarungen abgeschlossen wurden, oder durch die Einreichung von Neuerervorschlägen als Neuerer tätig. Die Leiter in den → Betrieben waren verpflichtet, die Initiative der Werktätigen in der Neuererbewegung zu fördern und die Neuererbewegung planmäßig zu entwickeln. Sie hatten die Neuerer auf die Lösung von Aufgaben

zur Entwicklung und Durchsetzung des → wissenschaftlich-technischen Fortschritts, zur Einsparung von Rohstoffen und Material, zur Qualitätsentwicklung der Erzeugnisse, zur ständigen Verbesserung der Arbeits- und Lebensbedingungen und von anderen betrieblichen Schwerpunktaufgaben zu orientieren. Entsprechende Aufgaben, über die nach der Neuererverordnung Neuerervereinbarungen abgeschlossen werden konnten, waren in die betrieblichen Pläne aufzunehmen. Das waren insbesondere Aufgaben, welche die schöpferische Lösung eines Problems in sozialistischer Gemeinschaftsarbeit zwischen Arbeitern und Angehörigen der Intelligenz erforderten. In der Neuererbewegung leisteten die Werktätigen einen wichtigen Beitrag zur Erfüllung der → Hauptaufgabe. Die Neuerertätigkeit war nicht nur auf technisch-ökonomische Zielstellungen gerichtet, sie sollte auch in hohem Maß zur Herausbildung allseitig gebildeter Persönlichkeiten beitragen. Die schöpferische Lösung von technisch-ökonomischen Aufgaben in sozialistischer Gemeinschaftsarbeit, die Erarbeitung von Neuerervorschlägen und die aktive Mitwirkung an der Durchsetzung ihrer Neuerungen sollten die Werktätigen immer besser zur schöpferischen Arbeit befähigen, ihr Leistungsvermögen entwickeln und ihnen die Möglichkeit geben, ihre kreativen Fähigkeiten unter Beweis zu stellen. Sie sollten neue Erkenntnisse über betriebliche und gesamtgesellschaftliche und technisch-ökonomische Zusammenhänge vermitteln und deshalb das Denken und Handeln im betrieblichen und gesellschaftlichen Interesse fördern. Sie sollten zur Qualifizierung und zur Vorbereitung der Werktätigen auf erhöhte Anforderungen in der Produktion beitragen, die sich aus dem wissenschaftlich-technischen Fortschritt ergaben. Sie sollte sichtbarer Ausdruck der »sozialistischen Demokratie« in der sozialistischen Gesellschaft sein. Diese politisch-ideologischen Zielstellungen der Neuererbewegung waren bei der planmäßigen Neuerertätigkeit durchzusetzen, durch die Auswahl der Aufgaben durch die Leiter und die Zusammensetzung der → Kollektive. Die Neuererbewegung war für den einzelnen vor allem durch die materielle Anerkennung der Leistungen innerhalb der Neuererbewegung interessant. Insgesamt gesehen, war es ein wenig effektiver, bürokratischer Versuch, die Betriebsangehörigen zu kreativer und verantwortungsbewußter Mitarbeit anzuregen. Wie vieles in der DDR, was einmal vernünftig gedacht und begonnen wurde, verkam die Neuererbewegung immer mehr zur lästigen Pflichtübung.

NEUES LEBEN

Jugendmagazin der → FDJ aus dem Verlag Neues Leben. Diese Zeitschrift wurde seit 1945 von der FDJ herausgegeben und diente zunächst als Informationsblatt für die politische Schulung der Mitglieder des Jugendverbandes. Mit den Jahren wandelte es sich zu einem gefragten Jugendmagazin mit einem breiten Spektrum an Themen und festen Rubriken, die jugendgemäß aufgearbeitet waren. Es ging dann auch um Themen wie Mode, Rockmusik und Sexualität (Rubrik → Prof. Bormann antwortet), es gab natürlich auch Rätsel, Kontaktanzeigen, Informationen über neue Bücher, Platten und Filme, Leserpostseiten und Diskussionsrunden mit den Lesern. Das nl, wie es im Volksmund genannt wurde, gehörte seit dieser Wandlung zur → Bückware.

NEUES ÖKONOMISCHES SYSTEM (DER PLANUNG UND LEITUNG)

NÖS. Der VI. Parteitag der SED 1963 beschloss eine grundlegende Kursänderung der Wirtschaftspolitik, die sich auf die gesamte Gesellschaft auswirkte. Ziel war eine Modernisierung und Rationalisierung des Wirtschaftssystems, eine Effektivierung der Wirtschaft in enger Verbindung mit der → wissenschaftlich-technischen Revolution. Ohne jetzt in die Details gehen zu wollen, verbanden sich damit zum einen eine gewisse Rückbesinnung auf die Bedeutung des einzelnen, auf eine relative Autonomie einzelner Betriebe und Ansätze zur Dezentralisierung. Die VVB (Vereinigung Volkseigener Betriebe) sollten relativ autonome »Ökonomische Führungsorgane« werden, Ulbricht sprach sogar von »sozialistischen Konzernen«. Das wurde nur teilweise umgesetzt, ab 1967 sprach man dann vom »öknomischen System des Sozialismus«, dann vom → realen Sozialismus. In dieser Zeit kam auch der Begriff von der → »sozialistischen Menschengemeinschaft« auf. Es herrschte dabei ein ungebremster, geradliniger Fortschrittsglaube, der technische Fortschritt wurde zum Fetisch. Die auf der 2. Bitterfelder Konferenz 1964 an die Künstler gestellten Anforderungen seitens der Kulturpolitiker spiegelten dies wider und waren teilweise absurd, man sprach sogar von der »Ökonomie der Kunst«.

NEUE WERBUNG

Fachzeitschrift für Werbung und Gebrauchsgrafik, liebevoll »Werbebummi« genannt. Die Zeitschrift erschien seit 1954 im Verlag Die Wirtschaft Berlin, erreichte eine recht hohe Auflage und wurde zunehmend gerne in der Sowjetunion gelesen, zumal sie Zusammenfassungen der Texte in russischer Sprache enthielt und wohl das Westlichste war, was die russischen Werbeleute zu sehen bekamen. Die mit einem Farbteil versehene Zeitschrift gab Anregungen zur Werbung, stellte Werbekampagnen vor, beschäftigte sich mit dem Kaufverhalten der Konsumenten, mit Formgestaltung, Fotografie und Gebrauchsgrafik.

NEULAND UNTERM PFLUG

Roman von Michail Scholochow (geb. 1905), Bestandteil des Literaturkanons an der → POS. Der erste Teil dieses umfangreichen Werkes erschien 1932, noch während Scholochow parallel dazu an seinem Romanepos »Der Stille Don« arbeitete. In »Neuland unterm Pflug« greift er das Thema der Kollektivierung der sowjetischen Landwirtschaft auf und verteidigt, wie in praktisch allen literarischen Werken, die während der Herrschaft Stalins in der Sowjetunion erschienen, kritiklos das Vorgehen der Sowjetmacht. Den zweiten Teil hatte Scholochow zwar bereits erstmals während der Jahre um 1940 herum konzipiert, wurde aber zu dieser Zeit nicht geschrieben, da er als Frontberichterstatter die Sowjetarmee begleitete. 1959 griff er das Projekt erneut auf, und 1962 erschien der zweite Teil des Romans, in dem – neun Jahre nach Stalins Tod – erste Ansätze einer kritischen Betrachtungsweise erkennbar waren. Im Literaturunterricht der DDR wurde nur der erste Teil behandelt, dafür außerdem seine Erzählung → »Ein Menschenschicksal« (1957).

NEULEHRER

Begriff aus den Anfangsjahren der DDR, als eine neue Verwaltung versuchen mußte, ein de facto nicht mehr existentes Schulwesen aufzubauen. Lehrer, die während des Dritten Reiches unterrichtet hatten, sollten aus dem Bildungswesen verbannt werden. Entnazifizierung hieß die Losung, die die neue Verwaltung mit Unterstützung der sowjetischen Militäradministration umsetzte. Dabei ging politische Anschauung vor fachliche Eignung, so daß ein Schüler in diesen Jahren durchaus gelehrt werden konnte, daß man Bluhme mit h schreibt. Die als Neulehrer eingesetzten Männer und Frauen nahmen natürlich auf sich, nicht vorhandene Kenntnisse auf fachlichem und vor allem pädagogischen Gebiet kurzfristig nachzuholen. Die Ausbildung ging mit der Praxis einher und vor allem auf dem Gebiet der Lehrmethodik konnten schnelle Erfolge erzielt werden. Als die ersten Studenten ihre Ausbildung abgeschlossen hatten und damit neue ausgebildete → Kader zur Verfügung standen, konnten die Neulehrer nach und nach ersetzt werden. Ihr Anteil am Aufbau eines weltweit anerkannten Volksbildungswesens ist jedoch unbestritten.

NEUMANN 2X KLINGELN

Sendereihe des Rundfunks. 1968 begann → Radio DDR 1 mit der Ausstrahlung dieser halbstündigen Hörspielreihe. Prominente

Schauspieler verkörperten die Familienmitglieder: Herbert Köfer den Vater, Marianne Wünscher die Mutter, später von Eva-Maria Bath gesprochen, Helga Piur die Tochter und Helga Göring die Großmutter. Mit dieser Hörspielserie stellte der → Rundfunk der DDR Alltagsprobleme einer Familie von nebenan künstlerisch dar, brachte sie sogar zur Hauptfernsehzeit samstags 20.00 Uhr auf Sendung, zahlreiche Hörerzuschriften bestätigten jedoch die Richtigkeit des Sendekonzeptes. 1978 wurden vier der sieben Autoren der Hörspielreihe mit dem Kunstpreis des → FDGB ausgezeichnet. 1989 strahlte der → DFF eine siebenteilige Fernsehserie aus, die nach dieser Hörspielreihe gedreht wurde.

NICHTPAKTGEBUNDEN/ NICHTPACKTGEBUNDENE STAATEN

Alle Staaten, die in keinem der großen Militärblöcke wie Warschauer-Vertrag oder NATO Mitglied waren. In der politischen Lesart der DDR waren die nichtpaktgebundenen Länder eine wichtige Kraft zwischen den Interessen der NATO und des Warschauer Vertrages.

NORMALUHR

1. Uhr, die zur Zeitbewahrung zwischen zwei astronomischen Sternbeobachtungen dient und über Funk das Zeitnormal als Startzeichen gibt; 2. Uhr, welche die Zonenzeit für ein Land oder eine Zeitzone anzeigt. Sie befindet sich auf Straßen oder Plätzen 3. Hauptuhr einer Uhrenanlage.

NSW

Nichtsozialistisches Wirtschaftssystem. Damit wurden im offiziellen Sprachgebrauch alle Länder bezeichnet, die nicht Mitglied im → RGW waren.

NUDOSSI

Nuß-Nougat-Creme. Nudossi war das DDR-Pendant zur bundesdeutschen Nutella. Allerdings war es nicht ganz so streichfähig und mußte deshalb vor dem Verzehr längere Zeit außerhalb des Kühlschrankes aufgewärmt werden.

NVA/VOLKSARMEE

Nationale Volksarmee, sozialistische Armee des ersten deutschen → Arbeiter-und-Bauern-Staates. Sie fungierte als »bewaffnetes Organ der von der Partei der Arbeiterklasse geführten Werktätigen zum Schutz der sozialistischen Ordnung, der sozialistischen Errungenschaften und des friedlichen Lebens der Bürger in der DDR«. Die NVA war ein Teil der dem Vereinten Oberkommando der Armeen des → Warschauer Vertrages unterstellten Streitkräfte und Hauptkraft der sozialistischen Landesverteidigung der DDR. Sie wurde auf Beschluß der → Volkskammer vom 18.01.1956 aus den Einheiten der kasernierten Volkspolizei gebildet und am 01.03.1956 gegründet. Maßgebliche Unterstützung bei der Gründung dieser Armee leistete neben russischen Beratern der aus der sowjetischen Kriegsgefangenschaft zurückgekehrte Generalfeldmarschall Paulus, der im Januar 1943 in Stalingrad mit seiner 6. Armee kapituliert hatte. Die NVA setzte sich aus den Landstreitkräften, den Luftstreitkräften/Luftverteidigung sowie der Volksmarine zusammen. Ihre Mannschaftsstärke betrug 90.000 Mann. Im Jahr 1962 führte die DDR die allgemeine Wehrpflicht (Grundwehrdienst 1½ Jahre) ein und sorgte so für ausreichenden Nachschub an frischen, auszubildenden Kräften. Begründet wurde diese Entscheidung mit der verfassungsmäßigen Pflicht zur Verteidigung des sozialistischen Vaterlandes. In Kombination dazu gab es das Freiwilligenprinzip in Form von Berufssoldaten, die für mindestens zehn Jahre als Unteroffiziere dienten, fünfzehn Jahre als Fähnriche mit der Erlangung eines Fachschulabschlusses und fünfundzwanzig Jahre als Offiziere mit der Erlangung eines Hochschulabschlusses.

Vereidigung von Soldaten des Wachregiments am 17.11.1979 in Berlin

Außerdem konnte sich der Wehrpflichtige auf Zeit für drei Jahre als Unteroffizier oder vier Jahre als Offizier bei den Landstreitkräften oder Grenztruppen (als Unterleutnant) verpflichten, was ihm dann finanziell und bei der Vergabe begehrter Studienplätze (sowie höheren Stipendien) zugute kam. Bei der Volksmarine waren vier Jahre Wehrdienstzeit Pflicht. Die technische Ausrüstung kam weitestgehend aus der Sowjetunion, war aber im Standard immer mindestens eine Generation hinter den neuesten russischen Waffen hinterher, die Organisationsstrukturen der Sowjetarmee wurden übernommen. In den höheren Befehlsebenen gab es überall russische Berater, Befehlssprache war bei größeren Manövern Russisch. Der Weg in höhere Positionen führte für Offiziere ebenfalls über die sowjetische Militärakademie. → Waffenbrüder.

Üben für den Ernstfall – NVA-Panzer im Ausbildungsgelände Settnik, 1982

O

OBERLIGA

Höchste Spielklasse im DDR-Sport. Im täglichen Sprachgebrauch wurde damit allerdings ausschließlich die Fußballoberliga der DDR bezeichnet, obwohl es in praktisch jeder Sportart eine oberste Spielklasse gab, die mit Oberliga bezeichnet wurde.

OCHSENSCHWANZSUPPE

Deftige Suppe, deren Brühe aus dem Rinderschwanz gekocht wurde und die es kräftig angedickt in Büchsen und auch als Tütensuppe zu kaufen gab. Gastronomische Einrichtungen boten diese Speise seltener an, weil die Zubereitung dieser Suppe recht aufwendig ist. Die Gastronomie bevorzugte die → Soljanka.

ODER-NEISSE-FRIEDENSGRENZE

Begriff für die Staatsgrenze zwischen der DDR und der Volksrepublik Polen. Diese Grenze wurde durch das → Potsdamer Abkommen zwischen den Siegermächten des Zweiten Weltkrieges fixiert. Zwischen den Regierungen der DDR und Polens wurde immer wieder betont, daß diese Grenze unantastbar sei.

ODF (OPFER DES FASCHISMUS)

In der DDR gab es ein Komitee der Opfer des Faschismus (früher VdN = Verfolgte des Naziregimes), die als anerkannte Widerstandskämpfer gegen die Nationalsozialisten besonders geehrt wurden, Sonderrechte hatten, Sonderrenten erhielten usw. Meist waren das Mitglieder des kommunistischen oder sozialdemokratischen Widerstandes gegen Hitler, während andere Opfer des Faschismus, wie kirchlicher Widerstand, die Widerstandskämpfer des 20. Juni, die Zeugen Jehovas, Homosexuelle oder gar Deserteure nicht anerkannt wurden. Es gab auch einen Ehrentag für die Opfer des Faschismus. Er fand jeweils am ersten Wochenende im September statt und war eine Pflichtveranstaltung für alle Schüler. Sie wurden in Pionier- oder FDJ-Kleidung meist auf Friedhöfe oder zu Denkmälern des antifaschistischen Widerstandes (→ Ehrenhaine, → Mahn- und Gedenkstätten) beordert, die wenigen Arbeiter- und Parteiveteranen zu einer Massenveranstaltung zu ergänzen. Damit sollte die Verbundenheit zwischen den Veteranen und der Jugend demonstriert werden. Diese Veranstaltungen wurden durch Ordnungskräfte so stark gesichert, daß ein vorzeitiges Verlassen des Veranstaltungsortes oft unmöglich war. So wichtig das Anliegen der Erinnerung an den Widerstand gegen die Nazigewaltherrschaft auch war, so verkamen solche Veranstaltungen mitunter zur Farce und erreichten bei den jungen Menschen das Gegenteil.

OELSCHLEGEL, VERA

→ TiP

OERTEL, HEINZ FLORIAN

Sportreporter beim → DFF, geb. 1927. Er war der bekannteste der DDR-Sportreporter. Zum einen war er viel als Moderator der Sendung »Sport Aktuell«, dem DDR-Gegenstück zur »Sportschau« der ARD, zu sehen, zum anderen begleitete er die Sportler der DDR zu fast allen internationalen Großveranstaltungen wie z.B. den Olympischen Spielen und den Weltmeisterschaften. Dabei ließ er in den Reportagen seinen Emotionen durchaus freien Lauf. Berühmt ist seine Aufforderung nach dem Marathonolympiasieg Waldemar

Cierpinskis in Moskau: Nennen Sie Ihren Sohn Waldemar! Oertels Reportagen waren durch einen sehr eigenwilligen Stil geprägt. Er versuchte fast in dichterischer Manier, die Umgebung, wie Publikum, Wetter, Jahreszeiten oder Daten in die Reportage einfließen zu lassen. Seine Popularität und mehrfache Wahl zum Fernsehliebling veranlaßte das Fernsehen, ihm eine eigene Talkshow zu geben. Über viele Jahre hinweg moderierte er daraufhin die Sendung »Porträt per Telefon«. In dieser Sendung, deren eigentliche Leitung die Zuschauer hatten, wirkte Oertel als Vermittler zwischen dem Gast und dem Publikum, das seine Fragen per Telefon an den Sender und damit gleichzeitig den Gast der Sendung richtete. Oertels Leistung, die durch beständig hohe Einschaltquoten honoriert wurde, bestand nun darin, der Frage des betreffenden Zuschauers gerecht zu werden, seinem Gast die Antwort im Sinne des Zuschauers, der ja nicht noch einmal eine Zwischenfrage stellen oder nähere Erläuterung erbitten konnte, zu entlocken. Oertel war auch Moderator der Sendungen → »7–10 Spree-Athen« und → »He-he-he – Sport an der Spree«.

OFENHEIZUNG

Im Gegensatz zur modernen Fernheizung wurden in der DDR Wohnungen im großen Umfang mit Braunkohleöfen beheizt. Selbst nach Sanierungen von Altbauten wurden in die Wohnungen wieder Öfen eingesetzt, in vielen Altbauwohnungen gab es noch Badeöfen und selbst Küchenherde, die mit Briketts beheizt wurden. Das lag zum einen daran, daß fluide Brennstoffe, wie Gas oder Heizöl, kaum oder nur kontingentiert zur Verfügung standen, die Vergasung der heimischen Braunkohle ein sehr aufwendiges und umweltschädigendes Verfahren war. Zudem war das dabei entstehende Kohlenmonoxid extrem giftig. So blieb dem Bewohner von Altbauwohnungen selten etwas anderes übrig, als Kohlen zu tragen und Asche zu entsorgen. Oft verfeuerte ein Ofen natürlich nicht ausschließlich Braunkohlebriketts. Ein nicht unwesentlicher Teil des Müllaufkommens in solchen Haushalten konnte durch den Schornstein entsorgt und die unverbrannten leichten Reste in die Aschentonnen geschüttet werden. Dadurch hielt sich das Müllaufkommen in erträglichen Grenzen. Andere Öfen wie Nachtspeicheröfen oder Koksöfen spielten nur eine untergeordnete Rolle. So entstand der unverkennbare DDR-Stadtgeruch in einer Mischung aus Braunkohleheizung und den Abgasen der Zweitaktmotoren.

OGS/OBST GEMÜSE SPEISEKARTOFFELN

Großhandel für landwirtschaftliche Produkte, wie Obst, Obstprodukte, Gemüse, Gemüseprodukte und Speisekartoffeln in der DDR. Die Produzenten lieferten an OGS, und von dort wurde die Ware in die Verkaufsstellen der Handelsunternehmen → HO und → KONSUM geliefert.

OIBE

Offiziere in besonderen Einsatz. → Ministerium für Staatssicherheit.

ÖKULEI

Ökonomisch-kultureller Leistungsvergleich zwischen → Kollektiven. Da der DDR-Bürger nicht einfach ein dummer Malocher, sondern eine → allseits entwickelte sozialistische Persönlichkeit werden sollte, konnten natürlich nicht allein die Arbeitsleistungen der → Kollektive in einer umfassenden Leistungsbewertung berücksichtigt werden. Die Kultur spielte also eine wichtige Rolle und die Frage der Wichtung eines kollektiven Theater- oder Kino- oder Museumsbesuches oblag der einschätzenden Person. Und auch hier galt schon: Gut verkaufter Schund wird höher bewertet als schlecht verkaufte Qualität.

ÖKONOM

Betriebswirtschaftler in den → VEB. Die Studienausbildung in sozialistischer Betriebswirtschaft schloß mit dem Abschluß als Diplom-Ökonom, was eigentlich nichts anderes war als das Äquivalent zum BWL-Abschluß heute. Allerdings spielten sie in den Betrieben der DDR eher eine untergeordnete Rolle, da Kalkulation und Bilanzierung in der Planwirtschaft mit ihrer Mischung aus Starrheit und Hineindirigieren in die Betriebe von oben eine andere Rolle spielten als in westlichen Unternehmen.

ÖKONOMISCHES GRUNDGESETZ DES SOZIALISMUS

Wurde wie folgt formuliert: Ist die immer bessere Befriedigung der wachsenden materiellen und kulturellen Bedürfnisse der Werktätigen und die allseitige Entwicklung des Menschen in der sozialistischen Gesellschaft durch die ständige Entwicklung und Vervollkommnung der Produktion auf der Grundlage der fortgeschrittenen Wissenschaft und Technik und der ständigen Steigerung der Arbeitsproduktivität. Diese Formulierung stellt mehr oder weniger die → Hauptaufgabe dar, deren Erfüllung sich die → SED in das Programm geschrieben hatte. Wie sich allgemeingültige Gesetze der Wirtschaft recht schnell jedem erschlossen, so birgt auch diese Formulierung, wie so vieles in der DDR, sehr viele Ungereimtheiten in sich. Wie kann eine Zielstellung zum Gesetz erkoren werden, obwohl alle anderen ökonomischen Gesetze nicht mehr wirken sollen? Daß sie gewirkt haben, zeigt der Untergang des sozialistischen Weltsystems sehr deutlich. Zwar wurde immer wieder darauf hingewiesen, daß die Ökonomie das Hauptfeld des Kampfes zwischen den Weltsystemen sei, aber trotzdem wurde sie sträflich vernachlässigt oder von einem doktrinären Apparat kaputtverordnet. →Einheit von Wirtschafts- und Sozialpolitik.

OKTOBERKLUB

Singeklub der → FDJ. Er wurde 1966 von Berliner Studenten und Intellektuellen auf maßgebliche Initiative des kanadischen Folkmusikers → Perry Friedman als Hootenannyklub gegründet und widmete sich dem politischen Lied. Wegen der SED-Propaganda zum 50. Jahrestag der Oktoberrevolution und der Anglizismenscheu der Funktionäre wurde er in Oktoberklub umbenannt. Seit 1970 war er einer der Mitorganisatoren des → Festivals des politischen Liedes. Aus ihm ging Jahrgang 49, ein Profi-Singeklub, hervor. Außerdem verdienten sich einige später recht populäre Liedermacher, unter anderem Bettina Wegner, hier ihre ersten Sporen.

DIE OLSENBANDE

Dänische Gaunerkomödien, insgesamt 13 Filme (Regie Erik Balling, entstanden 1968–1984), die in der DDR ungemein beliebt waren. Sie liefen als Kinofilme und nur Filme mit Louis de Funès konnten mit ihnen mithalten. Die Olsenbande bestand aus drei urkomischen Figuren: Egon Olsen mit Zigarre und Melone, Benny mit Hochwasserhosen und seinem typischen Trippelschritt sowie der dicke, jammernde Kjeld, der im Nacken seinen Hausdrachen hatte, die endlich reich werden will (gespielt von Ove Sprogøe, Poul Bungård und Morten Grunwald). Am Anfang jedes Films wird Egon aus dem Knast entlassen, immer bringt er einen totsicheren Plan mit. Mit diesem minutiös ausgearbeiteten, skurrilen Plan gelingt angeblich immer der große Coup, zumindest fast, denn es scheitert am Ende immer an irgendeiner Kleinigkeit und Egon wandert erneut in den Knast. Der Film ist eine Persiflage auf die dänische Spießbürgergesellschaft mit der Fahne im Vorgarten, und der DDR-Bürger war sicher voll Verständnis für den kleinen Mann (Ganoven), der sich gegen alle Widrigkeiten nach oben kämpfen bzw. dem Schicksal ein Schnippchen schlagen wollte. (Lit. Frank Eberlein, F. B. Habel: Die Olsenbande – Das große Buch für Fans. Schwarzkopf & Schwarzkopf Verlag Berlin 1996)

OPFER DES FASCHISMUS

→ OdF

OPTIMA

Markenname für Schreibmaschinen aus dem → VEB Büromaschinenwerk Optima Erfurt, das sich aus der 1923 gegründeten AEG-Niederlassung und dem späteren Telefunken-Werk konstituierte und bis 1951 noch unter dem Markennamen Olympia produzierte. Solange dieses Werk mechanische Schreibmaschinen produzierte, spielten diese sogar auf dem Weltmarkt eine gute Rolle und war zeitweise der größte Schreibmaschinenproduzent Europas. Die Entwicklung elektrischer Schreibmaschinen wurde bereits nicht mehr bestimmt und mit der Einführung des PC kam ja für die klassische Schreibmaschine praktisch das Aus, was sich für Optima vor allem darin äußerte, daß dieses Werk in das Kombinat → Robotron integriert wurde.

ORGAN

Im Gegensatz zum Körperorgan wie Leber, Herz und Niere ist der Begriff hier im Sinne von Sprachorgan gebraucht. Organe hatte also jede Partei und Massenorganisation in Form von Tages- oder Wochenzeitungen. Organe waren aber auch die der Erhaltung der Ordnung dienenden Einrichtungen des Staates, also die → Machtorgane, die Staatsorgane und → bewaffnete Organe, außerdem die entscheidungstragenden Gremien in Parteien und → Massenorganisationen.

ORWO

Original Wolfen. Eingetragenes Warenzeichen der Filmfabrik Wolfen. Hier wurden alle Filmmaterialien der DDR produziert. Außerdem war ORWO ein wichtiger Exportbetrieb, weil die Filme extrem billig auf den internationalen Märkten verkauft wurden.

OSTSEE

Die Ostsee war, neben dem Schwarzen Meer, das einzige Meer, zu dem die DDR-Bevölkerung aufgrund der Reisebeschränkungen ungehinderten Zugang hatte. Demzufolge war es als Urlaubsziel sehr beliebt und man bekam sehr schwer einen Urlaubsplatz.

OSTSEEPOKAL

Jährlich fanden seit Mitte der 70er Jahre Wettkämpfe der Hallenhandballer um den Ostseepokal statt.

OSTSEEWOCHE

Seit 1958 jährlich im Bezirk Rostock auf Initiative und Einladung der DDR stattfindende Begegnung von Vertretern der Anliegerstaaten der Ostsee sowie Islands und Norwegens unter der Losung: »Die Ostsee muß ein Meer des Friedens sein!« Die Ostseewochen waren gegen die Politik der Bundesrepublik und der NATO gerichtet. Während dieser Zeit fanden Gewerkschafts-, Jugend- und Frauenkonferenzen, Foren und andere Zusammenkünfte statt, in deren Mittelpunkt die Sicherung des Friedens im Ostseeraum stand.

OTHELLO-KEKS

Dunkler Keks, aus einem hohen Anteil Hafermehl gebacken. Othello-Kekse wurde im VEB Nahrungsmittelkombinat »Albert Kuntz« Wurzen hergestellt.

OTTOKAR DOMMA

Pseudonym des Autors Otto Häuser, der 1924 im Erzgebirge geboren wurde, den Beruf des Lehrers ergriff, bevor er sich unter dem Pseudonym Ottokar Domma als satirischer Autor in der DDR profilierte. Mit Ottokar, einem Schüler der sechsten Klasse, mit wachem Geist und kindlicher Auffassungsgabe, gelang ihm eine Kultfigur der DDR. Der Schüler Ottokar nahm mit der Naivität eines Kindes den Alltag aufs Korn, viele Dinge sehr wörtlich, und legte

Ostsee – Urlauber erholen sich 1976 in Rostock am Strand.

damit die Probleme dieses Landes schonungslos offen. Bis zum Ende der DDR erschienen folgende Bände mit Geschichten des braven Schülers Ottokar: 1967 »Der brave Schüler Ottokar«; 1970 »Ottokar, das Früchtchen«; 1973 »Ottokar, der Weltverbesserer«; 1978 »Ottokar, der Gerechte«; 1979 »Ottokar, das brave Früchtchen«; 1983 »Ottokar der Schalk«; 1989 »Ottokar, der Philosoph«. »Ottokar, der Weltverbesserer« wurde 1977 von der → DEFA verfilmt. Unbedingt empfehlenswerte Lektüre, erscheint heute von Eulenspiegel Verlag Berlin.

OVOSISTON

Antibabypille aus dem VEB Jenapharm Erfurt. Sie war das erste Präparat, was die pharmazeutische Industrie in der DDR in die Apotheken brachte. Dem Wirkprinzip nach ein Ovulationshemmer, wurde sie später durch weitere Präparate ergänzt, blieb aber die am meisten verschriebene »Pille« in der DDR.

P

P18

P12, P6 usw. Zulassungsbescheinigungen für Filme ähnlich der Freiwilligen Selbstkontrolle in der Bundesrepublik. Die jeweilige Zahl nach dem P gab für die Kinobesucher das Mindestalter an, ab dem der Besuch des jeweiligen Films gestattet war. Vor allem in Urlaubsgebieten wurde das allerdings nie so ganz streng gesehen.

PA

Unterrichtsfach »Praktische Arbeit« an den → POS. Die Schüler gingen in Betriebe, um an diesem Tag für vier Stunden praktisch zu produzieren. Es waren überschaubare Arbeiten unter Anleitung eines Lehrers, oft in speziellen Kabinetten. In der Regel waren das Zuarbeiten für die Montage von Fertigprodukten, wie Kabelbäume, das Beschuhen von Kabelenden, das Anfertigen von Maßbohrungen, aber auch die Montage von Fertigprodukten, wie zum Beispiel Autokindersitze für die Konsumgüterproduktion oder Rückleuchten für LKW. → UTP.

PALAST DER REPUBLIK

Auf Beschluß des VIII. Parteitages 1971 errichtetes Mehrzweckgebäude am Spreeufer in Berlin, genau da, wo das Stadtschloß gestanden hatte. Zum IX. Parteitag 1976 wurde der Palast eingeweiht und später für viele Großveranstaltungen genutzt. So fand hier stets das

Wasserspiele am Fernsehturm. Im Hintergrund der Palast der Republik.

→ Festival des Politischen Liedes statt, auch das Festival → »Rock für den Frieden«, später »Jugend im Palast«. Der → DFF übertrug von hier aus live die Sendung → »Ein Kessel Buntes«. Aber auch im Alltag stand der Palast der Bevölkerung zur Besichtigung offen. Eine Diskothek und eine Bowling-Bahn erlaubten tägliche Veranstaltungen, gediegene Gastronomie lud zum Verweilen ein, es gab das → TiP (Theater im Palast) usw. Der heute beschlossene Abriss des Gebäudes ist eine rein politische Entscheidung der Verantwortlichen, da sich die Bautechnologien des Palastes der Republik und des ICC in Berlin decken, die Asbestverseuchung also nicht der ausschlaggebende Grund für den Abriss sein kann.

PAPPE

1. umgangssprachlicher Ausdruck für den PKW Trabant. 2. in Künstlerkreisen gebräuchliche Bezeichnung für den Berufsausweis der Künstler der Unterhaltungsbranche in der DDR.

PARTEI
Verbund Gleichgesinnter zur Durchsetzung ihrer politischen Interessen innerhalb des Staates. In der DDR wurde dieser Begriff jedoch im täglichen Sprachgebrauch fast ausschließlich für die → SED verwendet. Man war in der Partei oder auch nicht. Diese Partei hatte den Staat so fest im Griff, so durchdrungen, war praktisch der Staat, daß sich förmlich Vergleiche mit dem Sonnenkönig Ludwig dem XIV. aufdrängen. Ihre Führung, das Zentralkomitee und das Politbüro, arbeiteten die Beschlüsse aus, die oft in Personalunion von denselben Genossen in der Regierung eingebracht und umgesetzt wurden. Widerstand war aus diesen Gremien kaum zu erwarten, da sie über die Partei wiederum diszipliniert werden konnten. So wurden letztlich alle wichtigen, aber auch viele relativ unwichtigen Fragen im Politbüro und im ZK der SED (→ Zentralkomitee) entschieden, die Partei kontrollierte natürlich auch Armee, Polizei und Staatssicherheit. Ob dieser Machtkonzentration können die Politiker demokratisch gewählter Regierungen schon manchmal neidisch werden, könnte damit doch so manche unpopuläre Maßnahme durchgesetzt (allerdings kaum Wahlen gewonnen) werden. Die starke Zentralisierung hatte aber eine Delegation der Verantwortung nach oben zur Folge, jeder versuchte die Entscheidung nach oben abzuwälzen, um dann nicht dafür verantwortlich gemacht zu werden, und so waren die obersten Parteigremien bald mit den profansten Problemchen beschäftigt. Der Apparat und selbst die Staatssicherheit erstickten am Papierkrieg und Berichteschreiben.

DIE PARTEI, DIE PARTEI HAT IMMER RECHT
Vom deutsch-tschechischen Dichter Louis Fürnberg anläßlich des IX. Parteitages der KPČ komponiert und auf tschechisch getextet. Die deutsche Fassung wurde auf dem III. Parteitag der → SED uraufgeführt. Ernst Busch, legendärer Arbeitersänger und Spanienkämpfer, trug dieses Lied vor. Der Text entstand während der Hochzeit stalinistischer Säuberungen innerhalb der kommunistischen

Parteien Osteuropas und schwört auf den stalinschen Kurs ein. Der Text wurde nach Stalins Tod 1956 stillschweigend geändert. Aus »... von Stalin geschweißt« wurde »... von Lenin geschweißt« oder auch »... im Kampfe geschweißt«. (Hansa Musik Produktion)

PARTEIARBEITER

So nannten sich die hauptamtlichen SED-Funktionäre selbst, wohl um zu demonstrieren, daß sie die Verbindung zur Arbeiterklasse, für die sie ja angeblich handelten, nicht verloren hätten. Sie versuchten sich so mit den Arbeitern auf eine Stufe zu stellen und sich selbst als Teil der Arbeiterklasse darzustellen.

PARTEIAUFTRAG

Mittel zur Durchsetzung wichtiger oder unpopulärer Maßnahmen innerhalb der Partei, wurde auch genutzt, wenn ein Genosse diszipliniert werden sollte oder mußte. In der Regel konnte über einen Parteiauftrag der größte Schwachsinn durchgesetzt werden, es sei denn, der beauftragte Genosse schmiß das Parteibuch auf den Tisch des zuständigen Sekretärs. Das waren jedoch eher Ausnahmen, weil das sich wieder auf dessen Berufsleben ausgewirkt hätte. Die Regel war, einem Kandidaten einen Parteiauftrag zu geben, der an einer Hochschule z.B. so aussehen konnte, daß der Kandidat seine Prüfungen während der Kandidatenzeit nicht schlechter als mit der Note Zwei (Gut) ablegen durfte. In Betrieben spielte bei der Erfüllung von Exportaufträgen die Vergabe von Parteiaufträgen stets eine große Rolle. Härtere Bandagen wurden da bei den → bewaffneten Organen angelegt. Alle Spionageaufträge waren als Parteiaufträge formuliert. Günter Guillaume arbeitete zum Beispiel mit einem Parteiauftrag.

PARTEIBEITRAG

Wie jede politische Vereinigung kassierte auch die → SED Mitgliedsbeiträge. Sie waren von 1 %–3,5 % des Nettolohnes gestaffelt. Je niedriger der Nettolohn, desto niedriger der prozentuale Anteil. Das bedeutete schlicht und ergreifend, daß ein Arbeiter etwa 7-8 Mark Parteibeitrag zahlte, während ein Professor beispielsweise durchaus 100 Mark monatlich zu zahlen hatte. Die Arbeiterpartei finanzierte sich also durch das Geld der Intelligenz. Das Parteimitglied wies dem Kassierer gegenüber per Lohnschein seine Einkünfte im betreffenden Monat aus und wurde danach eingestuft. Der Tag der Beitragskassierung war in aller Regel mit dem Zahltag identisch. Der respektlose Volksmund erfand natürlich auch andere wichtige »Parteibeiträge«. So wurden Bußgelder für das Überqueren der Straße bei Rot kurzerhand als Parteibeitrag bezeichnet und die → Volkspolizei zum Kassierer.

PARTEIHOCHSCHULE

Die Parteihochschule »Karl Marx« beim → Zentralkomitee der SED war die höchste Schulungsstätte zur Aus- und Weiterbildung von Nomenklaturkadern der SED. Die Absolventen dieser Hochschule waren Diplomgesellschaftswissenschaftler und für den Einsatz in hauptamtlichen Parteifunktionen vorgesehen. Die Hochschule entstand 1946 aus der in Liebenwalde gegründeten Parteischule der KPD und zog 1955 nach Berlin. Entsprechend ihres → Parteiauftrages, → Kader für die Nomenklatur zu schmieden, verbreitete der Lehrkörper dieser Hochschule ein äußerst doktrinäres Studienklima, das der kritischen Bewußtseinsbildung kaum förderlich war und die Absolventen kaum befähigte, die schwierigen Aufgaben der Praxis zu lösen. Für die höchsten Posten innerhalb der SED war es zusätzlich nötig, eine Parteihochschule in der Sowjetunion zu besuchen. (Lit.: Herbst/Ranke/Winkler: So funktionierte die DDR. Rowohlt 1994)

PARTEIKONTROLLKOMISSION

Für die Dauer einer Wahlperiode gebildete Komission auf den jeweiligen Ebenen (bei den Kreis-, Bezirksleitungen der Partei und die Zentrale Parteikontrollkomission beim → ZK), die für die Parteidisziplin, die Einhaltung der Parteistatuten, für die Untersuchung von Vergehen durch Genossen zuständig waren. Da es keine Trennung von Partei und Staat gab, untersuchte eine höhere Parteikontrollkomission auch Mißstände in Betrieben, Planmogeleien von Genossen Betriebsleitern, Machtmißbrauch von Parteifunktionären usw. Die Mitglieder der Parteikontrollkomissionen, die durchaus selbst Macht hatten, waren hauptamtliche Parteifunktionäre.

PARTEILEHRJAHR

Schulungsreihe der SED für Genossen, wurde aber auch von Nichtgenossen absolviert, denn die politische Erziehung der Werktätigen war eine der vordringlichsten Aufgaben in der DDR. So wurde stets Wert darauf gelegt, der politischen Agitation und Propaganda großen Raum einzuräumen. Neben den → Roten Wochen und anderen → Agitprop-Veranstaltungen gab es für die → staatlichen Leiter, die nicht in jedem Fall → Genossen sein mußten, aber als Leiter im Auftrag der → Partei tätig waren, eine spezielle politische Schulung. Sie nahmen wie jeder → Genosse am Parteilehrjahr der SED teil, um so richtig geschult ihren gesellschaftlichen → Parteiauftrag besser wahrnehmen zu können. Denn die von der Partei formulierte → »Hauptaufgabe« war ja auch ihre Aufgabe als Betriebsleiter. So ging ihnen Arbeits- und Freizeit verloren, die sie hätten sinnvoller nutzen können, z.B. bei der Erledigung ihrer beruflichen Aufgaben, denn die vielen → »gesellschaftlichen Tätigkeiten« (da Gewerkschaftssitzung, dort Politschulung usw.) summierten sich.

PARTEILICHE WERTUNG

Die Interpretation gesellschaftlicher, vor allem weltpolitischer Ereignisse von einem Standpunkt aus, der von der Partei- und Staatsführung vorgegeben bzw. toleriert wurde. Wichtig war dabei das Stellen der Frage: Wem nützt es? Bei der Beantwortung dieser Frage und der daraus folgenden Interpretation war natürlich die recht einseitige Information durch die Massenmedien der DDR hinderlich. Der Bürger sollte praktisch nur eine Seite der Geschichte hören. Doch am interessantesten sind eigentlich immer die scheinbar verbotenen Argumente der anderen Seite. Aber die Ideologen der DDR trauten ihrer eigenen Argumentation nicht, so daß in allen Belangen eine parteiliche Wertung gefordert wurde.

PARTEILICHKEIT

Bezeichnet »den Klassencharakter aller Formen des gesellschaftlichen Bewußtseins und des menschlichen Handelns in einer Klassengesellschaft und bedeutet Parteinahme für die Interessen einer bestimmten Klasse. Die Parteilichkeit beschränkt sich nicht auf die Zugehörigkeit zu einer politischen Partei, sondern kennzeichnet auch das Verhalten der Menschen, die keiner Partei angehören.« Im Marxismus-Leninismus (→ ML) war Parteilichkeit zugleich auch ein theoretisch-methodisches Prinzip; es erforderte, an alle Fragen des gesellschaftlichen Lebens vom Standpunkt der Interessen der Arbeiterklasse heranzugehen. Solange Klassen existieren, würden Menschen – bewußt oder unbewußt – Partei für bestimmte Klasseninteressen ergreifen. Scheinbare Neutralität und Gleichgültigkeit erweisen sich somit als stillschweigende Unterstützung bestimmter Klassen. Das parteiliche Handeln der Menschen würde in der Ideologie widergespiegelt. Jede Gesellschaftsklasse habe ihre → Weltanschauung. Auf Grund dieser Definition mußte de facto jeder DDR-Bürger als Eigentümer der Produktionsmittel in seinem Land (→ Volkseigentum) den gleichen Standpunkt vertreten. Das war wohl nicht jedem bewußt, so wie auch ein Inhaber von Belegschaftsaktien nicht freiwillig auf seine gewerkschaftlich erkämpfte Lohnerhöhung verzichten wird, nur um seine Dividende zu steiern.

PARTEISEKRETÄR

Wahlfunktion innerhalb der Organisation der → SED. Parteisekretäre waren die Vorsitzenden der kollektiven Leitungsorgane der Parteigruppen (den kleinsten Zellen der Parteiorganisation) bis hinauf zu den bereits hauptamtlich tätigen Parteisekretären der Grundorganisationen und regionalen Parteileitungen. Parteisekretäre wurden auf den Mitgliederversammlungen der jeweiligen Parteiorganisationen im Block mit den anderen Mitgliedern der jeweiligen Leitungen der Parteigruppen, Grundorganisationen und so weiter gewählt und danach innerhalb der kollektiven Leitungen bestimmt. In vielen Betrieben hatten Parteisekretäre eine wichtige vermittelnde Funktion zwischen der übergeordneten SED-Leitung, der Betriebsgewerkschaft, der Betriebsleitung und den eigenen Genossen, und es lag an ihnen, wie und in wessen Interesse sie vorhandene Freiräume nutzten.

PARTEITAG

Das höchste → Organ der SED, das gemäß den Prinzipien des demokratischen Zentralismus regelmäßig zusammentrat. Die Parteitage beschlossen die Programme der → Partei und ihr Statut, legten die Generallinie und die Taktik der Partei fest. Die Parteitage berieten und beschlossen über »die Gestaltung der entwickelten sozialistischen Gesellschaft und die Schaffung grundlegender Voraussetzungen für den allmählichen Übergang zum Kommunismus, über die Entwicklung aller Vorzüge und Triebkräfte, aller Seiten und Bereiche des gesellschaftlichen Lebens, die Produktivkräfte und Produktionsverhältnisse, die sozialen und politischen Beziehungen, die Wissenschaft und das Bildungswesen, die sozialistische Ideologie und Kultur, die Gesamtheit der Arbeits- und Lebensbedingungen, die Landesverteidigung, über die politische Leitung der gesellschaftlichen Prozesse durch die Parteiorganisationen«. Ordentliche Parteitage fanden in der Regel alle fünf Jahre statt; außerordentliche konnten durch mehr als ein Drittel der Parteimitglieder oder durch

IV. Parteitag der SED, 2.4.1954 – Das Foto war später in der DDR gesperrt, da im Hintergrund, neben Marx, Engels und Lenin, auch Stalin abgebildet ist. Im Vordergrund: Walter Ulbricht, Wilhelm Pieck und Otto Grotewohl

das ZK mit zweimonatlicher Frist einberufen werden. Die Tagesordnung wurde mindestens acht Wochen vor dem Beginn des Parteitages bekanntgegeben. Die Delegierten des Parteitages wurden auf den Bezirksdelegiertenkonferenzen in geheimer Wahl gewählt. Der Parteitag war beschlußfähig, wenn mehr als die Hälfte der Parteimitglieder durch Delegierte vertreten war. Der Parteitag nahm die Rechenschaftsberichte der Parteiorgane entgegen. Die größte Aufmerksamkeit genoß dabei der Bericht des → Generalsekretärs an den Parteitag. Er hatte den Status einer Regierungserklärung und wurde innerhalb der DDR wie ein Heiligtum behandelt. Der Parteitag wählte in geheimer Wahl das Zentralkomitee und die anderen legislativen Parteiorgane. Alle Parteitage der SED tagten in Berlin. Der I. Parteitag war dabei der Vereinigungsparteitag von KPD und SPD zur SED im Jahr 1946. Es folgten: der II. Parteitag 1947, der III. 1950, der IV. 1954, der V. 1958, der VI. 1963, der VII. 1967. Seit dem VIII. Parteitag 1971 fanden die Parteitage der SED

Eröffnung des IX. Parteitages am 18.5.1976

im fünfjährigen Turnus statt, 1986 der XI. Parteitag. Der Ablauf und die Choreographie der Parteitage wurden minutiös vorbereitet, eine echte Auseinandersetzung mit den Themen fand nicht statt. Ein Schock war allerdings für viele Genossen die III. Parteikonferenz 1956 mit der Verlesung der Geheimrede Chruschtschows und ihrer Abrechnung mit dem Stalinismus. Nun mußte auch Walter Ulbricht die andere Politik der Sowjetunion nach dem Tode Stalins akzeptieren, aber mit der darauffolgenden Ausschaltung der innerparteilichen Opposition um Harich und um Schirdewan zementierte er seine Macht wieder.

PARTEITAGSPROGRAMM

Theoretische Dokumente einer → Partei, in der sie ihre Ziele, ihre Aufgaben und die Methoden der Verwirklichung dieser Aufgaben für eine konkrete historische Periode bestimmt. Die SED erklärte ihre Ziele und Aufgaben in mehreren Programmen, die jeweils bestimmten Entwicklungsabschnitten der DDR zugeordnet werden können. So stellte sie sich auf dem Gründungsparteitag 1946 das Ziel, für eine einheitliche antifaschistisch-demokratische deutsche Republik zu kämpfen. Damit knüpfte sie zwar an die Ziele der KPD, die auf der Berner Konferenz 1939 formuliert worden waren an, erreichte sie aber nicht. Als Fernziel formulierte die Partei damals die Errichtung der sozialistischen Gesellschaftsordnung in Deutschland. Anfang der 60er Jahre waren nach der Auffassung der Partei diese Aufgaben gelöst. Also beschloß der VI. Parteitag der SED 1963 ein neues Programm, das den Aufbau des Sozialismus als den Hauptinhalt der Tätigkeit der Arbeiterklasse und aller Werktätigen der DDR formulierte (→ Neues Ökonomisches System). Mit diesem Programm wurde die Gestaltung der entwickelten sozialistischen Gesellschaft in Angriff genommen. Auf dem VIII. Parteitag der SED 1971 (Ulbricht wurde kurz vorher abgelöst, Honecker kam an die Macht) wurde dieses Programm präzisiert und auf dem IX. Parteitag 1976 ein neues Programm beschlossen, das die weitere Gestaltung der entwickelten sozialistischen Gesellschaft als Aufgabe festlegte, um somit die Voraussetzungen für den allmählichen Übergang zum Kommunismus zu schaffen. Wichtigstes Ziel war darin die volle Umsetzung der Prämisse des Sozialismus: Jeder nach seinen Fähigkeiten – jedem nach seiner Leistung! Keines der Parteitagsprogramme wurde jedoch vollständig umgesetzt und exakt analysiert. Dafür war das jeweilig geltende Parteiprogramm Lehrstoff des → Staatsbürgerkundeunterrichts an der → POS. Dazu besaßen die Schulen Klassensätze des Büchleins.

PATENBRIGADE/PATENKLASSE

Ein Grundelement des sozialistischen Schulsystems war es, die Verbundenheit zwischen den Werktätigen und dem Nachwuchs zu dokumentieren. So nahmen die → Brigaden in ihre Pläne die Betreuung einer Patenklasse auf. Vertreter der Patenbrigade nahmen an den Zeugnisausgaben in der Schule teil, und einmal im Jahr besuchte die Patenklasse ihre Patenbrigade. Diese Besuche dienten meist dazu, die Schüler für die Arbeitswelt zu interessieren und Einfluß auf die Berufswünsche der Schüler zu nehmen. Die Patenbrigade vermittelte den älteren Schülern auch mal im Sommer einen Ferienjob in ihrem Betrieb. Nach Abschluß der 7. Klasse wurde das System der Paten durch den Unterricht → UTP ersetzt, und während des 8. Schuljahres erlebte der Schüler ja mit seinem Eintritt in die → FDJ und der Vorbereitung auf die → Jugendweihe erheblich stärkeren Einfluß auf seine persönliche Entwicklung. Dennoch blieben die Beziehungen zwischen Patenbrigade und -klasse oft bis in die 9. oder 10. Klasse bestehen.

PATENSCHAFT

Kameradschaftliche Hilfe. An den Schulen gab es »Lernpatenschaften«, d.h. Schüler mit besseren Leistungen verpflichteten sich, schwächeren Schülern bei den Hausaufgaben oder in Vorbereitung der Abschlußprüfungen zu helfen. Es gab Patenschaften von Künstlern mit Arbeitsgemeinschaften (→ AG) oder → Zirkeln schreibender Arbeiter, es gab Patenschaftsverträge, z.B. zwischen → Patenbrigaden und Patenklassen.

PATRAS

Griechischer Schafskäse. In der DDR gab es ihn in den → delicat-Geschäften zu kaufen. Er war der einzige Schafskäse, den es überhaupt zu kaufen gab. Eine eigene Produktion von Schafskäse gab es in der DDR nicht, man hätte allerdings Schafskäse aus Bulgarien oder Ungarn importieren können.

PENTACON

Markenname für Fototechnik aus dem VEB Pentacon Dresden. Pentacon war lange Jahre nicht nur der Inbegriff für hochwertige Kameras und Objektive, es war auch einer der wenigen Betriebe in der DDR, die sich trotz massiver Konkurrenz auf dem Weltmarkt behaupten konnten. Im → NSW hing das sicherlich mit einem hervorragenden Preis-Leistungs-Verhältnis zusammen, während es für Hobby- und Berufsfotografen in der DDR zu Pentacon praktisch keinerlei Alternativen gab.

PERSIPAN

Ersatzmasse für Marzipan, die ohne die importierten Mandeln auskam. Da Mandeln nicht in der DDR angebaut werden konnten und ein ständiger Mangel an Devisen herrschte, mußten Rezepturen entwickelt werden, die auf Importprodukte weitestgehend verzichteten und auf die verfügbaren Aprikosen- und Pfirsichkerne zurückgriff, was man natürlich auch schmeckte. So gab es dann eben statt Marzipan- Persipanzöpfe zu kaufen und das Marzipanbrot hieß Persipanbrot.

PERLODONT

1907 »erfand« der Apotheker Ottomar Heinsius von Mayenburg (1865-1932) in einem kleinen Labor auf dem Dachboden der Dresdner Löwenapotheke die Chlorodont-Zahnpaste. 1917 wurden dann die Leo-Werke in Dresden-Neustadt errichtet, bald der größte europäische Zahncremehersteller. 1952 wurde das Unternehmen verstaatlicht und produzierte als VEB Elbe-Chemie u.a. die Zahncremes Perlodont, Elkadent, Putzi, Rot-Weiß und Silca (für den Export). Perlodont wird heute in den Varianten *GREEN MINT* und *BLUE MINT* von der Dental Kosmetik GmbH Dresden hergestellt.

PFEFFERMÜHLE

Leipziger Kabarett mit eigener Spielstätte, die im Mai 1985 nach aufwendigen Rekonstruktionsarbeiten im Hof des Bach-Museums an der Leipziger Thomaskirche wiedereröffnet wurde. Die »Leipziger Pfeffermühle« galt als das kritischste Kabarettensemble in der DDR und mußte mehrmals Verbote ihrer Programme durch die Kulturverantwortlichen in der DDR hinnehmen.

PFIFF

Sendung des → DFF. Sie kam regelmäßig nach der → »Flimmerstunde« und informierte in kurzer und kompakter Form über die neuesten Filme für Kinder aus der → DEFA-Produktion und über den Film der folgenden »Flimmerstunde«.

PFINGSTTREFFEN DER FDJ

Jährlich stattfindende Großveranstaltung in Berlin, auf der die Jugend der DDR ihre Beiträge zum sozialistischen Aufbau gegenüber der Partei- und Staatsführung abrechnete und ihr huldigte. Mit diesen gewaltigen Aufmärschen wollte die Führung der DDR ihre Verbundenheit mit der Jugend dokumentieren und den jugendlichen Elan beim Aufbau des Sozialismus demonstrieren. Für die Jugend-

Pfingsttreffen in Berlin 1989

lichen waren weniger das stundenlange Rumstehen auf Demonstrationsplätzen, sondern eher das Rahmenprogramm mit Rockgruppen und die relativ lockere Atmosphäre interessant. Es konnte so den Charakter einer Klassenfahrt mit Pflichtteil erhalten.

PGH

Produktionsgenossenschaft des Handwerks. In die PGH brachten die Mitglieder ihre Werkzeuge, Maschinen und Anlagen ein, um gemeinsam Aufträge abzuarbeiten. Die Mitglieder einer PGH wählten auf der Basis des Statutes der Genossenschaft den Vorsitzenden und stellten die → Brigaden zusammen. PGHs waren ein wichtiger Wirtschaftsfaktor in der DDR. Jedoch waren sie genauso wie andere in dem Geflecht von Plänen und Materialzuteilungen gefangen. Für eine PGH bestand jedoch immer die Möglichkeit, durch entsprechend gutes Wirtschaften, vor allem mit dem Material, diese oder jene Zusatzaufgabe zu erledigen oder erledigen zu lassen. In der Regel waren das Kleinreparaturen, an denen immenser Bedarf herrschte, da kaum Gelder für die Instandsetzung von Immobilien bereitgestellt wurden und projektierte Materialien häufig durch minderwertige ersetzt wurden, weil sie nicht verfügbar waren oder Devisen kosteten. Dann stellte der Handwerker natürlich die Frage: → »Forum geht es?« Es waren aber nicht nur Klempner, Dachdecker, Elektriker in PGHs organisiert, sondern auch Frisöre und andere Dienstleister.

PIECK, WILHELM

Geb. 03.01.1876, gest. 07.09.1960. Präsident der DDR. Dieses Amt wurde nach Piecks Tod durch das kollektive Organ → Staatsrat ersetzt. Als ein Mann mit langjähriger politischer Erfahrung, der für die SPD in der Bremer Bürgerschaft, später für die KPD im Preußischen Landtag und im Reichstag vertreten war und der praktisch während der gesamten Zeit des Faschismus in der Sowjetunion gelebt hatte, war er wohl die geeignete Person für dieses Amt. Zudem besaß er einen hohen Vertrauensbonus im Volk, der vor allem seinem bescheidenen Auftreten geschuldet war. Historische Größe erlangte Pieck, der nach der Verhaftung Ernst Thälmanns der KPD vorstand, mit dem Vereinigungsparteitag von KPD und SPD zur SED und dem Händedruck mit Otto Grotewohl, der fortan das Parteilogo darstellte. (DDR Wer war Wer? Ein biographisches Lexikon, Chr. Links Verlag 1992)

PIKO

Markenname des VEB Piko Sonneberg. Dieser → Betrieb war einer der bedeutendsten Spielwarenproduzenten in der DDR. Neben Stofftieren und Puppen sowie Spielsachen für Kleinkinder produzierte er auch Modellspielwaren, von denen die Modelleisenbahnen der Spuren HO und N die verbreitetsten waren. Selbst die Kataloge der Modelleisenbahnen waren nur schwer zu haben. Modelle von Lokomotiven gingen als absolute → Bückwaren nur unter dem Ladentisch aus den Geschäften.

PIONIERAKTIV

Kleinste Einheit in der → Pionierorganisation. Das Pionieraktiv war in der Regel mit der Schulklasse identisch. Nur wenige Eltern verweigerten ihren Kindern den Beitritt zur Pionierorganisation. Das war zum einen auffällig und führte zum anderen unter Umständen zu vermeidbaren Repressalien gegen die Familien. Geleitet wurde das Pionieraktiv vom → Gruppenrat, der in einer Wahlveranstaltung, die ein → Pioniernachmittag war, gewählt wurde.

PIONIERAUFTRAG

Bestand in der Regel aus dem Befolgen der → Pioniergesetze. Durch den Gruppenrat konnte aber auch ein Auftrag an Mitglieder des Pionieraktivs erteilt werden, sei es nun zur Vorbereitung von Pionierveranstaltungen oder dem Erreichen eines bestimmten Notendurchschnittes. Die Nichterfüllung solcher Aufträge brachte allerdings keinerlei disziplinarische Ahndung mit sich, so daß die Arbeit prinzipiell immer am → Gruppenrat hängenblieb.

PIONIEREISENBAHN

Attraktion im Berliner → Pionierpark »Ernst Thälmann«. Sie wurde als Arbeitsgemeinschaft von den Mitgliedern selbst unterhalten und betrieben. Dabei fungierten die Pioniere (→ Pionierorganisation) als Schaffner und versahen die Aufgaben einer Bahnhofsverwaltung bis hin zum Führen der Lokomotiven auf dem Gleisrund des Pionierparks. Eine vergleichbare Pioniereisenbahn gab es auch in Leipzig rund um den Auensee, sowie im Dresdener Großen Garten.

PIONIERGEBURTSTAG

13. Dezember – An diesem Tag wurde im Jahr 1948 auf Beschluß des Zentralrates der → FDJ die → Pionierorganisation gegründet. Diese Organisation diente der politischen Ausbildung der Kinder bis zur → Jugendweihe und zur Aufnahme in die FDJ. Fortan als Pioniergeburtstag gefeiert.

PIONIERGESETZE

Bei der Aufnahme in die Pionierorganisation gaben die Jungpioniere das Pionierversprechen ab: Ich verspreche, ein guter Jungpionier zu sein. Ich will nach den Geboten der Jungpioniere handeln. Die Gebote der Jungpioniere lauteten: Wir Jungpioniere lieben unsere Deutsche Demokratische Republik; lieben unsere Eltern; lieben den Frieden; halten Freundschaft mit den Kindern der Sowjetunion und aller Länder; lernen fleißig, sind ordentlich und diszipliniert; achten alle arbeitenden Menschen und helfen überall tüchtig mit; sind gute Freunde und helfen einander; singen und tanzen, spielen und basteln gern; treiben Sport, halten unseren Körper sauber und gesund; tragen mit Stolz unser blaues Halstuch. In der 4. Klasse wurden alle Jungpioniere Thälmannpioniere und legten das Gelöbnis ab: Ernst Thälmann ist mein Vorbild. Ich gelobe, zu lernen, zu arbeiten und zu kämpfen, wie es Ernst Thälmann lehrt. Ich will nach den Gesetzen der Thälmannpioniere handeln. Getreu unserem Gruß bin ich für Frieden und Sozialismus immer bereit. Die Gesetze der Thälmannpioniere lauteten: Wir Thälmannpioniere lieben unser sozialistisches Vaterland, die Deutsche Demokratische Republik; lieben und achten unsere Eltern; lieben und schützen den Frieden und hassen die Kriegstreiber; sind Freunde der Sowjetunion und aller sozialistischen Brudervölker und halten Freundschaft mit allen Kindern der Welt; lernen fleißig, sind ordentlich und diszipliniert; lieben die Arbeit, achten jede Arbeit und alle arbeitenden Menschen; lieben die Wahrheit, sind zuverlässig und einander Freund; machen uns mit der Technik vertraut, erforschen die Naturgesetze und lernen die Schätze der Kultur kennen; halten unseren Körper sauber und gesund, treiben regelmäßig Sport und sind fröhlich; halten unser blaues (später rotes) Halstuch in Ehren und bereiten uns darauf vor, gute Mitglieder der Freien Deutschen Jugend zu werden.

PIONIERHALSTUCH

Teil der Pionierkleidung. War bei den Jungpionieren blau und später bei den Thälmannpionieren rot. Die gesamte Pionierkleidung bestand aus einer weißen Pionierbluse mit dem aufgenähten Symbol der → Pionierorganisation auf dem linken Ärmel, dem Halstuch und dem blauen Pionierkäppi. Solche Uniformierungen wurden jedoch nur bei Veranstaltungen verlangt, die auf Bezirks- oder Republikebene stattfanden. Für den Tagesgebrauch, z.B. beim → Pioniernachmittag, war das Halstuch als Dokumentation der Mitgliedschaft ausreichend.

PIONIERMANÖVER

»Schneeflocke«. Diese Pionierveranstaltung wurde während der Winterferien im Februar in der Regel als Geländespiel abgehalten.

Durch die Berufstätigkeit der Eltern waren die Schulen verpflichtet, die Betreuung der Schüler bis zur siebenten Klasse während der Ferien in sogenannten Ferienspielen abzusichern. In dieser Zeit fanden dann neben anderen Aktivitäten (z.B. → AG, Baden fahren usw.) die von der FDJ-Leitung der Schule organisierten Pioniermanöver statt.

PIONIERNACHMITTAG

Einmal monatlich stattfindende Veranstaltung des → Pionieraktivs. Diese Veranstaltung wurde durch den → Gruppenrat vorbereitet, geleitet und durchgeführt. Wo und wie diese Veranstaltung ablief, oblag der Kreativität des Gruppenrates. So konnten gemeinsame Sportveranstaltungen oder Museumsbesuche genauso abgerechnet werden wie trockene Versammlungen.

PIONIEROBJEKT

Aufgabe, die meist auf einem → Pioniertreffen von der → Partei an die → Pionierorganisation »Ernst Thälmann« gestellt wurde. Durch diese Aufgabenstellungen erbrachten die Kinder in der DDR bereits größere volkswirtschaftliche Leistungen und wurden ehrenamtlich und spielerisch in den Aufbau der DDR einbezogen. Zu den Aufgaben konnte z.B. das Sammeln von Gläsern und Altpapier gehören, dessen Erlös dann dem Pionierobjekt zufloß. →Pioniertreffen.

PIONIERORGANISATION »ERNST THÄLMANN«

Am → 13.12.1948 auf Beschluß des Zentralrates der → FDJ gegründet und war die einheitliche politische Massenorganisation der Kinder. Sie gliederte sich in Jungpioniere (1.–3. Klassenstufe) und Thälmannpioniere (4.–7. Klassenstufe). Sie diente vor allem zur politischen Erziehung der Kinder im Sinne der Beschlüsse der SED.

PIONIERPALAST

Der Pionierpalast steht auf dem Gelände des → Pionierparks »Ernst Thälmann« Berlin. Er ist ein Mehrzweckgebäude, das ein großes Foyer mit Möglichkeiten für Massenveranstaltungen, wie Konzerte oder ähnliches, eine Bibliothek und gastronomische Einrichtungen beherbergte. Dabei ist die Ausrichtung aller dieser Einrichtungen familien- und vor allem kindgerecht. Er wird heute noch genutzt.

PIONIERPARK »ERNST THÄLMANN«

In der Wuhlheide in Berlin gelegen, war und ist als Jugend- und Freizeitpark konzipiert. Auf dem Gelände sind mehrere Attraktionen, die durch Kinder und Jugendliche in Form einer Arbeitsgemeinschaft betrieben wurden (z.B. die → Pioniereisenbahn). Angeleitet wurden die Kinder dabei von haupt- und ehrenamtlichen Pädagogen. Heute ist der Pionierpark ein stark frequentierter Freizeitpark im Stadtbezirk Berlin-Köpenick.

PIONIERREPUBLIK »WILHELM PIECK«

Wurde 1952 nach dem Vorbild des sowjetischen Pionierlagers »Artek« nordöstlich von Berlin am Werbellinsee errichtet. Während des gesamten Jahres weilten dort etwa eintausend Pioniere (→ Pionierorganisation) zu Auszeichnungsaufenthalten. Diese Auszeichnungsreisen währten sechs Wochen und wurden zur intensiven politischen Erziehung der Kinder genutzt. Wenn SED-Parteitage stattfanden, begrüßten die Teilnehmer an den Lehrgängen die → Genossen, indem sie mit Pionierfahnen in die Versammlung marschierten und eine Grußadresse verlesen wurde. Auch außerhalb dieser Zeiten war die Teilnahme an gesellschaftlichen Großereignissen in der DDR Bestandteil dieser Lehrgänge. Während der Sommerferien fanden dort internationale Sommerlager statt, in denen die Kinder mit Kindern aus anderen Ländern gemeinsame Ferien verbrachten. Heute ist die Pionierrepublik eine internationale Jugendbegegnungsstätte.

PIONIERTREFFEN

Fanden seit 1952 alle drei Jahre statt. Auf ihnen legte die → Pionierorganisation »Ernst Thälmann« Rechenschaft über ihre Leistungen zu Ehren der DDR ab. Im Zuge dieser Massenveranstaltungen, auf denen die Kinder ihren Zusammenhalt mit → Partei und Regierung demonstrierten, übernahm die → Pionierorganisation stets auch neue Aufgaben für das Wohl des Staates. So wurde zum Beispiel auf dem zweiten Pioniertreffen in Dresden durch das ZK der SED (→ Zentralkomitee) der Auftrag an die Pioniere (→ Pionierorganisation) erteilt, beim Bau des Frachtschiffes »Thälmann-Pionier« zu Ehren des 80. Geburtstages von Wilhelm Pieck mitzuhelfen. Daraus folgte eine beispiellose Schrottsammelaktion in der gesamten Republik. Siehe auch → Pionierobjekt.

Kinder beim Spielen in der Pionierrepublik »Wilhelm Pieck«. Die Aufnahme stammt vermutlich aus den fünfziger Jahren.

PIONIERWIMPEL

Fahne einer Pionierorganisation. Er sollte ein ähnliches Dokument des Zusammenhaltes zwischen den einzelnen → Pionieren (→ Pionierorganisation) darstellen wie zum Beispiel eine Regimentsfahne beim Militär.

PIONIERZIRKEL »UNTER DER BLAUEN FAHNE«

Vorbereitung zur Aufnahme in die → FDJ und erste Stufe der marxistisch-leninistischen Propaganda innerhalb der Jugendorganisation. Die Pionierzirkel fanden jeweils in den 7. Klassen der → POS statt. Die aktive Teilnahme an ihnen war die Voraussetzung für die Aufnahme in die FDJ zu Beginn der 8. Klasse. Die Leitung und Organisation der Pionierzirkel blieb oft am Klassenlehrer hängen.

PITTIPLATSCH, SCHNATTERINCHEN, HERR FUCHS UND FRAU ELSTER

Figuren des Kinderfernsehens der DDR. → Pittiplatsch ist ein Kobold, der das unfolgsame Kind darstellt, nur Dummheiten im Kopf hat und gemeinsam mit allen anderen im Märchenwald lebt. Schnatterinchen ist eine brave Ente, die immer alles besser weiß und stets recht behält. Herr Fuchs ist etwas rechthaberisch und tölpelhaft, und Frau Elster weiß immer über alles Bescheid, was im Märchenwald vorgeht. Am 2.Weihnachtstag strahlte der DFF außerdem eine eigene Sendung aus, in der Pittiplatsch seine Heimat, das Koboldland, besuchte und dort Abenteuer bestand. Außerdem führte er gemeinsam mit Schnatterinchen sowie → Meister Nadelöhr und dessen Nachfolgern durch die Sendung → »Zu Besuch im Märchenland«. Gemeinsam treten beide außerdem im Abendgruß des → »Sandmännchens« auf, genau wie Herr Fuchs und Frau Elster, die im Abendgruß des Sandmännchens ihren festen Platz haben. Sie moderierten auf Grund ihrer Popularität auch unter den Erwachsenen sogar gemeinsam eine Sendung → »Ein Kessel Buntes«. Mit beiden und anderen Figuren produzierte der DFF einige Puppenspiele. Alle diese Figuren sind Kult, obwohl noch vor zehn Jahren viele DDR-Bürger diesen Status abgestritten hätten. Die künstlerische Umsetzung hat ein so hohes Niveau, daß viele der heutigen Kindersendungen erheblichen Nachholbedarf haben. Eltern heben immer wieder den pädagogischen Gehalt der Beiträge hervor.

PKZ

Personenkennzahl. Mit dem Abschluß des vierzehnten Lebensjahres bekam jeder Jugendliche in der DDR seinen Personalausweis ausgehändigt und damit eine PKZ. Sie bestand aus sechs Stellen für das Geburtsdatum, zwei Stellen für das Geschlecht, männlich oder weiblich, und vier Verwaltungsstellen. Auf allen bürokratischen Anträgen mußte die PKZ angegeben werden, so daß einer umfassenden Recherche über die PKZ praktisch keine für die Behörden relevante Tätigkeit eines DDR-Bürgers verborgen bleiben konnte, zumal es so etwas wie Datenschutz nicht gab.

PLANAUFLAGE

Auch Planvorgabe. Aus dem Volkswirtschaftsplan herausextrahierte Zahlen für bestimmte Abteilungen oder → Brigaden. Je nach Branche oder Brigade konnte die Planauflage auch exakte Aufgabenstellungen zum kulturellen Leben der Brigade enthalten oder konkrete Ziele für die Aus- und Weiterbildung der → Werktätigen vorgeben. Grundsätzlich waren neben den Produktionsvorgaben auch Aufgaben für die Entwicklung des geistig-kulturellen Lebens gestellt. Wie diese Dinge abgerechnet wurden und welchen Einfluß sie auf die Planerfüllung oder → -übererfüllung hatten, oblag aber stets dem Brigadier oder Abteilungsleiter. Ausschlaggebend waren in der Regel die Produktionszahlen.

»PLANE MIT, ARBEITE MIT, REGIERE MIT«

Aufruf der Partei- und Staatsführung. Auf dem IX. Parteitag der SED verabschiedete die Partei in ihrem Programm unter anderem die → Hauptaufgabe, die mit dem → ökonomischen Grundgesetz des Sozialismus identisch war. Die Verwirklichung dieser Aufgabe sollte ein Werk der gesamten Bevölkerung sein. Dazu wurde ein solcher Aufruf kreiert, der die Mitwirkung aller symbolisieren sollte. Im Vordergrund stand bei dieser Kampagne natürlich die Arbeit der werktätigen Bevölkerung, da die Planung ja durch die → staatliche Plankommission vorgenommen wurde und das Regieren der Partei- und Staatsführung vorbehalten blieb. Trotzdem konnten über solche Aufrufe, bei entsprechend ernstzunehmender Kritik und Verbesserungsvorschlägen aus der Bevölkerung, die Probleme des Landes verdeutlicht werden. Aber genau hier setzten wohl wieder die Mühlen des Partei- und Staatsapparates ein und zerrieben solcher Art von Kritik und Mitbestimmung der Bürger auf dem Weg zum Politbüro bis zur Unkenntlichkeit.

PLANERFÜLLUNG

→ Planübererfüllung

PLANSILVESTER

Tag der Erfüllung des Jahresplanes in den → Betrieben der DDR. Die → Brigaden feierten in aller Regel diesen Tag außerhalb der offiziellen Festlichkeiten. Hinzu kam, daß der Plansilvester in Abhängigkeit von den abgerechneten Produktionsergebnissen gefeiert wurde, die sich durchaus nicht mit der Menge der tatsächlich hergestellten Produkte decken mußten. →Planübererfüllung.

PLANÜBERERFÜLLUNG

Allgemeine Forderung in den → Betrieben. Die Übererfüllung sollte ja eigentlich der gesamten Bevölkerung zugute kommen. Durch die Gewerkschafts- und Parteigruppen wurden nach dem Erhalt der Planzahlen meist Gegenpläne aufgestellt, die den geforderten Planzahlen gezielte Übererfüllungen entgegenstellten. Da in aller Regel die Ausgangsmaterialien der Produktion bilanziert und einem Plan unterworfen waren, war die Übererfüllung von Plänen also nur dann möglich, wenn in der gesamten Produktionskette alle Betriebe die Pläne übererfüllten oder durch gezielte Einsparungen an Material aus derselben Menge mehr Produkte erzeugt werden konnten. Manchmal war die Planübererfüllung auch den Bedingungen auf dem Weltmarkt geschuldet, wo die gestiegenen Kaffeepreise zu solchen Erfindungen wie → Kaffee-Mix führten, die dann von der Bevölkerung schlichtweg abgelehnt wurden. Mit der Planerfüllung war man immer etwas in der Zwickmühle: Zum einen war der Druck zur Planerfüllung auf die Leitungen so groß, daß sich manche nur noch durch falsche Meldungen nach oben zu helfen wußten, ihre Produktion mehrfach abrechneten usw. (hier achtete auch die → Parteikontrollkommission auf die Einhaltung der Pläne und untersuchte Mogeleien), andererseits durfte man die Pläne nicht zu hoch übererfüllen, da man sonst mit Sicherheit beim nächsten Plan noch höhere Auflagen bekommen würde.

PLANVORGABE
→Planauflage

PLASPI
Untertitel: Der kleine Großblockbaumeister. Dieses Spielzeug kam Mitte der 60er Jahre in den Handel und ermöglichte es den Kindern aus vorgefertigten Elementen Häuser und Siedlungen in Plattenbauweise zu gestalten. Es gab Platten mit Fenstern oder Türen, Fußboden- bzw. Dachplatten, man konnte Balkonkästen einhängen und Drehtüren einbauen. Diese Baukästen gab es in mehreren Typen, wobei neben der städtischen Architektur der →Plattenbausiedlungen mit vorwiegend Flachdächern auch mehr ländliche Architektur mit Satteldächern gestaltet werden konnte. Dieses Spielzeug ging seiner Zeit sogar in den Export. Das dänische Spielzeug Lego wurde etwa zur selben Zeit entwickelt, wurde aber später wesentlich erfolgreicher.

PLASTE

Begriff für Kunststoffe. Bekannt durch den Werbeslogan: »Plaste und Elaste aus Schkopau«. Plaste waren, im weitesten Sinne, Werkstoffe, die herkömmliche Werkstoffe, wie Holz, Metall oder Wolle, in vielen Eigenschaften übertreffen. Sie sind wesentlich leichter als Metalle, leicht verformbar und beständig gegenüber Chemikalien. Nachteilig dagegen ist die geringe Wärmebeständigkeit und leichte Brennbarkeit der meisten Plaste, auch ihre problematische Entsorgung. Plaste konnten als chemische Produkte für bestimmte Anwendungsgebiete nach Maß hergestellt werden. Nach ihrer technischen Anwendung unterschied man in der DDR Plaste im engeren Sinn, Elaste, Chemiefasern und Fluidoplaste. Plaste im engeren Sinn sind Stoffe, die plastisch formbar sind oder bei der Verarbeitung plastisch formbar waren. So lassen sich Thermoplaste durch Wärme erweichen und verformen (Poyvinylchlorid), während Duroplaste bei ihrer Verarbeitung durch Druck und Wärme verformt werden, danach aber hart sind und auch durch Wärme nicht wieder erweicht werden können (Phenolharze). Als Elaste bezeichnete man Plaste mit gummiähnlichem Verhalten (Butadiennatrium [→ BUNA]). Chemiefaserstoffe (→ Dederon) weisen vielerlei Vorzüge gegenüber Naturfasern auf. Zu den Fluidoplasten gehören synthetische Leime und Lacke.

PLATTENBAU

Mit dem Beschluß des Wohnungsbauprogrammes auf dem VIII. Parteitag der SED 1971 mußte die Produktivität beim Wohnungsbau erheblich gesteigert werden. Deshalb wurden die nach dem VIII. Parteitag gebauten Wohnungen ausschließlich aus vorgefertigten Betonfertigteilen errichtet, die den Aufwand zur Montage der Gebäude auf der Baustelle erheblich senkten. Außerdem konnten so große Stückzahlen der Betonelemente in rationellen Fertigungsprozessen hergestellt werden. → Neubauwohnung.

PLATTENBAUSIEDLUNG

Die neuen Wohnungen im → Plattenbau mußten schnell und die Häuser relativ dicht beieinander errichtet werden, da die Erschließung von Baugebieten nicht mit dem gleichen Aufwand wie der Wohnungsbau selbst betrieben werden konnte. Außerdem waren für den Neubau grundsätzlich Fernheizsysteme projektiert, so daß mit entsprechender Anschlußdichte gebaut werden mußte. So wurden dann auf kleinem Raum Wohnblöcke eng gebaut, um schnell und billig Wohnraum zu schaffen. Dazu kamen dann Bauten wie Schulen, → Kinderkombinationen, → Polikliniken und → Kaufhallen. Die größten Plattenbausiedlungen entstanden im Rahmen der Berlin-Initiative mit den Berliner Stadtbezirken Marzahn und Hellersdorf. Aber praktisch jede Bezirks- und Kreisstadt bekam ihre Plattenbausiedlung während der Jahre 1972–1989 hingebaut. Ein weiteres Problem für die Bewohner der Plattenbausiedlungen ergab sich daraus, daß die Straßenbau- und Grünflächenarbeiten, der Anschluß mit Straßen- und S-Bahnlinien usw. oft dem Hausbezug lange hinterherhinkten, so daß man längere Zeit zwischen Schlamm und Dreck wohnte. Später hat man dann zunehmend die ursprünglich geplanten »Sozialbauten«, wie Restaurantbauten, → Jugendklubs, Sporthallen und Schwimmhallen aus Sparsamkeit und Materialmangel weggelassen. In diesen Siedlungen entwickelte sich auch eine interessante Richtung der »baubezogenen Kunst«: Künstler bemalten die Bereiche der Hauseingänge, z.B. mit Tier- oder Märchenfiguren. So konnten die Schüler der unteren Klassen ihren Hauseingang nach der Schule wiederfinden.

PO SWETU

Zeitung für den Fremdsprachenunterricht aus dem Verlag Volk und Wissen Berlin. Da die russische Sprache obligatorisch erlernt werden mußte, war es praktisch für jeden Russischlehrer, der halbwegs auf dem laufenden bleiben wollte, Pflicht, die Po swetu zu abonnieren. Neben Texten und fertig ausgearbeiteten Übungen beinhal-

Oben: Erich Honecker nach der feierlichen Übergabe des Neubaukomplexes »Ernst-Thälmann-Park« in Berlin, 1986.
Unten: Plattenbausiedlung in Berlin-Hellersdorf, 1989

Plattenbauten in der Leningrader Straße in Dresden, 1974

tete die Zeitschrift auch wichtige Beiträge zur Lehrmethodik in dieser Fremdsprache, die von den meisten Schülern eher als lästiges Übel angesehen wurde. Außerdem beinhaltete diese Zeitschrift auch Lehrtexte und Methodik zum Englisch- und Französichunterricht.

POESIEALBUM

Lyrikheftreihe aus dem Verlag Neues Leben Berlin. Für viele Autoren war diese von Bernd Jentzsch gegründete und bis 1976 herausgegebene Edition der erste Schritt in die Öffentlichkeit. Die Hefte umfaßten 32 Seiten und wurden für 1,90 Mark im Zeitschriftenhandel vertrieben.

POETENBEWEGUNG

Von der → FDJ inszenierte und vom → Kulturbund geförderte Maßnahme zur Sichtung des schriftstellerischen Nachwuchses. Das Problem für die FDJ war dabei die oft kritische Sicht der jungen Leute auf ihr Land. Die Förderseminare wurden in der Regel durch freie Autoren abgehalten, die somit eine Verdienstmöglichkeit mehr hatten. Es lag immer auch in der Hand des Zirkelleiters, der Mentoren, ob die Teilnahme an einem solchen Seminar den angehenden Poeten weiterhalf und Impulse für das eigene Schreiben geben konnte.

POLAR

Pflegeserie aus dem VEB Berlin Kosmetik. Diese Pflegeserie für den Mann enthielt neben den üblichen Artikeln wie Rasiercreme und After Shave auch Körperpflegemittel wie Duschgel und Lotion.

POLIKLINIK

Medizinische Einrichtung in der DDR. Da es kaum niedergelassene Ärzte gab, wurde die medizinische Versorgung, wie praktisch jeder Lebensbereich, zentralisiert. Polikliniken waren für den ambulanten Versorgungsbereich zentrale Einrichtungen, in denen Ärzte verschiedenster Fachrichtungen (Allgemeinmediziner, Zahnarzt, HNO-Arzt, Röntgenabteilung, Kinderarzt usw.) unter einem Dach praktizierten und Gebäude sowie Technik gemeinsam nutzten. Damit wurden den Bürgern unnötige Laufereien von einem Facharzt zum anderen und von einer Praxis zur anderen erspart. Sie befanden sich ja im selben Gebäude. Allerdings verkürzten sich die Wartezeiten für den Bürger kaum, da die Einzugsbereiche der Polikliniken relativ groß waren und zum Beispiel alle Patienten der Allgemeinmedizin in einem Warteraum saßen. In → Plattenbausiedlungen gab es einen speziellen Haustyp für die Polikliniken.

POLITINFORMATION

Regelmäßige Veranstaltung während des → Ehrendienstes in der → NVA. Dem Wehrpflichtigen wurden innerhalb dieser Veranstaltungen die Ereignisse der Weltpolitik vom Standpunkt der → parteilichen Wertung aus dargelegt und ihm gleichzeitig suggeriert, was er über diese Ereignisse zu denken habe. Da während der Dienstzeit keinerlei Empfang von westlichen Massenmedien möglich war, bedurfte es in der Regel des folgenden Urlaubs, um sich über die Sichtweise der anderen Seite zu informieren. Die Wahrheit über diese Ereignisse erschloss sich den wirklich Interessierten jedoch auch dann nicht, da oft die entscheidenden Hintergrundinformationen von keiner Seite preisgegeben wurden. Verantwortlich für die Politinformation war der entsprechende → Politoffizier der Einheit.

POLITOFFFIZIER

Berufsoffizier der → NVA, der ein gesellschaftswissenschaftliches Studium absolviert hat, war immer auch SED-Mitglied. Politoffiziere gab es in jeder größeren militärischen Einheit. Sie waren für Agitation und Propaganda, politische Schulungen und die → Politinformationen im Sinne der sozialistischen Militärdoktrin und der SED-Politik zuständig. Vorbild bei der Einrichtung dieser Planstellen waren die Komissare der Sowjetarmee.

POLIZEIRUF 110

Krimireihe des → DFF seit 1971. Der Volksmund sprach immer nur vom Polizeiruf. 110 war auch in der DDR die zentrale Notrufnummer der Polizei. Im Gegensatz zur Reihe »Der Staatsanwalt hat das Wort« standen hier nicht der Täter im Mittelpunkt und die Umstände, die zur Tat führten, sondern die polizeiliche Ermittlungsarbeit. Die Kriminalisten wurden dabei über viele Jahre von den Schauspielern → Peter Borgelt, Jürgen Frohriep, Alfred Rücker, Werner Godemann, Sigrid Göhler und Werner Tietze dargestellt, aber auch von Angelica Domröse, Anne Kasprik, → Kurt Böwe, Klaus Gendries, Günter Naumann, Michael Kind, Katrin Saß, Horst Krause, Andreas Schmidt-Schaller u.a. Die Reihe war von ihrer Beliebtheit her mit dem »Tatort« der ARD vergleichbar. Einzelne Fernsehspiele waren echte Straßenfeger. Die Serie mit über 200 Filmen war so beliebt, daß sie nach dem Ende der DDR weitergeführt wurde.

POLNISCHES, TSCHECHISCHES, BULGARISCHES KULTURZENTRUM

Die Kulturzentren der → Bruderländer befanden sich relativ konzentriert in der Nähe des Stadtzentrums von Berlin sowie auch in einigen Bezirksstädten. Sie waren vor allem Verkaufsstellen für Souvenirs, Trachten, → Kunstgewerbe und Bücher aus den jeweiligen Ländern. Schon wegen möglicher Lizenzplatten aus dem → NSW lohnte sich der Besuch. In den Kulturzentren wurden aber auch bildende Künstler aus den jeweiligen Ländern vorgestellt. Das polnische und das ungarische Kulturzentrum in Berlin befanden sich in der Karl-Liebknecht-Straße unweit des S-Bahnhofes Alexanderplatz. Das tschechische Kulturzentrum befand sich in der Leipziger Straße und das bulgarische Unter den Linden. Es gab außerdem in einigen Bezirksstätten ähnliche Einrichtungen, z.B. ein polnisches Kulturzentrum in Leipzig am Sachsenplatz (heute McDonald's).

POLSKI-FIAT

PKW polnischer Produktion. Er war ein Lizenzbau des FIAT 126. Dieser wurde neben der Produktionsstätte in Polen auch in der Sowjetunion in Lizenz hergestellt (→ Shiguli). Dabei war der Polski-Fiat praktisch ein identischer Nachbau des FIAT-Vorbildes. Nach Ablauf der Lizenz produzierte Polen einen eigenen PKW, den Polonez, der aber nicht in die DDR importiert wurde.

POS

Allgemeinbildende Polytechnische Oberschule. Im sozialistischen Bildungswesen hatte jeder Bürger die Schule nach zehn Schuljahren und dem Ablegen von Abschlußprüfungen (schriftliche und mündliche) zu beenden. Damit wurde das verfassungsmäßige Recht auf Oberschulbildung garantiert, und der Absolvent hatte das Recht erworben, eine Facharbeiterausbildung zu beginnen. Dies traf für die überwiegende Mehrzahl der Jugendlichen zu. Leistungsschwache Kinder konnten die Schule auch nach dem Abschluß der 8. Klas-

Unterricht an der 5. POS »Werner Seelenbinder« in Suhl, 1981

se verlassen. In der Regel war ihnen damit aber die Ausbildung zum Facharbeiter verschlossen. Bis in die 70er Jahre gingen nach Abschluß der 8. Klasse auch Schüler an die → EOS, die dann zum Abitur nach der 12. Klasse führte. Später wurde dies geändert und die Schüler gingen nach der 10. Klasse an die EOS.
Der Unterricht ging täglich über ca. 6 Stunden, die unteren Klassen hatten weniger Stunden und begannen später. Samstags war auch Schule bis mittags. Zwischen den Stunden lagen sog. kleine und große Pausen (2 x Hofpause). Es wurde an manchen Schulen auch ein sogenannter Pausendienst aus Schülern eingeteilt, abwechselnd in den oberen Klassen. Diese FDJler hatten dann zusammen mit Lehrern Pausenaufsicht und darauf zu achten, daß auch alle auf den Hof gingen und nicht in den Klassenräumen herumlungerten und Unsinn trieben. Hinzu kam in den Neubauschulen (Plattenbauten) das Problem der engen Gänge, wenn sich die Schüler von Klassenraum zu Klassenraum bewegten. Also mußte man die Wege wie Einbahnstraßen regeln, ein Treppenhaus zum Hochgehen, eines zum Runtergehen.

POSTMIETBEHÄLTER

Ähnlich der von der Bundespost angebotenen Faltschachteln zum Paketversand gab es auch in der DDR solche Behältnisse, die von der Post allerdings für den mehrmaligen Gebrauch bestimmt waren und verliehen wurden. Es gab sie in drei Größen mit zirka fünf, zehn und zwanzig Liter Fassungsvolumen. Sie bestanden aus massiver Preßpappe mit einem Deckel mit hoher Kante, der die Behälterwand weit überlappte, so daß der Behälter notfalls auch überfüllt werden konnte, ohne gleich einen größeren benutzen zu müssen. Nach mehrmaligem Gebrauch sahen die Behälter allerdings recht lädiert aus, wurden aber durch die Mitarbeiter der Post immer wieder ausgegeben, bis sie praktisch auseinanderfielen.

POTSDAMER ABKOMMEN

Völkerrechtliche Vereinbarungen, die im Ergebnis der Potsdamer Konferenz im Schloß Cecilienhof der Regierungschefs der Sowjetunion, J.W. Stalin, der USA, H. Truman, und Großbritanniens, W. Churchill und dann C. Attlee, vom 17.07.– 02.08.1945 getroffen und später in einer von den Regierungschefs unterzeichneten Mitteilung veröffentlicht wurden. Frankreich trat diesen Vereinbarungen am 07.08.1945 mit einigen Vorbehalten bei. Die in diesem Abkommen getroffenen Vereinbarungen gehören zu den gegen die Aggressorstaaten des Zweiten Weltkrieges ergriffenen Maßnahmen, deren allgemein verpflichtender Charakter durch Artikel 107 der Charta der Vereinten Nationen ausdrücklich bestätigt wurde. Das Potsdamer Abkommen zog einen Schlußstrich unter den Zweiten Weltkrieg und legte Grundsätze für eine gemeinsame Politik der Hauptmächte der Antihitlerkoalition zur Gewährleistung eines festen Friedens und zur Verwirklichung der völkerrechtlichen Verantwortung der Aggressorstaaten sowie der Kriegs- und Naziverbrecher fest. Die entscheidende Zielsetzung bestand auf Grund der historischen Erfahrung darin, zu sichern, daß von deutschem Boden nie wieder ein Krieg ausgeht. Zur Erreichung dieses Zieles sah das Potsdamer Abkommen vor: vollständige Ausrottung des deutschen Nazismus und Militarismus samt ihrer Wurzeln; Beseitigung der übermäßigen Konzentration der Wirtschaftskraft in Gestalt von Monopolvereinigungen der verschiedensten Art und Brechung ihrer Macht; Auflösung der Hitlerwehrmacht und Vernichtung des Rüstungspotentials des deutschen Imperialismus; Auflösung aller nazistischen Organisationen und Verbot ihrer Wiedererrichtung in irgendeiner Form sowie jeglicher nazistischer und militaristischer Propaganda; Aufhebung aller nazistischen Gesetze, die die Grundlagen für das Hitlerregime und seine Verbrechen schufen; Bestrafung aller Nazi- und Kriegsverbrecher; Reinigung des politischen, geistigen und kulturellen Lebens von allen Erscheinungsformen nazistischer und militaristischer Ideologie. Das Potsdamer Abkommen legte fest, daß das gesellschaftliche, politische, wirtschaftliche und kulturelle Leben des deutschen Volkes auf demokratischer Grundlage umzugestalten ist, daß auf deutschem Boden antifaschistisch-demokratische Verhältnisse herzustellen sind, um so Voraussetzungen für eine stabile Friedensordnung in Europa zu schaffen. Ferner enthält das Abkommen Bestimmungen über die Wiedergutmachung der Schäden, die anderen Völkern durch die Hitleraggression zugefügt wurden. Im Interesse der Sicherung des Friedens entschied das Potsdamer Abkommen auch eine Reihe von territorialen Fragen, es legte insbesondere die Oder-Neiße-Grenze zu Polen fest. Die Hauptmächte der Antihitlerkoalition verpflichteten im Potsdamer Abkommen, dafür Sorge zu tragen, daß dessen Grundsätze und Forderungen auf dem von ihnen besetzten und kontrollierten Territorium des ehemaligen Deutschen Reiches einheitlich durchgeführt würden. Dem deutschen Volk wurde die Möglichkeit garantiert, nach Erfüllung der Grundprinzipien des Potsdamer Abkommens »seinen Platz unter den freien und friedlichen Völkern der Welt einzunehmen«.

Die konsequente Umsetzung der Beschlüsse des Potsdamer Abkommens scheiterte jedoch bereits nach kurzer Zeit an der entgegengesetzten Interessenlage der beiden Supermächte USA und Sowjetunion. Keiner der beiden war bereit, Einflußsphären zugunsten einer freien und gleichen Entwicklung eines einheitlichen Deutschland aufzugeben. So zementierten die Mächte der Antihitlerkoalition bereits kurz nach dem Potsdamer Abkommen die Teilung Deutschlands und arbeiteten an der Wiederaufrüstung deutscher Armeen, wobei über die tatsächlichen Leistungen bei Reparationszahlungen die jeweilige Besatzungsmacht entschied. Die Sowjetunion bestand auf Zahlung der Reparationen im Ostsektor und leitete umfangreiche Demontagen von ganzen Betrieben, Eisenbahnstrecken usw. ein, die junge DDR hatte also ein schweres wirtschaftliches Erbe zu tragen.

PRACTICA

Spiegelreflexkamera aus dem VEB Pentacon Dresden. Die Practica war eine der meistgenutzten Kameras vor allem im Bereich der Amateurfotografie. Sie wurde als Nachfolgemodell für die bis dahin produzierten Kameras des Typs EXA entwickelt und in den Handel gebracht.

PRAKTISCHES JAHR

Das praktische Jahr war eine Einrichtung zur Studienvorbereitung für Abiturienten, die keinen Militärdienst absolvierten, also Frauen und ausgemusterte Männer. Nach dem Abitur absolvierten sie meist in einem delegierenden oder einem Betrieb des gleichen Industriezweiges ein Jahr als ungelernte Kraft. Das war für einige Studienrichtungen, wie zum Beispiel Medizin, obligatorisch, während für andere Studienrichtungen je nach Hochschule andere Bedingungen galten. Für Abiturienten, die ihren Grundwehrdienst versahen oder sich länger verpflichteten, entfiel dieses Arbeitsjahr. Desgleichen für alle Abiturienten, die ihr Abitur innerhalb einer Berufsausbildung als → Berufsausbildung mit Abitur erlangten, da diese ja bereits mit ihrem Abschluß einen Facharbeiterbrief besaßen und die praktische Arbeitserfahrung nachweisen konnten.

PRÄMIE

Bestand aus Geld oder Sachwerten und stellte eine Anerkennung dar für »hervorragende Einzel- oder Kollektivleistungen im → sozialistischen Wettbewerb, bei der sozialistischen Gemeinschaftsarbeit und in der → Neuererbewegung«. Eine wirksame Verbindung der materiellen Interessiertheit mit den moralischen Stimuli, so glaubte man, führe zu höheren Leistungen im Arbeitsprozeß. Die Prämie war Bestandteil des Arbeitseinkommens der → Werktätigen. Der Vorteil der Prämie lag und liegt darin, daß sie – variabel und gezielt eingesetzt – das persönliche Interesse der Werktätigen an der Erfüllung der Planaufgaben sicherte. Eine Form war die →

Jahresendprämie. Zielprämien wurden für die Erfüllung eines bestimmten volkswirtschaftlichen oder betrieblichen, konkret meßbaren Arbeitsauftrages ausgesetzt. Die im → Betrieb zur Anwendung kommenden Prämienformen und Prämienbedingungen waren im → Rahmenkollektivvertrag zu vereinbaren.

PRÄMIENFONDS

Der materiellen Stimulierung der → Werktätigen dienender Fonds, in den jeder → Betrieb einen prozentualen Anteil seines Gewinns abzuführen hatte. Aus diesem Fonds wurden nicht nur Sonderprämien für hervorragende Leistungen einzelner Werktätiger gezahlt, sondern auch die → Jahresendprämien oder Auszeichnungen.

PRÄMIENZIEHUNG

Spielart der Lotteriegesellschaft der DDR. Jeder Tipschein wurde in der DDR mit einer laufenden Kontrollmarke beklebt, deren letzte drei Kontrollnummern als Prämienzahlen gezogen wurden. Dabei mußte der Gewinner nicht genau die Prämienzahl auf seiner Kontrollmarke haben, sondern konnte je nach Anzahl der ausgefüllten Tips auf seinem Spielschein zu seiner Kontrollmarkennummer dazuzählen. Lag die Prämienzahl innerhalb dieses Bereiches, wurde ihm ebenfalls die Prämie ausgezahlt. Sie lag für alle Spielarten einheitlich bei zwanzig Mark.

PRAMO

Praktische Mode, Modezeitschrift seit 1947 in der DDR aus dem Verlag für die Frau Leipzig. Sie verstand sich als Modezeitschrift auch für die Hausschneiderei.

PRÄSENT 20

Rundstrickgewirk, das die Werktätigen des VE Textilkombinates Cottbus zum 20. Jahrestag der DDR auf den »Gabentisch« der Republik legten. Dieses Material glich in seinen Eigenschaften den unter dem Namen Trevira in der BRD vertriebenen Stoffen, die dort bereits seit den fünfziger Jahren zu Kleidung verarbeitet wurden. Seit Anfang der sechziger Jahre waren mehrere Gewirke in der DDR entwickelt worden, die Trevira in dessen Eigenschaften gleichen sollten. Doch erst mit Präsent 20 gelang das. Allerdings war zu diesem Zeitpunkt die große Zeit dieser Stoffe in der BRD und Westeuropa bereits fast vorbei. (Annette Kaminsky: Illustruierte Konsumgeschichte der DDR, Landeszentrale für politische Bildung Thüringen 1999)

PREIL, HANS-JOACHIM

Schauspieler, Conférencier, Entertainer, Regisseur, geb. 26.6.1923 in Köslin, wurde mit → Rolf Herricht als Duo mit zahlreichen Fernsehauftritten, oft in Shows wie z.B. »Ein Kessel Buntes«, bekannt und beliebt, wobei Herricht den naiven, freundlichen Teil übernahm und Preil den Choleriker und Besserwisser. Preil schrieb die meisten der Sketche des Duos, aber auch Fernsehschwänke und witzige Bücher und führte Regie.

PREISSTUFE

Begriff aus der DDR-Gastronomie. Die Preisstufe kennzeichnete nach → TGL die Ausstattung des Gastraumes und vor allem die Preise der Gerichte und Getränke. Es gab 10 Preisstufen, römisch I–V, dann die Preisstufe S und noch einmal S plus 1–4. Am verbreitetsten war die Preisstufe III, das Standardlokal mit weißer oder bunter Textiltischdecke und dem Pilsner vom Faß im 0,25 Liter Glas zu 0,63 Mark.

PRIMASPRIT

Frei verkäuflicher reiner Alkohol in der DDR. Aus diesem Produkt wurden durch die Bürger der DDR allerlei Schnäpse selbst gefertigt. Bei einem Ladenpreis von 17,60 Mark pro Flasche ergab sich für den Selbstversorger eine recht stattliche Ersparnis. Die wichtigsten Produkte aus Primasprit waren Obstliköre aus Früchten aus dem eigenen Garten, die meist sehr hochprozentig waren, und selbstgefertigter Eierlikör. Anfang der 80er Jahre verschwand Primasprit jedoch aus den Geschäften und wurde durch Wodka → primus ersetzt.

PRIMUS

Wodka primus kam Anfang der 80er Jahre als Nachfolgeprodukt für → Primasprit in den Handel. Im Gegensatz zu seinem Vorgänger enthielt er nur noch 56 Vol % Alkohol. Er war deshalb nicht ganz so gut für die Eigenproduktion von Hochprozentigem geeignet, wurde aber mangels Alternativen gekauft, obwohl sein Preis mit 27 Mark pro Flasche erheblich über dem seines Vorgängers lag.

PRISMA

Magazinsendung des → DFF. Sie lief von 1963 an vierzehntägig, 1973–77 monatlich und verstand sich als ein operatives Magazin, das zu innenpolitischen Themen informierte und darüber hinaus versuchte, einen aktiven und aktivierenden Beitrag zum wirtschaftlichen und gesellschaftlichen Entwicklungsprozeß zu leisten. Diese Aufgabenstellung schloß eine Form der Kritik mit ein, die nicht dem DDR-System selbst galt, wohl aber Unzulänglichkeiten und Fehlentwicklungen, für die sich Abhilfe schaffen ließ. Dementsprechend entwickelte sich die Rubrik »Was geschah danach?« zu einem Markenzeichen der Sendung: Diese bezog sich auf die Konsequenzen, die aus der Problematisierung von kritikwürdigem Verhalten gezogen worden waren.

PROGRESS-FILMVERLEIH

Filmverleih für den Inlandsvertrieb von Kinofilmen. Er ging aus der Progress-Film-Vertrieb GmbH hervor, die am 1. 10. 1952 den Filmvertrieb von der sowjetischen Firma »Sojusintokino«, später »Sovexportfilm« übernommen hatte. Über den VEB Progress-Filmverleih gelangten jährlich etwa 140 Spielfilme, 35 Kinderspielfilme, programmtragende Dokumentarfilme sowie kürzere Dokumentar- und Trickfilme zur Aufführung. Der Progress-Filmverleih war ein Spiegel staatlicher Kulturpolitik, im Guten wie im Bösen. Gelangten auf diese Art rassendiskriminierende, die Gewalt verherrlichende und pornographische Filme nicht in die Kinos der DDR, so war dort allerdings, nach Meinung der Kulturpolitiker, ebenfalls kein Platz für systemkritische oder esoterisch-experimentelle Arbeiten.

PROLETARIAT

Arbeiterklasse. Gemäß der Marx'schen Definition ist die Arbeiterklasse die revolutionärste Klasse in der Geschichte der Menschheit und die soziale Hauptkraft in der Epoche des Übergangs vom Kapitalismus zum Sozialismus. Ihre historische Mission besteht nach Marx in der Beseitigung der kapitalistischen Gesellschaftsordnung und ist damit die Beendigung der Ausbeutung des Menschen durch den Menschen, der Aufbau des Sozialismus und Kommunismus und damit die Aufhebung der Klassen überhaupt. Geschichtlich hat sie sich im Prozeß der ursprünglichen Akkumulation des Kapitals herausgebildet und ist im Kapitalismus ökonomisch gekennzeichnet als eine Klasse von Lohnarbeitern, die kein Eigentum an Produktionsmitteln besitzt und gezwungen ist, die Mittel zum Leben dadurch zu erwerben, daß sie ihre Arbeitskraft verkauft, daß sie für die Kapitalisten Kapital verwertet, Mehrwert schafft und so unabhängig von der Höhe ihres Lohnes ausgebeutet wird. Sie entwickelte sich mit der industriellen Großproduktion und ist damit die wichtigste Produktivkraft, damit war aber auch ihr rasches zahlenmäßiges Wachstum verknüpft und ihre Konzentration an den Schlüsselpunkten der Wirtschaft. Das Proletariat stelle eine gigantische Macht dar, und die Entwicklung eines Klassenbewußtseins unter der Führung einer politischen Kraft, wie einer marxistisch-leninistischen Partei, mache sie zu einer revolutionären Kraft, die auf die Veränderung ihrer Lage innerhalb der Gesellschaft hinwirke. Das sei erstmals erfolgreich in der → Großen Sozialistischen Oktoberrevolution in Rußland geschehen. Danach verändere aber das Proletariat seine Stellung zu den anderen gesellschaftlichen Klassen und Schichten. Es errichte eine → Diktatur des Proletariats und würde selbst zur »herrschenden Klasse«. Mit dem Übergang vom Sozialismus hin zum Kommunismus, der erstrebten klassenlosen Gesellschaft ohne Ausbeutung und Privateigentum an Produktionsmitteln, würde dann das Proletariat entschwinden.

PROLETARISCHER INTERNATIONALISMUS
Grundprinzip der Ideologie und Politik der Arbeiterklasse und ihrer marxistisch-leninistischen Partei im Bereich der internationalen Beziehungen. Er steht gemäß der → Klassiker des Marxismus/Leninismus (→ M/L) im strikten Gegensatz zu Nationalismus, Chauvinismus und Kosmopolitismus. Er sei organischer Bestandteil des Marxismus-Leninismus und durchdringe den gesamten Inhalt der Theorie und Praxis des wissenschaftlichen Kommunismus. Er erwachse aus der prinzipiellen Tatsache, daß die internationale Arbeiterklasse im internationalen Kapital einen gemeinsamen → Klassenfeind hat. Von diesem Prinzip ausgehend schufen Marx und Engels erstmalig eine einheitliche Strategie des Klassenkampfes des internationalen Proletariats. Diese Idee konzentrierten sie in dem Aufruf, mit dem das Kommunistische Manifest beginnt: »Proletarier aller Länder, vereinigt euch!« In der DDR war der proletarische Internationalismus vor allem durch die Einstellung zur Sowjetunion definiert und diese als Kernfrage des proletarischen Internationalismus formuliert. Da die Sowjetunion und die → KPdSU über die angeblich größten Erfahrungen und Potenzen im Klassenkampf verfügten, bildete die Einstellung zu ihr einen wichtigen Aspekt bei der Beurteilung der politischen Haltung des Einzelnen. Beurteilt wurde auch die Haltung des einzelnen zur »antiimperialistischen Solidarität«, das heißt konkret, seine Spendenwilligkeit für Aufbauprojekte in den Staaten, die einen sozialistischen Entwicklungsweg ein-

schlagen wollten, z.B. Angola oder Vietnam. Der proletarische Internationalismus spiegelt sich außerdem in allen Dokumenten wider und war wichtiger Bestandteil der Erziehung der Kinder und Jugendlichen. So wurde in den → Pioniergesetzen schon die Freundschaft mit den Kindern der Sowjetunion beschworen, die man unter Umständen sein Lebtag niemals zu Gesicht bekam. Die Adressaten dieser »antiimperialistischen Solidarität« konnten wechseln, je nach Politik, mal waren es Palästinenser (die PLO), mal Nikaraguaner (die Sandinisten), und Anfang der 70er Jahre gab es sogar eine Kampagne zugunsten der kommunistischen Ableger der Black-Power-Movement in den USA, besonders für die Freilassung von → Angela Davis. Schulkinder wurden angehalten, entsprechende selbstgemalte Karten an den amerikanischen Präsidenten zu schreiben. → Solimarken, → Solidaritätsbasar, → Solidaritätskonzerte. Allerdings nahmen es die Moskauer Herrscher in Bezug auf die Gleichberechtigung der Völker im Vielvölkerstaat UdSSR selbst nicht so genau, es waren eben die Völker Usbekistans, Tadschikistans, Litauens, Lettlands und anderer Sowjetrepubliken nicht so gleichberechtigt wie die Russen.

PUCK

Zigarillo aus dem VEB Nortak Nordhausen. Puck war mit sechs Pfennig je Stück extrem billig und verbreitete beim Rauchen einen Geruch, der stark an Waldbrände erinnerte. Es kam in einer Packungsgröße von zehn Stück je Päckchen in den Handel.

PUFFREIS

Sehr süßes Naschwerk aus dem VEB Nahrungsmittelkombinat »Albert Kuntz« Wurzen. Puffreis wurde durch das Verschießen aus einer Kanone hergestellt, wodurch das harte Reiskorn aufquoll und mürbe wurde. Danach wurde es gezuckert, bunt gefärbt und kam in Tüten verpackt in den Handel.

PUHDYS
Bekannteste und langlebigste Rockband der DDR. Das hing vor allem mit ihrer Entstehungsgeschichte zusammen. Die Puhdys gründeten sich 1969: Dieter Birr, Dieter Hertrampf, Harry Jeske und Gunter Wosylus, den später Klaus Scharfschwerdt ersetzte. 1971 produzierten sie ihren ersten Titel »Türen öffnen sich zur Stadt«. Der Durchbruch kam mit ihrem ersten großen Auftritt bei den → X. Weltfestspielen (→ Weltfestspiele) der Jugend und Studenten 1973. Der Weltöffentlichkeit sollte dokumentiert werden, daß auch in der DDR die Rockmusik eine Heimstatt hatte. Im gleichen Jahr hatten sie großen Erfolg mit der Musik zu dem Film → »Die Legende von Paul und Paula«, Regie Heiner Carow, vor allem mit den Songs »Geh zu ihr (und laß deinen Drachen steigen)« und »Alt wie ein Baum«, 1974 auf der Amiga-LP »Die Puhdys« aufgelegt. Garant für den anhaltenden Erfolg der Band war wohl die Arbeitsteilung unter den Bandmitgliedern. Während Dieter Birr der kreative Kopf war, kümmerte sich Harry Jeske um das Finanzielle und Peter Meyer war der Organisator. 1979 verließ der Schlagzeuger Wosylus die Band, baute sein eigenes Tonstudio auf und ging später in den Westen. Für ihn kam Klaus Scharfschwerdt. Mit dreizehn Alben waren die Puhdys die absoluten Könige unter den Rockmusikern der DDR, und der Verkaufserfolg gab dem künstlerischen Stil (geradliniger Gitarrenrock) Recht. Weniger Erfolg hatten die Soloalben von Dieter Birr und Dieter Hertrampf. Die Puhdys fanden auch im anderen Teil Deutschlands Anerkennung, konnten dort auftreten (z.B. 1981 in der Deutschlandhalle und vor 12.000 Zuschauern in der Berliner Waldbühne), eine Promotiontour durch die USA unternehmen und ihre Platten in beiden deutschen Staaten veröffentlichen. 1984 hatten sie noch einmal einen großen Auftritt bei → »Rock für den Frieden« anstelle von BAP, die abgesagt hatten, weil sie den Song »Deshalv spill' mer he« nicht spielen durften. Aber das wußte das Publikum nicht. Ende der 80er Jahre ging es mit der Band bergab, 1989 lösten sie sich auf. Im Zuge der Ostalgie kam es zu

einer Reunion. (Lit.: W. Tilgner/V. Ettelt: Die Puhdys, Berlin 1983; 30 Jahre Puhdys. Die vollständige Puhdys-Diskographie, Schwarzkopf & Schwarzkopf Verlag, 2002)

PUMPERNICKEL

Dunkles Spezialbrot. Dieses Brot wird aus Roggenvollkorn, Wasser, Vollkorn-Sauerteig, Salz und Backhefe hergestellt.

PUNKTHOCHHAUS

Plattenbau, bei dem pro Etage acht bzw. neun Wohnungen um ein oder zwei zentrale Fahrstuhlschächte herum angeordnet sind. Diese Wohnhäuser mit bis zu 21 Etagen nahmen wenig Grundfläche ein, deshalb Punkthochhaus. Es gab mehrere Typen. Sehr begehrt waren die Zweietagenwohnungen mit Treppe im Wohnzimmer, die unter dem Dach lagen. Allerdings gab es auch bei diesem Typ Probleme mit den Plattenfugen und den Flachdächern, die oft undicht waren, so daß Wasser in die Wohnungen und Leitungsschächte laufen konnte, und da die Elektroleitungen und Sicherungskästen zumindest bei einem weit verbreiteten Typ unmittelbar neben den Rohrschächten bei den → Naßzellen verliefen, war das etwas heikel, denn dann lief das Wasser in die Sicherungskästen.

PUTZI

Kinderzahncreme aus dem VEB Florena Dresden. Putzi hatte einen feinen Fruchtgeschmack und war dazu gedacht, die Kleinsten an die Zahnpflege heranzuführen.

Q

QP 71

Wohnungstyp im → Plattenbau. Diese Häuser wurden in der Regel zehngeschossig gebaut und verfügten über recht großzügige Wohnungsschnitte. Erstmals wurden diese Typen im Jahr 1971 errichtet. Von außen waren die Häuser an der vollflächigen Verkachelung erkennbar, weshalb sie liebevoll Backöfen genannt wurden.

QUARTETT

Unter diesem Titel veröffentlichte das Label → Amiga sogenannte Quartettsingles, die mit vier Titeln bepreßt und in Ermangelung anderer Bezugsquellen genauso begehrt waren wie die Lizenzalben.

QUERMANN, HEINZ/»HEINZ DER QUERMANN«

Entertainer, Regisseur und Redakteur (geb. 10.2.1921 in Hannover), sehr beliebt in der DDR, vor allem durch seine »Schlagerrevue«, die über 36 Jahre ausgestrahlt wurde, durch Sendungen wie »Schlagerlotterie«, → »Zwischen Frühstück und Gänsebraten«, »Herzklopfen kostenlos« und »Da lacht der Bär«, hier als einer der drei »Mikrofonisten« neben Gustav Müller und Gerhard Wollner. Außerdem war er in den 50er und 60er Jahren in einigen Musikfilmen zu sehen. Er hat auch als Autor und Entertainer 12 Revuen des Friedrichstadt-Palast Berlin auf die Beine gestellt. (Lit.: Heinz

Quermann: Ihr Heinz, der Quermann – Bunte Erinnerungen. Berlin 1992)

QUICK-COLA
Sogenanntes Coffeinhaltiges Colagetränk aus dem VEB Getränkekombinat Frankfurt Oder in 0,5 l-Flaschen, kostete 0,65 Mark.

R

RABATTMARKEN

→ Umsatzwertmarken

RADEBERGER PILSNER

Ein begehrtes Bier aus dem VEB Radeberger Exportbierbrauerei Radeberg (Sachsen), abgefüllt in 0,5-l-Flaschen zu 1,– Mark, war sehr begehrt und ging durchaus kästenweise unter dem Ladentisch weg. Wurde in der gehobenen DDR-Gastronomie angeboten.

RADIO DDR

Radio DDR 1. 1956 gegründet, Informations- und Unterhaltungsprogramm mit 19 Nachrichtendiensten an Werktagen, Unterhaltungsmagazinen am Morgen und am Vormittag sowie zwischen 15–18 Uhr, Servicesendungen für differenzierte Interessen. Radio DDR 2: 01.01.1964 Beginn Sendebetrieb, Programm der Bildungsvermittlung und der gehobenen Unterhaltung, Sendungen des Schulfunks, weltanschauliche und naturwissenschaftliche Themen, Beiträge auf musikalisch-ästhetischem Gebiet und geschlossene Werkaufführungen aus Oper und Sinfonik.

RADIO JEREWAN

Anfrage an den Sender Jerewan: »Gibt es Mitte der 80er Jahre in der DDR noch Geld?« Antwort: »Ja, nur noch.« Von dieser Art gab es in der DDR unzählige Radio Jerewan-Witze, in denen der unbedarfte Hörer (DDR-Bürger) seine Fragen an einen imaginären Sender stellte und beantwortet bekam. Natürlich befand sich dieser Sender in der Sowjetunion, die als »großer Bruder« und Führer der kommunistischen Weltbewegung alle Weisheit auf sich vereint hatte. Die Antworten, die der unbedarfte Hörer bekam, strotzten dann auch nur so vor Weisheit, wie in diesem Beispiel: Zur Utopie vom Kommunismus gehört, daß dann allen alles gehört und im Überfluß vorhanden ist, so daß es auch kein Geld mehr geben werde. Der Witz negiert das und stellt die Utopie auf den Kopf (oder vom Kopf auf die Füße), Mitte der 80er Jahre gäbe es für das Geld des DDR-Bürgers nichts mehr zu kaufen. Der Mangel sei so weit fortgeschritten, daß jegliche Waren aus dem Handel verschwunden seien.

Anfragen an den Sender Jerewan gaben dem Unmut des Volkes auf sarkastische Weise Ausdruck, bezeugten aber trotzdem, daß der Mann auf der Straße selbst in schwierigsten Situationen seinen Humor behielt. Die Radio Jerewan-Witze waren sehr beliebt und bekannt, gerade unter Genossen und Funktionären. → Witze.

RAHMENKOLLEKTIVVERTRAG

Auch Betriebskollektivvertrag. Seit 1951 jährlich abzuschließende Vereinbarung zwischen dem Direktor des Betriebes und der → BGL zur »aktiven Einbeziehung der → Werktätigen in die Leitung und Planung des → Betriebes, zur Entwicklung ihrer schöpferischen Initiative im → sozialistischen Wettbewerb für die Erfüllung und gezielte Übererfüllung des Betriebsplanes und zur ständigen Verbesserung der Arbeits- und Lebensbedingungen der Werktätigen.« Die Rahmenkollektivverträge sollten bei der Gestaltung der entwickelten sozialistischen Gesellschaft in der DDR dazu beitragen, die führende Rolle der Arbeiterklasse weiter zu erhöhen, die Autorität der Gewerkschaften als Klassenorganisation der Arbeiterklasse zu vertiefen und die sozialistischen Arbeitsverhältnisse im Betrieb so zu gestalten, daß die Werktätigen ihre gesetzlich garantierten Rechte voll wahrnehmen und ihre gesellschaftlichen Pflichten im → Kollektiv erfüllen können. In die Rahmenkollektivverträge waren konkrete, abrechenbare und terminierte Verpflichtungen des Direktors des Betriebes und der BGL zu folgenden Gebieten aufzunehmen: 1. Entwicklung und Förderung neuer schöpferischer Initiativen der Werktätigen im sozialistischen Wettbewerb; 2. Verbesserung der Arbeits- und Lebensbedingungen der Werktätigen, wie Verwirklichung des Leistungsprinzips in der Entlohnung und Prämierung in Verbindung mit der wissenschaftlichen Arbeitsorganisation, Entwicklung der materiellen Arbeitsbedingungen der Werktätigen, Verbesserung der gesundheitlichen und sozialen Betreuung der Werktätigen; 3. Entwicklung eines hohen Kultur- und Bildungsniveaus der Werktätigen; 4. Verwendung der betrieblichen Fonds für die Verbesserung der Arbeits- und Lebensbedingungen der Werktätigen; 5. → Frauenförderplan. Als Anlagen waren für den Zeitraum eines → Fünfjahrplanes aufzunehmen: a) Ordnung zur Organisierung und Führung des sozialistischen Wettbewerbs sowie zur Ausarbeitung der Jahrespläne und der Rahmenkollektivverträge; b) Betriebsprämienordnung; c) Vereinbarung über die Ehrung und Betreuung der Werktätigen; d) Urlaubsvereinbarung; e) Liste der Arbeitserschwernisse. Der RKV wurde (zumindest theoretisch), beginnend mit der Plandiskussion, unter Beteiligung des gesamten Betriebskollektivs ausgearbeitet und bis zum 31. Januar des jeweiligen Jahres abgeschlossen. Über die Erfüllung der Verpflichtungen sollte vierteljährlich vor der Belegschafts- oder der Vertrauensleutevollversammlung Rechenschaft abgelegt werden (auch hier zumindest in der Theorie). Hier ging es also auch um ganz konkrete Verbesserungen im Betrieb wie das Renovieren von Sanitärräumen, der Ausbau des Betriebsferienlagers usw.

RAT

... des Kreises, des Bezirkes, des Stadtbezirkes, der Gemeinde. Die Räte ständig arbeitender Organe der Kreis- und Bezirkstage, der Gemeindeversammlungen sowie der Stadtverordnetenversammlungen. Sie waren somit als die Exekutivorgane der gewählten Volksvertretungen zu betrachten, die die Arbeit der Räte kontrollieren und Rechenschaft über deren Arbeit einfordern sollten. Die Räte wurden von den Volksvertretungen für die Dauer einer Legislaturperiode gewählt. Dabei war zu beachten, daß es im Gegensatz zur → Volkskammer in den örtlichen Volksvertretungen keine Fraktionen gab. Es wurde aber durch die → Nationale Front festgelegt, welche Partei in welchem Ort den Bürgermeister stellte. Der Begriff Rat kam aus der Arbeiterbewegung (Räterepublik) und entsprach dem russischen Begriff Sowjet.

RATIOMITTELBAU

Rationalisierungsmittelbau. Innerhalb der → Betriebe und → Kombinate mußte mangels bilanzierter Investitionsmittel häufig auf eigene Reserven zurückgegriffen werden. Um trotzdem den → Planauflagen gerecht werden zu können, richteten die Betriebe Abteilungen ein, in denen sie mit eigenen Kräften Werkzeuge, Maschinen oder Zusatzteile bauten, die den Produktionsprozeß rationeller gestalten sollten. Oft wurden diese auf Vorschläge aus der → Neuererbewegung hin unter großem Aufwand entwickelt. Besonders abenteuerlich konnte sich die Materialbeschaffung gestalten, was mitunter zu langen Beschaffungsfahrten und zu Ringtauschaktionen führen konnte.

REAL

Filterlose Zigarettenmarke aus dem VEB Tabak Dresden. Im Gegensatz zur ebenfalls filterlosen Zigarette → Karo oder den Filterzigaretten erreichte sie jedoch kaum einen nennenswerten Marktanteil. Unter der Jugend waren solche Zigaretten als Pennerkippen verrufen.

REALER SOZIALISMUS/ REAL EXISTIERENDER SOZIALISMUS

Begriff, der zunächst aus den westlichen Massenmedien stammte, sich aber schnell auch in den Sprachgebrauch der DDR-Führung einschlich. Mit dem Begriff »real existierender Sozialismus« sollte zwar dokumentiert werden, daß die Lehre von Marx, Engels und Lenin schöpferisch weiterentwickelt wurde, zu einer realen Existenz eben. Der Begriff impliziert aber zugleich den Widerspruch zwischen Theorie und Praxis. Der Mann oder der Frau auf der Straße sagte dieser Begriff etwas völlig anderes: daß die wohlklingenden Phrasen über den Sozialismus nicht mit der Wirklichkeit, dem alltäglichen Erleben übereinstimmten, daß die schöne Theorie der Klassiker des Marxismus-Leninismus in der Praxis und unter den Bedingungen des Wettbewerbes zwischen den Gesellschaftssystemen nicht funktionierte oder die Führung des Staates ihrer Aufgabe einfach nicht gewachsen schien (wobei zu fragen ist, ob diese Art von »realem Sozialismus« überhaupt, also unabhängig von Führungsschwächen, längerfristig hätte überleben können).

RECHENSCHAFTSBERICHT

War die Darlegung der Arbeitsergebnisse in der DDR. Die Rechenschaftspflicht ergab sich aus den Prinzipien des → demokratischen Zentralismus innerhalb der Parteien und → Massenorganisationen oder aus der Verfassung der DDR für die Staats- und Wirtschaftsorgane gegenüber den Abgeordneten in den Volksvertretungen. Die Form der Rechenschaftslegung als Bericht geht auf die Prinzipien der »sozialistischen Demokratie« zurück. Alle Leitungen, die gewählt wurden, von den Pioniergruppenleitungen der Schulklassen bis hin zum Zentralkomitee der SED, mußten vor der Wahl der neuen Leitung Rechenschaft über ihre geleistete Arbeit ablegen. Der

Rechenschaftsbericht wurde in der Versammlung verlesen und dann von den Versammelten per Abstimmung angenommen oder abgelehnt, danach wurde die alte Leitung entlastet.

REED, DEAN

US-amerikanischer Sänger, Schauspieler und Entertainer, geb. am 22.09. 1938 in Colorado, gest.1986. Er kam in den 60er Jahren in die DDR, weil er in seiner Heimat politischen Verfolgungen ausgesetzt war. Die Führung der DDR benutzte ihn dann, um darzustellen, daß Menschen nicht nur aus dem sozialistischen Land und seinem geplanten Mangel fliehen, sondern auch umgekehrte Wege begangen werden (→ Perry Friedman). Besonders erfolgreich war er in der Rolle des Arbeitersängers Victor Jara in dem Film »El Cantor«, bei dem er auch Regie führte, und in den Filmen »Blutsbrüder« 1975 und »Sing, Cowboy, sing« 1981. Außerdem sang er, trat in Fernsehshows und Unterhaltungssendungen auf. Bei einem Besuch seiner Heimat Mitte der 80er Jahre wurde er inhaftiert und konnte auf dem Wege diplomatischer Bemühungen wieder in die DDR zurückkehren. Inzwischen hatte er die Schauspielerin Renate Blume geheiratet. Nur kurze Zeit nach seiner Rückkehr in die DDR wurde er tot aufgefunden, die Vermutungen, daß er durch Selbstmord starb, haben sich später bestätigt.

REGAN

Handelsname für einen Viskosefaserstoff in der DDR. Diese Chemiefaserstoffe aus regenerierter Zellulose wurden vor allem für Bekleidung und technische Textilien verwendet, wobei die Ursprungsfaser hochveredelt werden mußte, um ihre anfänglich hohe Quellung und geringe Naßfestigkeit zu verlieren.

REIHENUNTERSUCHUNG

Reihenuntersuchungen wurden vor allem von → Betriebsärzten vorgenommen und dienten der Prophylaxe und Früherkennung von

Dean Reed bei den Proben zum 4. »Kessel Buntes« im Berliner Friedrichstadt-Palast, 1972

Berufskrankheiten. Vor allem Bergarbeiter (z.B. der → Wismut) hatten sich regelmäßigen Reihenuntersuchungen zu unterziehen, aber auch Schichtarbeiter und → Werktätige in der chemischen Industrie, die nicht selten mit toxischen Stoffen in Berührung kamen. →Schirmbildstelle.

REISEKADER

Bürger der DDR, in der Regel Künstler, Wissenschaftler oder Vertreter eines → Betriebes, der in das → NSW reisen durfte. Nach einer »Westreise« waren dann ausführliche Berichte zu schreiben. Mit Reisekadern hatte die DDR jedoch oft Pech. Viele kehrten während einer solchen Reise ihrer Heimat den Rücken, was zu neuen Ausreisen (Familienzusammenführung) und neuen, schärferen Prüfungen der Reisekader durch die Staatssicherheit führte. Eine Spirale ohne Ende. Einige wurden auch gar nicht erst wieder zurückgelassen, z.B. → Wolf Biermann. → Kader.

RENFT/KLAUS-RENFT-COMBO

Eine der bedeutendsten Rockbands der DDR, Legende und Kult zugleich. Die Band formierte sich um 1968–70 in wechselnder Besetzung um Klaus Jentzsch (= Renft, bg, geb. 1942), der zuvor bei den 1965 verbotenen Butlers gespielt hatte. Die Band zog durch die Tanzlokale der Provinz und hatte bald eine treue Fangemeinde. Dabei hatten sie mit Gerulf Pannach einen talentierten Texter, der ihnen deutsche Texte schrieb. Zur Stammbesetzung gehörten: Jochen Hohl (dr), Gerulf Pannach, Peter »Pjotr« Kschentz (keyb, fl), Thomas »Monster« Schoppe (git, voc), Christian Kunert (piano, keyb), Klaus »Renft« Jentzsch und der Gitarrist Peter »Cäsar« Gläser (git, voc). Ihre erste Platte »Klaus Renft-Combo« erschien 1973, die zweite »Renft« 1974. Ihre Titel wie »Wer die Rose ehrt«, »Ketten werden knapper«, »Gänselieschen«, »Nach der Schlacht«, »Als ich wie ein Vogel war« wurden zu Klassikern, die auch nach dem Ende von Renft jeder kannte. Als die Band 1974 den → Amiga-Lektoren die Texte für ihre geplante dritte LP vorlegten zu solchen tabuisierten Themen wie Wehrdienstverweigerung und Republikflucht (»Rockballade vom kleinen Otto«, mit Zeilen wie »Leben ist wie Lotto, doch die Kreuze macht ein Funktionär«), hatten sie den Bogen überspannt. Die Band wurde verboten. Einige Bandmitglieder (Pannach, Kunert, Jentzsch, Schoppe) verließen später die DDR, Peter Gläser und Jochen Hohl schlossen sich der Band »Karussel« an. Peter Gläser gründete 1983 seine eigene »Cäsars Rockband«. Die beiden Renft-Platten wurden als wertvolle Raritäten auf dem Plattenschwarzmarkt gehandelt. Literaturtips: K. Renft: »Zwischen Liebe und Zorn« Die Autobiografie, Berlin 1998; »Nach der Schlacht« Die Renft-Story – von der Band selbst erzählt, Berlin 1998; »Als ich wie ein Vogel war« Gerulf Pannach: Die Texte, hrg. v. S. Sallmann, Berlin 1999.

RENNHACK, HEINZ

Schauspieler, Sänger, geb. 5.03.1937 in Danzig, wurde nach → Eberhard Cohrs und → Rolf Herricht zum beliebtesten Komiker der DDR, hat in zahlreichen Schwänken, Komödien und Unterhaltungssendungen mitgewirkt, immer naiv und komisch, so in der Komödie »Oben geblieben ist noch keiner« 1980, in → »Aber Vati!«, in der TV-Serie »Spuk im Hochhaus« 1983 und in seiner eigenen Fernsehshow »Wieder mal Heinz Rennhack«. 1988 ging er in den Westen.

REPARATURSTÜTZPUNKT

Von der → KWV eingerichtete Ausgabe- und Verleiheinrichtungen, die es den Mietern der Wohnungen erlaubten, für Kleinreparaturen notwendiges Material und gegebenenfalls auch Werkzeug zu erhalten. In den Reparaturstützpunkten wurden auch kleinere Reparaturen an Fensterflügeln oder Türschlössern direkt ausgeführt. In der Regel galt jedoch: Selbst ist der Mann!

REPERTOIREQUOTENREGELUNG

60/40-Verordnung. 60 zu 40 war das Verhältnis innerhalb der Musik bei → Jugendtanzveranstaltungen, das durch die »Anordnung über die Programmgestaltung bei Unterhaltungs- und Tanzmusik« festgelegt wurde. Sie schrieb vor, daß »mindestens 60 Prozent der aufgeführten Werke von Komponisten geschaffen sind, die ihren Wohnsitz in der DDR, der Sowjetunion oder den Volksdemokratien haben ... Im übrigen dürfen nur Werke aufgeführt werden, deren Noten im Rahmen der gesetzlichen Außenhandelsbestimmungen eingeführt werden oder in der DDR verlegt sind.« Diese Verordnung galt für den Rundfunk, das Fernsehen, Gaststätten, den Zirkus, Betriebsfeiern und öffentliche Tanzveranstaltungen, egal, ob die Musik vom DJ aufgelegt oder von einer Band gespielt wurde. 40 % der Titel konnten aus der westlichen Musikszene stammen. Diese Anordnung wurde bereits 1958 erlassen. Im Ernstfall kontrollierte das jedoch niemand so ganz genau, ihre genaue Umsetzung wäre das Aus einer jeden Tanzveranstaltung für junge Leute gewesen. Und Noten moderner westlicher Rock- oder Popmusik gab es ohnehin kaum.

REPUBLIKFLUCHT

Es ist in allen Ländern eine strafbare Handlung, gegen die Paß- und Meldebestimmungen des jeweiligen Landes zu verstoßen. Denkt das internationale Recht dabei jedoch vorwiegend an einen illegalen Grenzübertritt in ein Land, so geschah der vom Gesichtspunkt der DDR aus stets in umgekehrte Richtung. Dabei hatte das für den Täter, der die Grenze zwischen den beiden deutschen Staaten gen Westen überwinden wollte, meist unabsehbare Folgen, trennte diese Grenze doch gleichzeitig die Einflußbereiche der beiden Supermächte. Nicht zuletzt aus diesem Grund bezahlten so viele Fluchtwillige ihren Entschluß mit dem Leben. Die Gefahr einer Republikflucht auf sich zu nehmen, bedurfte es sicher großer innerer und äußerer Triebkräfte. Nicht zuletzt stand vor einer solchen Entscheidung oft ein abgelehnter → Ausreiseantrag, dem das berufliche und gesellschaftliche Aus folgten. Ein Mißlingen der Republikflucht zog grundsätzlich eine mehrjährige Gefängnisstrafe nach sich, aber der Verurteilte konnte hoffen, von der Bundesregierung freigekauft zu werden. Einige DDR-Bürger dachten sich recht spektakuläre Fluchtwege aus, z.B. per Ballon, oder sie versuchten es über das Ausland Richtung Jugoslawien, manche konnten auch von einer Fluchthilfe-Organisation über die Grenze geschleust werden, es gab sogar bewaffnete Ausbrüche, bei denen Grenzsoldaten getötet wurden. Es blieb immer eine lebensgefährliche Aktion.

REPUBLIKGEBURTSTAG

7. Oktober. Nationalfeiertag anläßlich der Gründung der DDR am 7. Oktober 1961. An diesem Tag fanden umfangreiche Feierlichkeiten statt, auch eine große Militärparade in Berlin. Außerdem wurden an diesem Tag Auszeichnungen verliehen, darunter der → Nationalpreis der DDR.

RFT

VEB Industrievertrieb Rundfunk und Fernsehen, Fachvertrieb für Heimelektronik und Rundfunktechnik mit einem Netz von Fachgeschäften in der ganzen DDR. Unter dem Dachnamen »RFT« wurden Fernseher, Radios, Plattenspieler und Zubehör von verschiedenen DDR-Betrieben angeboten.

REWATEX

Dienstleistungsunternehmen in der DDR. Durch Rewatex, eine Großwäscherei, wurde republikweit Wäsche von Großkunden wie Hotels und Gaststätten, aber auch von Privatleuten mit Hol- und Bringeservice schrankfertig gewaschen. Daneben verfügte Rewatex über ein Netz von Annahmestellen, wo neben der Haushaltswäsche auch Kleidung zur chemischen Reinigung angenommen und ausgegeben wurde.

RG 28

Multifunktionale Küchenmaschine in der DDR von → AKA Electric. Neben den üblichen Zubehörteilen, wie Mixstäben, Rührstäben zum Teigkneten und dem Passierstab, konnte zusätzlich ein Ständer und ein Mixaufsatz gekauft werden.

RGW

Rat für gegenseitige Wirtschaftshilfe, eine internationale Wirtschaftsorganisation sozialistischer Staaten. Der RGW wurde im Januar 1949 in Moskau gegründet. Mitgliedsstaaten waren die Volksrepublik Bulgarien, die ČSSR, die DDR, seit 1950, die Republik Kuba, seit 1972, die Mongolische Volksrepublik, seit 1962, die Volksrepublik Polen, die Sozialistische Republik Rumänien, die UdSSR, die Sozialistische Republik Vietnam, seit 1978. Die Sozialistische Volksrepublik Albanien nahm ihre Mitgliedschaft bereits kurz nach der Gründung des RGW nicht mehr wahr. Die Sozialistische Föderative Republik Jugoslawien arbeitete auf Grund eines speziellen Abkommens seit 1964 in einigen Organen, vor allem in verschiedenen ständigen Kommissionen mit. Zusammenarbeit gab es außerdem mit Finnland auf Grund eines Abkommens von 1973 und mit dem Irak und Mexiko seit 1975. Beobachterstatus hatten auf der XXX. Tagung des RGW die Volksdemokratische Republik Laos, die Koreanische Demokratische Volksrepublik sowie die Volksrepublik Angola. Der RGW war vor allem eine Handelsorganisation, die im wesentlichen der EG in Westeuropa entsprach und ein Gegengewicht dazu darstellen sollte. Im RGW sollten sich die Volkswirtschaften der einzelnen Mitgliedsstaaten jedoch planmäßig und proportional zu allen anderen Mitgliedsstaaten entwickeln. Das führte zu teilweise extremen Entwicklungen, so produzierte ab Mitte der 70er Jahre die ungarische Firma Ikarus die gesamten Busse für die osteuropäischen Staaten, die tschechische Firma Tatra alle Straßenbahnen, Produktionen in anderen Ländern wurden eingestellt. Diese Beschlüsse wurden auf der XXV. RGW-Tagung im

Juli 1971 innerhalb des Komplexprogramms für die weitere Vertiefung und Vervollkommnung der Zusammenarbeit und Entwicklung der sozialistischen ökonomischen Integration der Mitgliedsländer des RGW gefaßt. Die angestrebte Unabhängigkeit innerhalb des RGW von den kapitalistischen Märkten ging jedoch vor allem auf Kosten der Rohstoffreserven der Sowjetunion. Damit konnte die Sowjetunion auf Grund ihrer Rohstoffreserven praktisch die Bedingungen innerhalb des RGW diktieren. Die zunehmende Abhängigkeit der Sowjetunion von Rohstoffverkäufen auf dem Weltmarkt stellte das System des RGW Anfang der 80er Jahre recht schnell vor große Probleme und zeigte seine Grenzen auf. Die starke Abhängigkeit der RGW-Staaten von Devisen führte auch dazu, daß Erzeugnisse lieber gegen Devisen verschleudert, als gegen Transferrubel innerhalb des RGW verkauft wurden.

RHABARBER

1. Pflanze aus der Familie der Knöterichgewächse. Sie stammt ursprünglich aus Tibet, wurde aber in vielen Ländern kultiviert. Rhabarber wurde in der DDR auf großen Ackerflächen kultiviert und geerntet. Gegessen oder verarbeitet wurden die Stiele. Da die Pflanze reich an Gerbstoffen, Oxalsäure und Pektin ist, wurde sie von vielen Kleingärtnern kultiviert, um die selbstgemachte Marmelade durch Beimischen von etwas Rhabarber besser zum Gelieren zu bringen. Rhabarber wurde in der DDR außerdem in großen Mengen vermostet und als Rhabarbersüßmost in den Handel gebracht.
2. Umgangssprachlich gebrauchter Begriff für dummes Gerede, für Phrasendreschen. Vor allem auf offiziellen Veranstaltungen wurde viel »Rhabarber« gesprochen.

RINDEROFFENSTALL

Aus der Sowjetunion übernommene Methode zur Rinderhaltung. Die Idee war so simpel wie genial und wird heute wieder vermehrt genutzt. Das Rind als domestiziertes Steppentier wird im offenen

Stall gehalten. Allerdings konnte damit nur an den Baukosten für Stallanlagen gespart werden. In relativ harten Wintern offenbarten diese Ställe schnell ihre gravierenden Nachteile. Da die in der DDR gezüchteten Rinderrassen relativ anfällig für Kälte waren, gaben sie im Rinderoffenstall gehalten zur Winterzeit entscheidend weniger Milch, was sich drastisch auf die Planerfüllung der LPG auswirkte. Außerdem benötigten die Rinder mehr Futter als im geschlossenen Stall. Daß sie bei dieser Haltungsmethode mehr Fett ansetzten, spielte nur für die Rindermast eine Rolle. Die selektive Betrachtung dieses Problems und die bedarfsgerechte Errichtung solcher Ställe ließen sich mit Plan und Mangel einfach nicht vereinbaren. Deshalb kam man relativ schnell wieder von dieser Methode der Rinderhaltung ab.

ROBOTRON

Markenzeichen des VEB Robotron Sömmerda. Unter diesem Markenzeichen produzierte die DDR Computer und periphere Technik wie Drucker. Da in den Geräten hauptsächlich Chips aus eigener Produktion eingesetzt wurden, die qualitativ mit dem Weltmarktniveau nicht mithielten, oft sogar unter Umgehung der Lizenzen produziert, kam es zu häufigen Störungen im Betrieb der Rechner. Deshalb kursierte das geflügelte Wort: »Robotron, unsere Lösung, ihr Problem!« Ähnlichkeiten mit den Werbeslogans renommierter Computerhersteller waren gewollt.

ROBUR

Markenzeichen des VEB Robur Zittau. Unter diesem Markenzeichen produzierte das Zittauer Fahrzeugwerk Lastkraftwagen bis 7,5 Tonnen Gesamtgewicht. Sie wurden vor allem für Kurzstreckentransporte eingesetzt, da sie mit einem Benzinmotor mit drei Liter Hubraum ausgerüstet waren und der Transport von Gütern auf langen Strecken mit diesen Fahrzeugen, auch der kleinen Nutzlasten wegen, sehr teuer war. Der Robur (LO) war ein häufig verwendetes Dienstfahrzeug der→ Grenztruppen und der → VP.

ROCK FÜR DEN FRIEDEN

Seit 1982 bis 1987 auf Initiative des Zentralrates der → FDJ stattfindende Konzertreihe im großen Saal des → Palastes der Republik. Während dieser Woche spielten Rockbands aus der DDR, dem sozialistischen und auch dem westlichen Ausland auf der Bühne des großen Saals. Ein Teil des Veranstaltungserlöses kam dem Friedenskomitee der DDR zugute. Dabei wurden natürlich nur handverlesene genehme Rockbands eingeladen (z.B. Antropos, Tom-Robinson-Band, Pro Rock u.a.). → Amiga veröffentlichte dann Rock für den Frieden-LPs. Die Gruppe BAP sollte bei »Rock für den Frieden« auftreten. Die staatliche Schallplattenfirma Amiga erwarb sogar die Lizenz für die LP »Von Drinne noh drusse« und verlegte 15.000 Stück, die dann auch innerhalb kürzester Zeit vergriffen waren. Die Gruppe ließ die Tournee jedoch platzen, da ihr von

Rock für den Frieden 1986 in Berlin

DDR-Funktionären der Song »Deshalv spill' mer he«, den Niedecken für diese Tournee zum Thema Kalter Krieg geschrieben hatte, aus dem Programm gestrichen werden sollte. Deshalb sagte BAP die ganze Tour ab. Als sie später das Konzert in der DDR besuchen wollten, wurde ihnen die Einreise verweigert. Statt BAP spielten dann die → Puhdys. Die Veranstalter für Rock für den Frieden bekamen aber immer mehr Probleme, weil sich die Rockbands nicht mehr vor den ideologischen Karren spannen wollten und sich weigerten, dort aufzutreten (z.B. die Gitarreros 1987) oder bestimmte Lieder zu singen (z.B. Tamara Danz von Silly). Daraufhin wurde die Reihe eingestellt.

ROHKOSTSALAT

Beilage zur Pausenversorgung in → Betrieben und Einrichtungen in der DDR, aber auch in der Gastronomie. Rohkostsalate wurden aus ernährungsphysiologischer Sicht angeboten und bestanden in der Regel aus geriebenem Kohl oder Karotten, manchmal auch aus Roter Beete. Sie sollten im Gegensatz zur → Sättigungsbeilage den Vitaminhaushalt auffrischen.

ROKOMA

Markenzeichen für Rostocker Konfitüren und Marmeladen. In der DDR war jedoch, was die Konservierung von Obst anging, sehr oft selbst der Mann oder eher die Frau angesagt. Es geht wohl auch nichts über eigene Marmelade aus eigener Ernte. Eben erlesene Zutaten. Auch ein Grund für die große Beliebtheit der Kleingärten.

ROMANZEITUNG

Heftromanreihe aus dem Verlag Volk und Welt Berlin. Mit dieser Reihe stellte der Verlag extrem preiswerte Alternativen zum Buch zur Verfügung. Ein Heft kostete 80 Pfennig. Innerhalb dieser Edition wurden auch Vorabveröffentlichungen vorgenommen und es erschienen einige internationale Titel, die sonst gar nicht erhältlich waren. Etwas unangenehm bei der Lektüre war der doppelspaltige Satz, der zwar den Zeitungscharakter unterstrich, aber sich bei umfangreichen Texten störend auswirkte.

RÖMER- BZW. JESUSLATSCHEN

Besonders leichte Sandalette, die es nur in der DDR zu kaufen gab. Praktisch bestand sie aus der Sohle und einer Einlage für den Fuß, zwischen denen ein Lederband mit Schnalle über dem Zehenansatz und einem Lederband mit Schnalle für die Ferse verklebt waren. Jesuslatschen wurden besonders von Studenten und Abiturienten getragen und gehörten zur uniformen Kleidung all derer, die sich als nicht angepaßt verstanden (→ Kunde). Besonders bequem waren sie nicht. War man im sozialistischen Ausland unterwegs, konnte man an diesen Schuhen die jungen DDR-Bürger erkennen.

RONDO

Kaffeesorte aus dem Konsum-Kaffeewerk »Röstfein« Magdeburg. Rondo wurde in Packungsgrößen von 125 Gramm zu 8,75 Mark und 50 Gramm zu 3,50 Mark in den Handel gebracht. Er war lange Zeit der meistverkaufte Kaffee in der DDR. Allerdings war er ungemahlen und nicht aromaverpackt.

ROSENTHALER KADARKA

Lieblicher Rotwein aus Bulgarien. Dieser Wein war eine klassische → Bückware und praktisch nur für Personen erhältlich, die entweder über entsprechende Tauschwaren verfügten oder ausgesprochenes Glück hatten, kurz nach der Anlieferung dieses Artikels ein Geschäft zu betreten. Dabei war er mit einem Handelspreis von 6,25 Mark nicht einmal besonders billig. Trotzdem ging er fast ausschließlich im Karton über den Ladentisch.

ROTE GITARREN

Popgruppe aus der Volksrepublik Polen. Sie spielten sanften, melodischen Pop ähnlich dem Stil der Band Münchner Freiheit und waren in den 70er Jahren einige Male in den DDR-Hitparaden zu finden.

ROTE WOCHE

1. Umgangssprachlich für eine Woche verstärkter politischer Agitation und Propaganda an Universitäten, Hoch- und Fachschulen, den bewaffneten Organen, öffentlichen Einrichtungen und Betrieben. Oft war es die erste Woche im Studienjahr. Während dieser Woche wandten die Parteiorganisationen der Betriebe und Einrichtungen sowie die FDJ-Grundorganisationen erhebliche Zeit und Kraft auf, um Agitationsveranstaltungen zu organisieren und durchzuführen. Außerdem wurde während dieser Tage verstärkt an die Solidarität appelliert, konkret die Spendenbereitschaft der Menschen angeregt. 2. Umgangssprachliche Umschreibung vor allem unter den männlichen Jugendlichen für die Menstruation der Frau.

ROTH, HERBERT

Geb. 14.12.1926, gest. 17.10.1983. Herbert Roth war einer der erfolgreichsten Unterhaltungskünstler in der DDR. Nach den ersten Liedproduktionen 1950 beim Sender Weimar erlangte sein Ensemble, das vor allem volkstümliche Musik und Liedgut pflegte, schnell Kultstatus. Mit dem »Rennsteiglied« komponierte er die heimliche Hymne Thüringens und machte mit seiner Musik Werbung für eine ganze Region, deren Bewohner und Lebensweise. Seine Musik war Exportschlager und Devisenbringer erster Güte. Selbst als Schlagerkomponist hatte Roth Erfolg, auch wenn er diese Musik unter einem Pseudonym veröffentlichte. Während 32 Jahren absolvierte Roth über 10.000 Veranstaltungen, was bedeutet, daß er praktisch täglich auf der Bühne stand oder für Rundfunk und Fernsehen tätig war. Offensichtlich forderte dieses Pensum seinen Tribut, denn er starb plötzlich und unerwartet. Doch seine Lieder sind heute so lebendig wie zu seinen Lebzeiten. (DDR Wer war wer? Ein biographisches Lexikon, Chr. Links Verlag 1992)

ROTKÄPPCHEN

Sektmarke aus dem VEB Rotkäppchen Sektkellerei Freyburg/Unstrut, mehrfach prämiert, heute noch beliebt. War im Verhältnis zu vielen westlichen Sektmarken eher süß und klebrig, was aber dem Geschmack der DDR-Bürger eher entgegenkam.

ROTPLOMBE

Markenname für Puddingpulver, Tortenguß und Götterspeise.

ROTSTERN

Markenname für Schokoladen und Pralinen aus dem VEB Rotstern Saalfeld, das aus dem VEB Mauxion Saalfeld hervorging. Die Umbenennung erfolgte 1954. 1966 wurde VEB Rotstern Saalfeld mit dem VEB Berggold Pößneck zum VEB Thüringer Schokoladenwerke vereinigt.

ROT-WEISS ERFURT

FC Rot-Weiß Erfurt. Fußballclub der Thüringer Landeshauptstadt, in der DDR Bezirkshauptsstadt. Er ging aus dem Fußballclub Fortuna Erfurt hervor und wurde Ende der 50er Jahre als FC Turbine Erfurt zweimal DDR-Fußballmeister. Danach gab es ein langes Auf und Ab zwischen der Oberliga und der DDR-Liga als zweithöchster Spielklasse. Der FC Rot-Weiß Erfurt galt als Talentreservoir für den → FC Carl Zeiss Jena. Im letzten Jahr der Oberliga als eigenständige Liga gelang dem FC Rot-Weiß Erfurt erstmals der Einzug in den UEFA-Cup, wo man in der zweiten Runde gegen den späteren Cup-Gewinner Ajax Amsterdam ausschied.

RÜGENER BADEJUNGE

Camembert-Käse aus dem VdgB Kombinat Milchwirtschaft Rügen, Sitz Bergen. Daneben stellten in anderen Bezirken andere Käsefabriken ebenfalls Camembert her, dieser sei hier nur wegen seinem originellen Namen angeführt.

RUHLA-UHR

Neben Glashütte der größte Produzent von Uhren in der DDR. Ruhlaer Uhren waren in der Regel billiger als die Uhren aus Glashütte. Allerdings erreichten sie auch selten eine solche Lebensdauer. Das Uhrenwerk in Ruhla begann aber als erstes mit der Produktion von Quarzuhren, während in Glashütte noch auf Altbewährtes gesetzt wurde.

RUND

Jugendsendung und Unterhaltungsmagazin des → DFF. »Rund« wurde in Vorbereitung der → X. Weltfestspiele (→ Weltfestspiele) er Jugend und Studenten 1973 aus der Taufe gehoben. Während der Weltfestspiele berichtete diese Sendung täglich über die Ereignisse in Berlin. Danach bekam sie einen festen Sendeplatz am Samstagnachmittag im monatlichen Turnus. Sie war eine Mischung aus Musiksendung und Gesprächsrunden, die allerdings mit den Jahren mehr und mehr zu realitätsfremden Propaganda-Runden verkamen und die politisch-ideologische Beeinflussung der jungen DDR-Bürger zu sehr in den Vordergrund stellte. Das kostete diese Sendung mehr und mehr Zuschauer und führte wohl letztendlich auch zu deren Einstellung. Der Grund, warum die Jugendlichen die Sendung sahen, waren die Auftritte hochkarätiger Rock- und Popmusikern. Neben der Oberliga der DDR-Rocker waren auch internationale Gäste zu sehen wie Status Quo.

RUNDFUNK DER DDR

Staatliches Komitee für Rundfunk beim Ministerrat der DDR, präsentierte 4 Sender: Radio DDR, 2 Programme: 1. Programm Information und Musik, 2. Programm Kultur und Bildung, Stimme der DDR, aus der DDR, für die DDR und ihre Freunde im Ausland, mit »Hallo – das Jugendjournal«, Berliner Rundfunk, für die Hauptstadt und die Bevölkerung der DDR, mit Jugendstudio DT64 und Radio Berlin International (Auslandsdienst in 10 Sendeeinrichtungen und in 11 Sprachen). Radio DDR 1 und Stimme der DDR sendeten ganztägig, der Berliner Rundfunk bot 20 Sendestunden in seinem Hauptprogramm und zusätzlich 4,5 Stunden UKW-Sonderprogramm für die Jugend. Radio DDR 2 bot 14 Stunden Sendezeit. Sehr beliebt bei der DDR-Bevölkerung waren aber eher westliche Radiosender wie im Süden der Bayrische Rundfunk und im Berliner Raum der RIAS.

RUSSENMAGAZIN

In jeder Garnisonsstadt der → GSSD gab es für die dort lebenden Offiziere und deren Familien ein »Magasin« zu deutsch Laden, in dem sie Produkte aus der Heimat einkaufen konnten. Die deutsche Sprache macht aus dem stimmhaften S in Magasin einfach ein stimmloses Z und so das Magazin. Diese Geschäfte waren aber auch dem DDR-Bürger zugänglich, und so deckten sich viele Leute mit preiswerten Waren ein. Vor allem Konfekt und verschiedene Konserven waren recht beliebt, und natürlich Spirituosen. Für einige Jugendliche war das Russenmagazin ständiger Anlaufpunkt zum Erwerb von Tabakwaren, da die Verkäuferinnen sich selten um das Alter ihrer Kunden und den streng gehandhabten Jugendschutz in der DDR kümmerten.

RUSSISCHBROT

Süßes Gebäck in Form von Buchstaben und Ziffern aus dem VEB Nahrungsmittelkombinat »Albert Kuntz« Wurzen, später aus dem

VEB Dauerbackwaren Elite. War sehr beliebt und zeitweise → Bückware. Außerdem kostete ein Beutel nur 80 Pfennig. Inzwischen ist es wieder erhältlich.

RUSSISCHOLYMPIADE

Ausscheidungswettbewerb in der Russischen Sprache. Gefördert von der Gesellschaft für Deutsch-Sowjetische Freundschaft. Mit diesem Wettbewerb dokumentierte die DDR ihre Verbundenheit mit den Völkern der Sowjetunion und stellte dar, welchen Bildungsstand die Schüler an den → POS und → EOS erreicht hatten. Die Ausscheidung fand zunächst auf Schul-, später auf Kreis-, Bezirks-, und DDR-Ebene statt. Dabei galt es drei Aufgaben zu lösen. Erstens einen unbekannten Text in einer vorgegebenen Zeit zu übersetzen, zweitens seinen Inhalt in Russisch wiederzugeben und drittens ein freies Gespräch in Russisch mit der Prüfungskommission zu führen.

S

S 50

→ Simson

SABOTAGEAKT

Aus dem Türkischen und Französischen stammender Begriff für verborgenen Widerstand oder versteckte Störtätigkeit. In der DDR wurde damit die vorsätzliche Schädigung der sozialistischen Gesellschaftsordnung sowie der Volkswirtschaft bezeichnet. Sabotageakte wurden praktisch hinter allen ernsthaften Problemen in der Produktion vermutet. Das sozialistische Rechtssystem sah dafür drakonische Strafen vor. In der Darstellung der Geschichte der DDR begründete man den Bau des → Antiimperialistischen Schutzwalls auch mit Sabotageakten westlicher Geheimdienste vor 1961.

SACHSENRING

1. 8,7 km lange Automobilrennstrecke in der Nähe von Hohenstein-Ernstthal in Sachsen. Auf ihr wurden durch den Automobilsportverband der DDR Rennen in mehreren Klassen als nationale Meisterschaftsläufe ausgetragen, aber auch Motorrad- und Radrennen, so die einzige Straßenrad-Weltmeisterschaft in der DDR 1960.
2. Markenname des VEB Sachsenring Zwickau. Dieses Werk produzierte den PKW → Trabant. Unter der Marke Sachsenring baute

man zuvor klassische PKW für 5–6 Personen mit freitragender Pontonkarosserie und 6-Zylinder-Viertaktmotoren, die 80 PS leisteten.

SAISON

Modezeitschrift in der DDR. Sie erschien seit Oktober 1962 vierteljährlich für Frühling, Sommer, Herbst und Winter im Verlag für die Frau Leipzig.

SALEM

Zigarettenmarke aus dem VEB Nortak Nordhausen. Salem war eine filterlose Zigarette, die rund oder oval angeboten wurde. Außerdem gab es zwei verschiedene Tabakmischungen, die als Salem rot oder gelb in die Geschäfte kamen. Mit der Produktionseinführung von Filterzigaretten ging der Marktanteil dieser Sorte jedoch erheblich zurück. Trotzdem blieb sie als Zigarettenmarke noch Jahre erhalten.

SAMBALITA

Sehr süßer Maracuja-Tropic-Fruchtlikör aus dem VEB Weinbrand Wilthen.

SANDMÄNNCHEN

Abendgruß des → DFF. Ging am 22.11. 1959 das erste Mal auf Sendung. Vater des Sandmännchens ist der Puppengestalter und Trickfilmregisseur Gerhard Behrendt. Die erste Figur erlebte jedoch nur einige Auftritte, weil die Gestaltung des Gesichtes mit aufgemalten Wimpern zu schläfrig wirkte, das sagten jedenfalls damalige Eltern. Danach erhielt das Sandmännchen seine heutige Gestalt und sein heutiges Gesicht, das allerdings immer noch dem Kobold »Ole Lukoje« aus einem Märchen von Hans Christian Andersen nachempfunden ist. Zur Tradition der Sendung gehört das Sandmannlied, das von Walter Krumbach getextet und Wolfgang Richter vertont wurde. Das Sandmännchen bekam mit den Jahren mehr und mehr Fahrzeuge, mit denen es die Kinder besuchte und noch heute besucht. Die ausgefallensten waren wohl das Mondmobil oder das Tiefseetauchboot, aber selbst der → Trabant oder eine Traditionslokomotive brachten es zu den Kindern, außerdem viele Kutschen, Hubschrauber, Flugzeuge, Feuerwehren, Schneeschlitten usw. Die Abwicklung der Sendung innerhalb der ARD verhinderten nach der Wende aufgebrachte Eltern und Kinder aus der ehemaligen DDR.

Das Sandmännchen war als Figur in der DDR sehr populär. Viele Kinder schauten jeden Abend dem Sandmann zu, wenn er immer wieder mit neuen Gefährten anreiste, um den Kindern seine Geschichten zu erzählen.

Oben: Dreharbeiten für den Abendgruß mit Pittiplatsch und Schnatterinchen gespielt von Heinz Schröder und Friedgard Kurze, 1970
Unten: 25. Geburtstag des Sandmännchens im nachgestellten Palast der Republik, 1984

SAPOROSHEZ (ZAPPELFROSCH)

PKW aus sowjetischer Produktion. Dieser Kleinwagen mit Heckmotor zeichnete sich durch russische Robustheit aus, durch seine signifikanten Kühlerblenden auf den hinteren Kotflügeln und einen ganz eigenen Klang. Des Geräuschpegels wegen nannte man ihn auch »T34-de luxe« (nach dem legendären sowjetischen Panzer aus dem Zweiten Weltkrieg) bzw. »Stalins letzte Rache«.

SÄTTIGUNGSBEILAGE

Speisekomponenten kalter oder warmer Gerichte, die auf Grund ihres hohen Gehaltes an Kohlehydraten eine sättigende Wirkung entfalten, also Brot, Kartoffeln, Pommes und Reis/Hülsenfrüchte. Damit konnte die DDR-Gastronomie ein gewisses Manko am Gewicht des Fleischstückes auf dem Teller kompensieren.

SCHALLPLATTENUNTERHALTER/SPU

DDR-Begriff für Discjockey (DJ), auch Diskomoderator genannt. Der SPU kam zeitgleich mit der Diskowelle im Westen in den 70er Jahren in Mode. Um als SPU öffentlich auflegen zu können, benötigte man eine → Einstufung und gute Beziehungen, denn die meisten Hits gab es nur auf Westplatten und waren schwer zu bekommen. Die SPU ließen allerdings nicht wie heutige DJs die Musikstücke lückenlos ineinander übergehen, sondern arbeiteten mit Zwischenmoderationen und sagten die Titel an. Da kam Stimmung auf. Es war allerdings immer noch angenehmer als bei Kapellen, die nach drei Titeln erst wieder ein Bier trinken gingen.

SCHIEDSKOMMISSION

Gesellschaftliches Gericht zur Behandlung von Vergehen, Verfehlungen, Ordnungswidrigkeiten, Verletzungen der Schulpflicht, arbeitsscheuem Verhalten und einfachen zivilrechtlichen Rechtsstreitigkeiten. Die Bildung und die Tätigkeit von Schiedskommissionen galt als Ausdruck der »sozialistischen Demokratie«. Sie wurden in

Wohngebieten und Genossenschaften (→ LPG, → PGH, → GPG) gebildet. Die Mitglieder der Schiedskommissionen waren ehrenamtlich tätig. Sie wurden auf Vorschlag der Ausschüsse der Nationalen Front von den zuständigen Volksvertretungen oder auf Vorschlag der Vorstände der Genossenschaften von deren Mitgliedern für die Dauer von vier Jahren gewählt und waren den wählenden Gremien gegenüber rechenschaftspflichtig. Um die erzieherische Wirkung der Beratungen zu erhöhen, konnte die Schiedskommission Vertreter staatlicher Organe, der Leitungen gesellschaftlicher Organisationen, der Ausschüsse der Nationalen Front, der Hausgemeinschaften, der Betriebe oder der Genossenschaften einladen. Um die Schiedskommission in ihrer Bedeutung innerhalb der Rechtspflege der DDR darzustellen, müßte man sie über den → Konfliktkommissionen und unter den Gerichten einordnen.

SCHIRMBILDSTELLE

Einrichtung zur → Reihenuntersuchung der gesamten Bevölkerung auf Tuberkulose und andere Lungenkrankheiten, die vor allem in den ersten Jahren der DDR von großer Bedeutung war, weil Tuberkulose als Infektionskrankheit viele medizinische Kapazitäten band und eine frühe Erkennung der Krankheit die Heilungschancen stark steigen ließ. Diese Untersuchungen wurden natürlich per Röntgengerät durchgeführt, aber nicht unbedingt als Röntgenbild auf einem Bildträger erstellt. Das Bild wurde auf einem Bildschirm dargestellt und bei befundfreien Patienten nicht weiter behandelt. Deshalb sprach der Volksmund von der Schirmbildstelle. In den 70er und 80er Jahren war die Lungenuntersuchung für jeden Erwachsenen im zweijährigen Turnus Pflicht, man wurde in einem Register geführt und schriftlich zur Untersuchung geladen. Die NVA verfügte für die Reihenuntersuchung an Soldaten über fahrbare Schirmbildstellen auf LKW.

SCHLACHT UNTERWEGS

Walgan gegen Bachirew. Opportunismus gegen Patriotismus. Lüge gegen Wahrheit. Plan gegen Arbeitsproduktivität. Fortschritt gegen Reaktion. Es bleibt viel zurück, bei diesem gewaltigen Epos Galina Nikolaewas über die Zeit nach dem Tod Stalins, als die Menschen in der Sowjetunion darangingen, den Panzer aus Lügen und Vertuschung abzustreifen und den Gedanken einer gerechten Gesellschaft mit Leben zu erfüllen.

Stalin ist tot und Bachirew defiliert mit seinem neuen Chef Walgan, dem Direktor eines Traktorenwerkes; an der aufgebahrten Leiche vorbei. So beginnt die 1911 als Tochter eines zaristischen Beamten geborene Galina Nikolaewa ihr Epos, das aus jeder Zeile eine tiefe und unerschütterliche Liebe zu ihrer Heimat und deren Menschen ausstrahlt. Sie dürfte damit ihren Lebensweg unterstreichen, der sie zur Medizin führte, sie war Frontärztin im → Großen Vaterländischen Krieg, später Korrespondentin für die Literaturnaja Gaseta, bevor sie als Autorin tätig wurde. Walgan hat Bachirew, der während des Krieges Panzer baute, in das Traktorenwerk geholt, die Effizienz der Produktion zu erhöhen. Und Bachirew, gewohnt; effiziente Maschinen zu bauen, die den faschistischen Vorstoß in seine Heimat stoppten und schließlich in einen Sieg verwandelten, geht mit der ihm eigenen Art daran, den Auftrag in die Tat umzusetzen. Doch schmerzhafte Operationen stehen einer Gesundung des Traktorenwerkes im Wege. Der Organismus ist krank. Falsche Anreize für die Arbeiter, undurchdachte Fertigungsprozesse, verknöcherte Denkweisen. Bachirew nimmt seinen Auftrag ernst und je mehr ihm Walgan die Unterstützung entzieht, desto eifriger wirkt er. Zunächst ist ihm jedoch gar nicht bewußt, welche Mängel außerhalb des Traktorenwerkes er damit noch aufdeckt.

Im stalinistischen Klima der Angst gewachsene Strukturen stellen sich ihm in den Weg. Der Plan, der Plan. Bachirews Scheitern droht. Doch unerwartet findet er Verbündete und Freunde und seine große Liebe, obwohl bereits verheiratet und Vater dreier Kinder. Aus ihr schöpft er die Kraft, in dem sich entwickelten chruschtschowschen Tauwetters, zu bestehen. Und als seine Veränderungen schließlich greifen, gibt es kein Halten mehr. Doch es bleibt die moralische Schuld Bachirews. Der Betrug an seiner Frau, der Betrug an seiner Geliebten. Beides droht ihn zu hemmen.

Die Menschen in diesem Roman sind durchweg Workaholics, die ihre Fähigkeiten entweder in den Dienst einer Sache oder der eigenen Person stellen. Daraus bezieht der Roman seine Spannung und eine beklemmende Aktualität. Mit seinem Erscheinen in der DDR geriet er zu einem der wichtigsten Bücher über den Aufbau des Sozialismus, die dabei auftretenden Schwierigkeiten und ihre Lösungen. Die Massen schaffen die Veränderung, den Fortschritt. Seine Aktualität bezieht er aus den ins Auge springenden Parallelen zu Mängeln des heutigen Management in Staat und Industrie. War es bei Stalin der Plan um jeden Preis, so ist es heute der Gewinn um jeden Preis, selbst die schwindende Kaufkraft der Bevölkerung. Das Management ergötzt sich an Zahlen und nicht an der Zufriedenheit der Kunden, der Staatsapparat ist kein Dienstleister für das Volk. Die Politikerkaste lebt den Staat als Selbstbedienungsladen. Nikolaewas Menschen wollten das ändern und begannen voller Elan damit. Mit dem Machtantritt Leonid Breschnjews endete diese Ära jedoch abrupt. Was bleibt, ist ein Roman, der spannender als ein Thriller den Leser auffordert, seine Alternativen selbst zu schaffen. (Galina Nikolaewa: Schlacht unterwegs, Verlag Kultur und Fortschritt, Berlin 1962)

SCHLAGERFESTIVAL

→ Internationales Schlagerfestival

SCHLAGERSTUDIO

Am 28.01.1970 erstmals ausgestrahlte Unterhaltungssendung, in der das Tanzmusikschaffen der DDR und neue Schlager vorgestellt wurden. Moderiert wurde sie von Chris Wallasch. Die Sendung wurde von Anfang an in enger Zusammenarbeit mit dem Rundfunk der DDR, dem → VEB Deutsche Schallplatte und dem → Staatlichen Komitee für Unterhaltungskunst gestaltet. Nach 143 Sendungen wurde das Schlagerstudio allerdings wieder eingestellt. Die letzte Sendung lief am 04.11.1982. Das Konzept wurde jedoch unter einem anderen Namen und mit einem anderen Moderator weitergeführt.

SCHLAGERSÜSSTAFEL

Kam Ende der 70er Jahre unter der Marke → Rotstern in die Geschäfte, als sich drastisch erhöhte Rohkakaopreise auf dem Weltmarkt und der chronische Devisenmangel der DDR im Kakaoanteil der preiswerten Schokoladensorten niederschlugen. Süßwaren mit einem deutlich verminderten Kakaoanteil wurden entwickelt und in die Süßwarensortimente der Läden integriert, während die Sorten mit der klassischen Rezeptur im Sortiment der → delicat-Verkaufsstellen auftauchten. Der geringe Kakaoanteil sollte durch mehr Fettanteil und andere Stoffe, die eine Braunfärbung der Schokolade erlaubten kompensiert werden. Allerdings schmeckte man das auch.

SCHLEIZER DREIECK

Motorradrennstrecke nahe dem südthüringischen Schleiz. Auf dieser Rennstrecke fanden alljährlich Läufe zur Europameisterschaft im Motorradrennsport sowie bei Seitenwagengespannen statt. Zu diesem Anlaß kamen die Fans mit Zelten aus der ganzen DDR, der Bierverbrauch war enorm und bei Regenwetter der Schlamm tief. Das Schleizer Dreieck war Kult.

SCHLÜSSELKIND

Durch die allgemein verbreitete Berufstätigkeit der Frauen mußten die Kinder der Unterstufe auch nach der Schule im sogenannten Hort betreut werden, weil die Mütter erst später von der Arbeit kamen. Im Gegensatz zu den → Hortkindern gab es im schulischen Sprachgebrauch sogenannte Schlüsselkinder, die entweder sofort nach dem Unterricht die Schule verlassen durften oder zu einer bestimmten Uhrzeit bzw. nach Erledigung der Hausaufgaben den Hort verlassen durften, obwohl die Eltern noch nicht zu Hause waren. Es war üblich, daß die Kinder den Schlüssel an einem Band um den Hals trugen, um ihn nicht zu verlieren.

SCHMITT, ERICH/DAS DICKE SCHMITT-BUCH

Sehr beliebter Comiczeichner und Karikaturist (1924–1984), dessen Zeichnungen regelmäßig in der Berliner Zeitung erschienen. Berühmt wurde er mit solchen Figuren wie der (Kranken)Schwester Monika, dem Meister Blech und Ede, dem Tierparklehrling. 1968 erschien im Eulenspiegel Verlag sein »Dickes Schmitt-Buch«, das sofort zur → Bückware avancierte und viele Auflagen erlebte.

SCHNITTBRÖTCHEN

Aufgeschnittene Brötchen oder Brötchenhälfte, in Berlin Schrippe, im südlichen Thüringer Wald und in Sachsen Semmel, die mit Wurst oder Käse belegt war. Schnittbrötchen gab es in gut geführten → Betriebskantinen. Die Bezeichnung Schnittbrötchen stammte aus der → TGL, nach der diese Bezeichnung genormt war.

SCHNITTLAUCH

Gewürzkraut, das im Garten oder auch im Blumenkasten kultiviert werden kann. Schnittlauch wächst bereits im zeitigen Frühjahr und konnte deshalb schon ab April als frische und vitaminreiche Nahrungsergänzung verwendet werden. In einigen Regionen der DDR wurden auch Polizisten so bezeichnet: »Sind grün und treten immer im Bündel auf.«

SCHNITZLER, KARL EDUARD VON

Journalist, geboren 1918 als Sohn eines königlichen Legationsrates, war nach dem Zweiten Weltkrieg Mitbegründer und Intendant des NWDR, siedelte 1947 in die sowjetische Besatzungszone über, wurde 1948 SED-Mitglied. Er arbeitete dann bei Berliner Rundfunk und Deutschlandsender, war seit 1950 Kommentator des → DFF. In den westlichen Massenmedien und zum Teil auch unter der DDR-Bevölkerung hieß er wegen seines eifernden Auftretens als Moderator der DFF-Sendung → »Der schwarze Kanal« auch Sudel-Ede oder Schmuddel-Ede. Er moderierte die Sendung von ihrem Sendestart 1960 bis zur Absetzung, war aber auch Mitautor von Dokumentarfilmen. Er besaß seiner Sendung wegen das Image, ein extremer Hardliner zu sein. Gewöhnlich riß er Zitate aus dem Zusammenhang und interpretierte Nachrichten der ARD und des ZDF von einem streng → parteilichen Standpunkt. Er starb im Jahr 2001.

SCHÖBEL, FRANK

Schlagersänger, am 6.12.1942 in Leipzig geboren. Mechanikerlehre und nebenbei Gesangsunterricht bei der Mutter, von 1961 an beim Erich-Weinert-Ensemble der NVA, dort Zusammentreffen mit → Chris Doerk, beide galten als das Traumpaar des DDR-Schlagers mit Riesenhits, z.B. »Wie ein Stern«. 1969 Trennung, lebte danach mit Aurora Lacasa zusammen, die nach der Geburt ihrer zweiten Tochter die eigene Gesangskarriere zurückstellte, um sich der Familie zu widmen. Populärster Unterhaltungskünstler der DDR, Vergleiche mit Roy Black, Peter Alexander oder Udo Jürgens wurden gezogen. Seine Arbeit wurde mehrfach geehrt, unter anderem mit dem Kunstpreis der FDJ und dem Nationalpreis der DDR, hatte eine eigene Rundfunksendung »Franks Beatkiste«, den »Treff mit Chris und Frank«, die eigene Fernsehshow »Franks Gäste«, spielte in mehreren Musikfilmen mit, u.a. in »Reise ins Ehebett« 1966, »Heißer Sommer« 1968, »Nicht schummeln, Liebling« 1973. 1989 brachte er die LP »Wir brauchen keine Lügen mehr« in Zusammenarbeit mit Drafi Deutscher heraus und war Mitunterzeichner der Resolution der Rockmusiker und Liedermacher vom 18.9.1989.

SCHOKOLADENPLÄTZCHEN

Kleine mit bunten Zuckerperlen bestreute Schokoladentaler aus dem → VEB Oehler Zeitz. Im Gegensatz zu anderen Süßwaren behielt dieses Produkt, das seit 1954 im Handel war, über Jahre seine Qualität und erfreute sich deshalb gleichbleibender Beliebtheit.

SCHONARBEIT/SCHONARBEITSPLATZ

Für längerfristig arbeitsunfähig geschriebene Werktätige oder solche, die an Berufskrankheiten litten, konnte die → Ärzteberatungskommission Schonarbeit verordnen. Der Werktätige bekam dann einen anderen Arbeitsplatz unter Beibehaltung seines bisherigen Lohnes zugewiesen. Das traf besonders für ältere → Werktätige zu, die keine schweren körperlichen Arbeiten mehr leisten konnten, oder aber für solche, die in der Rehabilitation nach langen Erkrankungen oder Arbeitsunfällen wieder in den Arbeitsprozeß eingegliedert werden sollten.

»SCHÖNER UNSERE STÄDTE UND GEMEINDEN – MACH MIT!«

Aus dem → nationalen Aufbauwerk hervorgegangene Initiative der → Nationalen Front. Damit rief die Nationale Front alle Bürger des Landes zu freiwilliger Arbeit bei der Pflege und Instandhaltung öffentlicher Straßen und Plätze sowie des Wohnumfeldes auf. Gewöhnlich wurde die Arbeit in Form eines → Subbotniks erledigt. Aber einige gesellschaftliche Organisationen, wie der → VKSK oder die → AWGs bestimmten in ihren Statuten zu leistende Stunden an gemeinnütziger Arbeit zur Unterhaltung der Gemeinschaftseinrichtungen, wie Vereinshäusern in den Kleingartenanlagen oder der Grünflächen, Spielplätze und Trockenplätze im Einzugsbereich der AWG-Wohnungen.

SCHÖNER WOHNEN

Ratgeberzeitschrift in der DDR aus dem Verlag für die Frau Leipzig, enthielt vor allem kreative Tips für die Gestaltung von Wohnungen und Wohnumfeldern, was bei der Einheitlichkeit der → Plattenbauten in der DDR nicht allzu leicht gewesen sein dürfte. Hier fand man aber interessante Anregungen zum Aus- und Umbau von Altbauwohnungen.

SCHREIB EINE GESCHICHTE

Rubrik im Jugendmagazin → Neues Leben. Jedes Heft stellte auf den Seiten 2 und 3 Geschichten vor, die von Lesern des Magazins verfaßt worden waren. Dabei spielte oft nicht so sehr die literarische Qualität der Texte die vordergründige Rolle, sondern eher die Originalität der Geschichten.

SCHRIFTSTELLERKONGRESS

Höchstes → Organ des Schriftstellerverbandes der DDR. Auf ihm legten die Schriftsteller unter den Augen der → Partei die Richtlinien für die Arbeit der kommenden Jahre fest. Allerdings war das wohl eher umgekehrt. Die Partei bestimmte, wie das Bild des sozialistischen Menschen in der Literatur künftig auszusehen habe. Zum Glück hielten sich nur wenige Autoren an solche Maßgaben.

SCHRIFTSTELLERVERBAND

Berufsvereinigung der Schriftsteller in der DDR, 1952 gegründet, die erste Vorsitzende war Anna Seghers. Zu den Aufgaben des Schriftstellerverbandes gehörte die Leseförderung, die Betreuung der → Zirkel schreibender Arbeiter, die Organisation von Autorenlesungen, aber auch der Einsatz für die sozialen Belange der Autoren. So hatte er Einfluß auf die Vergabe von Stipendien und Wohnungen, setzte sich für die Genehmigung von Auslandsreisen von Autoren ein und nahm über die »Kommission für Rechts- und Berufsfragen« Einfluß auf das Urheber- und Verlagsrecht. Im Gegensatz zum → Verband Bildender Künstler und zu dem der Komponisten war der Schriftstellerverband immer wieder der Kritik der Führung der DDR ausgesetzt. Während kaum ein Komponist den Unterschied zwischen einer sozialistisch-realistischen Klaviersonate und einer Klaviersonate definieren konnte, danach wohl auch niemals gefragt wurde, weil solche Fragen der Kulturzensoren in der DDR leicht abzuwehren waren, bekamen die Schriftsteller die Macht der → Partei stets unangenehm zu spüren. Allerdings blieben die durch die Partei bestellten und geförderten Bücher oft Ladenhüter, weil sie nicht die Realität darstellten, die der DDR-Bürger sah und empfand. Die Folge waren spektakuläre Diskussionen innerhalb des Schriftstellerverbandes, in denen die aufsässigen Autoren oft die Oberhand behielten, waren ihre Bücher doch kommerziell erfolgreicher, was die Verlage wiederum veranlaßte, auf Nachauflagen und neue Titel dieser Autoren zu drängen. Viele namhafte Autoren konnten in Verlagen der Bundesrepublik veröffentlichen, z.B. Christa Wolf bei Luchterhand oder Volker Braun bei Suhrkamp, was wiederum Druck auf die DDR-Behörden ausübte. Außerdem erreichten viele Autoren ein stillschweigendes Übereinkommen mit dem Leser, der auch verklausulierte Darstellungen erkannte (zwischen den Zeilen lesen), was wiederum die Kulturpolitiker in der DDR-Führung mißtrauisch machte. Unbekannte oder junge Autoren hatten es da natürlich schwerer, überhaupt veröffentlicht zu werden. In den 80er Jahren ging dann eine Generation junger Autoren ihren Weg weitgehend ohne DDR-Verlage und den Schriftstellerverband, sie gaben eigene Publikationen heraus oder veröffentlichten weitgehend im Westen: Gert Neumann, Adolf Endler, Lutz Rathenow, Peter Brasch, Thomas Günther, Rainer Schedlinski, Stefan Döring, Jan Faktor, Bert Papenfuß-Gorek, Sascha Anderson, Jayne-Ann Igel u.a.

SCHRITTMACHER-BEWEGUNG

Initiative im → sozialistischen Wettbewerb, die in den achtziger Jahren von → Bestarbeitern und → Aktivisten ins Leben gerufen wurde. Sie diente vor allem dazu; vorbildhaft überplanmäßige Leistungen in der Produktion zu erzielen. Vor allem → Jugendkollektive machten auf Grund von Vorgaben der → FDJ innerhalb dieser Bewegung von sich reden. Überplanmäßige Leistungen erforderten natürlich fachgerechte Koordination innerhalb einer gesamten Produktionskette. Und hier lagen wie immer die Schwierigkeiten eines solchen Aufrufs.

SCHULE DER SOZIALISTISCHEN ARBEIT

Bestandteil der Bewegung »sozialistisch arbeiten, lernen und leben«. Sie waren eine Form der politisch-ideologischen Überzeugungsarbeit der Gewerkschaften. Erstmals wurden sie im VEB Chemiekombinat Bitterfeld ins Leben gerufen und hatten die Aufgabe, vor allem parteilose Gewerkschaftsmitglieder systematisch mit den Grundfragen des Marxismus-Leninismus und den Beschlüssen der Partei und der Gewerkschaften vertraut zu machen, ihnen die daraus entstehende Aufgabe zu erläutern und ihre Einsicht in gesellschaftliche Zusammenhänge und ökonomische Gesetzmäßigkeiten zu vertiefen. Durch eine lebensnahe und praxisbezogene Wissensvermittlung sollten sie dazu beitragen, einen festen Klassenstandpunkt herauszubilden, und die Teilnehmer befähigen, ihre Aufgaben in der Produktion und im gesellschaftlichen Leben besser zu lösen. Sie arbeiteten auf der Grundlage eines von der → Partei bestätigten Themenplanes. Gesprächsleiter waren ausschließlich erfahrene und klassenbewußte Partei-, Gewerkschafts- und Wirtschaftsfunktionäre, Ingenieure, Techniker, Meister, Wissenschaftler der → URANIA und Vertreter der → Kammer der Technik. Sie wurden von der → BGL berufen und nach einem von ihr bestätigten Plan für diese propagandistische Arbeit qualifiziert. Die Teilnahme an diesen Schulen war freiwillig, aber sie wurde als ein bewußter Schritt der jeweiligen Arbeitskollektive bewertet, dem eine ernsthafte Überzeugungsarbeit vorausgegangen war.

SCHULGARTEN

Unterrichtsfach an der → POS in der DDR für Schüler der 2. bis 4. Klassenstufe. Es fand im Frühjahr und Herbst als praktischer Unterricht und etwa ab November bis Ende März als theoretischer Unterricht statt. In diesem Fach wurden den Schülern die Grundkenntnisse des Gartenbaus und der Arbeiten in der Garten- und Feldwirtschaft vermittelt. In ländlichen Gegenden besaßen die Schulen in der Regel einen eigenen Schulgarten oder nutzten Produktionsstätten von → LPG oder → GPG, während in den Städten nicht selten zentrale Schulgärten aufgebaut wurden, in denen die Schüler mehrerer Schulen ihre praktischen Arbeiten im Schulgartenunterricht leisteten.

SCHULSPEISUNG

Hochsubventionierte Versorgung der Schüler in der DDR mit Mittagessen. Für 55 Pfennig (Kauf von Essensmarken) konnten die Schüler nach der Schule oder in den höheren Klassen während einer Essenpause in der Mittagszeit eine warme Mahlzeit einnehmen. Leider war das Essen, das in Großküchen zubereitet und dann in Kübeln an die Schulen gefahren wurde, oft so wie sein Preis, schlichtweg billig im negativen Wortsinn. Es gab auch die Möglichkeit, Milch (in Tüten oder Tetrapack) als Pausengetränk billig zu kaufen, die vorher bestellt und dann in der Pause geholt wurde.

SCHULZE-GERLACH, HARTMUT

→ Muck

SCHUND- UND SCHMUTZLITERATUR/-ERZEUGNISSE

Bezeichnung für Romanhefte, Comics, Pornos und gewaltverherrlichende Publikationen aus dem Westen. Dazu wurden selbst Micky Maus- und Superman-Hefte gezählt und generell versucht, das Lesen westlicher Publikationen zu unterbinden. Im Gesetzblatt der DDR Nr. 80, Teil 1, vom 19.09.1955 heißt es: »Die Erziehungsberechtigten sind verantwortlich, daß Kinder und Jugendliche Schund- und Schmutzerzeugnisse nicht in die Hand bekommen ... Schund- und Schmutzerzeugnisse sind selbständig durch die Deutsche → Volkspolizei einzuziehen.« Dazu wurden an den Schulen sogenannte »Taschenkontrollen« durchgeführt. Fanden die Lehrer solche Hefte, wurden sie entschädigungslos eingezogen.

SCHUR, TÄVE

Gustav Adolf Schur, 1931 in Magdeburg geboren, war und ist der legendärste Straßenradsportler der DDR. Obwohl die Zahl seiner Etappensiege bei der → Internationalen Friedensfahrt nicht an den über Jahre bestehenden Rekord von Jan Vesely heranreicht, war er eine Integrationsfigur für die Bürger der DDR während der schwierigen Aufbaujahre nach dem Zweiten Weltkrieg und einer der populärsten Spitzensportler. Täve Schur gewann zweimal die Internationale Friedensfahrt und wurde zweimal Weltmeister der Amateure im Straßenradsport. Viele der älteren Bürger haben noch den schmetternden »Täve«-Ruf → Heinz Florian Oertels im Ohr, der diesen Mann so berühmt machte. Später hat er als Sportlehrer, Trainer und Sportfunktionär gearbeitet und war 1989/1990 in der letzten → Volkskammer der DDR, dort u.a. in den Untersuchungsausschüssen für Abrüstung und für Amtsmißbrauch und Korruption. (Lit. K. Huhn: Das vierte Buch über Täve. Berlin 1992)

SCHWABE, WILLI

→Willi Schwabes Rumpelkammer

SCHWALBE

Kleinkraftrad aus dem VEB → Simson Suhl. Die Schwalbe hatte Windschutzbleche vor dem Motorblock (wie ein kleiner Motorroller). Diese Windschutzbleche waren fest mit einem Trittblech verbunden, außerdem war der Tank unter der Sitzbank angeordnet und bis über das Hinterrad verkleidet, so daß vor der Sitzbank ein flacher, verkleideter Motorblock entstand, den Frau auch im Rock bequem übersteigen konnte.

DER SCHWARZE KANAL

Sendung des DFF von und mit → Karl Eduard von Schnitzler, auch Schmuddel-Ede oder Sudel-Ede genannt, was wohl kaum liebevoll gemeint war. Sie lief jeden Montag nach dem alten Film und war gegen Ende der DDR dabei, Kultstatus zu erreichen. In ihr kommentierte Schnitzler in der Manie des Kalten Krieges Sendungen des »Schwarzen Kanals«, also von ARD und ZDF. Zitate wurden aus dem Zusammenhang gerissen, das Strickmuster war einfach. Schnitzlers Schlußfolgerungen waren damals den DDR-Bürgern kaum nachvollziehbar, da die persönliche Erfahrung mit der Marktwirtschaft und der westlichen Demokratie fehlte.

SCHWARZE PUMPE

Braunkohleveredelungswerk, Sitz des VEB Braunkohlekombinat Schwarze Pumpe, einer der großen, wichtigen Industriekomplexe der DDR, zu dem auch Kraftwerke und Gaswerke gehörten. Namen wie Schwarze Pumpe, → Schwedt, Böhlen-Espenhain, Vockerode kannte jeder aus der Schule, man lernte dies bereits in der → Unterstufe im Unterrichtsfach Heimatkunde.

SCHWARZMIETER/SCHWARZ WOHNEN

Illegales Beziehen einer Wohnung. In den letzten 10 Jahren der DDR aufgekommene Selbsthilfe junger Menschen, die keinen anderen Weg sahen, an eine eigene Wohnung heranzukommen. Um eine Wohnung legal zu erhalten, mußte man einen Wohnungsantrag stellen und kam auf eine lange Warteliste mit verschiedenen Dringlichkeitsstufen. War man nicht verheiratet, hatte man keine

Kinder und sogar noch ein Zimmer bei den Eltern, dann war es aussichtslos. Gerade für Studenten war der Schwarzbezug einer Wohnung eine echte Lösung. Ermöglicht wurde dies durch die Schlamperei in den Wohnungsverwaltungen (→ KWV) und die vielen leerstehenden Altbauwohnungen in den Städten, die zwar heruntergekommen waren, aber immer noch besser als keine Wohnung. Da Strom, Wasser und Gas in den wenigsten Fällen abgestellt waren, brauchte man nur das Türschloss auszuwechseln und sich mit den anderen Mietern im Haus zu verständigen, die oft froh waren, daß die Wohnung im Winter geheizt wurde. Dann überwies man Miete und Energiekosten, und nach einigen Jahren konnte sich daraus sogar ein richtiger Mietvertrag ergeben. Die Wohnungsverwaltungen haben nur selten versucht, die Wohnungen zu räumen. Ein anderer Weg, eine eigene Wohnung oder gar eine → Neubauwohnung zu bekommen, war eine frühe Heirat. Dann rückte man in der Liste der Bedürftigen nach oben. Das erklärt vielleicht auch die hohe Scheidungsrate in der DDR. →Wohnraumvergabe, → Wohnraumlenkung, → Wohnungskommission.

SCHWEDT

1. Erdölverarbeitungswerk, Endpunkt der internationalen Erdölleitung »Freundschaft«. Grundsteinlegung war 1960, es produzierte Treibstoffe und Heizöl seit 1964. 2. In der Umgangssprache der Soldaten Kürzel für die gefürchtete Strafkompanie der → NVA in Schwedt an der Oder.

SCHWEINEMAST- UND ZUCHTKOMBINAT (SMZK)

Zusammenschluß von nach einheitlichen Zuchtprogrammen arbeitenden → VEGs, die bei der Tierzucht vor allem die Richtung verfolgten, aus weniger Futter mehr Fleisch oder Tier zu produzieren. Dabei wurde nach wissenschaftlichen Methoden des Agraringenieurwesens gearbeitet und auch international innerhalb des → RGW intensiv kooperiert.

SCHWERTER ZU PFLUGSCHAREN
Slogan der Friedensbewegung in der DDR. Vor allem die kirchliche Opposition in der DDR fand Ende der siebziger und Anfang der achtziger Jahre massiven Zulauf, der sich zunächst vor allem in Friedensgebeten und Diskussionsrunden innerhalb der Kirchen äußerte. Die Offiziellen in der DDR hatten leichte Erklärungsnot, führte doch zu dieser Zeit die Sowjetunion einen aufwendigen Krieg in Afghanistan. Die Großmächte standen sich nach fast vierzig Jahren immer noch bis an die Zähne bewaffnet gegenüber und in der Dritten Welt verhungerten jährlich Millionen Menschen. Für die Anhänger dieser Friedensbewegung, als deren Initiator vor allem Pfarrer Schorlemmer aus Wittenberg zu nennen ist, gab es wesentlich dringendere Dinge zu tun, als sich den Kopf über neue Offensiv- oder Defensivwaffen zu zerbrechen. Ihr einfacher Slogan und die vehemente Ablehnung dieser Bewegung durch die DDR-Führung stießen damals auf großes Unverständnis, reichte doch ihr Ein-

Werkseingang zum
Petrolchemischen Kombinat Schwedt an der Oder, 1979

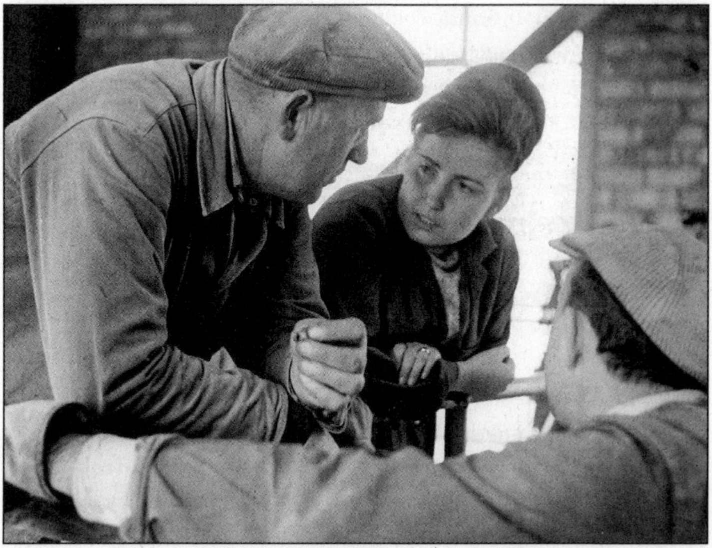

Oben: Arbeitsbesprechung zwischen
Chemie-Ingenieurin und Betonfacharbeitern, 1963
Unten: Aromatenanlage im PCK Schwedt, 1977

fluß bis in die Funktionärsebenen der → SED und der → FDJ. Mit ihren unter den Augen und den Repressalien der → Staatssicherheit durchgeführten Aktionen waren sie wesentliche Vorbereiter der Wende in der DDR und dafür gebührt ihnen aller Respekt.

SED

→ Sozialistische Einheitspartei Deutschlands und → Partei.

»SEID BEREIT!«

→ »Für Frieden und Sozialismus – Seid bereit!«

SEMPER

Zigarettenmarke aus dem VEB Tabak Dresden. Gemeinsam mit den Marken → F6 und → Cabinet war Semper, die nach dem sächsischen Architekten benannt worden war, die meistgerauchte Zigarette in der DDR. Sie zählte wegen ihres Preises von 3,20 Mark zu den Ausweichmarken für F6 oder Cabinet, die ebensoviel kosteten. Allerdings war sie von den Marken für 3,20 Mark nur die dritte Wahl, wenn die beiden anderen Marken verfügbar waren. Ihre Qualität war schwankend, mitunter war sie schlecht gestopft und der Tabak lose.

SERO/SEKUNDÄRROHSTOFFE

VEB Kombinat SERO. Republikweit arbeitender → Betrieb, der dafür zu sorgen hatte, daß das Aufkommen an Sekundärrohstoffen wie Altpapier, Altpappe, Alttextilien, Flaschen, Gläser, die nicht im Pfandsystem gehandelt wurden, Spraydosen, Kleinschrott (wie Kronenverschlüsse, Silberpapier oder Metallfolien) der Volkswirtschaft wieder zugeführt wurde. Der Betrieb unterhielt ein Netz von Aufkaufstellen, in die der Bürger seine gesammelten Sekundärrohstoffe schaffte und dafür entsprechend ausgezahlt wurde. Da das Sammeln von Sekundärrohstoffen ein recht lukratives Geschäft war, ordnete vor allem der → Jugendverband immer wieder → Altstoffsammlungen an, um das Aufkommen an Sekundärrohstoffen zu erhöhen.

SEZ

Sport- und Erholungszentrum. Wurde 1981 an der Berliner Dimitroffstraße/ Ecke Leninallee eröffnet. Das SEZ war zu dieser Zeit eine der modernsten Freizeit- und Erholungssportstätten in Europa. Manche DDR-Bürger reisten extra nach Berlin, um das SEZ zu besuchen. Das äußerte sich dann in endlosen Schlangen vor dem Eingang und Wartezeiten von mehreren Stunden bis zum Eintritt.

SHIGULI

Lizenzbau des FIAT 126 in der Sowjetunion. Als Shiguli kamen diese in Togliatti produzierten Autos in die DDR. Spätere Modellreihen, die kaum Veränderungen an der Karosserie aufwiesen, hießen je nach Motorisierung Lada 2105 oder Lada 2107. Trotz des sonst

SEZ-Liegewiese im Sommer 1987

miserablen Rufes sowjetischer Produkte in der DDR waren die Wartezeiten auf die PKW Shiguli, später Lada die längsten innerhalb des IFA-Vertriebes. Die Fahrzeuge zeichneten sich nämlich durch besondere Robustheit aus und waren selbst extremen Frosttagen gewachsen. Die Shiguli/Lada wurden auch häufig als Dienstwagen der Polizei, der Staatssicherheit und höherer Parteifunktionäre genutzt.

SHOWKOLADE

Unterhaltungssendung des → DFF, die der Opernsänger Gunther Emmerlich kredenzte. In dieser Mischung aus Show und Gesprächsrunden stellte eine Tänzerin aus dem Fernsehballett das Schokoladenmädchen nach dem Bild von Jean-Etienne Liotard dar und servierte den Gästen für die Gesprächsrunden Getränke. Höhepunkte der Show waren jeweils die Auftritte des Dresdner Kabarettisten Wolfgang Stumph, der gemeinsam mit Gunther Emmerlich in jeder Sendung einen Sketch aufführte, wovon die Sendung nicht unwesentlich lebte und wodurch sie sich von anderen Unterhaltungssendungen abhob.

SIBYLLE

Modezeitschrift aus dem Verlag für die Frau Leipzig mit dem Untertitel »Zeitschrift für Mode und Kultur«. Gegründet wurde sie 1956. Sie war mehr als eine reine Modezeitschrift, sondern umfaßte den ganzen Bereich Alltagskultur. Sie wurde ursprünglich vom → Modeinstitut der DDR herausgegeben und entwickelte sich seit 1958 unter der langjährigen Leitung von Margot Pfannstiel zu einer Zeitschrift für Modefotografie und Kultur, die auch in der Bundesrepublik Anerkennung fand. Besonders muß hier die Entwicklung der Modefotografie in der DDR und die Schaffung von Mode unter dem Einfluß des allgegenwärtigen Mangels an hochwertigen Materialien hervorgehoben werden. Hier gab es auch Anregungen zur Improvisation. Die Mode wurde in Sibylle nicht unter den

Prämissen der Werbung (wie in der westlichen Modefotografie) vorgestellt, sondern unter ästhetischen, künstlerischen Prämissen und sollte der Darstellung des eigenen Selbstwertgefühls dienen. Für die Sybille fotografierten solche Künstler wie Arno Fischer, Günter Rössler, Roger Melis, Sybille Bergemann, Ute Mahler u.a. (Lit.: Sibylle – Modefotografie aus drei Jahrzehnten. Schwarzkopf & Schwarzkopf Verlag Berlin 1998)

SIEBEN SOMMERSPROSSEN

→ DEFA-Jugendfilm aus dem Jahr 1978 von Hermann Zschoche nach einem Szenarium von Christa Kozik. Der Film zeigt die Probleme Jugendlicher beim Entdecken der ersten Liebe und vor allem der Sexualität. Robert und Karoline, die eine innige Kinderfreundschaft verband, treffen sich nach einigen Jahren in einem Ferienlager wieder und entdecken ihre Zuneigung zueinander. Dabei stoßen sie auf den Widerstand einer verknöcherten Lagerleiterin, die die pädagogischen Auffassungen der 50er Jahre repräsentiert. Unterstützung bieten ihnen zwei Lehrerstudenten, die als Gruppenleiter die gute Seele im Ferienlager darstellen. Sie proben als Laienspiel Shakespeares »Romeo und Julia« und besetzen die Titelrollen mit Robert und Karoline, wodurch diese die Tiefe ihrer Liebe besser erkennen und verstehen lernen. Der Film war eine der Produktionen aus den DEFA-Studios, die einhellig bei Publikum und Filmkritik auf Anerkennung stießen. Bemerkenswert ist die Besetzung der Hauptrollen mit Laien. Kareen Schröter, in der Rolle der Karoline, war zu diesem Zeitpunkt noch Schülerin und Harald Rathmann, in der Rolle des Robert, Lehrling in der Yachtwerft Köpenick.

7–10 SPREE-ATHEN

Sendung des Berliner Rundfunks am Sonntagmorgen mit vielen Live-Beiträgen, zum Teil auch interaktiv. Einen festen Programmplatz besaß zum Beispiel die Rubrik: »Im Tierpark belauscht« mit

→ Prof. Dr. Dr. Dathe und Karin Rhon, und → Heinz Florian Oertel berichtete über Berliner Sportereignisse.

750-JAHR-FEIER IN BERLIN

Wichtigstes Ereignis des Jahres 1987. Die Partei- und Staatsführung der DDR nutzte dieses Jubiläum zu einer grandiosen Demonstration des guten Lebens made in DDR. So wurde in diesem Jahr nach langer, komplizierter Bauzeit der neue Friedrichstadt-Palast eröffnet und viele Großveranstaltungen luden die DDR-Bürger und internationale Gäste nach Berlin ein. Die Feierlichkeiten hatten dabei größer und pompöser zu sein als in Westberlin, weil man dokumentieren wollte, welches das eigentliche Berlin sei. Für viele DDR-Bürger schien in diesem Jahr das Land nur noch aus Berlin zu bestehen. Daß im selben Jahr die kleine Stadt Wriezen im Oderbruch ihr 650jähriges Jubiläum beging, wußten deshalb nur wenige.

SILASTIK

Markenzeichen für einen Chemiefaserstoff aus der DDR. Er wurde vor allem für die Produktion von Strümpfen und Oberbekleidung verwendet und war elastisch dehnbar, ähnlich dem bekannten Stretch.

SIMSON

Markenname des VEB Simson Suhl. In diesem → Betrieb produzierte die DDR Kleinkrafträder. Diese waren nicht nur unter den Jugendlichen gefragte Artikel. Mit dem Produktionsbeginn der S 50-Serie löste dieser → Betrieb eine wahre Revolution aus. Im Gegensatz zu seinen Vorgängermodellen → Star, Habicht, → Sperber und → Schwalbe sah es wie ein kleines Motorrad aus und entwickelte sich binnen Kürze zu einem Statussymbol unter den Jugendlichen. Welcher Junge mit 15 noch kein S 50 hatte, ging bei vielen Mädchen leer aus. Später stieg man dann um auf die 150er → MZ oder gleich auf die 250er MZ.

SING, MEI SACHSE SING!

Musiktitel des Leipziger Kabarettisten Jürgen Hart (geb. 1942, gest. 2002, → academixer). Dieses Lied, das 1979 auf Schallplatte erschien, erreichte eine enorme Popularität in der DDR. Wahrscheinlich deshalb, weil sein Text die allgemeine Meinung der Bürger gegenüber der Obrigkeit so treffend zum Ausdruck brachte. Zudem gab sich der Interpret keinerlei Mühe, seine Herkunft zu verleugnen und etwa ein heimatloses Hochdeutsch zu predigen. Im Gegensatz zur politischen Führung, die stets nur von »vielen fleißigen → Werktätigen« sprach, gab es in der DDR Spannungen, Rivalitäten und Ablehnung zwischen Sachsen, Thüringern, Berlinern oder Mecklenburgern, und es gab natürlich auch die entsprechenden Bezeichnungen (»Fischköppe« für die Nordlichter, »MeMu« = Mecklenburger Muffel usw.).

SINGEBEWEGUNG

Organisierte Bewegung der → FDJ, die in die Traditionen des Agitprop der 20er Jahre gestellt wurde. Entstanden ist die Singebewegung mit ihren Singeklubs in den 60er Jahren aus der Hootenannybewegung, der erste Singeklub war der → Oktoberklub. Später gründeten sich an Schulen, Hochschulen und in Betrieben viele Laiensingeklubs. Diese von den Kulturfunktionären geförderten Chöre mit Gitarrenbegleitung sangen FDJ- und Agitationslieder mit deutschen Texten. Das wohl bekannteste Lied dieser Art war »Sag mir wo du stehst«, in dem dazu aufgefordert wurde, sich für den Aufbau des Sozialismus zu entscheiden und aktiv daran mitzuwirken. Höhepunkt der Singebewegung war die Zeit der Weltfestspiele 1973, seit Mitte der 70er Jahre verlor sie wieder an Bedeutung, auch wenn einige Liedermacher aus Singeklubs kamen. → Perry Friedman und → Festival des politischen Liedes.

SINGEKLUB

→ Singebewegung und → Oktoberklub

SITTE, WILLI

Maler von Werken des sozialistischen Realismus und von Historienbildern, einer der Vorzeigekünstler der DDR. Seine Bilder setzten sich mit den Folgen des letzten Weltkrieges auseinander (»Memento Stalingrad« 1961, »Die Überlebenden« 1963), versuchten, das neue sozialistische Menschenbild und die Erfolge des Sozialismus bildlich umzusetzen (»Chemiearbeiter am Schaltpult« 1968, »Leuna 1969« 1969). Gerne malte er auch kraftvolle Akte, Ringkämpfer und Liebespaare. Außerdem realisierte Sitte einige Werke in der baubezogenen Kunst, z.B. die Wandbilder am Stadthallenkomplex Suhl (1974, zusammen mit Willi Neubert), die »Gedanken zum kommunistischen Manifest« an der Parteihochschule der SED in Berlin 1978 und das Wandbild »Die rote Fahne – Kampf, Leid und Sieg« im → Palast der Republik 1976. Willi Sitte wurde 1921 in Kratzau (ČSR) geboren und besuchte die Meisterschule für

Willi Sitte (3.v.l.) bei der Eröffnung seiner Ausstellung »Epochenbilder« anläßlich seines 65. Geburtstages im Alten Museum Berlin, 1986

Malerei in Kronenburg. Während des Kriegsdienstes lief er in Italien zu den Partisanen über. Nach dem Krieg lebte er als freischaffender Künstler, dann als Professor der Kunstschule Burg Giebichenstein in Halle, später hatte er eine Meisterklasse an der Hochschule für bildende Künste Dresden. Sitte war außerdem ein hoher, hoch dekorierter Kunstfunktionär der DDR, er war → Volkskammermitglied, Präsident des → Verbandes Bildender Künstler (VBK) und gegen Ende der DDR Mitglied des → ZK der SED (→ Zentralkomitee). Seine Werke wurden im Kunstunterricht gerne als Beispiele sozialistischer Kunst herangezogen.

SKET

Markenname des → VEB Schwermaschinenkombinat »Ernst Thälmann« Magdeburg. In diesem Großbetrieb wurden Geräte für Tagebau und Bergbau insgesamt produziert, vor allem Großbagger und Abraumförderbrücken.

ŠKODA

Tschechische Fahrzeugmarke. Mit dem Škoda Oktavia in den 50er und Anfang der 60er Jahre, später dem MB 1000 und dem S 100 brachte Škoda innerhalb des → RGW recht erfolgreiche PKW auf den Markt, die auch in der DDR rasch Verbreitung fanden. Außerdem produzierte Škoda LKW, die in der DDR häufig verwendet wurden. Allerdings war die Verarbeitung dieser Fahrzeuge mangelhaft, vor allem der Rostschutz, weshalb der Škoda auch als BMSR, böhmisch-mährischer Schnellroster, bezeichnet wurde.

SKÜS

Pflegeserie aus dem VEB Berlin Kosmetik. Sküs war eine Colorpflegeserie, die für den einheimischen Markt produziert wurde. Sie wurde Ende der 60er Jahre aufgelegt und lief Ende der 70er Jahre aus. Danach ersetzte die Pflegeserie → GC Sküs.

DIE SÖHNE DER GROSSEN BÄRIN

Mehrbändiger Romanzyklus über die Sioux-Indianer Nordamerikas von Liselotte Welskopf-Henrich, der in der DDR den Indianerromanen von Karl May den Rang abgelaufen hatte, auch weil er zeitgemäß und packend mit großem Hintergrundwissen geschrieben ist. Die ersten 6 Romane erzählen die Geschichte des Indianerjungen Harka (einer Identifikationsfigur für junge Leser), dessen Vater von seinem Stamm der Sioux verstoßen wurde. Er begleitet seinen Vater, lernt andere Indianerstämme und die Welt der weißen Büffeljäger und Eisenbahnarbeiter kennen, um als junger Krieger zu seinem Stamm zurückzukehren. Als Häuptling führt er seinen Stamm nach einem zermürbenden Kampf mit der US-Armee nach Kanada, wo sie sich niederlassen und so der Reservation entgehen. Der Romanzyklus war Vorlage für einige der DEFA-Indianerfilme mit → Gojko Mitic. Später schrieb die Autorin noch drei Romane, die hundert Jahre später Ende der 60er Jahre des 20. Jahrhunderts angesiedelt sind und in einer Reservation in den USA spielen. Ein junger Mann holt die Bisons in die Sioux-Reservation zurück und kämpft für die Gleichberechtigung und die Zukunft seines Stammes (Vorbild ist die reale Indian Power Movement dieser Jahre). Liselotte Welskopf-Henrich (geb. 15.9.1901, gest. 1979) war Professorin für Alte Geschichte, Institutsdirektorin und Mitglied der Akademie der Wissenschaften der DDR.

»SO WIE WIR HEUTE ARBEITEN, WERDEN WIR MORGEN LEBEN«

Bis zum VIII. Parteitag der SED 1971 gebräuchlicher Slogan der → Partei gegenüber der Bevölkerung, der auf die Arbeiterin Frida Hockauf zurückgeht. Dieser resultierte vor allem aus der hoffnungslosen Situation nach dem Zweiten Weltkrieg. Auf dem Territorium der DDR war die Zerstörung durch Kriegseinflüsse wesentlich größer als in der späteren Bundesrepublik. Zudem bediente sich die Sowjetunion als Besatzungsmacht an allem Brauchbaren für den eigenen Aufbau und die Beseitigung von Kriegsschäden. So mußte praktisch aus dem Nichts ein funktionierendes Staatswesen geschaffen und neuer Reichtum für das Land erwirtschaftet werden. Nach dem Greifen des Marshallplanes in den westlichen Besatzungszonen klaffte bald der Spalt zwischen Ost und West im Warenangebot und Lebensniveau immer weiter auseinander, was zur Republikflucht aus der DDR führte. Die → Partei mußte in den ersten Jahren des Aufbaus vor allem an den Idealismus der Menschen appellieren, der Nutzen aus der harten Arbeit würde sich dann in der Zukunft einstellen. Daß dieser Appell nicht ewig den Werktätigen einleuchten würde, mußte die Partei spätestens am 17. Juni 1953 erkennen. Erich Honecker propagierte nach seiner Machtergreifung die → Einheit von Wirtschafts- und Sozialpolitik, die der Bevölkerung suggerierte, das Gröbste sei überstanden. Später hieß eine Parole: »Ich leiste etwas, ich leiste mir etwas.«

SOLIBEITRAG/SOLIMARKEN

Innerhalb praktisch jeder Massenorganisation der DDR gab es den Solidaritätsbeitrag, dessen Zahlung mit dem Kleben von Solidaritätsmarken quittiert wurde. Dabei war die Höhe der Aufwendung flexibel, die Splittung des Solibeitrages praktisch auf 10 Pfennig möglich. Der Solidaritätsbeitrag wurde an den Solidaritätsfonds abgeführt, der die Gelder verwaltete und ihre Verteilung an die verschiedenen Projekte überwachte.

SOLIDARITÄTSBASAR

Elementarer Bestandteil der meisten öffentlichen Veranstaltungen in der DDR. In der Regel spendeten die Bürger Gebrauchsgüter, Bücher oder Kunstgewerbe, aber auch Textilien oder Haushaltsgegenstände, die dann während der Veranstaltung durch freiwillige Helfer verkauft wurden. Der Erlös kam dem Solidaritätskomitee der DDR zu. Besondere Bedeutung besaß der Solidaritätsbasar der Schriftsteller und Journalisten anläßlich des → Weltfriedenstages, der vom Journalistenverband der DDR organisiert wurde und auf dem Berliner Alexanderplatz stattfand. Für die Besucher dieses Volksfestcharakter tragenden Ereignisses gab es manches nur als → Bückware gehandelte Buch zu kaufen, und man konnte die begehrten Titel gleich durch den Autor signieren lassen.

SOLIDARITÄTSKONZERT

Im Rundfunk der DDR oder auch öffentlich aufgeführtes Musikereignis, dessen Erlös dem Solidaritätskomitee der DDR zukam. Für die Rundfunkkonzerte mußten Spenden auf das Solidaritätskonto der DDR eingezahlt und der Einzahlungsbeleg an den Sender geschickt werden. Dafür konnte sich der Einzahler einen Musikwunsch erfüllen lassen. Bei öffentlichen Konzerten flossen entweder die gesamten Eintrittsgelder oder nur ein Teil dem Solidaritätskonto der DDR zu.

SOLIDARITÄTSLIED

Text: Bertolt Brecht, Musik: Hanns Eisler. Das Lied entstand für den ersten proletarischen Film in Deutschland »Kuhle Wampe«. Aber nicht nur der Film, vor allem auch der Arbeitersänger Ernst Busch machten daraus ein internationales Arbeiterkampflied, das immer wieder auf großen Veranstaltungen zu hören war und zum Schulstoff in der DDR gehörte. (Unser Liederbuch Klasse 7/8, Verlag Volk und Wissen, Berlin 1987)

SOLJANKA

Ukrainisches Suppengericht aus gemischtem Fleisch, Speck, Zwiebeln, Paprika, sauren Gurken und Gewürzen, das mit einem Löffel saurer Sahne verfeinert serviert wird. In der Gastronomie der DDR war die Soljanka ein Standardgericht, weil die Gaststätten und Restaurants in ihr allerlei Reste, vor allem Fleisch- und Wurstreste, verarbeiten konnten. Die scharfe Würze der Soljanka sollte den muffigen Geschmack der Reste verdecken, behaupteten zumindest böse Zungen unter den Gästen.

SOLO SUNNY

Letzter Film von Konrad Wolf (1925– 1982) mit Renate Krößner (geb. 1945) in der Titelrolle aus dem Jahre 1980. Sie spielt darin eine djunge Schlagersängerin, die ihre Karriere entwickeln will, aber immer wieder an den Umständen scheitert und auch daran, daß ihr der Wille zur Anpassung fehlt. So kündigt sie ihren Arbeitsplatz in einem Textilbetrieb, um sich künftig ganz der Kunst zu widmen, aber die Engagements bleiben spärlich und das Publikum uninteressiert. Nach deprimierenden Auftritten in Clubhäusern und Streitigkeiten mit den anderen Musikern verläßt sie die Band. Schließlich wagt sie als Frontfrau einer jungen Rockband einen völligen Neuanfang außerhalb des etablierten Kulturbetriebes. Die Titelmusik stammte von Günther Fischer, gesungen wurde das Lied »Solo Sunny« von Regine Dobberschütz (geb. 1956), die damit den Durchbruch in ihrer Karriere schaffte.

SOMMERFILMTAGE

Kinoereignis in der DDR. Während der Sommerferien, die ab der zweiten Juliwoche bis zum 1. September dauerten, inszenierte der → Progress-Filmverleih in Zusammenarbeit mit den örtlichen Kulturorganen und Volksvertretungen ein Filmspektakel besonderer Art. Eine Reihe → DEFA- und ausländische Filme wurden open air aufgeführt, wobei man gerne die reichlich vorhandenen Freilichtbühnen nutzte, auf denen mit einsetzender Dunkelheit im Sommer ab 21 Uhr Kino gezeigt wurde. Die Bevölkerung nahm diese Angebote dankbar an, da während der warmen Jahreszeit ein Kinobesuch bei fehlender oder ungenügender Klimatisierung vieler Filmtheater eine echte Tortur darstellen konnte.

SONDERSCHICHT

Arbeitseinsätze, die entweder zur Beseitigung oder Verringerung von Planrückständen ausgerufen wurden oder für die Solidarität. Solidaritätsschichten wurden dabei auf freiwilliger Basis geleistet, wobei die Anwesenheit des jeweiligen Werktätigen durch die verantwortlichen Leiter sehr wohl registriert wurde (wie auch bei den Kundgebungen zum 1. Mai). Bei Planrückständen konnten diese Einsätze angeordnet werden.

SONJA

1. Margarine aus gehärtetem Pflanzenfett zum Backen und Braten. Sie wurde in Würfeln zu je 250 Gramm vertrieben und kostete eine Mark. Heute ist sie wieder im Handel erhältlich 2. Markenname für diverse Haushaltsgegenstände wie Kaffeefilter, Siebe, Schüsseln u.ä. aus Kunststoff. In der Regel war das Polyvinylchlorid. Andere Kunststoffe waren in der DDR nicht so stark verbreitet.

SONNTAG

Wochenzeitung, → Zentralorgan des Kulturbundes der DDR, erschien im Berliner Format. Das war das gleiche Format, in dem zum Beispiel auch die → »Wochenpost« erschien.

SPEJBEL UND HURVINEK

→ Hurvinek und Spejbel

SOZIALISTISCHE EHESCHLIESSUNG

War der Versuch der → SED, ein Gegenstück zur kirchlichen Trauung zu schaffen. Trotz vielfältigster Hindernisse war sie für viele junge Paare der eigentliche Trauungsakt. Andere empfanden die standesamtliche Trauung, als deren Ergänzung die sozialistische Eheschließung gedacht war, als ausreichend, da das Standesamt ja auch bei einer kirchlichen Trauung den eigentlichen Rechtsakt vollzog.

SOZIALISTISCHE EINHEITSPARTEI DEUTSCHLANDS

SED. Gegründet durch den Zusammenschluß der Kommunistischen Partei Deutschlands und der Sozialdemokratischen Partei Deutschlands auf dem Gebiet der sowjetischen Besatzungszone am 21./24.04.1946. Erste Parteivorsitzende waren Wilhelm Pieck und Otto Grotewohl. Der III. Parteitag 1950 berief Walter Ulbricht zum 1. Sekretär und beschloß ein neues Parteistatut nach den »Leninschen Normen des Parteiaufbaus«. Damit entwickelte sich die SED nach Vorbild der → KPdSU zu einer stalinistisch geprägten »Partei neuen Typus«. → Partei, → Parteitag.

SOZIALISTISCHE MENSCHENGEMEINSCHAFT

Theorem der marxistisch-leninistischen Gesellschaftswissenschaft, wird definiert als Gemeinschaft aller → Werktätigen eines sozialistischen Staates, die sich unter der Führung der Arbeiterklasse und ihrer marxistisch-leninistischen Partei, bei umfassender Hilfe der sozialistischen Staatsmacht, im Prozeß der Gestaltung der entwickelten sozialistischen Gesellschaft durch die allmähliche Annäherung der Klasse der Genossenschaftsbauern, der Intelligenz und der anderen Werktätigen an die sich höher entwickelnde Arbeiterklasse herausbilden und festigen sollte. Sie war nach Ansicht des Marxismus-Leninismus (→ M/L) unerläßlich, um die → Historische Mission der Arbeiterklasse zu erfüllen. In der Art ihrer Entstehung sollte sie der Vorläufer der klassenlosen Gesellschaftsordnung, des Kommunismus, sein. Die sozialistische Menschengemeinschaft setzte ein hohes gesellschaftliches Bewußtsein jedes einzelnen voraus und verlangte von ihm die bewußte Mitarbeit in den verschiedenen Bereichen des gesellschaftlichen Lebens. Ab adHerbst 1989, als die Mauer und damit der erzwungene Zusammenhalt wegfielen, war von dieser sozialistischen Menschengemeinschaft weit und breit nichts zu sehen.

SOZIALISTISCHE NAMENSWEIHE

Festakt, der an Stelle der christlichen Taufe treten sollte. Dieses Ritual erreichte allerdings nie die Popularität unter dem Volk, wie ihn selbst die christliche Taufe während der DDR-Zeit behielt.

SOZIALISTISCHE STAATENGEMEINSCHAFT

Gesamtheit der sozialistischen Länder. In der marxistisch-leninistischen Theorie definiert als Staatengemeinschaft mit gleicher politischer Ordnung, die durch die »Herrschaft der Arbeiterklasse im Bündnis mit den anderen → Werktätigen« bestimmt ist, die die gleichen herrschenden Produktionsverhältnisse haben, für die das »gesellschaftliche Eigentum an den Produktionsmitteln« charakteristisch ist, sowie durch grundlegende gemeinsame Interessen und Ziele. Die sozialistische Staatengemeinschaft entstand nach dem Zweiten Weltkrieg im sowjetischen Einflußgebiet, aber auch durch den Sieg kommunistischer Revolutionsarmeen in Asien (China, Nordkorea, Nordvietnam, Laos). Kuba wurde zum Vorposten der sozialistischen Staatengemeinschaft auf dem amerikanischen Kontinent. Mit Vietnam und Laos umfaßte die sozialistische Staatengemeinschaft fünfzehn Staaten. Seine Entwicklung als internationales System beruhte auf der als gesetzmäßig angenommenen sozialistischen Internationalisierung des gesamten gesellschaftlichen Lebens. Das sozialistische Weltwirtschaftssystem mit dem RGW war die materielle Grundlage der sozialistischen Staatengemeinschaft, den militärischen Schutz sollte der → Warschauer Pakt leisten. Später gab es aber auch Spannungen und Spaltungen innerhalb der sozialistischen Staatengemeinschaft (die Sonderwege der VR China, Jugoslawiens, Nordkoreas und Albaniens).

SOZIALISTISCHER REALISMUS

Theoretische Definition eines Kunststiles, der in seiner Form und Definition aber immer der Wandlung unterlag. Die ersten Versuche der Schaffung eines sozialistischen Realismus gab es in der Sowjetunion in den 20er Jahren (mit propagandistischer, erzieherischer Absicht, gegenständlicher Malerei, Adaptionen des klassischen Entwicklungsromans). Nachfolgende Definition zeigt den hehren Anspruch, der an die Genossen Künstler gestellt wurde: »Künstlerische Richtung und Schaffensmethode, die die Wirklichkeit in ihrer revolutionären Entwicklung, in ihrer Bewegung zur sozialistischen und kommunistischen Gesellschaft hin künstlerisch darstellt. Sie bewertet die einzelnen, besonderen Erscheinungen der Wirklichkeit vom Standpunkt der erkannten Gesetzmäßigkeiten der revolutionären Entwicklung und die Gegenwart unter dem Blickpunkt der kommenden Gesellschaft. Die Gesamtheit der sozial und historisch bestimmten weltanschaulich-philosophischen, ideologischen und ethischen Positionen und Prinzipien, die dem sozialistisch-realistischen Kunstschaffen zugrunde liegen, sind organisch mit den Positionen und Prinzipien der Vorhut der Arbeiterklasse, der marxistisch-leninistischen Partei, verbunden. Die Grundsätze sozialistischer → Parteilichkeit und Volksverbundenheit sind unabdingbare Grundprinzipien des sozialistischen Realismus. Durch sie wird das künstlerische Schaffen eng mit den Zielsetzungen und Kampfaufgaben der von der marxistisch-leninistischen Partei geführten revolutionären Arbeiterklasse verbunden. Sie bringen die tatsächlichen, historisch bestimmten ideellen und künstlerischen Interessen und Bedürfnisse der Volksmassen zum Ausdruck. Wahrheit und Parteilichkeit bilden in der sozialistischen Kunst eine untrennbare Einheit. Der Charakter dieser Prinzipien wird vom realen Humanismus des Kampfes der Arbeiterklasse, des sozialistischen Aufbaus und der sozialistischen Ideologie bestimmt. Er drückt sich insbesondere in der künstlerischen Gestaltung der Arbeiterklasse aus. In der sozialistischen Gesellschaft wird die gesellschaftliche Wirkung sozialistisch-realistischer Kunst zu einem unabdingbaren Moment der Herausbildung sozialistischer Persönlichkeiten und ihrer sozialistischen Lebensweise. Die Literatur und Kunst des sozialistischen Realismus hat sich endgültig als die Hauptlinie des Literatur-

und Kunstfortschritts der Menschheit in der Epoche des weltweiten Übergangs vom Kapitalismus zum Sozialismus erwiesen. Auf allen Kontinenten entfaltet sich eine hochentwickelte Kunst des sozialistischen Realismus in allen Genres. Die Methode des sozialistischen Realismus befähigt die Schriftsteller und Künstler zu einer wahrheitsgetreuen Darstellung der Wirklichkeit durch tiefes Eindringen in die sozialen Zusammenhänge und Gesetzmäßigkeiten. Sie ist durchdrungen von den Ideen und dem Lebensgefühl der Arbeiterklasse. Durch sie wird künstlerisches Schaffen unmittelbar zu einem geistigen Bestandteil der revolutionären Umgestaltung und Mitgestaltung der Wirklichkeit. Die Methode des sozialistischen Realismus befähigt die Künstler zur Darstellung der unversöhnlichen Kritik der kapitalistischen Gesellschaft wie zur Gestaltung der Aufgaben, die sozialistische Gesellschaft zu errichten. Im Prozeß der weiteren Gestaltung der entwickelten sozialistischen Gesellschaft bereichert die Kunst des sozialistischen Realismus ihre Themen, Inhalte und Gestaltungsweisen. Die Methode des sozialistischen Realismus ist in ihrem Wesen international und allgemeingültig. Dabei berücksichtigt sie gleichzeitig die nationalen Bedingungen des Klassenkampfes und die nationalen Traditionen von Kunst und Kultur. Die Kunst des sozialistischen Realismus hat historisch neue Schönheitsvorstellungen und -maßstäbe begründet. Diese äußern sich in der tiefen, historisch-konkreten Gestaltung des Arbeiterrevolutionärs. Damit wurde künstlerisch das sozialistische Menschenbild geprägt, das den Menschen endgültig als Subjekt der Geschichte begreift.«

Verständlich, daß viele Künstler nur mittelmäßige, plakative, anachronistische, mitunter sogar nationalistische Bilder und Texte schaffen konnten, nachdem sie mit solchen Definitionen geschlagen wurden. An der Auslegung, was sozialistischer Realismus sei, stritten sich die Kunstwissenschaftler und Kulturfunktionäre. War → Erwin Strittmatters Roman »Ole Bienkopp« sozialistischer Realismus oder nicht, oder auch → Christa Wolfs Frühwerk »Der geteilte Himmel«? Wie soll man mit → Werner Tübkes Wandbild »Arbeiterklasse und Intelligenz« im Rektoratsgebäude der Leipziger Universität von 1972 umgehen? Dies hatte dann unmittelbaren Einfluß auf die Lebens- und Schaffensbedingungen des Künstlers/Autors, auf die Auflagen der Bücher, darauf, ob sie in den Literaturkanon der Schulen und Hochschulen aufgenommen wurden, ob das Wandbild wieder übertüncht wurde usw. Typische Wandbilder des sozialistischen Realismus zierten z.B. den → Kulturpalast Dresden (Gerhard Bondzin »Der Weg der roten Fahne«, 1969) und das Haus der Ministerien, den späteren Sitz der Treuhand in Berlin (Max Lingner, Wandbild 1953).

SOZIALISTISCHER WETTBEWERB

»Dem Sozialismus eigene Methode zur Entwicklung der Masseninitiative der Werktätigen für die politische und ökonomische Stärkung der sozialistischen Staatsmacht; umfassende Form der schöpferischen Masseninitiative; Ausdruck des sozialistischen Charakters der Arbeit.« Durch den sozialistischen Wettbewerb sollten die → Werktätigen zur allseitigen Erfüllung des Volkswirtschaftsplanes und zur Steigerung der Arbeitsproduktivität mit dem Bemühen um die planmäßige Verbesserung der Arbeits- und Lebensbedingungen motiviert werden. Laut Lenin schafft der Sozialismus »erstmalig die Möglichkeit, den Wettbewerb wirklich auf breiter Grundlage, wirklich im Massenumfang anzuwenden, die Mehrheit der → Werktätigen wirklich auf ein Tätigkeitsfeld zu führen, auf dem sie sich hervortun, ihre Fähigkeiten entfalten, jene Talente offenbaren, die das Volk einem unversiegbaren Quell gleich hervorbringt.« Es gäbe keine Konkurrenz mehr, nur noch den kameradschaftlichen Wettbewerb Gleichgesinnter, die die gleichen Interessen haben und denen ja das Volkseigentum an Produktionsmitteln gehöre. Real wurde der sozialistische Wettbewerb von der → Partei und den Gewerkschaften organisiert, zwischen Brigaden und Betrieben ausgetragen und entschied über die Höhe der Prämien.

SOZIALISTISCHES EIGENTUM
Form des Eigentums an Produktionsmitteln in der DDR. In der offiziellen Ideologie war sie historisch bestimmt, was dazu führte, daß nach dem VIII. Parteitag der SED und der damit einhergegangenen Entmachtung Walter Ulbrichts 1971 Erich Honecker in einem gewaltigen Kraftakt durchsetzte, daß selbst private Klein- und Mittelbetriebe verstaatlicht wurden. Die Kosten allein für die Entschädigungen für die Eigentümer waren immens. Die wichtigste Eigentumsform war das → Volkseigentum, das praktisch dem Staat gehörte und je nach wirtschaftlicher Bedeutung entweder direkt durch die jeweiligen Fachminister oder durch die Bezirksverwaltungen der DDR angeleitet wurde. Daneben existierte → genossenschaftliches Eigentum, bei dem die Eigentümer der Produktionsmittel ihre Produktionsmittel in eine Genossenschaft einbringen, um diese darin effektiver zu nutzen. In der Landwirtschaft waren es vor allem Boden und Vieh sowie Landtechnik, die in die → LPG eingebracht wurden, im Handwerk waren es Werkzeuge und Werkstätten (→ PGH). Das sozialistische Eigentum sollte die ökonomischen Gesetze des Sozialismus besser zum Tragen bringen und die Volkswirtschaft planmäßig und proportional entwickeln. Verloren ging dabei allerdings der Begriff Markt und vor allem das Reagieren auf seine Erfordernisse. Verloren ging aber auch die Verantwortung des einzelnen für seine Arbeit, weil fast jede persönliche Initiative und Idee mit Verweisen auf Planzahlen und -kennziffern erstickt wurde, die im nachhinein doch nur Makulatur waren. Der Verlust der persönlichen Verantwortung brachte eine Selbstbedienungsmentalität mit sich, in den Betrieben wurde geklaut, Betriebseigentum verschoben, an den Maschinen private Arbeiten verrichtet, mit Material wurde nicht sorgsam umgegangen usw.

SOZIALISTISCHES LAGER
Umgangssprachlich gebrauchter Begriff für die → sozialistische Staatengemeinschaft. Allerdings rutschte diese Bezeichnung auch

ab und zu durch die strengen Kontrollen bei der → »Aktuellen Kamera«.

SPALIER

Spalier stehen. Bei Besuchen anderer Staatsoberhäupter oder prominenter Persönlichkeiten ordnete die Führung der DDR das Spalierstehen an. Schüler und große Teile der → Werktätigen bekamen für diese Zeit frei und fanden sich an der Strecke ein, die der hochrangige Gast vom Flughafen oder dem Bahnhof zurücklegte, und jubelten dem Gast zu. Die → »Aktuelle Kamera« berichtete dann, die Bevölkerung habe den hohen Gast in großer Menge empfangen und seinen Weg mit Beifall gesäumt.

SPANNEND ERZÄHLT

Unterhaltungsreihe für Jugendliche des Verlages Neues Leben Berlin. In loser Folge wurden in dieser Reihe vor allem Abenteuerromane veröffentlicht. Als 1953 der erste Band dieser Reihe erschien, war er noch in Leinen gebunden und mit Schutzumschlag versehen. Später erschienen die Bände in schlichterer Hardcoverausgabe. Neben vielen und sehr begehrten utopischen Romanen fanden in diese Edition auch Klassiker des Abenteuerromans wie Friedrich Gerstäcker und Walter Scott Eingang. Selbst Victor Hugos »Notre Dame von Paris« erschien in dieser Edition.

SPARTAKIADE

Bezeichnung für einen sportlichen Wettkampf, wurden z.B. als Schulspartakiaden mit Leichtathletikdisziplinen auf Kreis-, Bezirks- und DDR-Ebene ausgetragen. Der Begriff kommt aus der sozialistischen Arbeitersportbewegung, war erstmalig ein Körperkulturfest der revolutionären Arbeitersportler 1929 in Prag. Der Begriff ist abgeleitet von Spartakus. Auf den Spartakiaden hielten die Talentsucher des Leistungssports Ausschau nach begabten Kindern. Das

Motto der Spartakiaden hieß nicht zufällig: »Spartakiadesieger von heute – Olympiasieger von morgen.«

SPEE

Meistgekauftes Waschmittel in der DDR. Hergestellt wurde es im VEB Waschmittelwerk Genthin seit 1969. Praktisch gab es auch kein gleichwertiges Produkt in der DDR. Mit dem Zusammenbruch der DDR verschwand auch Spee. Seine Popularität in der DDR veranlaßte jedoch den heutigen Besitzer des Waschmittelwerkes Genthin, die Henkel AG, Spee als Waschmittelmarke erneut auf den deutschen Markt zu bringen.

SPERBER

Zweisitziges Moped aus dem VEB → Simson Suhl mit einem 50 cm^3-Zweitaktmotor und ca. 70 km/h Höchstgeschwindigkeit, wurde bis in die 70er Jahre hergestellt.

SPERRGEBIET

→ Grenzgebiet. Kilometerbreiter Streifen entlang der Grenze zur Bundesrepublik, der nur mit einem speziellen Ausweis betreten werden durfte. Im Rahmen der immer perfekteren Grenzsicherung wurden oft schon weit vor den Grenzen in Zügen, auf Bahnhöfen, am Ostseestrand Polizeistreifen eingesetzt, die die Ausweise von Verdächtigen (z.B. Studenten mit langen Haaren) kontrollierten und notierten, wohin der Betreffende reisen wollte. Sperrgebiete gab es auch um militärische Einrichtungen oder Regierungsgelände. So war die kleine Insel Vilm vor Rügen der Sommersitz von Erich Honecker und somit das Betreten verboten.

SPERRLISTE

Auf der Sperrliste wurden durch die Presseorgane der DDR Zeitungen und Zeitschriften geführt, für die eine Abonnementssperre verhängt worden war, weil die Lizenzen für die Auflagenhöhe der

Presseerzeugnisse durch die Nachfrage nach Abonnements bereits aufgebraucht waren, d.h. es wurden keine neuen Abonnements mehr verkauft, oder besser gesagt: zugeteilt. Auf der Sperrliste standen so begehrte Zeitschriften wie → Eulenspiegel, → Mosaik, → Wochenpost und → Sputnik.

SPEZITEX

Bezeichnung für Dederon (Polyamidfaserstoffe) in der DDR, die knitterfrei waren. Diese Stoffe wurden vor allem zu Oberbekleidung und Arbeitskleidung verarbeitet, die hoch strapaziert wurden und pflegeleicht sein mußten. Allerdings besaßen diese Stoffe keinen sonderlich hohen Tragekomfort, weil sie nur schwer luftdurchlässig waren.

SPIELERLAUBNIS

Staatliche Auftrittserlaubnis für Amateur- und Berufskünstler in der DDR. Festgelegt wurde dies in der »Anordnung Nr. 2 über die Ausübung der Tanz- und Unterhaltungsmusik« von 1965. Die Bands mußten vor einer → Einstufungskommission vorspielen und wurden dann in Kategorien eingestuft, nach denen sich auch das Honorar der Musiker richtete (→ Einstufung). Die staatliche Spielerlaubnis wurde dann vom Rat des Kreises, Abteilung Kultur erteilt und konnte jederzeit willkürlich widerrufen werden, z.B. wenn das Verhalten des Künstlers »Anlass zu Störungen der öffentlichen Ordnung und Sicherheit« gegeben habe, was natürlich weit auslegbar war. Wurde die Spielerlaubnis dem Künstler entzogen, kam das einem Berufsverbot gleich, der Künstler verlor damit seine wirtschaftliche Lebensgrundlage. Deshalb nutzte die Führung der DDR dieses Mittel zur Disziplinierung oppositioneller Künstler. Dies bekamen gerade nach dem 11. Plenum des ZK der SED (→ Zentralkomitee) im Dezember 1965, dem sog. »Kahlschlagplenum«, viele Beatgruppen zu spüren, so die Butlers aus Leipzig, die Luniks und die Sputniks aus Berlin, die Beatnik Combo aus Cottbus, später auch die legendäre → Klaus-Renft-Combo. Dies ging mit einer einzigartigen Hetzkampagne gegen »langhaarige Asoziale« und die »dekadente« westliche Beatmusik daher. Vorreiter dieser Kampagne war natürlich das → Neue Deutschland. Ein anderes beliebtes Mittel, um gegen unerwünschte Künstler vorzugehen, waren Anklagen wegen Steuerhinterziehung oder Devisenvergehen. Außerdem konnte man sich mit den → »bewaffneten Organen« absprechen. Dann erhielten die Mitglieder junger Rockbands eben den Einberufungsbefehl in die → NVA. Mitunter erhielten auch Bands die Auflage, ihren Namen zu ändern. So etwa mußten sich die legendären Klosterbrüder in Gruppe Magdeburg umbenennen. Die Band hatte eine treue, zu den Konzerten mitreisende Fangemeinde, die oft in den Klubs für Ärger sorgte. Das sollte mit der Namensänderung eingeschränkt werden.

SPIEGELREFLEXKAMERA

Sonderform der Fotokamera. Sie hat im Innern einen meist um 45° geneigten Spiegel. Dieser wirft das Bild aufrecht, aber seitenverkehrt auf eine Mattscheibe, die auch eine Beurteilung der Bildschärfe ermöglicht. Der Spiegel wird unmittelbar vor der Aufnahme hochgeklappt und kehrt nach der Belichtung des Filmmaterials selbständig wieder in seine Ausgangslage zurück. In der DDR wurden solche Kameras im VEB Pentacon Dresden produziert und jahrelang mit Erfolg weltweit exportiert.

SPITZENTECHNOLOGIE

Während der letzten Jahre der DDR häufig gebrauchter und strapazierter Begriff. Mit Spitzentechnologie wurde praktisch alles bezeichnet, was auch nur versprach, Effizienz- und Qualitätssteigerungen in der Produktion hervorzurufen. Dazu gehörten unter anderem der 1-Megabit-Chip, den der VEB Carl Zeiss Jena noch 1988 dem → Generalsekretär präsentierte, aber auch solche Fertigungsverfahren wie die Nestfertigung, mit dem der → VEB Simson Suhl versuchte, die Qualität seiner Produkte und die Effektivität seiner Produktion zu erhöhen. Dabei war das angestrebte Verfahren nicht immer ein Abbild bereits erprobter Verfahren auf dem Weltmarkt und die Erfinder nicht immer nur Nachnutzer. Für viele Technologien hätte sich sicher auch ein Markt außerhalb des → RGW gefunden, z.B. die Biotechnologien zur Laugenanreicherung und zur Herstellung einer verhüttungsfähigen Trockensubstanz waren ihrer Zeit der niedrigen Rohstoffpreise wegen sicher voraus. → wissenschaftlich-technischer Fortschritt.

SPORT AKTUELL

Sportsendung des → DFF. Seit dem 03.01.1965 wurde der interessierte DDR-Bürger über tagessportliche Ereignisse und sportliche Großereignisse informiert. In der Regel begann das Wochenende samstags 17.35 Uhr mit den Berichten zur → Oberliga. Nicht selten wurde die Berichterstattung im heimischen Wohnzimmer gegen 18.05 Uhr unterbrochen, um im → ARD der Sportschau und ihren Berichten zur Bundesliga zu folgen. Die Sendung hatte ihren festen Platz am Wochenende und so gelangten außerhalb sportlicher Großereignisse und während der Spielpausen in den Fußballigen auch weniger beachtete Sportarten auf die Mattscheibe, was den Magazincharakter dieser Sendung deutlich unterstrich. Während Olympischer Spiele, Welt- oder Europameisterschaften in publikumswirksamen Sportarten wie Leichtathletik, Nordischer Skisport und selbstverständlich Fußball war Sport aktuell täglich auf dem Sender und dem Zuschauer wurde eine umfassende Information angeboten.

SPORT FREI

Offizielle Begrüßungsfloskel des → DTSB. Sie wurde zu jeder organisierten sportlichen Betätigung gebraucht. Der Sportlehrer in der Schule/Trainer/Übungsleiter eröffnete mit. »Sport ...« und die Schüler/ Trainings-/Übungsgruppe mit: »... frei!« Diese Floskel war durch viele Menschen, die über Jahre hinweg innerhalb der → BSG Wettkampfsport auf regionaler Ebene betrieben haben und noch betreiben, so verinnerlicht worden, daß sie selbst heute noch ab und zu im Gebrauch ist. Was allerdings meist zu fassungslosem Staunen führt.

SPORTABZEICHEN

Leistungsabzeichen des → DTSB. Es wurde jährlich in den Stufen Gold, Silber und Bronze vergeben, wobei in zwanzig Disziplinen der Kraft-, Schnellkraft-, Ausdauer- und Geschicklichkeitssportarten Leistungsnachweise zu erbringen waren. An den → POS und → EOS sowie Hoch- und Fachschulen, wo es organisierten Sportunterricht gab, war auch die Abnahme des Sportabzeichens kein Problem und stets abgesichert. Für die sonstige Bevölkerung spielte das Sportabzeichen, abgesehen von ein paar Enthusiasten, kaum eine Rolle. Selbst in manchen → BSG erschien es den Verantwortlichen einfacher, am Stammtisch die erforderlichen Bögen auszufüllen, als auf dem Sportplatz eine Stoppuhr auszupacken.

SPRELACART

Kunststoffbeschichtete Hartfaserplatten, die vor allem in der Möbelproduktion Verwendung fanden. Auf Holz beziehungsweise Preßspanplatten geklebt, sollten sie als dekorative Ober- oder Arbeitsfläche dienen, z.B. waren die Schultische aus einer solchen beschichteten Platte auf einem Stahlrohrgestell. Allerdings war der Kunststoff nicht sonderlich strapazierfähig. Er zerkratzte leicht und bekam dann schnell schmutzige Riefen in seiner Oberfläche.

SPRUNGBRETT

Unterhaltungssendereihe des → DFF. Sie wurde im August 1982 ins Programm genommen und zunächst von Hartmut Schulze-Gerlach (→ Muck) moderiert, ab 1989 von Carmen Nebel. In dieser Sendung präsentierte der DFF Fernsehneulinge verschiedenster

Der Montagesatz »Sybille« vom Möbelwerk Stralsund: Schrankwand, Esstisch und Raumteiler – alles mit Sprelacart veredelt

Genres der → Unterhaltungskunst. Ab der dritten Sendung konnte das Publikum über ein Dacapo denjenigen Künstler bestimmen, der ihm am besten gefallen hatte. Auf diese Art und Weise kam etwas Wettbewerbscharakter in die Sendung, die im wesentlichen von der Präsentation der Künstler durch den Moderator lebte. Aber diese Sendereihe brachte auch einigen Künstlern den Durchbruch, z.B. dem Counter-Tenor Jochen Kowalski oder dem Schlagersänger Jörg Hindemith.

SPU

→ Schallplattenunterhalter

SPUK UNTERM RIESENRAD

Siebenteilige Fernsehserie des → DFF für Kinder aus dem → DEFA-Studio für Spielfilme. Nach einem Szenarium von C. U. Wiesener drehte Günter Meyer im Jahr 1978 diesen Film, der Elemente des deutschen Volksmärchens mit einer gegenwärtigen Handlung verbindet. Die Kinder Tammi, Umbo und Keks helfen ihren Großeltern in den Sommerferien. Die Großeltern betrieben im Kulturpark Berlin eine Geisterbahn. Bei der Reinigung der Figuren unter fließendem Wasser werden die Hexe, der Riese und das Rumpelstilzchen lebendig und fliehen. Während der sieben jeweils halbstündigen Folgen erzählt die Serie von der Jagd nach den Entflohenen von Berlin in den Harz und der schließlich glücklichen Entzauberung. Dabei arbeitet der Film mit allerlei Komik, z.B. mit dem Unglauben der sozialistischen Menschen an Geister oder Gespenster, aber auch mit unaufdringlicher Belehrung.

SPUTNIK

1. russische Satelliten. 2. Kleinformatige Zeitschrift, die die Sowjetunion im Spiegel ihrer Presse darstellte. Der Sputnik, wie ihn der Volksmund nannte, war zwar schon immer → Bückware, weil die Sowjetunion ihrer gigantischen Größe wegen immer den Hauch des Exotischen trug, was den Bürger der dagegen winzigen DDR mit ihren extremen Reisebeschränkungen immer schon anzog. Die Nachfrage explodierte jedoch sofort nach dem Machtantritt Gorbatschows als → Generalsekretär der → KPdSU. »Glasnost« und »Perestroika« waren für den Bürger der DDR jetzt praktisch in der Presse der Sowjetunion zu erleben, damit auch erstmals die Auseinandersetzung mit dem Stalinismus. Hier wurde die Geschichte der Sowjetunion auf einmal ganz anders beschrieben. Wer ein Abonnement des Sputnik besaß, konnte bis zu eintausend Mark dafür erlösen. Doch die Einstellung des Vertriebs der Publikation durch einen Beschluß des → Politbüros im Jahr 1987 bereitete der Euphorie ein rasches Ende. Das Verbot der Presse des wichtigsten Verbündeten war eine Entscheidung, die wohl nicht einmal die eingefleischtesten Parteimitglieder verstanden. Das allgemeine Credo war: Jetzt sind sie total übergeschnappt! Womit das Politbüro gemeint war.

Nach seiner Wiedereinführung durch die neue Führung der DDR nach dem 9. November 1989 erreichte er jedoch nicht mehr den Status alter Tage.

STAATLICHE DENKMALPFLEGE

Denkmalpflege war in der DDR offizielles Anliegen der sozialistischen Gesellschaft und ihres Staates. Deshalb erließ die Volkskammer am 19.06.1975 ein Gesetz zur Erhaltung der Denkmale in der DDR. Im Paragraph 1 wird das Ziel wie folgt formuliert: »1. Ziel der Denkmalpflege ist es, die Denkmale in der DDR zu erhalten und so zu erschließen, daß sie der Entwicklung des sozialistischen Bewußtseins, der ästhetischen und technischen Bildung sowie der ethischen Erziehung dienen. Das erfordert die Erforschung, Interpretation und Popularisierung der Denkmale, ihre Erfassung und ihren Schutz, ihre planmäßige Konservierung und Restaurierung nach wissenschaftlichen Methoden. 2. Die Denkmale der revolutionären Traditionen des deutschen Volkes, der internationalen und deutschen Arbeiterbewegung, des antifaschistischen Widerstandskampfes und der Geschichte der DDR sind so zur Geltung zu bringen, daß sie zur Verwirklichung der Ideen des sozialistischen Patriotismus und → proletarischen Internationalismus beitragen. 3. Die Denkmale sind in die Gestaltung der Städte, der Dörfer und der Landschaft so einzubeziehen, daß unverwechselbare Ensembles von geschichtlicher Aussage und künstlerischer Wirkung entstehen. Das schließt eine ihrer Eigenart entsprechende Nutzung für die Verbesserung der Arbeits- und Lebensbedingungen der → Werktätigen, insbesondere für das geistige und kulturelle Leben, für die Erholung und den Tourismus, ein.« Als Beauftragte für die Denkmalpflege waren die jeweiligen Verwaltungen in den Kreisen und Bezirken eingesetzt, diese waren die Auftraggeber für angestellte Denkmalpfleger. Allerdings war Denkmalpfleger ein oft frustrierender Job. Hatten sie erkämpft, daß ein Gebäude, ein Bauensemble unter Denkmalschutz gestellt wurde, dann waren oft nicht die Mittel und

*Denkmalgeschütze Krämerbrücke in Erfurt –
ältestes profanes Bauwerk Erfurts*

Möglichkeiten vorhanden, dies vor dem Verfall zu retten. Sie konnten auch nicht immer verhindern, daß wichtige Denkmale dem sozialistischen Städtebau geopfert wurden. Prestigebauten und das → Wohnungsbauprogramm hatten da Vorrang.

STAATLICHE PLANKOMMISSION

Sie war ein Organ des → Ministerrates der DDR mit der Aufgabe, die wirtschaftliche Entwicklung innerhalb der DDR zu planen und zu überwachen. Allerdings klappte das mit den Jahren immer weniger. Je stärker die DDR auf den Weltmärkten mit ihren ständig wechselnden Anforderungen auftrat, desto mehr mußten die Menschen erkennen, daß das Dogma Plan mehr und mehr die gesellschaftliche Entwicklung hemmte. Nach der Verstaatlichung der Klein- und Mittelbetriebe in den Jahren nach Honeckers Machtantritt konnte praktisch niemand mehr in der DDR kurzfristig auf wechselnde Bedürfnisse reagieren, plötzlich klaffende Marktlücken schließen, da praktisch alle Rohstoffe und Halbfertigprodukte irgendwo bilanziert waren. Ging trotzdem etwas, durften sich die Initiatoren niemals erwischen lassen.

STAATLICHE SCHAUSPIELSCHULE, BALLETTSCHULE

Form der künstlerischen Ausbildung in der DDR. Sie erfolgte ausschließlich in staatlichen Instituten mit Hochschulstatus, wie der Hochschule für Schauspielkunst »Ernst Busch« in Berlin, der Theaterhochschule »Hans Otto« in Leipzig, der Hochschule für Film- und Fernsehkunst »Konrad Wolf« in Potsdam-Babelsberg oder der »Palucca«-Schule für Ballett und Tanz in Dresden. Der künstlerisch-technische Standard dieser Bildungseinrichtungen war anerkannt hoch. Außerdem wurden die starke Praxisbezogenheit und das Bemühen um Systematisierung in der Ausbildung als wertvoll anerkannt.

STAATLICHER KUNSTHANDEL

Zentral geleiteter VEB, der als Volkseigener Handelsbetrieb Bildende Kunst und Antiquitäten im Oktober 1974 gegründet wurde. Ihm oblag der Groß- und Einzelhandel sowie der Außenhandel mit bildender und angewandter Kunst, Volkskunst und Antiquitäten. Für sein Angebot kaufte er Kunstwerke aus Ateliers, Kunstausstellungen, öffentlichen Sammlungen sowie von Betrieben, Produktionsgenossenschaften, Künstlerkollegien und aus Privatbesitz auf, übernahm solche in Kommission und schloß Verträge zur Schaffung neuer Werke ab. Er organisierte den Einzel- und Großhandel mit Antiquitäten, Münzen und historischen Gegenständen, führte dazu Verkaufsausstellungen und Auktionen durch, nahm an solchen im Ausland teil und kaufte aus öffentlichen und privaten Sammlungen und Nachlässen an. Er veranstaltete Galerieausstellungen und förderte Sammlerkreise, diente auch der Beschaffung der dringend benötigten Devisen.

STAATLICHER LEITER

Vom sozialistischen Staat mit der Leitung von → Kollektiven der → Werktätigen beauftragt (zum Beispiel Bürgermeister, Betriebsleiter, Meister oder Brigadier). Er wurde vom jeweils zuständigen Staatsorgan berufen bzw. eingesetzt und abberufen und übte seine Leitungsfunktion auf der Grundlage der Beschlüsse der → SED, der Gesetze und anderer Rechtsvorschriften der DDR aus. So war er mit entsprechenden Entscheidungs- und Weisungsrechten ausgestattet und gewährleistete im Rahmen seiner Gesamtverantwortung die komplexe Leitung, Planung und Verwirklichung der staatlichen Aufgaben, hatte sich aber immer mit dem Kollektiv und den Funktionären zu beraten, die auf seiner Ebene Mitspracherechte hatten (Partei, Gewerkschaft u.ä.), d.h. er mußte eng mit den Organisationen der Parteien und → Massenorganisationen innerhalb des → Betriebes oder der Einrichtung zusammenarbeiten. Seiner übergeordneten Leitung gegenüber war er rechenschaftspflichtig.

DER STAATSANWALT HAT DAS WORT

Serie des → DFF. In ihr wurden anhand authentischer Fälle Straftäter und ihr Verhalten analysiert. Dabei erklärte Staatsanwalt Przebylski als Moderator vor und nach dem Fernsehspiel Urteile und die Standpunkte der Staatsanwaltschaft. In dieser Serie waren kaum spektakuläre Fälle zu sehen, dafür jedoch stets Fälle, an denen das gesellschaftliche Versagen und die moralische Schuld des Täters an seinem Verbrechen sehr anschaulich demonstriert werden konnte. Letztendlich ging es den Machern dieser Serie darum, die Verantwortung der sozialistischen Justiz gegenüber dem Bürger dieses Landes und ihre erzieherische Funktion gegenüber dem Straftäter darzustellen. Denn in keinem Fall ging es je um Rache des Staates am Täter, stets um Erziehung. Die Frage der Rache am einzelnen durch den Staat wurde sorgsam tabuisiert. Eine pädagogische und moralisierende Grundhaltung war typisch für das Rechtssystem der DDR, aber auch für die Haltung vieler älterer SED-Genossen gegenüber ihrer Umwelt.

STAATSBÜRGERKUNDE

Unterrichtsfach an den Oberstufen der → POS und an den → EOS der DDR. In Staatsbürgerkunde sollte der Schüler ein tiefes Verständnis für den Staatsaufbau und die gesellschaftlich relevanten Entscheidungen und Entwicklungen in der Geschichte der DDR erlernen. Wichtig war die Erkenntnis aus diesem Fach, daß die Entwicklungen innerhalb der Gesellschaft der DDR aus der Planung der gesamtgesellschaftlichen Entwicklung durch die → Partei erwuchsen, so waren der Staatsaufbau der DDR und die jeweiligen Programme und Zielstellungen der SED Unterrichtsstoff. Das Problem der Lehrer in diesem Fach bestand aber darin, daß niemand die Loyalität des Schülers zur DDR benoten konnte. Beurteilbar war in diesem Fach wie in anderen Fächern auch nur der Wissensstand des Lernstoffs.

STAATSORGANE

Gemeint sind alle Einrichtungen und Verwaltungen des Staates (der Regierung, der Bezirke, Kreise und Orte). Der Begriff wurde aber oft auch synonym verwendet für → Machtorgane (Polizei, Staatssicherheit). → Organe.

STAATSRAT

Von der → Volkskammer gewähltes und ihr gegenüber für seine gesamte Tätigkeit verantwortliches Organ, das die Funktion des Staatsoberhauptes der DDR wahrnahm und dem Ministerrat übergeordnet war. Er vertrat die DDR völkerrechtlich und war, wie in fast allen sozialistischen Staaten, ein Kollektivorgan. Er wurde jeweils auf der ersten Tagung der → Volkskammer in der Legislaturperiode für die Dauer von fünf Jahren gewählt. Der Staatsrat konnte Wahlen ausschreiben, das Oberste Gericht berufen, hatte Einfluß auf die Wahl des Generalstaatsanwaltes und des obersten Militärgerichtes, konnte Begnadigungen aussprechen, grundsätzliche Beschlüsse zur Landesverteidigung fassen und Anordnungen des Nationalen Verteidigungsrates bestätigen, verkündete Gesetze und Ratifizierungen internationaler Verträge, konnte Gesetze verbindlich auslegen, ernannte Botschafter u.v.a.m.

STAATSRATSVORSITZENDER

Oberster Repräsentant der DDR. Er wurde auf der ersten Tagung der → Volkskammer in der Legislaturperiode gemeinsam mit den Mitgliedern des → Staatsrates gewählt und von diesen aus ihrer Mitte zum Vorsitzenden ernannt. Diese Vorgehensweise einer Wahl wurde durch den → demokratischen Zentralismus geregelt, der von Lenin entworfen die Wahlverfahren von unten nach oben und die Rechenschaftspflicht von oben nach unten regelte. Die Volkskammer hatte nach der Wahl des Staatsrates also keinen Einfluß mehr auf die Bestimmung des Vorsitzenden. Eigentlicher Vertreter dem

Staatsratsvorsitzender Walter Ulbricht beim Eislaufen im Eisstadion von Oberwiesenthal am 29.12.1964

Parlament gegenüber war der gesamte Rat als Kollektivorgan, im Ausland war es sein Vorsitzender. Staatsratsvorsitzende waren Walter Ulbricht (1960–1973), Willi Stoph (1973–1976) und Erich Honecker (1976– 1989). Der Leipziger Kabarettist Wolfgang Krause Zwieback verulkte das Amt gern als *STAATSVORRATSVORSITZENDER*. Danke, Wolfgang!

STAATSSICHERHEIT / STASI
→ Ministerium für Staatssicherheit

STADION DER WELTJUGEND
Mehrzweckstadion in der Berliner Chausseestraße im Stadtbezirk Mitte. Es wurde als Walter-Ulbricht-Stadion erbaut und 1973 zu Ehren der → X. Weltfestspiele (→ Weltfestspiele) in Stadion der Weltjugend umbenannt. Es war die Spielstätte des → BFC Dynamo und lag mit seiner Westseite direkt an der → Mauer. Das führte dazu, daß während jedes Heimspieles des BFC Dynamo hinter den Rängen an der Westseite des Stadions das dem Ministerium für Staatssicherheit unterstellte Wachregiment »Felix Dzierzynski« Schulter an Schulter eine Postenkette stellte, die eine → Republikflucht verhindern sollte.

STÄDTESCHNELLVERKEHR
Die Einrichtung von diesen Zügen durch die → Deutsche Reichsbahn zeigte die Berlinlastigkeit des gesamten DDR-Systems. Zwar wurden mit dem Städteschnellverkehr Zugverbindungen geschaffen, die in etwa den Intercity-Zügen der Deutschen Bundesbahn entsprechen sollten und auch wie diese mit wohlklingenden Namen wie »Rennsteig«, »Elbflorenz«, »Petermännchen« getauft wurden, aber die Städteschnellverkehre waren nur einfache Schnellzüge, die morgens in die Hauptstadt und am Nachmittag zurückfuhren. Was wollte der Berliner auch in der Provinz?

STALINALLEE (HEUTE KARL-MARX-ALLEE)

Die Prachtstraße Ostberlins sollte ein Wahrzeichen und Symbol der jungen, aufstrebenden DDR werden, eine große sozialistische Straße zum Wohnen, Einkaufen und Demonstrieren. Entsprechend dem Motto → »Von der Sowjetunion lernen heißt, siegen lernen« wurde 1950 eine Fachdelegation von Bauleuten in die Sowjetunion geschickt. Aus den Erkenntnissen wurden danach die »16 Grundsätze des Städtebaus« abgeleitet. Daraufhin wurde die Architektenschaft auf Kurs gebracht, das Erbe des Bauhauses abgelehnt und alles, was westlich erschien. Statt dessen griff man auf eine sog. »nationale Tradition« zurück, den Klassizismus (gut ablesbar z.B. an den Gebäuden der → DHFK Leipzig 1954). Vorbild der Stalinallee war der pompöse russisch-stalinistische Zuckerbäckerstil à la Lomonossow-Universität Moskau. Den gestalterischen Höhepunkt der Anlage bildet das von Hermann Henselmann (geb. 1905) entworfene Turmhauspaar in der genannten »nationalen Tradition«. Neben Henselmann arbeitete ein ganzes Architektenteam. Leiter des Aufbaustabs Stalinallee war Richard Paulick (1903–1979). Viel Wert wurde beim Ausbau auf die Ausschmückung mit baubezogener Kunst gelegt, die Anlage wurde dazu in 5 Abschnitte aufgeteilt, die jeweils unter ein gestalterisches Thema wie »sozialistische Freundschaft«, »Ruhm der Arbeit«, »Stalin und Deutschlands Befreiung durch die Rote Armee« bzw. »Kampf um die Befreiung des deutschen Volkes« gestellt wurde, wonach sich die Ausgestaltungen zu richten hatten. Dazu wurden aufwendige Baudetails und Intarsien geschaffen, die ganze Anlage ist außen verkachelt. 1952 erfolgte die Grundsteinlegung und die erste Bauphase, der Bau der gesamten Anlage zog sich über viele Jahre hin. Bezeichnenderweise waren es gerade die Arbeiter auf dieser Großbaustelle, die 1953 gegen die Normerhöhungen protestierten. Die Stalinallee wurde zum Vorbild für ähnliche, kleinere Anlagen in verschiedenen Bezirks- und Kreisstädten, so z.B. für die Ringbebauung in Leipzig 1953/55. Die Wohnungen der Stalinallee, die für damalige Verhältnisse luxu-

Kinderkaufhaus »Haus des Kindes« am Strausberger Platz in Berlin-Friedrichshain, eines der repräsentativen Hochhäuser in der Stalinallee (heute: Karl-Marx-Allee)

riös waren, wurden vor allem an Funktionäre, Genossen und verdienstvolle Arbeiter vergeben. Der breiten Ausfallstraße haftete aber immer etwas Unwohnliches an.

STALINSTADT (EISENHÜTTENSTADT)

Die Grundsteinlegung erfolgte 1950 mit dem Aufbau des Eisenhüttenkombinates Ost, das zunächst den Ehrennamen »J. W. Stalin« trug. Es war das wichtigste Großprojekt des 1. Fünfjahrplans. Die daneben entstehende Stadt für die Beschäftigten des Stahlwerkes wurde Stalinstadt getauft. So hieß diese Stadt vom 18.08.1950 bis zum 11.11.1961. Nach der Rede Chruschtschows auf dem XX. Parteitag der KPdSU war dieser Name nicht mehr tragbar. Die Stadt wurde umbenannt und heißt seitdem Eisenhüttenstadt. Stalinstadt wurde entsprechend den »16 Grundsätzen des Städtebaus« (→Stalinallee) als erste neue sozialistische Stadt der DDR konzipiert, da-

Eisenhüttenkombinat in Eisenhüttenstadt, 1954

bei entschieden sich Walter Ulbricht und Otto Grotewohl für den Entwurf des Architekten Kurt W. Leucht. Dieser Entwurf sieht einen zentralen Aufmarschplatz, geschwungene Straßen, 3–4geschossige Wohnhäuser, auch ein Theater vor. In den ersten zehn Jahren nach der Grundsteinlegung wurde für 23–24.000 Menschen Arbeit und Wohnraum geschaffen, allerdings wurden nur zwei Wohnkomplexe nach Leuchts Entwürfen gebaut, danach immer mehr Abstriche gemacht, z.B. die Wohnungen verkleinert. Später wurde die Stadt Fürstenberg eingemeindet, womit in die Stadt neben der sozialistischen Architektur auch historische Bausubstanz kam.

STAR

Kleinkraftrad aus dem VEB → Simson Suhl. Es war einer der Vorläufer des S 50 und war das einzige dieser Vorläuferserie, das nur für eine Person konstruiert war.

STEMPELKARTE

Berechtigungsschein. →Fahrerlaubnis.

STEPPKE

Jeansmarke in der DDR. Sie wurde vor allem für Kinder entworfen und produziert und war auch nur in Kindergrößen erhältlich.

STERN-RECORDER

Bezeichnung für den ersten Radiokassettenrecorder aus dem VEB Stern-Radio Berlin. Der Stern-Recorder besaß noch ein Holzgehäuse und war transportabel, sowohl für den Batteriebetrieb als auch für Netzbetrieb geeignet. Allerdings war er zur Zeit seiner Markteinführung mit einem Preis von fast 1000 Mark recht teuer. Der später eingeführte Radiorecorder → Annett besaß da deutliche Vorteile. Mit dem Stern-Recorder und auch mit seinen Nachfolgegeräten wollte Stern-Radio Berlin hochwertige Geräte auf den Markt bringen. Das setzten sie auch preislich durch.

STIELKAMM MIT SCHLÜSSELRING

Zeichen jugendlichen Aufbegehrens in den 70er Jahren. Mit der Beatkultur und den damit einhergehenden längeren Frisuren, vor allem bei Männern, mußte eine häufigere Pflege der Frisur mit einem Kamm erfolgen. Diese großformatigen Kämme wurden in den Gesäßtaschen der → Jeans getragen und ragten mit ihrem Griff heraus. Männer mit langen Haaren mußten dann erleben, von ordentlichen DDR-Bürgern als »Penner« und »Asoziale« beschimpft zu werden.

STIMME DER DDR

Radioprogramm, 15.11.1971 gegründet, kombiniertes Programm der Information, Bildung und Unterhaltung mit ausgeprägtem internationalen Profil, außenpolitischen Beiträgen, Korrespondenzen aus allen Erdteilen, Dokumentarsendungen, Reiseberichten, Beiträgen aus dem internationalen Programmaustausch.

STIPENDIUM

Bis zum VIII. Parteitag der SED 1971 war das Stipendium eine staatliche Unterstützung für Kinder aus Arbeiterfamilien zur Absolvierung des Studiums. Das Stipendium mußte unter Vorlage von Verdienstbescheiden beider Elternteile beantragt werden und wurde nur bei der Unterschreitung einer bestimmten Einkommensgrenze gewährt. Der IX. Parteitag der SED 1976 beschloß als sozialpolitische Maßnahme die Zahlung von Stipendium unabhängig vom Einkommen der Eltern. So bekam danach jeder Student zweihundert Mark Grundstipendium, das abzüglich der Wohnheimmiete ausbezahlt wurde. Längerdienende in den bewaffneten Organen bekamen dreihundert Mark Grundstipendium unabhängig vom elterlichen Einkommen. Allerdings gehörte dazu die Verpflichtung, nach dem Studium zwei Jahre dort zu arbeiten, wo man hingeschickt wurde.

STOP ROCK!

Sendereihe des → DFF. Wurde im Januar 1983 erstmals um 19.00 Uhr im II. Programm des Fernsehens gesendet. Sie wurde erst nach zehn Jahren Rockmusik in der DDR produziert und dokumentiert damit das gespaltene Verhältnis der DDR zu dieser Musikszene und auch zur Jugend. In der Sendung wurden zehn Wertungstitel präsentiert, von denen sich fünf für eine weitere Sendung qualifizieren konnten. Die Sendung war lange Zeit ein Experimentierfeld für die Macher, die viele Sendungen lang nach einer schlüssigen Konzeption suchten und diese immer wieder umstellten. Trotzdem wurde sie von den Jugendlichen angenommen, gerade weil oder obwohl die Produktion der Beiträge oft länger als ein halbes Jahr dauerte. Aber in der Sendung präsentierte das Fernsehen Jugendmusik in der Form von Videoclips und ermöglichte den Bands, ein breites Publikum zu erreichen. Für die DDR-Rockmusik war diese Sendung jedenfalls ein Gewinn.

STRAHL, RUDI

Schriftsteller, wurde 1931 in Stettin (Szczecin) als Sohn einer Arbeiterfamilie geboren. Vor seiner künstlerischen Karriere war er Landarbeiter, Grobschmiedgehilfe, Porzellanmaler- und Werkzeugschlosserlehrling, Hauptmann der → NVA. Danach absolvierte er ein Studium am Literaturinstitut »Johannes R. Becher« Leipzig, war dann Kulturredakteur bei der Zeitschrift → Eulenspiegel und lebt seit 1961 als freier Schriftsteller in Berlin. Zunächst arbeitete er dabei in der kurzen Form (»Souvenirs, Souvenirs«) und als heiterer Erzähler (»Der Krösus von Wolkenau«). Er schrieb mehr als ein Dutzend Kinderbücher, unter anderem »Sandmann auf der Leuchtturminsel«. Bekannt wurde er weiterhin als Drehbuchautor, zum Beispiel »Der Reserveheld«. 1969 debütierte er als heiterer Dramatiker mit dem Stück »In Sachen Adam und Eva«, danach schrieb er hauptsächlich heitere Stücke und szenische Miniaturen. Einer seiner großen Erfolge war »Ein irrer Duft von frischem Heu« 1975,

1977 verfilmt von Roland Oehme. 1974 wurde er mit dem Lessingpreis geehrt, 1977 mit dem Kunstpreis des → FDGB und dem Goethepreis der Stadt Berlin, 1978 mit dem Vaterländischen Verdienstorden und 1980 mit dem Nationalpreis. Er war Mitglied im Vorstand des → Schriftstellerverbandes und Mitglied des PEN-Zentrums der DDR.

STRASSE DER BESTEN

Darstellungsweise, mit der die → Betriebe in der DDR die Ergebnisse des → sozialistischen Wettbewerbs propagierten. In der Straße der Besten wurden auf Tafeln/Wandzeitungen → Kollektive und deren Leistungen im sozialistischen Wettbewerb vorgestellt. Aber auch Einzelpersönlichkeiten, wie → Bestarbeiter oder → Aktivisten fanden Platz in dieser öffentlichen Dokumentation des Bewußtseins der → Werktätigen.

STREICHBEENE

Zündhölzer. In der DDR gab es zwei große Produzenten von Streichhölzern, die Werke in Coswig und in Riesa. Der Begriff Streichbeene stammt aus dem Berlinischen und war sonst in der DDR eigentlich ungebräuchlich.

STRITTMATTER, ERWIN UND EVA

Schriftstellerehepaar. Erwin Strittmatter, geboren 14.08.1942 in Spremberg, gest. 31.01.1994, gelernter Bäcker, Weltkriegssoldat, desertiert gegen Kriegsende, Zeitungsredakteur, dann freischaffend, gehörte zu den renommiertesten und bedeutendsten Schriftstellern der DDR, seine Bücher waren Bestandteil des Literaturkanons an Schulen und im Germanistikstudium, schrieb vor allem über das Leben der »kleinen Leute« und sehr naturverbunden, wurde nach der Wende in ganz Deutschland durch seine Romantrilogie »Der Laden« über seine Kindheits- und Jugenderlebnisse bekannt (1983, 1987, 1992, TV-Verfilmung 1989). Aufsehen erregte

er in der DDR vor allem mit seinem Roman »Ole Bienkopp« (1963) über die sozialistische Umgestaltung auf dem Land, der nach der → Bitterfelder Konferenz sehr kontrovers diskutiert wurde, außerdem mit seiner Romantrilogie »Der Wundertäter« (1957, 1973, 1980). Hat auch sehr schöne Kurzgeschichten geschrieben.
Seine Frau Eva Strittmatter, geb. 8.02. 1930 in Neuruppin, war Zeitschriftenredakteurin und Verlagslektorin, schrieb Kinderbücher und wurde bekannt mit ihrem ersten Lyrikband »Ich mach ein Lied aus Stille« (1973) und den »Briefen aus Schulzenhof« (1977), in denen sie ihr Leben mit ihrem Mann auf dem gemeinsamen Bauernhof in Dollgow/Gransee mit Ponyzucht beschrieb. Ihre gereimten, elegischen Gedichte waren besonders bei den älteren Leserinnen beliebt. Es sind mehrere Lyrikbände im Aufbau Verlag Berlin erschienen.

STUDENTENCLUB

Freizeiteinrichtungen für Studenten, die an den Universitäten und Hochschulen der DDR durch die Studenten selbst betrieben wurden. Träger waren dabei die → FDJ-Grundorganisationen der jeweiligen Hochschule. Die meisten Studentenclubs trugen den Charakter von Kneipen, in denen man sich auf ein Bier zum Diskutieren traf. Viele waren einfach Diskotheken, aber es gab auch Studentenclubs, die vielseitige Freizeitveranstaltungen anboten. Das war stets vom Engagement der Clubmitglieder abhängig. Der erste Studentenclub eröffnete Ende der 50er Jahre mit der »Ölgrube« an der Technischen Hochschule »Carl Schorlemmer« Leuna-Merseburg. Ein baulich beeindruckender Studentenclub war die Moritz-Bastei in Leipzig, in den Kasematten einer alten Befestigungsanlage neben der Universität unter Mitwirkung der Studenten gebaut. Dort fanden auch viele Rockkonzerte statt.

STUDENTENSOMMER

Von der → FDJ organisierte Ferienarbeit für Studenten. Durch den chronischen Mangel an Arbeitskräften, vor allem in der Urlaubszeit im Sommer, sollten die Studenten der Volkswirtschaft bei der Planerfüllung helfen. Zugleich sollte so die Verbundenheit der Studenten zur Arbeiterklasse, zur sozialistischen Produktion gefördert werden. Dazu sollte jeder Student während seines Studiums mindestens einmal auf freiwilliger Basis in einem Schwerpunktbetrieb einen dreiwöchigen Arbeitseinsatz leisten. Da auch in der DDR Studenten chronisch arm waren, beteiligten sich viele Studenten jedes Jahr am Studentensommer. Besonders begehrt waren dabei Arbeitseinsätze im sozialistischen Ausland, vor allem an der → Trasse, weil dort richtig Geld zu verdienen war. Allerdings sorgten die → GOL-Sekretäre schon dafür, daß nur die »richtigen« Leute diese Stellen bekamen. Im Zuge der Studentensommer wurden in den ersten Jahren der DDR viele sozialistische Großprojekte realisiert, wie die Trockenlegung der Wische bei Magdeburg oder die Meliorationsarbeiten im Rhinluch bei Brandenburg, häufig waren es auch → Ernteeinsätze, z.B. auf Obstplantagen.

STUDENTENWOHNHEIM

Studentenunterkunft in der DDR. Praktisch jeder Student konnte bei Studienbeginn einen Wohnheimplatz beantragen und bekam diesen auch zum Pauschalpreis von zehn Mark im Monat zugewiesen. Dabei waren die Verhältnisse in den einzelnen Wohnheimen recht unterschiedlich. Zu Studienbeginn teilten sich in der Regel vier Personen ein Zimmer im Wohnheim, und ob Toiletten und Duschen im Keller oder im Zimmer waren, hing davon ab, wie alt das Wohnheim war. Da konnte der Student in den 80er Jahren Glück haben und in einem modernen Wohnheim einen hohen Komfort mit Badzelle am Zimmer bekommen, das er sich mit zwei oder drei anderen Kommilitonen teilte, oder aber es verschlug ihn in ein abgewohntes Haus aus den Gründerjahren der DDR oder einfach in eine Baracke, wo die sanitären Einrichtungen stark reparaturbedürftig waren. In solchen Wohnheimen wurden dann zum Beispiel Duschköpfe von den Absolventen an die Immatrikulierten vererbt, und das Wissen, wer einen Pümpel besaß, war Gefälligkeiten wert.

STÜLPNER, KARL

Siebenteilige Serie des → DFF von Walter Beck nach einem Szenarium von C. U. Wiesner und Gerhardt Branstner mit → Manfred Krug in der Titelrolle (1973). Karl Stülpner war ein Volksheld im Erzgebirgischen im späten 18. und angehenden 19. Jahrhundert. Als Sieger in einem Preisschießen um die Stellung als Herrschaftsjäger beim Grafen von Einsiedel fällt er einer Intrige zum Opfer und wird zum Militärdienst im kursächsischen Heer gepreßt. Er desertiert und wandert mehrere Jahre durch Europa. Als von der Obrigkeit Verfolgter lebt er fortan vogelfrei in den Wäldern des Erzgebirges und Nordböhmens. Durch Wildern nimmt er Rache an seinen Verfolgern und mindert die Not der Bauern durch Milderung der Wildplage und durch verschenktes Wildbret. Das trägt ihm die wachsende Sympathie des Volkes und den Haß der Obrigkeit ein.

SUBBOTNIK

Arbeitseinsatz, erfunden in der Sowjetunion während der Bürgerkriege 1918/1919, abgeleitet von dem russischen Wort Subbota (Samstag). Freiwillige Arbeitseinsätze dieser Art fanden stets an Samstagen statt und dienten unter anderem dazu, Aufräum- und Flurreinigungsarbeiten in Wohngebieten oder auf Betriebsgeländen durchzuführen, aber auch Vereine bedienten sich dieses Mittels und schufen nicht selten Vereinshäuser oder Sportstätten für den Breitensport, vor allem in ländlichen Regionen. Allerdings war die Teilnahme, gerade an Berufsschulen, nicht immer ganz freiwillig; wie bei der Teilnahme an der 1.-Mai-Kundgebung wurde sehr darauf geachtet, wer kam und wer ohne Entschuldigung fernblieb.

SUMMAVIT

Multivitaminpräparat aus dem VEB Jenapharm Jena. Es enthielt eine auf den Tagesbedarf eines Erwachsenen abgestimmte Mischung aus zehn lebenswichtigen Vitaminen. In den Apotheken der DDR war es frei verkäuflich und vor allem zur Prophylaxe gegen Erkältungskrankheiten während der Herbst- und Wintermonate gedacht.

SUPPINA

Markenname des VEB Suppina Auerbach im Vogtland. Unter diesem Namen produzierte das Werk Trockensuppen und -soßen sowie Fleischkonserven. Der → Betrieb ging aus dem ehemaligen VEB Suppex Auerbach hervor und war der einzige Produzent von Tütensuppen und -soßen in der DDR.

SÜSSMOST

Durch das Pressen von Obst mittels Dampf erzeugter Fruchtsaft, der in der DDR aus fast jedem einheimischen Obst hergestellt wurde. Der Begriff stammt aus der Weinproduktion und bezeichnet dort den Traubensaft, der kalt gepreßt und danach vergoren wird. Mangels Kapazitäten konnte man die Früchte oft nicht lange lagern und mußte sie haltbar machen. So wurde reichlich Obst vermostet, und das Produkt kam nicht als Fruchtsaft, sondern als Most in den Handel, obwohl er eigentlich nicht mehr zur Vergärung taugte. Es gab u.a. die Varianten Sanddorn, Apfel, Johannisbeere, Mehrfrucht.

SV-AUSWEIS

Das wichtigste Dokument des Sozialversicherten. Es stellte seine Leistungsansprüche gegenüber dem Staat sicher. Eintragungen in ihn durften ausschließlich durch staatliche Dienststellen, → Betriebe, Verwaltungen der Sozialversicherung und Gesundheitseinrichtungen vorgenommen werden. Er war nur in Verbindung mit dem Personalausweis der jeweiligen Person gültig und wurde dem Bürger zu Beginn seiner Berufstätigkeit und der damit verbundenen Sozialversicherungspflicht ausgestellt, bei Studenten war das der Tag der Immatrikulation an der jeweiligen Bildungseinrichtung. Er enthielt folgende Informationen: allgemeine Schulbildung, Berufsausbildung, Hoch- und Fachschulbildung, Qualifizierungsmaßnahmen mit Abschluß, staatliche und betriebliche Auszeichnungen, sonstige Spezialkenntnisse, Urlaubsansprüche und geleistete Überstunden, Arbeitsrechts- und Sozialversicherungsverhältnisse, die jährlich einzutragen waren, zusätzliche Angaben für bergmännisch Beschäftigte, Heilbehandlungen (ambulant oder stationär), gewährte Heil- und Hilfsmittel, wie Brillen oder Gehstöcke, besondere Eintragungen des Gesundheitswesens, Röntgengroßaufnahmen oder Schirmbilder der Brustorgane, → Reihenuntersuchungen, Tauglichkeitsuntersuchungen für bestimmte Berufsgruppen, wie Kraftfahrer oder Beschäftigte in der Lebensmittelindustrie, Nachweis über Geburten und sonstiges, bis hin zum Rentenbezug. Damit machte dieses kleine grüne Buch den DDR-Bürger für die Ämter und Behörden zu einer gläsernen Persönlichkeit, wobei der Bürger selbst für die Vollständigkeit der Eintragungen verantwortlich war.

T

TABAK

1. Pflegeserie aus den VEB Berlin Kosmetik. Diese Pflegeserie wurde speziell für den Mann produziert und wurde ausschließlich im → Exquisit-Handel verkauft. 2. Pflanze, deren Blätter getrocknet und geschnitten als Rauchware verkauft werden. Neben dem großen Marktanteil der Zigaretten gab es in der DDR natürlich auch Pfeifentabak in mehreren Sorten zu kaufen. Schwieriger war es, eine gute Pfeife zu bekommen.

TADEUS PUNKT

Figur aus dem Abendgruß des → Sandmännchens im → DFF. Der Puppenspieler Heinz Fülfe verkörperte diesen Zeichner, dessen Zauberbleistift aus vorgegebenen Zahlen oder Buchstaben Dinge des täglichen Lebens zauberte. Die Rolle der fragenden und staunenden Kinder übernahm dabei der Hund Struppi. Diese Stimme der Handpuppe Struppi sprach der Bauchredner Fülfe selbst. Zum Abschluß jedes Abendgrußes malte er auf seine Skizze einen Punkt, daher sein Name.

TAG DER BEFREIUNG

8. Mai – Tag der Unterzeichnung der Kapitulationsurkunde der Deutschen Wehrmacht gegenüber den Alliierten Truppen durch Generalfeldmarschall Keitel. In der DDR zu runden Jubiläen als Fei-

ertag ausgeschrieben. Stets wurde an diesem Tag auf die Befreiung vom Faschismus durch die ruhmreiche Sowjetarmee verwiesen und die unverbrüchliche Treue zum Bruderbund mit den anderen sozialistischen Staaten bekräftigt. Für die alten Genossen aus dem kommunistischen Widerstand gegen die Nationalsozialisten war dieser Tag von besonderer Bedeutung. → OdF und → »Es lebe die ruhmreiche Sowjetarmee!«.

TAG DER NVA

1. März – An diesem Tag wurde auf Beschluß der → Volkskammer vom 18.01. 1956 aus der kasernierten Volkspolizei die Nationale Volksarmee (→ NVA) gebildet. Diesen Gründungstag feierte die Armee mit Appellen und Ehrungen, Beförderungen und Auszeichnungen. Bereits in den → Kindergärten wurde damit begonnen, diesen Tag als Ehrentag zu begehen, das Militär als friedenssichernde Institution darzustellen. Beliebt war der Besuch in einer nahegelegenen Kaserne mit Besichtigung der Technik. Für die Soldaten bedeutete das mitunter Tage vorher Putzen und Reinemachen, am Tag selbst stundenlanges Stehen auf Appellplätzen.

TAG DER OFFENEN TÜR

Tage der offenen Tür gabe es regelmäßig einmal im Jahr in vielen Einrichtungen und Organisationen. Universitäten und Hochschulen warben um zukünftige Studenten und luden dazu → EOS-Schüler ein, die → NVA-Regimenter veranstalteten Tage der offenen Tür, um Berufssoldaten zu werben, und auch der DDR-Rundfunk veranstaltete zeitweilig Tage der offenen Tür, um Talente unter den jungen Musikern zu entdecken. So bekannte Musiker wie die Band Electra und auch Jürgen Kerth, einer der besten Bluesgitarristen der DDR aus Erfurt/Thüringen, wurden so entdeckt.

TAG DES LEHRERS

→ Lehrertag

TAIGATROMMEL

Umgangssprachliche Bezeichnung für Diesellokomotiven der Baureihe 130 aus sowjetischer Produktion. Diese Lokomotiven wurden bei der → Deutschen Reichsbahn vor allem im schweren Güterzugverkehr eingesetzt und waren weit verbreitet. Später setzte die DDR auch Lokomotiven der Baureihe 132 aus sowjetischer Produktion ein. Ein anderer Begriff war »Taigahummel« wegen dem tiefen Ton, den die starken Motoren verbreiteten.

TAKRAF

Markenname des VEB TAKRAF Leipzig. Dieser Betrieb produzierte in der DDR vor allem Kräne und Hebezeuge für die Bauindustrie und die Industrie allgemein. TAKRAF-Erzeugnisse waren für die DDR ein wichtiger Exportartikel innerhalb des → RGW, vor allem in die Sowjetunion.

TAL DER AHNUNGSLOSEN

Respektlose Bezeichnung für Regionen in der DDR; in denen der Empfang des Westfernsehens unmöglich war. In Zeiten, während derer ARD und ZDF eindeutig für DDR-Bürger gedachte Sendungen und Beiträge produzierte, war ein solcher Wohnort innerhalb der DDR echt von Nachteil. Allerdings outeten sich die Bewohner des Tales der Ahnungslosen meist durch das kritiklose Konsumieren jeglichen Fernsehschrottes westlicher Produktion.

TALSPERRE DES FRIEDENS

Talsperre Sosa. Ihr Bau war eines der ersten zentralen → Jugendobjekte der → FDJ. Mit dem Bau dieser Talsperre wurde der Verlauf eines Nebenflusses der Zwickauer Mulde reguliert und die Hochwassergefahr in diesem Gebiet gebannt. Gleichzeitig konnte damit die Trinkwasserversorgung von zirka 100.000 Menschen im Gebiet um die Industriestädte Aue und Schwarzenberg sichergestellt werden. Das war auch das eigentliche Ziel dieser gigantischen Baumaßnahme.

TATRA

1. Automobilproduzent aus der ČSSR. Während der 50er und 60er Jahre importierte die DDR neben schweren LKW auch Limousinen der Marke Tatra. Sie stellten zum damaligen Zeitpunkt einen gehobenen Standard dar und waren neben dem Einsatz als Dienstfahrzeuge für hohe Funktionäre und Leiter nur noch angesehenen Künstlern vorbehalten und finanziell kaum erschwinglich. Die Tatra-Werke produzierten Straßenbahnen und insbesondere schwere LKW, die in den Armeen des Warschauer Vertrages mit den verschiedensten Aufbauten eingesetzt wurden, als Raketenwerfer, Zugmittel für schwere Artillerie usw. 2. Gebirgszüge in der Slowakei (Hohe Tatra und Niedere Tara), Teil der Westkarpaten. Für die DDR-Bürger war die Tatra ein beliebtes Reiseziel für den Wintersport, weil relativ schneesicher und erschwinglich. Im Sommer war es ein gutes Gebiet zum Campen, Klettern und Bergwandern.

TAUSEND TELE TIPS

Werbesendung des → DFF. Sie lief vom 18.04.1960 bis 31.01.1976. Was gab es wohl in der DDR zu bewerben? Baden mit Badusan und der Minol-Pirol sind nur zwei Bespiele aus der reichhaltigen Palette ostdeutscher Werbefilme. Im Gegensatz zur reinen verkaufsorientierten und imagebildenden Werbung heute verstand sich das Werbefernsehen in der DDR als Kundendienst. Sehr viel Zeit wurde dafür verwendet, Informationen zur Gebrauchswerterhaltung von Konsumgütern zu liefern.

TELE-BZ

War eine »aktuell-politische Sendereihe mit kabarettistischen Akzenten«, die sich anfangs überwiegend mit westdeutschen Themen befaßte und sich gezielt auch an das Westberliner Publikum wandte. Sie lief vom 29.11.1959 bis 08.12.1971. Zunehmend verlagerte sich die Thematik der Sendung hin zu ostdeutschen Themen, allerdings mit einer aufbauend gemeinten Satire-Tendenz.

TELE-LOTTO

Spielform des Staatlichen Wettspielbetriebes der DDR seit 1972. Mit Tele-Lotto, einem Lottospiel, bei dem fünf Gewinnzahlen aus fünfunddreißig Zahlen gezogen werden, wurde ein sehr publikumswirksames Spiel geschaffen. Die Ziehung der Gewinnzahlen erfolgte am Sonntagabend in einer halbstündigen Sendung, wobei jeder Spielzahl ein Unterhaltungsbeitrag zugeordnet war. Der Moderator ließ die Kugel rollen, die auf einer Art Roulette eine der fünfunddreißig Zahlen traf, danach verkündete er den Unterhaltungsbeitrag (z.B. Nina Hagens → »Du hast den Farbfilm vergessen« u.ä.). Mitte der 80er Jahre ging man dazu über, die Unterhaltungsbeiträge für eine Sendung im voraus zusammenzustellen. Die Unterhaltungsbeiträge waren dabei auf den Moderator der Sendung zugeschnitten oder waren gar seine künstlerischen Darbietungen.

TELESPARGEL

Umgangssprachlich für den Fernsehturm in Berlin. Dieser wurde nach fünfjähriger Bauzeit 1969 fertiggestellt und war zum damaligen Zeitpunkt eine außerordentlich attraktive Sehenswürdigkeit Berlins. Er maß bis zur Antennenspitze 365 Meter. In der Kugel, die aus 140 Edelstahlsegmenten besteht, sind sieben Etagen untergebracht. In 203 Meter Höhe befindet sich eine Aussichtsplattform mit 24 Meter Durchmesser. In 209 Meter Höhe das Telecafé mit 29 Meter Durchmesser, das sich innerhalb einer Stunde um genau 360° drehte. Für seine Konstruktion wurden 4.950 Tonnen Stahl und 8.000 Kubikmeter Beton verbaut. Der Turm wiegt zirka 26.000 Tonnen. Mit seiner Höhe gehört er zu den höchsten Bauwerken in Europa und seine Erbauung ist des sandigen Untergrundes wegen als ingenieurtechnische Meisterleistung zu werten. Bis 1972 wurden um seinen Fuß, der einen Durchmesser von 32 Meter hat, zweigeschossige Pavillonbauten mit Ausstellungsräumen und Restaurants errichtet.

TEMPO-LINSEN, TEMPO-BOHNEN UND TEMPO-ERBSEN

Mit einem Spezialverfahren getrocknete Erzeugnisse aus dem VEB Nahrungsmittelwerke → Suppina Auerbach. Die Hülsenfrüchte sollten trotz der geringen Restfeuchte nach nur zehn Minuten Kochzeit verzehrfertig sein. So jedenfalls verkündete es die Kochanleitung auf der Verpackung. Der erfahrene DDR-Bürger wußte aber: Die Hülsenfrüchte waren vor der Zubereitung einige Zeit lang einzuweichen!

TESLA

Tschechischer Heimelektronikhersteller, in der DDR vor allem mit Spulentonbandgeräten der verschiedensten Baureihen (Stereo – 4 Spuren) vertreten. Die Spulentonbandgeräte waren aufgrund des Mangels an hochwertiger Kassettentenaufnahmetechnik sehr begehrt und wurden außerdem häufig in Schulen und Hochschulen eingesetzt. Mit der Produktion von Kassettentonbandgeräten im → VEB Stern-Radio Berlin verloren die Spulentonbandgeräte zunehmend an Bedeutung. Kenner schwören noch heute auf diese Geräte, obwohl die Handhabung einer Kassette einfacher ist als das umständlichen Spulenauflegen und das Suchen von Titeln auf den Bändern mit ihrer extrem langen Spieldauer. Ein Grund für die lange Beliebtheit der Spulentonbandgeräte bei Musiksammlern war, daß die Kassetten aus DDR-Produktion nicht die Aufnahme- und Wiedergabequalität sowie Haltbarkeit der Tonbänder erreichten.

TGL

Technische Gebrauchs- und Liefernormen. Diese Normen entsprachen in ihrer Wertigkeit etwa den bundesdeutschen DIN, waren aber stark an die sowjetischen GOST-Normen angelehnt.

THÄLMANNPIONIERE

Mitglieder der → Pionierorganisation »Ernst Thälmann« innerhalb der Klassenstufen 4–7. Sie trugen im Unterschied zu den → Jung-

Thälmannpioniere bei der Begrüßung der Gäste des VIII. Parteitag 1971 in Berlin

pionieren ein rotes Halstuch und wurden politisch konsequent auf die Aufnahme in die → FDJ vorbereitet. Damit verbanden sich erstmals auch eigene Leitungsorgane innerhalb der Pioniergruppe, der → Gruppenrat und der → Freundschaftsrat an der Schule. Benannt nach dem kommunistischen Arbeiterführer Ernst Thälmann, geb. 1886, 1944 im KZ Buchenwald ermordet.

THEATER DER FREUNDSCHAFT

Schauspieltheater in Berlin in der Nähe des U- und S-Bahnhofes Frankfurter Allee, das vorwiegend das Schauspiel und Sprechtheater allgemein für Kinder und Jugendliche pflegte.

THEATERANRECHT/BETRIEBSANRECHT

Bestandteil der Kulturpolitik der DDR, eine Art Abonnement. Jeder → Werktätige wurde im Zuge der kulturpolitischen Arbeit angesprochen, solche Anrechte zu erwerben. Damit bezahlte der Anrechtsinhaber nur einen Teil der tatsächlichen Kosten für die Theaterkarten, besuchte aber im Jahr mindestens fünf Vorstellungen. Das gleiche gab es an Schulen und Universitäten. Für Schüler konnte der Preis für eine Theaterkarte jedoch bestenfalls als symbolisch bezeichnet werden. Die Theater hatten auf diese Weise einen großen Kartenabsatz, egal, ob die Anrechtsinhaber nun zur Vorstellung kamen oder nicht, und die Kulturverantwortlichen in den → Betrieben konnten hohe Ergebnisse ihrer Arbeit abrechnen.

THÜRK, HARRY

1927 in einer oberschlesischen Kleinstadt geboren, lebt Harry Thürk seit 1945 in Weimar. Nach dem Besuch der Handelsschule arbeitete er in verschiedenen Berufen, unter anderem als Bildreporter und Redakteur. Von 1956 bis 1958 war er Redakteur in Peking und ist seitdem freischaffender Schriftsteller. Er veröffentlichte zahlreiche Romane, die vornehmlich in Fernost spielen und ihn zum Bestsellerautor machten. Sein wohl umstrittenstes Werk ist der Roman »Der Gaukler« über den russischen Dissidenten Alexander Solchenizin. Die darin vorgeführte Figur ist aber wohl politischen Vorgaben geschuldet und sollte als das gelesen werden, was sie darstellt, einen Mann, der Unrecht anprangert und dafür auch persönliche Verfolgungen hinnimmt. (Verlag DNB, Geschäftsleitung)

TIEFE DURCHDRINGUNG

Diese Ellipse drückt das vollständige geistige Nachvollziehen eines Vorganges oder einer Theorie aus. Die Wissenschaft erreicht das durch mathematische Modellierung von technologischen Prozessen oder physikalischen Thesen. In der DDR bedeutete dies, das vollständige geistige Nachvollziehen gesellschaftlicher Vorgänge und vor allem der Beschlüsse von Partei und Regierung. Das war für den gut informierten DDR-Bürger recht schwer, da die tägliche

Realität viele Versprechungen als Lüge strafte. Dabei wurde natürlich vorausgesetzt, daß jede Äußerung dazu von hoher → Parteilichkeit geprägt war und Informationen aus dem Weltgeschehen entsprechend dem → parteilichen Standpunkt bewertet wurden.

TIMM'S SAURER

Spirituosenspezialität aus dem VEB Schilkin Berlin. Er war ein mit Citrusfruchtsaft versetzter Weizenkorn mit 20 Prozent Alkohol.

TIMUR UND SEIN TRUPP

Kinderbuch des sowjetischen Autors Arkadi Petrowitsch Gaidar (1904–1941). Die Geschichte spielt in der russischen Provinz während des → Großen Vaterländischen Krieges. Timur ist eine Halbwaise. Sein Vater ist an der Front gefallen. Zu Hause lebt nur noch sein Onkel, der nicht fronttauglich ist. Deshalb wird er von den anderen Kindern des Dorfes gehänselt. Im Verlauf der Geschichte schafft es Timur jedoch, Freunde um sich zu scharen und gemeinsam mit ihnen heimlich Hilfeleistungen für die Frauen, deren Männer an der Front kämpfen, zu erbringen. Das Buch war Schulliteratur in der DDR und sein Inhalt wurde als Vorbild für die → Timurhilfe genutzt, die die → Pioniere (→ Pionierorganisation) in der DDR als abrechenbare Leistung erbringen sollten. Es ist ein typisches Beispiel für ein Werk des → sozialistischen Realismus.

TIMURHILFE

Nach dem in dem Kinderbuch → »Timur und sein Trupp« von Arkadi Gaidar dargestellten Vorbild eines einzelnen russischen Jungen sollten sich die Pioniere (→ Pionierorganisation) beispielhaft verhalten. Dementsprechend bestand Timurhilfe darin, älteren Menschen beschwerliche Tätigkeiten abzunehmen, ihnen Einkäufe zu erledigen, die Kohlen hochzutragen usw. Gemäß den Vorgaben der → Pionierorganisation sollte das jedoch abrechenbar geschehen. Die Tugendhaftigkeit und Vorbildwirkung solcher Pioniere (→ Pionierorganisation) sollte herausgestellt werden. In einer vernünftig funktionierenden Familie bereitet die Verteilung solcher Aufgaben jedoch auch ohne Timurs Vorbild keinerlei Schwierigkeiten.

TINKO

Kinderbuch von → Erwin Strittmatter. Bereits 1954 erschien dieser Roman, in dem sich Strittmatter mit der Umsiedler- und Heimkehrerproblematik befaßt. 1955 erhielt er dafür den → Nationalpreis. Die Geschichte wird aus der Sicht des Martin (Tinko) Kraske erzählt, der während einer Bombennacht Obdach und Mutter verlor und nun bei den Großeltern aufwächst, die für die hoffentlich heimkehrenden Söhne eine kleine Wirtschaft aufgebaut haben und unterhalten. Daß die vier alten Hände dafür eigentlich zuwenig sind, merkt der Großvater in seiner Mischung aus Halbwissen und Aberglauben nicht. Außerdem hat er ja noch Tinko, den er als billige Arbeitskraft mißbraucht. Als der erste Sohn heimkehrt, Tinkos Vater, den der Junge zunächst nur Heimkehrer nennt, und von Mechanisierung spricht, ekelt ihn der dominante Großvater vom Hof. Aber auch der zweite Sohn hat nichts Eiligeres zu tun, als seinen Frieden mit dem Bruder zu machen und von Großvaters »Klitsche« zu flüchten. Dem gegenüber stehen die Forderungen der neuen Verwaltung nach Abgabesoll und Saatvorgaben, die der Großvater mit seiner rheumakranken Frau und dem viel zu kleinen Enkel, der als Knecht in der Schule bereits hoffnungslos zurückgeblieben ist, nicht mehr erfüllen kann. Der gesamte Handlungsverlauf zwingt dem Leser praktisch die Kollektivierung der Landwirtschaft auf, die mit einer umfassenden Mechanisierung einhergeht und industrielle Produktionsformen vorbereitet.

TIP

Abkürzung für Theater im Palast. Das waren Theateraufführungen außerhäusiger Ensembles oder eigener Produktionen mit Gastschauspielern. Wie alle Veranstaltungen im → Palast der Republik waren auch TiP-Abende oft schon Wochen vorher ausverkauft. Gegründet wurde das TiP 1975 durch die Intendantin, Regisseurin, Schauspielerin und Chansonsängerin Vera Oelschlegel. Die am 05.07.1938 in Leipzig geborene Vera Oelschlegel gehörte vorher zum Schauspielerensemble des → DFF und hat dort vor allem in Kriminalfilmen und Märchenfilmen gespielt. Mit dem von ihr gegründeten Ensemble 66 konnte sie sich als Chansoninterpretin international einen Namen machen. Da sie mit zwei einflußreichen Funktionären, mit → Hermann Kant und dem Berliner SED-Bezirkssekretär Konrad Naumann, verheiratet war (natürlich nacheinander), hatte sie genug Rückendeckung für ihr TiP-Projekt.

TOLLENSEER

Schnittkäsesorte aus dem Milchhof Neubrandenburg. Benannt wurde dieser Käse nach dem Fluß Tollense, einem Nebenfluß der Peene, der als Abfluß des Tollensesees durch die ehemalige Bezirksstadt Neubrandenburg fließt und in der Nähe von Demmin in die Peene mündet.

TRABANT

PKW aus dem VEB Sachsenring Zwickau. Das Werk ging aus den Horch Werken in Zwickau hervor und produzierte seit Ende der 50er Jahre einen Kleinwagen, der nach dem ersten Sputnik, der ja ein künstlicher Erdtrabant war, Trabant genannt wurde. Aus Mangel an Metall wurde dieses Fahrzeug mit einer Kunststoffkarosserie gebaut. Motorisiert war er mit einem Zweizylinder-Zweitakt-Otto-Motor. Er erreichte eine Höchstgeschwindigkeit von ca. 110 km/h–120 km/h und wurde mit einem Benzin/Öl-Gemisch betankt. Der Trabant war ein typisches DDR-Produkt, mit vielerlei Mängeln und Abstrichen vom eigentlichen Entwurf. So äußerte sich Günter Mittag, der oberste DDR-Wirtschaftslenker, einmal so: »Der reicht fürs Volk!« Das Volk gab diesem Auto dann die viel-

Leipziger Herbstmesse von 1958 – Der Trabant wird vorgestellt

fältigsten Spitznamen wie »Rennpappe« und »Plastikbomber«. Die → Grenztruppen der DDR und die → GST benutzten eine offene Version als Kübelwagen. Anfang 1989 begann Sachsenring die ersten Trabant mit Viertaktmotoren zu bauen, die damals bei Volkswagen gekauft wurden und baugleich zu den Motoren im VW Polo waren. Der Trabant war allerdings auch ein Auto, das seinem Besitzer erlaubte, den größten Teil der Wartungs- und Reparaturarbeiten selbst zu erledigen. Notwendig war dazu nur ein Minimum an handwerklichem Geschick. Und das besaß fast jeder. Die Wartezeit auf einen Trabant betrug ca. 10–12 Jahre, man mußte ihn also möglichst in jungen Jahren bestellen, natürlich gab es (wie bei allem in der DDR) Sonderkontingente für Privilegierte, die jährlich vergeben wurden.

TRADITIONSZIMMER/TRADITIONSECKE

Besitzt fast jeder Sportverein, um dort seine Erfolge – und sei es nur auf Kreis- oder Stadtebene – zu dokumentieren. In der DDR wurden solche Traditionszimmer gefordert, weil sie den Besucher an die revolutionären Traditionen des → Betriebes, der Schule, Universität oder Einrichtung erinnern sollten. Nicht selten wurden solche Traditionszimmer dazu genutzt, den Unterschied zwischen alter Zeit (Kapitalismus) und neuer Zeit (Sozialismus) darzustellen. Oft war die Einrichtung und Pflege eines Traditionszimmers Bestandteil von Kulturplänen oder ein → Parteiauftrag für einen jungen → Kandidaten. Häufig kümmerten sich um die Traditionszimmer der Betriebe aber Rentner, sog. Veteranen, die sich mit dem Betrieb verbunden fühlten und oft ihr ganzes Leben dort gearbeitet haben. Schwierig wurde es jedoch, wenn eine Einrichtung ein neues Gebäude bezog oder wie in Berlin ein völlig neuer Stadtbezirk aus dem Boden gestampft wurde. Aber auch dafür brachte die intensive Beschäftigung mit der Geschichte oft revolutionäre Traditionen ans Tageslicht. Gerade in den 80er Jahren nahm die Orts- und Regionalgeschichtsschreibung in der DDR einen Aufschwung, wurde sogar in den Schulunterricht aufgenommen (Liebe und Verbundenheit zur Heimat).

TRÄGERBETRIEB

Sponsor einer → BSG. Da die verschiedenen BSG jeweils einem Betrieb zugeordnet waren, hatte praktisch jeder größere → Betrieb in der DDR seine eigene BSG.

TRAMPER

1. Leichter ungefütterter, knöchelhoher Schuh aus Wildleder mit durchgehender, flacher Sohle. Das Tragen solcher Schuhe, die dazu noch alt sein und das Leder speckige Stellen haben mußte, war ein massiver Ausdruck von jugendlicher Opposition in der DDR. Vor allem Jugendliche aus Intelligenzfamilien trugen ihren Widerstand so zur Schau. Dabei war der Schuh mit seiner dünnen Sohle unpraktisch und saugte sich bei Regen und Schnee sofort voll Wasser. 2. Reisender per Autostop, per Anhalter (hier wieder das Auskosten eines freien Lebensgefühls – wenn es nicht regnete: Trampen nach Bulgarien in den Sommerferien, mit Rotwein und Jack Kerouacs »On the Road« als Reclam-Taschenbuch in der Tasche).

TRÄNENPALAST

Heutige Bezeichnung für die ehemalige Abfertigungshalle des Bahnhofs Friedrichstraße. Entgegen anderen Behauptungen ist der Begriff Tränenpalast jedoch ein »Westimport« und war selbst unter Bürgern, die diese → GÜSt ein- oder mehrmals passierten, nicht gebräuchlich. Mit dem Bedarfswegfall für diesen Raum wurde daraus ein Veranstaltungssaal, der Tränenpalast getauft wurde. Wenigstens wirkt diese Bezeichnung noch humorvoll, im Gegensatz zu Rentnerschwemme oder deutscher Leitkultur oder ähnlichen Ergüssen deutscher Politikerhirne.

TRASSE

Erdgasfernleitung vom Ural über die Staaten Osteuropas bis in die DDR (→ Schwedt) und auch weiter bis in die BRD, → BAM.

TRAUERAUSSTATTER

Fachgeschäft in der DDR, in dem der Kunde speziell Kleidung und Accessoires für den Trauerfall erwerben konnte. Trauerausstatter arbeiteten außerdem mit Gärtnereien und Blumen- beziehungsweise Kranzbindern zusammen, so daß diese Dinge dort ebenfalls bestellt werden konnten. Bis weit in die 70er Jahre hinein konnte im Trauerausstatter nur bei Vorlage eines Totenscheines eingekauft werden.

TREFFPUNKT KINO

Sendereihe des → DFF, in der über die neuesten Projekte der → DEFA und der Filmstudios in den → Bruderländern berichtet wurde. Treffpunkt Kino stellte außerdem Filme westlicher Produktion vor, die in den Kinos der DDR liefen und rezensierte diese. Allerdings war eine schlechte Rezension eines internationalen Films eher dazu angetan, die Besucherzahlen zu erhöhen. Moderiert wurde die Sendung 1985–1987 von Margot Busse, die schon 1963 neben → Erwin Geschonneck in »Karbid und Sauerampfer« gespielt hat.

TRIKOTAGEN

Begriff stammt aus dem Französischen und bezeichnet Gewirke und Gestricke für Ober- und Unterbekleidung. In der DDR wurde dieser Begriff auch im Handel verwendet. So gab es in den Verkaufsstellen Abteilungen für Ober- oder Untertrikotagen oder gar Sporttrikotagen. Vielleicht sollte das Fremdwort etwas über Provinzialität hinwegtäuschen, wurde aber vor allem falsch eingesetzt.

TROCKENRAUM

Vor allem in großen städtischen → Plattenbausiedlungen mit großen Wohnhäusern anzutreffen. Die Freiflächengestaltung zwischen den → Plattenbauten erlaubte meist nicht die Errichtung von ausreichenden Höfen und Trockenplätzen, auf denen die Bewohner der Häuser ihre Wäsche trocknen konnten. So richteten die Architekten an Fluchtwegen und in nicht als Wohnraum genutzten Räumen sogenannte Trockenräume ein, in denen die Bewohner der Häuser unter Verschluß ihre Wäsche aufhängen konnten.

TROLL

1. Rätselzeitschrift in der DDR. Galt zeitweise als → Bückware. 2. Motorroller aus dem VEB Fahrzeugwerk Ludwigsfelde. Ausgestattet war er mit einem 9,5-PS-Zweitaktmotor und brachte eine Spitzengeschwindigkeit von 90 km/h. Oft war er mit Windschutzscheibe, einem hinten angebrachten Ersatzrad und einem Gepäckträger ausgerüstet. Er war ein typisches Produkt der 60er Jahre in der DDR, seine Produktion wurde Anfang der 70er Jahre eingestellt. Gegen Ende der 70er Jahre tauchten solche Maschinen jedoch liebevoll gepflegt und erhalten mit Kultstatus wieder auf.

TROMMEL

Vom Zentralrat der FDJ herausgegebene, seit 1958 wöchentlich erscheinende Zeitung für → Thälmannpioniere. Diese Zeitung trug im Gegensatz zur → ABC-Zeitung schon mehr den Charakter einer richtigen Zeitung mit Artikeln und Fotos und entsprechendem Layout. Jedoch war die Auseinandersetzung mit der Realität des Sozialismus eher kindgerecht. Musterpioniere wurden vorgestellt, erzählten. Die Trommel nahm bereits stärker Einfluß auf die politische Erziehung der Kinder.

TROPHY
Rennmaschinen verschiedener Baureihen aus dem VEB Motorradwerk Zschopau (→ MZ). Diese 250-Kubikzentimeter-Motorräder waren auf eine sportliche Fahrweise zugeschnitten und mit den entsprechenden Accessoires ausgerüstet, wie einem flachen Lenker, einem anders geformten Tank und ähnlichem.

TSCHAIKA
Regierungslimousine aus der Sowjetunion. Weltweit bekannt wurde diese PKW-Marke durch den Besuch Gorbatschows in Washington, als um den Transport des gepanzerten Tschaika in die USA ein weltweites Presseaufsehen gemacht wurde. In der DDR waren diese Limousinen seit den 70er Jahren kaum noch im Gebrauch, sie wurden durch Volvo-Staatskarossen ersetzt.

TÜBKE, WERNER
Wohl einer der umstrittensten bildenden Künstler in der DDR. Er wurde 1929 in Schönebeck an der Elbe geboren, absolvierte dort Schule, Malerlehre und legte das Abitur ab. 1948/49 studierte er an der Hochschule für Grafik und Buchkunst in Leipzig, danach bis 1952 Kunsterziehung an der Ernst-Moritz-Arndt-Universität in Greifswald. Staatsexamen in Kunsterziehung. Arbeit an der Hochschule für Grafik und Buchkunst in Leipzig als Assistent, später Dozent, seit 1972 Professor. 1973–1976 war er Rektor der Hochschule für Grafik und Buchkunst in Leipzig. Seine Bilder (z.B. »Sizilianischer Großgrundbesitzer mit Marionetten« 1972) fanden internationale Anerkennung, auch in der DDR wurde er gerne mit Auftragsarbeiten bedacht, so z.B. die Wandbilder »Fünf Erdteile« für das Restaurant des Hotels → Astoria Leipzig 1958 und das Wandbild »Arbeiterklasse und Intelligenz« für die Leipziger Universität 1972/1973. 1976–1987 arbeitete er am Panoramagemälde »Frühbürgerliche Revolution in Deutschland« in Bad Frankenhausen. Die Errichtung dieses Denkmals ging auf einen Beschluß des

Politbüros und des ZK der SED (→ Zentralkomitee) vom 9.10.1973 zurück. Mit diesem Denkmal sollte dem deutschen Bauernkrieg (450. Jahrestag) und dem Wirken Thomas Müntzers gedacht werden. 1974/75 wurde der Rohbau des Panoramamuseums errichtet und eine wissenschaftliche Konzeption erarbeitet. Am 01.01.1976 wurde der Vertrag zwischen dem Minister für Kultur und Werner Tübke geschlossen. Bis November 1981 schuf Tübke eine 1:10-Fassung des Gemäldes in Mischtechnik auf Holz, die in der Nationalgalerie der Staatlichen Museen in Berlin zu sehen war. Von 1983 bis 1987 erfolgte die Ausführung des 1722 Quadratmeter großen Rundbildes zu zwei Dritteln durch Werner Tübke selbst. Am 16.10.1987 übergab der Künstler sein Werk. (Lesenswert, aber heute schwer greifbar: Lothar Lang: »Malerei und Graphik in der DDR«, Reclam Leipzig 1987)

TÜRKLINKE

feste Rubrik im Jugendmagazin Neues Leben. Auf dieser Doppelseite brachte das Magazin Aphorismen, die künstlerisch aufbereitet dargeboten wurden. Dazu wurden die Zitate, meist aus der Weltliteratur, mit Karikaturen unterlegt, wobei der Redakteur sich stets eines anderen Karikaturisten bediente.

TZ

Unterrichtsfach Technisches Zeichnen. TZ war Bestandteil des → UTP und vermittelte die Grundlagen der Konstruktionslehre, vor allem technische Darstellungen und die Grundlagen für das Lesen technischer Zeichnungen und technologischer Schemata. Damit wurde gewährleistet, daß niemand die Schule verließ, der nicht ein Minimum an technischer Grundausbildung besaß.

U

»ÜBERHOLEN OHNE EINZUHOLEN«

Von Walter Ulbricht auf dem III. Parteitag der SED 1956 geprägter Slogan. Er meinte, das kapitalistische Wirtschaftssystem, speziell die BRD, sollte man überholen, ohne es einzuholen, d.h. einen anderen Weg dabei zu gehen und nicht die Fehler des anderen Systems zu machen. Dabei spielte wohl die bittere Erkenntnis eine Rolle, daß der Wettlauf um den Sieg in der Arbeitsproduktivität nicht zu gewinnen war, man also auf andere Gebiete der Gesellschaft ausweichen mußte. Man hatte wohl erkannt, daß das System der ausschließlich planungsorientierten Produktion keine entsprechende Ressourcenerschließung auf dem extensiven Weg mehr erlaubte. Trotzdem gelang zu diesem Zeitpunkt wohl keine Trennung mehr vom nahezu allmächtigen Apparat der zentralen staatlichen Planung und Leitung. Also proklamierte man einen Slogan, der ein Überholen suggerierte. Wo man jedoch das kapitalistische Wirtschaftssystem überholen wollte, ließ Ulbricht in seiner damaligen Rede offen.

ULBRICHT, WALTER

Geb. 30.06.1893, gest. 01.08.1973. Ulbricht wurde gern als der kalte Patriarch bezeichnet und war ein Mann, der sich im Schatten von → Wilhelm Pieck und Otto Grotewohl an die Spitze der DDR diente. Er war Generalsekretär und später 1. Sekretär der SED so-

Gab sich gern sportlich: Walter Ulbricht in Klingenthal / Erzgebirge, 1961

wie Vorsitzender des → Staatsrates und des Nationalen Verteidigungsrates der DDR. Damit vereinte er eine immense Machtfülle auf sich, wie sie vor ihm nur Stalin und später Breshnjew in der Sowjetunion auf sich vereinigten. Während seiner Amtszeit gelang es in der DDR tatsächlich, einen bescheidenen Wohlstand zu entwickeln, obwohl solche Losungen wie »Wie wir heute arbeiten, werden wir morgen leben!« An der Tagesordnung waren. Als er nach den Ereignissen des Prager Frühlings doch sehr nachdenklich wurde und ebenfalls nach anderen Wegen für die Entwicklung der DDR suchte, betrieben die Genossen in Moskau seine Entmachtung. (DDR Wer war wer? Ein biographisches Lexikon, Chr. Links Verlag 1992)

Walter Ulbricht während der Einweihung der Dynamo-Sporthalle in Berlin, 1958

UMSATZWERTMARKEN

Mitglieder der → Konsumgenossenschaft besaßen einen Mitgliedsausweis und konnten für ihren Einkauf in → Konsumverkaufsstellen Rabattmarken im Wert ihres jeweiligen Einkaufs erhalten. Diese Marken gab es im Gegenwert zu einer, fünf und zehn Mark. Sie wurden in ein Rabattmarkenheft geklebt, das im Januar für das vergangene Jahr in einer Verkaufsstelle eingereicht wurde. Diese Verkaufsstellen waren in der Regel die Stammverkaufsstellen im Wohngebiet, die die Mitgliederlisten führten. Auf den durch die Rabattmarken nachgewiesenen Umsatz bekam das Mitglied der Konsumgenossenschaft drei Prozent seines Umsatzes als Rabatt bar ausbezahlt. Das passierte in der Regel zehn bis zwölf Wochen nach Einreichen des Rabattmarkenheftes.

UMSCHAU

Sendereihe des → DFF. In der »Umschau« wurden vor allem populärwissenschaftliche Themen präsentiert bzw. Themen aus Wissenschaft und Technik populärwissenschaftlich aufgearbeitet dargeboten.

UMWELTBIBLIOTHEK

Bei der Zionskirche in Berlin eingerichtete Sammlung über Umweltschäden in der DDR. Etwa zu Beginn der achtziger Jahre begannen oppositionelle Umweltgruppen systematisch, Umweltschäden zu dokumentieren. Daß dabei sofort mit Repressalien der mit Argusaugen wachenden → Stasi zu rechnen war, braucht nicht näher erläutert zu werden. Aber man löste die Umweltbibliothek nicht auf, hatte man doch ohne eigenen Aufwand Zugriff auf eine recht umfassende Dokumentation der Umwelt in der DDR. Und schließlich ließen sich Smog in den Städten und stinkende Flüsse kaum verheimlichen. (Enzyklopädie DDR, Digitale Bibliothek)

UNION BERLIN
→ Eisern Union

UNSER MANN IST KÖNIG
Siebenteilige Fernsehserie aus dem Jahre 1980 von Hubert Hoelzke nach einem Szenarium von Maria Dahms und Eva Stein mit → Horst Drinda in der Titelrolle. Die Idee zu dieser 1980 ausgestrahlten Serie stammte von Horst Drinda. Sie sollte die »sozialistische Demokratie« erlebbar machen. So spielt Drinda dann auch einen Abgeordneten in einer Kleinstadt irgendwo in der DDR, der mit den Problemen des DDR-Alltags konfrontiert wird und eben nicht der grandiose Problemlöser ist. Er stellt eine Figur dar, die nicht frei von Fehlern und Irrtümern ist, die aber bereit ist zur Korrektur eingeschlagener Wege. Das war wohl ein Grund für den Erfolg der Serie. Ein weiterer Grund war die gründliche Recherche der beiden Autorinnen über die Arbeit der Abgeordneten in der DDR und die heitere Präsentation des Stoffes.

DAS UNSICHTBARE VISIER
Spionagefilmserie des → DFF um einen Topspion des → Ministeriums für Staatssicherheit. Die einzelnen Folgen ähnelten der James-Bond-Reihe, der Held war aber nicht ganz so makellos und unbesiegbar, die Filme waren auch mit weniger aufwendigen Stunts gedreht und wirkten somit realistischer. Regelmäßig produzierte der DFF einen Spielfilm oder eine Miniserie und sendete diese zwischen den Weihnachtsfeiertagen und Silvester. In den ersten Folgen von 1973 bis zu seiner Ausreise aus der DDR 1980 verkörperte Armin Mueller-Stahl den Agenten, später übernahm Horst Schulze kurzzeitig die Rolle des Aufklärers für den Frieden. (Armin Mueller-Stahl ging 1980 in den Westen.) Außerdem spielten u.a. mit: Ursula am Ende, Marion van de Kamp, Thomas Langhoff, Jessy Rameik. Nach 1980 wurden keine weiteren Folgen gedreht.

UNTER DEM LADENTISCH

→ Bückware.

UNTERHALTUNGSKUNST

1. DDR-Oberbegriff für alle Genres der populären Musik- und Kunst wie Schlager, Kabarett, Zauberei, Artistik, Rock- und Popmusik. Es gab Komitees für Unterhaltungskunst bei den Konzert- und Gastspieldirektionen, es gab Leistungsschauen der Unterhaltungskunst, man konnte Unterhaltungskunst studieren. 2. Die Zeitschrift »Unterhaltungskunst« des Berliner Henschel Verlages (Preis 1,– Mark), die sich mit den verschiedensten Genres befaßte.

UNTER VIER AUGEN

Rubrik in der → Jungen Welt, in der Jutta Resch-Treuwerth Fragen junger Leute zu Sexualität und Partnerschaft öffentlich beantwortete. Trotz eines freien Umgangs mit Sexualität und der durchaus sachkundigen Aufklärung an den → POS zeigte der große Zustrom an Leserbriefen, daß hier noch ein gewaltiger Bedarf bestand, der allein von Seiten der Volksbildung nicht zu bewältigen war. Sei es nun die fehlende Anonymität gegenüber dem Lehrer oder ein Problem, das nicht unbedingt in die sozialistisch realistische Sicht der Welt paßte, wie frühe Schwangerschaft oder Homosexualität, Unter Vier Augen versuchte Lösungen zu suchen.

UNTERSTUFE/OBERSTUFE

Bezeichnung für Klassenstufen aus der Volksbildung. Als Unterstufe wurden die Klassen 1–4 an den → POS bezeichnet. Die Klassenstufen 5–10 hießen Oberstufe.

URANIA

Gesellschaft zur Verbreitung wissenschaftlicher Kenntnisse, gegründet 1954, arbeitete sowohl auf dem Gebiet der Naturwissenschaften, der Technik wie auch der Gesellschaftswissenschaften, selbst

Diavorträge über andere Länder gehörten zum Angebot, organisierte Tagungen und Vorträge. Hatte ihren Sitz (Präsidium) in Berlin und in Leipzig einen eigenen Verlag für Fachliteratur, den Urania-Verlag, in dem auch die Zeitschrift »Urania« erschien.

UTP

Unterrichtstag in der Produktion. Dieses Fach wurde ab der 7. Klasse an den → POS und → EOS gelehrt. Es unterteilte sich in → ESP, → PA und → TZ. Es fand einmal alle zwei Wochen außerhalb der Schule statt, entweder direkt in den Betrieben oder in speziellen Zentren für den UTP-Unterricht. Manche Schüler wurden auch in den Lehrausbildungsstätten der Betriebe unterrichtet. Die Schüler wurden dazu je nach Größe der Betriebe im Stadt- oder Kreisgebiet jedes Schuljahr in einer anderen Abteilung oder gar einem anderen Betrieb geschult. Der UTP spielte in der betrieblichen Produktivität nicht selten eine größere Rolle.

V

VATERLÄNDISCHER VERDIENSTORDEN

Staatliche Auszeichnung der DDR. Sie wurde durch den Vorsitzenden des Staatsrates der DDR verliehen. Es gab sie in vier Stufen. Geehrt werden konnten Einzelpersonen, → Kollektive, → Betriebe und Einrichtungen aus dem In- und Ausland. Der Orden war mit einem Geldbetrag dotiert, die Verleihung der Ehrenspange erfolgte ohne zusätzliche Prämie. Die Ehrenspange wurde ausschließlich an Einzelpersonen verliehen.

VEB

Volkseigener Betrieb. →Volkseigentum. So firmierten bis 1972 viele Betriebe sowie alle Großbetriebe innerhalb der DDR. Später wurden viele VEB Bestandteile von Kombinaten. Nach der Verstaatlichungswelle, die dem VIII. Parteitag der SED 1971 folgte, wurden auch fast alle Klein- und Mittelbetriebe, soweit die nicht schon in → PGHs eingebracht waren, in der DDR → volkseigen und unterlagen damit der zentralen staatlichen Planung und Leitung. Während dieser zweiten Enteignungswelle wurde oft ein solch großer Druck durch Verpflichtungen, Steuerfestsetzungen, Verweigerung von Krediten zur Investition, auch Androhung von Anklagen vor Gericht u.v.a.m. auf die Eigentümer ausgeübt, daß diese gezwungen waren, ihre Betriebe dem Staat zu übereignen. Dafür konnten sie dann mitunter als Betriebsleiter weiterarbeiten. Diese »mittelbaren« Enteignungen blieben nach der Wende nach neuem Recht weiterhin rechtsgültig, die ehemaligen Eigentümer erhielten keine Entschädigung, die Betriebe unterstanden dann der Treuhand.

VEB FORTSCHRITT

1. Landmaschinenkombinat der DDR. Unter dem Markenzeichen Fortschritt brachte dieser Betrieb Traktoren, Mähdrescher, Erntekombines und andere Landmaschinen auf den Markt. Problematisch für den weltweiten Absatz dieser Produkte wirkte sich allerdings aus, daß sie nach den spezifischen Bedingungen der DDR entwickelt waren, also für die landwirtschaftliche Großproduktion. Derart industriemäßige Landwirtschaft gab es allerdings im nichtsozialistischen Weltsystem kaum. 2. Betrieb für Damenoberbekleidung in Berlin. In diesem Betrieb wurden auch viele → Vertragsarbeiterinnen aus Vietnam am Band beschäftigt. Die Produkte dieses Betriebes wurden über den normalen Handel verkauft oder gingen als Export in die Sowjetunion. Die geringeren Erlöse erlaubten keinen Einsatz hochbezahlter deutscher Fachkräfte.

VEB SÜSSWAREN ELFE

Berliner Schokoladenfabrik und Stammbetrieb des Süßwarenkombinates der DDR.

VEB TREFFMODELLE

War ein Betrieb für hochwertige Damen- und Herrenoberbekleidung in Berlin. Er stellte in → Gestattungsproduktion Kleidung für C&A her. Die Produkte dieses Werkes wurden in der DDR innerhalb der → Exquisit-Ladenkette verkauft.

VEG

Volkseigenes Gut. Landwirtschaftlicher Großbetrieb. Der Boden und die übrigen Produktionsmittel waren im Gegensatz zur → LPG → Volkseigentum, wobei auch nichtnationalisierter Boden zur Nutzung übergeben werden konnte. Man unterschied volkseigene Saatzuchtgüter und volkseigene Tierzuchtgüter sowie VEG Pflanzenproduktion und VEG Tierproduktion, die als allgemeine Versorgungsbetriebe den Räten der Bezirke unterstellt waren. Außerdem gab es Spezialgartenbaubetriebe. Die VEG waren entscheidender Produktionsmittellieferant für die Landwirtschaft. Sie hatten folgende Aufgaben zu erfüllen: Produktion des Saat- und Pflanzgutes, Produktion von Zucht- und Nutzvieh, kontinuierliche Produktion von Nahrungsmitteln, Durchführung wissenschaftlicher Versuche und Ausbildung von → Kadern für die Landwirtschaft. Sie wurden nach dem Prinzip der Einzelleitung geführt und die Arbeiter und Angestellten nach den Prinzipien eines sozialistischen Industriebetriebes auf der Basis von → Betriebskollektivverträgen entlohnt.

VENCEREMOS

Spanisch: Wir werden siegen! Schlachtruf der chilenischen Kommunisten während der Zeit der Allende-Regierung in Chile und vor allem nach dem blutigen Militärputsch durch General Pinochet 1973. In der DDR wurde Venceremos vor allem zur Dokumentation der Verbundenheit mit dem chilenischen Volk gebraucht, es taucht natürlich auch in dem DEFA-Spielfilm über den chilenischen Dichter Victor Jara mit → Dean Reed in der Hauptrolle auf. Nach dem Militärputsch kamen auch chilenische Exilanten in die DDR.

VERBAND BILDENDER KÜNSTLER

VBK. Durch den → Kulturbund der DDR angeregte Berufsvereinigung der Maler, Grafiker und Bildhauer in der DDR. Gemäß den Richtlinien der → Partei wurden sie auf den → sozialistischen Realismus als einzig wahre Ausdrucksform der Kunst eingeschworen.

VERBAND DER THEATERSCHAFFENDEN

Berufsvereinigung der Dramatiker und Theaterleute in der DDR. Wie die anderen Berufsverbände wurde auch er dazu genutzt, zentralistisch auf die Theaterschaffenden einzuwirken und den → sozialistischen Realismus als einzig anerkannte und von der → Partei geförderte Form der künstlerischen Weltsicht im Sozialismus zu fordern. Die Möglichkeiten der Inszenierung systemkritischer Stücke waren ohnehin extrem eingeschränkt, auch das Theater unterlag der Zensur. Die Künstler des Theaters mußten Mittel und Wege ersinnen, eine verklausulierte Sprache zur Verständigung mit dem Publikum zu finden, beliebt war die Diskussion von DDR-Problemen im historischen Gewand, so z.B. in Volker Brauns Stück »Der Sonnenstaat«.

VERBANDSAUFTRAG

Ein durch den → Jugendverband an einzelne Mitglieder oder → Kollektive vergebener Auftrag. In der Regel formulierte der → Zentralrat der → FDJ seine Verbandsaufträge nach den → Parteitagen der SED und leitete diese aus den Direktiven zu den → Fünfjahrplänen oder den Volkswirtschaftsplänen ab. Diese allgemein formulierten Aufträge wurden dann für → Jugendbrigaden entsprechend präzisiert. In der Regel dienten sie dazu, Ungereimtheiten innerhalb des wirtschaftlichen Gefüges der DDR durch den Elan und das Engagement der Jugend auszubügeln. Oft ging es auch um die Verwirklichung von großen Industrieprojekten (den Bau des Rostocker Überseehafens, den Bau von Eisenhüttenwerken – »Max braucht Wasser« für die Maxhütte, die → BAM und die Erdgastrasse usw.)

VERBANDSKLEIDUNG

Spezielle Kleidung, die den Träger als Mitglied eines bestimmten Verbandes ausweist. In der DDR zählten dazu das FDJ-Hemd (→ Blauhemd) und das Pionierhalstuch, das gegebenenfalls über einem weißen Pionierhemd getragen wurde. Für zentrale Veranstaltungen der → Pionierorganisation war unter Umständen das Tragen eines Pionierhemdes mit aufgenähtem Emblem vorgeschrieben. Das galt vor allem für die gewählten Mitglieder der Leitungen einer → Pioniergruppe. Während die »Kleinen« oft noch gerne und stolz ihre Pionierkleidung trugen, waren die durch sozialistische Erziehung abgebrühten »Großen« meist bestrebt, ihr FDJ-Hemd so schnell wie möglich wieder auszuziehen.

VERITAS

Markenzeichen des Nähmaschinenproduzenten VEB Veritas Wittenberge. Dieser → Betrieb war lange Jahre einer der erfolgreichsten Exportbetriebe in der DDR. Anfang der 80er Jahre fiel er jedoch als Exportbetrieb aus, weil die Konkurrenz auf dem Weltmarkt inzwischen computergesteuerte Nähmaschinen für die Haushalte anbot und die Produktpalette aus Wittenberge schlicht überholt war.

VERKAUFSSTELLENBEIRAT

Innerhalb der → Konsumgenossenschaften waren die Mitglieder zur freiwilligen Mitarbeit in solchen Beiräten aufgerufen. Der Verkaufsstellenbeirat kümmerte sich um die Befindlichkeiten der Kunden, versuchte durch gezielte Einflußnahme auf das → Kollektiv der Verkaufsstelle die Verkaufskultur zu erhöhen und sollte mit dazu beitragen, daß die vorhandenen Waren gerecht unter der Bevölkerung verteilt wurden.

VERMONA

Markenname für elektronische Musikinstrumente in der DDR. Wohl jeder Nachwuchsmusiker begann mit diesen Instrumenten. Zunehmender Erfolg erforderte jedoch stets auch qualitativ höherwertiges Equipment, so daß die meisten Berufsmusiker viel Geld in westliches Equipment steckten.

VERTRAGSARBEITER

Aus Mangel an Arbeitskräften holte die DDR-Wirtschaft zu Beginn der 80er Jahre mehrere Tausend Arbeitskräfte aus der Volksrepublik Vietnam, Kuba, Mosambik, Algerien und Angola in die DDR. Viele erlernten hier einen Beruf, häufig waren diese Arbeitskräfte aber in Bereichen eingesetzt, um die deutsche Arbeitskräfte einen Bogen machten, z.B. als Näherinnen oder im Schlachthof. Diese Leute füllten zudem die durch die → Republikflucht tausender DDR-Bürger gelichteten Reihen der → Werktätigen auf. Allerdings ergab sich das Problem, daß viele Vertragsarbeiter nicht wieder in ihre Heimat zurückkehren wollten. Es kam zu Mischehen und den Anfängen der Bildung einer multikulturellen Gesellschaft, was durch die Führung der DDR wiederum nicht gewollt war. So war es üblich, daß die Vertragsarbeiter nach Nationen geordnet in speziellen Wohnheimen, in separaten Neubaublöcken untergebracht wurden, wo sie relativ wenig Kontakt zur deutschen Bevölkerung hatten.

VETERANENCLUB

Von der → Volkssolidarität unterhaltene Treffpunkte für ältere Menschen innerhalb der Wohngebiete, die es den meist allein lebenden Senioren ermöglichten, sich unter Gleichaltrigen zusammenzufinden und gemeinsame Stunden zu verbringen. Veteranenclubs führten nicht selten Veranstaltungen für die ältere Generation durch und animierten die Gäste dieser Clubs zu aktiver Mitarbeit, um den Lebensabend sinnvoll zu gestalten.

VINDOBONA

Dieselgetriebener Schnelltriebwagen, der auf der Strecke Berlin-Prag-Wien verkehrte. Abfahrts- und Ankunftsbahnhof in Berlin war der Ostbahnhof. Vindobona, der Name dieses Expresszuges, war die römische Bezeichnung für die spätere Stadt Wien.

VIPA

Weinhaltige Limonade. Sie enthielt einen Weinanteil von 4 Vol %, womit ihr Alkoholanteil praktisch nicht ins Gewicht fiel. Für Eltern war sie bei Schul- und Kinderdiskotheken natürlich eine brauchbare Alternative zu Wein oder Bier oder gar höherprozentigem Alkohol, weil der winzige Anteil nie zu einem Schwips geschweige denn Kater führte und man seine Großzügigkeit gegenüber den Kindern herausstellen konnte.

VISITE

Ratgebersendung des → DFF. Sie wurde aus dem Ostseestudio Rostock ausgestrahlt und widmete sich mit ihren Beiträgen vor allem der Gesundheitsvorsorge und Prophylaxe. Daneben wurden auch viele Beiträge zu neuen Behandlungsmethoden ausgestrahlt und Tips und Hinweise zur eigenen Behandlung von chronischen Krankheiten gegeben.

VITA-COLA

Coffeeinhaltiges Cola-Getränk in der DDR. Im Gegensatz zu dem weltbeherrschenden Vorbild und dem Bemühen vieler Colagetränke anderer Produktion, den Geschmack des Vorbildes zu imitieren, hob sich Vita-Cola deutlich davon ab. Dieses Getränk wurde wesentlich weniger gesüßt und mit etwas Zitronengeschmack verfeinert.

VITAL

Krustenloses Vollkornbrot, das mit dem gleichen Backverfahren hergestellt wurde wie → Pumpernickel. Die Färbung des Brotes war auf Grund abweichender Rezeptur allerdings nicht so intensiv dunkel.

VIZE

Begriff aus dem Sprachgebrauch der Mannschaftsdienstgrade der → NVA. Mit ihm wurden Wehrpflichtige bezeichnet, die die Hälfte ihrer Dienstzeit absolviert hatten. Die Erhebung zum Vize wurde in der Regel mit einer Zeremonie begangen, die innerhalb der verschiedenen Teilstreitkräfte unterschiedlich gehandhabt wurde. In der Regel wurde der Vize durch die → EKs per Vizeschlag in seinen »Stand« erhoben. Es gab aber auch andere Zeremonien, z.B der Vizesprung: Der angehende Vize hatte über einen Tisch zu springen, auf dem eine Kerze auf einem Stahlhelm brannte. Im Flug mußte er »Vize!« rufen, die Kerze durfte nicht ausgehen (hinter dem Tisch lagen natürlich Matratzen).

VKSK

Verband der Kleingärtner, Siedler und Kleintierzüchter. Dieser Verband war eine Vereinigung der vorwiegend in ihrer Freizeit in einem Pachtgarten für die Eigenversorgung oder schlicht aus Freude an der Gartenarbeit oder dem Hobby der Kleintierzucht werkelnden Menschen. In der DDR war das allerdings ein wichtiger Wirtschaftsfaktor. Die Kleingärtner waren mit ihrer Produktion an Obst und Gemüse fest als Lieferanten für die Volkswirtschaft eingeplant. Mit großzügigen Aufkaufpreisen versuchte die Führung der DDR, die Überschüsse der Kleingärtner für den Handel zu erschließen. Aber auch für den einzelnen Bürger hatte der Garten eine große Bedeutung. Was an Obst und Gemüse nicht zu kaufen war, mußte im eigenen Garten produziert werden. Und der Abverkauf von Überschüssen an den Staat war nicht selten ein recht beachtliches Zubrot zur Familienkasse. Zugleich war der Gartenverband eine wichtige soziale Oase für die Familien. Das Zentrum der meist noch aus der Zeit vor dem Weltkrieg stammenden Kleingartenvereine (oft sozialdemokratischen Ursprungs) war in der Regel eine Clubgaststätte mit angeschlossenem Freisitz und Kinderspielplatz.

VÖLKERFREUNDSCHAFT

1. Erstes Urlauberschiff des → FDGB. Es lief 1946 als »Stockholm« in Göteborg vom Stapel und war das erste Passagierschiff, das nach dem Zweiten Weltkrieg neu gebaut wurde. Am 26.07.1956 kollidierte es 100 Seemeilen vor New York mit der »Andrea Doria«, die daraufhin sank. Es wurde repariert und am 5.11.1956 wieder in Dienst gestellt. 1959 wurde es zum Verkauf angeboten und 1960 durch den → FDGB erworben. Am 3.01.1960 lief es als »Völkerfreundschaft« zu Ehren des 84. Geburtstages von Wilhelm Pieck zu seiner ersten Reise aus. 1985 wurde es außer Dienst gestellt und verkauft. Heute liegt es als »Fridtjof Nansen« im Osloer Hafen und dient als Wohnschiff. 2. Prinzip des proletarischen Internationalismus, das in der DDR vor allem durch die Liga für Völkerfreundschaft repräsentiert wurde. Sie war die Dachorganisation mehrerer nach dem Ausland wirkender Freundschaftsorganisationen und wurde im Dezember 1961 gegründet. Ihr Hauptanliegen bestand darin, die Freundschaft mit den Völkern der Sowjetunion und den anderen → Bruderländern zu fördern sowie die Prinzipien der friedlichen Koexistenz zwischen den Völkern in Staaten unterschiedlicher Gesellschaftsordnung durchzusetzen. 3. Der Grafische Großbetrieb Völkerfreundschaft in Dresden, eine Großdruckerei, in der z.B. die Taschenbücher des Leipziger Reclam Verlages im Rollenoffset gedruckt wurden.

VOLKSBUCHHANDEL

Staatliches Handelsmonopol der DDR im Buchhandel. Die einzelnen → Buchhandlungen waren bis auf wenige Ausnahmen alle dem Volksbuchhandel zugeordnet und deren Mitarbeiter beim Volksbuchhandel angestellt. Der Volksbuchhandel gliederte sich neben dem eigentlichen Buchhandel in die großen Abteilungen Antiquariat, Internationales Buch und Kunstbuchhandel. Diese Abteilungen verfügten über eigene Geschäfte. Dabei wurden im Internationalen Buch auch Editionen ausländischer, sogar westlicher Verlage verkauft und im Kunstbuchhandel unter anderem auch Reproduktionen von Bildern bekannter Meister. Die Verlage belieferten ihrerseits den einzigen Grossisten der DDR, den Leipziger Kommissions- und Großbuchhandel LKG, der dann nach einem internen Verteilungsschlüssel die vorhandene Auflage eines Buches auf die Buchhandlungen aufteilte, wobei bestimmte Buchhandlungen, z.B. die der → NVA und die in Parteiinstitutionen, bevorzugt bedient wurden. Die Buchhändler bekamen zwar vom LKG Bestellinformationen, nach denen sie ihre Ware bestellten, aber häufig wurden ihnen von gefragten Titeln nur einige wenige Exemplare zugeteilt. So wurden auch Bücher zu → Bückware. Arbeitsbereiche wie Werbung und Marketing waren völlig unterentwickelt, die Buchbestände wurden per Buchlaufkarten kontrolliert, Computer gab es nicht, auch Vertreter der Verlage, die Buchhandlungen besuchten, gab es nur ganz wenige. Die Arbeit im DDR-Buchhandel ist in vielen Teilen mit heutiger Buchhändlerarbeit kaum noch zu vergleichen. Dies gilt für viele Berufe in der DDR.

VOLKSEIGENTUM, VOLKSEIGEN

Form des sozialistischen Eigentums. Nach der offiziellen Lesart gehörten die volkseigenen → Betriebe allen Bürgern der DDR und die Produktion fand zum Wohle aller statt. Die Erzeugnisse der Arbeit gehören demnach ebenfalls allen gemeinsam. Real war es Staatseigentum. Eines der größten Probleme in der DDR war allerdings die Verantwortung des Einzelnen für das Eigentum des Volkes. In den Köpfen der Menschen war häufig der Gedanke ausgeprägt, daß das Eigentum allen, also praktisch niemandem gehört. Der Umgang der Staatsmacht mit dem Volkseigentum förderte diesen Gedanken. Entsprechend ging man mit den Produktionsmitteln um, die Selbstbedienungsmentalität und mangelndes Verantwortungsbewußtsein in den Betrieben gehörten zur Tagesordnung. Eine typische Redewendung in der DDR war: »Privat geht vor Katastrophe«.

VOLKSKAMMER

Parlament der DDR und als solches oberstes staatliches Machtorgan. Es wurde für die Dauer von fünf Jahren gewählt und setzte sich aus fünfhundert Abgeordneten zusammen. Zu den Aufgaben dieses Parlamentes gehörten u.a. die Verabschiedung von Gesetzen und die Wahl zentraler Staatsorgane. Man wählte den → Staatsrat und seinen Vorsitzenden, den → Ministerrat, den Generalstaatsanwalt, die Richter des Obersten Gerichts und den Vorsitzenden des → Nationalen Verteidigungsrates. Die Parteien und Massenorganisationen, die ihre Mitglieder zur Wahl in die Volkskammer aufstellten, taten dies unter einem Bündnis, das → Nationale Front hieß und quasi als Koalition aller in der Volkskammer vertretenen Fraktionen fungierte. Der DDR-Bürger wählte auch nicht eine bestimmte Gruppierung, er gab seine Stimme den Kandidaten der Nationalen Front, wobei die Wahl zur Bestätigung der Politik der SED degenerierte, zumal die Sitzverteilung innerhalb der Volkskammer festgeschrieben war. Die SED verfügte über 127 Sitze, jede Blockpartei über 52 Sitze, daneben gab es Fraktionen der → FDJ mit 37 Sitzen, des → DFD mit 32 Sitzen, des → FDGB mit 61 Sitzen, des VdgB mit 14 Sitzen und des → Kulturbundes mit 21 Sitzen.

VOLKSKUNSTSCHAFFEN

Bezeichnung für die »organisierte und nichtorganisierte, die kollektive und individuelle, die beginnende und fortgeschrittene künstlerische Tätigkeit der → Werktätigen aller Altersstufen in allen künstlerischen Gattungen und Genres«. Es war also die nichtberufliche Kunstausübung in der Freizeit, wodurch Motive, Funktionen, Entwicklungs- und Wirkungsmöglichkeiten wesentlich bestimmt wurden. Vor allem war man bestrebt, an die progressiven »Kulturleistungen der Vergangenheit, vor allem aber der Arbeiterkulturbewegung«, aber auch an die Folklore anzuknüpfen, also wurden gefördert: Chöre mit Volks- und Arbeiterliedprogrammen, Laientheatergruppen, Kunsthandwerk wie Töpfern, Weben, auch Volkstanz,

Malerei und Laienmusikgruppen (z.B. in den Anfangsjahren der DDR die beliebten Mandolinenorchester). Verantwortlich für die Förderung des Volkskunstschaffens durch die Förderung entsprechender Vereine und Arbeitsgemeinschaften waren die Räte des Kreises, Abteilung Kultur, und der Kulturbund der DDR. Es wurden sogar → Arbeiterfestspiele organisiert, in denen die durch Ausscheidung ermittelten, besten Volkskünstler und Volkskunstkollektive ihre Arbeiten präsentierten. Im Rahmen der Förderung des Volkskunstschaffens wurde auch die Förderung der sorbischen Traditionen und Volkskultur eingeordnet.

VOLKSPOLIZEI/VP

Deutsche Volkspolizei (→ Volkspolizei). Sie war ein → Organ der sozialistischen Staatsmacht der DDR zur Aufrechterhaltung der öffentlichen Ordnung und Sicherheit. Ihre Aufgabe war definiert als der zuverlässige Schutz der sozialistischen Staats- und Gesellschaftsordnung, der »sozialistischen Errungenschaften, des friedlichen Lebens und der schöpferischen Arbeit der Bürger«, insbesondere die Vorbeugung gegenüber Straftaten, Verfehlungen und Ordnungswidrigkeiten, alle Straftaten aufzudecken, zu untersuchen und aufzuklären, Verfehlungen und Ordnungswidrigkeiten zu ahnden sowie die Ursachen für Straftaten, Verfehlungen und Ordnungswidrigkeiten aufzudecken und beseitigen zu helfen; anderen Gefahren vorzubeugen und Störungen zu beseitigen, die die öffentliche Ordnung und Sicherheit bedrohen (was man weit auslegen kann). Sie war verantwortlich für die Gewährleistung von Ordnung und Sicherheit im Straßenverkehr, den Binnengewässern, den inneren Seegewässern, im Bereich des Grenzgebietes sowie den Seehäfen, weiterhin hatte sie den Personen- und Frachtverkehr auf den Strecken der → Deutschen Reichsbahn zu schützen, die Einhaltung der Ausweis-, Paß- und Meldebestimmungen zu gewährleisten, wichtige Betriebe, Anlagen und Objekte zu sichern. Entsprechend war die Volkspolizei auf zentraler, Bezirks- und Kreisebene organisiert. Sie gliederte sich in Bezirksbehörden der Deutschen Volkspolizei, Volkspolizeikreisämter, Transportpolizeiämter, Betriebsschutzämter oder -kommandos. In Städten, Gemeinden sowie Stadtbezirken wurden polizeiliche Aufgaben verantwortlich durch die → ABV gelöst. Zur Volkspolizei gehörten damit die Schutzpolizei, die Kriminalpolizei, die Verkehrspolizei, das Paß- und Meldewesen, die Transportpolizei und die Bereitschaftspolizei (armeeähnliche Einheiten für spezielle Einsätze, auch gegen Demonstrationen, ausgerüstet u.a. mit kleinen Schützenpanzerwagen und Wasserwerfern). Einsätze gegen Demonstrationen mußten die DDR-Ordnungshüter nur selten mitmachen, erst gegen Ende der DDR hatten sie dazu, z.B. in Berlin-Prenzlauer Berg und am Dresdner Hauptbahnhof, im größeren Stil Gelegenheit. In der Regel saßen die Knüppel der Polizisten dann locker, wenn sie sich in der Übermacht wähnten, freundliches oder defensives Verhalten der »VoPos« gegenüber ihren Mitbürgern kam selten vor.

VOLKSSOLIDARITÄT

Sozialistische Massenorganisation, gegründet 1945 in Dresden. Als gesellschaftliche Organisation der Werktätigen war sie der Führung der → Partei unterstellt und erfüllte Solidaritätsaufgaben als Teil der → Nationalen Front. Sie hatte zirka 1,8 Millionen freiwillige Mitglieder und finanzierte sich durch Mitgliedsbeiträge und Spenden. Ihre Aufgaben bestanden in: der Einbeziehung der älteren Bürger in die von den Ausschüssen der Nationalen Front organisierte gesellschaftlich-nützliche Tätigkeit zur Erfüllung der örtlichen Volkswirtschaftspläne; geistig-kulturelle Betreuung der Veteranen der Arbeit und Rentner sowie ihre künstlerische Betätigung in Zirkeln und Interessengemeinschaften durch die Ortsgruppen, Klubs und Treffpunkte (→ Veteranenklub); Beglückwünschung älterer Bürger anläßlich Geburtstagen, Jubiläen und Auszeichnungen; Betreuung pflegebedürftiger älterer Bürger durch Nachbarschaftshilfe, Hauswirtschaftspflege und Versorgung mit Mittagessen in Klubs und Treffpunkten der Volkssolidarität, in Betrieben und gesellschaftlichen Speiseeinrichtungen; Mitwirkung bei internationalen Solidaritätsaktionen; Mithilfe bei der Unterstützung solcher Bürger, die von Naturkatastrophen oder anderen Notfällen betroffen wurden. Die finanziellen Aufwendungen für die Hauswirtschaftspflege und die Zuschüsse für die Mittagessenversorgung der Rentner wurden aus staatlichen Mitteln zurückerstattet. Von ihrem Aufgabenprofil her deckte sich also die Arbeit der Volkssolidarität mit der karitativen Arbeit der Kirchen. Allerdings wurde ihre Arbeit trotz aller Unzulänglichkeiten von der Führung der DDR stets höher bewertet, da sie der zentralen staatlichen Planung und Leitung untergeordnet war.

VOLVO

Nach einem Staatsbesuch Honeckers im Königreich Schweden importierte die DDR zwanzigtausend PKW der Marke Volvo Typ 244. Diese Fahrzeuge wurden für etwa 45.000,– Mark über den IFA-Vertrieb verkauft und gingen weitgehend durch die Verteilung über privilegierte Organisationen an den Mann bzw. die Frau: über den Parteiapparat, den Künstlerverband u.ä. Die meisten dieser Autos blieben so in Berlin, wo sie fast ausschließlich mit der Nummernkombination I (für Berlin) BM und drei Ziffern zugelassen wurden. Der Volksmund übersetzte das IBM mit »Ich bin Millionär«. Da diese Wagen sehr zuverlässig waren, wurden sie auch gebraucht noch hoch gehandelt. Es gab übrigens nur eine VOLVO-Spezialwerkstatt in der DDR.

VOM SCHEITEL BIS ZUR SOHLE

Ratgebersendung des → DFF. Sie flimmerte monatlich als eine der Nachfolgesendungen von »Sie und Er und 1000 Fragen« über die Bildschirme und lieferte Tips und Ratschläge speziell zu den Themen Mode, Kosmetik und Frisur. Die Sendung wurde im Landesstudio Halle des DFF unter Mitarbeit des Verlages für die Frau,

Leipzig, dem → Modeinstitut Berlin, dem Haus »Exclusiv« in Halle sowie dem Friseurmeister Günther Ratgeber produziert und lief seit 1984.

VON ANTON BIS ZYLINDER

Kinderlexikon aus dem Kinderbuchverlag Berlin. Kindgerecht wurden hierin für die Kinder der Grundschule die Begriffe der Umwelt erläutert. Damit konnte das Kind die Benutzung von Lexika erlernen. Das Lexikon erschien alle zwei bis drei Jahre in einer überarbeiteten Auflage.

»VON DER SOWJETUNION LERNEN, HEISST SIEGEN LERNEN«

Slogan. Zum Verständnis dieses Slogans ist das interne Verhältnis der sozialistischen Staatengemeinschaft untereinander von Bedeutung. Die Sowjetunion hatte zeit ihres Bestehens mit Aggressionen zu kämpfen, verhielt sich aber mitunter auch selbst aggressiv (Finnlandkrieg, Aufteilung Polens in Folge des Nichtangriffspaktes mit Hitlerdeutschland, Einverleibung Litauens usw.) Nach der Oktoberrevolution kam die Zeit des Kriegskommunismus während der Interventionskriege. Danach die industrielle Erschließung des Landes unter den Vorzeichen des Zweiten Weltkrieges, dann der Krieg selbst, währenddessen in kürzester Frist ganze Industriebetriebe aus dem europäischen Teil der Sowjetunion hinter den Ural transportiert wurden. Gleichzeitig wurde die deutsche Aggression gestoppt und praktisch im Alleingang die Wende im Kriegsgeschehen erzwungen. Während des Kalten Krieges wurde im Wettlauf um die Vorherrschaft im Kosmos der erste Sputnik gestartet und der erste Mensch in den Erdorbit geschossen. Etliche junge Nationalstaaten suchten Schutz unter russischen Fittichen, z.B. Nordvietnam, Nordkorea, Kuba, Angola u.a. Unter diesen Vorzeichen glaubte die Führung in Moskau alles erreichen zu können. Entsprechend wurden natürlich auch die anderen sozialistischen Länder unter Erfolgsdruck gestellt. Negiert wurde dabei, daß die Industrialisierung der jungen Sowjetunion praktisch darauf begründet war, daß die Völker der Sowjetunion vom zaristischen Feudalsystem auf direktem Weg in die stalinistische Diktatur geführt wurden und die großen Errungenschaften oft mit dem Leben und Leiden vieler Menschen erkauft wurden. Von der Führung der DDR wurde also vom Volk ein gleicher widerspruchsloser Opferwille erwartet, der trotz oder gerade wegen der Nähe zu den westlichen Demokratien nicht erreichbar war. Zudem fand eine solche durchgreifende Beseitigung von Kritikern und Andersdenkenden, wie sie unter Stalin vor und während des Zweiten Weltkrieges verbrochen wurde, in der DDR nicht statt. Die Nähe zur BRD und die einheitliche Sprache innerhalb der beiden deutschen Staaten erlaubten solcherart Vorgehen auch gar nicht. In der DDR wurde deshalb u.a. eine Gesellschaft für Deutsch-Sowjetische Freundschaft geschaffen (→ DSF), die → Aktivistenbewegung nach sowjetischem Vorbild (Stachanowbewegung) organisiert, auch Produktionsmethoden wurden nach russischen Vorbildern benannt. Im sächsischen Dialekt wurde dieser Spruch besonders gern gesprochen. Dort lautete er: »Vom der Sovjedunion lern'n, heeßt siechen lern'n!«

VORMILITÄRISCHE AUSBILDUNG

Ein System von Ausbildungseinrichtungen, die die jungen DDR-Bürger auf den Dienst in der → NVA vorbereiten sollten. Dies begann mit der Einführung vormilitärischen Unterrichts als Pflichtfach an den → POS, wo (Sport-)Lehrer den Schülern das Marschieren und das Verhalten im Falle eines Atomkrieges, aber auch Erste Hilfe beibrachten. Beliebt war in diesem Zusammenhang auch eine Tagesfahrt ins Armeemuseum in Dresden. Es gab des weiteren die Gesellschaft für Sport- und Technik (→ GST), in der z.B. Motorrad- und LKW-Fahren, Funken, Schießen und Fallschirmspringen gelernt werden konnte. Die GST war vor allem an Berufsschulen (→ BBS) aktiv, in der Berufsausbildung war ein Tag im Monat der vormilitärischen Ausbildung vorbehalten. Dafür hatte die BBS eigene Ausrüstung (LKW, Bestände an Uniformen, Schießstände u.ä.). Einmal im Jahr mußten die Berufsschüler in ein GST-Lager, wofür oft die Betriebsferienlager benutzt wurden. Studenten, die ja in der Regel schon den Grundwehrdienst hinter sich hatten, mußten einen mehrwöchigen Kurs durchlaufen (das war wie ein regulärer Reservisten-Dienst in einer NVA-Kaserne), die Mädchen mußten ins → ZV-Lager. Gab es dabei Disziplinverstöße oder die Verweigerung bei Studenten, dann bekamen diese Probleme mit ihren Hochschulen, konnten u.U. sogar ihren Studienplatz verlieren.

»VORWÄRTS MIT NEUEN TATEN ZUM ... PARTEITAG!«

Immer wieder gern wurde der Bürger aufgerufen, seine Leistungen zum Wohle aller vor einem → Parteitag zu steigern. Dabei kam es vor allem darauf an, den Genossen der Partei- und Staatsführung zu dokumentieren, daß jeder einzelne an jedem Platz der Gesellschaft sein Bestes gab. So wurden vor Parteitagen stets reihenweise die Pläne vorzeitig erfüllt, mehr und besser produziert, noch höhere → Prämien als Motivation ausgeschüttet. Das Fernsehen berichtete nicht nur von Erfolgen, sondern von großen Erfolgen. Im Gegenzug beschlossen die Parteitage stets Sozialleistungen, die aus den Mehrprodukten und Mehrerlösen finanziert werden sollten.

VP

Siehe → Volkspolizei

VVB

Vereinigte Volkseigene betriebe, die Vorläufer der → Kombinate

W

W 50

LKW aus dem VEB IFA Automobilwerke Ludwigsfelde. Der W 50 war in der DDR der Universallastkraftwagen schlechthin, der in allen möglichen Ausführungen und Spezialvarianten produziert wurde. Da große Warenposten stets auf der Schiene zu ihren Bestimmungsorten transportiert wurden, benötigte die Logistik in der DDR nur Fahrzeuge für mittlere und kleine Lasten im Nahverkehr. LKW-Typen für den Fern- und Terminverkehr gab es zwar auch, aber sie kamen gemäß der → RGW-Vereinbarungen aus der Sowjetunion (Kras oder Kamas) oder aus der ČSSR (Škoda und Lias). Der W 50 war der Export-LKW der DDR ins sozialistische Ausland und wurde in der Militärvariante in Länder wie Vietnam oder Angola geliefert.

WACHSTUCH

Mit Kunststoff beschichtetes Leinengewirk. Dieses Produkt wurde von der Rolle verkauft und mußte durch den Käufer selbst auf die Größe seines Tisches zugeschnitten werden. In kaum einer Familie fehlte das bunt bedruckte, abwischbare Wachstuch als Unterlage beim Essen. Nach etwa einem Jahr war die Beschichtung jedoch spröde und begann vor allem an den Kanten zu brechen.

WAFFENBRÜDER – KLASSENBRÜDER

Phrase. Der → Warschauer Vertrag als Grundlage für die Militärdoktrin der sozialistischen Länder legte sehr viel Wert auf die Gemeinsamkeiten innerhalb der einzelnen Armeen. So wurde anläßlich der Feiertage wie dem 8. Mai (→ Tag der Befreiung) oder dem Tag der → Oktoberrevolution der Umgang zwischen den Soldaten der Sowjetarmee in Deutschland und der NVA oder den Grenztruppen gepflegt. Amtssprache war dabei Russisch. Die Soldaten sollten sich als Gefährten fühlen und bezeichneten sich in der offiziellen Lesart stets als Waffenbrüder, die, der gleichen gesellschaftlichen Klasse angehörig, natürlich auch Klassenbrüder waren. Ganz besonders wurden diese Begegnungen während der alljährlichen Manöver der Armeen des Warschauer Vertrages gepflegt, auch hier war die Befehlssprache Russisch. Neben der militärischen Vorführung stand bei solchen Veranstaltungen die Begegnung der Men-

NVA-Panzereinheit während einer Gefechtsübung des Manövers »Waffenbrüderschaft 80«, 1980

schen im Vordergrund. Allerdings gab der Besuch in der sowjetischen Kaserne auch bedenkliche Einblicke in das niedrige Lebensniveau russischer Soldaten, das aber immer noch höher war als in Einheiten in der Sowjetunion selbst. Es gab russisch sprechende Verbindungsoffiziere und Dolmetscher für die Abstimmung mit den russischen Waffenbrüdern, die dann in brenzligen Situationen geholt wurden, z.B. wenn ein russischer Panzer in einen Bauernhof gefahren war oder ein russischer Soldat versucht hat, zu desertieren und gen Westen zu fliehen.

WAHLHELFER

Mitglied einer Wahlkommission, die nach dem Wahlgesetz der DDR von 1976 mindesten 60 Tage vor dem Wahltermin gebildet zu werden hatte. Diese Wahlhelfer wurden auf Vorschlag der → Nationalen Front ausgewählt und eingesetzt und hatten die Wahlen zur Volkskammer und zu den örtlichen Volksvertretungen abzusichern und auszurichten. Daneben gab es aber noch eine andere Art der Wahlhelfer: Das waren Agitatoren, die die Bürger bewegen sollten, zur Wahl zu gehen. Sie standen den Wahltag über in Bereitschaft und erhielten ab mittags Namen und Adressen von Bürgern, die noch nicht gewählt hatten. (Nicht-Wählen war im Bewußtsein der Bürger als Stimmverweigerung wie eine Gegenstimme). Diese waren dann aufzusuchen und es galt mit ihnen zu sprechen. Waren die Bürger zuhause, durften die Wahlhelfer sich eine Menge Kritik an der DDR anhören (miese Wohnverhältnisse, verweigerte Reisen usw.). Meist wurden für diese Aufgabe SED-Genossen, gerne Studenten eingesetzt.

WANDERFAHNE

Auszeichnung für hervorragende Leistungen. Oft von einem Geld- oder Sachpreis begleitet. Die Wanderfahne trägt somit den gleichen Charakter wie ein Pokal, der dem Sieger in einem sportlichen Wettkampf überreicht wird, den er aber nach Ablauf der Saison zurückgibt, weil sein Sieg nur für eine bestimmte Zeit Bestand hat und danach neu errungen werden muß. Das sind zum Beispiel Meisterpokale im Fußball oder in anderen Mannschaftssportarten. Wanderfahnen wurden dagegen meist für Erfolge im sozialistischen Wettbewerb ausgelobt, wobei die Verleihung einer Wanderfahne während eines → Fahnenappells stets etwas von militärischem Zeremoniell an sich hatte.

WANDZEITUNG

Ursprünglich eine Tradition aus der jungen Sowjetunion, meist mit Stoff bezogene Holztafeln, die in den Schulen bzw. Klassenzimmern, auch in Betrieben aufgehängt wurden, auf ihnen wurden mit Reißzwecken Bilder, Artikel, Überschriften usw. befestigt. Sie mußten regelmäßig aktualisiert werden, verantwortlich war der → Wandzeitungsredakteur.

WANDZEITUNGSREDAKTEUR

Funktion in den Leitungen der Pionier- oder FDJ-Gruppen, auch in den Grundorganisationen. Der Wandzeitungsredakteur war für die Gestaltung des Gruppenlebens nach außen hin verantwortlich. Unter seiner Anleitung gestalteten die Mitglieder der Pionier- oder FDJ-Gruppen die Wandzeitung zu aktuellen politischen Themen, Sport oder Freizeit. Pfiffige Wandzeitungsredakteure delegierten die Arbeit innerhalb der Gruppe und erreichten somit eine breite Basis und Darstellung der Gruppenarbeit.

WAO

Wissenschaftliche Arbeitsorganisation. Laut den Theoretikern der → SED war sie eine wichtige Kategorie der gesellschaftlichen Produktion, nach Marx bestimmt sie entscheidend, wie der Mensch seinen Stoffwechsel mit der Natur vermittelt, regelt und kontrolliert. Lenin bezeichnete sie als eine Arbeitsorganisation, die das letzte Wort von Wissenschaft und Technik vereinigt mit dem Massenzusammenschluß bewußt arbeitender Menschen. Im Prinzip ging es jedoch darum, körperlich schwere und gesundheitsgefährdende Arbeiten und Arbeitsgänge abzubauen, zu mechanisieren oder zu automatisieren. In der Folge dann hochproduktive Automaten im Mehrschichtsystem oder gar der rollenden Woche zu fahren. Dieses löbliche Ziel rückte jedoch oft in weite Ferne, wenn trotz Plan das Material für die Spätschicht erst zur Frühschicht des Folgetages verfügbar war oder Arbeiter ihre angestammten Arbeitsplätze nicht aufgeben wollten. Die Erschwerniszuschläge gab es nämlich auch, wenn wegen fehlenden Materials nicht produziert werden konnte.

WARENHAUS/CENTRUM-WARENHAUS

Kaufhäuser der → HO. Praktisch in jeder größeren Stadt verfügte die HO über ein Warenhaus, in dem die komplette Palette der Bedarfsgüter wie Textilien, Haushaltwaren und -elektrik, Unterhaltungselektronik, Sportartikel und Lebensmittel unter einem Dach angeboten wurden. In den Bezirksstädten hießen diese Centrum-Warenhäuser. Sie basierten auf demselben Konzept, das während der Gründerjahre in Deutschland solche Männer wie Herbert Tietge (Hertie) entwickelt hatten. Da aber die → EVP in jedem Geschäft gleich waren, ergab sich für den DDR-Bürger kein Vorteil beim Besuch eines Warenhauses, es sei denn, er wollte der Bequemlichkeit wegen viele Einkäufe unter einem Dach erledigen.

WARSCHAUER VERTRAG

Vertrag über Freundschaft, Zusammenarbeit und gegenseitigen Beistand. Er wurde am 14.05.1955 zwischen der Volksrepublik Albanien, der Volksrepublik Bulgarien, der Deutschen Demokratischen Republik, der Volksrepublik Polen, der Sozialistischen Republik Rumänien, der Sowjetunion, der Ungarischen Volksrepublik und der Tschechoslowakischen Sozialistischen Republik geschlossen und trat nach Hinterlegung der Ratifizierungsurkunden bei der polnischen Regierung am 4.06.1955 in Kraft. Albanien erklärte 1968 seinen Austritt aus der Organisation, nachdem seine Vertreter bereits seit 1962 nicht mehr an deren Arbeit teilgenommen hatten. Der Vertrag beinhaltete Fragen der Koordinierung der Sicherheits-Militär- und Außenpolitik. Außerdem sah er die Weiterentwicklung und Festigung der wirtschaftlichen und kulturellen Beziehungen seiner Teilnehmer vor. Dieser Vertrag wurde wenige Wochen nach der Unterzeichnung der Pariser Verträge durch den damaligen Bundeskanzler Adenauer unterschrieben und konnte somit als Reaktion auf die durch die westlichen Siegermächte sanktionierte Remilitarisierung der BRD gedeutet werden. Er sicherte den Einflußbereich der UdSSR auf die Länder Osteuropas und bildete das militärische Gegengewicht zur NATO, nachdem die Schaffung eines gesamteuropäischen Sicherheitssystems mißlungen war. Seine Ausgestaltung in der Praxis schuf die Sicherungsmaßnahmen an der innerdeutschen Grenze mit ihren bekannten Folgen. Durch diesen zweiten gewaltigen Militärblock in Europa nahm der Kalte Krieg seinen Verlauf und das Wettrüsten innerhalb dieser Blöcke nahm immer bedrohlichere und skurrilere Formen an. Allerdings geriet der Warschauer Vertrag technologisch im Bereich Computer, Kommunikations- und Rechentechnik immer mehr ins Hintertreffen, und damit auch in den Bereichen Raketentechnik, Waffensteuerung und Aufklärung.

WARTBURG 311/353

PKW aus dem Automobilwerk Eisenach. Nachdem das zu BMW gehörende Werk nach der Gründung der DDR und den nachfolgenden Prozessen um die Namensrechte unter EMW (Eisenacher Motorenwerke) firmiert und eigene Fahrzeuge auf der Basis der Vorkriegsmodelle von BMW produziert hatte, wurde mit dem Modell Wartburg 311 die erste Eigenentwicklung in den 50er Jahren vorgestellt. Das Modell wurde ein internationaler Erfolg und Exportschlager des Betriebes, es gab auch eine Kombiversion und ei-

Trabant, Wartburg und Shiguli – die beliebten Kleinwagen der DDR

ne schnittige offene Sportversion mit zwei Türen. Ausgerüstet war das Fahrzeug mit einem Drei-Zylinder-Zweitaktmotor eigener Produktion. Das Nachfolgemodell Wartburg 353 mit seiner kantigen Karosserie war dann schon durch strenge Planvorgaben (→ Planauflagen) und -kennzahlen kaputtgeplant und wurde fast nur noch in der DDR als viertürige Limousine und Kombi vertrieben. An diesem Verlust internationaler Marktanteile zeigten sich beispielhaft für die gesamte Industrie in der DDR die Nachteile zentralistischer Planwirtschaft. Dennoch war dieser Wagen, den es auch als Kombiversion gab, ein beliebtes und begehrtes Auto der Mittelklasse in der DDR.

WAS IST DENN HEUTE BEI FINDIGS LOS?

Morgensendung im Berliner Rundfunk von 6.55 bis 7.00 Uhr von Montag bis Samstag. 1958 erste Sendung. Die Konzeption: sollte Hörer unterschiedlichen Alters ansprechen und vielfältige Themen umsetzen können. Vater, Mutter und zunächst zwei, später vier Kinder. Jockl, 15, Janni, 12, und die Zwillinge Pit und Peggy, 9. Bis 1965 als Hörspiel jeden Sonntagvormittag bei 30 Minuten Sendelänge zu hören, danach werktags. Viele Episoden wurden nach Hörerzuschriften produziert. Während der Kurzhörspiele lösten die Mitglieder der Familie Findig Alltagsprobleme, die in gleicher Form, zu gleicher Zeit auch in den Familien der Zuhörer auftreten konnten. Die Lösung der Probleme war pädagogisch aufbereitet und dargestellt. Während der Laufzeit der Sendung wechselten mehrmals die Darsteller, so gab Erhard Köster längere Zeit den Papa Findig, aber die Zusammensetzung der Familie blieb zeitlos. Die Kinder alterten nicht. Für viele Kinder und Jugendliche im Schulalter war die Sendung der Familie Findig ein Signal, den Schulweg antreten.

WATTFRASS

Schlagwort aus den Anfangstagen der DDR. Energie war knapp und mußte für die überlebensnotwendige Produktion vorrangig zur Verfügung stehen. Flächendeckende Stromabschaltungen waren an der Tagesordnung. So wurde dem Wattfraß der Kampf angesagt. 25-Watt-Glühbirnen, wo 60 oder mehr zur Ausleuchtung notwendig waren. Kein unnötiger Lehrlauf von Maschinen und ähnliches sollte und trug dazu bei, die Schere zwischen Energiebereitstellung und Verbrauch in den späten sechziger Jahren zu schließen.

WATUPP

Ohrtupfer für Hygiene und Kosmetik aus dem VEB Vliestextilien Lößnitztal. Sie wurden in der Verpackungsgröße von 125 Stück an den Handel geliefert.

WBS 70

Wohnungsbausystem 70. Mit diesem Systembau wurden die DDR-Plattenbauten begründet. Das WBS 70 erlaubte es, mit wenigen Betonelementen die verschiedensten Wohnungstypen zusammenzustellen. Im Zuge der Erfüllung des Wohnungsbauprogrammes kam es darauf an, schnell und billig Wohnraum zu bauen. Die Betonelemente für das WBS 70 konnten nun in den Betonwerken in riesigen Stückzahlen gefertigt werden. Die Unterschiede in den Wohnungsschnitten dieser Baureihe waren letztlich auf die verschiedenen Architekten zurückzuführen, die in den Wohnungsbaukombinaten der Bezirke saßen und die Baureihe an den jeweiligen Standort anpaßten.

WEGGENOSSE – KAMPFGEFÄHRTE

Begriff der Parteinomenklatur. Weggenossen waren danach Menschen oder sogar persönliche Freunde, die gemeinsam ein Stück des Lebensweges gegangen sind, die gemeinsam eine ernsthafte Probe bestanden, einen schweren Kampf erfolgreich beendet haben. Besonders gern gebrauchten ältere → Genossen diesen Begriff, der ihnen über lange Jahre hinweg fest im Vokabular haften geblieben war. In ihrem Verständnis waren Weggenossen Leute, mit denen sie Hochschule oder Ausbildung, Lehrgänge oder befristete Arbeitsaufgaben erledigten, die auf ihre eigene Entwicklung wesentlichen Einfluß ausgeübt haben oder die sie selbst wesentlich beeinflußten.

WEHRKREISKOMMANDO

Dienststelle der → NVA in den Kreisen, die für die Wehrpflichtigen verantwortlich war. In dieser Dienststelle fanden für die jungen Männer mit Vollendung des achtzehnten Lebensjahres die Musterungen für den Wehrdienst statt. Nach der Absolvierung der Wehrpflicht zogen die Wehrkreiskommandos je nach Bedarf die Reservisten zu weiteren kürzeren Dienstzeiten ein, in der Regel sechs Wochen oder drei Monate.

WEHRKUNDEUNTERRICHT

Ende der 70er Jahre an den → POS als Pflichtfach eingeführt, gehörte zur → vormilitärischen Ausbildung und enthielt solche Lehrstoffe wie Marschieren, Erste Hilfe, Schießen mit Kleinkaliber-Waffen und Verhalten bei Atomwaffenangriffen. →vormilitärische Ausbildung.

WEHRSPARTAKIADE

Höhepunkt der → vormilitärischen Ausbildung, sie sollte die Bereitschaft und die Leistungsfähigkeit der Jugend für die Verteidigung des Sozialismus dokumentieren. Die Wehrspartakiade fand im zweijährigen Turnus statt und wurde bis zum Republikausscheid gefahren. Die Teilnahme an diesem Wettbewerb verlangte wie alle sportlichen Leistungen intensive Vorbereitung und wurde in der Regel mit der Möglichkeit, in ein GST-Lager zu fahren, belohnt. Das Engagement der Jugendlichen war in aller Regel nur über solche Zugeständnisse zu erreichen. Dazu muß man wissen, daß die GST für Jugendliche attraktive Angebote hatte (Funken, Motorsport, Fallschirmspringen, Tauchen), an die anders kaum heranzukommen war.

WEHRSPORT

Von der → Gesellschaft für Sport und Technik angeboten, diente der Wehrsport der vormilitärischen Ausbildung der jungen Männer in der DDR. Da die Mitgliedschaft in der GST zur Pflicht erhoben wurde und das Abitur oder der Facharbeiterbrief nur mit der Absolvierung eines GST-Lagers möglich war, nahm praktisch jeder Jugendliche mit mehr oder weniger großem Engagement am Wehrsport teil. Höhepunkte dieser Ausbildung waren die → Wehrspartakiaden und die Bernhardt-Koenen-Spiele. Siehe → vormilitärische Ausbildung.

WEINERT, ERICH

Schriftsteller und KPD-Mitglied, wurde 1890 in Magdeburg als Sohn eines Ingenieurs geboren. Nach der Mittel- und Handwerksschule wurde Erich Weinert zunächst Lokomobilbauer in Magdeburg. Von 1908–12 absolviert er eine Ausbildung zum Zeichenlehrer mit Staatsexamen an der Königlichen Kunstschule in Berlin. Danach arbeitete er als Buchillustrator und war Soldat im Ersten Weltkrieg. Nach dem Krieg war er Lehrer an der Kunstgewerbeschule in Magdeburg und profilierte sich nebenbei als Kabarettautor für das Kabarett »Retorte«. Während der Jahre 1921–23 arbeitete er für die »Rote Fahne«, das Zentralorgan der Kommunistischen Partei Deutschlands. Erste Gedichtbände erschienen, »Der verbogene Zeitspiegel« und »Der Gottesgnadenhecht«. 1924–33 stieg seine Popularität in Deutschland durch seine Mitarbeit in der Arbeiterbewegung. 1929 trat er in die KPD ein. 1930 bereiste er erstmals die Sowjetunion. Bei den Wahlen zum Reichstag 1932 war er Kandidat der KPD, außerdem für den preußischen Landtag. 1933 emigrierte er zunächst in die Schweiz und siedelte 1935 nach Moskau um. Am Spanienkrieg 1937 beteiligte er sich als Mitglied der Internationalen Brigaden. Danach Rückkehr in die Sowjetunion und Teilnahme am Kampf gegen Hitlerdeutschland als Agitator. 1946 Rückkehr nach Deutschland und Arbeit als Vizepräsident der Zentralverwaltung für Volksbildung. 1952 wurde er mit dem → Nationalpreis der DDR geehrt. Im Jahr darauf starb er nach einem langen schweren Lungenleiden. Das Kunstensemble der → NVA und diverse Buchhandlungen, Schulen, Klubhäuser und Armee-Einheiten trugen seinen Namen. Einige seiner Gedichte waren Lehrstoff im Literaturunterricht.

WEISSE FLOTTE

1956 gegründetes Binnenschiffahrtsunternehmen der DDR. In der → VEB Fahrgastschiffahrt Weiße Flotte wurden die vorher regional operierenden Gesellschaften der Fahrgastschiffahrt vereinigt.

Trotzdem blieben die regionalen Charakteristika der einzelnen Betriebsteile erhalten, wie zum Beispiel die Oberelbe bei Dresden, die Berliner Seen und Flüsse, die Mecklenburger Seenplatte. Die Weiße Flotte operierte überall dort, wo Gewässer in der DDR schiffbar und touristisch attraktiv waren.

WEIZENIN

Auf mechanischem Wege nach Quellung im Nassverfahren hergestellte Weizenstärke (Stärkepuder) zum Backen mit einer Körnung von 2 bis 15 μm, Farbe rein weiß bis leicht gelblich, produziert im VEB Weizenin Dresden. Der bei der Herstellung anfallende Weizenkleber wurde zu Weizenin-Würze verarbeitet. Heute produziert auf dem Betriebsgelände in der Dohnaer Straße die Düsseldorfer Firma Zamek Basisprodukte für getrocknete und pastöse Erzeugnisse, u.a. auch Speisewürze.

WELTALL, ERDE, MENSCH

Populärwissenschaftlicher Almanach, der den Jugendlichen in der DDR als Erinnerungsgeschenk während des Festaktes der Jugendweihe überreicht wurde. Ab 1975 wurde dieses Buch durch »Der Sozialismus – Deine Welt« ersetzt, das ein Vorwort Erich Honeckers enthielt.

WELTANSCHAUUNG

Politisch-ideologische Einstellung eines Menschen, offiziell definiert als: »in ein System gebrachte Gesamtauffassung von Natur und Gesellschaft, einschließlich der Formulierung von Regeln für das Verhalten des Menschen in der gesellschaftlichen Praxis. Unter Weltanschauung ist die Gesamtauffassung (Theorie) vom Weltganzen, vom Ursprung, von der Natur und der Entwicklung des Weltalls, von der Entstehung und der Entwicklung der Menschheit und ihrer Zukunft, vom Wesen und Sinn des menschlichen Lebens, vom gesellschaftlichen Verhalten des Menschen, von den Fähigkeiten

des menschlichen Denkens und den Werten der menschlichen Kultur und von ähnlichen grundsätzlichen Problemen zu verstehen. Daraus ergibt sich, daß in die Weltanschauung die philosophischen, sozialökonomischen, gesellschaftspolitischen, ethischen, ästhetischen und naturwissenschaftlichen Anschauungen in bestimmter Weise einfließen. Der Charakter einer Weltanschauung wird durch die Rolle, die der Wissenschaft oder der Religion in ihr zukommt, wesentlich geprägt. Die Aufgabe der Weltanschauung besteht darin, dem Menschen eine umfassende Orientierung für sein Denken, Verhalten und praktisches Handeln zu geben.«
Mit der Weltanschauung wurde in der DDR stets die marxistisch-leninistische Weltsicht gemeint, deren Anschauungen streng materialistisch und → parteilich sind. Ziel dieser Vorgehensweise war die Erzeugung einer gewissen Uniformität des Denkens, die jedoch nie ganz eintreten konnte, da auch die Texte der → Klassiker des Marxismus-Leninismus Raum für Interpretationen bieten. So konnte man weniger intelligente Parteiideologen mit Klassikerzitaten in die Enge treiben, z.B. mit dem berühmten Rosa Luxemburg-Zitat, daß die Freiheit immer auch die Freiheit der Andersdenkenden sein müsse.

WELTBÜHNE

Wochenzeitschrift für Politik, Kunst und Wirtschaft, 1918 von Carl von Ossietzky gegründet. 1933 wurde sie von den Nationalsozialisten verboten. Seit 1946 leitete Maud von Ossietzky die Zeitschrift in der DDR, wo sie als überparteiliche Wochenzeitschrift für Politik, Kunst und Wirtschaft erschien und sich vor allem an die Angehörigen der Intelligenz wandte.

WELTFESTSPIELE

Die Weltfestspiele der Jugend und Studenten wurden auf Initiative des Weltbundes der demokratischen Jugend zum ersten Mal vom Exekutivkomitee des WBDJ am 14.02.1946 in London beschlossen und vom 20.07.–17.08.1947 in Prag durchgeführt. Der WBDJ (Weltbund der Demokratischen Jugend, gegründet 1945) verfolgte damit das Ziel, die internationale Freundschaft und Verständigung der Jugendlichen der verschiedenen Länder zu entwickeln, einen wichtigen Beitrag zur Beseitigung der materiellen und geistigen Trümmer zu leisten, die Faschismus und Krieg hinterließen, und alles zu tun, damit von den reaktionären Kräften dieser Welt nie wieder ein Krieg entfesselt werden kann. Für den WBDJ und den internationalen Studentenbund sowie ihre Mitgliedsorganisationen waren die Weltfestspiele ein Höhepunkt ihrer Tätigkeit. Die Weltfestspiele waren große internationale Jugendtreffen und standen im Zeichen des »gemeinsamen Kampfes gegen den Imperialismus, für Frieden, antiimperialistische Solidarität und Freundschaft«. Sie fanden 1947 in Prag, 1949 in Budapest, 1951 in (Ost-)Berlin, 1953 in Bukarest, 1955 in Warschau, 1957 in Moskau, 1959 in Wien, 1962 in Helsinki, 1968 in Sofia, 1973 in (Ost-)Berlin und 1978 in Havanna statt. Beliebt bei den Jugendlichen war vor allem das umfangreiche kulturelle Rahmenprogramm.

WELTFRIEDENSTAG

1.September, der Tag, an dem Adolf Hitler mit dem Überfall auf Polen den verhängnisvollen → II. Weltkrieg begann. Nach der Zerschlagung Hilterdeutschlands riefen die im Weltfriedensrat verbundenen Persönlichkeiten des politischen und künstlerischen Lebens diesen Tag zum Weltfriedenstag aus. In der DDR wurde er als Gedenktag sehr ernst genommen und da gleichzeitig die achtwöchigen Sommerferien endeten und das neue Schuljahr begann, konnte man die erholte Schülerschaft auf einem ersten → Fahnenappell mit dem Verweis auf die deutsche Schuld am II. Weltkrieg zum eifrigen Lernen motivieren.

WELTZEITUHR

Attraktion auf dem Alexanderplatz nach der Umgestaltung zu den X. Weltfestspielen (→ Weltfestspiele) der Jugend und Studenten im Jahre 1973. Auf dieser Uhr waren neben einem rotierenden Zifferblatt mit vierundzwanzig Stunden wichtige Metropolen der jeweiligen Zeitzone verzeichnet. So konnte der interessierte Passant neben der Ortszeit auch die Zeit in den Teilen der Welt ablesen, denen seine Sehnsucht gehörte. Die exponierte Lage der Weltzeituhr machte sie außerdem zu einem beliebten Treffpunkt für Berliner und ihre Gäste. Dieser Treffpunkt war einfach nicht zu verfehlen.

WENN MUTTI FRÜH ZUR ARBEIT GEHT

Kinderlied aus den 60er Jahren. Text und Musik von Kurt Schwaen. Das Lied war Schulstoff im Musikunterricht der → Unterstufe und suggerierte über den Text die Unterstützung der Eltern durch fleißige Kinder. Offenbar ging der Schwaen hier etwas weltfremd zu Werke, denn mit der täglichen Arbeitsaufnahme der Eltern kamen die Kinder in den Kindergarten oder in die Schule, um ihren täglichen Pflichten nachzukommen.

WENNSCHON – DENNSCHON

Unterhaltungssendung des → DFF. Sie wurde 1983 erstmals gesendet und entstand als Ableger der Sendung → »Außenseiter-Spitzenreiter«. Hans-Joachim Wolfram präsentierte in dieser Sendung skurrile Rekorde von DDR-Bürgern. »Wennschon-Dennschon« wurde sechsmal im Jahr ausgestrahlt.

WERKTÄTIGE

Praktisch alle Bürger, die einem Arbeitsverhältnis nachgingen und damit ihren Lebensunterhalt durch eigene Arbeit sicherten. Ein Werktätiger konnte der Arbeiterklasse, der werktätigen Bauernschaft, der Intelligenz angehören oder ein kleiner privater Warenproduzent bzw. Gewerbetreibender sein.

Werktätige im Kabelwerk Köpenick, 1981

Werktätige im Kabelwerk Köpenick, 1981

WERKUNTERRICHT

Unterrichtsfach an den → POS. Im Werkunterricht sollte der Schüler der Unterstufe und nachfolgend auch bis zur 6. Klasse Grundfertigkeiten im handwerklichen Bereich und Grundformen der Fertigungstechniken, wie Sägen, Feilen, Bohren erlernen. Der Werkunterricht bereitete die Schüler auf das Unterrichtsfach → UTP mit seinen verschiedenen Teilfächern vor. An den Schulen gab es dafür spezielle Werkunterrichts-Kabinette, praktisch kleine Werkstätten mit Arbeitsplätzen für die Schüler.

WERNESGRÜNER

Beliebtes Exportbier aus dem VEB Exportbierbrauerei Wernesgrün/Vogtland, abgefüllt in 0,5-l-Flaschen, wurde wie → Radeberger, Köstritzer und Ur-Krostitzer Bier in der gehobenen Gastronomie angeboten und war in den Kaufhallen eher selten zu finden.

WESTFERNSEHEN

Umgangssprachlich für die Programme der ARD und des ZDF sowie die Dritten Programme, soweit man sie empfangen konnte. Bis zur Wiedervereinigung gab es auf diesen Programmen speziell für die Zuschauer aus der DDR gestaltete Sendungen von hohem Niveau. So war z.B. »Kennzeichen D« eine wichtige Sendung.

WESTGELD

Umgangssprachlich, damit war nahezu ausschließlich die D-Mark gemeint. Die DDR-Bürger kamen in den Besitz der D-Mark durch »West«-Besucher, durch Reisen in die BRD (für Rentner wurden in den 80er Jahren die Reisegenehmigung weit großzügiger erteilt als vorher) oder auf dem Postweg. Der DDR-Zoll saß aber auch in den zentralen Postämtern und bemühte sich redlich, Geldscheine in Postsendungen aufzuspüren und zu beschlagnahmen. Laut Gesetz war den DDR-Bürgern der Besitz von Devisen verboten. Anklage wegen Verstoß gegen die Devisengesetze der DDR war ein beliebtes Mittel, unbotmäßige Künstler nach Reisen ins »nichtsozialistische Ausland« anzugreifen. → Intershop, →Forumschecks.

WESTPAKET

Gehörte zu den Höhepunkten im Leben von DDR-Familien mit »Westverwandtschaft«. In ihnen fanden sich u.a. Kaffee, Orangen, Kleidung, Westschokolade und für die Kinder die begehrten Matchbox-Spielzeugautos und Kaugummis. Es gab strenge Zollvorschriften, in denen genau nachzulesen war, was man empfangen und selbst verschicken durfte. So war es z.B. verboten, Zeitschriften und Tonträger in die DDR einzuführen. Die Westpakete wurden von DDR-Zollstellen streng kontrolliert. Dabei suchte man vor allem sorgsam nach versteckten D-Mark, die dann eingezogen wurden, aber selbst die von den Kindern begehrten WM-Fußballbilder wurden aus den Schokoladentafeln genommen.

WIE DER STAHL GEHÄRTET WURDE

Roman des sowjetrussischen Schriftstellers Nikolai Ostrowski (1904–1936), geschrieben 1930/194. In diesem stark autobiographischen Werk schildert der Autor mit Pawel Kortschagin einen Menschen, der sein eigenes Leben bis in die letzten Winkel seiner Bedürfnisse dem Willen der Revolution und ihrer führenden Partei unterordnet, der für seinen kommunistischen Idealismus selbst seine Liebe aufgibt, seine Gesundheit verspielt und letztlich sein Leben als Invalide beendet. Für den heutigen Leser ist der Zugang zu diesem Werk recht schwierig, da die Figur des Pawel, seiner Geradlinigkeit und unbedingten Prinzipientreue wegen, nicht besonders glaubwürdig ist. Kortschagin hat keine eigenen Bedürfnisse, keine Laster und kennt kein Aufbegehren gegen schier unmenschliche äußere Bedingungen. Er ist ein geborenes Opfer, auch wenn er ein Handelnder und ein Held sein soll. Zudem ist der Roman in einem sehr gleichmäßigen Sprachduktus geschrieben, der vielen Werken der russischen und sowjetischen Literatur eigen ist und den Leser

Wilhelm Pieck, erster Präsident der DDR.
Nach ihm wurde die Wilhelm-Pieck-Stadt Guben benannt.

am Unterhaltungswert dieser Literatur zweifeln läßt. Die Behandlung dieses Romans im Literaturunterricht der DDR trug in keiner Weise zum Verständnis der Triebkräfte des Pawel bei. Er wurde als Vorbild für eine Jugend beschworen, die sich mit den Mühen des Kriegskommunismus in den Jahren nach der Oktoberrevolution nicht identifizieren konnte. Für viele war der Roman schlichtweg langweilig und Pawel Kortschagin ein Idiot. Das war wohl hauptsächlich der bitterernsten Darstellung der Handlung durch den Autor geschuldet.

WILD RIVER

Pflegeserie für Frauen aus dem VEB Florena Dresden. Diese Serie wurde ausschließlich im → Exquisit vertrieben und kostete entsprechend. Allerdings verbreitet der Duft einen Hauch von großer weiter Welt und war recht begehrt.

WILHELM-PIECK-STADT GUBEN

Stadt an der Neiße, Geburtsstadt von Wilhelm Pieck, der vom 7.10.1949 bis zu seinem Tod am 7.09.1960 Präsident der DDR war. Zu seinen Ehren wurde die Stadt auf Beschluß des X. Parteitages in Wilhelm-Pieck-Stadt Guben umbenannt. Immerhin vermieden es die Verantwortlichen, den ursprünglichen Namen zu entfernen, wie es bei ähnlichen Umbenennungen (Chemnitz/Karl-Marx-Stadt) geschehen ist.

WILLI SCHWABES RUMPELKAMMER

Sendung des → DFF mit Willi Schwabe (1915–1991). In dieser Sendung stieg der Moderator zu Beginn sehr theatralisch in seine Rumpelkammer, wo die alten Filme aus UFA- und frühen DEFA-Zeiten gestapelt waren, zusammen mit Bildern und anderen Requisiten. Zwischen den Szenen aus den alten Filmen berichtete Willi Schwabe über die Stars der UFA-Produktionen und ehrte damit deren Andenken. Die Filme stammten aus dem staatlichen Filmarchiv der

DDR. Die Rumpelkammer war mit über 400 Sendungen seit 1955 ein Dauerbrenner im Sendebetrieb des DFF und wurde während der gesamten Zeit ihrer Ausstrahlung stets von Willi Schwabe moderiert, dessen Persönlichkeit und Charme wesentlich zum Erfolg dieser Sendung beitrug. Willi Schwabe selbst war Theater-Schauspieler und trat mit eigenen Chansonabenden in der Berliner → »Distel« auf, er hat aber auch in → DEFA- und Fernsehfilmen mitgespielt und den → »Kessel Buntes« und die → »Nacht der Prominenten« moderiert.

WIMPELKETTEN

Unverzichtbarer Bestandteil der Agitation und Propaganda in der DDR. An einem Stück Angelsehne aufgereiht, baumelten die DDR-Nationalflagge, die rote Arbeiterfahne, die Staatsflagge der Sowjetunion, die blauen Fahnen der → Pionierorganisation »Ernst Thälmann« und der → FDJ in Miniaturausgabe aus Papier an den Feiertagen über Straßen und Plätzen und schmückten Betriebe, Klassenzimmer, Kindergärten, Wandzeitungen und Büros. In Schulen und Kindergärten selbst gefertigt, gehörten sie später auch zum Angebot des Verlages für Agitations- und Anschauungsmittel.

WIMPELTRÄGER

Holzstab mit Haken am oberen Ende und einem ausladenden meist gedrechselten Standfuß. Dieses Gestell war in der Regel um die 40 Zentimeter hoch und schmückte die Schreibtische von Funktionären oder mittleren Vorgesetzten. Die daran zur Schau gestellten Wimpel wiesen die Person oder dessen → Kollektiv als Sieger im → sozialistischen Wettbewerb oder ähnliches aus und unterstrichen die Wichtigkeit der betreffenden Person oder die Fähigkeit, einen besonders spitzen Bleistift zu benutzen.

WINKELELEMENT

Offizielle Bezeichnung für ein Papierfähnchen, das an einen dünnen Holz- oder Kunststoffstiel geklebt war. Es wurde in riesigen Mengen für Massenveranstaltungen produziert und an die Leute, die → Spalier standen, ausgegeben. Bis in die siebziger Jahre hinein wurden die Winkelemente nach der Veranstaltung wieder eingesammelt und für den nächsten Gebrauch gelagert, wobei es natürlich auch da schon Verluste an Material gab, denn viele Fähnchen rissen und fielen einfach auf die Straße, wo sie der Stadtwirtschaft Arbeit bereiteten.

WINTERBEFEHL/SOMMERBEFEHL

In den bewaffneten Organen der DDR wurde die Kleiderordnung nicht ausschließlich nach dem Wetter gehandhabt. Allgemein wurde die Jahreszeit befohlen. Der Winter ging vom 1. November bis

Winter in Banzkow / Kreis Schwerin, 1971

zum 31. März. Den Rest des Jahres über war Sommer. So konnte es vorkommen, daß der Soldat einem verfrühten Frosteinbruch im Oktober nur das Käppi entgegenzusetzen hatte, während er einem milden Frühlingstag im März mit der → Bärenfotze trotzte. So wurde auch nach dem Sommerbefehl beim täglichen Frühsport die kurze rote Turnhose mit dem gelben Hemd getragen, nach dem Winterbefehl der → ASK-Trainingsanzug, ganz unabhängig davon, wie kalt es wirklich war.

WISENT

Jeansmarke in der DDR. Sie wurde für den Verkauf in den → Exquisit-Verkaufsstellen der DDR produziert und galt als die hochwertigste Jeans. Wenn man schon keine westliche Jeans haben konnte, mußte es wenigstens eine Wisent sein.

WISMUT

Nach den Atombombenabwürfen der Amerikaner über Hiroshima und Nagasaki forderte J. W. Stalin eigene Atomwaffen, um der drohenden Erpressung durch die Weltmacht USA zu begegnen. 1946 besaß die Sowjetunion kaum erschlossene Uranerzlagerstätten. Im Erzgebirge jedoch wurde bereits seit Mitte des 15. Jahrhunderts das Uranerz »Pechblende« gefördert, das zunächst als Abfall des Silberbergbaus auf Halde geschüttet wurde, später dann als Heilmittel diente. Als »Wismut«-Förderung getarnt, begann die Sowjetische Aktiengesellschaft Wismut 1946 mit der Erschließung und Ausbeutung der Uranerzlagerstätten in Sachsen und Ostthüringen. 1954 wurde sie in eine Sowjetisch-Deutsche Aktiengesellschaft (SDAG Wismut) umgewandelt. Bis 1990 produzierte sie ca. 220.000 Tonnen Uran für das sowjetische Atomprojekt. Bei dieser rücksichtslosen Ausbeutung wurden große Teile der Region mehr oder weniger stark kontaminiert. Während der 44 Jahre ihrer Arbeit beschäftigte die SDAG Wismut insgesamt 500.000 Menschen, in den Anfangsjahren bis zu 100.000 und 1990 noch etwa 40.000. Bis 1956 war die SDAG Wismut direkt der Sonderabteilung für Atombombenproduktion des sowjetischen Verteidigungsministeriums unterstellt. Aber auch später war sie Staat im Staate DDR. Neben den Bezirksverwaltungen der → SED gab es die nichtterritoriale Gebietsverwaltung Wismut, ebenso eigene Verwaltungen des → MfS, der → VP, eigene Gesundheitseinrichtungen usw. Über die Schäden für die Umwelt, reparabel oder irreparabel, und die Opfer dieser Grundlage sowjetischer Atomwaffenarsenale wurde bis 1990 praktisch nichts bekannt. Heute geht man von mindestens 7000 Opfern des Uranbergbaus aus. Die Kosten für die Sanierung und Rekultivierung der Umwelt sind ein erheblicher Posten im Bundeshaushalt und praktisch nicht abschätzbar. Mit einem immensen persönlichen Engagement hat Michael Beleites 1988 in seiner Studie »Pechblende« erstmals auf die Risiken für die Region durch die SDAG Wismut aufmerksam gemacht. (Lit.: Michael Beleites: Altlast Wismut. Brandes & Apsel 1992)

WISMUT AUE

Eigentlich → BSG Wismut Aue. Sie war neben Sachsenring Zwickau die einzige → BSG, die es über Jahre und Jahrzehnte schaffte, eine Fußballmannschaft in der höchsten DDR-Spielklasse zu etablieren. Anfang der achtziger Jahre gelang ihr einmal sogar der Sprung in den UEFA-Cup, wo die Mannschaft allerdings in der zweiten Runde ausschied.

WISSENSCHAFTLICH-TECHNISCHER FORTSCHRITT

Vielbeschworene Phrase, definiert als: »Ausnutzung wissenschaftlicher und technischer Erkenntnisse und Entdeckungen für die Vervollkommnung der Produktivkräfte, qualitative und quantitative Veränderungen in Wissenschaft und Technik, die ermöglichen und zum Ziel haben, die vorhandenen Produktionsfonds, Maschinen, Anlagen und Gebäude zu vervollkommnen und ständig besser zu nutzen. Es geht beim wissenschaftlich-technischen Fortschritt sowohl um die Vervollkommnung des Produktionsprozesses, die Einführung bereits bekannter technischer Lösungen, die eine höhere Arbeitsproduktivität, Produkte mit verbesserten Eigenschaften, Einsparungen an Material bringen, als auch um prinzipiell neue, qualitativ neuartige Lösungen für Technologien und Arbeitsinstrumente, die neben einer höheren Arbeitsproduktivität und anderen quantitativ meßbaren Parametern zugleich zu qualitativen Veränderungen im Produktionsprozeß und seinen Produkten führen.« Die sichtbare Tendenz zum Neuen und Höheren in der Produktion ergab sich jedoch für den Einzelnen relativ selten, waren doch die Ergebnisse der → Neuererbewegung und die Einführung von Spitzentechnologien gesamtgesellschaftlich gesehen nur winzige Punkte, die hinter der weltweiten Entwicklung hinterherhinkten. Die notwendigen Investitionsmittel, die dem wissenschaftlich-technischen Fortschritt eine Eigendynamik hätten geben können, wurden ja durch die Bevölkerung verkonsumiert, wichtige Materialien und Geräte konnten wegen Devisenmangels nicht beschafft werden. Viele westliche Produkte u.a. aus dem Bereich Computer, Software, Nachrichtentechnik konnten auch nur über Umwege eingeführt werden, weil sie einer Exportsperre in die Staaten des → Warschauer Vertrages unterlagen. Hier waren dann die findigen Genossen um Schalck-Golodkowski am Werk. Die sozialistische Vorstellung vom wissenschaftlich-technischen Fortschritt war sehr an den positiven Fortschrittsglauben der industriellen Revolution des vorigen Jahrhunderts angelehnt, alles war auf unbegrenztes Wachstum ausgelegt, Themen wie Umweltschutz, alternative Energiequellen o.ä. spielten dabei keine nennenswerte Rolle.

WISSENSCHAFTLICH-TECHNISCHE REVOLUTION

Laut DDR-Gesellschaftswissenschaft leben wir in der Zeit einer wissenschaftlich-technischen Revolution, d.h. einer grundlegenden Umwälzung in den Produktivkräften unserer Epoche, die vor allem durch den Übergang von mechanisierten zu automatisierten

Produktionssystemen ausgelöst wird. Die wissenschaftlich-technische Revolution sei eingebettet in die Gesamtheit evolutionärer und revolutionärer Veränderungen in der Entwicklung der Produktivkräfte. Entsprechend sah sich die Führung der DDR in der Pflicht, diese Entwicklung zu planen und zu steuern, was ihr aber nicht gelang. Man hat dann versucht, die ohnehin knappen Ressourcen auf für die Wirtschaft und die Militärs wichtige Forschungs- und Entwicklungsprojekte zu konzentrieren, wie die Computerproduktion bei Robotron, die Entwicklungen im Bereich Optik bei Carl Zeiss Jena, Grundlagenforschungen für die Softwareentwicklung an der Technischen Universität Ilmenau, durch kampagneartige Einführung von Automatisierungstechnik in den Kombinaten u.a.

WITZE

Witze wurden gerne und viel erzählt, und der Umstand, daß es keine Meinungsfreiheit, die Pressezensur und viele Tabuthemen gab, hat dies befördert. In den Witzen ließen die »kleinen Leute«, aber ebenso die → Genossen, Dampf ab und machten ihrem Unbehagen Luft nach dem Motto: »Ihr könnt uns viel erzählen, wir sind doch nicht blöd, wir wissen, wo der Hase langläuft.« Es gab neben den üblichen Themen (Blondinenwitze, Schwulenwitze, sogar Ostfriesenwitze) viele typische DDR-Witze mit politischen Hintergrund: Ulbrichtwitze, Honeckerwitze, Mao- und Breshnewwitze, Stasi-Witze und natürlich das legendäre → Radio Jerewan. Wer mehr darüber wissen möchte, dem empfehlen wir den Band »So lachte man in der DDR – Witze und Karrikaturen« aus dem Eulenspiegel Verlag Berlin.

WIWEMA

War die erste Schrankwand aus DDR-Produktion und kam Anfang der 60er Jahre in den Handel. Ihr recht klobiges Aussehen veranlaßte den Volksmund, sie im Windkanal mit den damaligen PKW-

Modellen zu vergleichen: »Der Wartburg hat im Windkanal den zweiten Platz belegt. » – »Und wer den ersten? » – »Na, Wiwema.«

WM 66

Waschmaschine aus Schwarzenberg. Mit der WM 66 brachten die Schwarzenberger Waschmaschinenbauer die erste Wellradwaschmaschine mit einer Laugenpumpe auf den Markt. Das Gerät war zwar robust und hielt praktisch eine ganze Generation lang, aber die Laugenpumpe war die Achillesferse des Gerätes. Sie ging, wenn überhaupt etwas kaputt ging, als erstes kaputt und verursachte recht teuere Reparaturen.

»WO EIN GENOSSE IST, DA IST AUCH DIE PARTEI«

Motto, das die → Partei ausgab. Nach dieser Prämisse hatte jeder Genosse an jedem Ort und zu jeder Zeit die Strategie der Partei zu vertreten. Da jedoch für die Parteibasis viele Beschlüsse des Politbüros sowie deren Umsetzung in der Praxis, gelinde gesagt, erklärungsbedürftig waren, wurde diese Prämisse gern umgangen. Genossen schimpften beim sonntäglichen Frühschoppen genauso auf die Bonzen da oben wie parteilose Bürger. Das wurde nicht einmal als so schlimm erachtet, da jedem Bürger bekannt war, daß bestimmte Planstellen nur durch Genossen zu besetzen waren. Nicht immer konnte dabei auf fachliche Kompetenz verzichtet werden, aber es gab durchaus Bürger, die aus Karrieregründen den Weg in die Partei wählten. Gerade Mitte bis Ende der 80er Jahre war die Partei in sich gespalten zwischen Hardlinern, Karrieristen, Funktionären, die an ihrem Sitz klebten, Mitläufern und auch Genossen, die ehrlich nach dem Vorbild von »Glasnost« und »Perestroika« in der Sowjetunion unter Gorbatschow an einer Reformierung des DDR-Sozialismus arbeiteten. Diesen wurden von der alten Garde um Honecker und Hager vor den Kopf gestoßen. Es war somit nicht verwunderlich, daß 1989/1990 die Genossen massenweise ihrer Partei den Rücken kehrten.

WOCHENPOST

Wochenzeitung. Sie wurde auf Anregung der sowjetischen Besatzungsmacht zu Weihnachten 1953 ins Leben gerufen. Maßgeblich prägte der erste Chefredakteur Rudi Wetzel den journalistischen Anspruch dieser Zeitung. Als Vorbild für die Wochenpost diente die Grüne Post aus der Zeit der Weimarer Republik, daher kam auch ihre grüne Titelgestaltung. Im Gegenzug für das Erscheinen der Wochenpost stellten die Wochenzeitungen Deutschlands Stimme, Friedenspost und Welt des Friedens ihr Erscheinen ein. Außerdem verzichteten die sowjetischen Besatzer auf das Erscheinen der Täglichen Rundschau. Die »Wochenpost« entwickelte sich rasch zur → Bückware, Abonnements wurden vererbt (→ Sperrliste). Ursache dafür war wahrscheinlich eine andere Darstellung der Realität

Werktätige bei der gemeinschaftlichen Lektüre der »Wochenpost«, 1954

und die Themen, die das Empfinden der Menschen berührten, vielleicht auch ein anderes Staatsverständnis, als es die Führung der DDR entwickelt hatte. Neben den außerordentlich kritischen Karikaturen blieb sicherlich vielen das ausgezeichnete Kreuzworträtsel in Erinnerung.

WOFALOR

Weichspüler aus dem VEB Chemiekombinat Wolfen. Es kam etwa zur gleichen Zeit wie die ersten Weichspüler in der Bundesrepublik, etwa Lenor von Lever Sunlicht, auf den Markt und blieb lange Zeit das einzige Produkt seiner Art in den Geschäften der DDR.

WOFASEPT

Antiseptisches Reinigungsmittel aus dem VEB Chemiekombinat Wolfen. Es wurde vor allem in der Medizin zur Desinfektion eingesetzt und konnte nach Notwendigkeit dosiert werden. Seine Verarbeitung erforderte jedoch gehörige Sorgfalt. Zu starke Dosen konnten Allergien hervorrufen, sein Geruch verriet die Anwendung von Wofasept noch nach Tagen.

WOHNGEBIETSAUSSCHUSS

Kleinste organisatorische Einheit der → Nationalen Front der DDR. Sie wirkte in den Wohngebieten und war den Kreisausschüssen oder in Großstädten den Stadtbezirksausschüssen der Nationalen Front unterstellt.

WOHNRAUMLENKUNG

Begriff aus dem ideologischen Repertoire der Wohnungsverwaltungen, bedeutete nichts anderes als den Zuschnitt der Bedürfnisse der Menschen auf den vorhandenen Wohnraum. Selten konnte jedoch einem jungen Paar mit Kind zweifelsfrei nachgewiesen werden, daß die zugewiesene Zwei-Raum-Wohnung ihren Bedürfnissen entspricht, während auf derselben Etage eine betagte Witwe ein Zimmer mehr zur Verfügung hatte. Bis in die 70er Jahre hinein wurden allerdings auch große Wohnungen zwangsgeräumt und die Bewohner in kleinere Wohnungen eingewiesen. Später geschah das meist nur noch innerhalb von Wohnungen, die zu betrieblichen Kontingenten gehörten. In den Jahren nach dem Krieg hat man auch gerne große Altbauwohnungen in Gründerzeithäusern in mehrere Wohnungen aufgeteilt. Außerdem waren durch die Wohnraumlenkung Wohnungstauschzentralen ins Leben gerufen worden, die dem Wohnungsproblem einen Teil seiner Schärfe nahmen. → Schwarzmieter. Im Rahmen der Wohnraumlenkung wurden Kontingente an Wohnungen für bestimmte Problemgruppen reserviert und gesondert vergeben, z.B. für Jugendliche, die mit dem vollendeten 18. Lebensjahr aus Jugendheimen entlassen wurden, Menschen, die nach langen Haftstrafen resozialisiert werden sollten, aber auch die Menschen, deren Dörfer durch Tagebaue beim Braunkohleabbau weggebaggert wurden. Den größten Teil der Mietwohnungen in den Städten betreuten die kommunalen Wohnungsverwaltungen (→ KWV), die auch private Häuser treuhänderisch verwalteten. Sie hatten damit einen großen Einfluß bei der Wohnraumvergabe. Für private Hausbesitzer mit großen Stadthäusern war es sehr schwer, die Häuser intakt zu halten. Die niedrigen Mieten waren in einem Mietspiegel vorgeschrieben und reichten kaum aus, die dringendsten Reparaturen vorzunehmen, geschweige denn, das Haus zu renovieren. Die Mieter wurden ihnen zugewiesen. Andererseits hatten auch die Wohnungsverwaltungen nicht genug Mittel, ihren großen Bestand an Häusern instand zu halten und mußten noch dazu in den 80er Jahren Handwerker und Kapazitäten nach Berlin zum Ausbau der Hauptstadt der DDR abgeben. Dies führte dazu, daß die Altbausubstanz in den Städten immer mehr verkam und zerfiel. Daraufhin stellten sich immer mehr DDR-Bürger die Frage, was denn ein Sozialismus taugt, der nicht einmal die Häuser erhalten kann ...

Für viele junge Paare war die Suche nach einer eigenen Wohnung sehr mühselig. Wer heiratete, hatte bessere Chancen, bei der Wohnraumvergabe berücksichtigt zu werden.

WOHNRAUMVERGABE

Die Wohnraumvergabe erfolgte durch die → Wohnungskommissionen aufgrund von Wartelisten. Die Bürger mußten einen Wohnungsantrag stellen und wurden nach Dringlichkeit eingestuft (bisherige Wohnsituation, verheiratet mit oder ohne Kind, behindert usw.). Es versteht sich von selbst, daß wie bei vielem in der DDR hier auch Privilegien eine Rolle spielten. So hatten die → Partei, die → bewaffneten Organe, das → MfS und andere Einrichtungen ihrerseits Kontingente, → OdF und Mitglieder von Künstlerverbänden, Prominente und irgendwie sonstig Privilegierte liefen da außer der Reihe.

WOHNUNGSBAUPROGRAMM

Der VIII. Parteitag der SED 1971 beschloß das wohl ehrgeizigste Ziel der DDR. Bis 1990 sollte das Wohnungsproblem als soziale Frage gelöst sein. Bis dahin wollte man jedem Bürger angemessenen Wohnraum zur Verfügung zu stellen. Die dabei aufgetretenen Probleme waren jedoch hausgemacht und entsprangen kleinkariertem Denken. So wurden zunächst möglichst viele Wohnungen neu gebaut. Das bedeutete Masse statt Klasse, wenige Grundrißvarianten, kleine Wohnungen. Individuelle Bedürfnisse fanden kaum Eingang in die Planungen. Die Altbausubstanz in den Stadtkernen wurde vernachlässigt, zumal sie zum großen Teil auch noch in privater Hand war. Strenge Kontingentierung von Stadtgas, an Heizöl war gar nicht zu denken, und die geringen Mieten verhinderten die Eigeninitiative privater Hausbesitzer, selbst ihr Eigentum zu modernisieren. So war die Neubauwohnung mit ihrer Fernheizung immer attraktiver als eine ofenbeheizte → Altbauwohnung mit ihrem täglichen Kohlentragen, Heizen und Ascheentsorgen im Winter. Die Vorgaben an die → Wohnraumlenkung waren zunächst auch sehr streng und eng gefaßt. So war an ein Arbeitszimmer für Intelligenzler genausowenig zu denken wie an ein zweites Kinderzimmer, wenn die Geschwister unterschiedlichen Geschlechtes waren. Bis 1990 waren zwar theoretisch ausreichend Wohnungen (oft in schlechtem baulichen Zustand) vorhanden, aber die Ansprüche der Menschen waren gewachsen, und kaum jemand räumte freiwillig ein große Wohnung, wenn die Kinder erwachsen waren. Jetzt konnte endlich das lang ersehnte Arbeitszimmer eingerichtet werden. Und kein monetärer Zwang regulierte in der DDR den Wohnungsmarkt.

WOHNUNGSKOMMISSION

Entschied über die Anträge Wohnungssuchender. Jeder Wunsch auf eine eigene oder größere Wohnung mußte gegenüber der Wohnungskommission schriftlich begründet werden. Im Ergebnis des Antrages bekam der jeweilige Wohnungssuchende einen Bescheid, wann er nach dem Plan für eine Wohnung eingetaktet worden war. Dazu wurden verschiedene Dringlichkeiten eingerichtet. Außerdem hatten die → Betriebe Einfluß auf die Entscheidungen der Wohnungskommission, wenn sie nicht eine eigene → AWG unterhielten. Die Mitglieder in der Wohnungskommission waren so de facto in einer schier unangreifbaren Machtposition, und es gehörte schon eine Menge Zivilcourage dazu, gegen deren Entscheidungen vorzugehen.

WOLF, CHRISTA

Autorin, geboren 1929 in Landberg an der Warthe. Praktisch die Urmutter in der DDR-Literatur (in Nachfolge von Anna Seghers) und das lebende Gewissen des kleinen Landes. War Redakteurin der Zeitschrift »Neue Deutsche Literatur«, später Lektorin im Mitteldeutschen Verlag Halle, sogar mal Kandidatin des → ZK der SED (→ Zentralkomitee), seit 1962 freischaffende Schriftstellerin. Nachdem sie mit »Der geteilte Himmel« 1962 bekannt wurde und damit ein Stück → »Ankunftsliteratur« vorlegte, hat sie sich mit Büchern wie »Nachdenken über Christa T.« 1968, »Kindheitsmuster« 1976 und »Kein Ort Nirgends« 1979 zu einer international geschätzten Autorin der DDR entwickelt. In der DDR war sie eine

Ikone, ihre Lesungen gesellschaftliche Ereignisse, an den Germanistiksektionen wurden ihre Werke von Dozenten verrissen oder nicht erwähnt, dafür von den Studenten geliebt. Ihre zunehmende Kritik am realen Sozialismus in der DDR führte dazu, daß ihre Vorlesungen zur »Kassandra«-Erzählung 1983 von der Zensur gekürzt im Aufbau Verlag erschienen sind; da die Bücher aber gleichzeitig in der BRD im Luchterhand Verlag herauskamen, machten die gestrichenen Stellen rasch die Runde und das Buch, das sich u.a. mit der Frage der Aufrüstung und der Kriegsgefahr auseinandersetzte, noch interessanter. Für viele Frauen war Christa Wolf (neben Maxi Wander und Irmtraud Morgner) der erste Zugang zu feministisch geprägten Denkweisen. Nur → Eva Strittmatter mit ihren elegischen Gedichten konnte es in der Beliebtheit in der DDR mit Christa Wolf aufnehmen.

WOLGA

Personenkraftwagen sowjetischer Produktion der gehobenen Mittelklasse. Diese PKWs wurden in der DDR fast ausschließlich in Taxibetrieben gefahren. Ihres enormen Benzinverbrauches wegen wurden sie jedoch in der Regel auf Flüssiggasmotoren umgerüstet. Bis Mitte der 70er Jahre fanden sich Wolga auch als Dienstwagen der Generaldirektoren der Kombinate. Später wurden diese durch → Lada abgelöst.

WOLPRYLA

Warenzeichen für Chemiefasern, die zu den Polyacrylnitrilfaserstoffen gehören, die in der DDR im → VEB Chemiekombinat Wolfen und im VEB Chemiefaserwerk Premnitz hergestellt wurden. Frühere Bezeichnungen waren Wolcrylon bzw. Prelana.

Neuer Chic mit neuen Wolpryla-Modellen, 1966

WOMACKA, WALTER

Bildender Künstler in der DDR, typischer Vertreter des → sozialistischen Realismus, bekanntestes Bild »Liebespaar am Strand«. Womacka wurde 1925 in Obergeorgenthal (Horni Jiretin) in der späteren ČSSR als Sohn einer Arbeiterfamilie geboren. Nach dem Besuch der Mittelschule in Brüx (Most) machte er 1943-45 in Teplitz-Schönau (Teplice) eine handwerkliche Ausbildung als Zimmer- und Dekorationsmaler. Später wurde er zur Wehrmacht eingezogen, verwundet und geriet in Gefangenschaft. 1946 wurde er nach Braunschweig entlassen. Dort besuchte er die Meisterschule für gestaltendes Handwerk. Seit 1948 lebt er in der späteren DDR und begann dort ein Studium an der Hochschule für Baukunst und Bildende Kunst in Weimar, das er nach Auflösung der Abteilung für Bildende Kunst 1952 in Dresden mit dem Staatsexamen abschloß. Danach arbeitete er freischaffend, zog nach Berlin-Pankow und zeigte seine Werke auf ersten Ausstellungen. Er war Berater für die Gestaltung Baugebundener Kunst, schuf das Mosaik für das Haus der Organisationen in Eisenhüttenstadt und wurde 1959 mit dem Kunstpreis der DDR für sein Gemälde »Rast bei der Ernte« geehrt. 1960 erhielt er den Kunstpreis des → FDGB und schuf die Glasfenster in der Eingangshalle für das Museum des Antifaschistischen Befreiungskampfes im ehemaligen Konzentrationslager Sachsenhausen. 1962 wurde er mit dem Nationalpreis der DDR geehrt. Er schuf die Glaswand im Haus des Staatsrates der DDR und den Mosaikfries am → Haus des Lehrers in Berlin. Ab 1968 war er Rektor der Hochschule für Bildende und Angewandte Kunst in Berlin. Er bekam den → Nationalpreis erneut für die künstlerische Gestaltung des Bauensembles am Berliner Alexanderplatz und das Zentrum Magdeburgs. 1969 wurde er ordentliches Mitglied der Akademie der Künste der DDR und 1970 deren Vizepräsident. In den 70er Jahren schuf er unter anderem das Relief am Haus des Reisens und ein großes Wandbild im Palast der Republik. 1976 wurde er mit dem Orden → Banner der Arbeit geehrt. In den → POS wurde sein

Gemälde »Am Strand« von 1962 als Ausdrucksform des sozialistischen Realismus im Fach Kunsterziehung ausführlich behandelt.

WORCESTER-SAUCE

Umgangssprachlich: Worschester. Scharf-würzige Sauce aus Branntweinessig, Tomatenmark, Wasser, Likörwein, Tomarindenmus, Zucker, Salz, Sojasauce, Sardellenextrakt, Gewürzen, Aromen, Zitronensaft und Farbstoffen. Gereicht wird diese Sauce vor allem zu überbackenen Gerichten wie Würzfleisch (Ragout fin) oder Steak au four. In der DDR-Gastronomie wurde diese Sauce gern verdünnt gereicht und trotzdem von den Gästen geklaut. Im Handel war Worcester-Sauce eine absolute → Bückware, so daß der → Bevölkerungsbedarf aus den Beständen der Gastronomie gedeckt werden mußte. Die korrekte englische Aussprache war weitgehend unbekannt.

WUNSCHBRIEFKASTEN

Sendung des → DFF, in der auf Zuschauerwunsch Beiträge aus den Fernsehprogrammen des DFF wiederholt wurden. Diese Sendung wurde als Nachfolge von »Wünsch Dir Was« mit Irmgard Düren ins Programm genommen und lief 1975-1989. Zunächst sah das Sendekonzept die Darstellung eines Ehepaares beim sonntäglichen Fernsehnachmittag vor. Die erforderliche Nebenhandlung verkomplizierte das Sendekonzept jedoch. Außerdem blieben die beiden Darsteller relativ blaß. So wurde das Konzept umgestellt und mit Uta Schorn und Gerd E. Schäfer zwei Schauspieler engagiert, die der Sendung neues Profil verliehen und trotz des Verlustes der vorher häuslichen Atmosphäre Gemütlichkeit verbreiteten. Die beiden saßen an einem Kaffeetisch, plauderten, verlasen Zuschauerpost und moderierten so von Beitrag zu Beitrag.

WÜNSCH DIR WAS

→ »Wunschbriefkasten«

WURST AM STENGEL

Begriff aus der Nachkriegszeit, bezeichnete Maiskolben, die gerös- tet und wie Wurst oder statt Wurst gegessen wurden. Der Begriff stammte von Nikita Chruschtschow. Die Maiskolben wachsen am Stengel der Maispflanze. Daher der Begriff: Wurst am Stengel.

WÜRZFLEISCH

Ragout fin. Im Gegensatz zum Originalrezept wurde jedoch in den meisten Gaststätten nur Geflügelfleisch verwendet, weder Zunge noch Kalbfleisch. Deshalb bezeichnete man die Speise selten als Ragout fin, sondern als Würzfleisch, zumal die dazu gereichte → Worcester-Sauce selten in ausreichendem Maß verfügbar war.

X

X-RAUM-WOHNUNG

Im offiziellen Sprachgebrauch der Wohnungsverwaltungen wurde die Wohnung nur nach der Anzahl der nicht funktionell gebundenen Zimmer bezeichnet. So bestand eine 1-Raum-Wohnung aus Zimmer, Küche und Bad, soweit sie bereits auf diesem Standard war, eine 2-Raum-Wohnung aus zwei Zimmern, Küche und Bad. Dazu gab es im Altbau noch halbe Zimmer, meist handelte es sich hierbei um Wohnungen aus der deutschen Gründerzeit um 1890-1900 mit Dienstmädchenkammer oder Abstellraum. Diese kleinen schmalen Zimmer wurden als halbe Zimmer bezeichnet.

Y

YVETTE-INTIM

Intimspray aus dem VEB Berlin Kosmetik. Yvette-Intim wurde ausschließlich für die besondere Pflege und den Vertrieb innerhalb der → Exquisit-Geschäfte produziert. Es war für DDR-Kosmetik unverschämt teuer, wurde aber ein Verkaufsrenner und war in den Anfangsjahren seiner Produktion fast ständig ausverkauft.

Z

ZAHN UM ZAHN

Zahnarztserie des → DFF. Die glänzende Darstellung der Protagonisten durch Alfred Struwe und Helga Piur ließ diese Produktion zu einem absoluten Publikumsrenner in der DDR werden. Ursprünglich war diese Serie auf sieben Folgen angelegt, wie alle Fernsehserien, in denen das Leben ausgewählter Berufsgruppen dargestellt wurde (→ »Zur See«). Jedoch nur »Zahn um Zahn« schaffte es, mit weiteren Staffeln die Zuschauer an den Bildschirm zu fesseln. Unbedingt sehenswert, voll liebenswerter Komik.

DER ZAUBERER DER SMARAGDENSTADT

Kinderbuch. Sehr beliebt in der DDR war der Fantasy-Zyklus von Alexander Wolkow (1891-1977), der in den 70er und 80er Jahren im Moskauer Progress-Verlag und später in der DDR übersetzt erschien. Im Grunde handelt es sich um eine Kopie des weltbekannten »Der Zauberer von Oz« des amerikanischen Autors Lyman Frank Baum. Die schön illustrierten, packend erzählten Bücher wurden schnell zur → Bückware. Der Zyklus umfaßt folgende Bände, die alle wieder über den LeiV Verlag Leipzig lieferbar sind: »Der Zauberer der Smaragdenstadt«, »Der schlaue Urfin und seine Holzsoldaten«, »Die sieben unterirdischen Könige«, »Der Feuergott der Marranen« und »Der gelbe Nebel«.

DIE 10 GEBOTE DES SOZIALISMUS

Auf dem VI. Parteitag der SED 1963 formulierte die → Partei ihre Thesen über das sozialistische Menschenbild. In Anlehnung an die zehn Gebote der Bibel nannte sie der Volksmund: Die zehn Gebote des Sozialismus. Das Parteiprogramm war ein Gegenstand des → Staatsbürgerkundeunterrichts in der DDR, Kandidaten der SED hatten die Gebote natürlich zu kennen:

1. Du sollst Dich stets für die internationale Solidarität der Arbeiterklasse und aller Werktätigen sowie für die unverbrüchliche Verbundenheit aller sozialistischen Länder einsetzen.
2. Du sollst Dein Vaterland lieben und stets bereit sein, Deine ganze Kraft und Fähigkeit für die Verteidigung der Arbeiter-und-Bauern-Macht einzusetzen.
3. Du sollst helfen, die Ausbeutung des Menschen durch den Menschen zu beseitigen.
4. Du sollst gute Taten für den Sozialismus vollbringen, denn der Sozialismus führt zu einem besseren Leben für alle → Werktätigen.
5. Du sollst beim Aufbau des Sozialismus im Geiste der gegenseitigen Hilfe und der kameradschaftlichen Zusammenarbeit handeln, das → Kollektiv achten und seine Kritik beherzigen.
6. Du sollst das → Volkseigentum schützen und mehren.
7. Du sollst stets nach Verbesserung Deiner Leistungen streben, sparsam sein und die sozialistische Arbeitsdisziplin festigen.
8. Du sollst Deine Kinder im Geiste des Friedens und des Sozialismus zu allseitig gebildeten, charakterfesten und körperlich gestählten Menschen erziehen.
9. Du sollst sauber und anständig leben und Deine Familie achten.
10. Du sollst Solidarität mit den um ihre nationale Befreiung kämpfenden und den ihre nationale Unabhängigkeit verteidigenden Völkern üben. (Lit.: Parteiprogramm der SED vom 18. Januar 1963)

ZEICHENZIRKEL

Arbeitsgemeinschaft (→ AG) an Schulen oder in Betrieben, in der die Mitglieder, angeleitet von fachkundigem Personal (oft Kunsterziehungslehrer), in der Regel mit Profimaterial die verschiedensten Zeichentechniken erlernten. Diese Zirkel waren je nach der Qualität und dem Engagement des Leiters sogar Galerien angeschlossen und ermöglichten den Mitgliedern Ausstellungen oder gemeinsame Reisen mit Skizzenblock. Finanziert wurde diese Arbeit aus den Kulturfonds der Betriebe. Aus einigen Zirkeln gingen sogar bildende Künstler hervor.

ZEKIWA

Zeitzer Kinderwagen. Im VEB Zekiwa Zeitz wurden alle Kinderwagen für den Inlandsmarkt der DDR und auch für den Export produziert. Mit dieser planmäßigen Monopolstellung innerhalb der Produktionsbetriebe der DDR konnte der → EVP praktisch frei gebildet werden, was dazu führte, daß Kinderwagen in den 70er Jahren zu einer recht kostspieligen Anschaffung wurden, was wiederum zu einem regen Handel mit gebrauchten Kinderwagen führte.

ZENTRALES PIONIERLAGER »GEORGI DIMITROFF«

Wurde 1949 eröffnet und befand sich bei Prora auf Rügen mit schönem Sandstrand an der Ostsee. Eine Delegation in dieses Lager war eine Auszeichnung wie die Delegation in die → Pionierrepublik. Georgi Dimitroff (1882-1949), nach dem in der DDR Schulen, Einrichtungen und ein Museum in Leipzig benannt waren, war ein bulgarischer Kommunist, der von den deutschen Nationalsozialisten im Reichstagsbrandprozess 1934 angeklagt wurde. Später war er Generalsekretär der Komintern und der erste Ministerpräsident der VR Bulgarien. In der Gegend um Prora gab es → FDGB-Urlauberheime, aber auch weite militärische Sperrgebiete mit Kasernenanlagen aus der NS-Zeit, später auch Armeestützpunkt der NVA. Eine Einberufung in die Sandwüste von Prora kam einer Bestrafung gleich.

ZENTRALHAUS DER JUNGEN PIONIERE »GERMAN TITOW«

Vorläufer des → Pionierpalastes. Es wurde nach dem sowjetischen Kosmonauten German Titow benannt und befand sich im Berliner Stadtbezirk Lichtenberg in der Parkaue 25, in der Nähe des → Theaters der Freundschaft. Das Zentralhaus war ein Mehrzweckgebäude für Veranstaltungen und beherbergte eine Bibliothek und die verschiedensten Arbeitsgemeinschaften.

ZENTRALKOMITEE

Das Zentralkomitee war zwischen den Parteitagen der SED das höchste Organ der Partei und leitete deren gesamte Tätigkeit. Es wurde auf den Parteitagen für jeweils eine Legislaturperiode gewählt. Es war der Zentralen → Parteikontrollkommission rechenschaftspflichtig. Aus dem Zentralkomitee wurde das → Politbüro gewählt. Dessen Mitglieder stellten praktisch den inneren Kreis der DDR-Führung dar.

ZENTRALORGAN DER PARTEI

Parteizeitung. Verwaltungsprinzip in der DDR war der → demokratische Zentralismus. Deshalb konnten die zentralen Exekutivorgane einer Partei oder → Massenorganisation die Meinungen der jeweiligen Organisation in ihrer eigenen Presse verbreiten. Je nach Bedeutung der Organisation erschien das → Organ als Tages-, Wochen- oder Monatszeitung. Das bedeutendste Zentralorgan in der DDR war das → Neue Deutschland, das Zentralorgan des Zentralkomitees der SED. Die Bezirksleitungen der SED hatten in ihren Bezirken Tageszeitungen als Presseorgane, z.B. im Bezirk Leipzig die Leipziger Volkszeitung, die bis 1933 eine SPD-Zeitung gewesen war. Diese Presseerzeugnisse waren wie jede gedruckte Schrift lizenziert und erschienen in einer in dieser Lizenz festgelegten Auflagenhöhe.

ZENTRALRAT

Oberstes Verwaltungsorgan der → Freien Deutschen Jugend (FDJ) und der Pionierorganisation »Ernst Thälmann« mit zirka 400 hauptamtlichen Mitarbeitern. Im Zentralrat saßen ausschließlich Berufsfunktionäre, die in der Regel auch Mitglieder im → Zentralkomitee der SED waren. Damit sorgte die Führung der DDR dafür, daß die ideologische Erziehung der Jugend in allen Bereichen des gesellschaftlichen Lebens sichergestellt wurde. Die hauptamtliche FDJ-Arbeit konnte ein Sprungbrett für eine Parteikarriere werden. So war Erich Honecker selbst bis 1955 im Zentralrat der FDJ und FDJ-Vorsitzender, seine Frau Margot war bis 1953 im Zentralrat der FDJ und Vorsitzende der Pionierorganisation.

ZK

→ Zentralkomitee

ZIPHONA

Markenname für Heimelektronik aus Zittau. Dieser Betrieb stellte vor allem Plattenspieler her, die begehrt und kaum zu haben waren. Selbst für angeblich voll aufeinander abgestimmte Komponentenanlagen empfahlen die Fachverkäufer als Plattenspieler ein Zittauer Gerät was meist dazu führte, daß der Erwerb einer kompletten Stereoanlage, bestehend aus: Radio, Verstärker, Kassettendeck, Boxen und Plattenspieler, zu einem zeitraubenden Unterfangen wurde.

ZIRKEL SCHREIBENDER ARBEITER

Neben den verschiedensten anderen organisierten Freizeitbeschäftigungen wurden in der DDR auch die Schreibwilligen organisiert gefördert. Kein Land der Welt leistete sich eine solche Anzahl von

Berufsschriftstellern wie die DDR. Zudem gab es, der oft frustrierenden Arbeit wegen, jede Menge Leute, die sich schreibend ausdrücken wollten und das auch taten. Diese Leute fanden sich in den Zirkeln schreibender Arbeiter zusammen, wo sie unter der Anleitung von erfahrenen Leitern oder Berufsschriftstellern das literarische Handwerk erlernen sollten. Daß aus diesen Zirkeln selten ein wirklich bedeutendes Werk der DDR-Literatur hervorging, lag wohl nicht nur an dem mangelnden Talent der schreibenden Arbeiter. Viel eher ist das wohl den strengen Vorgaben seitens der DDR-Führung für die Inhalte der erscheinenden Bücher, dem mangelnden Mut der Zirkelleiter, kontroverse Themen zu unterstützen, und den viel zu kleinen Papierkontingenten, die die Anzahl der Publikationen in der DDR begrenzten, zuzuschreiben. Trotzdem gelang hin und wieder einem Künstler aus diesen Reihen der Durchbruch. Die besten Beispiele dafür sind Volker Braun und Steffen Mensching. Man muß allerdings beachten, daß durch das Fehlen unabhängiger Zeitungen die Literatur in der DDR eine größere Bedeutung quasi als Ersatzöffentlichkeit hatte, in der gesellschaftliche Probleme diskutiert wurden. So war das Ansehen der Schriftsteller enorm, Lesungen von Autoren wie → Christa Wolf oder → Eva Strittmatter wurden fast zu Wallfahrten.

ZIRKUS AEROS

Die drei in der DDR tätigen Zirkusbetriebe Aeros, Busch und Olympia, früher Z. Barlay, wurden im Jahr 1958 zum VEB Staatszirkus der DDR, seit 1961 VEB Zentralzirkus in Berlin, zusammengefaßt. Damit ermöglichte die Führung der DDR den Zirkusartisten die soziale Absicherung und langfristige Engagements. Außerdem bestand durch die Zusammenlegung im Staatszirkus die Möglichkeit, Tourneepläne aufeinander abzustimmen und Gastspiele im Ausland finanziell und personell abzusichern. Unter dem VEB Staatszirkus firmierten die Zirkusse Aeros, Berolina und Busch, die aus den Zirkusbetrieben Aeros, Barlay und Busch hervorgegangen waren. Daneben gab es noch einige private Zirkusse.

ZIRKUS BEROLINA

Ehemals selbständiger Zirkus, seit 1958 Teilbetrieb des VEB Staatszirkus der DDR. → Zirkus Aeros. Dieser Zirkus richtete jährlich die → »Nacht der Prominenten« gemeinsam mit dem → DFF aus.

ZIRKUS BUSCH

Ehemals selbständiger Zirkus, seit 1958 Teilbetrieb des VEB Staatszirkus der DDR. → Zirkus Aeros.

Zirkus Busch gratuliert zur Hochzeit auf dem historischen Marktplatz in Wernigerode, 1988

ZIVILGESETZBUCH

Grundlegendes Gesetzeswerk auf dem Gebiet des Zivilrechts in der DDR. Als solches war es als Pendant zum BGB zu betrachten. Es wurde am 15.06.1975 von der → Volkskammer verabschiedet und trat am 1.01.1976 in Kraft. Mit dem ZGB regelte die DDR die verfassungsmäßigen Grundrechte und Grundpflichten der Bürger. Es war natürlich Parteirecht und sollte »die von den Anschauungen der Arbeiterklasse geprägten Grundsätze der sozialistischen Moral im Verhalten und Handeln der Bürger sowie in ihren Beziehungen untereinander und mit Betrieben durchzusetzen.« Es sollte »die sozialistischen Gemeinschaftsbeziehungen, insbesondere den aktiven Einsatz der Bürger und ihrer Kollektive zur Mehrung und zum Schutz des sozialistischen Eigentums, ihre umfassende Mitwirkung an der Gestaltung der Arbeits- und Lebensbedingungen sowie ihr verantwortungsbewußtes Handeln bei der Verhütung und Abwehr von Schäden an Leben, Gesundheit und Eigentum der Bürger fördern und damit einen entscheidenden Beitrag zur Herausbildung und Entwicklung der sozialistischen Lebensweise und damit zugleich der sozialistischen Persönlichkeit leisten.«

Das ZGB gliederte sich in sieben Teile: Grundsätze des sozialistischen Zivilrechts; das sozialistische Eigentum und das persönliche Eigentum; Verträge zur Gestaltung des materiellen und kulturellen Lebens (allgemeine Bestimmungen über Verträge, Wohnungsmiete, Kauf, Dienstleistungen, Konto-, Sparkonto-, Kredit- und Darlehensverträge, Versicherungen, Gemeinschaften von Bürgern, gegenseitige Hilfe und Schenkung); Nutzen von Grundstücken und Gebäuden zum Wohnen und zur Erholung; Schutz des Lebens, der Gesundheit und des Eigentums vor Schadenszufügung; Erbrecht; besondere Bestimmungen für einzelne Zivilrechtsverhältnisse. Das ZGB war die erste Kodifikation des sozialistischen Zivilrechts in der DDR. Mit ihm wurde das von der DDR sanktionierte Bürgerliche Gesetzbuch von 1896 vollständig außer Kraft gesetzt, nachdem bereits zuvor große Teile durch neue Kodifikationen (Gesetzbuch der Arbeit, Familiengesetzbuch, LPG-Gesetz, Vertragsgesetz) gegenstandslos geworden waren. Allerdings blieben gerade viele Rechte von DDR-Bürgern weiterhin lediglich sog. Kann-Bestimmungen, sie konnten von Behörden gewährt werden, mußten aber nicht und konnten auch nicht vor einem Zivilgericht eingeklagt werden.

ZT 300

Traktor aus dem → VEB Landmaschinenkombinat Fortschritt, seit den 70er Jahren wurde er neben russischen Modellen zum Standardtraktor der → LPGs.

ZU BESUCH IM MÄRCHENLAND

Kindersendung des → DFF. Jeden Sonntag um 15.30 Uhr strahlte das Fernsehen der DDR (→ DFF) diese Sendung aus. Zunächst wurde sie von → Meister Nadelöhr und den Puppen → Pittiplatsch, Schnatterinchen und Bummi moderiert. Später kam für einige Jahre Mischka, ein Bär aus dem russischen Märchen, hinzu. Er verschwand jedoch recht bald wieder. Nach dem frühen Tod des Darstellers von Meister Nadelöhr wechselten die Darsteller recht häufig. Außerdem verblieben in den letzten Jahren der DDR nur noch Pittiplatsch und Schnatterinchen als Puppen. Offensichtlich bereitete es den Autoren Gerd und Ingeburg Feustel Schwierigkeiten, die Vielzahl der Figuren in solch einer knappen Sendezeit von dreißig Minuten (abzüglich eines Zwischenspiels) mit Leben zu erfüllen. Der Gegensatz zwischen dem vorlauten und unüberlegten Pittiplatsch und der braven Ente Schnatterinchen, die den pädagogischen Part der Eltern übernahm, hielt die Spannung dieser Sendung. Höhepunkt jeder Sendung war das Märchen, das Meister Nadelöhr und seine Nachfolger erzählten. Hier wurden Zeichen- oder Puppentrickfilme eingespielt.

ZÜCKLI

Diätetisches Süßungsmittel. Saccharin. Es wurde in der DDR unter dem Oberbegriff ON, optimierte Nahrungsmittel, gehandelt und war für Diabetiker gedacht.

»ZUM WOHLE DES VOLKES«

Phrase, nach der angeblich alle Entscheidungen der Führung der DDR getroffen wurden. Gemäß geltender Ideologie waren die Regierung sowie das Politbüro der SED dem Aufbau des Sozialismus verpflichtet und damit an das → ökonomische Grundgesetz des Sozialismus gebunden. Die Entscheidungen wurden deshalb zum Wohle des Volkes getroffen. Allerdings waren die der Entscheidung vorangehenden Findungsprozesse selten so transparent, daß auch der Mann auf der Straße sein Wohl in allen Beschlüssen sofort erkannte. Dies ist vielleicht vergleichbar mit »Im Namen des Volkes«, das alle Gerichtsurteile begleitet.

ZUR SEE

Serie des → DFF aus dem Jahr 1978. In sieben Teilen stellte → Horst Drinda einen Kapitän der Deutfracht Seereederei und dessen Probleme auf den Weltmeeren dar. Die Serie arbeitete dabei recht wenig mit dem Pathos, das dem Seemannsberuf auch heute noch anhaftet. Statt dessen versuchte man, die Persönlichkeiten der Figuren und ihre Probleme im Umgang miteinander in den Vordergrund zu stellen. Doch vieles blieb blaß, so die allzu verständige Ehefrau des Kapitäns oder die ständigen Lösungen selbst kleinster Probleme (der Schiffskoch aus Sachsen muß unbedingt den Zug nach Dresden bekommen und bekommt ihn auch). Diese und andere Kleinigkeiten machen die Figuren der Serie zwar zu Helden, aber nicht liebenswert. Horst Drinda (geb. 1927) war Schauspieler am Deutschen Theater, seit 1971 Schauspieler beim DFF, und spielte noch einmal in einer recht erfolgreichen TV-Serie 1980: → »Unser Mann ist König«.

ZV

Zivilverteidigung. Die ZV sollte die Bevölkerung im Falle einer militärischen Aggression schützen, vor allem vor den Wirkungen von Massenvernichtungswaffen, also Atomwaffen, biologischen und chemischen Kampfstoffen. Sie hatte also Lehr- und Ausbildungsaufgaben und sollte im Ernstfall Maßnahmen ergreifen, die der Aufrechterhaltung der Produktion, dem Schutz der Ressourcen wie Trinkwasser und Nahrungsmitteln, gegebenenfalls deren Aufbereitung, sowie dem Katastrophenschutz dienen. Dazu war die ZV ähnlich wie heute das THW ausgerüstet. Während des Bestehens der DDR mußte die ZV glücklicherweise nur die letzte ihrer umfangreichen Aufgabenstellung erfüllen. So kam sie im Winter 1979/80 bei der Schneekatastrophe auf Rügen und im gesamten Norden der DDR zum Einsatz. Sie half bei Engpässen in der Brennstoffversorgung der Großkraftwerke während harter Frostperioden und beseitigte Hochwasserfolgen nach starken Regenfällen oder Tauwettern.

ZV-LAGER

Wie die männlichen Jugendlichen zur Vorbereitung auf ihren Dienst in der → NVA ein → GST-Lager absolvieren mußten, absolvierten die Mädchen das ZV-Lager. Während dieser zwei Wochen wurden sie vor allem in der Ersten Hilfe und im Katastrophenschutz ausgebildet. Natürlich durfte die Beseitigung von Folgen beim Einsatz von Massenvernichtungswaffen nicht fehlen. Hierauf wurde sogar der Schwerpunkt der Ausbildung gelegt. Die Angst vor dem → Klassenfeind wurde so allgegenwärtig gehalten. Zum ZV-Lager der Mädchen gehörten selbstverständlich militärische Umgangsformen, straffe Disziplin und Marschieren dazu.

ZWISCHEN FICHTELBERG UND KAP ARKONA

Rundfunksendung des Senders Stimme der DDR, in der während der Urlaubszeit aus den Urlaubsgebieten berichtet wurde und für die Urlaubsgebiete über Ereignisse innerhalb der DDR.

ZWISCHEN FRÜHSTÜCK UND GÄNSEBRATEN
Weihnachtssendung des → DFF. Sie wurde mehr als dreißig Jahre lang an jedem 1. Weihnachtstag 10.30-13.00 Uhr ausgestrahlt. Moderiert wurde die Sendung stets durch Margot Ebert und → Heinz Quermann. Sie erfreute sich großer Beliebtheit. Ausschlaggebend dafür war sicherlich das Konzept der Sendung, das es dem Zuschauer erlaubte, auch einzelne Beiträge auszulassen und sich den Geschenken vom Vorabend oder dem eingetroffenen Besuch zum Festmahl zu widmen. Außerdem wurden neben Unterhaltungsbeiträgen auch klassische Festtagsbeiträge gezeigt. Highlights dieser Sendung waren jedoch die Auftritte des → Eulenspiegel-Redakteurs Jochen Petersdorf, der stets ein Märchen vorlas, in dem er mit Grimm'schen oder Hauff'schen Figuren Mißstände in der Republik verballhornte, sowie die Schlußnummer von → Hauff & Henkler, die zu jeder Sendung ein Scherzlied uraufführten.

WEITERFÜHRENDE LITERATUR

Bürgerkomitee Leipzig (Hrg.): Stasi intern. Macht und Banalität. Leipzig 1991.

Drommer, Günther (Hrg.): 50 Jahre DDR. Der Alltag der DDR, erzählt in Fotografien aus dem Archiv des ADN. Berlin 1999.

Emmerich, Wolfgang: Kleine Literaturgeschichte der DDR, erw. Neuausgabe Leipzig 1997.

Galenza, Ronald & Havemeister, Heinz: Mix mir einen Drink – Feeling B. Punk im Osten. Ausführliche Gespräche mit Flake, Paul Landers und vielen anderen, Berlin 2002.

Galenza, Ronald & Havemeister, Heinz (Hrg.): Wir wollen immer artig sein. Punk, New Wave, HipHop, Independent-Szene in der DDR 1980–1990, Berlin 1999.

Grundmann, Michael, Seufert: Die Einübung der Innenspur. Die andere Kultur in Leipzig 1971-1990, Leipzig 1996.

Guth, Peter: Wände der Verheißung. Zur Geschichte der architekturbezogenen Kunst in der DDR, Leipzig 1995.

Handloik/Hauswald: Die DDR wird 50. Texte und Fotografien, Berlin 1998.

Habel, F.B.: Das große Lexikon der DEFA-Spielfilme, Berlin 2000.

Habel, F.B.: Das große Lexikon der DDR-Stars. Schauspieler aus Film und Fernsehen. Erweiterte Neuausgabe, Berlin 2002.

Herbst/Ranke/Winkler: So funktionierte die DDR, Rheinbeck 1994.

Hinsching, Jochen: Alltagssport in der DDR. Aachen 1998.

Höhne, Günter: Penti, Erika und Bebo Sher. Klassiker des DDR-Designs, Berlin 2001

Hoffmann, Horst: Die Deutschen im Weltraum. Zur Geschichte der Kosmosforschung in der DDR. Berlin 1998.

Hübner/Tenfelde: Arbeiter in der SBZ/ DDR. Essen 1999.

Kaminsky, Annette: Kaufrausch. Die Geschichte der ostdeutschen Versandhäuser. Berlin 1998.

Lang, Lothar: Malerei und Graphik in der DDR, Leipzig 1986.

Mählert, U./Stephan, G.R.: Blaue Hemden. Rote Fahnen. Die Geschichte der Freien Deutschen Jugend. Leverkusen 1996.

Neues Forum Leipzig: Jetzt oder nie – Demokratie! Leipziger Herbst '89!, Leipzig 1989.

Polkehn, Klaus: Das war die Wochenpost. Geschichte und Geschichten einer Zeitung. Berlin 1997.

Schröter, Erasmus (Hrsg.): Bild der Heimat. Die Echt-Foto-Postkarten aus der DDR, Berlin 2002.

Selbmann, Erich: DFF Adlershof. Wege übers Fernsehland. Zur Geschichte des DDR-Fernsehens. Berlin 1998.

Tippach-Schneider, Simone: Das große Lexikon der DDR-Werbung. Kampagnen und Werbesprüche, Macher und Produkte, Marken und Warenzeichen, Berlin 2002.

Ulrich/Wagner: DT64 – Das Buch zum Jugendradio 1964-1993, Leipzig 1993.

Weber, Hermann: Geschichte der DDR, München 1986.

Weber Hermann: Die DDR 1945-1990. München 1993.

Wer war wer – DDR. Ein biographisches Lexikon. Hrg. von Jochen Cerný, Berlin 1992

Der Autor: Stefan Sommer, geboren 1963 in Erfurt, verheiratet, zwei Söhne, Diplom-Ingenieur für Verfahrenstechnik, freiberuflich in der Energiewirtschaft tätig. Veröffentlichungen im »Eulenspiegel« und im »Alien Contact«, 1997 erster Roman »Samenkiller unterwegs?«, damit beim Kurd-Laßwitz-Preis den 6. Platz unter den deutschen Titeln erreicht.

IMPRESSUM

Stefan Sommer

DAS GROSSE LEXIKON DES DDR-ALLTAGS

Von Aktivist und Altstoffsammlung über Dederon, Kaufhalle, Rondo und Subbotnik bis zum Zirkel schreibender Arbeiter.

Ungekürzte Taschenbuch-Sonderausgabe

ISBN 3-89602-532-5

KATALOG

Wir senden Ihnen gern unseren kostenlosen Katalog.
Schwarzkopf & Schwarzkopf Verlag GmbH / Abt. Service
Kastanienallee 32, 10435 Berlin.
Service-Telefon: 030 – 44 33 63 00
Service-Fax: 030 – 44 33 63 044

INTERNET

Ausführliche Informationen zum Verlagsprogramm finden Sie im Internet.
www.schwarzkopf-schwarzkopf.de

E-MAIL

info@schwarzkopf-schwarzkopf.de